ESTATUTO DA CIDADE
(Comentários à Lei Federal 10.257/2001)

SOCIEDADE BRASILEIRA DE DIREITO PÚBLICO
Rua Leôncio de Carvalho, 306, 7º andar – São Paulo, SP – CEP 04003-010
Fones: (11) 289-8767 e 285-0598 – Fax (11) 287-6404
www.sbdp.org.br – e-mail: direitopublico@sbdp.org.br

ADILSON ABREU DALLARI
SÉRGIO FERRAZ
(Coordenadores)

ESTATUTO DA CIDADE
(Comentários à Lei Federal 10.257/2001)

4ª edição,
atualizada de acordo com as Leis 11.673, de 8.5.2008
e 11.977, de 7.7.2009, 12.608, de 10.4.2012
e 12.836, de 2.7.2013

Adilson Abreu Dallari • Carlos Ari Sundfeld
Cassio Scarpinella Bueno • Clóvis Beznos
Daniela Campos Liborio Di Sarno
Diógenes Gasparini • Egle dos Santos Monteiro
Floriano de Azevedo Marques Neto
Jacintho Arruda Câmara • Lucéia Martins Soares
Lucia Valle Figueiredo • Marcelo Figueiredo
Márcio Cammarosano • Maria Helena Diniz
Maria Paula Dallari Bucci
Maria Sylvia Zanella Di Pietro • Mariana Moreira
Paulo José Villela Lomar • Regina Helena Costa
Sérgio Ferraz • Vera Monteiro • Yara Darcy Police Monteiro

ESTATUTO DA CIDADE
(Comentários à Lei Federal 10.257/2001)
© SBDP – 2002

Coordenadores: ADILSON ABREU DALLARI e
SÉRGIO FERRAZ

1ª edição, 1ª tiragem, 03.2002; 2ª tiragem, 03.2003;
2ª edição, 07.2006; 3ª edição, 01.2010.

ISBN 978-85-392-0252-2

Direitos reservados desta edição por
MALHEIROS EDITORES LTDA.
Rua Paes de Araújo, 29, conjunto 171
CEP 04531-940 – São Paulo – SP
Tel.: (11) 3078-7205 – Fax: (11) 3168-5495
URL: www.malheiroseditores.com.br
e-mail: malheiroseditores@terra.com.br

Composição
PC Editorial Ltda.

Capa:
Criação: Vânia Lúcia Amato
Arte: PC Editorial Ltda.

Impresso no Brasil
Printed in Brazil
07.2014

APRESENTAÇÃO À 1ª EDIÇÃO

Com esta coleção de comentários sobre o Estatuto da Cidade, a Sociedade Brasileira de Direito Público – *sbdp* dá continuidade a seu programa de publicações destinado a fomentar o diálogo sobre temas jurídicos contemporâneos.

A *sbdp* é uma organização não-governamental de caráter científico e cultural, sem fins lucrativos, com sede em São Paulo, cujas iniciativas têm sido fundamentais na renovação do direito público brasileiro. Com seus cursos, núcleos de estudo e projetos de pesquisa na área do *direito público econômico*, ela foi pioneira na compreensão dos problemas jurídicos da regulação e das agências reguladoras. Ao implantar sua *Escola de Formação*, em funcionamento desde 1998, a *sbdp* deu origem a uma rede de juristas renovadores, que se amplia dia a dia. Com a criação, em 1999, da *School of Global Law*, a *sbdp* instigou o pensamento jurídico reflexivo sobre um mundo que intensificou seu processo de integração, além de abrir caminho para uma ampla revisão dos métodos do ensino jurídico. Fiel ao compromisso de modernização, a *sbdp* reinventa permanentemente sua atuação, propondo novos temas ao debate e apresentando novos nomes ao mundo jurídico brasileiro.

Este é o sexto livro publicado pela *sbdp*. Como resultado da excelente parceria com a Malheiros Editores, já foram lançadas as coletâneas *Direito Administrativo Econômico* (coord. de Carlos Ari Sundfeld), *As Leis de Processo Administrativo* (coord. de Carlos Ari Sundfeld e Guillermo Muñoz), *Direito Processual Público – A Fazenda Pública em Juízo* (coord. de Carlos Ari Sundfeld e Cassio Scarpinella Bueno) e *Improbidade Administrativa – Questões Polêmicas e Atuais* (coord. de Cassio Scarpinella Bueno e Pedro Paulo de Rezende Porto Filho). Anteriormente saíra o *Direito Global* (coord. de Carlos Ari Sundfeld e Oscar Vilhena Vieira, Ed. Max Limonad).

Nestes anos de sucesso da *sbdp*, os professores Adilson Abreu Dallari e Sérgio Ferraz, juristas de merecido renome, têm participado, sempre e generosamente, de suas múltiplas atividades. Com o surgimento do Estatuto da Cidade, mais uma vez eles se fizeram presentes. Inicialmente, em um curso sobre a nova lei, promovido no segundo semestre de 2001. Depois, aceitando o desafio de dirigir a realização desta obra, para a qual convocaram respeitados nomes do Direito Brasileiro, além de jovens estudiosos.

A todos os que tornaram possível esta publicação – aos coordenadores, aos autores dos ensaios, aos revisores e à Malheiros Editores – o nosso reconhecimento e a nossa gratidão.

CARLOS ARI SUNDFELD
Presidente da Sociedade Brasileira de Direito Público – *sbdp*

SUMÁRIO

Apresentação à 1ª edição
– Carlos Ari Sundfeld 5

Colaboradores 15

Prefácio à 1ª edição
– Adilson Abreu Dallari e Sérgio Ferraz 19

LEI N. 10.257, DE 10 DE JULHO DE 2001
(ESTATUTO DA CIDADE)

Fundamentos Constitucionais do Estatuto da Cidade
(arts. 182 e 183 da Constituição Federal)
– Márcio Cammarosano 21

A História do Estatuto da Cidade **(art. 1º)**
– Mariana Moreira
  1. *Introdução* 27
  2. *Considerações gerais* 28
  3. *O Projeto de Lei 775/1983 do Poder Executivo* 31
  4. *O Projeto de Lei substitutivo 2.191/1989* 36
  5. *O Projeto de Lei 5.788/1990* 36
  6. *Substitutivo da Comissão de Defesa do Consumidor, Meio Ambiente e Minorias* 38
  7. *Substitutivo da Comissão de Desenvolvimento Urbano e Interior* 39
  8. *Substitutivo da Comissão de Constituição e Justiça e de Redação* 40
  9. *Conclusão* 42

O Estatuto da Cidade e suas Diretrizes Gerais **(art. 2º)**
– Carlos Ari Sundfeld
  1. *Surge o direito urbanístico* 47

8   ESTATUTO DA CIDADE

2. O direito urbanístico é constitucionalizado em 1988 49
3. Faltava o Estatuto da Cidade 52
4. O Estatuto da Cidade: um conjunto normativo intermediário .. 54
5. Ordem urbanística: ordenamento e Estado 55
6. Planejamento: pressuposto da ordem urbanística 57
7. Condicionamentos ao Estado urbanista: gestão democrática e ação privada 58
8. Um urbanismo popular: acesso à propriedade, regularização fundiária e legalização do emprego do solo 59
9. A questão econômica do urbanismo: o critério de justiça 61

Competências Urbanísticas (arts. 3º e 51)
– DANIELA CAMPOS LIBÓRIO DI SARNO
1. Conceito de competência 63
2. Competências no Estado Federativo Brasileiro 64
3. As competências urbanísticas
   3.1 Na Constituição Federal 67
   3.2 O art. 3º do Estatuto da Cidade 68
   3.3 Conformação das competências urbanísticas perante o Distrito Federal. O art. 51 do Estatuto da Cidade 71
4. Conclusão 72

Instrumentos da Política Urbana (art. 4º)
– ADILSON ABREU DALLARI
1. Introdução 75
2. Planejamento 80
3. Institutos tributários e financeiros 81
4. Institutos jurídicos e políticos 83
5. Instrumentos ambientais 88
6. Conclusões 88

Parcelamento, Edificação ou Utilização Compulsórios da Propriedade Urbana (arts. 5º e 6º) 90
– VERA MONTEIRO
1. A Constituição Federal e o Estatuto da Cidade 92
2. A imposição de obrigação de fazer e o princípio da legalidade   94
3. Quem está sujeito à obrigação 98
4. Procedimento 99
5. O veto do inciso II do § 1º do art. 5º 101

Instrumentos Tributários para a Implementação da Política Urbana (art. 7º)
– REGINA HELENA COSTA
1. Introdução 104
2. Urbanismo e direito urbanístico 105

3. O entroncamento entre o direito tributário e o direito urbanístico: a extrafiscalidade 107
4. Aspectos gerais do Estatuto da Cidade 110
5. Instrumentos tributários destinados à ordenação da cidade 112
   5.1 IPTU progressivo no tempo 112
   5.2 Contribuição de melhoria 116
   5.3 Incentivos e benefícios fiscais 117
6. Tributos sobre os imóveis urbanos e o interesse social 117
7. Conclusão 119

Desapropriação em Nome da Política Urbana (art. 8º)
– CLÓVIS BEZNOS
1. O direito de propriedade 121
2. O instituto da desapropriação. Seu fundamento jurídico 121
3. A função social da propriedade e a questão urbana 123
4. A questão urbana e a Constituição Federal 127
5. O Estatuto da Cidade e a desapropriação 131

Usucapião Especial (arts. 9º a 14)
– SÉRGIO FERRAZ
1. Introdução 141
2. Estabelecendo conceitos 141
   2.1 "A" usucapião ou "o" usucapião? 141
   2.2 Usucapião: conceito, características, modalidades 142
3. Usucapião e Constituição 143
   3.1 Usucapião "pro labore" e usucapião especial do art. 183 da Constituição Federal 143
4. O novo Código Civil 144
   4.1 Usucapião extraordinário 144
   4.2 Usucapião ordinário 145
   4.3 Usucapião especial 145
5. Usucapião e Estatuto da Cidade 145
   5.1 Usucapião especial individual 145
   5.2 Usucapião especial coletivo 146
      5.2.1 Razões de sua existência e requisitos 146
      5.2.2 Limites 149
   5.3 Condomínio indiviso especial 149
   5.4 Ação de usucapião 150
      5.4.1 Ação de usucapião especial individual 150
      5.4.2 Ação de usucapião especial coletivo: especificidades 151
6. Conclusão 151
7. Vigência da Lei 151

Concessão de Uso Especial para Fins de Moradia
(Medida Provisória 2.220, de 4.9.2001)
– MARIA SYLVIA ZANELLA DI PIETRO
1. A concessão de uso especial no Estatuto da Cidade 156
2. A concessão de uso especial na Medida Provisória 2.220, de 4.9.2001 158
3. Fundamento constitucional 159
4. Conceito e natureza jurídica da concessão de uso especial para fins de moradia
   4.1 Da concessão de uso de bem público 165
   4.2 Da concessão de uso especial para fins de moradia 167
5. Da concessão de uso outorgada de forma coletiva 169
6. Dos atos de outorga, transferência e extinção da concessão 171
7. Da autorização de uso para fins comerciais 173

Direito de Superfície (arts. 21 a 24)
– MARIA SYLVIA ZANELLA DI PIETRO
1. Considerações preliminares 176
2. Origem e evolução 177
3. Direito Comparado 181
4. Direito Brasileiro 184
5. Estatuto da Cidade
   5.1 Direito de superfície restrito à área urbana 185
   5.2 Objeto do direito de superfície 185
   5.3 Conceito e natureza jurídica 186
   5.4 Direito de superfície e concessão de direito real de uso 189
   5.5 Direito de superfície e enfiteuse 190
   5.6 Vantagens do direito de superfície 191
   5.7 Forma de constituição, transferência e extinção 193

Direito de Preempção (arts. 25 a 27)
– DIÓGENES GASPARINI
1. Introdução 197
2. A preempção no Código Civil 198
3. A preempção no Estatuto da Cidade 200
4. Conceito 200
5. Fundamento 201
6. Natureza jurídica 201
7. Incidência 202
8. Partes envolvidas na preempção 205
9. Obrigatoriedade ou faculdade 207
10. Beneficiário da prelação 208
11. Finalidade 209
12. Requisitos 212

13. Prazos 213
14. Procedimento 214
15. Pagamento 220
16. Desistência 221
17. Despesas cartorárias 221
18. Registro imobiliário 222
19. Licitação 222
20. Utilização do bem adquirido em razão da preferência 223
21. Distrito Federal 224
22. Improbidade administrativa 224

Outorga Onerosa do Direito de Construir (Solo Criado) (arts. 28 a 31)
– FLORIANO DE AZEVEDO MARQUES NETO
1. Introdução 226
2. Direito urbanístico e direito de propriedade 227
3. Histórico do instituto no Brasil 231
4. A constitucionalidade do solo criado 234
5. O solo criado no Estatuto da Cidade 236
  5.1 Solo criado e outorga onerosa do direito de construir 237
  5.2 O solo criado como um bem "in commercium" 238
  5.3 O papel central do plano diretor 239
  5.4 O coeficiente de aproveitamento básico 240
  5.5 Coeficiente básico e limites máximos 241
  5.6 A não-definição do coeficiente básico na lei nacional 242
  5.7 A possibilidade de coeficientes diferenciados 243
  5.8 A lei municipal específica 245
  5.9 Condições para outorga onerosa 245
  5.10 Fórmula de cálculo para a cobrança 246
  5.11 Casos passíveis de isenção 247
  5.12 A contrapartida do usuário 247
  5.13 Natureza dos ônus pagos pela outorga 248
  5.14 Destinação dos recursos obtidos 248

Operação Urbana Consorciada (arts. 32 a 34) 250
– PAULO JOSÉ VILLELA LOMAR
1. Conceito 252
2. A operação urbana consorciada e a participação da sociedade civil 256
3. A operação urbana consorciada e os entes federativos 259
4. A operação urbana consorciada e o plano diretor 260
5. Benefícios urbanísticos e contrapartida 280
6. O certificado de potencial adicional construtivo 284
7. A gestão da operação urbana consorciada 287

Transferência do Direito de Construir (art. 35)
– YARA DARCY POLICE MONTEIRO e EGLE DOS SANTOS MONTEIRO
1. Introdução 294
2. Característica do instituto 295
3. Natureza jurídica 297

Estudo de Impacto de Vizinhança (arts. 36 a 38)
– LUCÉIA MARTINS SOARES
1. Notas introdutórias 305
2. O direito urbanístico 307
3. O Estatuto da Cidade 309
4. O impacto de vizinhança 311
    4.1 O que vem a ser o Estudo de Impacto de Vizinhança?....... 312
    4.2 Quais as obras sujeitas à elaboração do Estudo de Impacto de Vizinhança? 313
    4.3 Como deve ser elaborado o Estudo de Impacto de Vizinhança? 318
    4.4 Participação popular... 320
5. Conclusões 321

Plano Diretor (arts. 39 a 42-B)
– JACINTHO ARRUDA CÂMARA
1. Introdução 326
2. Conceito 328
3. Abrangência 332
4. Quem é obrigado a editar plano diretor 334
5. Consequências para quem não editar plano diretor 337
6. Processo de elaboração e implementação 338
7. Conteúdo mínimo 339
8. Alterações no plano diretor 341

Gestão Democrática da Cidade (arts. 43 a 45)
– MARIA PAULA DALLARI BUCCI
1. Art. 43
    1.1 Gestão democrática... 344
    1.2 Inciso I: conselhos de desenvolvimento urbano 349
    1.3 Inciso II: debates, audiências e consultas públicas............ 354
    1.4 Inciso III: conferências sobre assuntos de interesse urbano... 358
    1.5 Inciso IV: iniciativa popular de projeto de lei e de planos, programas e projetos de desenvolvimento urbano 359
    1.6 Inciso V (*vetado*): referendo popular e plebiscito 360
2. Art. 44 361

3. *Art. 45* 362

Normas de Processo Administrativo no Estatuto da Cidade (art. 49)
– Lucia Valle Figueiredo
1. *O art. 49 da Lei 10.257/2001* 365
2. *Competências federativas* 366
3. *As normas gerais* 367
4. *Dos princípios constitucionais aplicáveis aos processos administrativos de licenciamentos urbanísticos e ambientais* 369
   4.1 O amplo contraditório 370
   4.2 Princípio da legalidade 371
   4.3 Princípio da igualdade 372
   4.4 Princípio da motivação 373
   4.5 Princípios da razoabilidade e da proporcionalidade 373
   4.6 A publicidade dos atos administrativos 374
   4.7 O princípio da impessoalidade 374
   4.8 O princípio da eficiência introduzido pela Emenda 19/1998 .. 374
5. *Fases dos procedimentos de licenças* 375
6. *Omissão administrativa: o silêncio ou a excessiva demora* ... 375
7. *Brevíssimas conclusões* 378

O Estatuto da Cidade e a Lei de Improbidade Administrativa (art. 52)
– Marcelo Figueiredo
1. *Introdução* 379
2. *Matéria constitucional e seus valores* 380
3. *A improbidade administrativa* 385
4. *Uma questão preliminar: alguma dificuldade para integrar o art. 52 à Lei de Improbidade* 388
5. *As hipóteses do art. 52* 389
6. *Jurisprudência aplicada à espécie* 402

Ação Civil Pública e Estatuto da Cidade (arts. 53 e 54)
– Cassio Scarpinella Bueno
1. *Introdução* 404
2. *Um quase-desastrado caso de "inovação revogatória" na ordem jurídica* 407
3. *Inconstitucionalidade formal do "novo" tipo de ação civil pública* 411
4. *A estabilização da ação civil pública para tutela da ordem urbanística: a Emenda Constitucional 32/2001* 414
5. *Especificamente a ação civil pública e a ordem urbanística* ... 415

A Lei de Registros Públicos e o Estatuto da Cidade (arts. 55 a 57)
– Maria Helena Diniz
1. *Comentários ao art. 55 do Estatuto*
   1.1 Matrícula prévia como condição para o assento do imóvel usucapido... 424
   1.2 Registro "stricto sensu" das sentenças declaratórias de usucapião: sua obrigatoriedade e local de sua efetivação... 426
   1.3 Questão da regularidade do parcelamento do solo ou da edificação para fins registrários................................. 427
2. *Comentários ao art. 56*
   2.1 Finalidade da matrícula como peça fundamental do novo sistema registrário imobiliário.............................. 430
   2.2 Viabilidade jurídica do registro dos termos administrativos, das sentenças declaratórias da concessão de uso especial para fins de moradia e do contrato de concessão de direito real de uso de imóvel público................................. 431
   2.3 Registro da constituição do direito de superfície de imóvel urbano... 433
   2.4 Registros dos termos administrativos ou das sentenças declaratórias da concessão de uso especial para fins de moradia e do contrato de concessão de direito real de uso de imóvel público... 434
3. *Comentários ao art. 57*
   3.1 Importância da averbação.................................. 436
   3.2 Averbação da notificação para parcelamento, edificação ou utilização compulsórios de imóvel urbano............ 437
   3.3 Averbação da extinção da concessão para fins de moradia 438
   3.4 Averbação da extinção do direito de superfície do imóvel urbano.. 439

Vigência da Lei (art. 58) 440
– Sérgio Ferraz

LEGISLAÇÃO

Estatuto da Cidade – Lei federal n. 10.257, de 10 de julho de 2001 .. 443

Mensagem n. 730, de 10 de julho de 2001
(Razões de Veto Presidencial ao Estatuto da Cidade) 461

Medida Provisória n. 2.220, de 4 de setembro de 2001 467

Lei n. 14.917, de 7 de maio de 2009, do Município de São Paulo 471

COLABORADORES

ADILSON ABREU DALLARI
Professor Titular da Faculdade de Direito da Pontifícia Universidade Católica de São Paulo
Professor de Direito Urbanístico do Curso de Mestrado da Pontifícia Universidade Católica de São Paulo

CARLOS ARI SUNDFELD
Mestre e Doutor em Direito Administrativo pela Pontifícia Universidade Católica de São Paulo
Professor da FGV
Presidente da Sociedade Brasileira de Direito Público (*sbdp*)
Advogado em São Paulo

CASSIO SCARPINELLA BUENO
Mestre, Doutor e Livre-Docente em Direito Processual Civil pela Pontifícia Universidade Católica de São Paulo
Professor dos Cursos de Graduação, Especialização, Mestrado e Doutorado da PUC-SP

CLÓVIS BEZNOS
Mestre e Doutor pela Pontifícia Universidade Católica de São Paulo
Professor da Faculdade de Direito da mesma Universidade
Procurador do Estado de São Paulo aposentado

DANIELA CAMPOS LIBORIO DI SARNO
Mestre e Doutora em Direito Urbanístico pela Pontifícia Universidade Católica de São Paulo
Professora da Faculdade de Direito da mesma Universidade
Especialização pela Universidade Castilla La Mancha e Pós-Doutorado na Universidad de Sevilla (Espanha)
Advogada

DIÓGENES GASPARINI (†)
Mestre e Doutor pela Pontifícia Universidade Católica de São Paulo
Professor Titular de Direito Administrativo da Faculdade de Direito de São Bernardo do Campo
Advogado

EGLE DOS SANTOS MONTEIRO
Mestre em Direito Urbanístico pela Pontifícia Universidade Católica de São Paulo
Professora Assistente da Faculdade de Direito da mesma Universidade

FLORIANO DE AZEVEDO MARQUES NETO
Doutor e Livre-Docente em Direito Público pela Universidade de São Paulo
Professor Associado de Direito Administrativo da Faculdade de Direito da Universidade de São Paulo
Advogado em São Paulo

JACINTHO ARRUDA CÂMARA
Doutor e Mestre em Direito Administrativo pela Pontifícia Universidade Católica de São Paulo
Professor Doutor da Faculdade de Direito da mesma Universidade
Vice-Presidente da Sociedade Brasileira de Direito Público (*sbdp*)

LUCÉIA MARTINS SOARES
Mestranda em Direito Administrativo pela Pontifícia Universidade Católica de São Paulo
Advogada em São Paulo

LUCIA VALLE FIGUEIREDO (†)
Professora Livre-Docente e Titular da Faculdade de Direito da Pontifícia Universidade Católica de São Paulo
Desembargadora Federal aposentada do Tribunal Regional Federal da 3ª Região
Consultora Jurídica em São Paulo

MARCELO FIGUEIREDO
Mestre e Doutor em Direito do Estado pela Pontifícia Universidade Católica de São Paulo
Professor dos Cursos de Graduação e Pós-Graduação da Faculdade de Direito da mesma Universidade
Advogado em São Paulo

MÁRCIO CAMMAROSANO
Doutor pela Pontifícia Universidade Católica de São Paulo
Professor da Faculdade de Direito da mesma Universidade
Advogado em São Paulo

COLABORADORES

MARIA HELENA DINIZ
Professora Titular de Direito Civil da Pontifícia Universidade Católica de São Paulo

MARIA PAULA DALLARI BUCCI
Doutora em Direito do Estado e Livre-Docente pela Universidade de São Paulo
Professora Associada da Faculdade de Direito Universidade da São Paulo
Procuradora da Universidade de São Paulo

MARIA SYLVIA ZANELLA DI PIETRO
Professora Titular de Direito Administrativo da Faculdade de Direito da Universidade de São Paulo

MARIANA MOREIRA
Mestranda em Direito Urbanístico pela Pontifícia Universidade Católica de São Paulo
Professora de Direito Civil da UNIBAN
Advogada e Coordenadora de Assistência Jurídica do CEPAM

PAULO JOSÉ VILLELA LOMAR
Mestre em Direito Urbanístico pela Pontifícia Universidade Católica de São Paulo
Chefe da Assessoria Jurídica da Secretaria de Planejamento da Prefeitura de São Paulo

REGINA HELENA COSTA
Mestre e Doutora em Direito pela Pontifícia Universidade Católica de São Paulo
Professora Assistente de Direito Tributário da Faculdade de Direito da mesma Universidade
Ministra do STJ

SÉRGIO FERRAZ
Professor Titular de Direito Administrativo da Pontifícia Universidade Católica do Rio de Janeiro
Livre-Docente da Universidade do Estado do Rio de Janeiro
Procurador do Estado do Rio de Janeiro aposentado

VERA MONTEIRO
Doutora em Direito Administrativo pela Universidade de São Paulo
Mestre pela Pontifícia Universidade Católica de São Paulo
Coordenadora do Curso de Pós-Graduação em Direito Administrativo da Fundação Getúlio Vargas de São Paulo
Advogada

YARA DARCY POLICE MONTEIRO (†)
Mestre em Direito Urbanístico pela Pontifícia Universidade Católica de São Paulo
Advogada em São Paulo

PREFÁCIO À 1ª EDIÇÃO

O Estatuto da Cidade (Lei 10.257/2001) é, sem dúvida, uma das mais importantes e inovadoras leis das que recentemente entraram em vigor no país, como parte de um processo de transformação e modernização da estrutura jurídica, da Administração Pública, da sociedade e dos costumes, de que são marcos exponenciais a Lei Federal de Processo Administrativo (Lei 9.784, de 29.1.1999) e a Lei de Responsabilidade Fiscal (Lei Complementar 101, de 4.5.2000).

Partindo de matriz constitucional, regradora da política urbana, o Estatuto da Cidade assume, como pilar de sua normatividade, uma corajosa redefinição da função social da propriedade, outorgando-lhe contornos firmes e consequentes. Não faltará quem os ache até audaciosos.

A grande novidade trazida por esta lei está exatamente na criação de instrumentos que possibilitarão uma intervenção mais concreta e efetiva do Poder Público no desenvolvimento urbano. Com isto espera-se alcançar, pelo menos, dois objetivos: mitigar a especulação imobiliária e fazer com que a propriedade imobiliária urbana cumpra sua função social.

Na interpretação e aplicação dessa nova lei urge que o jurista e o julgador tenham mente aberta e sensível. Fácil é apor o anátema da inconstitucionalidade ao que sói inovador. Da tentação desse comodismo impõe-se a rejeição. Visto com as lentes da Constituição, atentas porém aos ditames da impostergável solução dos problemas de nossas cidades, o Estatuto da Cidade pode, bem usado, adequadamente prezado, colaborar significativamente para a correção das graves mazelas urbanas.

Avulta, portanto, a importância do Poder Judiciário para corrigir uma jurisprudência, em matéria de propriedade, fracamente conservadora, fundada numa concepção estritamente individualista. Já a nova legislação fortalece uma definição do conceito de *função social da propriedade*, permitindo que se levem em consideração, além dos interesses do proprietário – que, há de se ressaltar, são legítimos e consagrados pela ordem jurídica –, também os interesses da coletividade. A expectativa é de que haja, sem dúvida, uma grande repercussão do novo Estatuto na jurisprudência existente.

O Estatuto da Cidade está destinado a ser o instrumento pelo qual a Administração Pública Municipal, atendendo aos anseios da coletividade, finalmente poderá determinar quando, como e onde edificar de maneira a melhor satisfazer o interesse público, por razões estéticas, funcionais, econômicas, sociais, ambientais etc., em lugar do puro e simples apetite dos especuladores imobiliários.

O desconforto, a angústia, a insegurança e a má qualidade de vida que caracterizam o cenário urbano atual, especialmente (mas não só) nas grandes cidades, servirão como catalisadores nesse processo. Ainda que isso demande algum tempo, pode-se confiar em que é possível atingir "o pleno desenvolvimento das funções sociais da cidade e garantir o bem-estar de seus habitantes", conforme preconiza o art. 182 da Constituição Federal.

Com tal série de preocupações, um meritório elenco de juristas consagrados e de novos valores exponenciais dedicou-se ao exame abrangente e aprofundado da lei básica das urbes. Conquanto não se tenha produzido um volume de comentários, artigo por artigo – pois tal não era o propósito dos autores –, à argúcia dos estudiosos, aqui reunidos, nenhum aspecto, material ou processual, foi deixado de lado.

Orgulha-se a Malheiros Editores em publicar esse primeiro trabalho completo sobre tão relevante tema. E o faz na certeza de que assim busca prestar um relevante serviço à sociedade.

ADILSON ABREU DALLARI
SÉRGIO FERRAZ

FUNDAMENTOS CONSTITUCIONAIS DO ESTATUTO DA CIDADE

Márcio Cammarosano

CONSTITUIÇÃO DA REPÚBLICA FEDERATIVA DO BRASIL

Art. 182. A política de desenvolvimento urbano, executada pelo Poder Público Municipal, conforme diretrizes gerais fixadas em lei, tem por objetivo ordenar o pleno desenvolvimento das funções sociais da cidade e garantir o bem-estar de seus habitantes.

§ 1º. O plano diretor, aprovado pela Câmara Municipal, obrigatório para cidades com mais de vinte mil habitantes, é o instrumento básico da política de desenvolvimento e de expansão urbana.

§ 2º. A propriedade urbana cumpre sua função social quando atende às exigências fundamentais de ordenação da cidade expressas no plano diretor.

§ 3º. As desapropriações de imóveis urbanos serão feitas com prévia e justa indenização em dinheiro.

§ 4º. É facultado ao Poder Público Municipal, mediante lei específica para área incluída no plano diretor, exigir, nos termos da lei federal, do proprietário do solo urbano não edificado, subutilizado ou não utilizado, que promova seu adequado aproveitamento, sob pena, sucessivamente, de:

I – parcelamento ou edificação compulsórios;

II – imposto sobre a propriedade predial e territorial urbana progressivo no tempo;

III – desapropriação com pagamento mediante títulos da dívida pública de emissão previamente aprovada pelo Senado Federal, com prazo de resgate de até dez anos, em parcelas anuais, iguais e sucessivas, assegurados o valor real da indenização e os juros legais.

Art. 183. Aquele que possuir como sua área urbana de até duzentos e cinquenta metros quadrados, por cinco anos, ininterruptamente e sem oposição, utilizando-a para sua moradia ou de sua família, adquirir-lhe-á o domínio, desde que não seja proprietário de outro imóvel urbano ou rural.

§ 1º. O título de domínio e a concessão de uso serão conferidos ao homem ou à mulher, ou a ambos, independentemente do estado civil.

§ 2º. Esse direito não será reconhecido ao mesmo possuidor mais de uma vez.

§ 3º. Os imóveis públicos não serão adquiridos por usucapião.

A Constituição da República Federativa do Brasil, no título pertinente à ordem econômica e financeira, dedica um capítulo à política urbana, consubstanciada, em linhas gerais, nos arts. 182 e 183:

À primeira vista pode até parecer estranho que disposições concernentes à política urbana estejam inseridas, na Constituição, logo em seguida às relativas aos princípios gerais da atividade econômica. Não obstante, está arrolado dentre mencionados princípios o da função social da propriedade, que, em sendo urbana, só é cumprida quando atende às exigências fundamentais de ordenação da cidade expressas no plano diretor (CF, art. 182).

Aproximando-nos mais do texto constitucional, verificamos que a finalidade precípua dos arts. 182 e 183 é de natureza social, no sentido amplo da expressão.

Com efeito, o art. 182, já no seu *caput*, prescreve que a política de desenvolvimento urbano, a ser executada pelos Municípios, tem por objetivo ordenar o pleno desenvolvimento das *funções sociais*[1] da cidade e garantir o bem-estar de seus habitantes.

É bem verdade que um adequado desenvolvimento urbano constitui também condição fundamental para o desenvolvimento das atividades econômicas que ocorrem nas cidades, e sem as quais não são criadas riquezas a serem compartilhadas por todo o corpo social. Mas parece certo que a finalidade mais imediata dos dispositivos constitucionais em questão é viabilizar a democratização das funções sociais da cidade em proveito de seus habitantes, prevendo mecanismos de promoção do adequado aproveitamento do solo urbano.

Já o art. 183 institui a usucapião especial de pequenas áreas urbanas utilizadas para moradia, enfatizando, assim, a preocupação com o social no sentido estrito do termo.

1. "As cidades devem propiciar, aos contingentes populacionais que abrigam, condições razoáveis de habitação, trabalho e recreação, razão pela qual se pode dizer que o urbanismo tem por objeto a ocupação do solo, a organização da circulação e a legislação pertinente a essas atividades" (v. Le Corbusier, *Princípios de Urbanismo*, trad. de Juan-Ramón Capella, Barcelona, Editora Ariel, 1973, pp. 145-146).

Entretanto, carecendo o texto constitucional de normatização suficiente para a consecução das finalidades para as quais aponta, e postulando expressamente uma produção normativa infraconstitucional, eis que vem a lume a Lei 10.257, de 10.7.2001, assinalado em seu "Preâmbulo" que "regulamenta os arts. 182 e 183 da Constituição Federal, estabelece diretrizes gerais da política urbana e dá outras providências".

Conquanto consagrada, a expressão *"regulamenta* tais e quais dispositivos da Constituição" não é, em rigor, apropriada, e isso ao menos por duas razões: em primeiro lugar porque quando se fala em regulamentar normas jurídicas usa-se expressão que a própria Constituição associa ao exercício da competência, que ela mesma confere ao Chefe do Executivo, de expedir regulamentos para fiel execução das leis (art. 84, IV); em segundo porque as normas regulamentares, no sentido estrito do termo, são de nível hierárquico imediatamente infraconstitucional e têm por objeto não a lei em si mesma considerada, mas a atuação dos agentes que lhe devem dar aplicação, não podendo inovar originariamente a ordem jurídica como as leis em geral.

Ora, a lei que consubstancia o denominado Estatuto da Cidade não se limita a estabelecer regras orgânicas e procedimentais para a execução dos dispositivos constitucionais que "regulamenta". Inova originariamente a ordem jurídica, estabelece obrigações e proibições a particulares e a agentes públicos, cria institutos jurídicos, prevê sanções para os que violarem as regras que prescreve.

Sem embargo, feita essa advertência, é de se registrar também – e desde logo – que a lei em questão ainda reclama, aqui e acolá, produção normativa de competência municipal que lhe possibilite integral aplicabilidade, como se verifica pela leitura dos arts. 5º, 25, 30, 32, 35, 36 e 40.

De qualquer forma, o estudo da Lei 10.257, de 10.7.2001, autodenominada *Estatuto da Cidade*,[2] com vistas à explicitação do sentido e alcance de

2. Estas apressadas considerações introdutórias ao estudo do Estatuto da Cidade não comportam, obviamente, digressões maiores a respeito do conceito de *cidade*, razão pela qual permitimo-nos recomendar a leitura, dentre outros, da obra de José Afonso da Silva, *Direito Urbanístico Brasileiro*, 7ª ed., São Paulo, Malheiros Editores, 2012, pp. 24-26. Todavia, permitimo-nos anotar, desde logo, que, para efeito de aplicação do Estatuto em questão, não se deve considerar *cidade* apenas o núcleo ou centro urbano sede do Município, sede do governo municipal. Deve prevalecer o conceito de cidade do ponto de vista urbanístico, tendo como elementos "o conjunto de edificações em que os membros da coletividade moram ou desenvolvem suas atividades produtivas, comerciais, industriais, intelectuais", e também os denominados "equipamentos públicos", destinados "à satisfação das necessidades de que os habitantes não podem prover-se diretamente e por sua própria conta (estradas, ruas, praças, parques, jardins, canalização subterrânea, escolas, igrejas, hospitais, mercados, praças de esportes etc.)" (José Afonso da Silva, ob. cit., p. 26).

cada uma de suas disposições, revelando as normas jurídicas nelas consubstanciadas, reclama perpassar de olhos por outros preceitos constitucionais, por princípios e regras da nossa Lei Maior com os quais todo e qualquer esforço exegético deve estar afinado.

Portanto, e a este passo, parece útil recordar, colacionando-as, disposições constitucionais relacionadas de alguma forma com o Estatuto de Cidade, ou que ao menos devem estar presentes em nosso espírito ao longo do exame desse importantíssimo diploma legal, sem embargo de alguns vícios jurídicos de que algumas de suas disposições possam padecer – como de fato padecem –, mas que ao ensejo destas notas introdutórias não cabe apontar.

Nesse sentido, comecemos por recordar que a Constituição da República, já em seu "Preâmbulo", estabelece que o Estado Democrático de Direito por ela instituído está destinado a assegurar o exercício dos *direitos sociais*, individuais, a liberdade, a segurança, o *bem-estar*, o *desenvolvimento*, a igualdade e a *justiça* como valores supremos de uma sociedade fraterna.

Verifica-se, assim, que, ao se referir a direitos a serem assegurados, a primeira referência é aos *direitos sociais*, dentre os quais avulta o direito à *moradia*, expressamente inserido no art. 6º da Constituição, com a redação dada pela Emenda Constitucional 26, de 14.2.2000. E o direito à *moradia* é proclamado no art. 7º, IV, como pertinente às necessidades vitais básicas dos trabalhadores urbanos e rurais e de suas famílias.

Vale recordar, a propósito, que se não se proporcionam condições de moradia decente ao trabalhador e à sua família desrespeita-se a dignidade da pessoa humana, fundamento da República Federativa do Brasil (CF, art. 1º, III) e se deixa de prestigiar o art. 3º, III, da Constituição, que estabelece como um dos objetivos fundamentais da República erradicar a pobreza e a marginalização e reduzir as desigualdades sociais e regionais.

Já o art. 5º da Constituição, dispondo a respeito dos direitos e deveres individuais e coletivos, garante a todos alguns direitos invioláveis, proclamando que a *casa* – isto é, a *moradia* – é asilo inviolável do indivíduo e que a propriedade deve atender à sua função social, o que é repetido em outros preceitos da nossa Lei Maior (*v.g.*, art. 170, III).

O art. 23 da Constituição arrola como sendo de competência comum da União, dos Estados, do Distrito Federal e dos Municípios promover *programas de construção de moradias* e a *melhoria das condições habitacionais* e de saneamento básico. Trata-se de competência material, administrativa, de implementação de programas.

Outros dispositivos constitucionais prestigiam o direito à moradia expressamente, como se verifica no art. 183, já referido, pertinente à usucapião especial; no art. 191 (moradia em zona rural, para efeito também de usucapião); no art. 230, § 1º, que assegura aos índios direitos sobre as terras por eles *habitadas* em caráter permanente.

Portanto, falar em *habitação, moradia, casa, lar*, é falar em necessidade vital básica do ser humano, que a Constituição assegura como direito social, impondo-se ao legislador e ao administrador público dar-lhe densidade normativa e implementar políticas que lhe assegurem a mais plena eficácia.

A propósito, tratando dos direitos sociais, Canotilho professa que assiste ao Estado uma função de prestação social associada a três núcleos problemáticos: "se os particulares podem derivar directamente das normas constitucionais pretensões prestacionais (exemplo: derivar da norma consagradora do direito à habitação uma pretensão prestacional traduzida no direito de exigir 'uma casa'); se há direito de exigir uma actuação legislativa concretizadora das 'normas constitucionais sociais' (sob pena de omissão inconstitucional) e no direito de exigir e obter a participação igual nas prestações criadas pelo Legislativo (exemplo: prestações médicas e hospitalares existentes); (...) se as normas consagradoras de direitos fundamentais sociais têm uma dimensão objectiva juridicamente vinculativa dos poderes públicos no sentido de obrigarem estes (independentemente de direitos subjectivos ou pretensões subjectivas dos indivíduos) a *políticas sociais activas* conducentes à criação de instituições (exemplo: hospitais, escolas), serviços (exemplo: serviços de segurança social) e fornecimentos de prestações (exemplo: rendimento mínimo, subsídio de desemprego, bolsas de estudo, habitações econômicas). A resposta aos dois primeiros problemas é discutível. Relativamente à última questão é líquido que as normas consagradoras de direitos sociais, econômicos e culturais da Constituição Portuguesa de 1976 individualizam e impõem *políticas públicas* socialmente activas".[3]

Com base nessas lições, e à luz do nosso sistema constitucional, também não hesitamos em sustentar que a Constituição do Brasil impõe políticas socialmente ativas e que a Lei 10.257, de 10.7.2001, vem nessa direção. É daqueles diplomas legislativos que têm por escopo viabilizar a concretização de preceitos constitucionais, dando a densidade normativa indispensável para que isso venha efetivamente a ocorrer.

Instrumentos normativos tradicionais – como as leis disciplinadoras do parcelamento do solo urbano, leis de zoneamento, códigos de edificação e outras disposições de ordem urbanística, e até de preservação do meio ambiente – não têm sido suficientes para a solução de muitos dos grandes problemas que afligem as cidades, especialmente os grandes conglomerados urbanos.

O encarecimento do solo urbano, a ocupação descontrolada e degradadora do meio ambiente, especialmente por contingentes populacionais de

3. *Direito Constitucional e Teoria da Constituição*, 3ª ed., 1998, p. 384.

baixa renda, tangidos para a periferia por inúmeros fatores, a especulação imobiliária, o estoque de áreas que permanecem não utilizadas, subutilizadas ou utilizadas de forma inadequada, como se não existisse o preceito da função social da propriedade, é situação que se apresenta em descompasso com a ordem jurídica em vigor.

Questões pertinentes a inclusão social, regularizações fundiárias, preservação do meio ambiente, são algumas das quais o Estatuto da Cidade possibilita, agora, melhor enfrentar.

A nova lei delineia o perfil jurídico de institutos de grande relevância social, relacionados no art. 4º, alguns preexistentes ao Estatuto em questão, agora melhor modelados, e outros novos, a reclamar cuidadoso labor doutrinário, como o operado nos comentários reunidos nesta obra.

A preocupação do Estatuto da Cidade com a moradia ou habitação – direito consagrado, como anotamos, na Constituição da República – é revelada em diversos dispositivos, merecendo especial referência os arts. 2º, XV; 3º, III e IV; 4º, V, "h", "j" e "q"; 9º, *caput*; 26, I e II; 35, III; e 48.

A propósito merecem referência pelo menos dois diplomas normativos, quais sejam: a Lei 11.977, de 7.7.2009, e a Lei 12.587, de 3.1.2012.

A Lei 11.977/2009 é a que dispõe sobre o programa minha casa minha vida – PMCMV – e a respeito da regularização fundiária de assentamentos localizados em áreas urbanas.

Já a Lei 12.587/2012 institui as diretrizes da Política Nacional de Mobilidade Urbana, que se constitui em mais um importantíssimo instrumento da política de desenvolvimento urbano de que tratam o inciso XX do art. 21 e o art. 182 da Constituição da República.

Como se vê, a questão da moradia ou habitação diz respeito a direito a ser observado em sua plenitude, inclusive no que concerne aos relevantes aspectos da regularização fundiária e de mobilidade urbana, sem as quais o cidadão não tem respeitados outros direitos indissociáveis ao da moradia ou habitação, como o direito ao acesso e fruição integral do que lhe pertence, da própria cidade e do que ela deve significar, em última análise, à luz do princípio da dignidade da pessoa humana.

Enfim, o Estatuto da Cidade reclama esforço exegético comprometido sobretudo com a finalidade a que se destina, de inquestionável relevância pública, sendo também responsabilidade nossa – estudiosos do Direito – emprestar nossa contribuição para que se revele, a final, dotado das eficácias jurídica e social que constituem o seu escopo.

A HISTÓRIA DO ESTATUTO DA CIDADE

Mariana Moreira

LEI N. 10.257, DE 10 DE JULHO DE 2001

Art. 1º. Na execução da política urbana, de que tratam os arts. 182 e 183 da Constituição Federal, será aplicado o previsto nesta Lei.

Parágrafo único. Para todos os efeitos, esta Lei, denominada *Estatuto da Cidade*, estabelece normas de ordem pública e interesse social que regulam o uso da propriedade urbana em prol do bem coletivo, da segurança e do bem-estar dos cidadãos, bem como do equilíbrio ambiental.

1. Introdução

Em princípio, uma lei não possui denominação alguma. A Lei federal 10.257/2001, no entanto, apresenta uma novidade em termos de técnica legislativa, pois autodenominou-se *Estatuto da Cidade*. Muitas leis são conhecidas pelo nome de seus autores, como é o exemplo da Lei Lehmann (Lei federal 6.766/1979), que dispõe sobre o parcelamento do solo urbano, cuja iniciativa pertenceu ao então senador Otto Cyrillo Lehmann. Outro exemplo é o de leis que se tornaram conhecidas popularmente em razão de seu conteúdo normativo, como é o caso do Estatuto da Criança e do Adolescente (Lei federal 8.069, de 13.7.1990).

A Lei federal 10.257/2001 é a primeira lei que apresenta em seu texto uma denominação específica, conforme se verifica do teor do parágrafo único do art. 1º, e podemos a ela nos referir como *Estatuto da Cidade*.

2. Considerações gerais

Para melhor compreensão do Estatuto da Cidade convém, primeiramente, situá-lo num contexto histórico para, depois, examinar seus dispositivos.

Desde a promulgação da Constituição Federal de 1988 o ordenamento jurídico do país ressentia-se da edição de normas legais de natureza infraconstitucional para disciplinar os arts. 182 e 183 da nova Carta Política.

Até 1983 o país não dispunha de legislação consistente sobre política urbana. As tentativas de tratamento desse importante assunto tiveram lugar no ano de 1963 no Governo João Goulart, que promoveu o Seminário Nacional de Habitação e Reforma Urbana. Comprometido com as reformas de base, criou o Serviço Federal de Habitação e Urbanismo (SERFHAU), o Banco Nacional de Habitação (BNH), e institui o Sistema Financeiro da Habitação (SFH).

Na década de 1960 o BNH tornou-se instrumento financeiro essencial para a implementação de ações de desenvolvimento. Arquitetada pelo Governo Militar, a instituição do Fundo de Garantia do Tempo de Serviço (FGTS) cumpriu importante papel.

Na década seguinte foram criadas as regiões metropolitanas em localidades consideradas polos de desenvolvimento, culminando com a inserção, no II Plano Nacional de Desenvolvimento (PND), de capítulo especial tratando da questão urbana e da criação do Conselho Nacional de Desenvolvimento Urbano (CNDU).

As cidades, principalmente aquelas localizadas nesses polos de desenvolvimento, tornaram-se destino obrigatório da população rural que buscava melhores condições de vida. Com o crescente e rápido aumento da população urbana e com o estímulo governamental para aquisição da casa própria, as cidades foram demandadas a atender às necessidades de habitação, serviços públicos e equipamentos urbanos que incrementaram a construção civil.

Os recursos financeiros apropriados pelo BNH cumpriam papel relevante no atendimento das necessidades emergentes da ocupação das cidades. Todavia, o planejamento era centralizado no Governo Federal, fato que afastava da ação os demais entes políticos, esvaziando suas autonomias e mantendo concentrada a expansão industrial apenas nos centros considerados como polos.

Os reclamos populares por moradia e melhores condições de vida foram decisivos para o envio ao Congresso Nacional do Projeto de Lei 775/1983, que tornava real a discussão acerca da questão urbana e de novos instrumentos urbanísticos que favorecessem a ação concreta.

Com a "Nova República" vieram novas esperanças de atuação urbanística e da elaboração de projeto nacional de desenvolvimento urbano, que tomaram impulso inicial com a criação do Ministério do Desenvolvimento Urbano (MDU), cuja tarefa primordial seria a de rediscutir o Sistema Financeiro da Habitação. Entretanto, este não apenas não foi discutido, como foram extintos o BNH e o próprio Ministério. Tais acontecimentos resultaram em completa ausência de ação legislativa e executiva em torno da questão urbana, e nem mesmo o Projeto de Lei 775/1983 foi objeto de alterações e propostas. Foi simplesmente esquecido.

A Constituição da República de 1988 incluiu no título "Da Ordem Econômica e Financeira" um capítulo dedicado à Política Urbana, em que o plano diretor passa a ser elemento de planejamento essencial e requisito para a definição da *função social da propriedade* – qualidade, essa, exigida pela Constituição Federal, nos termos do art. 5º, XXIII.

A função social que deve cumprir a propriedade é tema que já fazia parte de nosso ordenamento jurídico constitucional desde a Constituição de 1967, com a redação dada pela Emenda Constitucional 1/1969. Todavia, embora tal regime fosse obrigatório para toda e qualquer propriedade, condição mesma para sua proteção constitucional, não possuíamos na legislação infraconstitucional normas que determinassem o conteúdo da expressão e que pudessem ser exigidas dos proprietários.

Faltavam-nos, portanto, bases legais para o entendimento e mensuração daquilo que se desejava por *função social da propriedade*. É claro que o direito de propriedade, por sua vez, encontrava seu delineamento apenas nas limitações administrativas que se referem ao direito de construir e à possibilidade de uso da propriedade em razão de normas jurídico-administrativas voltadas à organização dos espaços utilizáveis.

Mas o direito de propriedade e a possibilidade de seu exercício também devem estar pautados pelo cumprimento da *função social*. Esta noção, por força da norma inscrita na Constituição Federal, é intrínseca ao próprio conceito de propriedade e é princípio a ser observado pela ordem econômica.

O fato é que a ausência de definição por meio de planos de desenvolvimento e do delineamento de política urbana tornou a *função social da propriedade* expressão vazia de conteúdo. As normas voltadas aos limites administrativos para o exercício do direito de construir passaram a servir de parâmetro para a conformação do direito de propriedade. Foi perfeitamente tolerável, por exemplo, que um proprietário deixasse de dar utilidade a seu imóvel urbano, deixando de edificar na área, sem que qualquer medida lhe fosse exigida.

A situação, portanto, em relação à propriedade e seu regime jurídico, permanecia semelhante à anterior, quando o proprietário poderia dar à sua propriedade o destino que melhor lhe conviesse, sem qualquer preocupação com a função que esta deveria exercer em relação à cidade e a seus habitantes. Havia, como dissemos, apenas requisitos legais de natureza edilícia e de uso que limitavam o exercício do direito, mas ficava ao talante do proprietário a decisão sobre o momento de realizar benfeitorias para atender a uma função.

Os projetos de lei apresentados para oferecer diretrizes de desenvolvimento urbano foram fruto da tentativa de se estabelecer para o país uma política urbana que atendesse às necessidades de organizar as cidades de modo que todos nelas se apropriassem para melhoria das condições de vida.

O Projeto de Lei 5.788/1990, entretanto, detinha mais condições de aprovação, já que nascia sob uma nova ordem constitucional que prestigiava a política urbana, a ponto de inscrever no próprio texto constitucional um capítulo dedicado a essa matéria. De fato, a Constituição de 1988, em seus arts. 182 e 183, prevê a elaboração de plano diretor municipal como instrumento básico dessa política, a fim de que se possa dar contornos claros à propriedade urbana com função social.

Dessa forma, a definição da função social da propriedade imobiliária urbana fica ao encargo de cada Município, através de seu plano diretor.

O Estatuto da Cidade oferece diretrizes gerais para a fixação da política urbana e, também, instrumentos capazes de garantir o atendimento dessas postulações, condicionando o exercício do direito de propriedade, bem como elegendo institutos jurídicos e administrativos facilitadores da ação estatal em matéria de urbanismo.

O Estatuto da Cidade é assim denominado por refletir um conjunto de regras jurídicas que condicionam e pontuam a atividade urbanística, criando verdadeiro pacto entre governos, suas Administrações, a população e a própria cidade. Segundo seu art. 1º, suas normas são de ordem pública, significando dizer que são de aplicação imediata e que não comportam derrogação privada de seus postulados.

O preceito declara, igualmente, que as normas estabelecidas são de interesse público, destinadas a regular o uso da propriedade urbana de modo a que ela seja voltada ao bem-estar coletivo, à segurança e ao bem-estar individual das pessoas, além de buscar o equilíbrio ambiental. Note-se que as normas dispostas nesta lei estão intimamente relacionadas com a execução de uma política, cuja fixação necessita ser feita de forma prévia e de acordo com as diretrizes por ela mesma estabelecidas.

A propriedade está, dessa forma, condicionada a servir a um interesse que supera a esfera jurídica de seu titular. Vale dizer, a propriedade deve atender a um interesse coletivo para que possa, no atendimento do interesse individual, ser garantida pelo ordenamento jurídico.

Para compor a história do tema no Brasil, apresentamos, a seguir, breve histórico da atividade legislativa federal que se desenvolveu em torno da matéria.

3. O Projeto de Lei 775/1983 do Poder Executivo

Sob a vigência da Constituição Federal de 1967, com a redação dada pela Emenda Constitucional 1, de 17.10.1969, foi iniciativa do Executivo Federal a apresentação ao Congresso Nacional do primeiro projeto de lei que tinha por objetivo estabelecer normas voltadas à política urbana.

Tal iniciativa teve por fundamento a compreensão do Governo Federal de que era urgente a criação de normas voltadas a regular as relações urbanas das cidades brasileiras, vez que até aquele momento a maioria da legislação existente fora editada quando a sociedade se caracterizava fortemente como rural. Era preciso, portanto, dar novo enfoque ao sentido da propriedade urbana, especialmente porque a própria Constituição Federal exigia que a propriedade atendesse à sua função social.

De fato, outra não era a norma constitucional inscrita no art. 160, III, da Constituição anterior: "Art. 160. A ordem econômica e social tem por fim realizar o desenvolvimento nacional e a justiça social, com base nos seguintes princípios: (...) III – função social da propriedade; (...)".

A propriedade, segundo a letra da Constituição Federal, passou, portanto, a possuir uma conotação diferente daquela em que até então se acreditava. A propriedade, de qualquer tipo, passou a integrar a noção de desenvolvimento nacional e de justiça social.

O direito de propriedade permanecia garantido pela Constituição Federal pretérita, nos expressos termos do art. 153, § 22, salvo os casos de desapropriação e de perigo público iminente, todos com a certeza da indenização correspondente. Interessante notar que o art. 153 da revogada Constituição de 1967/1969 visava a assegurar o *direito de propriedade*, determinando indenização para os casos de perda do direito em razão de utilidade ou necessidade pública e de interesse social e, também, em casos de perigo público em que o Poder Público tivesse que requisitar a propriedade particular.

O proprietário, entretanto, devia utilizar-se de seu bem de forma a atender a uma função social, vez que tal característica é marca da propriedade, por ser princípio da ordem econômica e social e fator de desenvolvimento nacional e de justiça social.

O Projeto de Lei 775/1983 pretendeu explicitar o preceito da função social da propriedade. Para tanto, propunham-se as seguintes diretrizes: iguais oportunidades de acesso à propriedade urbana e à moradia; distribuição equitativa dos benefícios e ônus decorrentes da urbanização; correção das distorções de valorização da propriedade urbana; regularização fundiária de áreas ocupadas por população de baixa renda; e a devida adequação às normas urbanísticas do direito de construir.

Como instrumentos de atuação o projeto de lei criava novos instrumentos jurídicos e administrativos para possibilitar a total eficiência da implementação das ações urbanísticas requeridas. Entre outros, estavam previstos o parcelamento, edificação e utilização compulsórios, o direito de preempção devido ao Estado, o direito de superfície e o direito de transferência de potencial construtivo para garantir a preservação do patrimônio urbanístico, artístico, arqueológico e paisagístico, bem como para a implantação de equipamentos urbanos e comunitários.

No campo da participação popular, previa o projeto a ativa atuação fiscalizadora das comunidades interessadas no sentido de verificar o atendimento dos preceitos estabelecidos, podendo qualquer cidadão ou associação de moradores exigir, por meio do ajuizamento de ações, a cessação de atividades tendentes à ocupação ou uso indevido de imóvel urbano.

Para o Projeto de Lei 775/1983 o desenvolvimento urbano consistia, basicamente, na solução de problemas relacionados às distorções do crescimento urbano; ao atendimento da função social da propriedade; ao uso adequado do solo urbano; aos investimentos públicos e a outros que resultassem, igualmente, na valorização dos imóveis urbanos; ao estabelecimento de política fiscal e financeira que sustentasse as ações necessárias e, também, à participação da iniciativa privada nos processos de urbanização.

A ideia central do projeto era a de ser necessário e urgente dotar os administradores públicos, locais e regionais, de condições mais efetivas de atuação no meio urbano.

O Projeto de Lei 775/1983 tramitou no Congresso Nacional até 1988, quando da promulgação da nova Constituição, sendo que até aquele momento a ele haviam sido apensados 14 outros projetos de lei. Ele havia surgido como proposta do então Conselho Nacional de Desenvolvimento Urbano – CNDU, órgão do Ministério do Interior e também responsável pela proposição e implantação da Política Nacional de Desenvolvimento Urbano. A proposta recebera, à época, inúmeras sugestões de alteração, especialmente de entidades privadas vinculadas ao setor imobiliário. Com base nessas críticas, o CNDU havia determinado a criação de um Grupo de Trabalho, composto por representantes do Ministério e por conselheiros de nomeação do Presidente da República, cuja tarefa seria a de fornecer ao Conselho nova minuta, inclusive com posições divergentes, para nova deliberação.

As dúvidas surgidas referiam-se, basicamente, ao problema da constitucionalidade de alguns dos dispositivos propostos e também à competência da União para legislar sobre desenvolvimento urbano. A fim de dirimir tais questões, dois juristas de renomado saber foram consultados para apresentar, em forma de parecer, suas opiniões acerca das dúvidas suscitadas. Novo projeto foi elaborado e enviado ao Executivo Federal, acompanhado dos pareceres jurídicos de Miguel Reale e de Hely Lopes Meirelles.[1]

Sobre as dúvidas lançadas, Miguel Reale reforça o entendimento pelo qual era a União competente para dispor sobre normas nacionais voltadas ao desenvolvimento urbano. Suas conclusões são resultado do detido exame das normas constitucionais então em vigor, vez que se encontrava vigente a Constituição de 1967, com a redação da Emenda Constitucional 1/1969.

Nesta Constituição não estava expressamente mencionada a competência da União para dispor sobre direito urbanístico e sobre diretrizes gerais de desenvolvimento urbano, o que obrigava o intérprete a retirar a regra de competência de um conjunto de artigos compreendido em um contexto lógico de complementaridade.

De fato, a Constituição Federal de 1967/1969 preferiu criar um sistema de planos nacionais cuja executoriedade dependeria da ação dos entes federados, no âmbito da competência de cada um. De acordo com o art. 8º:
"Art. 8º. Compete à União: (...) V – planejar e promover o desenvolvimento e a segurança nacional; (...) XI – estabelecer o plano nacional de viação; XII – organizar a defesa permanente contra as calamidades públicas, especialmente a seca e as inundações; (...) XIV – estabelecer e executar planos nacionais de educação e de saúde, bem como os planos nacionais de desenvolvimento; (...) XVII – legislar sobre: (...) b) direito civil, comercial, penal, processual, eleitoral, agrário, marítimo, aeronáutico, espacial e do trabalho; c) normas gerais sobre orçamento, despesa e gestão patrimonial e financeira de natureza pública; taxa judiciária, custas e emolumentos remuneratórios dos serviços forenses, de registros públicos e notariais; de direito financeiro; de seguro e previdência social; de defesa e proteção da saúde; de regime penitenciário; (...) f) desapropriação; (...) i) águas, telecomunicações, serviço postal e energia (elétrica, térmica, nuclear ou qualquer outra); (...) n) tráfego e trânsito nas vias terrestres; (...)".

Foi da interpretação conjunta desses artigos que o insigne jurista retirou a conclusão de que a União era competente para editar normas sobre direito urbanístico e diretrizes gerais de desenvolvimento urbano.

Todavia – alertava Miguel Reale –, seria sempre necessário cuidar para que, ao legislar, a União preservasse intacta a competência do Município nas questões de seu peculiar interesse, especialmente quanto à organização dos serviços públicos locais (art. 15, II, "b", da CF anterior). Esta

---

1. Cf. parecer anexado à Mensagem 155/1983, pela qual o Poder Executivo enviou o Projeto de Lei 775 ao Legislativo Federal. Os pareceres estão publicados na *RDP* 75/42 e 73/95, respectivamente.

competência englobava todas as atividades concretas de atuação do governo local, que encontrava sua especificação na Lei Orgânica dos Municípios (à época, lei estadual de estrutura básica de organização de nível municipal e de obrigatória observância por todos os Municípios do território estadual respectivo).

Era, de fato, a única conclusão possível, considerando que a Constituição anterior havia criado, como antes afirmamos, um sistema nacional de planos, em que a União exercia amplamente sua competência para "planejar e promover o desenvolvimento e a segurança nacional", e "planos regionais de desenvolvimento" (art. 8º, V e XIV, da CF revogada).

Interessante ressaltar que, na seara do desenvolvimento urbano, a integração da atuação de cada um dos entes federados possui importância capital, pois os assuntos a serem tratados superam a mera instância local e regional, para alcançar níveis nacionais. Passam, por isso, a demandar a adoção de padrões gerais de caráter socioeconômico que devem pautar a atividade privada e submeter a atividade pública, para dignificar a vida urbana.

Somente a União poderia, com base no sistema constitucional de competências que vigorava, adotar padrões a fim de harmonizar a atuação das partes, sem aviltar as demais esferas de governo.

O Projeto de Lei 775/1983, entretanto, mencionava a intenção de criar um "sistema nacional de cidades" que tenderia a estabelecer um desenho comum a todas as cidades do país. Essa intenção era descabida, pois prevalece em nosso meio intensa pluralidade social, que não se conformaria ao objetivo de alcançar uma cidade ideal, posto que submetidas a normas de iguais preceitos sem atenção a características únicas. A pretensão deveria ser a de, tãosomente, indicar a necessidade de ser estabelecida em cada uma das cidades uma distribuição espacial de sua população e de suas atividades econômicas adequada a produzir uma cidade que atendesse ao bem-estar geral.

De modo semelhante, Hely Lopes Meirelles também concluiu ser da União a competência constitucional para dispor sobre normas de direito urbanístico, muito embora tal atribuição devesse ser extraída de várias prescrições constitucionais e de princípios implícitos. Asseverou, ainda, que o conceito de urbanismo havia evoluído, deixando de ter apenas preocupações estéticas para voltar-se a um objetivo social que implica oferecer melhores condições de vida ao homem e à comunidade.

Tradicionalmente, a organização das cidades, mantidas distantes umas das outras, cabia ao governo local, que podia resolver isoladamente seus problemas de ordenamento territorial. Entretanto, devido à intensificação do desenvolvimento e, com ele, do crescimento urbano em razão do fluxo migratório do campo para as cidades, alguns dos novos problemas que se seguiram não comportavam mais soluções domésticas e exclusivamente locais. Os assuntos urbanísticos passaram a exigir atuação não apenas da entidade local, mas de todos os entes federados em matéria de urbanismo.[2]

O festejado jurista esclareceu também que a União já vinha atuando em sentido legislativo em matéria urbanística, como no caso da edição da Lei federal 6.803, de 2.7.1980, que estabeleceu a discriminação de atribuições dos Estados e dos Municípios no que respeita ao zoneamento urbano, para compatibilização de atividades industriais com a proteção ambiental, disciplinando as zonas de uso industrial e fixando atividades exclusivas nessas áreas.

Além disso, a atividade urbanística visa à ordenação do território e dos espaços habitáveis, o que termina por interferir no direito de propriedade de maneira bastante intensa. A competência constitucional para legislar sobre direito civil pertencia exclusivamente à União, nos termos do então art. 8º, XVII, "b", da Constituição anterior – fato que condicionava a atividade urbanística dos Estados e Municípios aos preceitos ditados pela legislação federal.

Sobre essa importante questão, Hely Lopes Meirelles sublinhou em seu parecer a necessidade de a União estabelecer as normas gerais regulamentadoras da função social da propriedade imobiliária urbana, uma vez que a função social da propriedade revela-se como princípio básico da ordem econômica e social.

Municipalista, Hely Lopes Meirelles lembrava, todavia, que legislar sobre normas gerais não significaria subordinar a atividade urbanística dos demais entes federados, sacrificando suas autonomias administrativas para pretender a imposição de *standards*. Nesse sentido era limitada a competência da União, o que não devia servir de justificativa para a omissão legislativa.

Frente ao posicionamento dos eminentes juristas, o Projeto de Lei 775/1983 foi enviado ao Congresso Nacional com a Mensagem Presidencial de 3.5.1983, acompanhado da "Exposição de Motivos" do Ministério do Interior. Com a promulgação da nova Carta de 1988, em 5 de outubro daquele ano, a Câmara dos Deputados, por meio da Resolução 6, de 4.4.1989, determinou, entre outras medidas, a remessa de proposições de iniciativa de outros Poderes à Mesa daquela Casa para efeito de redistribuição, considerando não escritos os pareceres emitidos até aquela data.

O Projeto de Lei 775/1983 foi, em julho de 1995, retirado pelo Poder Executivo, sem deliberação.

2. Hely Lopes Meirelles chegou a sugerir ao deputado Nélson Marchezan a apresentação de proposta de emenda constitucional para incluir no texto da Constituição Federal de 1967 poderes expressos da União para legislar sobre normas gerais de desenvolvimento urbano.

4. O Projeto de Lei substitutivo 2.191/1989

De autoria do deputado Raul Ferraz, esse projeto teve o mérito de ser o primeiro proposto após a promulgação da Constituição de 1988. Sob a forma de substitutivo, o Projeto de Lei 2.191/1989 mostrou-se perfeitamente adaptado às novas normas constitucionais, especialmente àquelas referentes ao plano diretor e às competências dos entes federados em matéria urbanística.

Entre os principais pontos tratados no Projeto de Lei 2.191/1989 podemos mencionar os seguintes:

– criação de áreas de polarização urbana (integradas por regiões formadas por Municípios vizinhos e não conurbados, situados na mesma comunidade socioeconômico, cujos serviços são de interesse comum);

– criação de institutos tributários (contribuição urbanística e taxa de urbanização);

– criação do instrumento urbanístico da requisição de imóvel urbano para loteamento ou obras de urbanização, com posterior devolução do imóvel requisitado ao proprietário, devidamente urbanizado;

– criação da usucapião especial de imóvel urbano coletivo utilizado para moradia, que permitiria a aquisição imobiliária de área urbana de metragem superior a duzentos e cinquenta metros quadrados ocupada por edificações precárias e mediante a posse ininterrupta e sem oposição;

– criação do instituto da reurbanização consorciada, pelo qual o Poder Público, com base em plano de desenvolvimento urbano, poderia proceder à desapropriação fundada em interesse social.

Interessante notar que o Projeto de Lei 2.191/1989 determinava que os Municípios com população inferior a vinte mil habitantes – isto é, aqueles que, segundo a Constituição Federal de 1988, não estão obrigados à elaboração de plano diretor – deveriam elaborar sua legislação urbanística contendo, no mínimo, a proposta de estrutura urbana, os limites de área urbana e de expansão urbana, com indicação das áreas preferenciais de urbanização, e as diretrizes de uso e ocupação do solo. Essa regra poderia ser a solução para o que, atualmente, se discute em torno da situação dos Municípios menores, que não estão obrigados constitucionalmente à elaboração de plano diretor.

5. O Projeto de Lei 5.788/1990

De autoria do senador Pompeu de Souza, o Projeto de Lei 5.788/1990, conhecido como o *Estatuto da Cidade*, visava a estabelecer diretrizes gerais da política urbana. Obtida sua aprovação no Senado Federal no mesmo ano, foi enviado à Câmara dos Deputados, onde lhe foram apensadas outras dezessete proposições, entre elas o Projeto de Lei 2.191/1989.

O projeto de lei aprovado no Senado apresentava-se de maneira um tanto confusa, devido à dificuldade de precisão terminológica referente à conceituação, aos princípios e aos objetivos da política urbana. Os dispositivos referentes ao plano diretor eram excessivos e deixavam de regular pontos importantes como o da função social da propriedade, resultando em um conjunto complexo de normas redundantes e confusas. Além disso, apontava para a criação de parâmetros iguais para as cidades, desconhecendo suas diferenças.

Outra crítica ao projeto é que ele apresentava um enfoque extremamente municipal, deixando de fixar diretrizes gerais para os demais níveis de governo, o que tornava a propositura desprovida não apenas de normas programáticas, mas também de normas materiais de orientação ao setor urbano e ao regime jurídico da propriedade imobiliária urbana.

Não obstante, os instrumentos urbanísticos (como o direito de preempção, o de construir, o de superfície e a usucapião especial) estavam muito bem disciplinados e com contornos bem definidos e de fácil entendimento.

Com relação à discussão anterior referente à competência da União para legislar sobre direito urbanístico, a Carta Constitucional de 1988 acolheu a sugestão oferecida anos antes por Hely Lopes Meirelles. O art. 24 da Carta Magna determina: "Art. 24 Compete à União, aos Estados e ao Distrito Federal legislar concorrentemente sobre: I – direito tributário, financeiro, penitenciário, econômico e urbanístico; (...)".

Tal competência, como se sabe, refere-se ao estabelecimento de normas gerais, cabendo aos Estados a competência suplementar. Embora a competência concorrente legislativa do art. 24 não mencione o Município, elevado que foi expressamente à qualidade de ente federativo, a competência municipal para legislar sobre matéria urbanística é retirada do art. 30 da nova Carta, onde se verifica ser competência dos Municípios legislar sobre assuntos de interesse local (inciso I); suplementar a legislação federal e estadual, no que couber (inciso II); e promover, no que couber, o adequado ordenamento territorial, mediante planejamento e controle do uso do solo, do parcelamento e da ocupação do solo urbano (inciso VIII).

Interessante a solução dada pelo legislador constituinte para a questão da competência em matéria de direito urbanístico. As normas gerais são dispostas pela lei federal ou pela lei estadual, estas no exercício da competência legislativa concorrente própria e suplementar. Em qualquer caso, essas leis devem obediência à competência do Município no que tange ao interesse local e também a normas legais de execução concreta do ordenamento territorial, parcelamento e uso e ocupação do solo urbano.

Além disso, a Constituição Federal promulgada em 5 de outubro de 1988 é clara ao determinar ser da competência da União instituir diretrizes para o desenvolvimento urbano, inclusive habitação, saneamento básico e transportes urbanos, conforme se lê no seu art. 21, XX.

Durante uma década de tramitação legislativa, o Projeto de Lei 5.788/1990 recebeu inúmeros substitutivos, todos resultantes das discussões travadas nas Comissões Permanentes da Câmara dos Deputados. Inicialmente o projeto foi distribuído à Comissão de Viação e Transportes, Desenvolvimento Urbano e Interior (depois subdividida em Comissão de Viação e Transportes – CVT e Comissão de Desenvolvimento Urbano e Interior – CDUI) e à Comissão de Constituição e Justiça e de Redação – CCJR. A proposição teve audiência solicitada pela Comissão de Economia, Indústria e Comércio – CEIC e pela Comissão de Defesa do Consumidor, Meio Ambiente e Minorias – CDCMAM.[3]

O substitutivo oferecido pela Comissão de Economia, Indústria e Comércio, aprovado em 1997, alterou o projeto original para corrigir suas inadequações. A nova proposta foi baseada no trabalho de um Grupo Técnico criado pela Comissão de Desenvolvimento Urbano e Interior, com a participação de diversas entidades da sociedade civil e de representantes de órgãos públicos.

Alguns pontos foram suprimidos em razão de vício de iniciativa, a exemplo da criação do Conselho Nacional de Desenvolvimento Urbano, cuja competência é do Executivo. Pela mesma razão foram suprimidos os dispositivos então presentes referentes a regiões metropolitanas e aglomerações urbanas e à figura do prefeito metropolitano. Os dispositivos referentes ao plano diretor foram alterados, mantendo, todavia, sua obrigatoriedade e a possibilidade de utilização de instrumentos urbanísticos para regular os processos de produção, reprodução e uso do espaço urbano. Os dispositivos referentes às diretrizes, processo de elaboração e conteúdo também foram cancelados.

6. Substitutivo da Comissão de Defesa do Consumidor, Meio Ambiente e Minorias

A apresentação desse substitutivo, aprovado em 1998, deveu-se a uma preocupação ambiental e à necessidade de harmonização da regulação urbanística com a regulação ambiental em áreas onde se verificasse intensa demanda de urbanização.

3. Cf. parecer do deputado Inácio Arruda, Relator do Projeto de Lei 5.788/1990 na Comissão de Desenvolvimento Urbano e Interior.

A HISTÓRIA DO ESTATUTO DA CIDADE 39

Com essa preocupação, o substitutivo propôs o Estudo Prévio de Impacto Ambiental – EIA e o novo Estudo Prévio de Impacto de Vizinhança – EIV. No campo da aplicação da edificação, parcelamento e utilização compulsórios foram inseridos dois parágrafos que explicitaram o conteúdo da expressão "imóvel subutilizado". Tais propostas foram incorporadas ao substitutivo da Comissão de Desenvolvimento Urbano e Interior.

7. Substitutivo da Comissão de Desenvolvimento Urbano e Interior

Esta Comissão, na qualidade de principal Comissão de mérito para exame do Projeto de Lei 5.788/1990 – Estatuto da Cidade, procurou aperfeiçoar o substitutivo oferecido pela Comissão que a precedeu, realizando um amplo debate junto à sociedade em geral e também com as entidades representantes do setor, além de reuniões técnicas entre o Relator e os representantes de entidades nãogovernamentais e órgãos públicos vinculados à matéria.

O substitutivo apresentou várias inovações. No campo do plano diretor foram ampliadas suas normas para prever, inclusive, sanções para a ausência de participação popular no processo de elaboração e a obrigatoriedade para os Municípios integrantes de áreas de especial interesse turístico ou inseridas na área de influência de empreendimentos ou atividades com significativo impacto ambiental.

Para disciplinar a participação popular na gestão urbana foi inserido um capítulo denominado "Gestão Democrática da Cidade", que prestigiou a gestão orçamentária participativa. Na disciplina da outorga onerosa do direito de construir, o substitutivo também criou a possibilidade de alteração onerosa de uso.

Com referência à ação civil pública foi prevista sua utilização com vistas à reparação de danos causados à ordem urbanística. O substitutivo também introduziu uma série de sanções aplicáveis nos casos de infrações às suas determinações, a exemplo da improbidade administrativa do prefeito quando omisso em relação às providências de ordem urbanística a seu cargo.

Muito importante frisar que no Projeto de Lei 5.788/1990 foram introduzidas, por meio dos substitutivos apresentados nas diversas Comissões, várias alterações de peso. Entre elas cumpre ressaltar aquela que previu a "concessão de uso especial para fins de moradia" (arts. 15-20 do substitutivo da Comissão de Desenvolvimento Urbano e Interior), conferindo direito subjetivo ao ocupante de área pública urbana de até duzentos e cinquenta metros quadrados que lá estivesse por cinco anos, sem oposição e ininterruptamente, utilizando-a para sua moradia ou de sua família. Os dispositivos também permitiam a outorga da concessão de uso especial sob a forma coletiva quando fosse impossível identificar os terrenos ocupados por cada possuidor.

O substitutivo foi aprovado no âmbito da Comissão em 1999, seguindo para a Comissão de Constituição e Justiça e de Redação da Câmara dos Deputados.

8. Substitutivo da Comissão de Constituição e Justiça e de Redação

A rigor, esta Comissão não é de mérito. Analisa os aspectos de constitucionalidade e de técnica legislativa das proposituras. Entretanto, em razão de análises feitas, é possível a supressão de dispositivos e, ato contínuo, nova redação, destinada a harmonizar o conjunto. Sendo assim, o texto do Estatuto da Cidade, já sob a forma do substitutivo oferecido na Comissão de Desenvolvimento Urbano e Interior, foi novamente modificado na Comissão de Constituição e Justiça e de Redação.

Entre as alterações feitas destacamos as seguintes: a) relativamente à outorga onerosa, foram retiradas as hipóteses de contrapartida do beneficiário, mantida, entretanto, sua obrigatoriedade; b) sobre o Estudo de Impacto de Vizinhança, suprimiu-se a audiência da comunidade afetada no processo de elaboração do EIV, bem como a palavra "ampla" do dispositivo que prevê a publicidade dos documentos integrantes do estudo; c) no capítulo dedicado ao plano diretor foi suprimido o parágrafo que previa quórum qualificado para sua aprovação e alteração; e d) foi suprimido todo o capítulo das regiões metropolitanas.

O substitutivo da Comissão de Constituição e Justiça e de Redação foi aprovado em 2000 no âmbito da Comissão, foi aprovado em fevereiro de 2001 na Câmara dos Deputados e enviado ao Senado de onde se originou. Obtida a aprovação no Senado, foi à sanção presidencial. Em 30 de junho do mesmo ano o projeto foi sancionado com vetos, transformando-se na Lei federal 10.257, de 10.7.2001.

O veto mais polêmico foi o aposto ao capítulo que tratava da *concessão especial de uso para fins de moradia* (arts. 15-20), cuja constitucionalidade se questionava. Todavia, o assunto foi posteriormente tratado por meio da Medida Provisória 2.220, de 4.9.2001, que garante a concessão de uso de imóveis públicos ocupados, de forma individual e coletiva, cujas ocupações já existiam em 30 de junho de 2001.

Sobre as razões do veto mencionado é importante registrar que seu principal argumento foi o de não estar previsto no texto da lei aprovada uma data-limite para a aquisição do direito à concessão de uso especial. A manutenção do texto original tornaria "permanente um instrumento só justificável pela necessidade imperiosa de solucionar o imenso passivo de ocupações irregulares gerado em décadas de urbanização desordenada" (sic).

Outro ponto importante do veto é o que se refere à não previsão no texto legal de ressalva do exercício do direito à concessão em áreas públicas de uso comum, de interesse de defesa nacional, de preservação ambiental e aquelas destinadas a obras públicas. As razões do veto apontam no sentido de que seria mais eficiente que o direito à concessão, nesses casos, fosse garantido com a utilização de outras áreas.

O veto também se referiu à inconveniência de estar previsto no *caput* do art. 15 (vetado) que o exercício do direito à concessão poderia ser deferido em "edificação urbana", permitindo a regularização de cortiços em imóveis públicos, o que seria viabilizada pela concessão do uso especial para fins de moradia, conferida a título coletivo, prevista no art. 16. Além disso, a manutenção da expressão referida poderia permitir o entendimento de que o direito à concessão poderia ser requerido por ocupantes de habitações individuais (de até duzentos e cinquenta metros quadrados) de área edificada em imóvel público.

Os demais vetos apostos ao projeto causaram menos impacto, mas devem ser igualmente comentados.

O art. 43, V, previa a utilização obrigatória do referendo popular e do plebiscito para garantia da gestão democrática da cidade, mas a Lei 9.709, de 18.11.1998, estabelece a possibilidade da utilização desses instrumentos por parte dos Estados e dos Municípios, segundo as respectivas Constituições e leis orgânicas. Dessa forma, seria desnecessária nova permissão legal.

O art. 5º, § 1º, II, do projeto previa que o imóvel utilizado em desacordo com a legislação urbanística ou ambiental seria considerado subutilizado, facultando a aplicação do parcelamento, edificação ou utilização compulsórios. As razões do veto a esse dispositivo fundamentam-se na inconstitucionalidade da equiparação, pois o fato de o proprietário dar a seu imóvel uso ilegal não significa, necessariamente, a subutilização. A ampliação legislativa em termos de restrição a direito fundamental (direito de propriedade) não pode ser admitida.

O art. 26, IX, por seu turno, também mereceu veto. Tal dispositivo estabelecia que o direito de preempção, previsto no art. 26, poderia ser exercido sempre que o Poder Público necessitasse de áreas para "outras finalidades de interesse social ou de utilidade pública, definidas no plano diretor". Segundo as razões apresentadas, o direito à preempção representa um instrumento limitador do direito de propriedade, sendo, por isso, necessário que as hipóteses para sua aplicação estejam expressamente previstas em lei. Caso contrário haveria alta discricionariedade do Poder Público, colocando em risco direito fundamental.

O conjunto de vetos também alcançou o § 5º do art. 40, que se referia à previsão de nulidade para a lei que, ao instituir o plano diretor, o fizesse em desacordo com o disposto no § 4º do mesmo artigo. Tal previsão fere o princípio constitucional que assegura a autonomia legislativa municipal, não cabendo à União estabelecer regras sobre processo legislativo no âmbito de outros entes federativos. Inconstitucional, portanto, o dispositivo.

Por último, resta mencionar que também o inciso I do art. 52 foi objeto de veto. O dispositivo em questão tratava de previsão de improbidade administrativa em relação à conduta do prefeito de "impedir ou deixar de garantir a participação de comunidades, movimentos e entidades da sociedade civil, conforme o disposto no § 3º do art. 4º desta Lei". Segundo os argumentos expendidos, o dispositivo é de difícil interpretação e aplicação, o que poderia gerar sérios prejuízos à segurança jurídica e obstruir sua real efetivação.

O derradeiro veto refere-se à supressão de acréscimo à Lei 6.015/1973, Lei de Registros Públicos, tendo em vista o veto aos arts. 15 a 20.

9. Conclusão

Após mais de uma década de tramitação, o ordenamento jurídico brasileiro dispõe de lei que estabelece normas gerais de cunho urbanístico e, principalmente, oferece base suficiente para a fixação da função social da propriedade, que, prevista no texto constitucional, não dispunha de desdobramento normativo específico para sua compreensão.

O Estatuto da Cidade, em sua primeira redação, datada de 1983, foi amplamente reproduzido nos substitutivos que se seguiram. A base de sua aplicabilidade estava centrada na criação de novos instrumentos jurídicos que permitissem a atuação pública quando no exercício de atividade urbanística. O primeiro projeto teve, portanto, o mérito de trazer um conjunto de medidas legais voltadas exclusivamente à adequação da utilização das propriedades urbanas em atenção ao interesse coletivo.

Assim, sob o ponto de vista dos instrumentos jurídicos, o Projeto de Lei 577/1983 foi pioneiro e pretendeu inovar a ordem jurídica, apresentando novos institutos, a exemplo da transferência do direito de construir, e reconceituando outros, como o direito de preempção, para vocacioná-los a objetivos diferenciados.

O projeto de 1990, mais afeto aos novos dispositivos constitucionais, aprimorou seu antecessor, na medida em que trouxe para a letra da lei a necessária participação popular na elaboração de planos urbanísticos e enfatizou o papel do planejamento urbano sob a forma de planos diretores municipais.

Além disso, os projetos substitutivos foram concebidos no âmbito de intensa participação da sociedade civil, especialmente nos últimos três anos de sua tramitação.

Não podemos deixar de reconhecer que o Estatuto da Cidade, em sua versão final, contempla vários pleitos que partiram de todos os segmentos da sociedade que foram chamados a participar. Nesse sentido, o projeto final é resultado de intensas discussões e debates que ocorreram tanto nos meios acadêmicos como junto à população, resultando na adoção de princípios e diretrizes para o planejamento urbano como base de sustentação de uma política urbana satisfatória e realizável.

Caberá, entretanto, aos Municípios a imensa tarefa de tornar realidade os postulados inscritos no Estatuto da Cidade, a fim de que todos tenham direito às cidades com qualidade de vida.

A Lei 10.257/2001 sofreu modificações desde a sua edição. Todas elas exprimem claramente a preocupação do legislador federal em fixar as diretrizes da política urbana expressas no plano diretor.

O art. 2º do Estatuto ao determinar diretrizes estabelece um comando de imposição negativa na ordenação e controle do uso do solo de modo a evitar, dentre outras ocorrências, a exposição da população a riscos de desastres, que constitui a letra "h", do inciso VI, incluído pela Lei 12.608/2012.

A Lei 12.836, de 2013, incluiu o inciso XVII nesse art. 2º, visando ao "estímulo à utilização, nos parcelamentos do solo e nas edificações urbanas, de sistemas operacionais, padrões construtivos e aportes tecnológicos que objetivem a redução de impactos ambientais e a economia de recursos naturais". Com o mesmo objetivo, a mesma Lei 12.836 incluiu o inciso III no § 2º do art. 32, prevendo a possibilidade de "concessão de incentivos a operações urbanas que utilizam tecnologias visando à redução de impactos ambientais, e que comprovem a utilização, nas construções e uso de edificações urbanas, de tecnologias que reduzam os impactos ambientais e economizem recursos naturais, especificadas as modalidades de *design* e de obras a serem contempladas", exigindo para isso contrapartida dos beneficiados com essa concessão e a especificação da natureza desses incentivos, "uma vez atendido o disposto no inciso III do § 2º do art. 32" (incisos VI e VIII do art. 33, incluídos, também, pela Lei 12.836).

O legislador também fez incluir, dentre os instrumentos da política urbana, dois novos institutos jurídicos e políticos: o da demarcação urbanística para fins de regularização fundiária e a legitimação de posse, ambos incluídos pela Lei 11.977/2009, que cuida do programa federal denominado Minha Casa Minha Vida e que são previstos no Estatuto da Cidade no art. 4º, V, letras "t" e "u".

O art. 41 que cuida da obrigatoriedade do Plano Diretor para determinadas cidades foi acrescido do inciso VI para exigi-lo para Municípios, incluídos no cadastro nacional de Municípios com áreas suscetíveis à ocorrência de deslizamentos de grande impacto, inundação bruscas ou processos geológicos ou hidrológicos correlatos, conforme determinação da Lei 12.608/2012.

Por sua vez, Municípios com essas características devem elaborar seus Planos Diretores com o conteúdo mínimo previsto no art. 42 acrescido das exigências dos incisos I a V do art. 42-A, bem como dos §§ 1º a 4º do mesmo dispositivo. Tais modificações resultam das Leis 12.608/2012 e 12.983/2014.

Essa mesma lei inseriu no Estatuto da Cidade o art. 42-B que trata dos Municípios que "pretendam ampliar o seu perímetro urbano após a data de publicação desta Lei", e para isso deverão elaborar projeto específico que contenha alguns parâmetros estabelecidos nos incisos I a VII e nos §§ 1º a 3º desse artigo.

Tal determinação é importante porque a alteração do perímetro urbano que, segundo a grande maioria das Leis Orgânicas depende apenas de lei ordinária, também estará condicionada ao atendimento a certos requisitos urbanísticos que estão inscritos nos dispositivos acima mencionados.

Vale atentar, porém, que o § 2º do art. 42-B, acrescido pela Lei 12.608/2012 ao Estatuto da Cidade, estabelece que o Município que desejar alterar o perímetro urbano e seu Plano Diretor contemplar as exigências deste dispositivo legal fica dispensado da elaboração de projeto específico previsto no *caput* do art. 42-B. Significa que havendo Plano Diretor que contemple as novas exigências, poderá o Município alterar o perímetro sem necessidade de elaborar projeto específico, sem prejuízo, no entanto, da aprovação de lei local.

Em 2008, a Lei 11.673 prorrogou o prazo de elaboração para aprovação do Plano Diretor para até 30 de junho daquele ano, exigido para os Municípios (i) com mais de vinte mil habitantes e (ii) integrantes de regiões metropolitanas e aglomerações urbanas (art. 41 do Estatuto da Cidade).

Por sua vez, o art. 53 do Estatuto da Cidade restou revogado pela Medida Provisória 2.180-35 de 2001. Esse dispositivo cuidava de modificar a Lei 7.347/1985 que disciplina a Ação Civil Pública de responsabilidade por danos causados ao meio ambiente, ao consumidor, a bens e direitos de valor artístico, estético, histórico, turístico e paisagístico para incluir dentre as hipóteses o dano à ordem urbanística.

Todavia, a mesma Medida Provisória que revogou o art. 53 do Estatuto da Cidade determinou a inclusão da hipótese "ordem urbanística" no art. 1º, inciso VI, da Lei 7.347/1985, resultando que a revogação do dispositivo no Estatuto da Cidade foi objeto de inclusão na lei que cuida da Ação Civil Pública.

O ESTATUTO DA CIDADE E SUAS DIRETRIZES GERAIS

CARLOS ARI SUNDFELD

Art. 2º. A política urbana tem por objetivo ordenar o pleno desenvolvimento das funções sociais da cidade e da propriedade urbana, mediante as seguintes diretrizes gerais:

I – garantia do direito a cidades sustentáveis, entendido como o direito à terra urbana, à moradia, ao saneamento ambiental, à infraestrutura urbana, ao transporte e aos serviços públicos, ao trabalho e ao lazer, para as presentes e futuras gerações;

II – gestão democrática por meio da participação da população e de associações representativas dos vários segmentos da comunidade na formulação, execução e acompanhamento de planos, programas e projetos de desenvolvimento urbano;

III – cooperação entre os governos, a iniciativa privada e os demais setores da sociedade no processo de urbanização, em atendimento ao interesse social;

IV – planejamento do desenvolvimento das cidades, da distribuição espacial da população e das atividades econômicas do Município e do território sob sua área de influência, de modo a evitar e corrigir as distorções do crescimento urbano e seus efeitos negativos sobre o meio ambiente;

V – oferta de equipamentos urbanos e comunitários, transporte e serviços públicos adequados aos interesses e necessidades da população e às características locais;

VI – ordenação e controle do uso do solo, de forma a evitar:

a) a utilização inadequada dos imóveis urbanos;

b) a proximidade de usos incompatíveis ou inconvenientes;

c) o parcelamento do solo, a edificação ou o uso excessivos ou inadequados em relação à infraestrutura urbana;

d) a instalação de empreendimentos ou atividades que possam funcionar como polos geradores de tráfego, sem a previsão da infraestrutura correspondente;

e) a retenção especulativa de imóvel urbano, que resulte na sua subutilização ou não utilização;

f) a deterioração das áreas urbanizadas;

g) a poluição e a degradação ambiental;

h) a exposição da população a riscos de desastres. (*Incluído pela Lei 12.608, de 10.4.2012*)

VII – integração e complementaridade entre as atividades urbanas e rurais, tendo em vista o desenvolvimento socioeconômico do Município e do território sob sua área de influência;

VIII – adoção de padrões de produção e consumo de bens e serviços e de expansão urbana compatíveis com os limites da sustentabilidade ambiental, social e econômica do Município e do território sob sua área de influência;

IX – justa distribuição dos benefícios e ônus decorrentes do processo de urbanização;

X – adequação dos instrumentos de política econômica, tributária e financeira e dos gastos públicos aos objetivos do desenvolvimento urbano, de modo a privilegiar os investimentos geradores de bem-estar geral e a fruição dos bens pelos diferentes segmentos sociais;

XI – recuperação dos investimentos do Poder Público de que tenha resultado a valorização de imóveis urbanos;

XII – proteção, preservação e recuperação do meio ambiente natural e construído, do patrimônio cultural, histórico, artístico, paisagístico e arqueológico;

XIII – audiência do Poder Público Municipal e da população interessada nos processos de implantação de empreendimentos ou atividades com efeitos potencialmente negativos sobre o meio ambiente natural ou construído, o conforto ou a segurança da população;

XIV – regularização fundiária e urbanização de áreas ocupadas por população de baixa renda mediante o estabelecimento de normas especiais de urbanização, uso e ocupação do solo e edificação, consideradas a situação socioeconômica da população e as normas ambientais;

XV – simplificação da legislação de parcelamento, uso e ocupação do solo e das normas edilícias, com vistas a permitir a redução dos custos e o aumento da oferta dos lotes e unidades habitacionais;

XVI – isonomia de condições para os agentes públicos e privados na promoção de empreendimentos e atividades relativos ao processo de urbanização, atendido o interesse social.

XVII – estímulo à utilização, nos parcelamentos do solo e nas edificações urbanas, de sistemas operacionais, padrões construtivos e aportes tecnológicos que objetivem a redução de impactos ambientais e a economia de recursos naturais. (*Incluído pela Lei 12.836, de 2013*)

1. Surge o direito urbanístico

Há semelhanças interessantes no aparecimento das disciplinas jurídicas contemporâneas. Estas começam como simples *recepção das novidades do mundo* pelo velho campo do Direito, para logo a seguir ganhar *acenos normativos* em leis e regulamentos de ocasião; é a *infância*. Daí, alguém lhes esboça uma *identidade teórica*, ainda com escasso amparo normativo; não demora e, um pouco por absorção da teoria, as normas emergentes vão inventando uma *identidade normativa* para o novo ramo; é a *adolescência*. Vem, por fim, o desafio da *consolidação, articulação* e *operação sistemática*: os vários elementos adquiridos (conceitos, finalidades, instrumentos, competências) têm de ganhar nitidez e estabelecer relações entre si, para assim incidir na vida concreta; eis, enfim, a *idade adulta*.

Conquanto as normas urbanísticas tenham antepassados ilustres (regulamentos edilícios, normas de alinhamento, as leis de desapropriação etc.), seria um anacronismo pensar em um direito urbanístico anterior ao século XX. O direito urbanístico é o reflexo, no mundo jurídico, dos desafios e problemas derivados da urbanização moderna (concentração populacional, escassez de espaço, poluição) e das ideias da ciência do urbanismo (como a de plano urbanístico, consagrada a partir da década de 1930).[1] Estes foram os fatores responsáveis pelo paulatino surgimento de soluções e mecanismos que, frente ao direito civil e ao direito administrativo da época, soaram impertinentes ou originais e que acabaram se aglutinando em torno da expressão "direito urbanístico". Esse direito contrapôs-se ao direito civil clássico ao deslocar do âmbito puramente individual para o estatal as decisões básicas quanto ao destino das propriedades urbanas (princípio da *função social da propriedade*). Em consequência, ampliou o objeto do direito administrativo, para incorporar medidas positivas de intervenção na propriedade, deixando para trás as limitadas medidas de polícia, de conteúdo negativo.[2]

---

1. O anacronismo – no caso, a utilização de visões do presente para descrever institutos jurídicos do passado – é um desvio muito frequente nos estudos especializados (herança da época em que a filiação ao Direito Romano era considerada indispensável para o reconhecimento de qualquer instituto). Essa perspectiva faz certos autores referirem o "direito urbanístico da Antiguidade", "da Idade Média" etc. (v., por exemplo, Fernando Alves Correia, *O Plano Urbanístico e o Princípio da Igualdade*, Coimbra, Almedina, 1989, pp. 93 e ss.). Mas isso é um erro. Embora, por uma forma ou outra, o Direito sempre se tenha ocupado de "questões urbanas", o fenômeno não tinha as características quantitativa e qualitativa, que, no século XX, engendraram o direito urbanístico.

2. A tentativa de formulação de uma nova teoria geral, substitutiva da noção de "poder de polícia", foi objeto de meu *Direito Administrativo Ordenador*, 1ª ed., 3ª tir., São Paulo, Malheiros, 2003, cujas reflexões foram calcadas totalmente nos problemas de direito urbanístico.

Pode-se situar a infância do direito urbanístico brasileiro entre as décadas de 1930 a 1970, período em que o direito positivo acena com o princípio da função social da propriedade,³ os administrativistas e civilistas passam a estudar alguns aspectos jurídicos do urbanismo,⁴ surgem os Planos Nacionais de Desenvolvimento⁵ e leis de zoneamento.⁶

A partir da década de 1970, coincidindo com a explosão do crescimento das cidades, especialmente das Capitais – de que São Paulo é o exemplo paradigmático –, o direito urbanístico brasileiro irá conquistando sua identidade: leis nacionais instituirão mecanismos urbanísticos,⁷ serão publicados

3. O princípio da função social da propriedade aparece inicialmente na Constituição de 1934 (art. 113, § 7º). Sua primeira tradução legislativa em termos urbanísticos se deu na Lei federal 4.132, de 10.9.1962, que definiu os casos de desapropriação por interesse social "para promover a justa distribuição da propriedade ou condicionar o seu uso ao bem-estar social" (art. 1º). A influência do discurso urbanificador é evidente nessa lei, pois ela impôs a formulação de planos (art. 2º, II – zoneamento agrícola; art. 2º, § 2º – plano para atendimento das necessidades de habitação, trabalho e consumo dos centros de população) e viabilizou a intervenção estatal com objetivos claramente urbanísticos (art. 2º, I – propiciar o melhor aproveitamento da propriedade; III – fixar posseiros em terrenos urbanos; V – construir casas populares; VI – impedir a apropriação privada, via especulação, dos investimentos públicos; VII – proteger o meio ambiente). Sobre os efeitos do princípio da função social da propriedade à época da Constituição de 1969 reporto-me ao meu "Função social da propriedade", in Adilson Abreu Dallari e Lucia Valle Figueiredo (coords.), *Temas de Direito Urbanístico-1*, São Paulo, Ed. RT, 1987, pp. 1-22.

4. Entre os autores brasileiros do direito administrativo desse período deve-se destacar o papel de Hely Lopes Meirelles, que, por ser dotado de grande espírito prático e se interessar pela vida municipal, foi dos primeiros a publicar estudos buscando enquadrar juridicamente questões urbanas. Seus livros *Direito de Construir* (1ª ed., São Paulo, Ed. RT, 1961; a 11ª ed., póstuma, publicada em 2013 pela Malheiros Editores, foi a última) e *Direito Municipal* (1ª ed., São Paulo, Ed. RT, 1957; a mais recente é a 17ª ed., póstuma, 2ª tir., 2014, São Paulo, Malheiros Editores) foram, por vários anos, os manuais de referência na matéria.

5. O II Plano Nacional de Desenvolvimento foi editado pela Lei federal 6.151/1974, incluindo um capítulo sobre diretrizes e objetivos do desenvolvimento urbano nacional.

6. Ao final dos anos de 1960 surgem os *Planos Diretores de Desenvolvimento Integrado*, sendo o de São Paulo editado pela Lei municipal 7.688, de 30.12.1971. Pouco depois a cidade ganharia sua Lei Geral de Zoneamento (n. 7.805, de 1.11.1972, depois modificada pelas Leis 8.005/1973 e 9.413/1981).

7. O mais influente dos textos desse período talvez tenha sido a Lei de Parcelamento do Solo Urbano (n. 6.766, de 19.12.1979, ainda em vigor com as modificações da Lei 9.785, de 21.1.1999), que buscou articular o tratamento dos vários aspectos (o direito de propriedade, sua aquisição, exercício, transmissão e perda; ação empresarial; atuação dos Poderes Públicos, inclusive planejadora; etc.) em torno de objetivos urbanísticos. Não se pode esquecer que outras leis mais focadas foram criando um novo contexto, que tornou consensual a existência do direito

os primeiros tratados sobre o novo ramo do Direito,[8] os entes públicos se lançarão em uma crescente ação urbanística, editando planos e normas e intervindo de modo concreto na organização das cidades.

2. O direito urbanístico é constitucionalizado em 1988

O grande marco da adolescência do direito urbanístico brasileiro será a promulgação da Constituição de 1988, que afirmará sua existência e fixará seus objetivos e instrumentos.[9]

O direito urbanístico veio a ser tratado como *disciplina jurídica* pelo art. 24, que conferiu expressamente à União competência legislativa para editar suas normas gerais (inciso I, c/c o § 1º), deixando aos Estados a competência suplementar (§ 2º), existente também em favor dos Municípios (art. 30, II). Só que o mero *status* constitucional, embora importante, não contribui muito para resolver o dilema existencial de todo ramo jurídico – o de seu *critério diferenciador*. Decidir se um tema, instrumento ou norma deve ser enquadrado no direito urbanístico, no direito civil ou no direito local

---

urbanístico: mencionem-se as relativas à *desapropriação* (o Decreto-lei 1.075, de 22.1.1970, sobre a imissão provisória na posse em imóveis residenciais urbanos; e a Lei federal 6.602/1978, sobre distritos industriais); às *regiões metropolitanas* (Leis Complementares federais 14/1973 e 20/1974); à *proteção ambiental* (Decreto-lei federal 1.413, de 14.8.1975, e Lei federal 6.803, de 2.7.1980, tratando de zoneamento urbano industrial); e à *ação civil pública* (Lei federal 7.347, de 24.7.1985).

8. Diogo de Figueiredo Moreira Neto foi o autor da primeira obra geral (*Introdução ao Direito Ecológico e ao Direito Urbanístico*, Rio de Janeiro, Forense, 1975), mas o texto de referência passaria a ser o *Direito Urbanístico Brasileiro*, de José Afonso da Silva, surgido em 1982 e atualmente em sua 7ª ed. (São Paulo, Malheiros Editores, 2012). No entanto, a construção da teoria deveu-se menos às obras gerais do que aos estudos menores (teses, artigos e proposições), sendo interessante, por exemplo, perceber a evolução do discurso e do pensamento de Ricardo Pereira Lira na coletânea de ensaios publicados sob o título *Elementos de Direito Urbanístico* (Rio de Janeiro, Renovar, 1997).

9. A ruptura provocada pela instalação da Assembleia Constituinte, em 1986, acabou causando uma rápida evolução jurídica em certas matérias. O caso do direito urbanístico foi exemplar. Desde 1977, por iniciativa governamental, discutia-se uma proposta de Lei Nacional de Reforma Urbana, gerando forte resistência empresarial (a principal crítica jurídica foi a suposta falta de base constitucional para sua edição). Com a submissão do assunto ao Congresso Nacional, na forma do Projeto de Lei 775/1983, o debate se ampliou (v., por exemplo, as análises do projeto por Eros Roberto Grau, *Direito Urbano*, São Paulo, Ed. RT, 1983, pp. 117 e ss., e Ricardo Pereira Lira, *Elementos ...*, pp. 173 e ss.), mas a tramitação ficou barrada. O impasse teve solução surpreendente em 1988: acabou-se incluindo na nova Constituição a essência daquilo que, na singela forma de projeto de lei ordinária, sequer conseguia ser discutido.

pode ser um desafio insuperável, tendo como reflexo a indefinição quanto ao titular da competência legislativa (se o direito em causa for urbanístico, a União só fará normas gerais; se for o civil, terá toda a competência normativa; se a matéria for estritamente local, competente será exclusivamente o Município). Desse modo, continua sendo útil debater a respeito da *identidade* – e, portanto, da autonomia – do direito urbanístico, pois disso depende a solução, quando menos, de muitas dúvidas relativas à competência. Nesse contexto, têm grande relevância as normas, também constitucionais, tratando dos objetivos e instrumentos da política urbana.

O papel que a Constituição de 1988 implicitamente assinalou ao direito urbanístico é o de servir à definição e implementação da "política de desenvolvimento urbano", a qual tem por finalidade "ordenar o pleno desenvolvimento das funções sociais da cidade e garantir o bem-estar de seus habitantes" (art. 182, *caput*). O direito urbanístico surge, então, como o *direito da política de desenvolvimento urbano*, em três sentidos: a) como conjunto das normas que disciplinam a fixação dos objetivos da política urbana (exemplo: normas constitucionais); b) como conjunto de textos normativos em que estão fixados os objetivos da política urbana (os planos urbanísticos, por exemplo); c) como conjunto de normas em que estão previstos e regulados os instrumentos de implementação da política urbana (o próprio Estatuto da Cidade, entre outros).

A ligação constitucional entre as noções de "direito urbanístico" e de "política urbana" (política pública) já é capaz de nos dizer algo sobre o conteúdo desse direito, que surge como o direito de uma "função pública" chamada urbanismo, pressupondo finalidades coletivas e atuação positiva do Poder Público, a quem cabe fixar e executar a citada política. Pode-se, então, afirmar o *caráter publicístico* do direito urbanístico, pois este ramo do Direito nasce justamente para construir, no tocante à gestão dos bens privados, um sistema decisório complexo, em que o Estado exerce papel preponderante (exemplo: a utilização ou não de um terreno deixa de ser uma opção puramente individual, do proprietário, para tornar-se uma decisão que também envolve o Estado). Daí a natural tendência, entre os especialistas, de identificar um novo tipo de propriedade, a *propriedade urbanística*, afetada por essa transformação, e já muito distante da noção civilista clássica, em que a propriedade era tida como simples direito individual.

O âmbito da política objeto do direito urbanístico vem demarcado pela Constituição por um termo relativamente indeterminado ("urbana"). O que ele quer dizer? No *caput* do art. 182 a "política urbana" aparece vagamente como a política das "funções sociais da cidade". Mas outras referências constitucionais dão maior fechamento ao conceito. Combinando-se a norma do art. 30, VIII (compete ao Município promover "adequado ordenamento territorial, mediante planejamento e controle do uso, do parcelamento e da ocupação do *solo urbano*"), com as ligações estabelecidas entre a expressão "política urbana" e as figuras da "propriedade urbana" (art. 182, § 2º), do "solo urbano" (art. 182, § 4º) e da "área urbana" (art. 183), pode-se então afirmar que o objeto da regulação promovida pelo direito urbanístico é o *solo (espaço) da cidade*. Nesse sentido, o direito urbanístico é o *direito da política espacial da cidade*.[10]

Mas nenhuma política pública específica pode existir isoladamente, devendo coordenar-se com a política geral do Estado e com as inúmeras políticas setoriais. A política urbana, enquanto política espacial, precisa necessariamente coordenar-se com a política econômica do país e com as políticas de transportes, saneamento, energia, agrária etc.[11] Assim, um dos aspectos da política urbana é o de sua "coordenação externa", isto é, a definição dos modos pelos quais se compatibilizará com as demais políticas. Para viabilizar essa coordenação a Constituição adotou um sistema de *racionalidade decisória* em que as normas e decisões em matéria urbanística (isto é, de política espacial da cidade) têm sua validade condicionada ao respeito de normas e decisões de maior abrangência, tanto no sentido territorial (a política espacial da cidade deve compatibilizar-se com a política nacional de

10. Tem-se discutido se as áreas rurais são ou não alcançadas pela regulação do direito urbanístico; pergunta a que os especialistas vêm dando resposta enfaticamente positiva, baseados em uma visão integrada da cidade (visão, essa, aliás, acolhida pelo art. 40, § 2º, do Estatuto da Cidade, segundo o qual o plano diretor municipal "deverá englobar o território do Município como um todo"). É preciso, porém, algum cuidado com as simplificações. A Constituição isola, em capítulos separados, a política urbana (arts. 182-183) e a política fundiária (arts. 184-191), esta última ligada ao problema social da distribuição das terras (reforma agrária) e de sua exploração econômica. Assim, o direito agrário é efetivamente um limite do direito urbanístico, pois a política urbana não pode tomar para si definições que são próprias da política fundiária (agrária). Mas isso não quer dizer que o direito urbanístico seja alheio ao meio rural, pois a ele cabe a disciplina (a) da passagem de uma área da *zona rural* para a *zona urbana* (segundo o art. 182, § 1º, da CF, cabe ao plano diretor municipal fixar a "política de expansão urbana"), (b) da proteção dos recursos naturais necessários ao desenvolvimento da cidade como um todo (como as águas e o ar), independentemente da zona em que situados, (c) das relações em geral entre o meio rural e o meio urbano e (d) das questões espaciais do meio rural, naquilo que não esteja diretamente vinculado à política agrária.

11. A necessidade de coordenação está clara em vários preceitos constitucionais, como os dos arts. 174, § 1º ("A lei estabelecerá as diretrizes e bases do planejamento do desenvolvimento nacional equilibrado, o qual incorporará e compatibilizará os planos nacionais e regionais de desenvolvimento"), 21, IX e XX (que conferem à União poderes para "elaborar e executar planos nacionais e regionais de ordenação do território e de desenvolvimento econômico e social" e "instituir diretrizes para o desenvolvimento urbano"), e 182 (relativo ao plano diretor municipal). O que juridicamente garante a coordenação é a norma do art. 174, *caput*, segundo a qual para o Poder Público o planejamento não é meramente indicativo, mas "determinante".

ordenação do território) como temático (a política espacial da cidade deve compatibilizar-se com a genérica política de desenvolvimento).

Entre os mecanismos da atuação urbanística do Poder Público referidos como tais pela Constituição estão seus instrumentos básicos de *estruturação* (os planos, que definem os objetivos da política urbana, devendo-se destacar que a Constituição Federal de 1988 faz do *planejamento* o grande instrumento do direito urbanístico,[12] articulando *competências federais*,[13] *estaduais*[14] e *municipais*[15]) e alguns dos instrumentos de *execução* (IPTU progressivo, desapropriação para reforma urbana, imposição do parcelamento ou edificação compulsórios, usucapião especial de imóvel urbano, concessão de uso).

3. Faltava o Estatuto da Cidade

Neste estágio estávamos: com a Constituição de 1988 ficou delineado com alguma clareza o *campo temático* do direito urbanístico brasileiro (a política espacial das cidades e os instrumentos para sua implementação), seus *conceitos* se fixaram e difundiram (função social da propriedade urbana, planejamento urbanístico, utilização compulsória etc.), seus *objetivos* foram se determinando (desenvolvimento urbano, regularização fundiária, proteção ambiental etc.), muitos *instrumentos* colocaram-se à disposição (desapropriação urbanística, licença urbanística, plano diretor etc.), *competências* ficaram definidas.[16]

12. É fundamental observar que relativamente aos planos urbanísticos municipais não se aplica a previsão do art. 174, *caput*, da Constituição Federal, segundo o qual o planejamento é meramente "indicativo para o setor privado". O plano diretor é totalmente "determinante" para os proprietários privados, que a ele são obrigados a ajustar seus comportamentos, como diz expressamente o art. 182, § 2º ("A propriedade urbana cumpre sua função social quando atende às exigências fundamentais de ordenação da cidade expressas no pleno diretor").

13. Art. 21, IX e XX, e art. 174 (transcritos em nota anterior).

14. Art. 25, § 3º: cabe aos Estados a instituição de "regiões metropolitanas, aglomerações urbanas e microrregiões, constituídas por agrupamentos de Municípios limítrofes, para integrar a organização, o planejamento e a execução de funções públicas de interesse comum".

15. Art. 30, VIII: cabe ao Município o "planejamento e controle do uso, do parcelamento e da ocupação do solo urbano"; art. 182, §§ 1º e 2º: o plano diretor, aprovado pela Câmara Municipal, é o "instrumento básico da política de desenvolvimento e de expansão urbana", sendo que "a propriedade urbana cumpre sua função social quando atende às exigências de ordenação social da cidade expressas no plano diretor".

16. Para aprofundar o panorama do direito urbanístico brasileiro é ideal a consulta ao ensaio de Edésio Fernandes, "Direito urbanístico e política urbana no Brasil:

Deveu-se, portanto, à Constituição, e não a qualquer texto legislativo, a definitiva positivação, no Brasil, do *paradigma do direito urbanístico*. Mesmo assim, diversos impasses ainda travavam a passagem do direito urbanístico brasileiro para a vida adulta.

Em primeiro lugar, faltava a regulamentação reclamada pela própria Carta Nacional para a eficácia de algumas de suas normas (especialmente as dos arts. 182 e 183, naquilo em que criaram novos instrumentos urbanísticos, como a imposição do dever de utilização, o IPTU progressivo, a desapropriação para reforma urbana etc.). De outro lado, o reconhecimento constitucional de competências normativas urbanísticas em favor da União não teria, por óbvio, qualquer efeito concreto enquanto elas não fossem efetivamente exercidas, com a edição das "normas gerais de direito urbanístico" (art. 24, I) e das "diretrizes para o desenvolvimento urbano" (art. 21, XX).

Ademais, faltavam normas nacionais que consagrassem alguns instrumentos importantes à completa operatividade do direito urbanístico, ainda ausentes de nosso ordenamento (casos do direito de superfície, do direito de preempção de imóveis urbanos em favor do Poder Público e da concessão de uso especial para fins de moradia) ou carentes de maior visibilidade e regulamentação (como as operações consorciadas, a outorga onerosa e a transferência do direito de construir).

Ainda, era preciso afastar certas construções da legislação tradicional, efetiva ou aparentemente incompatíveis com as novas soluções do direito urbanístico, e isso tanto no campo do direito civil (exemplo: a vinculação radical que o Código Civil estabeleceu entre propriedade do solo e direito de construir, supostamente inviabilizando as transações envolvendo apenas este último) como do direito administrativo (exemplo: a peremptória negativa de direito subjetivo à utilização privada de bem público, impedindo que as camadas populares exigissem a estabilização de sua posse sobre imóveis públicos).

Nesse contexto surgiu o Estatuto da Cidade, com a pretensão de pôr fim à prolongada adolescência em que ainda vive o direito urbanístico brasileiro. Coube à nova lei enfrentar o desafio de *consolidá-lo* (fixando conceitos e regulamentando instrumentos), de lhe conferir *articulação*, tanto interna (estabelecendo os vínculos entre os diversos instrumentos urbanísticos) como externa (fazendo a conexão de suas disposições com as de outros sistemas normativos, como as do direito imobiliário e registral), e, desse modo, viabilizar sua *operação sistemática*.

uma introdução", publicado na coletânea de mesmo nome por ele coordenada (Belo Horizonte, Del Rey, 2001, pp. 11-52).

4. O Estatuto da Cidade: um conjunto normativo intermediário

Convém não superestimar os efeitos imediatos do Estatuto, pois ele, em larga medida, é ainda um *conjunto normativo intermediário*. É verdade que várias de suas normas, dispensadas de qualquer complementação legislativa, são já diretamente invocáveis pelos interessados como base do estabelecimento de relações jurídicas concretas; são os casos dos capítulos relativos ao usucapião especial de imóveis urbanos e ao direito de superfície, bem como das regras sobre a concessão de uso especial para moradia (editadas pela MP 2.220, de 4.9.2001). Porém, tudo o mais exigirá desdobramentos legislativos ulteriores.

De um lado, será preciso que, por meio do plano diretor editado por lei (arts. 39-42), o Município formule o planejamento, tomando necessariamente as seguintes decisões, relacionadas a vários dos instrumentos urbanísticos previstos pelo Estatuto da Cidade: a) delimitar as áreas urbanas em relação às quais se poderá exigir o parcelamento, edificação ou utilização compulsórios (art. 5º, *caput*, c/c o art. 42, I); b) fixar o coeficiente de aproveitamento básico dos terrenos para fins de edificação (art. 28, § 2º); c) fixar o coeficiente de aproveitamento máximo dos terrenos para fins de edificação (art. 28, § 3º); d) indicar as áreas em que o direito de construir poderá ser exercido acima do coeficiente básico e até o limite do coeficiente máximo, mediante outorga onerosa (art. 28, *caput*); e) indicar as áreas em que será permitida a alteração onerosa do uso do solo (art. 29). Além disso, o plano deverá fornecer as bases para que leis específicas delimitem as áreas em que incidirá o direito de preempção (art. 25) e aquelas em que serão realizadas operações consorciadas (art. 32); bem como para que a lei municipal autorize a transferência do direito de construir (art. 35).

Depois, outras leis municipais deverão: a) *relativamente ao parcelamento, edificação e utilização compulsórios*: impô-los aos proprietários, fixando-lhes as condições e prazos (art. 5º, *caput*); b) *relativamente ao IPTU progressivo*: fixar sua alíquota (art. 7º, § 1º); c) *relativamente ao direito de preempção*: delimitar as áreas sobre as quais incidirá, indicando a destinação que se pretenda dar aos imóveis eventualmente adquiridos (arts. 25, § 1º, e 26, parágrafo único); d) *relativamente à outorga onerosa do direito de construir e à alteração onerosa do uso do solo*: estabelecer as condições para sua efetivação (art. 30); e) *relativamente às operações urbanas consorciadas*: indicar a área envolvida, a intervenção pretendida e as alterações no regime do solo e da construção (arts. 32-33), bem como autorizar a emissão de certificados de potencial adicional de construção (art. 34); f) *relativamente à transferência do direito de construir*: autorizá-la, fixando-lhe as condições (art. 35); g) *relativamente ao Estudo de Impacto de Vizinhança*: definir os casos em que será exigido (art. 36).

Demais disso, independentemente de menção direta no Estatuto da Cidade, as várias medidas de ordenação e controle do uso do solo (como o zoneamento) e de disciplina das construções (como a fixação de alinhamentos, gabaritos, recuos), próprias do direito urbanístico, são veiculadas por lei.

Assim, para informar todo o trabalho de produção – e posterior interpretação e aplicação – das múltiplas cadeias normativas do direito urbanístico brasileiro, o Estatuto da Cidade decidiu fixar, em seu art. 2º, as *diretrizes gerais da política urbana*. Para tanto, valeu-se das competências recebidas dos arts. 21, XX, e 24, I, da Constituição Federal, pelo quê essas diretrizes têm o *status* de normas gerais nacionais, sendo, portanto, vinculativas para todos os entes da Federação, especialmente os Municípios.

5. Ordem urbanística: ordenamento e Estado

O pressuposto da disciplina do art. 2º do Estatuto da Cidade é a existência, para o Poder Público, dos deveres de *ordenar* e *controlar o emprego (uso, parcelamento, ocupação e edificação) do solo* (incisos VI, XIII, XIV, XV e XVII) e de *proteger o patrimônio coletivo* (inciso XII). Esses deveres não foram criação do Estatuto da Cidade, pois já haviam sido claramente impostos pela própria Constituição de 1988, tanto em seu art. 30, VIII (relativo ao emprego do solo), bem como nos arts. 23, III e VI, 216 e 225 (relativos ao patrimônio cultural, histórico, artístico, paisagístico e ambiental). Mas o Estatuto disciplinou o exercício dessas competências estatais, estabelecendo-lhes orientações e limites, além de atribuir direitos subjetivos públicos à sua observância.

O Estatuto afirmou com ênfase que a política urbana não pode ser um amontoado de intervenções sem rumo. Ela tem uma direção global nítida: "ordenar o pleno desenvolvimento das funções sociais da cidade e da propriedade urbana" (art. 2º, *caput*), de modo a garantir o "direito a cidades sustentáveis" (incisos I, V, VIII e X).

A cidade, como espaço onde a vida moderna se desenrola, tem suas funções sociais: fornecer às pessoas moradia, trabalho, saúde, educação, cultura, lazer, transporte etc. Mas, como o espaço da cidade é parcelado, sendo objeto de apropriação, tanto privada (terrenos e edificações) como estatal (ruas, praças, equipamentos etc.), suas funções têm de ser cumpridas pelas partes, isto é, pelas *propriedades urbanas*. A política urbana tem, portanto, a missão de viabilizar o pleno desenvolvimento das funções sociais do todo (a cidade) e das partes (cada propriedade em particular).

Mas como isso será feito? Por meio da *ordenação*. Parte-se da ideia de que sem política urbana o crescimento urbano é desordenado e distorcido (inciso IV). A política urbana apresenta-se, assim, como indispensável para implantar a *ordem* que permitirá o "pleno desenvolvimento de todas as funções sociais da cidade e da propriedade urbana".

Com isso, o direito urbanístico fica claramente vinculado a uma visão totalizante de mundo, oposta ao individualismo que, ainda hoje, inspira o direito civil. *Ordem urbanística* é um conceito caro ao Estatuto da Cidade. Seu primeiro sentido é o de *ordenamento*: a ordem urbanística é o conjunto orgânico de imposições vinculantes (são as "normas de ordem pública" a que alude o art. 1º, parágrafo único) que condicionam positiva e negativamente a ação individual na cidade. O segundo sentido é o de *estado*: a ordem urbanística é um estado de equilíbrio, que o conjunto dos agentes envolvidos é obrigado a buscar e preservar.

Ao assentar suas diretrizes gerais, o Estatuto expressa a convicção de que, nas cidades, o *equilíbrio* é possível – e, por isso, necessário. Deve-se buscar o equilíbrio das várias funções entre si (moradia, trabalho, lazer, circulação etc.), bem como entre a realização do presente e a preservação do futuro (art. 2º, I); entre o estatal e o nãoestatal (incisos III e XVI); entre o rural e o urbano (inciso VII); entre a oferta de bens urbanos e a necessidade dos habitantes (inciso V); entre o emprego do solo e a infraestrutura existente (inciso VI); entre os interesses do Município e os dos territórios sob sua influência (incisos IV e VIII). O crescimento não é um objetivo; o equilíbrio, sim; por isso, o crescimento deverá respeitar os *limites da sustentabilidade*, seja quanto aos padrões de produção e consumo, seja quanto à expansão urbana (inciso VIII). Toda intervenção individual potencialmente desequilibradora deve ser previamente comunicada (inciso XIII), estudada, debatida e, a seguir, compensada.[17]

Por esse prisma é que se devem compreender os direitos subjetivos assegurados pelo inciso I do art. 2º (direitos à terra urbana, à moradia, ao saneamento ambiental, à infraestrutura urbana, ao transporte e aos serviços públicos, ao trabalho e ao lazer). O dispositivo não pretendeu outorgar esses direitos individualmente e em concreto, mas garanti-los como reflexo da obtenção do equilíbrio (da *cidade sustentável*). Em outros termos: a população tem o direito coletivo a uma cidade sustentável, o que deve levar à fruição individual das vantagens dela decorrentes.[18]

E qual é a repercussão prática, no campo do Direito, dessas afirmações de princípio? São três: por um lado, possibilitar a sanção jurídica da inércia

17. Esse conceito está na base da instituição do *Estudo de Impacto de Vizinhança*, que vincula o exercício do direito individual de propriedade à sua compatibilidade com a situação geral da cidade – e não apenas aos limites individuais à construção, impostos abstratamente pela lei (v. arts. 36-38).

18. Isso, obviamente, não prejudica a atribuição, feita por outros dispositivos, de direitos subjetivos individuais, como nos casos do usucapião especial e da concessão especial.

do Poder Público (omissão em ordenar o emprego do solo e proteger o patrimônio coletivo); por outro, fornecer parâmetros normativos para controle das orientações seguidas pela política urbana, com isso viabilizando a invalidação das normas e atos a eles contrários;[19] ainda, permitir o bloqueio dos comportamentos privados que agridam o equilíbrio urbano.

É claro que, tratando-se de direitos coletivos, sua adequada proteção depende da disponibilidade de instrumentos de tutela dessa classe de direitos. Isso explica a preocupação do Estatuto em, de modo expresso, incluir a *ordem urbanística* como bem suscetível de defesa pela ação civil pública (arts. 53-54). O direito à cidade sustentável – primeira diretriz do art. 2º do Estatuto – é, portanto, o direito a uma certa ordem urbanística, passível de tutela judicial coletiva.

6. Planejamento: pressuposto da ordem urbanística

Ao desenvolver sua ação urbanística o Poder Público deverá observar o princípio instrumental do *planejamento* (art. 2º, IV).

Esse dever se cumpre, em primeiro lugar, pela consideração das exigências urbanísticas no planejamento geral do Estado: seja no *planejamento do desenvolvimento* (planos de desenvolvimento econômico e social e planos setoriais – v. art. 4º, I, II e III, "g" e "h"), seja no *planejamento ambiental* (zoneamento ambiental – art. 4º, III, "c"), seja no *planejamento orçamentário* do Poder Público (plano plurianual, diretrizes orçamentárias e orçamento anual – v. art. 4º, III, "d" e "e").

De outro lado, o princípio do planejamento exige a edição de *planos urbanísticos* (plano diretor e disciplina do parcelamento, do uso e da ocupação do solo – v. art. 4º, III, "a" e "b"). Eles são o pressuposto da ação urbanística, tanto do Poder Público como dos particulares.

Na lógica do Estatuto, o ordenamento urbanístico não pode ser um aglomerado inorgânico de imposições. Ele deve possuir um sentido geral, basear-se em propósitos claros, que orientarão todas as disposições. Desse

---

19. Assim, por exemplo, a previsão do art. 2º, VI, "c", do Estatuto – de que a ordenação deve evitar os empregos do solo que se apresentem como "excessivos ou inadequados em relação à infraestrutura urbana " – pode servir para censurar a alteração da lei de zoneamento que autorize a intensificação do emprego do solo quando isso importar quebra da necessária relação de equilíbrio entre a intensidade desse emprego e as possibilidades da infraestrutura. Pode-se dizer que as novas disposições do Estatuto dão fundamento jurídico específico para o controle do *desvio de poder legislativo* em matéria urbanística, o qual até aqui não era frequente, apesar da evolução recente da teoria sobre esse controle (propiciado pela aplicação dos princípios da *proporcionalidade*, *razoabilidade* ou *devido processo legal substantivo*).

modo, o ordenamento urbanístico deve surgir como resultado de um planejamento prévio – além de adequar-se *sinceramente* aos planos.

Se é verdade que a própria existência do direito urbanístico é uma reação ao crescimento urbano sem ordem e ao *caos* gerado pelas atuações individuais, ele não pode traduzir-se na substituição do caos privado pelo caos estatal. O urbanismo não é um projeto de estatização pura e simples, mas de racionalização urbana via atuação estatal. Assim, a ação urbanística do Estado só se legitima se estiver racionalmente orientada. Aí entram os planos urbanísticos.

Isso explica por que o Estatuto da Cidade vincula a utilização de vários dos instrumentos de atuação municipal urbanística à prévia edição do plano diretor.

7. Condicionamentos ao Estado urbanista: gestão democrática e ação privada

O direito urbanístico, justamente por decorrer de uma visão totalizante de mundo – e de, muito coerentemente, tratar o urbanismo como função pública –, sujeita-se ao risco, nada desprezível, de descambar para o *totalitarismo estatal*. Isso em duas possíveis vertentes: a do Estado que se fecha à influência da sociedade, tanto na tomada de suas decisões como no desenvolvimento de suas ações materiais (*isolamento estatal*), e a do Estado que impede sistematicamente a ação individual (*autossuficiência estatal*).

Contra esse risco, duas foram as reações das diretrizes gerais: a afirmação do princípio instrumental da *gestão democrática* (art. 2º, II) e o *reconhecimento da ação privada* (inciso III).

Historicamente, o princípio representativo surgiu como a primeira das respostas aos reclamos de controle democrático sobre a atuação estatal. Confiava-se que a combinação da legalidade (exigência de prévia autorização legal para a ação do Poder Público) com o caráter democrático da composição do Parlamento – a isso somando-se a eleição direta do Chefe do Executivo – seria suficiente para impedir que o Estado se fechasse em si mesmo. Entretanto, não só a experiência mostraria que as coisas não seriam simples assim, como o aprofundamento da atuação estatal, inclusive normativa, viria a exigir novos mecanismos de abertura, incluindo-se a participação popular direta em decisões legais e administrativas, além da interferência de entidades representativas de segmentos da população. Para designar esse novo modelo, passou-se a falar em *gestão democrática*.

A gestão democrática, antídoto contra o isolamento estatal no campo do urbanismo, é sucessivamente referida pelo Estatuto da Cidade. Nas diretrizes do art. 2º definem-se sua *forma* (participação da população e de associações representativas) e *âmbito* (na formulação, execução e acompanhamento de planos, programas e projetos). No mesmo art. 2º, no inciso XIII, impõe-se a audiência da "população interessada nos processos de implantação de empreendimentos ou atividades com efeitos potencialmente negativos". No art. 4º menciona-se um dos campos necessários de sua incidência: a gestão orçamentária, que será *participativa* (inciso III, "f"), devendo os dispêndios de recursos ser "objeto de controle social, garantida a participação de comunidades, movimentos e entidades da sociedade civil" (§ 3º). No art. 27 impõe-se a publicidade como mecanismo propiciador do controle democrático da ação urbanística estatal (o Município é obrigado a divulgar previamente sua intenção de exercer o direito de preempção – art. 27, § 2º; no processo de elaboração do plano diretor serão obrigatórias as audiências públicas – art. 40, § 4º, I – e privada – dar-se-á publicidade aos documentos integrantes do Estudo de Impacto de Vizinhança, art. 37, parágrafo único). Por fim, o Estatuto abre todo um capítulo, o de n. IV, para cuidar da "Gestão Democrática da Cidade", onde se indicam seus instrumentos, entre os quais os órgãos colegiados com participação de segmentos da comunidade, a iniciativa popular das leis e planos urbanísticos, bem como os debates, audiências, consultas públicas e conferências sobre assuntos de interesse urbano (v. arts. 43-45).

A *ação privada*, limite à *autossuficiência* estatal em matéria urbanística, mereceu aceno em duas das diretrizes do art. 2º do Estatuto. Por uma parte, previu-se que no processo de urbanização vigorará o princípio da "cooperação entre os governos, a iniciativa privada e os demais setores da sociedade" (inciso III). Por outra, estabeleceu-se que "na promoção de empreendimentos e atividades relativos ao processo de urbanização" incidirá o princípio de "isonomia de condições para os agentes públicos e privados" (inciso XVI). Em relação a ambas as previsões – a de cooperação e a de isonomia – a lei preocupou-se em ressalvar a necessidade de atendimento ao "interesse social".

8. Um urbanismo popular: acesso à propriedade, regularização fundiária e legalização do emprego do solo

Urbanismo e pobreza: suas relações oscilam entre o *desprezo mútuo* e o *conflito*. A impossibilidade de largas camadas da população terem acesso à propriedade vem sendo tratada como um problema apenas econômico, sem solução específica no campo urbanístico – como se a "ordem urbanística" somente fosse possível na abundância.[20] Por óbvio, o mesmo urbanismo

---

20. Para enfrentar a falta de moradia os Governos vieram desenvolvendo uma *política habitacional*, que procurava especialmente viabilizar o financiamento da

elitista que ignora a pobreza é ignorado por ela. O solo urbano passa a ser objeto de *ações clandestinas* (invasão de imóveis públicos e de espaços comuns, construções irregulares, ocupação de glebas não urbanizadas e de áreas protegidas) e de *relações informais* (transações de "posses", instalação de serviços e equipamentos públicos em favelas etc.). O resultado é a anemia do direito urbanístico, enredado na contradição entre cidade legal e cidade ilegal.

O Estatuto da Cidade constitui a primeira tentativa de resposta jurídica abrangente a esse impasse, por meio da instituição de um *direito urbanístico popular*.[21] Ele resulta da adoção de duas orientações convergentes: por um lado, a *transferência dos grupos marginalizados para dentro do mundo jus-urbanístico* (pela criação de novos instrumentos para o acesso à propriedade formal, bem como de medidas para a regularização fundiária urbana e para a regularização das urbanizações clandestinas) e, por outro, a adequação da ordem urbanística à situação real da população, por meio de normas especiais de urbanização (*ordem urbanística popular*).

Para facilitar o acesso popular à propriedade formal, o Estatuto instituiu um instrumento até então ausente de nosso ordenamento: o *direito de superfície* (arts. 21-24). Mas sua intervenção de maior profundidade ocorreu quanto aos mecanismos de regularização fundiária, incluindo a disciplina do *usucapião individual especial de imóvel urbano*, que havia sido previsto no art. 183 da Constituição (arts. 9º e 11-14), além da criação do *usucapião*

construção (marcantes, nesse sentido, foram a atuação do BNH – Banco Nacional da Habitação, criado pelo Governo Federal em 1964 e extinto na década de 1980, bem como, mais recentemente, o incentivo municipal aos mutirões para a moradia popular). Esse enfoque foi constitucionalizado em 1988, com a atribuição aos vários entes da Federação do dever de "promover programas de construção de moradias e a melhoria das condições habitacionais e de saneamento básico" (CF, art. 23, IX). Deve-se atentar, porém, a que até o surgimento do Estatuto da Cidade os programas habitacionais vinham sendo em geral tratados como independentes da ordem urbanística – quando não a ela contrários, dado o elitismo de muitas de suas exigências.

21. A inserção do direito urbanístico no contexto do Estado Social é enfatizada pelo Estatuto, que utiliza com naturalidade o conceito de *interesse social* (suas normas são definidas como "de interesse social" – art. 1º, parágrafo único; a atuação dos agentes urbanísticos é vinculada "ao interesse social" – art. 2º, III e XVI), valoriza o atendimento dos *interesses e necessidades dos vários segmentos sociais* (art. 2º, V e X) e recorre à ideia de *justiça social* para orientar a partilha dos ônus e benefícios da urbanização (art. 2º, IX). Mas apenas essas declarações de princípios, conquanto importantes, por traduzirem um compromisso com os *fins* de um direito urbanístico popular, seriam insuficientes para introduzi-lo, pela ausência de definição quanto aos seus *meios*. Assim, se dizemos que o Estatuto instituiu um direito urbanístico popular é porque ocupou-se em criar e disciplinar os instrumentos indispensáveis à viabilização do acesso popular à propriedade, da regularização fundiária e da legalização do emprego do solo.

coletivo especial de imóvel urbano (art. 10) e das *concessões individual e coletiva de uso especial para fins de moradia*, que asseguraram direitos subjetivos aos ocupantes de imóveis públicos, mesmo os de uso comum (as disposições a respeito, que constavam dos arts. 15-20 do projeto de lei aprovado pelo Congresso Nacional e foram vetadas, acabaram sendo adotadas, embora com menor extensão, pela MP 2.220, de 4.9.2001).

A necessidade de uma ordem urbanística popular é afirmada diretamente pelo art. 2º, XIV, ao impor como diretriz "o estabelecimento de normas especiais de urbanização, uso e ocupação do solo e edificação" que levem em conta a situação socioeconômica da população. A especialidade dessas normas tem um objetivo definido: permitir a "regularização fundiária e urbanização de áreas ocupadas por população de baixa renda". A mesma orientação parece estar implícita no inciso XV, quando exige a "simplificação da legislação" com o fim de reduzir os custos da urbanização, ampliando a oferta de lotes e unidades habitacionais.

A exigência de um ordenamento que conduza à regularização fundiária e urbanística das ocupações populares existentes introduz um condicionante novo e transformador em nosso direito urbanístico. Até então a incompatibilidade entre as ocupações populares e a *ordem urbanística ideal* tinha como consequência a ilegalidade daquelas (sendo a superação desse estado um dever dos responsáveis pela irregularidade – isto é, dos próprios ocupantes). Com o Estatuto a equação se inverte: a legislação deve servir não para impor um ideal idílico de urbanismo, mas para construir um urbanismo a partir dos dados da vida real. Desse modo, o descompasso entre a situação efetiva das ocupações populares e a regulação urbanística terá como consequência a ilegalidade desta última, e não o contrário.

Essa solução certamente se exporá à crítica segundo a qual é inútil – além de contraditório consigo mesmo – o ordenamento urbanístico que se destine a juridicizar, sem mais, estados de fato. Mas o equívoco desse tipo de censura é evidente, pois ela confunde *legalização* com a *petrificação*. O que fez o Estatuto foi impedir que, após qualificar como ilegais certas situações, o Poder Público simplesmente as ignorasse. Com a legalização dos estados de fato, entra em pauta um novo tipo de dever estatal: o da atuação positiva para elevar a qualidade urbanística das situações existentes. Em suma: abandona-se a pretensão – um pouco ingênua, um pouco cínica – de construir um urbanismo ideal baseado apenas na produção normativa.

9. *A questão econômica do urbanismo: o critério de justiça*

O Estatuto fixou importante diretriz quanto ao aspecto econômico do processo de urbanização: seus ônus e benefícios devem ser distribuídos segundo um critério de justiça ("justa distribuição dos benefícios e ônus decorrentes do processo de urbanização" – art. 2º, IX) – o que, entre outros aspectos, impõe a "recuperação dos investimentos do Poder Público de que tenha resultado a valorização de imóveis urbanos" (inciso XI).

A presença dessa ideia no Direito Brasileiro não é propriamente uma novidade, pois ela já estava incorporada em institutos como a contribuição de melhoria (CF, art. 145, III) e a desapropriação por zona (Decreto-lei 3.365, de 21.6.1941, art. 4º). Mas agora ela assume o *status* de diretriz da política urbana, com o quê sua influência se amplia. Ademais, ela constitui a própria raiz da *outorga onerosa do direito de construir*, disciplinada pelo Estatuto nos arts. 28 a 31, e das *operações urbanas consorciadas*, tratadas nos arts. 32 a 34.[22]

---

22. Dediquei a esse assunto um longo trabalho, publicado sob o título "Direito de construir e novos institutos urbanísticos", na revista *Direito – Programa de Pós--Graduação em Direito da PUC/SP* 1/6-52, São Paulo, Max Limonad, 1995, no qual analiso as modificações do zoneamento e a repartição dos ônus e benefícios, a contribuição de melhoria, a outorga onerosa do direito de construir, o solo criado, a transferência de potencial construtivo, as operações interligadas e as operações urbanas.

COMPETÊNCIAS URBANÍSTICAS

Daniela Campos Libório Di Sarno

Art. 3º. **Compete à União, entre outras atribuições de interesse da política urbana:**

I – legislar sobre normas gerais de direito urbanístico;

II – legislar sobre normas para a cooperação entre a União, os Estados, o Distrito Federal e os Municípios em relação à política urbana, tendo em vista o equilíbrio do desenvolvimento e do bem-estar em âmbito nacional;

III – promover, por iniciativa própria e em conjunto com os Estados, o Distrito Federal e os Municípios, programas de construção de moradias e a melhoria das condições habitacionais e de saneamento básico;

IV – instituir diretrizes para o desenvolvimento urbano, inclusive habitação, saneamento básico e transportes urbanos;

V – elaborar e executar planos nacionais e regionais de ordenação do território e de desenvolvimento econômico e social.

(...).

Art. 51. **Para os efeitos desta Lei, aplicam-se ao Distrito Federal e ao Governador do Distrito Federal as disposições relativas, respectivamente, a Município e a Prefeito.**

1. Conceito de competência

O tema aqui proposto sofre de grande generalidade e abstração. Isto porque seus dois elementos necessitam ser sempre muito bem delineados para que se consiga sua compreensão de maneira, se não exata, ao menos adequada.

Tratar o tema "competência" requer o estabelecimento de alguns pressupostos. Um deles é o que diz respeito a tratar-se sempre do poder jurídico conferido às pessoas jurídicas,[1] representado nas suas mais diversas formas, como pessoas físicas ou jurídicas, podendo ser estas de direito público ou privado. Seu exercício requer impor vinculação de ação para que terceiros atuem não a favor de si próprio, mas para outro, sendo delegável, mas não transferível.[2]

Sendo assim, em uma visão simplificada, a competência é a particularização do poder do Estado (pessoa jurídica) em alguma pessoa (física ou jurídica, de direito público ou privado), que recebe esta capacidade por meio de disposição legal para que os fins do Estado se realizem através de atos e fatos jurídicos que esta última deve exercer.

Por isso que, para conseguir esta realização, tais pessoas recebem "poderes especiais" para o cumprimento de seus deveres. Dentre estes "poderes especiais" encontra-se a possibilidade de impor, restringir e alterar direitos.

Por meio das determinações constitucionais é possível estabelecer a divisão de competências dentro do Estado Brasileiro. A forma federativa de Estado interfere nesta repartição, tendo em vista a diluição do foco do poder em suas diversas instâncias (nacional, estadual, distrital e municipal), chamada de descentralização.

Além da forma federativa de Estado, a estrutura orgânico-material das funções do Estado repartirá ainda mais as competências (Poder Judiciário, Poder Executivo e Poder Legislativo).

2. Competências no Estado Federativo Brasileiro

A repartição federativa determinou autonomia às suas unidades, dividindo-a em quatro espécies: a) política (capacidade de escolher seus representantes); b) financeira (capacidade de promover e financiar a realização de suas políticas); c) legislativa (capacidade de elaborar suas próprias normas); d) administrativa (capacidade de auto-organizar-se). Portanto, União, Estados-membros, Distrito Federal e Municípios possuem estas quatro autonomias, que estão dispostas na Constituição Federal.

Ocorre que cada uma das unidades federativas assume uma função dentro do Estado, e, assim, o conteúdo das disposições constitucionalmente asseguradas a cada uma será diferenciado.

O princípio que norteou estas diferenciações foi o da predominância do interesse. A União tem interesse geral; os Estados-membros, interesse regio-

---

1. Tércio Sampaio Ferraz, *Introdução ao Estudo do Direito*, São Paulo, Atlas, 2008, p. 129.
2. Idem, ibidem, p. 130.

nal; o Distrito Federal, interesse regional e local; e o Município, interesse local. Por certo que a este critério da predominância do interesse soma-se o critério da territorialidade (restrição ao seu limite territorial).

Analisadas desta forma, as competências constitucionais assumem uma estrutura verticalizada, com uma hierarquia *das fontes*,[3] porém não hierarquizada entre seus entes, ou eixos de poder. Significa dizer que naquelas matérias nas quais deva haver normas federais os Estados-membros, o Distrito Federal e os Municípios devem respeitar as orientações gerais para, após, particularizarem seus interesses.

Contudo, a União não pode legislar sobre o interesse de certo Estado--membro ou Município. Não são poucas as confusões e distorções havidas diante do quadro de normas gerais federais. Elas ocorrem geralmente porque a União, além de editar estas normas gerais, também edita as normas particularizadoras para a instância federal.

Assim, no mesmo texto legislativo pode haver orientações gerais para Estados-membros, Municípios e Distrito Federal e orientações particularizadas para a própria União, enquanto unidade integrante da estrutura federativa. Um exemplo claro desta situação ocorre com a Lei Federal de Licitações.[4]

Seguindo este mesmo raciocínio, a própria Constituição Federal, em seu texto, enumera taxativamente as competências da União e adota um sistema dinâmico e exemplificativo para as competências dos outros entes federativos. Isto porque a Constituição Federal, além de ser o Texto Jurídico supremo de nosso país, exerce a função de Constituição da União Federal, assim como as Constituições Estaduais para os Estados e as Leis Orgânicas para os Municípios.

Daquilo que não estiver explícito como sendo de competência da União caberá aos Estados-membros, Distrito Federal e/ou Municípios exercê-los. Esta equação poderia se resolver com razoável tranquilidade fosse o texto constitucional dotado de rigor técnico inquestionável. Não é o que ocorre. Competências privativas e exclusivas ora se equivalem, ora se distanciam e mesclam-se com as reservadas. Concorrentes, complementares e suplementares também são competências de difícil delimitação na forma como se apresentam. Resta a verificação caso a caso, tentando preservar algum critério norteador para esta interpretação de definição de competências constitucionais.

3. Idem, ibidem, p. 202.
4. A exemplo, leis estaduais: Lei 16.920/2010 (Goiás); Lei 13.121/2008 (São Paulo); Lei 9.579/2012 (Maranhão). E leis municipais: Lei 6.148/2002 (Salvador/BA); Lei 13.278/2002 (São Paulo/SP); Lei 14.985/1987 (Recife/PE).

Dentro da estrutura constitucional, a competência legislativa deve existir para todos os entes federativos, ao menos dentro de sua capacidade de auto-organização, resguardando a predominância de seus interesses dentro de seus limites territoriais.

Acresce-se a estes critérios o fato de a União ter suas competências estabelecidas de forma taxativa, e não exemplificativa (só pode agir dentro das competências dispostas explicitamente), e aos Municípios competir *tudo* que seja de seu interesse local (art. 30, I). Resta a dúvida: o interesse local se sobrepõe ao regional e ao nacional? Parece que não, se tal sobreposição vier de competências determinadas explicitamente pela Constituição Federal tanto aos Estados-membros quanto à União.

Resumidamente, estas sobreposições podem ocorrer diante de duas hipóteses: sobre o mesmo assunto ou sobre assunto diverso. Sobre o mesmo assunto a sobreposição, na verdade, não ocorre, já que a repartição de interesses (geral, regional e local) faz com que cada um atue nos limites de suas atribuições (art. 23-24 da CF, por exemplo). Para assuntos diferentes, quando houver conflito de interesse, prevalecerá o interesse nacional sempre. Resguardado tal interesse, o interesse local deverá sempre ser respeitado, e a eventual divergência deverá ser composta dentro de uma expectativa de respeito à instância municipal.[5]

Uma das competências estabelecidas na Constituição Federal é a concorrente. Esta competência supõe um desdobramento de interpretações com relação às suas atribuições. Inicialmente, pode-se afirmar que é uma competência que, de forma escalonada, atribui o mesmo assunto a mais de um ente federativo. Também se pode afirmar que esta atribuição não gera concorrência entre os entes federativos, no sentido de que, sobre uma mesma disposição constitucional, haja competição e conflito de atribuições. Portanto, o termo "concorrência" é aqui entendido como uma soma de atribuições diferenciadas sobre um mesmo assunto.

Dentro da estrutura descrita no art. 24 da Constituição Federal (competência concorrente) há o desdobramento a uma competência complementar e uma competência suplementar. A satisfação deste artigo deve ocorrer da seguinte forma: a) a União editará normas gerais; b) na ausência de normas gerais (inércia da União), os Estados-membros e o Distrito Federal podem editar as normas gerais, que poderão perdurar até que sejam editadas as normas gerais federais; c) os Estados-membros e o Distrito Federal, diante das normas gerais, legislarão mediante seus interesses, complementando-as.

5. Nesse sentido, ver artigo de nossa autoria publicado na *Revista Interesse Público*, n. 70, 2011, intitulado "Interesse público, estado federado e grandes projetos na orla marítima: considerações práticas".

Entretanto, o Município não ficou excluído desta estrutura de competências, mesmo não estando presente no art. 24. O art. 30, II, indica sua competência suplementar perante a legislação federal e a estadual. Com isto, na ausência de lei federal e/ou estadual o Município poderá editar normas suplementando esta ausência, até que aquelas sobrevenham, além de poder complementá-las caso entenda necessário. Os assuntos nos quais os Municípios poderão assim proceder são os de interesse local (art. 30, I).

Feitas estas considerações a respeito de competências, poderemos analisar as competências urbanísticas tendo como referência o art. 3º da Lei federal 10.257, de 10.7.2001.

3. As competências urbanísticas

3.1 Na Constituição Federal

Todas as instâncias federativas possuem competências no tocante ao desenvolvimento urbano.

Cabem à União a elaboração e execução de planos nacionais e regionais de ordenação do território e de desenvolvimento econômico e social, além de instituir diretrizes para o desenvolvimento urbano, inclusive habitação, saneamento básico e transportes urbanos (art. 21, IX e XX). São competências materiais, ou seja, de execução. Determinam, portanto, que o Poder Executivo Federal estabeleça políticas públicas tendo em vista as disposições acima transcritas. Apesar de este artigo constitucional voltar-se para a atuação do Poder Executivo, por vezes será necessária a elaboração de leis para viabilizar tais objetivos.

Também à União compete legislar sobre direito urbanístico; e, como esta determinação se encontra no art. 24, I (competência concorrente), sua competência se restringirá ao estabelecimento de normas gerais, podendo ser complementada pelos Estados-membros e Distrito Federal ou até pelos Municípios (art. 30, II).

Diante destas possibilidades, a Constituição Federal acabou por determinar, de forma explícita e objetiva, a tradução do art. 24, I (no tocante ao direito urbanístico), em capítulo próprio sobre política urbana (Título VII, Capítulo II, arts. 182-183).

Nestes artigos o texto constitucional impõe ao legislador federal a elaboração de normas gerais sobre política urbana e determina que o Município será o responsável pelo desenvolvimento urbano local. Aqui, cumpre observar que o termo "Município" deve ser interpretado de maneira extensiva, no sentido de se compreender "instância local". Desta forma, inclui-se o Distrito Federal, responsável pela instância local que seu território ocupa, que também terá a competência para desenvolver sua política urbana.

Na verdade, a instância local é que tem a competência material e legislativa para realizar a política urbana, conforme determina o art. 182 da Carta Magna. Significa dizer que o Poder Executivo Municipal tem um papel de grande importância (insubstituível até) na realização e concretização da organização e adequação do espaço urbano dentro de princípios e diretrizes que tragam um desenvolvimento equilibrado e saudável para a sua população. Necessitará, a Prefeitura Municipal, da Câmara Municipal para aprovação das leis de cunho urbanístico que precisar.

Com relação à instância estadual, esta se viu limitada em suas possibilidades em face da caracterização da autonomia local como instância federativa e, portanto, não guardando relação de subordinação do Município para com o Estado-membro. Como competência privativa foi-lhe determinada, pela Constituição Federal, a possibilidade de instituir regiões metropolitanas, aglomerações urbanas e microrregiões (art. 25, § 3º). Contudo, mesmo tendo sido atribuída somente à instância estadual, a realização e viabilização destas formas de organização do território só existirão na justa medida em que os Municípios afetados queiram agir em conjunto. Ao Estado-membro restará estimular, promover, incentivar e cooperar com medidas que contribuam para a eficácia na solução dos problemas afins.

Ao Estado-membro também está determinada a competência para legislar sobre direito urbanístico de forma suplementar e complementar, conforme a Constituição Federal, em seu art. 24.[6]

Não é demais lembrar que a omissão do legislador federal sobre a elaboração de diretrizes gerais sobre desenvolvimento urbano poderia ter sido suprida através de competência suplementar dos Estados-membros. Com a promulgação da Lei 10.257/2001 (Estatuto da Cidade) a instância estadual poderá legislar sobre direito urbanístico, tendo como suporte esta lei federal, aprofundando-a sem, porém, impor comportamentos à instância municipal.

3.2 O art. 3º do Estatuto da Cidade

Esta lei foi dividida em cinco capítulos, sendo que o primeiro, denominado "Diretrizes Gerais", onde se situa o art. 3º, trata das competências urbanísticas.

---

6. Sobre o assunto, o STJ decidiu na AR 756/PR: "A teor dos dispostos nos arts. 24 e 30 da Constituição Federal, aos Municípios, no âmbito do exercício da competência legislativa, cumpre a observância das normas editadas pela União e pelos Estados, como as referentes à proteção das paisagens naturais notáveis e ao meio ambiente, não podendo contrariá-las, mas tão somente legislar em circunstâncias remanescentes".

Inicialmente fazem-se necessárias duas considerações a respeito deste artigo. Primeiro, que ele trata, apenas e tãosomente, de competências da União. Não poderia ser diferente, pois ao legislador federal compete estabelecer atribuições à instância federal. Contudo, considerando que este *capítulo* trata das *diretrizes gerais* de uma lei que tem a finalidade de estabelecer diretrizes gerais para todos os entes federativos, melhor seria se as competências da União recebessem um capítulo próprio.

A segunda observação refere-se à indicação de que o conteúdo deste artigo é exemplificativo, não esgotando, na instância federal, a enumeração de suas competências urbanísticas. Sem dúvida, ao se comparar as possibilidades constitucionais com as atribuições elencadas neste art. 3º, verifica-se que este ficou muito aquém do que seria possível estabelecer, nesta lei, para o ente federal.

O inciso I é de obviedade absoluta ao dispor que à União compete legislar sobre normas gerais de direito urbanístico. É o que já dispõe a interpretação do art. 24, I, da Constituição Federal quando estabelece a competência legislativa concorrente para direito urbanístico.

Os incisos II, III, IV e V são meras repetições do texto constitucional (art. 23, parágrafo único e inciso IX; art. 21, XX e IX, respectivamente).

O inciso II determina a elaboração de normas federais que estabeleçam uma cooperação entre os entes da Federação de forma que o desenvolvimento da política urbana, apesar de ter sua realização primordial através da instância municipal, tenha parâmetros nacionais e regionais, através de auxílio das diversas esferas. Este inciso remete-se ao parágrafo único do art. 23, sendo que sua interpretação é possível através de uma sistematização de vários dispositivos da Constituição Federal. Pode-se alinhar, para esta análise, os arts. 21, XX, 23, VI, IX e X, 182 e 225. Considerando que o dispositivo legal aqui referido envolve o equilíbrio e bem-estar em âmbito nacional, faz-se necessária uma abordagem multidisciplinar, para sua exata compreensão e extensão. Valmir Pontes Filho ressalva, entretanto, que referida cooperação tem caráter adicional às competências enumeradas entre os incisos do supracitado art. 23 e que a não existência deste tipo normativo não impede Estados, Municípios e o Distrito Federal de exercerem plenamente suas competências.[7]

O estímulo ao desenvolvimento de certa localidade deve estar atrelado à ideia do equilíbrio e respeito ambiental. Assim, o incentivo a certas atividades degradantes ou que ofereçam um grande potencial de risco aos trabalhadores ou à região em que são instaladas deve ser feito com cautela. O ente federal, neste sentido, pode estimular ou desestimular certas ativi-

---

7. Valmir Pontes Filho, *Poder, Direito e Constituição*, Belo Horizonte, Editora Fórum, 2010, pp. 212-213.

dades ou condutas tendo como princípio o desenvolvimento equilibrado da região, considerando o contexto regional perante a Nação.

Portanto, além das políticas públicas a serem elaboradas (como, por exemplo, saneamento e moradia), atividades privadas (comerciais e financeiras) também poderão fazer parte deste contexto.

Os incisos III e IV do art. 3º da Lei 10.257/2001 reportam-se ao art. 23, IX, e ao art. 21, XX, da Constituição Federal. Estes dispositivos guardam grande semelhança em seu conteúdo, pois estabelecem uma priorização para o saneamento básico e a construção de moradia, sendo que o inciso IV refere-se também a transportes urbanos (assim como o art. 21, XX, da CF).

Apesar da coincidência da matéria, estes incisos referem-se a etapas diferenciadas. O inciso III trata da elaboração de programas, o que significa dizer que o Poder Executivo Federal deverá elaborar e executar políticas a este respeito, destinando recursos materiais, financeiros e humanos para sua realização.

O inciso IV determina a elaboração de diretrizes sobre o desenvolvimento urbano, o que corresponde a dizer que o Poder Público Federal, seja o Poder Legislativo ou o Poder Executivo, deverá nortear a execução de suas atribuições através da elaboração de metas e diretrizes que deverão ordená-las.

O inciso V refere-se à *elaboração e execução de planos nacionais e regionais de ordenação do território e desenvolvimento econômico e social*, conforme também dispõe o art. 21, IX, da Carta Magna.

José Afonso da Silva indica que a União pode estabelecer três tipos de planos de ordenação territorial:[8] planos urbanísticos nacionais, planos urbanísticos macrorregionais (ou regionais) e planos urbanísticos setoriais. Admite esse autor a expressão "plano urbanístico" para a instância federal, pois considera que a aplicação dos princípios e objetivos do urbanismo referenda esta opção. Contudo, não nos parece possível que o conteúdo deste tipo de plano possa abordar a ordenação do solo urbano, porquanto esta é uma competência privativa do Município.

Este dispositivo determina a elaboração de planos, quer tenham estes abrangência territorial nacional ou apenas parte do território nacional. Diante das competências explícitas para a instância federal, é seguro afirmar que estes planos podem criar programas e metas, principalmente com relação a transporte, trânsito, moradia e saneamento. Além destes segmentos, é positivo vincular tais planos a um outro de desenvolvimento econômico e social.

---

8. José Afonso da Silva, *Direito Urbanístico Brasileiro*, 7ª ed., São Paulo, Malheiros Editores, 2012, p. 113.

3.3 Conformação das competências urbanísticas perante o Distrito Federal. O art. 51 do Estatuto da Cidade

O art. 51 do Estatuto da Cidade dispõe que ao Distrito Federal e ao governador do Distrito Federal sejam aplicadas as disposições relativas ao Município e ao prefeito. O Distrito Federal é figura híbrida em nosso sistema federal, pois possui competências municipais e estaduais, com exclusão da capacidade de organização judiciária.[9] Possui um território, vedada sua repartição em Municípios, segundo art. 32 da Constituição Federal, com uma cidade-polo, que é Brasília.[10] Esta, por sua vez, foi tombada pela UNESCO como patrimônio histórico, cultural, natural e urbano da humanidade, em 1987. O que foi tombado foi o projeto-piloto elaborado por Lúcio Costa e executado arquitetonicamente por Oscar Niemayer, que atribui formatação singular àquela cidade.

Diante deste quadro, o Distrito Federal tem um desafio: tentar ordenar e planejar o desenvolvimento do território, já com os resultados nocivos da urbanização, e manter adequadamente o espaço delineado pelo conjunto arquitetônico tombado. "Manter" e "desenvolver" é um binômio complexo e requererá dos Poderes locais uma atenção especial.

Para isso disporá de competência urbanística nos moldes da atribuída ao Município. Deverá estabelecer um plano diretor, na qual o governador exercerá papel idêntico ao do prefeito, que o encaminhará à Câmara Distrital para sua aprovação em forma de lei. As disposições contidas no plano diretor não poderão alterar as características singulares objeto do tombamento. Alterações de uso dos imóveis, além de um controle rigoroso quanto à poluição visual, com adequado meio de transporte e estacionamento, podem ser parâmetros importantes para a não descaracterização do projeto-piloto. Contudo, parte significativa do território do Distrito Federal não está tombada e é objeto de crescimento desordenado. Assim, o plano diretor deve tratar, por exemplo, das cidades-satélites e de todos os núcleos urbanos, vilas e povoados existentes no Distrito Federal. E, para isso, poderá contar com todos os instrumentos urbanísticos indicados no Estatuto da Cidade.

Com relação às competências urbanísticas equivalentes à esfera estadual, ao Distrito Federal apenas não cabem aquelas dispostas no art. 25 da Carta Constitucional, pois, na medida em que há a vedação da repartição de seu território em Municípios, não há que se falar em região metropolitana, microrregiões ou aglomerações urbanas.

9. Conforme o art. 21, XIII, da Constituição Federal, compete à União organizar e manter o Poder Judiciário do Distrito Federal.
10. O STF decidiu pela inconstitucionalidade da Lei distrital 1.713, de 1997. que subdividiu o território do Distrito Federal (ADI 1706/DF – 2008).

Quanto à equiparação legal feita em relação ao governador do Distrito Federal e o prefeito municipal, temos que o governador do Distrito Federal também está sujeito às sanções previstas no art. 52 pela prática de atos de improbidade administrativa, a que estão sujeitos os prefeitos. Desse modo, os atos de improbidade administrativa previstos no art. 52, I-VIII, são alterações à Lei 8.429/1992 e podem alcançar os atos do governador do Distrito Federal.

4. Conclusão

A Lei 10.257/2001 foi elaborada tendo por base o art. 24, I, e o art. 182 e seu § 4º da Constituição Federal.

Estas referências apontam a competência da União para legislar para todo o Estado Brasileiro sobre normas de direito urbanístico com características de generalidade. Os Estados-membros, os Municípios e o Distrito Federal podem nela basear-se para realizar suas próprias competências, mesmo considerando suas diversas realidades.

A competência para promover e determinar o ordenamento do solo e a realização do desenvolvimento urbano é da instância local.

As atribuições da instância estadual recaem na elaboração e organização das regiões metropolitanas, aglomerações urbanas e microrregiões, bem como as competências complementar e suplementar sobre as leis federais de conteúdo urbanístico.

Porém, na medida em que o Estado-membro não exerça essas suas atribuições, o Município não estará impedido de legislar e executar sua competência urbanística. Isto porque as competências estaduais são facultativas e, portanto, não vinculam sua existência à realização da competência municipal.

Não há impropriedades nas disposições elencadas no art. 3º da Lei 10.257/2001, até porque elas apenas transcrevem dispositivos da Constituição Federal. Porém, se o intuito era repetir o texto constitucional, no sentido de reforçar comportamentos, transcrever diversos outros dispositivos traria uma sistematização mais aprofundada do tema.

Neste sentido, para verificar as competências da União sobre matéria urbanística poderiam ser indicados, além dos arts. 21, IX e XX, 23, X e parágrafo único, e 24, II, também os arts. 22, II, IX e XI, 23, III, IV, VI e X, e 24, VI, VII e VIII. Todos estes dispositivos tratam do equilíbrio e do desenvolvimento do meio ambiente urbano, e devem ser considerados quando da análise das competências da União Federal.

Com o advento da Lei federal 10.257/2001, caberá aos Estados-membros complementá-la, se for o caso; e ao Município, exercer plenamente suas competências tendo neste dispositivo legal sua referência.

A atuação do Estado brasileiro diante das competências urbanísticas é o exemplo próximo do exercício do Estado federado no modelo de cooperação ditado pela Constituição Federal. Paulo Bonavides relembra-nos das duas máximas que devem regê-lo: autonomia (de seus entes) e participação (de sua população).[11] Nos dizeres de José Nilo de Castro: "É a presença da participação, da cooperação e da solidariedade. A viabilidade das cidades e, portanto, o *habitat* do homem, enquanto habitante de seu espaço. Conformam-se integrativamente com o planejamento municipal".[12]

O complexo sistema de competências traçado para a matéria urbanística requer o máximo empenho do Estado por necessitar, para sua total eficiência, rigor na apuração de suas necessidades, envolvimento de sua população e gestão coordenada entre todos os entes na elaboração de suas leis e planos urbanísticos de ação.

11. Paulo Bonavides, *A Constituição Aberta*, 3ª ed., São Paulo, Malheiros Editores, 2004, p. 430.
12. José Nilo de Castro, *Direito Municipal Positivo*, Belo Horizonte, Del Rey, 2006, p. 370.

INSTRUMENTOS DA POLÍTICA URBANA

Adilson Abreu Dallari

Art. 4º. Para os fins desta Lei, serão utilizados, entre outros instrumentos:

I – planos nacionais, regionais e estaduais de ordenação do território e de desenvolvimento econômico e social;

II – planejamento das regiões metropolitanas, aglomerações urbanas e microrregiões;

III – planejamento municipal, em especial:

a) plano diretor;

b) disciplina do parcelamento, do uso e da ocupação do solo;

c) zoneamento ambiental;

d) plano plurianual;

e) diretrizes orçamentárias e orçamento anual;

f) gestão orçamentária participativa;

g) planos, programas e projetos setoriais;

h) planos de desenvolvimento econômico e social;

IV – institutos tributários e financeiros:

a) imposto sobre a propriedade predial e territorial urbana – IPTU;

b) contribuição de melhoria;

c) incentivos e benefícios fiscais e financeiros;

V – institutos jurídicos e políticos:

a) desapropriação;

b) servidão administrativa;

c) limitações administrativas;

d) tombamento de imóveis ou de mobiliário urbano;

e) instituição de unidades de conservação;

f) instituição de zonas especiais de interesse social;

g) concessão de direito real de uso;

h) concessão de uso especial para fins de moradia;

i) parcelamento, edificação ou utilização compulsórios;

j) usucapião especial de imóvel urbano;

l) direito de superfície;

m) direito de preempção;

n) outorga onerosa do direito de construir e de alteração de uso;

o) transferência do direito de construir;

p) operações urbanas consorciadas;

q) regularização fundiária;

r) assistência técnica e jurídica gratuita para as comunidades e grupos sociais menos favorecidos;

s) referendo popular e plebiscito;

t) demarcação urbanística para fins de regularização fundiária; *(Incluído pela Lei n. 11.977, de 7.7.2009)*

u) legitimação de posse; *(Incluído pela Lei n. 11.977, de 7.7.2009)*

VI – Estudo Prévio de Impacto Ambiental (EIA) e Estudo Prévio de Impacto de Vizinhança (EIV).

§ 1º. Os instrumentos mencionados neste artigo regem-se pela legislação que lhes é própria, observado o disposto nesta Lei.

§ 2º. Nos casos de programas e projetos habitacionais de interesse social, desenvolvidos por órgãos ou entidades da Administração Pública com atuação específica nessa área, a concessão de direito real de uso de imóveis públicos poderá ser contratada coletivamente.

§ 3º. Os instrumentos previstos neste artigo que demandam dispêndio de recursos por parte do Poder Público Municipal devem ser objeto de controle social, garantida a participação de comunidades, movimentos e entidades da sociedade civil.

1. Introdução

O art. 4º do Estatuto da Cidade enumera um rol de instrumentos que são colocados à disposição do Poder Público visando à organização conveniente dos espaços habitáveis e ao cumprimento das funções sociais da propriedade e da cidade.

A redação do artigo deixa claro que tal relação não é exaustiva ao dizer que eles deverão figurar "entre outros instrumentos" – o que significa um reconhecimento da validade de instrumentos existentes e utilizados antes da edição do Estatuto da Cidade e também que, mesmo agora, novos instrumentos (não previstos nessa relação) poderão vir a ser criados, inclusive por Estados e Municípios.

O mais importante, porém, é destacar a instrumentalização da atuação do Poder Público em matéria urbanística. Ou seja, a institucionalização de um conjunto de meios e instrumentos expressamente vocacionados para a intervenção urbanística, possibilitando ao Poder Público uma atuação vigorosa e concreta nesse setor.

Como se sabe, os princípios da função social da propriedade e da função social da cidade já figuravam no texto da Constituição Federal de 1988, mas, não obstante o pacífico entendimento doutrinário no sentido de que tais princípios são dotados de positividade e eficácia, na prática, especialmente perante o Poder Judiciário, predomina um fetichismo legalista segundo o qual qualquer princípio, para ser aplicado, precisa estar traduzido em normas legais, em específicas regras de comportamento.

Princípios também são "normas", no sentido em que já determinam ou autorizam determinados comportamentos ou, pelo menos, vedam a adoção de comportamentos com eles conflitantes. No tocante à positividade e eficácia do princípio da função social da propriedade são bastante expressivas as argutas observações de Celso Antônio Bandeira de Mello, feitas anteriormente à promulgação da Constituição Federal atualmente em vigor (que é até mais incisiva quanto a isso do que o texto constitucional então vigente), primeiramente quanto aos sentidos que essa expressão comporta e, depois, destacando exatamente a imediata produção de efeitos, independentemente da edição de qualquer lei federal, conforme os seguintes excertos:

"Perante a imposição constitucional de que a ordem econômica e social realize o princípio da 'função social da propriedade', cabem, em tese, as seguintes distintas intelecções sobre o significado desta 'função social' que lhe é exigida.

"Numa primeira acepção, considerar-se-á que a 'função social da propriedade' consiste em que esta deve cumprir um destino economicamente útil, produtivo, de maneira a satisfazer as necessidades sociais preenchíveis pela espécie tipológica do bem (ou pelo menos não poderá ser utilizada de modo a contraditar estes interesses), cumprindo, destarte, às completas, suas vocação natural, de molde a canalizar as potencialidades residentes no bem em proveito da coletividade (ou, pelo menos, não poderá ser utilizada de modo a adversá-las).

"Função social da propriedade é tomada como necessidade de que o uso da propriedade responda a uma plena utilização, otimizando-se ou tendendo-se a otimizar os recursos disponíveis em mãos dos proprietários ou, então, impondo-se que as propriedades em geral não possam ser usadas, gozadas e suscetíveis de disposição em contradita com estes mesmos propósitos de proveito coletivo.

"À expressão 'função social da propriedade' pode-se também atribuir outro conteúdo, vinculado a objetivos de justiça social; vale dizer, comprometido com o projeto de uma sociedade mais igualitária ou menos desequilibrada – como é o caso do Brasil – no qual o acesso à propriedade e o uso dela sejam orientados no sentido de proporcionar ampliação de oportunidades a todos os cidadãos independentemente da utilização produtiva que porventura já esteja tendo.

"É certo, contudo, que mesmo a perspectiva restrita sobre o alcance da expressão 'função social da propriedade' – vinculando-a tão-só ao destino produtivo do bem – já permitiria adotar, caso se desejasse fazê-lo deveras, uma série de providências aptas a conformá-la ao proveito coletivo. Assim, *exempli gratia*, a instituição de uma pesada e progressiva tributação sobre imóveis rurais e urbanos ociosos ou insatisfatoriamente utilizados, a proteção legal a posses produtivas sobre prédios rústicos inaproveitados por seus titulares ou sobre terrenos urbanos estocados para valorização e não edificados, seriam providências confortadas pela noção de função social da propriedade, mesmo que disto se tenha uma visão atrelada tão somente à sua aplicação útil."[1]

Nem se diga que, atualmente, depois de 1988, diante da previsão constitucional da edição, pela União, de normas gerais de direito urbanístico, a atuação do Poder Público Municipal no tocante à aplicação do princípio da função social da propriedade na ordenação dos espaços urbanos tenha sido condicionada à promulgação de lei ordinária federal autorizativa. A lei federal não pode reduzir ou condicionar o exercício de competências que a Constituição Federal outorgou diretamente aos Municípios, no art. 30, em seu inciso I, para "legislar sobre assuntos de interesse local", e, muito especialmente, em seu inciso VIII, para "promover, no que couber, adequado ordenamento territorial, mediante planejamento e controle do uso, do parcelamento e da ocupação do solo urbano". O Município não depende de autorização legislativa federal para exercer competência que lhe foi conferida pela Constituição Federal.

O que se quer deixar perfeitamente claro é que a competência municipal decorre da Constituição Federal, e não do Estatuto da Cidade. Este apenas delineia a configuração de alguns instrumentos de política urbana, contribuindo para uma uniformização da nomenclatura, do significado e da aplicação de cada um. O § 1º do art. 4º da Lei 10.257, de 10.7.2001, é muito

1. "Novos aspectos da função social da propriedade no direito público", *RDP* 84/43-44, São Paulo, Ed. RT, 1987.

expressivo ao dizer que "os instrumentos mencionados neste artigo regem-se pela legislação que lhes é própria, observado o disposto nesta Lei".

A aplicação aos casos concretos dos instrumentos de política urbana elencados no Estatuto da Cidade vai depender do que estiver disposto na legislação local especificamente editada em cada Município e das disposições da legislação estadual ou federal naqueles assuntos de sua competência, como é o caso, por exemplo, das desapropriações.

Isto, entretanto, não afasta ou reduz a importância dos princípios constitucionais, que continuam servindo para orientar a interpretação e aplicação das normas isoladas, de maneira a assegurar a racionalidade do sistema, conforme a clara e objetiva lição de Carlos Ari Sundfeld: "Os princípios são as ideias centrais de um sistema, ao qual dão sentido lógico, harmonioso, racional, permitindo a compreensão de seu modo de organizar-se. Tomando como exemplo de sistema certa guarnição militar, composta de soldados, suboficiais e oficiais, com facilidade descobrimos a ideia geral que explica seu funcionamento: 'os subordinados devem cumprir as determinações dos superiores'. Sem captar essa ideia é totalmente impossível entender o que se passa dentro da guarnição, a maneira como funciona. De nada adianta conhecer os nomes das várias categorias de militares envolvidos, a atividade diária de cada um deles, os veículos que usam, seu horário e trabalho etc., se não tivermos ciência do princípio que organiza todos esses elementos. Assim, podemos enunciar o 'princípio da hierarquia' para descrever, de modo sintético, o sistema 'guarnição militar'".[2]

O princípio da função social da propriedade é a ideia central que confere coerência e racionalidade ao sistema de atos normativos e administrativos que visam à organização conveniente dos espaços habitáveis.

Diante do caso concreto sempre haverá necessidade de conjugar preceitos estabelecidos por diversas leis, editadas por diferentes níveis de governo, além das normas e princípios constitucionais. Não é possível extrair o exato conteúdo de qualquer disposição normativa isolada sem examinar o contexto no qual está inserida. Toda norma, para ser aplicada, deve ser interpretada, devendo o aplicador valer-se, preferencialmente, da interpretação sistemática, que Juarez Freitas assim descreve: "Assumida tal ótica mais elucidativa, a interpretação *sistemática deve ser entendida como uma operação que consiste em atribuir, topicamente, a melhor significação, dentre várias possíveis, aos princípios, às normas estritas (ou regras) e aos valores jurídicos, hierarquizáveis num todo aberto, fixando-lhes o alcance*

---

2. *Fundamentos de Direito Público*, 5ª ed., 5ª tir., São Paulo, Malheiros Editores, 2014, p. 143.

e superando antinomias em sentido amplo, tendo em vista bem solucionar os casos sob apreciação".[3]

A interpretação sistemática completa-se com a teleológica, pela verificação dos objetivos e das finalidades almejadas com a criação dos instrumentos de política urbana em exame, os quais estão descritos nos arts. 1º e 2º do Estatuto da Cidade. Ou seja, a interpretação sistemática deve ser também teleológica, pois toda norma tem um caráter instrumental, visando, em última análise, a realizar ou atingir algo que a ordem jurídica qualifica como de interesse público.

À luz dessas considerações é que passará a ser examinado o extenso rol de instrumentos de política urbana contido no art. 4º, agrupados em diversas categorias, identificadas pelos diversos incisos nos quais o artigo se desdobra. Neste exame a preocupação estará mais centrada no conjunto, dado que a lei, mais adiante, cuida especificamente de alguns deles, ocasião em que deverá ser feito um exame mais aprofundado de cada um.

Por último, nesta introdução, cabe mencionar que o § 2º do art. 4º prescreve que os instrumentos em exame, quando demandarem o dispêndio de recursos financeiros municipais, além dos controles institucionais, formais, devem também submeter-se ao controle social, garantindo-se a participação de comunidades, movimentos e entidades da sociedade civil. Essa prescrição, na verdade, já está implícita na Constituição, ao afirmar o princípio participativo, no parágrafo único do art. 1º e, mais diretamente, no inciso XII do art. 29, ao afirmar a necessidade de cooperação das associações representativas no planejamento municipal. A previsão legal tem o sentido de evidenciar a importância disso, proscrevendo interpretações eventualmente restritivas. O que não faz sentido é a restrição, contida no texto em exame, aos casos em que haja dispêndio de recursos municipais; essa restrição choca-se com a Constituição.

Em síntese, a utilização de todos esses instrumentos sempre deve estar submetida a controles institucionais, sociais e comunitários.

Em resumo, quando a lei se refere a instrumentos de política urbana ela pretende identificar meios e instrumentos, de diferentes espécies, por meio dos quais o governo municipal deve implementar suas decisões de mérito, suas opções quanto a objetivos que devam ser atingidos para assegurar a melhor qualidade de vida de sua população e as prioridades que, em seu entender, devam ser observadas.

3. *A Interpretação Sistemática do Direito*, 5ª ed., São Paulo, Malheiros Editores, 2010, p. 82.

2. Planejamento

O primeiro grupo de instrumentos de política urbana, previsto nos incisos I, II e III do art. 4º da Lei 10.257, de 10.7.2001, pode receber a designação genérica de *planejamento*. Observando uma distinção que efetivamente consta do texto constitucional, a lei faz uma primeira especificação tomando como critério o âmbito espacial de validade. São aí mencionados, nos correspondentes incisos: "I – planos nacionais, regionais e estaduais de ordenação do território e de desenvolvimento econômico e social; II – planejamento das regiões metropolitanas, aglomerações urbanas e microrregiões; III – planejamento municipal".

Este último – o planejamento municipal – comporta diversos instrumentos mais específicos, que são identificados por letras: "a) plano diretor; b) disciplina do parcelamento, do uso e da ocupação do solo; c) zoneamento ambiental; d) plano plurianual; e) diretrizes orçamentárias e orçamento anual; f) gestão orçamentária participativa; g) planos, programas e projetos setoriais; h) planos de desenvolvimento econômico e social".

Note-se, de imediato, que essa relação também não é exaustiva, pois o inciso III, literalmente, se refere a "planejamento municipal, em especial" – ou seja, estes, constantes da relação, são especialmente mencionados, mas sem prejuízo de outros que possam vir a ser utilizados pelo Município.

Entre os instrumentos de planejamento relacionados existem algumas diferenças a destacar. Os primeiros (plano diretor, disciplina do parcelamento, uso e ocupação do solo e zoneamento ambiental) são fundamentalmente planos físicos, destinados a disciplinar os espaços urbanos. Já o plano plurianual, as diretrizes orçamentárias e o orçamento anual são instrumentos basicamente econômicos, destinados a disciplinar o uso dos recursos financeiros municipais. A gestão orçamentária participativa refere-se ao processo de elaboração e execução dos orçamentos acima referidos e corresponde a princípios e preceitos constitucionais (princípio participativo, art. 1º, parágrafo único, e planejamento participativo, art. 29, XII, ambos da CF). Os planos, programas e projetos setoriais referem-se a áreas específicas de atuação, podendo ter maior ou menor amplitude (por exemplo: saneamento básico ou coleta e disposição do lixo, educação ou ensino básico, saúde ou atendimento de emergência etc.). Por último são mencionados os planos de desenvolvimento econômico e social, que vão além da simples disciplina dos recursos financeiros públicos municipais, para abranger, também, as ações de particulares e de outros níveis de governo.

Entre todos esses instrumentos de planejamento, merece especial destaque o plano diretor, em função de uma radical alteração de sua concepção, acarretada pela posição estratégica que lhe foi conferida pela Constituição Federal de 1988.

Sem entrar no detalhamento (que é feito pelos arts. 39-42-A do Estatuto da Cidade), pode-se evidenciar as alterações mais substanciais. Anteriormente o plano diretor era exaltado como um instrumento técnico destinado a dar maior racionalidade, economicidade e eficiência à Administração local, como uma verdadeira panaceia, abrangendo todos os aspectos da Administração Municipal, indo, quanto ao conteúdo, muito além da simples ordenação física do espaço urbano, mas com escassa repercussão jurídica no tocante ao direito de propriedade.

Após o advento da Constituição Federal de 1988 essa concepção do plano diretor mudou radicalmente, diminuindo em abrangência (quanto aos assuntos ou setores que devem constar de seu conteúdo) mas ganhando enorme significado jurídico, trazendo substancial alteração ao conceito de propriedade imobiliária urbana.

O plano diretor, que deve ser aprovado por lei e tem força de lei, está centrado na organização conveniente dos espaços habitáveis, é o instrumento básico da política urbana municipal, deve ser elaborado de maneira participativa e deve servir como instrumento de realização da função social da propriedade. Ao organizar os espaços habitáveis, em toda a área do Município (urbana e rural), deve ter, sim, uma preocupação social, de justiça social, de realização do mandamento constitucional (art. 3º, III) no sentido da erradicação da pobreza e da marginalidade e redução das desigualdades sociais e regionais.

Não é mais apenas um simples instrumento técnico de trabalho, mas sim, também, um instrumento jurídico de atuação do governo local. O plano diretor é o instrumento pelo qual a Administração Pública Municipal poderá determinar quando, como e onde edificar de maneira a melhor satisfazer o interesse público, por razões estéticas, funcionais, econômicas, sociais, ambientais etc.

3. Institutos tributários e financeiros

O art. 4º da Lei 10.257/2001, em seu inciso IV, enumera como instrumentos tributários e financeiros de política urbana os seguintes: "a) imposto sobre a propriedade predial e territorial urbana – IPTU; b) contribuição de melhoria; c) incentivos e benefícios fiscais e financeiros".

Tal relação não corresponde a uma classificação, pois não se trata da enumeração de espécies de um gênero comum. O que se tem aí é a indicação de dois tributos e um instrumento de política financeira. Obviamente, portanto, tal relação não é exaustiva, pois existem outros tributos municipais e outros instrumentos de política financeira. O que o legislador talvez tenha pretendido é dar destaque ao que foi referido – o que, deveras, tem uma certa razão de ser, pois o IPTU é o principal instrumento de arrecadação tributária do Município, a contribuição de melhoria é um tributo que precisa ser mais acionado e os incentivos e benefícios fiscais são os mais óbvios instrumentos de política tributária.

Quanto ao IPTU, a fixação de sua alíquota sempre repercutirá significativamente no montante da arrecadação tributária e sempre, também, será um instrumento de política tributária ligada ao desenvolvimento urbano, pois sempre servirá como instrumento de promoção do adequado nível de ocupação do solo e adensamento populacional.

A Constituição Federal cuida de atribuir ao IPTU uma considerável flexibilidade no tocante à fixação do valor a ser cobrado do contribuinte, exatamente para viabilizar sua utilização como instrumento de urbanismo. Em seu art. 182, § 4º, II, ela menciona o IPTU progressivo no tempo, como instrumento de promoção do adequado aproveitamento do imóvel urbano não edificado, subutilizado ou não utilizado. Além dessa específica forma de progressividade, no art. 156, § 1º, I, está previsto, também, que esse imposto pode ser progressivo em razão do valor do imóvel. Esta última forma de progressividade já foi objeto de controvérsia, que acabou sendo eliminada com a promulgação da Emenda Constitucional 30, de 13.9.2000, que afirmou de maneira inequívoca a sua viabilidade. Nesse mesmo parágrafo desse mesmo artigo, mas no inciso II, está prevista expressamente a possibilidade da fixação de alíquotas diferentes, de acordo com a localização e o uso do imóvel. Tudo isso efetivamente confere ao IPTU um formidável poder de fogo como instrumento de política de realização das finalidades e objetivos do urbanismo e da justiça social, nos termos do art. 3º, III, da Constituição Federal.

A contribuição de melhoria é um tributo previsto no art. 145, III, da Constituição Federal que tem como base imponível o aumento de valor trazido ao imóvel em decorrência da realização de obra pública. Esse tributo tem perfeita adequação a uma das principais diretrizes gerais da política urbana, afirmada pelo art. 2º, IX, do Estatuto da Cidade, qual seja: a justa distribuição dos benefícios decorrentes do processo de urbanização. Até agora, como decorrência de empecilhos sempre arguidos (com maior ou menor propriedade) contra a cobrança desse tributo, ele quase nunca foi aplicado, ficando a valorização decorrente de obra pública sem um correspondente ônus compensatório. Os proprietários dos imóveis valorizados pura e simplesmente se locupletavam com os investimentos feitos pela coletividade. Agora, é de se esperar que essa flagrante injustiça seja corrigida.

Por último, a Lei 10.257/2001 destaca como instrumento tributário ou financeiro de política urbana os incentivos e benefícios fiscais e financeiros. Possivelmente isso foi lembrado como um contraponto à progressividade do IPTU. Ou seja, para lembrar que tanto o aumento como a diminuição da carga tributária podem ser instrumentos de atuação urbanística. Numa visão pragmática, isso serve para assinalar a viabilidade desse instrumento, que não configura, por si mesmo, uma indevida renúncia de receita, negligência na gestão fiscal ou favorecimento indevido. A legitimidade, a constitucionalidade, a legalidade, a economicidade e a moralidade da utilização desse instrumento deverão ser objeto de aferição diante das circunstâncias de cada caso concreto. Nunca é demais lembrar inspirado voto do Des. federal Newton De Lucca (proferido no TRF-3ª R. no MS 94.03.093099-3-SP, publicado no *Boletim AASP* 2.043/473) no sentido de que: "A norma geral pode ser entendida, é claro, pelo sentido abstrato das palavras por ela utilizadas. Trata-se, porém, de mero entendimento prévio. Esse entendimento não exaure o âmbito da incidência normativa, pois ele só se consuma perante os fatos concretos da vida".

Todos os instrumentos ou institutos tributários e financeiros de política tributária, ao serem aplicados, vão exigir um exame cuidadoso das circunstâncias do caso concreto, levando-se em consideração também outros princípios e preceitos integrantes do sistema jurídico, para que se possa dizer uma palavra final sobre a perfeita correção de seu uso.

4. Institutos jurídicos e políticos

A parte mais rica, mais substancial e mais extensa do art. 4º da Lei 10.257, de 10.7.2001, é a que enumera os instrumentos jurídicos e políticos de atuação urbanística. São eles: "a) desapropriação; b) servidão administrativa; c) limitações administrativas; d) tombamento de imóveis ou de mobiliário urbano; e) instituição de unidades de conservação; f) instituição de zonas especiais de interesse social; g) concessão de direito real de uso; h) concessão de uso especial para fins de moradia; i) parcelamento, edificação ou utilização compulsórios; j) usucapião especial de imóvel urbano; l) direito de superfície; m) direito de preempção; n) outorga onerosa do direito de construir e de alteração de uso; o) transferência do direito de construir; p) operações urbanas consorciadas; q) regularização fundiária; r) assistência técnica e jurídica gratuita para as comunidades e grupos sociais menos favorecidos; s) referendo popular e plebiscito; t) demarcação urbanística para fins de regularização fundiária; u) legitimação de posse" (*alíneas acrescentadas pela Lei n. 11.977, de 7.7.2009*).

Esta enumeração também é bastante heterogênea, na medida em que contempla instrumentos antigos, tradicionais, de utilização já sedimentada, ao lado de outros introduzidos no sistema jurídico pela Constituição Federal em vigor, pelo próprio Estatuto da Cidade ou, ainda, em recentes alterações de leis antigas. Alguns instrumentos são de larga amplitude quanto às possibilidades de utilização, ao passo que outros são de aplicabilidade bastante restrita. Alguns certamente serão instrumento de acirradas disputas judiciais.

Entre os instrumentos já de tradicional e larga utilização estão a desapropriação, a instituição de servidão administrativa, as limitações administrativas e o tombamento. Pode-se incluir aqui, também, a concessão do direito real de uso, mas cabe lembrar que o § 2º deste mesmo artigo da Lei 10.257/2001 acrescentou ao que já está previsto no Decreto-lei 271, de 28.2.1967, a possibilidade de que a concessão de direito real de uso de imóveis públicos seja contratada coletivamente nos casos de programas e projetos habitacionais de interesse social, desenvolvidos por órgãos ou entidades da Administração Pública com atuação específica nessa área.

Entre os instrumentos que são disciplinados pelo próprio Estatuto da Cidade (e que serão objeto de exame mais adiante) estão o parcelamento, edificação ou utilização compulsórios, a usucapião especial de imóvel urbano, o direito de superfície, o direito de preempção, a outorga onerosa do direito de construir e de alteração de uso, a transferência do direito de construir e as operações urbanas consorciadas. Destes, alguns são realmente originais, mas outros já estavam previstos até mesmo no vetusto Código Civil de 1916.

A concessão de uso especial para fins de moradia deveria ser disciplinada pelo Estatuto da Cidade, nos arts. 15 a 20, mas todos eles foram vetados. No próprio texto do veto o Presidente da República já mencionou que cuidaria desse instrumento por meio de medida provisória. Na forma em que estavam redigidos os artigos mencionados o resultado era uma verdadeira usucapião de bem público, expressamente vedada pelo art. 183, § 3º, da Constituição Federal. A Medida Provisória 2.220, de 4.9.2001, mudou um pouco a redação mas, ao final, além do problema de mérito (imprescritibilidade de bem público), criou um de natureza formal: o cabimento de medida provisória para cuidar desse assunto, por motivo de relevância e urgência. Se era relevante, não deveria ter sido vetado; se era urgente, não deveria ter permanecido em tramitação por mais de nove anos. De qualquer forma, esse instrumento será objeto de exame mais adiante.

A instituição de unidades de conservação tem raiz no art. 225 da Constituição Federal, que dispõe sobre o meio ambiente, e é disciplinada pela legislação ambiental. Não há consenso no tocante à sua natureza jurídica, mas, numa primeira leitura, parece mais correto o entendimento de que se trata não de mera limitação administrativa, mas, sim, de servidão administrativa, gerando dever de indenizar os danos efetivamente acarretados.

As zonas especiais de interesse social são aquelas onde as circunstâncias de fato autorizam ou determinam um tratamento diferenciado, mais simples, menos elitista, dos índices urbanísticos, de maneira a assegurar o direito à moradia, inserido no art. 6º da Constituição Federal pela Emenda Constitucional 26, de 14.2.2000.

Não se trata de criar privilégios para os economicamente fracos, nem de lhes conferir menos garantias de salubridade e segurança, mas, sim, de aplicar o direito com razoabilidade, promovendo um contemperamento entre os diversos objetivos e valores constitucionalmente consagrados.

Estas considerações também se aplicam aos instrumentos jurídicos ou políticos de atuação em matéria urbanística designados pelo Estatuto da Cidade como *regularização fundiária* e demarcação urbanística para fins de regularização fundiária. Tais designações não correspondem a qualquer específico instituto jurídico, mas, sim, identificam a prática de enfrentar situações desconformes com a legislação urbanística, registral ou civil (como, por exemplo, nos loteamentos irregulares ou clandestinos), visando a conferir segurança jurídica aos adquirentes de boa-fé.

Nessa mesma linha, a assistência técnica e jurídica gratuita para as comunidades e grupos sociais menos favorecidos visa a dar maior concreção à garantia prevista no art. 5º, LXXIV, da Constituição Federal, que determina ao Poder Público em geral o dever de prestar assistência jurídica integral e gratuita aos que comprovarem insuficiência de recursos. O que se tem no Estatuto da Cidade é uma reafirmação dessa mesma garantia, voltada mais diretamente para questões inerentes ao uso conveniente dos espaços habitáveis. Convém repetir: não se trata de privilégio, mas, sim, da correta aplicação do princípio constitucional da isonomia, pelo tratamento desigual aos desiguais.

Em seguida na enumeração constante de seu inciso V, o art. 4º menciona o referendo e o plebiscito, que são instrumentos de realização do princípio participativo, também afirmado pela Constituição Federal. A diferença fundamental entre um e outro é que o plebiscito identifica uma consulta popular prévia, direta, antes de se tomar qualquer outra medida no âmbito do Legislativo ou do Executivo, ao passo que o referendo identifica a coleta de opinião a respeito da aprovação ou reprovação de alguma decisão anteriormente adotada pelos órgãos governamentais. Ambos os instrumentos estão disciplinados pela Lei 9.709, de 18.11.1998. Por último, figura o instituto da legitimação de posse (*alínea acrescentada pela Lei n. 11.977 de 7.7.2009*) cuja disciplina jurídica deve atender ao disposto no Código Civil, arts. 1.196 e ss.

Todos os instrumentos de política urbana acima referidos, sejam eles novos ou antigos, afetam o direito de propriedade, com maior ou menor intensidade. Mesmo os instrumentos de intervenção na propriedade privada que já são consagrados pelo uso tiveram a partir da Constituição Federal de 1988 e do Estatuto da Cidade um certo revigoramento. Não é improvável, portanto, que sejam, todos eles, objeto de questionamentos, de arguições de inconstitucionalidade. É conveniente, portanto, reexaminar o conteúdo e o significado do direito de propriedade a partir do conceito de função social da propriedade.

A Constituição Federal, ao cuidar dos direitos individuais, afirma o direito de propriedade, consagra o direito à propriedade privada mas, ao mesmo tempo, diz que "a propriedade cumprirá sua função social". Indubitavelmente, o direito de propriedade garantido pela Constituição não é absoluto, sem quaisquer pautas ou condicionamentos; ao contrário, deve cumprir uma função social. O problema é saber quando uma determinada propriedade cumpre ou não sua função social.

Essa exigência de que a propriedade cumpra uma função social não é nova; já constava da Carta Constitucional de 1969. Sobre essa exigência, e destacando exatamente a importância concreta dessa formulação constitucional, já tivemos a oportunidade de dizer: "De acordo com a formulação constitucional, o sistema jurídico brasileiro somente consagra, comporta e ampara o direito de propriedade enquanto e na medida em que ele estiver cumprindo uma função social. Essa concepção do direito de propriedade abre imensas possibilidades para a Administração Pública no tocante a uma atuação eficiente em matéria de disciplina do uso e ocupação do solo urbano".[4]

Não obstante as potencialidades abertas ao legislador ordinário pelo texto constitucional, o que se observou, na prática, é que o princípio da função social da propriedade, até agora, produziu pouquíssimos frutos, talvez exatamente pela falta de um texto normativo que dissesse o que deveria ser entendido como sendo de interesse social, como correspondente ao cumprimento da função social da propriedade.

No Brasil ainda é largamente majoritária (especialmente na jurisprudência) a corrente que entende ser necessário que o legislador ordinário "discipline" o princípio constitucional para que este tenha eficácia. Conforme observação feita por um dos mais brilhantes integrantes do Tribunal de Justiça de São Paulo, o Des. José Osório de Azevedo Júnior (que efetivamente aplicava diretamente os princípios constitucionais em seus ilustrados votos), para alguns juízes a invocação, pela parte, de algum princípio constitucional é tomada como indicador seguro de que ela não tem o direito que postula, pois, se tivesse, teria indicado a lei que lhe daria fundamento.

A antiga dúvida, consistente em saber quando, como, em que condições, uma propriedade imobiliária urbana cumpre sua função social foi, de

---

4. Adilson Abreu Dallari, *Desapropriação para Fins Urbanísticos*, Rio de Janeiro, Forense, 1981, p. 37.

certa forma, eliminada pelo art. 182, § 2º, da Constituição Federal, ao dizer, textualmente, que "a propriedade urbana cumpre sua função social quando atende às exigências fundamentais de ordenação da cidade expressas no plano diretor". Ou seja, quem vai dizer se a propriedade está ou não cumprindo a sua função social é o plano diretor.

O direito de propriedade hoje, no Brasil, é entendido, precipuamente, como um instrumento de afirmação de uma série de prerrogativas do proprietário. Pela aplicação concreta do princípio da função social da propriedade será possível estabelecer os deveres do detentor da riqueza, daquele a quem a ordem jurídica reconhece o direito de ter uma propriedade. Agora esse alguém recebe da mesma ordem jurídica o dever de usar sua propriedade imobiliária urbana em benefício da coletividade.

Os institutos jurídicos e políticos acima referidos visam não apenas a vedar comportamentos dos proprietários deletérios aos interesses da coletividade, mas, sim, mais que isso, visam a obter comportamentos positivos, ações, atuações, necessárias à realização da função social da propriedade. Entretanto, a experiência indica que, na prática, será muito difícil obter tais comportamentos, sejam eles omissivos (abstenções) ou, principalmente, comissivos (obrigações de fazer), pois será preciso vencer preconceitos, especialmente no tocante à jurisprudência, que é predominantemente individualista e não contempla a dimensão social da propriedade.

O processo de urbanização no Brasil é relativamente recente (a partir dos anos de 1960). Mas ao longo de muitos anos (mais de um século) a jurisprudência foi sendo construída tomando como base um conceito de propriedade derivado da propriedade rural, que sempre foi quantitativamente e economicamente mais relevante. Ocorre que essa situação de fato se inverteu completamente, com a agravante de que a propriedade urbana é substancialmente diferente da propriedade rural. Tanto assim é que o cumprimento da função social por uma e por outra tem pautas diferentes no texto constitucional.

Além disso, como regra geral, mesmo nos meios jurídicos, quando se fala em direito de propriedade imediatamente é feita uma associação com o Código Civil, que não define o conceito, o conteúdo ou o significado da propriedade privada, mas, sim, apenas, cuida das relações entre particulares a respeito da propriedade, dos negócios que os particulares levam a efeito com a propriedade. Quem define o conceito de propriedade privada é a Constituição, coadjuvada pela legislação de direito público, pelo direito administrativo e, agora, pelo direito urbanístico, sempre a partir da Constituição, pois é ela que garante o direito de propriedade condicionado ao cumprimento de sua função social.

Esse deve ser o norte que deve ser tomado como referência na discussão da constitucionalidade, validade, extensão e eficácia de cada um dos instrumentos jurídicos e políticos da política urbana.

5. Instrumentos ambientais

O inciso VI do art. 4º refere-se a dois estudos destinados a assegurar a preservação do ambiente urbano: o Estudo Prévio de Impacto Ambiental (EIA) e o Estudo Prévio de Impacto de Vizinhança (EIV). O primeiro já é previsto desde longa data na legislação ambiental e o segundo foi introduzido, agora, pela Lei 10.257, de 10.7.2001.

A rigor, o segundo nem seria necessário, pois o Estudo de Impacto Ambiental obviamente se refere também ao meio ambiente urbano. Talvez a criação do segundo se deva ao costume ou ao preconceito no sentido de tomar a expressão "meio ambiente" como abrangendo apenas o ambiente natural, os recursos naturais, tais como florestas, águas, montanhas etc. Na verdade, o meio ambiente a ser preservado abrange tanto os bens naturais como os bens culturais. O que deve variar, diante do caso concreto, é a forma, a metodologia, de realização do estudo, que será sempre um Estudo de Impacto Ambiental.

Assim, o agora previsto Estudo de Impacto de Vizinhança, que é disciplinado com maior detalhamento nos arts. 36-38 do Estatuto da Cidade, é um Estudo de Impacto Ambiental especificamente voltado para o ambiente urbano. Sua exigibilidade, seu conteúdo e sua forma de execução vão depender do que vier a ser previsto na legislação municipal, a qual deverá estipular, no mínimo, a análise dos aspectos especificamente enumerados no art. 37 da lei em exame.

6. Conclusões

Todos os instrumentos acima examinados devem servir para a formulação e a implantação da política urbana de cada Município, ou seja, para a realização dos objetivos decorrentes das peculiaridades de cada um e conforme as prioridades que forem estabelecidas pelo governo local.

O Estatuto da Cidade, entretanto, já estabelece algumas finalidades e objetivos comuns que, em princípio, deverão orientar as políticas urbanas de todos os Municípios. São finalidades comuns que deverão orientar a interpretação e aplicação das normas específicas, o bem coletivo, a segurança e o bem-estar dos cidadãos e o equilíbrio ambiental. É objetivo a ser atingido por meio da utilização dos instrumentos acima referidos o pleno desenvolvimento das funções sociais da cidade e da propriedade urbana, conforme o extenso rol de diretrizes gerais constantes dos dezesseis incisos do art. 2º dessa mesma lei.

Não é o caso de se proceder, aqui, a uma análise de todos eles, mas é oportuno ressaltar que a Lei 10.257/2001 também contém um rol de situações a serem evitadas, de coisas que são proscritas pelo Estatuto da Cidade: a) a utilização inadequada dos imóveis urbanos; b) a proximidade de usos incompatíveis ou inconvenientes; c) o parcelamento do solo, a edificação ou o uso excessivos ou inadequados em relação à infraestrutura urbana; d) a instalação de empreendimentos ou atividades que possam funcionar como polos geradores de tráfego, sem a previsão da infraestrutura correspondente; e) a retenção especulativa de imóvel urbano que resulte na sua subutilização ou não utilização; f) a deterioração das áreas urbanizadas; e g) a poluição e a degradação ambiental.

Esse destaque foi feito para advertir que todas essas vedações e proibições são dotadas de eficácia imediata, independentemente de qualquer normação superveniente, autorizando a atuação do Poder Público, especialmente da Administração Municipal, no sentido de vedar qualquer utilização do solo urbano que possa incidir em qualquer dessas situações, desde que o faça sem desbordar dos limites da razoabilidade.

PARCELAMENTO, EDIFICAÇÃO OU UTILIZAÇÃO COMPULSÓRIOS DA PROPRIEDADE URBANA

Vera Monteiro

Art. 5º. Lei municipal específica para área incluída no plano diretor poderá determinar o parcelamento, a edificação ou a utilização compulsórios do solo urbano não edificado, subutilizado ou não utilizado, devendo fixar as condições e os prazos para implementação da referida obrigação.

§ 1º. Considera-se subutilizado o imóvel:

I – cujo aproveitamento seja inferior ao mínimo definido no plano diretor ou em legislação dele decorrente;

II – (*vetado*).

§ 2º. O proprietário será notificado pelo Poder Executivo Municipal para o cumprimento da obrigação, devendo a notificação ser averbada no cartório de registro de imóveis.

§ 3º. A notificação far-se-á:

I – por funcionário do órgão competente do Poder Público Municipal, ao proprietário do imóvel ou, no caso de este ser pessoa jurídica, a quem tenha poderes de gerência geral ou administração;

II – por edital quando frustradas, por três vezes, a tentativa de notificação na forma prevista pelo inciso I.

§ 4º. Os prazos a que se refere o *caput* não poderão ser inferiores a:

I – um ano, a partir da notificação, para que seja protocolado o projeto no órgão municipal competente;

II – dois anos, a partir da aprovação do projeto, para iniciar as obras do empreendimento.

§ 5º. Em empreendimentos de grande porte, em caráter excepcional, a lei municipal específica a que se refere o *caput* poderá prever a conclusão em etapas, assegurando-se que o projeto aprovado compreenda o empreendimento como um todo.

Art. 6º. A transmissão do imóvel, por ato *inter vivos* ou *causa mortis*, posterior à data da notificação, transfere as obrigações de parcelamento, edificação ou utilização previstas no art. 5º desta Lei, sem interrupção de quaisquer prazos.

Decorre do art. 182, § 4º, da Constituição Federal a possibilidade de o Poder Público Municipal exigir do proprietário de imóvel urbano o parcelamento, edificação ou utilização compulsórios de sua propriedade.[1] A leitura da norma constitucional revela que as propriedades urbanas devem cumprir sua função social, somente atendida quando os imóveis urbanos são adequadamente aproveitados, na forma determinada pelo plano diretor e por lei municipal específica.

O plano diretor "é o instrumento básico da política de desenvolvimento e de expansão urbana" e é obrigatório para cidades com mais de vinte mil habitantes (CF, art. 182, § 1º). Os proprietários de imóveis urbanos em área incluída no plano diretor têm o dever de utilizá-los adequadamente. Isto é, os proprietários de imóveis urbanos, em área incluída no plano diretor, *não edificados, subutilizados* ou *não utilizados* têm o dever de dar adequada

1. Constituição Federal:
"Art. 182. A política de desenvolvimento urbano, executada pelo Poder Público Municipal, conforme diretrizes gerais fixadas em lei, tem por objetivo ordenar o pleno desenvolvimento das funções sociais da cidade e garantir o bem-estar de seus habitantes.

"§ 1º. O plano diretor, aprovado pela Câmara Municipal, obrigatório para cidades com mais de vinte mil habitantes, é o instrumento básico da política de desenvolvimento e de expansão urbana.

"§ 2º. A propriedade urbana cumpre sua função social quando atende às exigência fundamentais de ordenação da cidade expressas no plano diretor.

"§ 3º. As desapropriações de imóveis urbanos serão feitas com prévia e justa indenização em dinheiro.

"§ 4º. É facultado ao Poder Público Municipal, mediante lei específica para área incluída no plano diretor, exigir, nos termos da lei federal, do proprietário do solo urbano não edificado, subutilizado ou não utilizado, que promova seu adequado aproveitamento, sob pena, sucessivamente, de:
"I – parcelamento ou edificação compulsórios;
"II – imposto sobre a propriedade predial e territorial urbana progressivo no tempo;
"III – desapropriação com pagamento mediante títulos da dívida pública de emissão previamente aprovada pelo Senado Federal, com prazo de resgate de até dez anos, em parcelas anuais, iguais e sucessivas, assegurados o valor real da indenização e os juros legais."

utilização aos imóveis, destinando-os à função social que são obrigados a atender, sob pena de lei municipal fixar-lhes prazo para tanto.

Assim, todos os proprietários de imóveis urbanos com utilização inadequada – isto é, em desconformidade com as regras do plano diretor e de lei municipal específica – estão sujeitos a ser notificados pelo Poder Público Municipal para que atendam ao dever de *uso adequado* da propriedade.

1. A Constituição Federal e o Estatuto da Cidade

O art. 182, § 4º, da Constituição Federal já autorizava, antes da edição do Estatuto da Cidade, interpretação segundo a qual o Poder Público Municipal poderia valer-se dos instrumentos lá mencionados (parcelamento ou edificação compulsórios, imposto progressivo e desapropriação) como *sanção* ao descumprimento da exigência formal feita pelo Poder Público de *adequado aproveitamento* do imóvel.

Neste sentido, sustentou Carlos Ari Sundfeld, antes da edição da lei federal, que a norma constitucional já permitia ao Poder Público Municipal notificar o proprietário para dar *adequada utilização* à sua propriedade urbana. E, uma vez não atendida a notificação para torná-la produtiva, então o Município poderia "socorrer-se *ou* do parcelamento *ou* edificação compulsórios, *ou* da tributação progressiva, *ou* da desapropriação" como sanção pelo desatendimento da obrigação.

Escreveu o autor que: "Raciocínio diverso conduziria a verdadeiros absurdos. Inicialmente, nem só os terrenos não edificados podem estar em situação de inadequado aproveitamento. Um edifício não habitado também deixa de cumprir sua função social. Por acaso se exigirá que, para poder expropriá-lo, o Município imponha a 'edificação compulsória'? Decerto que não. De outro lado, a imposição do 'parcelamento ou edificação compulsórios' há de ser coisa diversa da exigência de 'adequada utilização'; caso contrário não se aplicariam aqueles como pena para quem descumpriu esta. Assim, a exigência de 'adequada utilização' é um ato através do qual o Município determina que o próprio titular da coisa a utilize (parcelando, edificando, habitando, alugando, vendendo etc.). Não atendido, pode o Poder Público, compulsoriamente, parcelar ou edificar em terreno alheio, ressarcindo-se depois das despesas feitas. Se assim é, exigir-se que, para impor o imposto progressivo, e depois a desapropriação, o Município antes parcele ou edifique compulsoriamente significa interditar-lhe a tributação e a expropriação. Com efeito, se a edificação é feita, obtém-se a adequada utilização; nada mais há a apenar".[2]

2. Carlos Ari Sundfeld, *Desapropriação*, São Paulo, Ed. RT, Coleção Constituição de 1988 – Primeira Leitura, 1990, p. 38.

Mas a lei federal adotou sistemática diversa para o art. 182, § 4º, da Constituição Federal. O Estatuto da Cidade não admite que o Poder Público Municipal parcele ou edifique ele próprio em terreno alheio, ressarcindo-se depois das despesas feitas.

Com a edição do Estatuto da Cidade o atendimento da norma constitucional é feito da seguinte forma: lei municipal específica para área incluída no plano diretor determina ao proprietário que dê *adequada utilização* à sua propriedade urbana. O papel da "lei municipal específica" é estabelecer as condições e os prazos para implementação da *obrigação de fazer*. O proprietário de área nestas condições é notificado para que ele próprio parcele, edifique ou utilize o solo urbano não edificado, subutilizado ou não utilizado. E, no caso de desatendimento da obrigação, o proprietário está sujeito ao IPTU progressivo no tempo e, após certo lapso de tempo, à desapropriação.

Em suma, o Estatuto da Cidade autorizou o Município a editar ato para compelir o proprietário a fazer uso adequado de sua propriedade urbana (seja parcelando, edificando, habitando, alugando ou vendendo).[3]

A opção do legislador federal foi restringir a hipótese de intervenção do Município na propriedade privada para fins urbanísticos. Pois o Poder Público Municipal definitivamente não tem autorização legal para ele próprio, em substituição ao particular, dar adequada utilização à propriedade particular.[4] E com o Estatuto da Cidade, para o Município determinar ao proprietário que ele próprio dê adequada utilização à sua propriedade, ainda é necessária previsão no plano diretor e edição de lei municipal específica para tanto.

De fato, com a edição da lei federal, o art. 182, § 4º, da Constituição Federal deve ser lido assim: se o Poder Público Municipal quiser fazer valer sua prerrogativa constitucional de impor ao proprietário a obrigação para que ele dê *adequada utilização* à sua propriedade urbana, sob pena de

---

3. Carlos Ari Sundfeld afirma, no texto citado, que isso já era possível antes mesmo da edição da lei federal referida no § 4º do art. 182 da Constituição Federal (*Desapropriação*, p. 38).

4. A não ser na hipótese do art. 8º, §§ 4º e 5º, do Estatuto, quando trata da desapropriação do imóvel. *In verbis*:

"Art. 8º. Decorridos cinco anos de cobrança do IPTU progressivo sem que o proprietário tenha cumprido a obrigação de parcelamento, edificação ou utilização, o Município poderá proceder à desapropriação do imóvel, com pagamento em títulos da dívida pública.

"(...).

"§ 4º. O Município procederá ao adequado aproveitamento do imóvel no prazo máximo de cinco anos, contado a partir da sua incorporação ao patrimônio público.

"§ 5º. O aproveitamento do imóvel poderá ser efetivado diretamente pelo Poder Público ou por meio de alienação ou concessão a terceiros, observando-se, nesses casos, o devido procedimento licitatório."

sanção, ele deve elaborar plano diretor e editar "lei específica" que fixe as condições e prazo dessas obrigações. Uma vez notificado, o proprietário tem o dever de utilizar *adequadamente* sua propriedade. Se nada fizer, então o Poder Público pode impor-lhe sanção pecuniária, consistente no pagamento de IPTU progressivo, pelo descumprimento da obrigação de adequada utilização. Decorrido novo lapso de tempo sem que o proprietário faça a adequação do uso de sua propriedade aos fins do plano diretor, o Poder Público pode impor-lhe nova sanção – e, desta vez, o Município está apto a proceder à desapropriação do imóvel.

2. A imposição de obrigação de fazer e o princípio da legalidade

A solução do Estatuto da Cidade implica a imposição de verdadeira *obrigação de fazer* pelo Poder Público Municipal aos proprietários de imóveis urbanos.[5] Trata-se de limitação administrativa ao uso da propriedade urbana, com necessário e prévio fundamento em lei. Mas em qual lei? Na lei federal (Estatuto da Cidade), no plano diretor e em lei municipal específica, que pode ser uma ou várias.

O atendimento do princípio da legalidade para a imposição deste condicionamento administrativo é deveras complexo, pois envolve um direito individual, qual seja, o direito de propriedade constitucionalmente garantido (CF, art. 5º, XXII). Definitivamente, o Poder Público Municipal não tem flexibilidade na imposição de obrigações urbanísticas.

Em verdade, não basta o Estatuto da Cidade trazer normas uniformizadoras do direito urbanístico brasileiro para que os mais de cinco mil Municípios Brasileiros comecem a exigir dos particulares adequada utilização às suas propriedades, conformando-as às necessidades urbanas. Para o Município impor esta sanção, consubstanciada em uma obrigação de fazer

5. Sobre a imposição de *obrigação de fazer*, escreveu Ricardo Pereira Lira, ao comentar o então projeto de lei que depois veio a ser convertido no Estatuto da Cidade: "Já se viu que, no ordenamento atual brasileiro, o não-uso é uma faculdade do *dominus soli*, constituindo esse fato um dos fatores que ensejam a prática especulativa nos grandes centros urbanos. Em áreas previamente definidas em lei municipal, baseada em plano de uso do solo, o não-uso pode deixar de ser uma faculdade desse *dominus*. Nas condições definidas no projeto de lei, o proprietário pode ser notificado para utilização do seu imóvel (inclusive *parcelamento* ou *edificação*) nos termos do plano, fundado em lei, sob pena de poder ocorrer a desapropriação do terreno do Município, com a possibilidade de aliená-lo a terceiro, que se comprometerá a utilizar o solo na conformidade do plano. Trata-se da possibilidade da criação da *propriedade urbanística acompanhada de uma obrigação* **propter rem**, consistente na *obrigação de fazer* (parcelar, edificar ou utilizar) sobre o solo, nos termos da lei municipal, baseada em plano de uso do solo" (*Elementos de Direito Urbanístico*, Rio de Janeiro, Renovar, 1997, p. 167).

ao proprietário que não cumpre a função social da propriedade urbana, ele ainda deve editar pelo menos duas *leis* de sua competência: plano diretor e lei(s) específica(s).

Sem plano diretor o Município não pode exigir do proprietário que ele cumpra o princípio constitucional da função social da propriedade. Isto porque cabe ao plano diretor – como lei introdutória de normas básicas de planejamento urbano – a delimitação das áreas urbanas onde podem ser aplicados o parcelamento, edificação ou utilização compulsórios, considerando a existência de infraestrutura e de demanda para utilização (arts. 41, III, e 42, I, do Estatuto).[6] Cabe ao plano diretor mapear a cidade e indicar áreas onde o cumprimento da função social da propriedade – leia-se: dos projetos urbanos idealizados para a cidade – somente se dará se a propriedade aderir à realidade urbana por ele desenhada.

É dizer, por exemplo, que proprietários de áreas especificadas no plano diretor para comportar um alto adensamento habitacional estão, para o atendimento deste mesmo fim, sujeitos à sanção administrativa de serem chamados a dar utilização compulsória no caso de eles voluntariamente não cumprirem o plano diretor. Assim, eventual terreno vazio incluído nesta área está sujeito a edificação compulsória, verdadeira sanção ao proprietário que não adequar o uso de sua propriedade ao plano urbano.

É papel do plano diretor planejar a ocupação da cidade. Como lei fundamental para a composição dos diversos aspectos envolvidos na expectativa de uma vida urbana saudável, o plano diretor é o responsável por fixar o perfil da cidade. Deve indicar as áreas em que, no caso de ser dada destinação diversa daquela querida por ele, todo o conjunto estará comprometido. Isto é, cabe ao plano diretor indicar as áreas em que o não cumprimento dos objetivos por ele previstos compromete todo o planejamento urbano por ele realizado, justificando, portanto, a sanção na hipótese de descumprimento.

Não é razoável que o plano diretor estenda a toda a cidade a obrigação de parcelar, edificar ou utilizar compulsoriamente a propriedade. Pois, neste caso, tais obrigações deixariam de ser sanção *administrativa* por desatendimento de norma – clara intenção do Estatuto da Cidade –, para ser nova regra de uso da propriedade.

Desta forma, a indicação no plano diretor de área sujeita a adequada utilização é fundamental. É na compreensão do plano urbano aprovado para

---

6. Estatuto da Cidade: "Art. 41. O plano diretor é obrigatório para cidades: (...) III – onde o Poder Público Municipal pretenda utilizar os instrumentos previstos no § 4º do art. 182 da Constituição Federal; (...)"; "Art. 42. O plano diretor deverá conter no mínimo: I – a delimitação das áreas urbanas onde poderá ser aplicado o parcelamento, edificação ou utilização compulsórios, considerando a existência de infraestrutura e de demanda para utilização, na forma do art. 5º desta Lei; (...)".

um dado Município que está a justificativa para imposição de sanção consubstanciada na obrigação de o proprietário usar sua propriedade privada em conformidade com sua feição coletiva.

Mas não basta a existência de *plano diretor* com previsão expressa da obrigação de adequada utilização. Há, ainda, a necessidade de *lei municipal específica* para que o proprietário de imóvel não edificado, não utilizado ou subutilizado seja compelido a dar novo destino à sua propriedade.

E qual o papel desta "lei municipal específica para área incluída no plano diretor", que é expressamente exigida pelo art. 5º, *caput*, do Estatuto da Cidade? Ela serve para dizer: "as áreas compreendidas entre as ruas tais e quais devem atender a um coeficiente mínimo *x* de construção, sob pena de edificação compulsória", ou "as áreas compreendidas entre as ruas tais e quais devem ser utilizadas exclusivamente para moradia" (ou para indústria ou recreação, por exemplo). Ou seja, lei municipal específica concretizará o uso da propriedade idealizado e com finalidade de uso definida no plano diretor.

Sendo o plano diretor um plano geral, e não uma "disciplina do parcelamento, do uso e da ocupação do solo" (art. 4º, III, "b", do Estatuto da Cidade) ou "um zoneamento ambiental" (art. 4º, III, "c", do Estatuto da Cidade) – que são regras mais detalhadas do que aquele –, a lei municipal específica concretizará no tempo e no espaço o plano diretor.

Cabe a essa lei (ou leis) especificar, por meio da delimitação da área atingida, as propriedades sujeitas à sanção. Também é ela que definirá, no caso de o plano diretor não o ter feito, os parâmetros para aferição da *adequada* utilização da propriedade, estabelecendo a obrigação a que o proprietário descumpridor dos ditames legais está sujeito. Cabe, portanto, às várias leis específicas que serão editadas no tempo a concretização do plano diante de uma dada realidade fruto da dinâmica das cidades. São elas que devem "fixar as condições e os prazos para implementação da referida obrigação" (parcelamento, edificação ou utilização compulsórios – art. 5º, *caput*), observados os parâmetros determinados pelo Estatuto da Cidade.

Por isso é que se exige destas leis específicas uma relação de racionalidade com o plano diretor. A obrigação, prazos e condições trazidas por elas precisam estar em perfeita compatibilidade com a lógica do planejamento urbano desenhado pelo plano diretor (que necessariamente lhes é prévio).

Para que sejam legítimas, estas leis precisam ter um sentido de razoabilidade e proporcionalidade com o plano diretor, pois ele é o parâmetro para a verificação do atendimento da regra da finalidade destas normas. Não há, portanto, qualquer relação de hierarquia entre o plano diretor e as leis específicas que serão editadas para aplicação da sanção prevista pelo art. 5º do Estatuto da Cidade. São normas de mesma hierarquia. Mas o plano diretor, porque é plano, é o fundamento de validade dessas normas; não jurídico propriamente dito, mas lógico.

É neste contexto que Carlos Ari Sundfeld faz as seguintes advertências quanto à necessária razoabilidade de tais leis e das obrigações por elas impostas:

"É que o proprietário não pode ser obrigado a desempenhar uma função no interesse exclusivo da sociedade. Se bem que tenha o dever – e, portanto, o poder – de utilizar a coisa para a satisfação de necessidades coletivas, não pode ser privado do poder de fazê-lo em vista de necessidades individuais. Não pode o Estado, por exemplo, exigir de um proprietário que instale em seu terreno uma praça de esportes onde a vizinhança realize seu lazer, se este uso nenhum interesse pode suscitar para ele. Uma tal exigência esbarraria, basicamente, em dois obstáculos. Em primeiro lugar, no princípio da isonomia, por força do qual não se pode lançar exclusivamente em um indivíduo os ônus decorrentes do atendimento das necessidades coletivas. Em segundo, a função social não é título para que o Poder Público se desonere de deveres seus, lançando-os aos particulares.

"Outra advertência necessária é quanto à amplitude da faculdade estatal de impor a utilização compulsória do imóvel. Não nos parece aceitável, salvo em casos excepcionais, que o Poder Público indique ao possuidor *exatamente* qual a utilização a ser dada, determinando, por hipótese, que se instale um açougue ou que se construa prédio residencial de alto padrão. O meio mais adequado de impor a utilização é o estabelecimento de zonas de uso, onde haja a previsão de usos (genéricos) possíveis, facultada ao administrado, dentre eles, a escolha daquele que melhor atenda a seu interesse pessoal. A obrigação seria, então, de instalar estabelecimento comercial ou construir imóvel residencial."[7]

Diante do exposto, surge a seguinte questão: cabe mandado de segurança contra a lei municipal que especifica as propriedades sujeitas à obrigação, as condições para implementação, a área e o prazo para que o Município implemente a obrigação de adequada utilização? Evidentemente que sim. Trata-se de mais um exemplo no Direito Brasileiro de lei com efeitos concretos. O particular que entender ilegítima lei municipal dessa natureza pode questioná-la judicialmente, via mandado de segurança, antes mesmo que ele receba a notificação prevista no art. 5º, § 2º, do Estatuto da Cidade, desde que presentes os pressupostos do art. 5º, LXIX, da Constituição Federal, c/c art. o 1º da Lei 12.016/2009.

---

7. "Função Social da Propriedade", artigo publicado na coletânea *Temas de Direito Urbanístico*, coord. de Adilson Abreu Dallari e Lucia Valle Figueiredo, v. 1, São Paulo, Ed. RT, 1987, p. 19.

3. Quem está sujeito à obrigação

Estão sujeitos à obrigação de parcelar, edificar ou utilizar compulsoriamente a propriedade todos os proprietários de imóveis urbanos incluídos em área sujeita a esta sanção no plano diretor e em lei municipal específica – inclusive os titulares de bens públicos.

Isto significa dizer que os proprietários de imóveis *não edificados*, *subutilizados* ou *não utilizados* podem vir a ser notificados para dar adequada utilização à propriedade, atendidas as seguintes condições: previsão da área no plano diretor do Município e edição de lei municipal específica que delimite concretamente a área, estabeleça a obrigação, condições e prazo para seu cumprimento.

Deve-se entender por propriedade *não edificada* a terra nua que não atende à utilização desejada pelo plano diretor e lei dele decorrente (moradia, indústria, recreação etc.). Por *subutilizado* o imóvel "cujo aproveitamento seja inferior ao mínimo definido no plano diretor ou em legislação dele decorrente" (art. 5º, § 1º, I). E por *não utilizado* o imóvel abandonado e não habitado, incluídas as construções paralisadas e destruídas.

As propriedades nessas situações estão sujeitas ao parcelamento (ou desmembramento, ou loteamento), à edificação ou à utilização compulsórios, conforme o caso.

Algumas questões interessantes surgem, aqui. A primeira delas é a seguinte: está incluído neste rol de proibições o uso ilegal da propriedade, como, por exemplo, no caso de não atendimento à lei de zoneamento, ou no caso de não observância do dever de conservação?

Parece-nos que não. De fato, o inciso II do § 1º do art. 5º foi vetado ("§ 1º. Considera-se subutilizado o imóvel: ... II – utilizado em desacordo com a legislação urbanística ou ambiental"). O veto excluiu a aplicação da obrigação de que se trata ao imóvel usado fora dos parâmetros legais.[8] Nestes casos prevalecem as posturas municipais tradicionais.

Uma segunda questão: empresa que adquire área para futura instalação de sua sede, ou ampliação de suas atividades, pode vir a ser sancionada se nada fizer em razoável período de tempo? Sim, se a área estiver incluída no plano diretor e em lei específica que disponha sobre o tema. O Município pode obrigar o proprietário a dar adequado destino ao imóvel. A lei municipal deve combater a especulação imobiliária, contrária ao desenvolvimento da cidade.[9]

---

8. Remetemos o leitor ao tópico *infra*, em que especificamente tratamos deste veto presidencial.

9. Ao comentar a legislação espanhola sobre a edificação compulsória, Tomás-Ramón Fernández menciona o art. 155.3 da Lei do Solo e Ordenação Urbana

Por fim, consigne-se que a superveniência do Estatuto da Cidade atinge diretamente todos os imóveis urbanos. Não há que se falar na existência de direito impeditivo de aplicação da nova regra. Todos os imóveis sujeitam-se, indistintamente, às novas regras de uso da área urbana, tal qual definidas no plano diretor e nas leis dele decorrentes.

4. Procedimento

O Estatuto da Cidade é importante na medida em que garante uniformidade ao procedimento para a imposição da obrigação de usar *corretamente* a propriedade urbana, na forma do plano diretor e das leis supervenientes. E qual é o procedimento para o cumprimento da obrigação? A resposta está nos §§ 2º, 3º, 4º e 5º do art. 5º da lei.

O proprietário deve ser *notificado* pelo Poder Executivo Municipal para o cumprimento da obrigação. Sendo que a notificação deve ser averbada no cartório de registro de imóveis (§ 2º). Isto porque esta não é uma obrigação pessoal, mas uma obrigação de direito real, que fica gravada no imóvel. Tanto que "a transmissão do imóvel, por ato *inter vivos* ou *causa mortis*, posterior à data da notificação, transfere as obrigações de parcelamento, edificação ou utilização previstas no art. 5º" da lei, "sem interrupção de quaisquer prazos" (art. 6º).

Quanto à notificação as regras estão no § 3º do art. 5º do Estatuto da Cidade. Ela deve ser feita "por funcionário do órgão competente do Poder Público Municipal, ao proprietário do imóvel ou, no caso de este ser pessoa jurídica, a quem tenha poderes de gerência geral ou administração" (inciso I). Portanto, a regra é que a notificação seja pessoal – feita na pessoa daquele que tem efetivo poder para decidir pela adequação da propriedade à sua função social.

Apenas será admitida a notificação por edital quando frustrada por três vezes a tentativa de notificação na forma prevista acima (inciso II).[10]

espanhola, de 9.4.1976, segundo o qual "las corporaciones públicas y las empresas industriales que poseyeren o adquirieren solares para ampliaciones o futuras necesidades justificadas podrán retenerlos sin edificar por plazos superiores a los previstos en el art. 154, previo acuerdo del Ayuntamiento, oída la Delegación de Industria de la provincia y aprobado por el Ministro de Obras Públicas y Urbanismo". O autor afirma que a exigência do dever de edificar ou sua flexibilização estão intimamente ligadas às circunstâncias, sendo preciso adaptar a utilização das possibilidades que a lei oferece, num sentido ou em outro (Tomás-Ramón Fernández, *Manual de Derecho Urbanístico*, 8ª ed., Madri, Publicação Abella, 1990, p. 199).

10. Por analogia, as regras do art. 232 do Código de Processo Civil podem servir de roteiro para a publicação deste edital. A não ser que seja objeto de lei municipal própria.

A seguinte questão pode surgir: é necessário que o Poder Público Municipal, antes de notificar o proprietário para dar cumprimento ao disposto nas leis municipais, proceda à vistoria da propriedade, com participação do proprietário do imóvel? Parece-nos que não. Não só porque a lei não previu expressamente este procedimento, mas também porque não traz prejuízo algum ao proprietário o fato de eventual contestação ser posterior à notificação, e não prévia. Não há violação ao princípio do contraditório (CF, art. 5º, LIX), pois o proprietário terá oportunidade para apresentar defesa antes que venha a sofrer qualquer gravame.

Mesmo sem previsão expressa no Estatuto da Cidade, é possível ao particular requerer seja-lhe suspenso o prazo a que se refere o inciso I do art. 4º da lei enquanto não for resolvido o contencioso por ele instaurado para questionar a validade da notificação. Seja porque a lei que lhe dá fundamento não é legítima, seja porque a propriedade objeto da notificação não está descumprindo sua função social.

Nestes casos, a Administração Municipal, diante da argumentação trazida pelo particular em requerimento administrativo, pode vir a suspender referido prazo mediante despacho motivado.

O que não se pode esquecer é que a Administração Municipal deve instruir adequadamente o processo administrativo para a aplicação da sanção. Isto porque a notificação ao proprietário para dar cumprimento à obrigação deve estar devidamente fundamentada, já que se trata de ato que dá início à contagem do prazo para que seja protocolado o projeto de *adequada utilização* no órgão municipal competente (art. 5º, § 4º, I). E também porque, como já se disse, a validade da notificação pode ser contestada, administrativa ou judicialmente, pelo proprietário na hipótese de o imóvel estar sendo usado adequadamente ou quando a lei editada pelo Município não for razoável porque o legislador municipal extrapolou os limites de sua competência fixados no plano diretor.

Com relação aos prazos da notificação o Estatuto da Cidade estabelece as seguintes regras. Não pode ser inferior a um ano, a partir da notificação, o prazo para que seja protocolado o projeto no órgão municipal competente (art. 5º, § 4º, I). E não pode ser inferior a dois anos, a partir da aprovação do projeto, o prazo para o proprietário iniciar as obras do empreendimento (inciso II).[11] Diz o § 5º do mesmo art. 5º que, "em empreendimentos de grande porte, em caráter excepcional, a lei municipal específica a que se refere o

---

11. Não houve o ferimento de competência municipal alguma pelo fato de o Estatuto da Cidade ter fixado prazos mínimos para o cumprimento da obrigação. Esta postura da lei federal garante certa uniformidade no uso do instituto pelos diversos Municípios.

caput poderá prever a conclusão em etapas, assegurando-se que o projeto aprovado compreenda o empreendimento como um todo".[12]

Isto significa dizer que é a lei municipal que deve fixar referidos prazos, e que deve observar os prazos *mínimos* previstos no Estatuto da Cidade. Nada impede que, diante das circunstâncias da cidade, os prazos sejam superiores ao mínimo de um ano para o protocolo do projeto e de dois anos para o início das obras, a contar da aprovação do projeto.

Uma vez tendo sido protocolado o projeto na Prefeitura, o particular pode, a qualquer momento, ser chamado para esclarecimentos e adequações.

E o que acontece se o proprietário não protocolar o projeto ou não iniciar as obras no prazo estipulado pela lei municipal?

Afora a possibilidade de prorrogação do prazo por outra lei municipal, aplica-se o art. 7º do Estatuto, segundo o qual, "em caso de descumprimento das condições e dos prazos previstos na forma do *caput* do art. 5º desta Lei, ou não sendo cumpridas as etapas previstas no § 5º do art. 5º desta Lei, o Município procederá à aplicação do imposto sobre a propriedade predial e territorial urbana (IPTU) progressivo no tempo, mediante a majoração da alíquota pelo prazo de cinco anos consecutivos".

Interessante notar que, adotado o IPTU progressivo, o proprietário pode, a qualquer momento, cumprir a obrigação de parcelar, edificar ou utilizar, quando então o Município deve suspender a cobrança do imposto. Pois o que o Estatuto quer é que o proprietário dê adequado uso à sua propriedade – a finalidade da norma não é arrecadatória, mas fazer com que a propriedade urbana cumpra sua função social.[13]

5. O veto do inciso II do § 1º do art. 5º

O inciso II do § 1º do art. 5º foi objeto de veto presidencial. O projeto de lei considerava como hipótese de imóvel subutilizado, além do imóvel "cujo aproveitamento seja inferior ao mínimo definido no plano diretor ou em legislação dele decorrente" (inciso I), o imóvel "utilizado em desacordo com a legislação urbanística ou ambiental".

São estas as razões do veto, constantes da Mensagem 730, de 10.7.2001, da Casa Civil:

"O inciso II do § 1º do art. 5º do projeto equipara ao imóvel subutilizado aquele 'utilizado em desacordo com a legislação urbanística ou

---

12. Deve ser entendido como "empreendimento de grande porte" aquilo que a lei municipal assim classificar, conforme os critérios por ela estabelecidos.
13. V. o estudo da professora Regina Helena Costa nesta coletânea, onde a autora explica com detalhes o caráter extrafiscal do IPTU progressivo.

ambiental'. Essa equiparação é inconstitucional, porquanto a Constituição penaliza somente o proprietário que subutiliza o seu imóvel de forma a não atender ao interesse social, não abrangendo aquele que a seu imóvel deu uso ilegal, o qual pode, ou não, estar sendo subutilizado.

"Vale lembrar que, em se tratando de restrição a direito fundamental – direito de propriedade –, não é admissível a ampliação legislativa para abarcar os indivíduos que não foram contemplados pela norma constitucional."

O professor Márcio Cammarosano, em palestra ministrada em curso promovido pela Sociedade Brasileira de Direito Público,[14] sustentou a ausência de fundamento constitucional para o veto presidencial. Naquela oportunidade afirmou que lei municipal pode estabelecer como hipótese ensejadora da sanção prevista no art. 5º do Estatuto o imóvel *subutilizado* porque "utilizado em desacordo com a legislação urbanística ou ambiental". Ou seja, sustentou a ineficácia do veto ao inciso II do § 1º do art. 5º do Estatuto da Cidade.

O fundamento para seu posicionamento é o próprio princípio da função social da propriedade. Afirmou que uma adequada leitura constitucional do princípio permitiria concluir que o uso ilegal do imóvel, em desacordo com a legislação urbanística ou ambiental, também está sujeito à obrigação do art. 5º do Estatuto.

Portanto, por este raciocínio o proprietário de imóvel que não obedece à lei de zoneamento ou ao dever de construção, por exemplo, estaria sujeito – se lei municipal assim estabelecer – à notificação do Poder Público Municipal para dar correta (isto é, *adequada*) destinação ao seu imóvel no prazo fixado, sob pena de lhe ser aplicado o IPTU progressivo no tempo, e, se for o caso, a desapropriação do imóvel.

Em verdade, tal discussão pode ser posta da seguinte forma: lei municipal pode ampliar o rol do § 1º do art. 5º do Estatuto da Cidade? Lei municipal pode estabelecer outros casos de *subutilização* de imóvel urbano, sobretudo diante do veto ao Estatuto da Cidade?

Diferentemente do posicionamento acima mencionado, parece-nos que não. A própria Constituição Federal diz que lei municipal pode exigir do proprietário do solo urbano não edificado, subutilizado ou não utilizado o seu adequado aproveitamento *nos termos da lei federal* (art. 182, § 4º). E é a lei federal – o Estatuto da Cidade – que trouxe os contornos para a exigência dessa obrigação. Se o Estatuto poderia ter trazido um rol maior de hipóteses de subutilização, esta é outra discussão. O fato é que não o fez. Restringiu o conceito de imóvel urbano *subutilizado* àquele "cujo aproveitamento seja

14. Curso coordenado pelo professor Adilson Dallari e promovido pela Sociedade Brasileiro de Direito Público em novembro de 2001.

inferior ao mínimo definido no plano diretor ou em legislação decorrente". O Município não tem competência para tratar do assunto, nem para dar uma interpretação que "encubra" o veto presidencial.

Assim, o uso ilegal de imóveis urbanos autoriza outras atitudes da Municipalidade, que pode fazer uso de seu poder de autoridade e determinar a lacração, o fechamento, a proibição de entrada nesses imóveis ou, até mesmo, a imposição de multa ao proprietário pelo descumprimento de um dever legal.

A obrigação prevista nos arts. 5º e 6º do Estatuto da Cidade, por sua vez, tem outra razão de ser. Sua origem está na desconformidade do uso da propriedade urbana com o *planejamento urbano* desenhado no plano diretor. Neste caso, seu desatendimento pode levar à desapropriação do imóvel (perda do bem). Já o descumprimento não diretamente do plano diretor, mas de normas que dele derivam, não pode levar à perda do bem.

E isto por duas razões. Uma, porque as sanções previstas no Estatuto da Cidade têm sua legitimidade condicionada à prévia previsão no plano diretor. Não basta lei municipal específica. E duas, porque no direito urbanístico o princípio da legalidade é rigoroso. E não se pode cogitar de aplicação de sanção que leve à perda de um direito fundamental – o direito de propriedade – sem lei anterior que a defina. Sendo que esta lei, por exigência constitucional, é o plano diretor, sucedido por lei(s) municipal(is) específica(s).

INSTRUMENTOS TRIBUTÁRIOS PARA A IMPLEMENTAÇÃO DA POLÍTICA URBANA

REGINA HELENA COSTA

> Art. 7º. Em caso de descumprimento das condições e dos prazos previstos na forma do *caput* do art. 5º desta Lei, ou não sendo cumpridas as etapas previstas no § 5º do art. 5º desta Lei, o Município procederá à aplicação do imposto sobre a propriedade predial e territorial urbana (IPTU) progressivo no tempo, mediante a majoração da alíquota pelo prazo de cinco anos consecutivos.
>
> § 1º. O valor da alíquota a ser aplicado a cada ano será fixado na lei específica a que se refere o *caput* do art. 5º desta Lei e não excederá a duas vezes o valor referente ao ano anterior, respeitada a alíquota máxima de quinze por cento.
>
> § 2º. Caso a obrigação de parcelar, edificar ou utilizar não esteja atendida em cinco anos, o Município manterá a cobrança pela alíquota máxima, até que se cumpra a referida obrigação, garantida a prerrogativa prevista no art. 8º.
>
> § 3º. É vedada a concessão de isenções ou de anistia relativas à tributação progressiva de que trata este artigo.

1. Introdução

Os arts. 182 e 183 da Constituição da República, disciplinadores da política de desenvolvimento urbano, receberam sua regulamentação, mediante a edição da Lei 10.257, de 10.7.2001.

Autodenominada *Estatuto da Cidade*, estabelece, na dicção do parágrafo único de seu art. 1º, "normas de ordem pública e interesse social que regulam o uso da propriedade urbana em prol do bem coletivo, da segurança e do bem-estar dos cidadãos, bem como do equilíbrio ambiental".

Trata-se de diploma legal inovador, continente de regramento indispensável à adequada ordenação dos espaços habitáveis, garantidora da qualidade de vida dos cidadãos. Nasce em meio a grande polêmica, própria dos textos que introduzem limitações ao exercício de direitos individuais, ensejando questionamentos acerca de sua constitucionalidade.

Ao lado da disciplina de institutos expressamente já referidos pela Lei Maior, como o IPTU progressivo (art. 7º) e o parcelamento e a utilização compulsórios (arts. 5º e 6º), o ineditismo transparece na criação de outras figuras, como o direito de superfície (arts. 21-23), a outorga onerosa do direito de construir (arts. 28-31), as operações urbanas consorciadas (arts. 32-34), a transferência do direito de construir (art. 35) e o Estudo de Impacto de Vizinhança (arts. 36-38), dentre outros, o que dá conta do arrojo com que se houve o legislador brasileiro, inspirado na legislação de países cujo direito urbanístico é mais desenvolvido, como a Espanha, a França e a Itália.

Neste modesto estudo, fruto de primeiras reflexões, nos limitaremos a analisar, ainda que sucintamente, os institutos tributários colocados à disposição do legislador municipal para o implemento da política de desenvolvimento urbano.

2. Urbanismo e direito urbanístico[1]

O urbanismo "é o conjunto de medidas estatais destinadas a organizar os espaços habitáveis, de modo a propiciar melhores condições de vida ao homem na comunidade";[2] ou, em outras palavras, a ciência e a técnica de ordenar os espaços habitáveis, visando ao bem-estar geral. Já o direito urbanístico compreende o conjunto de normas jurídicas reguladoras da atividade do Poder Público destinada a ordenar os espaços habitáveis, o que equivale a dizer: conjunto de normas reguladoras da atividade urbanística.[3]

O Direito Urbanístico, como sabido, é informado, dentre outros, pelo *princípio da função social da propriedade*. Trata-se do grande princípio aplicável ao direito urbanístico, cuja importância sobreleva em relação a qualquer outro.

1. Os itens 3 e 4 deste trabalho reproduzem, com algumas adaptações, artigo de nossa autoria, intitulado "Reflexões sobre os princípios de direito urbanístico na Constituição de 1988", in *Temas de Direito Urbanístico*, publicação do Centro de Apoio Operacional das Promotorias de Justiça da Habitação e Urbanismo, coedição do Ministério Público do Estado de São Paulo e Imprensa Oficial do Estado, 1999, pp. 11-19.

2. Cf. Hely Lopes Meirelles, *Direito Municipal Brasileiro*, 17ª ed., 2ª tir., São Paulo, Malheiros Editores, 2014, p. 533.

3. Cf. José Afonso da Silva, *Direito Urbanístico Brasileiro*, 7ª ed., São Paulo, Malheiros Editores, 2012, p. 49.

Tal princípio é afirmado e reafirmado por diversas vezes pela Constituição da República. Nada menos do que sete dispositivos a ele se referem (arts. 5º, XXIII – rol dos direitos individuais; 156, § 1º – IPTU progressivo; 170, III – princípio geral da atividade econômica; 182, *caput* e § 2º – política urbana; 184, *caput*; e 185, parágrafo único – desapropriação para fins de reforma agrária; e 186, *caput* – propriedade rural).

O princípio da função social da propriedade é uma limitação ao direito de propriedade, no sentido de que compõe o próprio perfil desse direito (correspondendo à noção de poder de polícia em sentido amplo, na lição de Celso Antônio Bandeira de Mello). O proprietário deve usar e desfrutar do bem, exercendo esse direito em prol da coletividade.

Significa esse princípio que, num plano ideal, a sociedade deve extrair benefícios do exercício desse direito. Como limite mínimo de sua eficácia, não pode ser o interesse coletivo contrastado pelo interesse particular.

Em outras palavras, com esse princípio o direito de propriedade ganhou uma significação pública, que não possuía no passado, "socializando-se".[4]

Meditando sobre o conteúdo desse princípio no Direito pátrio, em sua extensa dimensão, cremos seja possível afirmar que o mesmo origina subprincípios, quais sejam, o da remissão ao plano e o da proteção ambiental.

O primeiro, citado por juristas espanhóis, dentre eles Antonio Carceller Fernández,[5] é extraível de nosso ordenamento, já que o papel a ser desempenhado pela propriedade imóvel, em cada cidade, há que ser delineado no plano urbanístico.

Desse modo, a definição do conteúdo da função social a ser cumprida pela propriedade imóvel faz remeter ao plano urbanístico. Esse é o instrumento do planejamento urbanístico, assim entendido como o meio pelo qual o Poder Público pode orientar e racionalizar a atuação urbanística, direcionando-a às áreas consideradas prioritárias. Exemplo típico de plano urbanístico é o plano diretor, qualificado constitucionalmente como instrumento básico de desenvolvimento e de expansão urbana, obrigatório para cidades com mais de vinte mil habitantes (art. 182, §§ 1º e 2º, da CF). Destarte, sendo o plano uma lei de efeitos concretos, as expectativas urbanísticas derivam diretamente deste.

Outro desdobramento desse princípio parece ser a imposição da proteção ao meio ambiente. A propriedade privada também é princípio geral da

---

4. Celso Antônio Bandeira de Mello leciona que a função social da propriedade vincula a propriedade não só ao destino produtivo do bem mas, outrossim, a objetivos de justiça social ("Novos aspectos da função social da propriedade", *RDP* 84/39, São Paulo, Ed. RT).

5. *Instituciones de Derecho Urbanístico*, Madri, Editorial Montecorvo, 1979, pp. 52-54.

atividade econômica (art. 170, II), assim como a defesa do meio ambiente (art. 170, VI). O direito ao meio ambiente ecologicamente equilibrado, constitucionalmente contemplado, impõe ao Poder Público o dever de assegurar sua efetividade mediante diversos modos de atuação; dentre eles, especialmente, o de "definir, em todas as unidades da Federação, espaços territoriais e seus componentes a serem especialmente protegidos, sendo a alteração e a supressão permitidas somente através de lei, vedada qualquer utilização que comprometa a integridade dos atributos que justifiquem sua proteção" (art. 225, III).

3. O entroncamento entre o direito tributário e o direito urbanístico: a extrafiscalidade

Emoldurada pelo princípio da função social da propriedade é que vamos encontrar a intersecção entre o direito urbanístico e o direito tributário. Cabe apontar, então, o ponto de toque entre ambos: a extrafiscalidade.

A extrafiscalidade, na sempre lembrada lição de Geraldo Ataliba, consiste no "uso de instrumentos tributários para obtenção de finalidades não arrecadatórias, mas estimulantes, indutoras ou inibidoras de comportamentos, tendo em vista outros fins, a realização de outros valores constitucionalmente consagrados".[6] Opõe-se à ideia de "fiscalidade", mais corrente, que se traduz na utilização de instrumentos fiscais para a geração de recursos para o Estado.

Assim, na tributação extrafiscal, exercida mediante a exigência de impostos, o princípio da capacidade contributiva, orientador dessas espécies tributárias, cede ante a presença de interesse público de natureza social ou econômica que possa ser alcançado mais facilmente se se prescindir de sua graduação consoante a capacidade econômica do sujeito. Em outras palavras, em razão da extrafiscalidade autorizada está a utilização de expedientes para o atingimento de outros objetivos que não a mera obtenção de recursos, homenageados pela ordem constitucional, como, por exemplo, a função social da propriedade, a proteção ao meio ambiente etc.[7]

Nesse contexto, poderoso instrumento existente para a efetivação do princípio da função social da propriedade vem a ser o imposto sobre a propriedade predial e territorial urbana – IPTU.

O IPTU pode ser adequadamente utilizado para fins urbanísticos, uma vez adotada a progressividade de alíquotas.

6. "IPTU e progressividade", RDP 93/233-238, São Paulo, Ed. RT.
7. Conforme já grafamos em nosso Princípio da Capacidade Contributiva, 4ª ed., São Paulo, Malheiros Editores, 2012, pp. 76-77.

A progressividade, como sabido, é a técnica mediante a qual, à medida que aumenta a base de cálculo do imposto, aumenta a alíquota sobre ela aplicável. E, a nosso ver, existem três fundamentos distintos para embasar a feição progressiva do IPTU.[8]

O primeiro fundamento a justificar a progressividade dos impostos vem estampado no art. 145, § 1º, do Texto Fundamental, hospedeiro do princípio da capacidade contributiva. Segundo este princípio, os impostos serão graduados segundo a capacidade econômica do contribuinte. Assim, quanto maior o valor venal do bem imóvel – base de cálculo do IPTU –, maior deve ser a alíquota a ser aplicada. Trata-se, portanto, de uma progressividade fiscal, destinada a modular a carga tributária de acordo com a possibilidade econômica do contribuinte.

Em segundo lugar tem-se o disposto no art. 156, § 1º, do Texto Fundamental, cuja redação foi modificada pela Emenda Constitucional 29, de 13.9.2000. Em sua redação original estatuía que o IPTU poderia ser progressivo, nos termos de lei municipal, de forma a assegurar o cumprimento da função social da propriedade.

Cuidava-se, aqui, da disciplina extrafiscal do IPTU, no sentido de utilizá-lo para inibir ou incentivar comportamentos dos contribuintes. Vale dizer, do emprego dessa imposição tributária para o alcance de finalidade não meramente arrecadatória, mas para o cumprimento do citado princípio constitucional. Como, por exemplo, para desestimular a construção de edifícios em área desaconselhável para esse fim.[9]

Provavelmente diante da controvérsia instaurada acerca da possibilidade do emprego da técnica da progressividade ao IPTU,[10] adveio a aludida

8. Especificamente sobre essa questão, v. a monografia de Elizabeth Nazar Carrazza, *IPTU & Progressividade – Igualdade e Capacidade Contributiva* (Curitiba, Juruá, 1996), na qual a autora conclui nesse sentido (pp. 103-105), e com ela já concordamos em nosso *Princípio ...*, 4ª ed., pp. 96-97.

9. Cf. Elizabeth Nazar Carrazza, *IPTU & Progressividade – ...*, p. 99.

10. Aliás, pensamos, com a devida vênia, que essa questão da progressividade do IPTU, até o momento, vem sendo mal compreendida pelo Supremo Tribunal Federal, que não tem enxergado a possibilidade de sua adoção. Em relação à progressividade com caráter extrafiscal, em razão da inexistência da lei federal a que se refere o art. 182, § 4º, da Constituição; quanto à progressividade fiscal, por tratar-se de imposto real, o que inviabilizaria, no entendimento da Corte, a aplicação do princípio da capacidade contributiva. O Excelso Pretório já se pronunciou reiteradas vezes nesse sentido. A título de exemplo, cf. RE 194.036-SP (Pleno, rel. Min. Ilmar Galvão, *DJU* 20.6.1997, p. 28.490); AgRg 189.824-SP (1ª T., rel. Min. Ilmar Galvão, *DJU* 23.5.1997, p. 21.733); RE 153.771-MG (Pleno, rel. Min. Moreira Alves, *DJU* 5.9.1997, p. 41.892) e RE 167.654-MG (2ª T., rel. Min. Maurício Corrêa, *DJU* 18.4.1997, p. 13.786). Sustentamos, há muito, que a feição progressiva pode ser imprimida a esse imposto, com caráter fiscal, em razão da aplicação do princípio da

Emenda para aclarar a dicção constitucional. Consoante a nova redação, o preceito está assim expresso:

"Art. 156. (...).

"§ 1º. Sem prejuízo da progressividade no tempo a que se refere o art. 182, § 4º, inciso II, o imposto previsto no inciso I poderá:

"I – ser progressivo em razão do valor do imóvel; e

"II – ter alíquotas diferentes de acordo com a localização e o uso do imóvel."

Como se vê, a alteração promovida na redação do § 1º do art. 156 torna induvidosa a conclusão segundo a qual ao IPTU pode ser aplicada a técnica da progressividade tanto para o alcance de fins extrafiscais (inciso II) quanto para a perseguição de objetivos fiscais (inciso I), prestigiando, nesta última hipótese, o princípio da capacidade contributiva.

A progressividade extrafiscal consignada pelo art. 156, § 1º, II, não se confunde com aquela apontada no art. 182, § 4º, II, da Lei Maior, uma vez que esse preceito autoriza o aumento da alíquota em função do tempo, em razão do não-atendimento da função social que a propriedade urbana deve cumprir. Essa progressividade extrafiscal especial, inédita no Direito Brasileiro, é que é objeto de regulamentação pelo Estatuto da Cidade, como veremos.

Além do princípio da função social da propriedade, também cabe lembrar uma segunda aproximação entre o direito urbanístico e o direito tributário, revelada por outro princípio informador daquele; qual seja, o da *afetação das mais-valias ao custo da urbanificação*.

A urbanificação consiste no processo de correção da urbanização, fenômeno de concentração urbana. Em razão desse princípio, os proprietários devem satisfazer os gastos dela decorrentes, dentro dos limites do benefício por eles obtido.

Dois institutos revelam a aplicação desse princípio no nosso ordenamento jurídico: a desapropriação por zona ou para revenda[11] e a contribui-

---

capacidade contributiva, informador de todos os impostos, e, com caráter extrafiscal, genericamente, independentemente da progressividade no tempo a que alude o art. 182, § 4º, II, da Lei Maior (cf. nosso *Princípio* ..., 4ª ed., pp. 81-84 e 99-101). Todavia, tal orientação sofreu a alteração promovida Emenda Constitucional 29/2000.

11. A desapropriação por zona ou para revenda, prevista no art. 4º do Decreto--lei 3.365/1941, comporta duas espécies: a desapropriação de área contígua à necessária para a obra, visando a uma futura ampliação da mesma, e a desapropriação de área contígua à necessária para a obra porque tal área terá um previsível aumento extraordinário de seu valor. Em ambos os casos a lei autoriza a revenda dessas áreas, sendo que a segunda hipótese é que se relaciona com o princípio em foco. Trata-se

ção de melhoria. Como instrumento tributário, portanto, a contribuição de melhoria, cujo fundamento encontra-se no art. 145, III, da Constituição, consiste no tributo vinculado a uma atuação estatal consistente na realização de obra pública de que decorra valorização imobiliária. Dessa categoria jurídica cuidaremos adiante.

4. Aspectos gerais do Estatuto da Cidade

Visto o relacionamento entre o direito urbanístico e a disciplina tributária da propriedade urbana, impende abordar alguns aspectos gerais do Estatuto da Cidade, no intuito de propiciar a exata compreensão das considerações feitas a seguir.

O primeiro deles diz respeito à previsão da garantia do *direito a cidades sustentáveis*, relevante novidade desse texto normativo, entendido como "o direito à terra urbana, à moradia, ao saneamento ambiental, à infraestrutura urbana, ao transporte e aos serviços públicos, ao trabalho e ao lazer, para as presentes e futuras gerações" (art. 2º, I).[12]

Inspira-se tal preceito no art. 225 do Texto Fundamental, significando que todo cidadão faz jus a um meio ambiente urbano equilibrado.

Outro ponto a destacar são as sucessivas referências feitas ao *interesse social*, verdadeira tônica do Estatuto da Cidade.

Primeiramente, o art. 2º, ao indicar as diretrizes da política urbana, arrola a "isonomia de condições para os agentes públicos e privados na promoção de empreendimentos e atividades relativos ao processo de urbanização, atendido o interesse social" (inciso XVI). O § 2º do art. 4º, por sua vez, prescreve que, "nos casos de programas e projetos habitacionais de interesse social, desenvolvidos por órgãos ou entidades da Administração Pública com atuação específica nessa área, a concessão de direito real de uso de imóveis públicos poderá ser contratada coletivamente".

Ainda, quando o Estatuto aborda a transferência do direito de construir, contempla essa possibilidade no que tange a imóvel considerado necessário para fins de "servir a programas de regularização fundiária, urbanização de áreas ocupadas por população de baixa renda e habitação de interesse social" (art. 35, III). Registre-se, também, o teor do art. 47 da lei, segundo o qual os tributos sobre imóveis urbanos, assim como as tarifas relativas a serviços públicos urbanos, serão diferenciados em função do interesse social; e

de uma forma de captar a *plus-valia* provocada pela obra pública na propriedade imobiliária particular.

12. A propósito do direito à moradia, v. o nosso "Programa constitucional de habitação e urbanismo e os direitos fundamentais", *Revista do TRF-3ª Região* 45/31-33, janeiro-fevereiro/2001.

o conteúdo de seu art. 8º, que regulamenta a desapropriação com pagamento mediante títulos da dívida pública, modalidade de desapropriação com fundamento em interesse social (art. 5º, XXIV, da CF).

Interesse social é modalidade de interesse público, como o próprio Texto Fundamental indica ao disciplinar o instituto da desapropriação, em seu art. 5º, XXIV.[13] Sinaliza a busca pelo bem-estar coletivo, objetivo último do próprio Estado.

Seabra Fagundes leciona que ocorre interesse social quando o Estado tutela os "chamados interesses sociais, isto é, aqueles diretamente atinentes às camadas mais pobres da população e à massa do povo em geral, concernentes à melhoria nas condições de vida, à mais equitativa distribuição de riqueza, à atenuação das desigualdades sociais".[14]

Assim é que todo o desempenho da política de desenvolvimento urbano deve ter por fio condutor o interesse social.

Ainda, não se pode deixar de reiterar a importância do plano diretor para o desenvolvimento da política urbana. Alçado à estatura constitucional, o *plano diretor*, como lembrado anteriormente, constitui o instrumento básico da política de desenvolvimento e de expansão urbana, é obrigatório para cidades com mais de vinte mil habitantes e expressa as exigências fundamentais de ordenação da cidade cujo atendimento efetiva o cumprimento da função social da propriedade (art. 182, §§ 1º e 2º, da CF).

À vista disso, o Estatuto da Cidade dedica capítulo específico à sua disciplina e estabelece outras hipóteses em relação às quais o plano diretor é obrigatório, como se vê do teor do art. 41: "Art. 41. O plano diretor é obrigatório para cidades: I – com mais de vinte mil habitantes; II – integrantes de regiões metropolitanas e aglomerações urbanas; *III – onde o Poder Público Municipal pretenda utilizar os instrumentos previstos no § 4º do art. 182 da Constituição Federal*; IV – integrantes de áreas de especial interesse turístico; V – inseridas na área de influência de empreendimentos ou atividades com significativo impacto ambiental de âmbito regional ou nacional VI – incluídas no cadastro nacional de Municípios com áreas suscetíveis à ocorrência de deslizamentos de grande impacto, inundações bruscas ou processos geológicos ou hidrológicos correlatos" (incluído pela Lei 12.608, de 2012) (grifos nossos).

13. Art. 5º, XXIV, da Constituição Federal: "a lei estabelecerá o procedimento para desapropriação por necessidade ou utilidade pública, ou por interesse social, mediante prévia e justa indenização em dinheiro, ressalvados os casos previstos nesta Constituição".

14. O *Controle dos Atos Administrativos pelo Poder Judiciário*, São Paulo, Saraiva, 1984, pp. 287-288.

Desse modo, repetindo a lei em foco o que já se extrai do § 4º do art. 182 do Texto Fundamental, tem-se que o plano diretor é condição indispensável para o emprego dos novos instrumentos da política urbana previstos nesses dispositivos, dentre eles o IPTU progressivo no tempo.

5. Instrumentos tributários destinados à ordenação da cidade

Versando a lei sob comento sobre normas gerais da disciplina da propriedade urbana, natural que abrigue diversas regras relacionadas à tributação dessa propriedade.

Em primeiro lugar, ao prescrever que a política urbana tem por objetivo ordenar o pleno desenvolvimento das funções sociais da cidade e da propriedade urbana, aponta, dentre as diretrizes gerais que devem ser observadas para o alcance dessa finalidade, a "adequação dos instrumentos de política econômica, tributária e financeira e dos gastos públicos aos objetivos do desenvolvimento urbano, de modo a privilegiar os investimentos geradores do bem-estar geral e a fruição dos bens pelos diferentes segmentos sociais" (art. 2º, *caput* e inciso X).

Outra diretriz geral da política de desenvolvimento urbano é a recuperação dos investimentos do Poder Público de que tenha resultado a valorização de imóveis urbanos (art. 2º, XI), o que aponta, no campo tributário, para o instrumento da contribuição de melhoria.

No art. 4º, por sua vez, ao arrolar os instrumentos da política urbana, relaciona, como instrumentos tributários e financeiros, o imposto sobre a propriedade predial e territorial urbana – IPTU, a contribuição de melhoria e os incentivos e benefícios fiscais e financeiros (inciso IV, "a"-"c").

5.1 IPTU progressivo no tempo

O primeiro instrumento tributário a ser abordado, pela sua relevância, é o IPTU progressivo no tempo.

O regramento constitucional dessa figura encontra-se apoiado nos seguintes preceitos:

"Art. 182. A política de desenvolvimento urbano, executada pelo Poder Público Municipal, conforme diretrizes gerais fixadas em lei, tem por objetivo ordenar o pleno desenvolvimento das funções sociais da cidade e garantir o bem-estar de seus habitantes.

"§ 1º. O plano diretor, aprovado pela Câmara Municipal, obrigatório para cidades com mais de vinte mil habitantes, é o instrumento básico da política de desenvolvimento e de expansão urbana.

"§ 2º. A propriedade urbana cumpre sua função social quando atende às exigências fundamentais de ordenação da cidade expressas no plano diretor.

"§ 3º. As desapropriações de imóveis urbanos serão feitas com prévia e justa indenização em dinheiro.

"§ 4º. É facultado ao Poder Público Municipal, mediante lei específica para área incluída no plano diretor, exigir, nos termos da lei federal, do proprietário do solo urbano não edificado, subutilizado ou não utilizado, que promova o seu adequado aproveitamento, sob pena, sucessivamente, de:

"I – parcelamento ou edificação compulsórios;

"*II – imposto sobre a propriedade predial e territorial urbana progressivo no tempo*;

"III – desapropriação com pagamento mediante títulos da dívida pública de emissão previamente aprovada pelo Senado Federal, com prazo de resgate de até dez anos, em parcelas anuais, iguais e sucessivas, assegurados o valor real da indenização e os juros legais" (grifos nossos).

Tal dispositivo constitucional faculta ao Poder Público Municipal, "mediante lei específica para área incluída no plano diretor, exigir, nos termos de lei federal, do proprietário do solo urbano não edificado, subutilizado ou não utilizado, que promova seu adequado aproveitamento, sob pena, sucessivamente, de" parcelamento ou edificação compulsórios, IPTU progressivo no tempo e, se tais expedientes não forem suficientes para compelir o proprietário à realização daquele fim, desapropriação com pagamento mediante títulos da dívida pública de emissão previamente aprovada pelo Senado Federal, com prazo de resgate de até dez anos, em parcelas anuais, iguais e sucessivas, assegurados o valor real da indenização e os juros legais.

Veja-se que, nessa hipótese, exige a Lei Maior, além da lei municipal, lei federal que trace normas gerais para o emprego dos apontados instrumentos destinados a compelir o proprietário a dar uma destinação social ao imóvel urbano.

O Estatuto da Cidade cuida do IPTU progressivo no tempo em seu art. 7º. O preceito enseja diversos comentários. Em primeiro lugar, deixa claro que a aplicação dessa novíssima modalidade de tributação progressiva está condicionada ao não cumprimento das condições e dos prazos previstos na forma do *caput* do art. 5º ou das etapas previstas no § 5º desse mesmo artigo. Afina-se, portanto, com o disposto no art. 182, § 4º, do Texto Fundamental, que prescreve a possibilidade do IPTU progressivo no tempo como instrumento a ser empregado sucessivamente ao parcelamento ou edificação compulsórios.

O art. 5º, *caput*, do Estatuto da Cidade reza que "lei municipal específica para área incluída no plano diretor poderá determinar o parcelamento, a edificação ou a utilização compulsórios do solo urbano não edificado, subutilizado ou não utilizado, devendo fixar as condições e os prazos para implementação da referida obrigação" – lei, essa, que poderá, em relação a empreendimentos de grande porte, em caráter excepcional, prever a conclusão em etapas, assegurando-se que o projeto aprovado compreenda o empreendimento como um todo. Em ambas as hipóteses está autorizado o emprego da tributação progressiva no tempo.

Ainda, o art. 7º, *caput,* assinala como e por qual prazo essa técnica de tributação poderá ser utilizada: mediante a majoração da alíquota do imposto e pelo prazo de cinco anos consecutivos. A lei em foco quer que o percentual a ser aplicado à base de cálculo do imposto seja aumentado anualmente, limitando essa prática ao lapso quinquenal.

O § 1º, por sua vez, acrescenta que o valor da alíquota a ser aplicada a cada ano será fixado na lei específica a que se refere o *caput* do art. 5º e não excederá a duas vezes o valor referente ao ano anterior, respeitada a alíquota máxima de quinze por cento. E o § 2º estipula que, caso a obrigação de parcelar, edificar ou utilizar não esteja atendida nesse prazo, o Município manterá a cobrança pela alíquota máxima até que se cumpra a referida obrigação, podendo, nesse caso, valer-se da desapropriação do imóvel com o pagamento da indenização em títulos da dívida pública, autorizada constitucionalmente.

As normas contidas nesses dois parágrafos do art. 7º fazem refletir quanto à constitucionalidade de seus comandos. Cabe lembrar que o art. 150, IV, do Texto Fundamental veda às pessoas políticas a utilização de tributo com efeito de confisco. Em estudo monográfico acerca do princípio da capacidade contributiva definimos o confisco como a absorção total ou substancial da propriedade privada pelo Estado sem a correspondente indenização.

Averbamos, naquela oportunidade, que tal vedação constitui, em verdade, efeito desse princípio, posto que no confisco a absorção da propriedade privada pelo Estado se dá mediante a desconsideração da aptidão do sujeito passivo para suportar a carga tributária sem o perecimento da riqueza lastreadora da tributação.[15]

Pois bem. Dois aspectos suscitam o questionamento da validade dessas normas perante a Constituição. O primeiro diz respeito ao teto da alíquota aplicável, de quinze por cento. Ainda que essa alíquota seja utilizada uma única vez, parece-nos que dificilmente um imposto sobre a propriedade com alíquota nessa intensidade possa deixar de ser considerado confiscatório, diante da substancial absorção da propriedade que representará.

15. Cf. *Princípio ...,* 4ª ed., pp. 80-84.

Em segundo lugar, em razão do mesmo fundamento, a manutenção da exigência fiscal pela alíquota máxima além do prazo de cinco anos, caso não seja cumprida a obrigação de parcelar, edificar ou utilizar o solo urbano não edificado, subutilizado ou não utilizado a que se refere o art. 5º da lei, revela-se descabida, pois, indubitavelmente, nesta hipótese o confisco restará consumado. Portanto, na situação de continuidade da inadimplência do proprietário urbano quanto a essa obrigação, o único meio de que pode dispor o Município é, inquestionavelmente, a desapropriação (art. 8º), sob pena de vulneração do princípio da vedação da utilização de tributo com efeito de confisco.

Diante do pensamento exposto, discordamos, com veemência, daqueles que sustentam que a exigência do IPTU progressivo no tempo, por ter caráter sancionatório – uma vez que se volta à punição do proprietário do imóvel que insiste em não ajustá-lo às diretrizes do plano diretor, definidor da função social a que o mesmo deve atender –, pode redundar na perda da propriedade.

Ora, é preciso lembrar que a Lei Maior, ao delinear o direito de propriedade, prevê sua supressão tão-somente mediante desapropriação (art. 5º, XXII-XXIV). O confisco, assim, é excepcional, estando restrita a sua aplicação às hipóteses expressamente previstas.[16]

Por essa razão, justamente, é que o Texto Fundamental reitera a ideia no capítulo do Sistema Tributário Nacional, ao vedar, em caráter absoluto, a utilização de tributo com efeito de confisco, já que mediante imposição fiscal poder-se-ia, por via oblíqua, suprimir o direito de propriedade (art. 150, IV).

Assim é que sustentamos não poder o Município vir a tomar a propriedade urbana por via do IPTU progressivo no tempo, eternizando a adoção dessa técnica, como parece autorizar o Estatuto da Cidade.

A modalidade de desapropriação prevista no art. 182, § 4º, III, da Lei Maior, apelidada de *desapropriação-sanção*, tem seu emprego condicionado pelo Estatuto da Cidade ao decurso do prazo de cinco anos de cobrança do IPTU progressivo sem que o proprietário tenha cumprido a obrigação de parcelamento, edificação ou utilização do bem, ocasião na qual o Município poderá proceder à desapropriação do imóvel, com pagamento em títulos da dívida pública, nos termos de seu art. 8º, *caput*.

16. A Constituição prevê o cabimento do confisco em duas hipóteses: a primeira quando determina que a lei regulará a individualização da pena e adotará, entre outras, a de perda de bens (art. 5º, XLVI, "b") e a segunda quando autoriza a "expropriação sem indenização" de glebas onde forem localizadas culturas ilegais de plantas psicotrópicas, prevendo sua destinação ao assentamento de colonos, para o cultivo de produtos alimentícios e medicamentosos (art. 243).

Seu emprego, então, está condicionado ao exaurimento da aplicação de outros instrumentos apontados pelo Texto Fundamental – o parcelamento e a edificação compulsórios, quando couber, e o IPTU progressivo no tempo. Cuida-se, assim, do último expediente de que pode lançar mão o Município para promover a adequação da propriedade urbana ao cumprimento de sua função social.

Advirta-se, porém, que a dicção legal parece deixar transparecer que se trata de uma competência discricionária, cabendo ao Poder Executivo avaliar a conveniência e a oportunidade de se efetivar tal desapropriação. No entanto, se assim se entender, ensejar-se-á ao Município adotar indefinidamente o IPTU progressivo, incorrendo na inconstitucionalidade apontada.

Estamos, em verdade, diante de autêntico poder-dever, uma vez esgotados os instrumentos para a implementação da política urbana que devem preceder à utilização da desapropriação-sanção: decorrido o lapso legal de cinco anos, o Município deverá promover a transferência compulsória do bem para o seu patrimônio; do contrário deverá abandonar a aplicação da técnica da progressividade no tempo em relação ao IPTU.

O § 3º do art. 7º, por sua vez, veda a concessão de isenções ou de anistia relativas à tributação progressiva de que trata este artigo. Afasta, desse modo, a possibilidade de aplicação de outra regra do Estatuto, que prevê os incentivos e benefícios fiscais como instrumentos da política urbana (art. 4º, IV, "c"). Salienta, por outro lado, que o caráter sancionatório dessa técnica não pode ser invalidado mediante a exigência do pagamento do imposto.

Anote-se, outrossim, a impropriedade da dicção legal, porquanto, ao referir-se à *anistia*, quer significar *remissão*, já que esta, sim, constitui o perdão do débito tributário, enquanto aquela é o perdão da sanção aplicada e, eventualmente, também o perdão da própria infração.[17]

5.2 Contribuição de melhoria

A contribuição de melhoria, como visto, também está referida como instrumento da política urbana. Trata-se de tributo vinculado a uma atuação estatal indiretamente referida ao sujeito passivo, consistente na realização de obra pública de que decorra valorização imobiliária.

Todavia, as dificuldades existentes para a exigência desse tributo, em face da realidade brasileira, fazem com que a contribuição de melhoria seja um instituto sem aplicação prática. Com efeito, os arts. 81 e 82 do Código Tributário Nacional, a pretexto de estabelecerem normas gerais acerca des-

---

17. Cf. arts. 156, IV, e 180 do Código Tributário Nacional.

sa espécie tributária, traçam um procedimento demasiadamente complexo para sua instituição, especialmente considerando a deficiente infraestrutura administrativa da grande maioria dos Municípios Brasileiros.

Com a edição do Estatuto da Cidade pretende o legislador incentivar a instituição dessa espécie tributária, pois aponta, como lembrado, a recuperação dos investimentos do Poder Público de que tenha resultado a valorização de imóveis urbanos como diretriz geral da política urbana (art. 2º, IX). É o princípio da afetação das mais-valias ao custo da urbanificação operando seus efeitos.[18]

Sendo meio de captação de recursos de proprietários particulares cujo patrimônio valorizou-se em decorrência de investimentos públicos, propicia que parte dessa riqueza retorne aos cofres públicos, em benefício da coletividade. Revela-se, assim, um tributo eminentemente social, como quer Roque Carrazza.[19]

5.3 Incentivos e benefícios fiscais

O Estatuto da Cidade prevê também, como instrumento destinado a viabilizar a política urbana, a concessão de incentivos e benefícios fiscais (art. 4º, IV, "c").

Tais conceitos são abrangentes de diversas categorias de expedientes, tais como a isenção total ou parcial, o diferimento ou a suspensão do imposto, o desconto no seu pagamento etc.

Fica a critério do Município, pois, estabelecer como utilizar sua competência legislativa em matéria tributária em caráter extrafiscal, incentivando os proprietários de imóveis para que adotem comportamentos que se afinem com os objetivos da política urbana.

6. Tributos sobre os imóveis urbanos e o interesse social

Interessante dispositivo figura dentre as disposições gerais do Estatuto da Cidade: "Art. 47. Os tributos sobre imóveis urbanos, assim como as tarifas relativas a serviços públicos urbanos, serão diferenciados em função do interesse social".

Várias considerações podem ser tecidas em torno desse preceito. A primeira traduz-se na reafirmação da extrafiscalidade como meio para inibir ou incentivar condutas dos contribuintes proprietários de imóveis urbanos, não

---

18. V. item 3 deste trabalho.

19. *Curso de Direito Constitucional Tributário*, 29ª ed., São Paulo, Malheiros Editores, 2015, p. 635.

somente em relação ao IPTU, mas também no que tange a todos os tributos que recaiam sobre tais bens – o que pode incluir algumas modalidades de taxas de polícia, de acordo com a lei de cada Município.

De outro lado, o Estatuto especifica "tarifas relativas a serviços públicos urbanos", apartando-as da categoria dos tributos. Como anteriormente tivemos a ocasião de sustentar, tratando-se de prestação de serviço público, específico e divisível, a única modalidade de remuneração passível de ser exigida é a taxa, a teor do art. 145, II, da Lei Maior.[20]

Por derradeiro, sublinhe-se que o interesse social é apontado pelo Estatuto como critério diferenciador das exigências estatais em matéria de tributos incidentes sobre a propriedade imobiliária urbana. Discrímen dessa disciplina extrafiscal, traduz a ideia de que as imposições fiscais incidentes sobre a propriedade imobiliária urbana devem ser moduladas de modo a alcançar a melhoria da qualidade de vida dos habitantes da cidade.

Norma com tamanha carga axiológica faz meditar sobre questão atualíssima, qual seja: a da tributação dos loteamentos clandestinos. Há precedentes judiciais concludentes pela impossibilidade de o Município exigir o

20. Cf. nosso "A tributação e o consumidor", *RDTributário* 78/279-284, São Paulo, Malheiros Editores, 2000. O Texto Fundamental dispõe sobre a prestação de serviço público em seu art. 175, preceito cuja transcrição é oportuna:

"Art. 175. Incumbe ao Poder Público, na forma da lei, diretamente ou sob regime de concessão ou permissão, sempre através de licitação, a prestação de serviços públicos.

"Parágrafo único. A lei disporá sobre:

"I – o regime das empresas concessionárias e permissionárias de serviços públicos, o caráter especial de seu contrato e de sua prorrogação, bem como as condições de caducidade, fiscalização e rescisão da concessão ou permissão;

"II – os direitos dos usuários;

"III – política tarifária;

"IV – obrigação de manter serviço adequado."

Não se desconhece a polêmica em torno da tese segundo a qual a *tarifa* constitui uma possibilidade de remuneração pela prestação de serviço público, sendo faculdade do legislador adotar a tarifa ou a taxa para tal finalidade. Todavia, adotamos o entendimento segundo o qual a Lei Maior estabeleceu uma única forma para tanto, que é a taxa, sendo a tarifa uma autêntica distorção, na medida em que mediante sua instituição se pretende submeter a remuneração pela prestação de um serviço público a regras próprias do direito privado, procedimento não autorizado constitucionalmente, a teor do art. 145, II, da Constituição da República. A nosso ver, a menção feita à "política tarifária" no inciso III do parágrafo único do art. 175 da Lei Maior não tem o condão de afastar a aplicação do regime tributário à forma remuneratória da prestação do serviço público. V., a esse respeito, a preciosa lição de Geraldo Ataliba nas bem grafadas páginas do seu *Hipótese de Incidência Tributária* (6ª ed., 14ª tir., São Paulo, Malheiros Editores, 2013, pp. 165 e ss.).

correspondente IPTU se não se trata de loteamento inscrito regularmente no registro de imóveis.[21]

Ora, parece-nos que, se o interesse social é a diretriz determinante da diferenciação na tributação imobiliária urbana, difícil sustentar que se afina com tal diretriz a exigência do IPTU em relação a loteamentos irregulares. Com efeito, a exigência fiscal, nessa hipótese, traduziria autêntico endosso do Poder Público a uma situação de infringência à lei, que deve ser por ele coibida.

O interesse público impõe, assim, o respeito pela disciplina urbanística, cabendo ao Poder Público cumprir não somente seu papel de executor da política urbana, mas também de agente fiscalizador do atendimento das normas pertinentes.

7. Conclusão

Em conclusão, a aplicação das regras do Estatuto da Cidade irá demonstrar até que ponto as inovações por ele introduzidas são consentâneas com a realidade brasileira. Cabe lembrar que a situação dos Municípios no Brasil é bastante diversa, e a exigência do IPTU progressivo e da contribuição de melhoria, por exemplo, pode não ser viável em muitos casos.

Também, por contemplar normas de duvidosa constitucionalidade, o Estatuto da Cidade e as leis municipais nele baseadas deverão ser alvo de ações judiciais, o que pode vir a comprometer parcialmente a eficácia da disciplina urbanística ora delineada.

De todo modo, a lei aponta para a implementação efetiva de uma política de desenvolvimento urbano, que deverá ser adotada pelos Municípios como forma de atender à vontade constitucional.

---

21. "Imposto predial e territorial urbano – Loteamento aprovado pela Municipalidade, mas não inscrito no registro de imóveis – Descabimento da cobrança do IPTU sobre seus lotes – Embargos procedentes" (1º TACivSP, 8ª C., Ap. 4.268, rel. Juiz Raphael Salvador, j. 15.6.1988, v.u.).

DESAPROPRIAÇÃO EM NOME DA POLÍTICA URBANA

Clóvis Beznos

Art. 8º. Decorridos cinco anos de cobrança do IPTU progressivo sem que o proprietário tenha cumprido a obrigação de parcelamento, edificação ou utilização, o Município poderá proceder à desapropriação do imóvel, com pagamento em títulos da dívida pública.

§ 1º. Os títulos da dívida pública terão prévia aprovação pelo Senado Federal e serão resgatados no prazo de até dez anos, em prestações anuais, iguais e sucessivas, assegurados o valor real da indenização e os juros legais de seis por cento ao ano.

§ 2º. O valor real da indenização:

I – refletirá o valor da base de cálculo do IPTU, descontado o montante em função de obras realizadas pelo Poder Público na área onde o mesmo se localiza após a notificação de que trata o § 2º do art. 5º desta Lei;

II – não computará expectativas de ganhos, lucros cessantes e juros compensatórios.

§ 3º. Os títulos de que trata este artigo não terão poder liberatório para pagamento de tributos.

§ 4º. O Município procederá ao adequado aproveitamento do imóvel no prazo máximo de cinco anos, contado a partir da sua incorporação ao patrimônio público.

§ 5º. O aproveitamento do imóvel poderá ser efetivado diretamente pelo Poder Público ou por meio de alienação ou concessão a terceiros, observando-se, nesses casos, o devido procedimento licitatório.

§ 6º. Ficam mantidas para o adquirente de imóvel nos termos do § 5º as mesmas obrigações de parcelamento, edificação ou utilização previstas no art. 5º desta Lei.

1. O direito de propriedade

O conceito de direito de propriedade é dinâmico, variando no tempo e no espaço, com maior ou menor extensão, conforme concepções filosóficas, econômicas e político-sociológicas que no plano da elaboração normativa o informam.[1]

Entre nós a Constituição de 1988 assegura o direito de propriedade, como se lê do inciso XXII do seu art. 5º, colhendo-se dos incisos XXIII e XXIV, subsequentes, importantes diretrizes, que em conjunto com outras regras estabelecem o perfil constitucional do direito de propriedade.

Com efeito, estabelece o inciso XXIII que a propriedade atenderá à sua função social, enquanto o inciso XXIV comete à lei a disciplina do procedimento para desapropriação por necessidade ou utilidade pública ou por interesse social, definindo desde logo que a mesma deve verificar-se mediante justa e prévia indenização em dinheiro.

Entretanto, alberga também tal dispositivo a possibilidade de se excepcionar tais pressupostos da prévia e justa indenização em dinheiro para a efetivação da desapropriação, vez que ressalva os casos previstos na Constituição.

De outra parte, ao declinar em seu Título VII ("Da Ordem Econômica e Financeira") os princípios gerais da atividade econômica, arrola a Constituição, entre eles, a propriedade privada (art. 170, II) e, logo em seguida, a função social da propriedade (art. 170, III).

Desse conjunto normativo se extrai que o direito de propriedade pode ser retirado de seus titulares diante da incidência da necessidade ou até mesmo da utilidade pública e, ainda, do interesse social, cabendo exigir-se, de outra parte, que a propriedade cumpra sua função social.

Além disso, tal incursão normativa leva-nos a outra conclusão no sentido de que a atividade econômica não há de ser realizada com finalidade meramente egoística e individualista, mas deve ser voltada a atender à sua função social.

2. O instituto da desapropriação. Seu fundamento jurídico

Como observamos acima, diante da ocorrência da necessidade, utilidade pública ou interesse social pode verificar-se o exaurimento do direito de propriedade, desde que cumprido o requisito da prévia e justa indenização.

---

1. A propósito do tema consulte-se o Capítulo II da obra *A Desapropriação à Luz da Doutrina e da Jurisprudência*, de José Carlos de Moraes Salles, 3ª ed., São Paulo, Ed. RT, 1995, pp. 76 e ss.

Cabe observar, todavia, que, não obstante a previsão constitucional se limite a remeter ao legislador ordinário a disciplina do procedimento expropriatório, não há dúvidas quanto ao fato de que a definição do que seja a necessidade ou utilidade pública ou interesse social também é tarefa legislativa.

De fato, a Constituição Federal consagra o princípio da legalidade em seu art. 5º, II, preconizando que ninguém pode ser obrigado a fazer ou deixar de fazer alguma coisa senão em virtude de lei – o que significa que não é dado à Administração agir senão em decorrência de previsão legal.

Além disso, o inciso LIV do mesmo art. 5º assegura a todos o direito ao devido processo legal em hipóteses de privação de bens ou direitos, sendo inafastável a ideia que tal garantia compreende também um conteúdo material.²

De outra parte, cabe anotar que o elastério legal da disciplina das hipóteses de desapropriação não se pode dar de modo a eliminar o próprio direito de propriedade, mas deve se verificar dentro de parâmetros lógicos que se extraem do próprio ordenamento jurídico, no sentido de ostentar relação de adequação com a estruturação da atividade administrativa no objetivo da realização do interesse público.

Outrossim, verificada a situação fática prevista na hipótese normativa legal, configuradora da necessidade, utilidade pública ou interesse social, deve-se dar a desapropriação, com o perecimento do direito de propriedade e a consequente substituição do mesmo pela indenização.

Assim, concretiza-se verdadeiro sacrifício do direito de propriedade, que cede passo ao interesse público,³ ensejando a conclusão de que os con-

2. Ensina Lucia Valle Figueiredo:
"Inicialmente, os processualistas entendiam como cumprido o *due process of law* quando fosse cumprido o *due procedural process of law*. Em outro falar, o *procedimento do devido processo legal*. Cumprido, então, o *procedimento*, considerava--se cumprido o *due process of law*.

"Modernamente assim já não mais é, porque, conforme já dissemos, o *due process of law* passa a ter conteúdo também material, e não tão-somente formal – quer dizer, passa a ter duplo conteúdo: substancial e formal. Os processualistas da atualidade entendem que está contido, no *due process of law*, conteúdo material. Somente respeitará o *due process of law* a lei – e assim poderá ser aplicada pelo magistrado – se não agredir, não entrar em confronto, não entrar em testilha, com a Constituição, com seus valores fundamentais" (*Curso de Direito Administrativo*, 9ª ed., São Paulo, Malheiros Editores, 2008, p. 443).

3. Renato Alessi, ao tratar da responsabilidade da Administração Pública pelos danos causados aos particulares, distingue as hipóteses de ressarcimento fundado na violação de um direito subjetivo das situações de ocorrência de sacrifício de direito com o dano decorrente de uma atividade lícita da Administração, anotando que a

tornos do direito de propriedade encerram a possibilidade de seu exaurimento diante de circunstâncias assim determinantes – ou seja, a conclusão no sentido de que o direito de propriedade, tal como o concebe a Constituição Federal, traz ínsita a possibilidade de seu sacrifício em dadas circunstâncias previstas na lei.

O fundamento jurídico, pois, da desapropriação tradicional no nosso direito positivo subsume-se no próprio perfil constitucional do direito de propriedade, que carrega uma carga de exaustão diante da necessidade, utilidade pública e interesse social, tal como a lei venha a dispor, com os limites lógicos que compreende a relação de adequação com a estruturação da atividade administrativa, no objetivo da realização do interesse público, como supra-referido.[4]

3. A função social da propriedade e a questão urbana

A Constituição de 1988 revelou preocupação marcante em oferecer instrumentos de realização de interesses coletivos, difusos ou não, que o texto consagra.

Já a Constituição revogada, a de 1967, com a redação que lhe deu a Emenda 1/1969, arrolava no título referente à "Ordem Econômica e Social", em seu art. 160, III, entre os princípios basilares da realização do desenvolvimento nacional e da justiça social, a "função social da propriedade".

Ao argumento de que tal preceito encerrava conteúdo meramente programático, despido de eficácia, respondia, então, Eros Roberto Grau:

composição dos danos nessa última hipótese não tem a natureza de ressarcimento: "Ciò non pertanto in molti casi in cui da una norma giuridica viene previsto il *sacrificio* de un diritto privato per il soddisfacimento di un interesse pubblico dalla norma stessa viene disposta la rifusione del danno per tal modo cagionato al cittadino, dando luogo così a quella forma speciale di responsabilità della Pubblica Amministrazione cui si è accennato, e cioè alla responsabilità per *danni legittimi*. E chiaro però, naturalmente, che questa rifusione del danno non avrà la natura di un vero e proprio *risarcimento* (e di fatti dalle leggi che lo contemplano è denominata per lo piu *indennizzo* anziché *risarcimento*), così come il fondamento teorico e positivo di questa speciale forma di responsabilità sarà sostanzialmente diverso dal fondamento teorico e positivo della vera e propria responsabilità, la quale pressuppone la violazione di un diritto soggettivo" (*La Responsabilità della Pubblica Amministrazione*, v. I, Milão, Dott. A. Giuffrè Editore, 1941, p. 246).

4. Vale referir que revimos nesse passo nossa anterior posição quanto ao tema, no sentido de considerar o fundamento da desapropriação sediado na supremacia do interesse público sobre o interesse individual quando em confronto, conforme se lê no capítulo de nossa lavra na obra coletiva *Direito Administrativo na Constituição de 1988*, São Paulo, Ed. RT, 1991, p. 104.

"Tenho para mim ser esse um falso problema. Não admito a existência de disposições constitucionais carentes de eficácia – ou dotadas de grau menor de eficácia.

"Consagrado determinado preceito, no nível constitucional, é diretamente aplicável, vinculando os Poderes Legislativo, Executivo e Judiciário. Parece-me inconcebível admitir que o texto constitucional, ainda quando sujeita a implementação de um de seus preceitos à expedição de lei ordinária, tenha transferido função constituinte ao Poder Legislativo, que, por omissão, poderia frustrar a eficácia de tal preceito.

"Há que cuidar, em hipóteses como tais, da figura da inconstitucionalidade por omissão. De qualquer modo, é certo que, integrada a função nos conceitos de propriedade, o preceito constitucional em que consagrada resulta dotado de eficácia plena incontestável."[5]

Todavia, não obstante tal posicionamento, endossado pela melhor doutrina, o certo é que pouco ou quase nada se fez em relação ao desenvolvimento urbano no sentido de se estabelecer uma verdadeira reforma urbana, como seria de se desejar.

Com efeito, ainda entre nós é visível o ranço de uma concepção arcaica a incensar o direito de propriedade como coisa sagrada, intocável, de cunho egoístico e negativista.

A concepção da propriedade-função, em contraposição ao direito subjetivo de propriedade, todavia, é noção bem antiga.

De fato, Léon Duguit, em 1911, por ocasião de uma série de conferências produzidas de agosto a setembro desse ano na Faculdade de Direito de Buenos Aires, posteriormente editadas em livro sob o título *Les Transformations Générales du Droit Privé depuis le Code Napoléon*, oferecia uma outra perspectiva do Direito, negando titularizar o homem quaisquer direitos subjetivos.

Antes, asseverava esse grande Mestre que todo homem tem uma função social, tendo o dever de desempenhá-la, compreendendo a mesma o dever de se desenvolver em sua plenitude, sendo todas as suas atividades no desempenho dessa função socialmente protegidas.

Quanto à propriedade, negava Duguit seu caráter de direito subjetivo, qualificando-a também de *função social*: "Pero la propiedad no es un derecho; es una función social. El propietario, es decir, el poseedor de una riqueza, tiene, por el hecho de poseer esta riqueza, una función social que cumplir; mientras cumple esta misión sus actos de propietario están protegidos. Si no la cumple o la cumple mal, si por ejemplo no cultiva su tierra o

5. *Direito Urbano*, São Paulo, Ed. RT, 1983, pp. 70-71.

deja arruinarse su casa, la intervención de los gobernantes es legítima para obligarle a cumplir su función social de propietario, que consiste en asegurar el empleo de las riquezas que posee conforme a su destino".[6]

Tais concepções colheu-as esse douto jurista do Positivismo de Augusto Comte, em obra publicada em 1850, cuja lição refere, nestes termos: "El primero en poner de relieve esta idea en el siglo XIX fue Augusto Comte. Escribía, en efecto, en 1850, en el *Système de Politique Positive*: 'En todo estado normal de la humanidad, todo ciudadano, cualquiera que sea, constituye realmente un funcionario público, cuyas atribuciones, más o menos definidas, determinan a la vez obligaciones y pretensiones. Este principio universal debe ciertamente extenderse hasta la propiedad, en la que el Positivismo vé, sobre todo, una indispensable función social destinada a formar y a administrar los capitales con los cuales cada generación prepara los trabajos de la siguiente. Sabiamente concebida, esta apreciación normal ennoblece su posesión, sin restringir su justa libertad y hasta haciéndola más respetable'".[7]

A respeito do especulador de terras, referia o autor:

"En los países que aún están, según la expresión de que me he servido hace un momento, en el periodo de la propiedad-especulación, el problema se plantea; y esto es una prueba de que, incluso en esos países, la noción de propiedad-derecho tiende a desparecer.

"Los que compran grandes cantidades de terrenos a precios relativamente bajos y que se mantienen durante varios años sin explotarlos, esperando que el aumento natural del valor del terreno les procure un gran beneficio.

"¿No siguen una práctica que debería estar prohibida? Si la ley interviene, la legitimidad de su intervención no sería discutible ni discutida. Esto nos lleva muy lejos de la concepción del derecho de propiedad intangible, que implica para el propietario el derecho a permanecer inactivo o no, según le plazca".[8]

À luz de nosso ordenamento jurídico, não há incompatibilidade entre o direito de propriedade e a função social da propriedade, desde que compreendidos o direito subjetivo em um momento estático, que legitima o proprietário a manter o que lhe pertence, imune a pretensões alheias, e a função em um momento dinâmico, que impõe ao proprietário o dever de

---

6. *Las Transformaciones Generales del Derecho Privado, desde el Código de Napoleón*, 2ª ed., trad. de Carlos G. Posada, Librería Española y Extranjera, 1920, p. 37.
7. Duguit, *Las Transformaciones* ..., 2ª ed., pp. 178-179.
8. Idem, pp. 183-184.

destinar o objeto de seu direito aos fins sociais determinados pelo ordenamento jurídico.[9]

O ilustre professor Agustín Gordillo, em página magnífica, discorre sobre a compatibilização entre as garantias individuais e as garantias sociais, negando serem as mesmas contraditórias:

"En realidad ambos tipos de garantías, si es que una tal división puede efectuarse, se complementan y reafirman mutualmente, del mismo modo que las libertades públicas también se complementan recíprocamente.

"¿Podríamos acaso decir que la libertad de enseñar y aprender sería efectiva sin una libertad de expresión del pensamiento? ¿O que la libertad personal sería plena sin la libertad de entrar y salir del país? Evidentemente no: la existencia de cualquier garantía de libertad será siempre más plena y efectiva en la medida en que también existan las demás libertades públicas.

"Del mismo modo, la existencia de las libertades públicas no es de todo real y vigente en la medida en que no existan también las llamadas garantías sociales; por ello, la existencia de éstas, lejos de significar una contradicción con aquéllas, implica en cambio su revitalización más plena; como diría Burdeau, los derechos sociales 'revalorizan la libertad'."[10]

Emerge, todavia, a noção de que, não cumprida pelo proprietário a função social estabelecida pelo ordenamento positivo, deve o direito de propriedade extinguir-se, passando, das mãos de seu titular, ou para o Estado ou para quem lhe dê a função almejada.

Disso se segue que, diante das leis definidoras da função social da propriedade, encontra-se o Poder Público no dever de impor uma atuação positiva ao proprietário, sob penalidades inscritas no ordenamento, que, logicamente, devem conduzir à extinção do uso nocivo ou do não uso e, se preciso for, com a consequente expropriação.

9. Nesse sentido, cf.: Eros Roberto Grau, *Direito Urbano*, p. 70; Carlos Ari Sundfeld, "Função social da propriedade", in *Temas de Direito Urbanístico*, São Paulo, Ed. RT, 1987, p. 5; Rosah Russomano, "Função social da propriedade", *RDP* 75/265.

10. *Introducción al Derecho de la Planificación*, Caracas, Editorial Jurídica Venezolana, 1981, p. 28. Refere esse douto jurista o seguinte: "Desde luego, siempre existirá el problema de la medida de cada uno de los derechos individuales en detrimento extremo de los sociales (por ejemplo, negando la posibilidad de expropiar tierras para realizar una reforma agraria, estaremos desvirtuando el Estado de Bienestar; y si exacerbamos los derechos sociales en perjuicio excesivo e irrazonable de los derechos individuales, estaremos violando el régimen del Estado de Derecho). Se trata de una cuestión de equilibrio, a resolverse en forma justa y razonable en cada caso; que puede, por la humana falibilidad, resolverse en alguna oportunidad erróneamente, en uno u otro sentido, pero no por ello configura una antítesis, directa ni indirectamente".

4. A questão urbana e a Constituição Federal

Quanto à questão urbana, a atual Constituição dedicou o Capítulo II de seu Título VII, que trata "Da Ordem Econômica e Financeira".

Tal capítulo, denominado "Da Política Urbana", veio a oferecer novo instrumental no sentido de se efetivar a função social da propriedade para o fim de se atingir o objetivo da política de desenvolvimento urbano, tal como se encontra definida em seu art. 182, no sentido de "ordenar o pleno desenvolvimento das funções sociais da cidade e garantir o bem-estar de seus habitantes".

Impõe-se, no § 1º desse artigo, às cidades com mais de vinte mil habitantes a elaboração de *plano diretor*, que, aprovado pela Câmara Municipal – ou seja, editado por lei –, consistirá no "instrumento básico da política de desenvolvimento e expansão urbana".

O § 2º do artigo, por seu turno, fixa que: "A propriedade urbana cumpre sua função social quando atende às exigências de ordenação da cidade, expressas no plano diretor".

Aludido dispositivo ganha dinamicidade ao cotejo do estatuído no § 4º do referido artigo, que estabelece: "É facultado ao Poder Público Municipal, mediante lei específica para área incluída no plano diretor, exigir, nos termos da lei federal, do proprietário do solo urbano não edificado, subutilizado ou não utilizado, que promova seu adequado aproveitamento, sob pena, sucessivamente, de: I – parcelamento ou edificação compulsórios; II – imposto sobre a propriedade predial e territorial progressivo no tempo; III – desapropriação com pagamento mediante títulos da dívida pública de emissão previamente aprovada pelo Senado Federal, com prazo de resgate de até dez anos, em parcelas anuais, iguais e sucessivas, assegurados o valor real da indenização e os juros legais".

O § 3º do artigo em referência dispõe sobre a prévia e justa indenização em dinheiro dos imóveis urbanos e poderia, a um primeiro lance de vista, parecer superfetação da regra geral da desapropriação contida no inciso XXIV do art. 5º do texto constitucional, que assim dispõe: "A lei estabelecerá o procedimento para desapropriação por necessidade ou utilidade pública, ou por interesse social, mediante justa e prévia indenização em dinheiro, ressalvados os casos previstos nesta Constituição".

Entretanto, como adiante se verá, o referido § 3º incide com um elemento de contraste ao disposto no inciso III do § 4º do art. 182.

Por outro lado, o art. 183 do texto constitucional, também inserido no capítulo em referência, cria um tipo de usucapião especial em prol dos possuidores de área urbana de até duzentos e cinquenta metros quadrados, por cinco anos ininterruptos e sem oposição, desde que não sejam proprietários de outro imóvel urbano ou rural e tenham utilizado a área possuída para suas moradias ou de suas famílias, confirmando a Constituição o reconhecimento desse direito apenas por uma vez, consoante o § 2º do artigo.

O § 1º desse dispositivo estabelece que o título de domínio e a concessão de uso serão conferidos ao homem ou à mulher, ou a ambos, independentemente do estado civil. Finalmente, o § 3º desse artigo dispõe sobre a vedação da aquisição pelo usucapião dos imóveis públicos.

A análise dessa configuração da política urbana oferecida pela Constituição Federal exige, desde logo, uma referência à competência para a edição de normas de direito urbanístico – matéria, essa, que suscitou controvérsias à época do texto constitucional revogado.

De fato, ao ensejo do oferecimento do Projeto de Lei 775/1983, que se preordenava a dispor sobre os objetivos e a promoção do desenvolvimento urbano e que oferecia instrumentos urbanísticos ousados para a época – tais como o parcelamento, edificação ou utilização compulsórios, o direito de preempção em favor dos Municípios e o direito de superfície, além dos meios tradicionais –, uma das críticas que se lhe dirigiram foi a da incompetência da União para legislar sobre matéria urbanística.[11]

A questão hoje encontra-se superada, vez que a competência para legislar sobre direito urbanístico em face do texto constitucional atual é concorrente entre a União e os Estados Federados, consoante dispõe o art. 24, I, sobrando aos Municípios a competência para "promover, no que couber, adequado ordenamento territorial, mediante planejamento e controle do uso, do parcelamento e da ocupação do solo urbano", consoante estabelece o inciso VIII do art. 30 da Constituição Federal.

Além disso, cumpre considerar que o art. 30, I, do texto constitucional confere competência aos Municípios para legislar sobre assuntos de interesse local, e que o inciso II desse dispositivo estabelece a competência dos Municípios para suplementar a legislação federal e estadual no que couber. Assim, evidente se torna a competência residual conferida aos Municípios para editar normas urbanísticas naquilo que diga respeito ao interesse local, não previstas nas normas de caráter geral baixadas pela União ou pelos Estados.

Estabelecidos os parâmetros determinantes da competência em matéria de direito urbanístico, passemos ao exame dos dispositivos que compõem o capítulo da Constituição que trata da "Política Urbana".

Conforme já se referiu, o plano diretor, obrigatório para as cidades com mais de vinte mil habitantes, deve ser veiculado pela edição de lei.

---

11. Cf., nesse sentido, Eros Roberto Grau, *Direito Urbano*, p. 128.

Emergindo a importância substancial do plano diretor, parece-nos que seria prudente que as leis orgânicas, cuja edição é de competência dos próprios Municípios, previssem *quorum* qualificado para a edição da lei e suas alterações posteriores que dispusessem sobre o plano.

Nesse sentido, sob a égide da Constituição anterior, manifestava-se Hely Lopes Meirelles: "A aprovação do plano diretor deve ser por lei, e lei com supremacia sobre as demais para dar preeminência e maior estabilidade às regras e diretrizes do planejamento. Daí por que os Municípios podem estabelecer em sua legislação *quorum* qualificado para aprovação ou modificação da lei do plano diretor, infundindo, assim, mais segurança e perenidade a essa legislação. Toda cautela que vise a resguardar o plano diretor de levianas e impensadas modificações é aconselhável, podendo a própria Câmara estabelecer regimentalmente um procedimento especial, com maior número de discussões ou votação em duas ou mais sessões legislativas, para evitar a aprovação inicial e suas alterações por maiorias ocasionais".[12]

Consoante se vê, de outra parte, a caracterização constitucional da função social da propriedade, remetendo sua conformação às exigências de ordenação da cidade contidas no plano diretor, possibilitou a existência de diversificadas figurações dessa função, dadas as incomensuráveis disparidades existentes entre os Municípios componentes de nosso gigantesco território.

Assim, pode-se dizer que eclodirão múltiplos desenhos dessa função atribuída à propriedade urbana, diferenciando-as da função social da propriedade rural em relação à qual cuida a Constituição de lhe definir os parâmetros de realização (art. 186, I-IV).

De qualquer sorte, seja qual for o caminho escolhido pelos Municípios, idealmente, a urbanificação – no sentido que empresta ao termo José Afonso da Silva[13] – deve atender às funções urbanas elementares, que a doutrina costuma definir como a habitação, o trabalho, o lazer e a circulação e, hoje, também a sadia qualidade de vida, com respeito ao equilíbrio ecológico do meio ambiente.

Dessa maneira, sendo claro que os planos diretores baixados pelos Municípios não poderão afastar-se das metas urbanísticas concebidas a partir

12. *Direito Municipal Brasileiro*, 5ª ed., São Paulo, Ed. RT, 1985, p. 397; 17ª ed., 2ª tir., São Paulo, Malheiros Editores, 2014, p. 564.

13. Distingue o ilustre autor a urbanização da urbanificação, na medida em que o primeiro termo compreende "o processo pelo qual a população urbana cresce em proporção superior à população rural", enquanto a urbanificação é o "processo deliberado de correção da urbanização, consistente na renovação urbana". Nesse passo, cita as palavras de Gaston Bardet, que qualifica a urbanização como "o mal", do qual "a urbanificação é o remédio" (José Afonso da Silva, *Direito Urbanístico Brasileiro*, 7ª ed., São Paulo, Malheiros Editores, 2012, pp. 26-27).

de direitos assegurados no próprio texto constitucional, deverão, entretanto, peculiarizar-se conforme as necessidades de urbanificação existentes em concreto, impondo-se maiores ou menores exigências, cujo descumprimento configura a subutilização ou não utilização dos imóveis urbanos.

Além disso, cumpre distinguir no § 4º do art. 182 da Constituição Federal três diversos tipos de lei, ali referidos: o primeiro, lei emanada do Município que edita o plano diretor; o segundo, também lei municipal, que estabelecerá a desconformidade de determinado solo urbano não edificado, subutilizado ou não utilizado com seu adequado aproveitamento, sujeitando-o às penalidades inseridas nos incisos I a III do artigo; e o terceiro, a lei federal editada dentro da competência da União para legislar sobre direito urbanístico, que estabelecerá o procedimento próprio para a adequação desejada ou a aplicação das penalidades previstas.

Assim sendo, evidentemente, a lei municipal caracterizadora da desconformidade de uso ou aproveitamento terá a característica de lei no aspecto formal, sendo, entretanto, quanto ao aspecto material, verdadeiro ato administrativo, à semelhança da declaração de utilidade pública para fins expropriatórios baixada por lei.

Fica clara, pois, a direta incidência na esfera jurídica de seus destinatários desse tipo de lei de efeitos concretos, possibilitando, desde logo, seu contraste pelas vias judiciárias.

Quanto à desapropriação prevista no inciso III do § 4º do art. 182 do texto constitucional parecem-nos pertinentes as seguintes observações.

Em primeiro lugar, a desapropriação em questão, ao contrário do que até hoje figurou em relação ao instituto em nosso ordenamento, aparece agora como penalidade. Tem, assim, tal tipo de expropriação, caráter penal.

Em segundo lugar, a desapropriação nessa hipótese não se concretiza mediante o pagamento da indenização prévia e em dinheiro, mas sim em títulos da dívida pública, resgatáveis em até dez anos em parcelas anuais iguais e sucessivas.

Daí a razão da existência do § 3º do art. 182, que, fixando a desapropriação dos imóveis urbanos precedida da prévia e justa indenização em dinheiro, oferece nítido discrímen entre a desapropriação urbana, efetuada por necessidade, utilidade pública ou interesse social, da desapropriação-penalidade, pelo descumprimento da função social da propriedade.

Passemos, agora, ao exame das demais disposições contidas no capítulo em foco.

O art. 183 do texto constitucional criou um usucapião especial urbano à semelhança do usucapião especial rural, previsto na Lei 6.969, de 10.12.1981.

Para aquisição do título de domínio basta a posse ininterrupta e sem oposição por cinco anos, desde que o possuidor utilize a área urbana de até duzentos e cinquenta metros quadrados para sua moradia ou de sua família e atenda à condição de não ser proprietário de outro imóvel urbano ou rural.

Em trabalho apresentado à II Conferência dos Advogados do Estado do Rio de Janeiro, realizada em Petrópolis no período de 10 a 13.3.1982, o professor Ricardo Pereira Lira, preocupado com o problema social decorrente do grande número de favelados existentes na Grande Rio, sugeriu a criação do usucapião especial urbano aplicável tão-somente a áreas situadas em favelas.

Tal sugestão assemelhava-se às disposições do texto constitucional, no sentido de estabelecer como requisito para a aquisição da área a existência da posse igual ou superior a cinco anos, sem oposição, e aquisição do domínio independentemente de justo título ou boa-fé.[14]

Cumpre observar, finalmente, que o § 3º do art. 183 da Constituição Federal taxativamente impede a aquisição, por usucapião, de imóveis públicos.

Assim sendo, revela-se impossibilitado o usucapião de terras devolutas, eis que são as mesmas de titularidade da União ou dos Estados Federados, consoante os arts. 20, II, e 26, IV, do texto constitucional, usucapião, esse, previsto anteriormente no art. 2º da Lei 6.969, de 10.12.1981 – o que não impede, todavia, a legitimação de posse de imóvel rural, nos termos e requisitos preconizados pelos arts. 29 e ss. da Lei 6.383, de 7.12.1976, que disciplina a ação discriminatória.

5. *O Estatuto da Cidade e a desapropriação*

O art. 8º do Estatuto da Cidade preconiza a desapropriação com o caráter de sanção,[15] aplicável ao imóvel que descumpra sua função social como derradeira consequência imposta ao proprietário renitente, que mesmo após

14. In *RDA* 148/270.

15. O caráter de sanção atribuído ao instituto da desapropriação já foi objeto de observação de nossa parte, nos seguintes termos: "Emerge, todavia, a noção de que, não cumprida pelo proprietário a função social, estabelecida pelo ordenamento positivo, deve o direito de propriedade extinguir-se, passando, das mãos do seu titular, ou para o Estado, ou para quem lhe dê a função almejada. Disso se segue que, diante das leis definidoras da função social da propriedade, encontra-se o Poder Público na situação de impor uma atuação positiva ao proprietário, sob penalidades inscritas no ordenamento, que logicamente devem conduzir à extinção do uso nocivo ou do não--uso, e, se preciso for, com a consequente expropriação" (in *Direito Administrativo* ..., p. 112).

a imposição do IPTU progressivo pelo prazo de cinco anos consecutivos se omita em tomar as providências para a adequação do solo urbano às exigências fundamentais de ordenação da cidade expressas no plano diretor.

Observa Celso Antônio Bandeira de Mello que a hipótese dessa desapropriação será muito difícil de ocorrer, considerando as medidas anteriores impostas ao proprietário do imóvel.[16]

Aliás, tenha-se em conta que diante da imposição do IPTU progressivo durante cinco anos, que antecede a desapropriação, chegando sua alíquota a quinze por cento, dificilmente teria o proprietário condições de resistir ao cumprimento do dever de adequar seu imóvel à sua função social.

Quanto à análise do art. 8º, a primeira observação é a de que sua previsão se constitui em instrumento para o atendimento de uma das diretrizes fixadas no Capítulo I da lei, que dispõe sobre as diretrizes gerais do diploma, contida em seu art. 2º, VI, "e", que assim estabelece: "Art. 2º. A política urbana tem por objetivo ordenar o pleno desenvolvimento das funções sociais da cidade e da propriedade urbana, mediante as seguintes diretrizes gerais: (...) VI – ordenação e controle do solo urbano, de forma a evitar: (...) e) a retenção especulativa de imóvel urbano, que resulte na sua subutilização ou não utilização".

De outra parte, evidencia-se que a espécie de desapropriação prevista na lei somente se viabiliza ante a existência de plano diretor, vez que é sua desconformidade com o aproveitamento mínimo nele definido que será determinante desse tipo expropriatório.

Destarte, ainda que não obrigatória a existência de plano diretor, como se dá com as cidades de menos de vinte mil habitantes (§ 1º do art. 182 da CF), para que nelas ocorra tal modalidade de desapropriação necessária será a prévia edição de lei municipal estabelecendo o plano diretor.

Além da necessária preexistência de plano diretor, indispensável também é a precedente edição de lei municipal,[17] de caráter concreto, determinando, conforme a hipótese, o parcelamento, a edificação ou a utilização de solo urbano subutilizado ou não utilizado.

Finalmente, para se viabilizar a desapropriação necessário é o exaurimento de todas as medidas previstas como precedentes pelo diploma, con-

16. "Percebe-se que será muito difícil que ocorra hipótese ensejadora dessa desapropriação, pois não é de crer que o proprietário, alertado pelas medidas prévias que têm de antecedê-la, ainda assim se mantenha inerte" (*Curso de Direito Administrativo*, 31ª ed., São Paulo, Malheiros Editores, 2014, p. 884).

17. Cumpre observar que a lei exigida nesse caso é lei de efeitos concretos, ou seja: é lei apenas quanto ao aspecto formal, vez que materialmente se equipara ao ato administrativo, inserindo-se desde logo na esfera jurídica de seus destinatários – o que possibilita de imediato seu controle pelo Judiciário.

sistentes (a) na determinação, conforme a hipótese, de parcelamento, edificação ou utilização compulsórios; (b) na imposição de IPTU progressivo.

Assim, para se chegar à desapropriação necessária é a prévia edição de lei municipal que, considerando área incluída no plano diretor, determine, conforme a hipótese, o parcelamento, a edificação ou a utilização compulsórios do solo urbano, desde que não edificado ou subutilizado, considerando-se como tal o imóvel cujo aproveitamento seja inferior ao mínimo definido no plano diretor ou em legislação dele decorrente, fixando condições e prazos para implementação dessa obrigação.

Em seguida deve ser o proprietário notificado pelo Executivo Municipal para o cumprimento dessa obrigação, devendo ser a notificação averbada no registro imobiliário.

Tal notificação deverá ser pessoal, vez que dispõe a lei seja a mesma efetuada por funcionário do órgão competente do Poder Público ao proprietário do imóvel ou ao representante que tenha poderes de gerência geral ou administração, tratando-se de proprietário pessoa jurídica.

Frustrada por três vezes a tentativa de notificação, legitima-se seja a mesma efetuada por edital.

Descumpridas as condições e os prazos legais, aplicar-se-á sobre o imóvel o IPTU progressivo no tempo, pela majoração da alíquota no prazo de cinco anos consecutivos.

Essa alíquota terá seu valor anual previamente fixado na lei municipal específica, determinante das medidas aludidas de parcelamento, edificação ou utilização compulsórios, sendo vedado que se exceda ao dobro da alíquota do ano anterior, e limitada a alíquota máxima a quinze por cento.

Após o decurso desse prazo de cinco anos com a cobrança do IPTU progressivo sem que tenha o proprietário cumprido a obrigação imposta pela lei específica, poderá o Município proceder à desapropriação mediante o pagamento em títulos da dívida pública.

Ocorre que essa desapropriação, mediante o pagamento em títulos da dívida pública, enseja alguma reflexão.

A Constituição, ao prever essa modalidade de desapropriação, fixou no artigo 182, § 4º, III, que a indenização seja efetuada "com pagamento mediante títulos da dívida pública de emissão previamente aprovada pelo Senado Federal", o que torna necessária a aprovação do Senado, antecedente à emissão pelo Município, dos títulos da sua dívida pública, para a obtenção dessa moeda do pagamento expropriatório.

Pois bem, diante da competência conferida ao Senado Federal, pelo art. 52, IX, da Constituição da República, para estabelecer os limites globais e condições, para o montante da dívida mobiliária dos Estados, Distrito

Federal e Municípios,[18] pode o Senado Federal recusar essa aprovação, ocasionando na prática o impedimento da efetivação de desapropriações, com o pagamento nesses títulos?

É claro que atingido o limite de endividamento, não se pode obrigar o Senado a proceder à aprovação da emissão dos títulos da dívida pública, da entidade municipal, eis que ao não fazê-lo, nada mais faz que cumprir a atribuição constitucional referida, de respeitar sua própria deliberação quanto ao limite estabelecido.

Ocorre que, independentemente do estabelecimento desse limite, tem o Senado Federal, ao longo dos anos, baixado Resoluções obstando temporariamente Estados e Municípios de emitir títulos de suas dívidas públicas.

Foi, por exemplo, o que ocorreu com a Resolução 78, de 1.7.1998, publicada em 8.7.1998 e republicada em 11.8.1999, e hoje já revogada.

Tal Resolução, que dispunha sobre as operações de crédito interno e externo dos Estados, do Distrito Federal, dos Municípios e de suas respectivas autarquias e fundações, estabelecia no § 2º, do seu art. 2º, que a assunção de dívidas por essas pessoas equiparava-se às operações de crédito, então definidas nesse mesmo artigo.

Significava isso, que a assunção de dívidas por essas Entidades sujeitava-se aos mesmos limites e condições estabelecidos, para a realização de operações de crédito, então restritivas, e que tinham em consideração a previsão das despesas de capital fixadas na lei orçamentária, bem como limites para o montante global de operações no exercício etc.

Ocorre que, a aludida Resolução estabelecia ainda um óbice temporal à emissão desses títulos, o que, inquestionavelmente, inviabilizava, em um certo período, a efetivação de desapropriações, mediante o pagamento em títulos da dívida pública.

Com efeito, dispunha o art. 10 da Resolução, que até 31.12.2010, os Estados, o Distrito Federal e os Municípios, somente poderiam emitir

18. Como se confere na internet, no endereço <www.bcb.gov.br/htms/infecon/finpub/cap5p.pdf>, assim se compreende o conceito de dívida mobiliária: "Para o Governo Central (Tesouro Nacional, Previdência Social e Banco Central), corresponde ao total dos Títulos Públicos Federais em poder do mercado, incluindo, além dos títulos de emissão do Tesouro Nacional, os títulos de emissão do Banco Central. Em função da Lei Complementar n. 101, de 4.5.2000, o Banco Central do Brasil não pode mais emitir títulos públicos desde maio de 2002. Como se trata de dívida consolidada, os títulos de emissão do Tesouro Nacional em poder do Banco Central não estão incluídos.

"Para os governos estaduais e municipais, corresponde ao total dos títulos emitidos pelos respectivos tesouros menos os títulos em tesouraria. Incluem-se os títulos emitidos para pagamento de precatórios" (p. 135).

títulos da dívida pública, no montante necessário, para o refinanciamento do principal, devidamente atualizado, de suas obrigações existentes, o que evidentemente limitava a emissão ao refinanciamento de dívidas, afastando a possibilidade da emissão de títulos, preordenados ao pagamento de indenizações em desapropriações, pelo descumprimento da função social da propriedade urbana.

Cabe ponderar, entretanto, que, tirante o limite e condições do endividamento estabelecido pelo art. 52, IX, da Constituição da República, descabe a recusa à aprovação da emissão dos títulos, sendo a mesma obrigatória, eis que não seria cabível manietar-se o Município, impedindo-o de cumprir a missão constitucional, atribuída pelo artigo 182, § 4º, III, da mesma Carta da República.

Eventualmente surgido o conflito, a competência para dirimi-lo é do Supremo Tribunal Federal, nos termos do art. 102, I, "f", da Constituição Federal.

Quanto à indenização, prevê a lei que esses títulos da dívida pública serão resgatados no prazo de até dez anos, em prestações anuais iguais e sucessivas, assegurados o valor real da indenização e os juros de seis por cento ao ano.

De outra parte, o § 2º do art. 8º fixou que o "valor real da indenização" será o valor da base de cálculo do IPTU, descontado o montante incorporado em função de obras realizadas pelo Poder Público na área do imóvel, após a notificação efetuada pelo Poder Público para que o proprietário promova o parcelamento, a edificação ou a utilização do imóvel, conforme a hipótese.

Pois bem, a base de cálculo do IPTU é o valor venal do imóvel, segundo estabelece o art. 33 do Código Tributário Nacional – Lei 5.172, de 25.10.1966.

Tal valor venal nem sempre reflete o real valor do imóvel, ainda mais considerando que normalmente o mesmo é fixado em planta geral de valores baixada pelas Prefeituras Municipais, muitas vezes defasadas no tempo.

Significa isso que a lei, ao estabelecer um parâmetro prefixado para compor o valor da indenização, afastou o critério da justa indenização como pressuposto para a efetivação da desapropriação do solo urbano quanto ao qual não tenha o proprietário cumprido a obrigação de parcelamento, edificação ou utilização, tal como previsto em seu art. 8º.

Ao exame do tema, em trabalho elaborado ao advento da Constituição de 1988, sustentamos a tese de que a previsão do inciso III do seu art. 182, que preconiza essa desapropriação mediante o pagamento em títulos da dívida pública, não assegurava o direito à justa indenização.

Com efeito, afirmamos então que a desapropriação em trato, por um lado, ao contrário da desapropriação por necessidade, utilidade pública ou interesse social, configurava uma penalidade e, de outra parte, em sua previsão constitucional não se encontra a previsão da justa indenização, existindo tão-somente a referência ao asseguramento do valor real da indenização, que então entendemos como a manutenção do valor da desapropriação, ao longo dos anos, pela correção monetária.[19]

Hoje revemos nossa posição anterior. De fato, nenhuma dúvida existe quanto ao fato de que, sendo o fundamento jurídico desse tipo de desapropriação a prática de um ilícito, a indenização pode e deve ser diferenciada da incidente na desapropriação por necessidade, utilidade pública ou interesse social, tendo, assim, um caráter de pena.

Todavia, o desapropriado já é suficientemente sancionado pelo fato de não receber a indenização prévia e em dinheiro, mas sim em parcelas anuais, em até dez anos, em títulos que não se prestam sequer como meio de pagamento de tributos, conforme a previsão do § 3º do art. 8º.[20]

De outra parte, parece-nos que o termo "indenização", por si, é suficiente para assegurar a indenização correspondente ao valor integral do bem, e assim sua previsão constitucional no art. 182, III, no sentido de que sejam "assegurados o valor real da *indenização* e os juros legais" é suficiente para vincular o legislador a não se afastar da integralidade da composição do valor retirado ao desapropriado.

De fato, o verbo "indenizar", segundo o dicionário *Aurélio*, tem sua formação pela composição do termo *indene*, do Latim *indemne*, com o sufixo *izar*. Ora, *indene* significa "que não sofreu dano ou prejuízo; íntegro, ileso, incólume".

Assim, justa indenização nada mais é que uma expressão pleonástica, pois para ser íntegra a recomposição patrimonial bastaria a referência à indenização.[21]

De outra parte, cabe referir que, em relação à desapropriação como sanção pelo descumprimento da função social da propriedade rural, prevê a Constituição Federal o requisito da *justa indenização*, como se observa do art. 184 da Carta Política.

19. Clóvis Beznos, in *Direito Administrativo* ..., pp. 114-115.
20. Observe-se a disparidade de tratamento legal com os títulos da dívida agrária – TDAs, que desde a sua criação, pela Lei 4.504, de 30.11.1964, ostentam a possibilidade de utilização para pagamento de até cinquenta por cento do ITR (art. 105, § 1º, "a"), não obstante também constituam meio de pagamento da desapropriação--sanção pelo descumprimento da função social da propriedade rural.
21. Celso Antônio Bandeira de Mello, ao cuidar do instituto da desapropriação, leciona: "Indenização justa, prevista no art. 5º, XXIV, da Constituição, é aquela que corresponde real e efetivamente ao valor do bem expropriado, ou seja, aquela cuja importância deixe o expropriado absolutamente indene, sem prejuízo algum em seu patrimônio" (*Curso* ..., 31ª ed., p. 902).

Ora, não havendo razão jurídica para o discrímen em idêntica situação de descumprimento da função social da propriedade, somente se pode concluir que o asseguramento do *valor real da indenização*, tal como prevê o art. 182, quer significar a mesma coisa que *justa indenização*.

De fato, o termo "real" significa verdadeiro, concluindo-se, pois, que a indenização verdadeira nada mais é que a *justa indenização*.

Observe-se, ademais, que, enquanto o art. 182 da Constituição Federal se refere ao *valor real da indenização* que deve ser assegurado, o art. 184, quando se refere ao *real valor*, o faz em referência aos títulos da dívida agrária, aos quais estabelece o pressuposto da existência de "cláusula de preservação do valor real", a indicar que nesse passo simplesmente se prevê a atualização monetária desses títulos, preservando-se seu valor real.

Assim, nada tem que ver essa preservação do real valor dos títulos na desapropriação para a reforma agrária com o asseguramento do *valor real da indenização* na desapropriação do imóvel urbano que descumpra sua função social, eis que nessa hipótese o termo "real" tem o mesmo sentido de "justa", sendo pleonásticas ambas as expressões – "justa indenização" como "real indenização".

Destarte, parece-nos inconstitucional o inciso I do § 2º do art. 8º da Lei 10.257/2001, na medida em que o atendimento de sua previsão, ao possibilitar a retirada da propriedade com base em valor prefixado com a possibilidade de não ficar indene o proprietário, vulnera o preceito da real indenização previsto pelo art. 182, § 4º, III, da Constituição.

Além disso, esse dispositivo ostenta outro defeito, ao nosso ver, consistente na previsão do desconto do valor incorporado em razão de obras realizadas pelo Poder Público na área onde o imóvel se localize.

Com efeito, tal previsão nada mais configura que uma contribuição de melhoria; portanto, tributo que somente pode ser cobrado como tal mediante a edição de lei específica oriunda da pessoa política dele beneficiária, que obedeça a uma série de requisitos previstos nos arts. 81 e 82 do Código Tributário Nacional.

Nesse sentido, a jurisprudência afasta o abatimento da indenização do valor correspondente à valorização da área desapropriada, ao argumento de que a valorização decorrente de obra pública somente pode ser cobrada como contribuição de melhoria; além do quê, sendo geral a valorização, seria descabido cobrar-se apenas do desapropriado.[22]

---

22. Nesse sentido a decisão prolatada pelo Tribunal de Justiça de São Paulo no julgamento da Ap. cível 262.561-2, de Piraju. Nesse mesmo sentido a decisão da mesma Corte na Ap. cível 20.108-5, de Jacupiranga (in *Jurisprudência Informatizada Saraiva*, CD-ROM 24, 2º trimestre/2001).

De outra parte, o inciso II do § 2º do art. 8º da lei preconiza que no valor da indenização não deverão ser computados "expectativas de ganhos","lucros cessantes" e "juros compensatórios".

Nesse passo parece que a lei incide em tautologia, eis que a figura dos lucros cessantes, como tradicionalmente são concebidos por definição legal, consiste naquilo que razoavelmente se deixou de lucrar (art. 1.059 do CC).

Destarte, parece-nos que "expectativa de ganho", desde que razoável, outra coisa não configura que os próprios lucros cessantes.

Ora, se a Constituição Federal preconiza a real indenização – que, para nós, como acima exposto, tem o mesmo significado da justa indenização –, evidentemente, para que seja a mesma realizada, haverá de compreender os danos causados ao proprietário, que compreendem não apenas o que se perdeu (dano emergente), como o que razoavelmente se deixou de lucrar (lucros cessantes).

De outra parte, como ensina Celso Antônio Bandeira de Mello, os juros compensatórios são devidos ao expropriado como compensação pela perda antecipada da posse em razão da imissão de posse *initio litis*. Daí diz o autor: "Como a 'justa indenização' só é paga no final da lide, o expropriado, cuja posse foi subtraída no início dela, se não fosse pelos juros compensatórios, ficaria onerado injustamente com a perda antecipada da utilização do bem".[23]

Tenha-se presente, contudo, que tal observação foi formulada pelo autor em relação à desapropriação tradicional, por necessidade, utilidade pública ou interesse social.

O que dizer, entretanto, da espécie expropriatória em trato, em que a indenização pode dar-se ao longo de dez anos, em prestações anuais?

Ora, considerando-se que o art. 182 da Constituição Federal, ao tratar dessa espécie de desapropriação, afirma que ela se efetuará com pagamento mediante títulos da dívida pública etc., conclui-se que somente poderá ser efetivada a desapropriação mediante a entrega desses títulos ao expropriado.

Ora, se assim é, a imissão antecipada na posse, anterior à efetivação da desapropriação, que implique sua perda antecipada haverá de ser compensada pelo pagamento dos juros compensatórios, sob pena da vulneração do preceito indenizatório, que assegura que a indenização deve recompor integralmente o patrimônio afetado.

Por outro lado, nos termos do § 4º do art. 8º, efetuada a desapropriação, surge para o Município o dever de conferir adequado aproveitamento ao imóvel no prazo máximo de cinco anos, contados de sua incorporação ao pa-

---

23. *Curso* ..., 31ª ed., p. 903.

trimônio público, podendo dar-se o aproveitamento diretamente pelo Poder Público ou mediante alienação ou concessão a terceiros, via procedimento licitatório, transferindo-se ao adquirente do imóvel as mesmas obrigações de parcelamento, edificação, utilização, conforme a hipótese.

Duas questões nos ocorrem quanto a essa possibilidade: a primeira consistente no prazo que teria o novo adquirente para proceder às providências que lhe cabem para cumprir a função social da propriedade; e a segunda, que envolve a possibilidade de o desapropriado participar da licitação para a aquisição do imóvel.

A solução que nos ocorre quanto à primeira questão é a de que os prazos poderão ser estabelecidos no edital do procedimento licitatório para a alienação do imóvel, mas se não o forem – o que seria lamentável – os prazos da lei haverão de ser devolvidos ao adquirente, e, assim, teria ele o prazo de um ano para apresentar projeto e de dois para dar início às obras após a aprovação do projeto. A partir daí, correriam, outra vez, os prazos de aplicação por cinco anos do IPTU progressivo para, ao final, dar-se novamente a desapropriação.

Quanto à segunda indagação, parece-nos que o desapropriado que já descumpriu a função social da propriedade encontra-se proibido de participar da licitação, até porque o interesse social, como aspecto relevantíssimo do direito de propriedade, não pode ficar ao sabor de situações configuradoras de abuso de direito, ainda mais tendo-se em conta o árduo caminho percorrido até a concretização da desapropriação.

Finalmente, cabe indagar: qual o rito judicial aplicável a esse tipo de desapropriação?

Enquanto não editada lei especial regulando a matéria, considerando a inaplicabilidade dos diplomas que regem a desapropriação por necessidade, utilidade pública ou interesse social,[24] a solução se encontra no art. 271 do estatuto processual civil, que preconiza que, salvo disposição em contrário, do próprio Código ou de lei especial, aplica-se a todas as causas o procedimento comum, que, segundo o art. 272 do mesmo estatuto processual, pode ser o ordinário ou sumário.

Assim sendo, enquanto não receber disciplina específica, haverá essa ação expropriatória de obedecer ao procedimento comum, ordinário ou sumário, conforme o valor da causa.

---

24. Respectivamente, o Decreto-lei 3.365, de 21.6.1941, e a Lei 4.132, de 10.9.1962.

USUCAPIÃO ESPECIAL

Sérgio Ferraz

Art. 9º. Aquele que possuir como sua área ou edificação urbana de até duzentos e cinquenta metros quadrados, por cinco anos, ininterruptamente e sem oposição, utilizando-a para sua moradia ou de sua família, adquirir-lhe-á o domínio, desde que não seja proprietário de outro imóvel urbano ou rural.

§ 1º. O título de domínio será conferido ao homem ou à mulher, ou a ambos, independentemente do estado civil.

§ 2º. O direito de que trata este artigo não será reconhecido ao mesmo possuidor mais de uma vez.

§ 3º. Para os efeitos deste artigo, o herdeiro legítimo continua, de pleno direito, a posse de seu antecessor, desde que já resida no imóvel por ocasião da abertura da sucessão.

Art. 10. As áreas urbanas com mais de duzentos e cinquenta metros quadrados, ocupadas por população de baixa renda para sua moradia, por cinco anos, ininterruptamente e sem oposição, onde não for possível identificar os terrenos ocupados por cada possuidor, são suscetíveis de serem usucapidas coletivamente, desde que os possuidores não sejam proprietários de outro imóvel urbano ou rural.

§ 1º. O possuidor pode, para o fim de contar o prazo exigido por este artigo, acrescentar sua posse à de seu antecessor, contanto que ambas sejam contínuas.

§ 2º. A usucapião especial coletiva de imóvel urbano será declarada pelo juiz, mediante sentença, a qual servirá de título para registro no cartório de registro de imóveis.

§ 3º. Na sentença, o juiz atribuirá igual fração ideal de terreno a cada possuidor, independentemente de dimensão do terreno que cada um ocupe, salvo hipótese de acordo escrito entre os condôminos, estabelecendo frações ideais diferenciadas.

§ 4º. O condomínio especial constituído é indivisível, não sendo passível de extinção, salvo deliberação favorável tomada por, no mínimo, dois terços dos condôminos, no caso de execução de urbanização posterior à constituição do condomínio.

§ 5º. As deliberações relativas à administração do condomínio especial serão tomadas por maioria de votos dos condôminos presentes, obrigando também os demais, discordantes ou ausentes.

Art. 11. Na pendência da ação de usucapião especial urbana, ficarão sobrestadas quaisquer outras ações, petitórias ou possessórias, que venham a ser propostas relativamente ao imóvel usucapiendo.

Art. 12. São partes legítimas para a propositura da ação de usucapião especial urbana:

I – o possuidor, isoladamente ou em litisconsórcio originário ou superveniente;

II – os possuidores, em estado de composse;

III – como substituto processual, a associação de moradores da comunidade, regularmente constituída, com personalidade jurídica, desde que explicitamente autorizada pelos representados.

§ 1º. Na ação de usucapião especial urbana é obrigatória a intervenção do Ministério Público.

§ 2º. O autor terá os benefícios da justiça e da assistência judiciária gratuita, inclusive perante o cartório de registro de imóveis.

Art. 13. A usucapião especial de imóvel urbano poderá ser invocada como matéria de defesa, valendo a sentença que a reconhecer como título para registro no cartório de registro de imóveis.

Art. 14. Na ação judicial de usucapião especial de imóvel urbano, o rito processual a ser observado é o sumário.

1. Introdução

A Lei 10.257/2001, em seus arts. 9º e 14, elencou, dentre os instrumentos da política urbana, o usucapião especial (denominação da lei) do imóvel urbano. É particularmente nessa perspectiva *instrumental* que cuidamos da matéria, sem, contudo, perdermos de vista suas matrizes conceituais materiais.

2. Estabelecendo conceitos

Parece-nos valioso começar pelo assentamento de pilares conceituais claros, culturalmente enraizados, para, após, adentrarmos a discussão do que é o usucapião especial, do Estatuto da Política Urbana.

2.1 "A" usucapião ou "o" usucapião?

Antes que tudo, iniciemos por liberar o leitor: para nós é indiferente que se adote a fórmula "a usucapião" ou a indicação "o usucapião". Com

Clóvis Beviláqua à frente (e ele preferia "usocapião" a "usucapião"), a maior parte da doutrina tem optado por atribuir à palavra o gênero feminino, quase sempre forte na sustentação de que as palavras latinas da terceira declinação, com o nominativo terminando em "io" invariavelmente eram femininas. Há, contudo, relevante corrente que sustenta o gênero masculino do vocábulo, inclusive porque os substantivos portugueses terminados em "ão" a esse gênero habitualmente pertencem.

2.2 Usucapião: conceito, características, modalidades

Usucapião constitui modalidade originária de aquisição da propriedade. É dizer, não se adquire, por usucapião, de um titular. A aquisição é direta, não intermediada, não sucedida, produzindo-se pelo simples fato da *posse prolongada*, como disposto na lei. Segundo com argúcia anotou Pontes de Miranda (*Tratado de Direito Privado*, t. XI, Rio de Janeiro, Borsói, 1955, p. 117), a aquisição por usucapião inclusive se forma enquanto existe uma outra titularidade, e esta cede passo, quando a outra se aperfeiçoa. A razão de ser da precedência do fato *posse*, sobre o direito *título*, repousa, por certo, na extraordinária relevância que têm para o Direito a segurança jurídica e a paz social. Mas é também em nome desses mesmos valores que o Direito qualifica a *posse* suscetível de engendrar o usucapião. Não é qualquer posse que a tanto conduz: imperioso é que seja ela prolongada (*nec precario*), sem interrupção (*nec clam*) e sem oposição (*nec vi*), sendo até dispensáveis o justo título (*v.g.*, documento de aquisição da posse) e a boa-fé (*v.g.*, a convicção do adquirente de que o bem é seu). Dispensáveis, sim, mas não irrelevantes: se comparecem o justo título e a boa-fé, o prazo aquisitivo, na forma do Código Civil (arts. 1.238 e ss., no que diz respeito ao usucapião de imóvel), reduz-se de vinte para dez ou quinze anos (se, respectivamente, se trata de conflito entre moradores do mesmo Município ou de Municípios diversos). Na hipótese mais delongada tem-se o que a doutrina denomina *usucapião extraordinário*, assim batizado porque, aqui, não se cogita de título e de *bona fides*; em contraposição, quando tais elementos se registram estamos em face do chamado *usucapião ordinário*. A essas duas modalidades veio juntar-se o *usucapião especial* ou *pro labore*, pela primeira vez consagrado já na Constituição de 1934 (até hoje gozando dessa dignidade): aqui, além da posse (com *animus domini*) e suas características, exige-se do adquirente que não seja proprietário de imóvel, que resida no imóvel que deseja usucapir, que o torne produtivo por seu trabalho ou de sua família, que o bem se situe em zona rural e não tenha área superior a cinquenta hectares; com essa configuração, o usucapião *pro labore*, alvo de expressa disciplina no Estatuto da Terra (Lei 4.504/1964, art. 98), se viu alçado à categoria de importante instrumento de política agrícola e fundiária, viabilizador da reforma agrária, assim vindo a adquirir expressa inserção constitucional (art. 191).

3. Usucapião e Constituição

É antigo em nosso constitucionalismo o comando segundo o qual a propriedade deve vir marcada de função social (CF, art. 5º, XXIII).

Mas é inequívoco que coube à Constituição de 1988 enriquecer o tema, dando alguns contornos mais nítidos ao princípio constitucional da função social. Nesse viés, importa destacar seu arrolamento como princípio específico da ordem econômica (art. 170, III; art. 173, § 3º, I). Sobretudo, imprescindível anotar que por vez primeira se produziu uma amarração conceitual concreta no particular. E isso se fez, exatamente, quando, ao dispor sobre política urbana, o constituinte, inovadoramente, estatuiu que a propriedade urbana só cumpre sua função social quando atende às exigências fundamentais de ordenação da cidade, expressas no plano diretor (art. 182 e seu § 1º). A partir daqui, toda uma nova cultura jurídica se estabelece, panorama no qual, dentre outras consequências, se pode, desde já, assentar algumas que são fundamentais. Assim:

a) o interesse pessoal do proprietário urbano, ainda que legítimo e legal, não mais se sobrepõe ao interesse coletivo – função social da propriedade –, como definido no plano diretor;

b) com isso, abre-se margem bem mais expressiva às intervenções do Poder Público, inclusive para atenuar os impactos da especulação imobiliária e para ampliar a efetividade das iniciativas de reordenação saudável da cidade;

c) por último, o profissional do Direito, do advogado ao juiz, do legislador ao administrador, terá de reformular seus arquétipos, abrindo-os para que sejam permeáveis, como critério de elaboração das normas, de sua interpretação e de sua aplicação, à ideia-força de função social da propriedade.

3.1 Usucapião "pro labore" e usucapião especial do art. 183 da Constituição Federal

Não bastasse o profundo impacto de tudo quanto já operado de novidade, precedentemente referido, a isso veio juntar-se a decisão do constituinte de alargar a boa experiência do usucapião *pro labore* do campo, fazendo-o também incidir na cidade. Dessa opção surgiu o art. 183 da Carta Maior, de alcance tão amplo quanto seu congênere rural (cabendo lembrar que nem um nem outro incidem sobre bens públicos, por taxativa exclusão constitucional), com os perfis próprios às específicas preocupações que aqui compareçam.

Com isso, estamos a dizer que, além dos valores da segurança jurídica e da paz social, gozam de especial apreço o desenvolvimento da cidade, o bem-estar de seus habitantes, o equilíbrio ambiental, a ordenação e controle saudáveis do uso do solo, o combate à especulação e às patologias da utilização do imóvel urbano (coartando sua subutilização, sua não utilização e sua degradação), o acesso do cidadão à titularidade dominial urbana, a valorização do trabalho.

Foi com tudo isso em mente que surgiu a nova figura do usucapião especial. Ela existe como instrumento operacional da política urbana. E, tendo em vista a dinâmica própria da vida nas cidades, diferenciados são seus requisitos: a posse (ainda uma vez dispensados o justo título e a boa-fé, mas exigíveis o caráter *animus domini* da posse *ad usucapionem*, bem como seu exercício *pessoal*, pelo prescribente ou sua família) deve ter a duração (reduzida) de cinco anos no mínimo, ininterrupta e sem oposição; mas o adensamento demográfico, típico das cidades, faz com que não só se diminua seu objeto de exercício (área do terreno urbano ou área construída até duzentos e cinquenta metros quadrados), como também que não se admita a invocação senão por uma vez e desde que o interessado não seja proprietário de outro imóvel, urbano ou rural. Também a cláusula *pro labore* adquire, aqui, um sentido próprio: não se trata de dar ao bem um cunho *produtivo* (como no caso do art. 191), mas sim o de lhe conferir uma *função*: moradia do requerente ou de sua família.

É nessas matrizes, particularmente no prefalado art. 183, que vão haurir eficácia os arts. 9º a 14 do Estatuto da Cidade. Mas ainda é cedo para percorrê-los.

4. *O Código Civil*

Supervenientemente à promulgação da Lei 10.257/2001, veio a lume o Código Civil Brasileiro, cujos arts. 1.238 a 1.244 dispõem sobre o usucapião mais alentadamente do que o Código Beviláqua.

4.1 Usucapião extraordinário

O usucapião extraordinário teve seu prazo aquisitivo reduzido para quinze anos (art. 1.238). E esse prazo reduzir-se-á a dez anos se o possuidor houver estabelecido no imóvel sua moradia habitual, ou nele houver realizado obras ou serviços de caráter produtivo (cláusula qualificativa que, a toda evidência, por sua própria natureza, diz respeito aos *serviços*, e não às *obras* – art. 1.238, parágrafo único).

4.2 Usucapião ordinário

O usucapião ordinário (isto é, aquele em que o possuidor tem justo título e boa-fé) se subordina ao prazo de dez anos, o qual, entretanto, reduzir-se-á à metade se o prescribente houver estabelecido no imóvel sua morada ou nele realizado investimentos de interesse social e/ou econômico (art. 1.242 *caput* e parágrafo único).

4.3 Usucapião especial

A par disso, o codificador previu modalidade de usucapião especial, *pro labore* (imóvel que assegure a subsistência do proprietário e sua família) ou em razão da função (moradia), independentemente de justo título e de boa-fé, condicionado à posse contínua e sem oposição por cinco anos ininterruptos (art. 1.240).[1] A figura em questão, em tudo e por tudo assemelhada às dos arts. 183 e 191 da Constituição, não será, porém, aqui enfocada, eis que o próprio texto legal ressalva o que disposto na lei especial. E, para o ponto que aqui importa, a lei especial existe (Estatuto da Cidade).

5. Usucapião e Estatuto da Cidade

Nos arts. 9º a 14 do Estatuto da Cidade há preceitos materiais e formais a demandarem detida atenção do estudioso.

5.1 Usucapião especial individual

O art. 9º é, quase completamente, uma repetição do art. 183 da Constituição, bem como de seus §§ 1º e 2º. Não está, por isso, a demandar, no ponto, maior exame.

O único dado novo que a disposição legal encerra é seu § 3º, segundo o qual, para complementação do prazo *ad usucapionem*, o herdeiro legítimo continua a posse do sucessor desde que já resida no imóvel, quando da abertura da sucessão.

Não obstante seus louváveis propósitos de explicitação, a rigor, o preceptivo em tela seria dispensável, em princípio. Isso porque a *successio in*

---

1. A Lei 12.424/2011 incluiu o artigo 1.240-A no Código Civil: "Aquele que exercer, por 2 (dois) anos ininterruptamente e sem oposição, posse direta, com exclusividade, sobre imóvel urbano de até 250m² (duzentos e cinquenta metros quadrados) cuja propriedade divida com ex-cônjuge ou ex-companheiro que abandonou o lar, utilizando-o para sua moradia ou de sua família, adquirir-lhe-á o domínio integral, desde que não seja proprietário de outro imóvel urbano ou rural. § 1º. O direito previsto no *caput* não será reconhecido ao mesmo possuidor mais de uma vez" (o § 2º foi vetado).

usucapionem, nele estatuída, já existia nos arts. 496 e 552 do Código Civil de 1916 (arts. 1.207 e 1.243 do CC/2002), de inequívoca aplicação subsidiária, aqui. Contém, entretanto, o preceito uma novidade relativamente ao Código Civil, e de caráter restritivo. É que, enquanto para a lei civil e a doutrina civilista basta que o sucessor na posse mantenha a continuidade ininterrupta dessa (sempre com *animus domini*) e seu caráter pacífico, o Estatuto da Cidade exige que o sucessor já fosse, em vida do antecessor, beneficiário da posse deste ou composseiro. Fácil não é detectar a razão de um diploma que se quer socialmente generoso e ditado em prol da coletividade ter adotado uma linha limitativa tão nítida (eis que, ademais, não estaria a isso obrigado pelo art. 183 da CF). Problemas, enfim, de política e ideologia legislativas, que aqui não cabe mais que registrar.

Anote-se a existência de acórdãos, pouco felizes, a nosso ver, do Supremo Tribunal Federal (*v.g.*, RE 200.639-4-RJ, *DJU* 20.3.1998, p. 18), segundo os quais o termo *a quo* do quinquênio seria a data da entrada em vigor da Constituição de 1988. Por essa orientação, não se estaria em face de simples redução de prazo prescricional, mas de instituto novo, criado pela Constituição de 1988, sendo sem valia então os prazos da posse anteriores à promulgação da Carta (STF, RE 178.112-2-RS, *DJU* 28.8.1998, p. 10; RE 195.889-8-MS, *DJU* 22.5.1998, p. 17; RE 193.186-8-SP, *DJU* 22.5.1998, p. 17; também: RE 145.004-MT e RE 206.659-4-SP). Em todas essas decisões existe, a nosso ver, o efeito prático de retardar a aplicação do remédio constitucional inovador, o que, salvo engano, conduz a uma atividade hermenêutica divorciada da teleologia da norma (composição da litigiosidade social aguda).

5.2 Usucapião especial coletivo

A inovação mais marcante e revolucionária, mesmo, do regramento do usucapião no Estatuto da Cidade situa-se em seu art. 10 e parágrafos. Deixaremos de lado, por ora, seu § 2º, que versa, sobretudo, temática processual, a ser mais à frente estudada.

5.2.1 Razões de sua existência e requisitos

O art. 10 do Estatuto da Cidade institui o usucapião (especial) coletivo. Mas não só, como um pouco mais além há de ser visto.

Dá-se o usucapião coletivo, na forma do preceito em tela, quando uma coletividade de baixa renda ocupa para moradia, por cinco anos ininterruptos e sem oposição, uma área urbana com mais de duzentos e cinquenta metros quadrados, sendo, de um, lado impossível (ou difícil) identificar juridicamente os terrenos individualmente ocupados e, doutro lado, não sendo o possuidor proprietário de qualquer outro imóvel.

A toda evidência, há uma realidade precípua à qual se dirige a previsão: as favelas urbanas (decerto também se revelando útil para os loteamentos irregulares). Por certo que não há quem conteste ser a favelização um dos problemas mais ostensivos das urbes, causador da deterioração das cidades e degradação da qualidade de vida do cidadão.

A lei parte de uma suposição, que adota como postulado: uma das maneiras de atacar a patologia dos aglomerados de baixa renda consiste na atribuição, a seus ocupantes, de titulação do imóvel sobre o qual exercem posse. Não iremos discutir se tal pressuposto, que radica suas origens na História, na Economia, na Religião, na Moral, na Política, na Ideologia e na Alma Humana, corresponde, ou não, a uma verdade. O que no momento nos interessa é, unicamente, a perspectiva jurídica. O que significa dizer o confronto entre a lei e a Constituição, daí extraindo uma *clara conclusão* (não é postura de jurista afirmar que certa regra é de "duvidosa" constitucionalidade. Ou ela é constitucional, ou não é!).

Conforme precedentemente anunciado, o usucapião, desde suas remotas raízes no Direito Romano clássico, é forma de aquisição de propriedade. Doutra parte, embora repugnasse ao espírito jurídico romano, nas origens, a ideia de *condomínio* (tendo em vista a concepção ali e então vigente, de *exclusividade* do domínio), com a expansão do colonialismo do império a noção exclusivista se foi abrandando. A acomodação, a início pretoriana, não tardou. À fórmula peremptória do *Digesto* (*duorum in solidum dominium vel possessionem esse non posse*) seguiu-se a conveniente construção da ideia de condomínio indiviso extensivo (cada titular exercendo o domínio sobre todo o bem), com a atribuição *ideal* de uma fração do todo a cada condômino. E o conceito de propriedade condominial, com essas feições, existe entre nós desde muito, estando enraizado no Código Civil (arts. 1.314 e ss.).

Destarte, se há propriedade condominial, coletiva pois, não há razão jurídica para se inadmitir a aquisição coletiva de propriedade, inclusive pela via do usucapião, inexistindo qualquer vedação a isso no inciso XXII do art. 5º da Constituição.

Doutra parte, a superação da deterioração urbana e das patologias favelares, com lastro na principiologia constitucional (particularmente, mas não só: função social da propriedade, art. 170, II e III; defesa do meio ambiente, idem, inciso VI; redução das desigualdades sociais, idem, inciso VII; garantia do bem-estar dos habitantes da cidade, art. 182, *caput*; harmonia social, "Preâmbulo"; dignidade da pessoa humana, art. 1º, III; justiça e solidariedade sociais, art. 3º, I; erradicação da pobreza e da marginalização, art. 3º,

III), confere inequívoco lastro jurídico à inovação do usucapião coletivo, na busca de soluções para a questão da submoradia.

Dessa sorte, e em definitivo, parece-nos insensato e infundado divisar "suspeita de inconstitucionalidade" no usucapião coletivo.

Há que ser examinado – isso, sim – é se a inovação do art. 10 do Estatuto da Cidade se agasalha nos arts. 182 e 183 da Constituição.

E ainda aqui não vemos obstáculos.

A ideia de função social da propriedade envolve a prevalência do interesse social, do bem coletivo e do bem-estar da coletividade, bem como a persecução e consecução da regularização fundiária e a urbanização das áreas ocupadas por populações de baixa renda (Estatuto, parágrafo único do art. 1º e inciso XIV do art. 2º). A isso se soma a previsão constitucional de que o Poder Público, mediante lei específica para área incluída no plano diretor, poderá exigir, "nos termos da lei federal", "do proprietário do solo urbano não edificado, subutilizado ou não utilizado, que promova seu *adequado* aproveitamento", sob as penas severas, impostas pelo Estado, na Lei Maior estipuladas (§ 4º do art. 182), que podem chegar, mesmo, à ablação do domínio, *sem os benefícios plenos* do inciso XXIV do art. 5º da Lei Magna. Está, assim, no espírito e na principiologia da Constituição, inclusive de seu art. 182, o ditame de outorgar o proprietário função social a seu bem (por exemplo, aparelhá-lo para moradia, própria ou de terceiros), sob o risco de vir, mesmo, a perdê-lo.

Não se pretenda, doutro lado, ver no art. 183 do Texto Máximo qualquer vedação ao que disciplinado no art. 10 do Estatuto da Cidade. O prefalado art. 183 regrou, como um todo, em geral, o usucapião *pro habitatione*. O art. 10 do Estatuto o regulou quando, pela natureza dos fatos e das coisas, a aquisição deva ser *coletiva*. E o fez inteiramente dentro das balizas do preceito constitucional mencionado no que diz respeito ao tempo da posse, suas características, sua vocação e ao básico rigor de não incidir a figura quando o prescribente já seja proprietário.

A ausência de referência expressa na lei aos parágrafos do art. 183 constitucional não tem qualquer relevância, eis que eles, até por força de sua hierarquia, aqui também incidem.

Restaria, então, uma única indagação: como admitir a mensuração imobiliária do art. 10 da lei em face da limitação do art. 183 da Constituição? Novamente é a Constituição que, com sua principiologia – *in casu*, os princípios da razoabilidade e da proporcionalidade –, dá a resposta harmonizadora: se no usucapião individual só é admissível a aquisição de até duzentos e cinquenta metros quadrados, no pleito de áreas maiores (cuja razoabilidade decorre da própria preocupação da Constituição com a racionalidade das cidades) somente a iniciativa coletiva, *extensiva por índole*, é admissível (nesse sentido, TJRJ, ApCiv 8.164/2004, rela. Desa. Letícia Sardas, *DOERJ*, Seção I, Parte III, p. 415).

5.2.2 Limites

Não se veja nas opiniões expostas uma permissividade excessiva. Divisamos alguns limites na própria lei, que aqui impende destacar. Assim é que o possuidor interessado há de ser *morador* na área (por cinco anos ininterruptos e sem oposição). Nada poderá pedir, por exemplo, o posseiro se ali tiver só um estabelecimento comercial ou industrial, por mais útil que seja o implemento para a vida comunitária (o que não impede, por óbvio, a celebração de acordos com a administração do condomínio, em que os possuidores, efetivamente legitimados, se comprometam a ensejar o assentamento de tais beneficiamentos a quem já os explore ou venha a explorá-los). Por inverso, o posseiro, embora morador, não poderá requerer o favor se for proprietário de imóvel de qualquer outro tipo, utilização, vocação ou dimensão.

Não tendo a lei definido o que entenda por "população de baixa renda", a substanciação dessa condição legal ficou delegada ao prudente arbítrio do juiz, na inspiração do *lógos del razonable* e com a utilização dos poderes-deveres que lhe são conferidos pelos arts. 126 e 127 do Código Processual Civil e 5º da Lei de Introdução às Normas do Direito Brasileiro.

Admitida é, também no usucapião coletivo, a *successio in usucapionem*, inclusive sem as limitações do § 3º do art. 9º, mas nas pautas mais amplas do Código Civil. A natureza coletiva da aquisição justifica, de sobejo, a "generosidade", aqui, do legislador.

5.3 Condomínio indiviso especial

A aquisição coletiva dá origem a um condomínio indiviso *especial* (art. 10, § 4º).

Como condomínio indiviso que é, a ele se aplicam os arts. 1.314 e ss., do Código Civil, no que compatíveis com a especificidade do Estatuto da Cidade (particularmente, é óbvio, de seu art. 10).

Como *especial* que é, o condomínio do art. 10 do Estatuto tem a vocação da *durabilidade* no tempo. Sua extinção só é possível, e desde que aprovada por no mínimo dois terços dos condôminos (art. 10, § 4º), no caso de urbanização da área supervenientemente à constituição do condomínio. É que se tem em mente o dado de que a urbanização acresce valor ao bem, podendo inclusive beneficiar diferentemente os condôminos – circunstâncias, essas, que alteram profundamente a situação econômico-funcional de fato, que justificara sua criação, e o dinamismo de sua administração (o que levou o legislador a adotar o crivo da *maioria simples*, para sua administração). Com isso afasta-se, *in casu*, a incidência dos arts. 1.320, 1.323 e 1.325 do Código Civil.

5.4 Ação de usucapião

Posse – núcleo da aquisição por usucapião – é *fato*, condicionante (da produção dos efeitos previstos em lei) e condicionado (não é qualquer fato possessivo que desemboca no usucapião, mas somente aquele que preenche os requisitos e condicionamentos legais). Como fato que é, há de ser provado. E, uma vez provado, há que ter seus efeitos declarados.

Daí a imprescindibilidade de contar o usucapião, em paralelo com sua disciplina material, com uma regulação processual.

5.4.1 Ação de usucapião especial individual

Para o usucapião especial individual (que tanto pode ser singular como plúrimo) ou coletivo (art. 10) – art. 183 da Constituição, arts. 9º e 10 do Estatuto – aplicar-se-á, com as exceções a partir de agora examinadas, a disciplina dos arts. 941 a 945 do Código de Processo Civil, com os acréscimos do Estatuto da Cidade. Assim:

a) a legitimação tanto pode ser do possuidor isoladamente como em litisconsórcio (originário ou superveniente), cabendo ainda a ação ser ajuizada pelos possuidores em estado de composse;

b) haverá intervenção obrigatória do Ministério Público;

c) a sentença de procedência valerá como título aquisitivo, assim podendo ser inscrita no registro imobiliário. Daí a dupla natureza da sentença (declaratória e constitutiva; para Pontes de Miranda a sentença na ação de usucapião configuraria clássico exemplo de sentença mandamental: ela, em si, não constituiria uma situação de domínio, a qual só surgiria depois que a ordem de registrar, nela ínsita, fosse executada); anote-se que a sentença de usucapião tem de ser inscrita, ainda quando tenha havido irregularidade no parcelamento do solo ou das edificações;

d) o usucapião pode ser alegado como matéria de defesa (Súmula 237 do STF);

e) o autor terá os benefícios da justiça e da assistência judiciária gratuitas, inclusive para fins de registro imobiliário da sentença;

f) observar-se-á, em tais ações, o rito sumário (CPC, arts. 275-281);

g) o ajuizamento de ação de usucapião especial urbano suspende qualquer outra ação (petitória ou possessória), já ajuizada ou que venha a ser proposta relativamente ao imóvel usucapiendo (embora a redação do art. 11 sugira que tal efeito somente seria aplicável às ações petitórias ou possessórias deduzidas após o oferecimento de usucapião, tal interpretação literal não se sustenta, em face das finalidades da lei).

5.4.2 Ação de usucapião especial coletivo: especificidades

As especificidades do usucapião do art. 10 (especial coletivo) impõem algumas regras particulares (a par das que acima elencadas), que a lei não olvidou. Dessa forma, aqui:

a) por se tratar de *ação coletiva*, a legitimação também é *coletiva*, cabendo a propositura da ação à associação de moradores da comunidade, regularmente constituída, com personalidade jurídica. Como a associação atua como substituto processual, imprescindível é, aqui, a expressa e explícita autorização dos representados. Doutra parte, como é próprio das ações desse tipo, a tramitação, relativamente a um(uns) certo(s) possuidor(es), de ação individual e coletiva, concomitantemente, não induz litispendência (até porque o possuidor *uti singuli* não é, na ação coletiva, parte em sentido processual), refletindo-se a duplicidade das vias tão apenas na execução da sentença, seguindo os cânones que doutrina e jurisprudência têm traçado para hipóteses análogas (*v.g.*, ações de consumidores, mandado de segurança coletivo etc.);

b) a sentença, além dos demais efeitos antes focalizados, atribuirá a cada possuidor uma fração ideal igual de terreno, independentemente da dimensão de sua posse específica, somente se admitindo frações diferentes quando haja acordo escrito entre os condôminos.

6. Conclusão

As regras do usucapião até aqui percorridas encontram-se em pleno vigor, eficácia e efetividade, até porque independem de regulamentação infralegal, estabelecimento de plano diretor etc. Nada impede, pois, que qualquer grupo de favelados, ou de moradores em imóveis particulares, ou loteamentos irregulares, reclamem a titularidade do bem, dando início à verdadeira revolução a que está vocacionado o Estatuto da Cidade.

7. Vigência da Lei

Os preceitos da Lei 10.257, de 10.7.2001, em sua quase totalidade, se encontram, além de vigentes e eficazes (características que se aplicam a *todas* as suas regras), plenamente operantes. Isso não só porque já ultrapassada a *vacatio legis* de noventa dias, de seu art. 58; isso não só porque inexistente, na Lei, qualquer previsão de regulamentação (o que, é evidente, não impede sua edição, mas não subordina a esse evento a *efetividade* da lei); isso, sobretudo, porque a Lei já contém, em si, aptos e idôneos implementos de exequibilidade, tornando dispensável qualquer intermediação ou intercessão para que se produzam seus efeitos.

Há, porém, duas situações para as quais a Lei, já vigente, embora, criou prazos para sua total *efetividade*, ainda não exauridos. Assim:

a) os Municípios, a tanto obrigados pela Lei, tiveram prazo até 30 de junho de 2008. para aprovarem seu plano diretor (cf. art. 50 do Estatuto de acordo com a redação dada pela Lei 11.673/2008);

b) o Prefeito teve um prazo de cinco anos (sob pena de incorrer em crime de improbidade) para dar adequado aproveitamento aos imóveis incorporados ao patrimônio público, por força do disposto no art. 182 da Constituição Federal e no art. 8º do Estatuto da Cidade (cf. art. 52, II, do Estatuto).

Como é possível que os prazos em questão não tenham sido universalmente observados, é fácil prever duas faixas de litigiosidade aguda:

– ações de improbidade administrativa e ações populares, contra os prefeitos que inobservarem, após a data-limite, o disposto no artigo 52, II;

– ações civis públicas, inclusive com a iniciativa do Ministério Público, para compelir Municípios, legalmente a tanto obrigados, mas que tenham feito *tabula rasa* da data-limite (10.10.2006), à aprovação de plano diretor.

CONCESSÃO DE USO ESPECIAL PARA FINS DE MORADIA (MEDIDA PROVISÓRIA 2.220, DE 4.9.2001)

Maria Sylvia Zanella Di Pietro

MEDIDA PROVISÓRIA N. 2.220, DE 4 DE SETEMBRO DE 2001

Dispõe sobre a concessão de uso especial de que trata o § 1º do art. 183 da Constituição, cria o Conselho Nacional de Desenvolvimento Urbano – CNDU e dá outras providências.

CAPÍTULO I
Da Concessão de Uso Especial

Art. 1º. Aquele que, até 30 de junho de 2001, possuiu como seu, por cinco anos, ininterruptamente e sem oposição, até duzentos e cinquenta metros quadrados de imóvel público situado em área urbana, utilizando-o para sua moradia ou de sua família, tem o direito à concessão de uso especial para fins de moradia em relação ao bem objeto da posse, desde que não seja proprietário ou concessionário, a qualquer título, de outro imóvel urbano ou rural.

§ 1º. A concessão de uso especial para fins de moradia será conferida de forma gratuita ao homem ou à mulher, ou a ambos, independentemente do estado civil.

§ 2º. O direito de que trata este artigo não será reconhecido ao mesmo concessionário mais de uma vez.

§ 3º. Para os efeitos deste artigo, o herdeiro legítimo continua, de pleno direito, na posse de seu antecessor, desde que já resida no imóvel por ocasião da abertura da sucessão.

Art. 2º. Nos imóveis de que trata o art. 1º, com mais de duzentos e cinquenta metros quadrados, que, até 30 de junho de 2001, estavam ocupados por população de baixa renda para sua moradia, por cinco anos, ininterruptamente e sem oposição, onde não for possível identificar os terrenos ocupados por possuidor, a concessão de uso especial para fins de moradia será conferida de forma coletiva, desde que os possuidores não sejam proprietários ou concessionários, a qualquer título, de outro imóvel urbano ou rural.

§ 1º. O possuidor pode, para o fim de contar o prazo exigido por este artigo, acrescentar sua posse à de seu antecessor, contanto que ambas sejam contínuas.

§ 2º. Na concessão de uso especial de que trata este artigo, será atribuída igual fração ideal de terreno a cada possuidor, independentemente da dimensão do terreno que cada um ocupe, salvo hipótese de acordo escrito entre os ocupantes, estabelecendo frações ideais diferenciadas.

§ 3º. A fração ideal atribuída a cada possuidor não poderá ser superior a duzentos e cinquenta metros quadrados.

Art. 3º. Será garantida a opção de exercer os direitos de que tratam os arts. 1º e 2º também aos ocupantes, regularmente inscritos, de imóveis públicos, com até duzentos e cinquenta metros quadrados, da União, dos Estados, do Distrito Federal e dos Municípios, que estejam situados em área urbana, na forma do regulamento.

Art. 4º. No caso de a ocupação acarretar risco à vida ou à saúde dos ocupantes, o Poder Público garantirá ao possuidor o exercício do direito de que tratam os arts. 1º e 2º em outro local.

Art. 5º. É facultado ao Poder Público assegurar o exercício do direito de que tratam os arts. 1º e 2º em outro local na hipótese de ocupação de imóvel:

I – de uso comum do povo;

II – destinado a projeto de urbanização;

III – de interesse da defesa nacional, da preservação ambiental e da proteção dos ecossistemas naturais;

IV – reservado à construção de represas e obras congêneres; ou

V – situado em via de comunicação.

Art. 6º. O título de concessão de uso especial para fins de moradia será obtido pela via administrativa perante o órgão competente da Administração Pública ou, em caso de recusa ou omissão deste, pela via judicial.

§ 1º. A Administração Pública terá o prazo máximo de doze meses para decidir o pedido, contado da data de seu protocolo.

§ 2º. Na hipótese de bem imóvel da União ou dos Estados, o interessado deverá instruir o requerimento de concessão de uso especial para fins de moradia com certidão expedida pelo Poder Público Municipal, que ateste a localização do imóvel em área urbana e a sua destinação para moradia do ocupante ou de sua família.

§ 3º. Em caso de ação judicial, a concessão de uso especial para fins de moradia será declarada pelo juiz, mediante sentença.

§ 4º. O título conferido por via administrativa ou por sentença judicial servirá para efeito de registro no cartório de registro de imóveis.

Art. 7º. O direito de concessão de uso especial para fins de moradia é transferível por ato *inter vivos* ou *causa mortis*.

Art. 8º. O direito à concessão de uso especial para fins de moradia extingue-se no caso de:

I – o concessionário dar ao imóvel destinação diversa da moradia para si ou para sua família; ou

II – o concessionário adquirir a propriedade ou a concessão de uso de outro imóvel urbano ou rural.

Parágrafo único. A extinção de que trata este artigo será averbada no cartório de registro de imóveis, por meio de declaração do Poder Público concedente.

Art. 9º. É facultado ao Poder Público competente dar autorização de uso àquele que, até 30 de junho de 2001, possuiu como seu, por cinco anos, ininterruptamente e sem oposição, até duzentos e cinquenta metros quadrados de imóvel público situado em área urbana, utilizando-o para fins comerciais.

§ 1º. A autorização de uso de que trata este artigo será conferida de forma gratuita.

§ 2º. O possuidor pode, para o fim de contar o prazo exigido por este artigo, acrescentar sua posse à de seu antecessor, contanto que ambas sejam contínuas.

§ 3º. Aplica-se à autorização de uso prevista no *caput* deste artigo, no que couber, o disposto nos arts. 4º e 5º desta Medida Provisória.

CAPÍTULO II
Do Conselho Nacional de Desenvolvimento Urbano

Art. 10. Fica criado o Conselho Nacional de Desenvolvimento Urbano – CNDU, órgão deliberativo e consultivo, integrante da estrutura da Presidência da República, com as seguintes competências:

I – propor diretrizes, instrumentos, normas e prioridades da política nacional de desenvolvimento urbano;

II – acompanhar e avaliar a implementação da política nacional de desenvolvimento urbano, em especial as políticas de habitação, de saneamento básico e de transportes urbanos, e recomendar as providências necessárias ao cumprimento de seus objetivos;

III – propor a edição de normas gerais de direito urbanístico e manifestar-se sobre propostas de alteração da legislação pertinente ao desenvolvimento urbano;

IV – emitir orientações e recomendações sobre a aplicação da Lei n. 10.257, de 10 de julho de 2001, e dos demais atos normativos relacionados ao desenvolvimento urbano;

V – promover a cooperação entre os governos da União, dos Estados, do Distrito Federal e dos Municípios e a sociedade civil na formulação e execução da política nacional de desenvolvimento urbano; e

VI – elaborar o regimento interno.

Art. 11. O CNDU é composto por seu Presidente, pelo Plenário e por uma Secretaria-Executiva, cujas atribuições serão definidas em decreto.

Parágrafo único. O CNDU poderá instituir comitês técnicos de assessoramento, na forma do regimento interno.

Art. 12. O Presidente da República disporá sobre a estrutura do CNDU, a composição do seu Plenário e a designação dos membros e suplentes do Conselho e dos seus comitês técnicos.

Art. 13. A participação no CNDU e nos comitês técnicos não será remunerada.

Art. 14. As funções de membro do CNDU e dos comitês técnicos serão consideradas prestação de relevante interesse público e a ausência ao trabalho delas decorrente será abonada e computada como jornada efetiva de trabalho, para todos os efeitos legais.

CAPÍTULO III
Das Disposições Finais

Art. 15. O inciso I do art. 167 da Lei n. 6.015, de 31 de dezembro de 1973, passa a vigorar com as seguintes alterações:

"I – (...)

"(...);

"28) das sentenças declaratórias de usucapião;

"(...);

"37) dos termos administrativos ou das sentenças declaratórias da concessão de uso especial para fins de moradia;

"(...)

"40) do contrato de concessão de direito real de uso de imóvel público."

Art. 16. Esta Medida Provisória entra em vigor na data de sua publicação.

1. A concessão de uso especial no Estatuto da Cidade

O Estatuto da Cidade, no art. 4º, V, "h", incluiu a concessão de uso especial para fins de moradia entre os institutos jurídicos e políticos que serão utilizados para atender ao objetivo fundamental da lei, expresso no *caput* do art. 2º, de "ordenar o pleno desenvolvimento das funções sociais da cidade e da propriedade urbana".

O instituto estava disciplinado nos arts. 15 a 20, que asseguravam o direito à concessão de uso especial, para fins de moradia, de área ou edificação urbana de até duzentos e cinquenta metros quadrados, situada em imóvel público, àquele que, por cinco anos, ininterruptamente e sem oposição, a utilizasse para sua moradia ou de sua família, desde que não fosse proprietário ou concessionário de outro imóvel urbano ou rural. A concessão seria outorgada gratuitamente.

A concessão seria dada de forma coletiva quando não fosse possível identificar os terrenos ocupados por cada possuidor (art. 16).

Se a ocupação se desse em área de risco o art. 17 garantia ao possuidor o exercício do mesmo direito de concessão em outro local.

A concessão era prevista como direito exercitável contra o Poder Público pela via administrativa ou judicial (art. 18), podendo ser transferida por ato *inter vivos* ou *causa mortis* (art. 19).

A extinção do direito era prevista para as hipóteses em que o concessionário desse ao imóvel destinação diversa da moradia para si ou sua família ou em que remembrasse seus imóveis (art. 20).

Tais dispositivos foram vetados por razões de interesse público, embora o Chefe do Executivo reconhecesse a importância do instituto "para propiciar segurança da posse – fundamento do direito à moradia – a milhões de moradores de favelas e loteamentos irregulares".

Os inconvenientes apontados no veto foram, resumidamente, os seguintes:

a) a previsão do direito de concessão em "edificação urbana", que "poderia gerar demandas injustificadas do direito em questão por parte de ocupantes de habitações individuais de até duzentos e cinquenta metros quadrados de área edificada em imóvel público";

b) ausência de norma que ressalvasse o direito à concessão de imóveis públicos afetados ao uso comum do povo, assim como áreas urbanas de interesse da defesa nacional, da preservação ambiental ou destinadas a obras públicas;

c) a não fixação de uma data-limite para a aquisição do direito à concessão de uso especial, "o que torna permanente um instrumento só justificável pela necessidade imperiosa de solucionar o imenso passivo de ocupações irregulares gerado em décadas de urbanização desordenada";

d) a inexistência de dispositivo que fixe prazo para que a Administração Pública processe os pedidos de concessão, sem o quê haverá "o risco de congestionar o Poder Judiciário com demandas que, num prazo razoável, poderiam e deveriam ser satisfeitas na instância administrativa".

Na parte final do veto salienta-se que, em reconhecimento à importância e validade do instituto da concessão de uso especial para fins de moradia, o Poder Executivo submeteria sem demora ao Congresso Nacional um texto normativo que preenchesse essa lacuna, buscando sanar as imprecisões apontadas.

Tal promessa foi cumprida com a Medida Provisória 2.220, de 4.9.2001, que dispõe sobre a concessão de uso especial de que trata o § 1º do art. 183 da Constituição, cria o Conselho Nacional de Desenvolvimento Urbano – CNDU e dá outras providências.

2. A concessão de uso especial na Medida Provisória 2.220, de 4.9.2001

A disciplina da matéria na Medida Provisória 2.220 é muito parecida com a que se continha nos arts. 15 a 20 do Estatuto da Cidade, limitando-se a corrigir as falhas apontadas no veto e acrescentando um dispositivo para deixar expresso que o mesmo direito à concessão pode ser exercido em relação a imóveis públicos da União, Estados, Distrito Federal e Municípios; além disso, foi prevista a possibilidade de autorização de uso de imóveis públicos para fins comerciais.

Com essas alterações, as características básicas da concessão de uso especial para fins de moradia ficaram delineadas da seguinte forma:

a) a concessão de uso especial para fins de moradia continua prevista como *direito* oponível à Administração, por via administrativa ou, em caso de recusa, por via judicial, porém assegurado apenas aos possuidores que *preencheram os requisitos até 30 de junho de 2001* (art. 1º), a saber: ser possuidor, por cinco anos, ininterruptamente e sem oposição, de até duzentos e cinquenta metros quadrados de imóvel público situado em área urbana, utilizando-o para fins de moradia ou de sua família, desde que não seja proprietário ou concessionário, a qualquer título, de outro imóvel urbano ou rural;

b) a mesma limitação de tempo – *30 de junho de 2001* – é prevista no caso de concessão outorgada de forma coletiva, assegurada à população de baixa renda, quando não for possível identificar os terrenos ocupados por possuidor, observados os demais requisitos estabelecidos no art. 1º (art. 2º);

c) é assegurada expressamente a opção de exercer os direitos de que tratam os arts. 1º e 2º aos ocupantes, regularmente inscritos, de imóveis públicos, da União, dos Estados, do Distrito Federal e dos Municípios, situados em área urbana;

d) além da hipótese de risco à vida ou à saúde dos ocupantes, já prevista no Estatuto da Cidade, é garantido o direito à concessão em outro local quando se tratar da ocupação de imóvel: I – de uso comum do povo;

II – destinado a projeto de urbanização; III – de interesse da defesa nacional, da preservação ambiental e da proteção dos ecossistemas naturais; IV – reservado à construção de represas e obras congêneres; ou V – situado em via de comunicação (art. 5º);

e) é estabelecida a possibilidade de ser o direito exercido pela via administrativa ou, em caso de recusa, pela via judicial; para esse fim é fixado o prazo máximo de doze meses para a decisão do pedido na via administrativa, contado da data de seu protocolo (art. 6º);

f) é prevista a possibilidade de transmissão do direito por ato *inter vivos* ou *causa mortis* (art. 7º);

g) são indicadas duas hipóteses de extinção do direito de uso: quando o concessionário der ao imóvel destinação diversa da moradia para si ou para sua família e quando o concessionário adquirir a propriedade ou a concessão de uso de outro imóvel urbano ou rural.

Além da concessão para fins de moradia, a medida provisória prevê, no art. 9º, a possibilidade de ser dada *autorização de uso* àquele que até 30 de junho de 2001 possuiu como seu, por cinco anos, ininterruptamente e sem oposição, até duzentos e cinquenta metros quadrados de imóvel público situado em área urbana, utilizando-o *para fins comerciais*. A autorização também é outorgada gratuitamente. A ela se aplicam as normas dos arts. 4º e 5º, que preveem a transferência para outro local nas hipóteses já referidas.

A Lei n. 11.481, de 31.5.2007, estendeu a possibilidade de utilização desse tipo de concessão a mais três hipóteses: (a) a imóvel público remanescente de desapropriação cuja propriedade tenha sido transferida a empresa pública ou sociedade de economia mista (art. 25); (b) a áreas de propriedade da União, inclusive aos terrenos de marinha e acrescidos, observados os mesmos requisitos previstos na Medida Provisória 2.220 (cf. art. 22-A, acrescentado à Lei n. 9.636, de 15.5.1998); (c) às hipóteses de regularização fundiária de área utilizada, para fins de moradia, por ocupantes de baixa renda, assim considerados os que tenham renda familiar igual ou inferior a cinco salários mínimos (art. 6º-A, acrescentado à Lei n. 9.636/1998 pela Lei n. 11.481/2007).

3. Fundamento constitucional

A Medida Provisória 2.220, conforme consta da ementa, foi baixada para disciplinar a concessão de uso especial de que trata o § 1º do art. 183 da Constituição Federal.

O dispositivo está inserido no Título VII da Constituição, referente à ordem econômica e financeira, e, dentro deste, no Capítulo II, que trata da política urbana. Ele está redigido nos seguintes termos:

"Art. 183. Aquele que possuir como sua área urbana de até duzentos e cinquenta metros quadrados, por cinco anos, ininterruptamente e sem oposição, utilizando-a para sua moradia ou de sua família, adquirir-lhe-á o domínio, desde que não seja proprietário de outro imóvel urbano ou rural.

"§ 1º. O título de domínio e a concessão de uso serão conferidos ao homem ou à mulher, ou a ambos, independentemente do estado civil.

"§ 2º. Esse direito não será reconhecido ao mesmo possuidor mais de uma vez.

"§ 3º. Os imóveis públicos não serão adquiridos por usucapião."

A redação do dispositivo, no que diz respeito à concessão de uso, é lamentável. A toda evidência, o art. 183 prevê o usucapião na área urbana como direito à aquisição do domínio assegurado àquele que possuir como sua área urbana de até duzentos e cinquenta metros quadrados, por cinco anos, ininterruptamente e sem oposição, utilizando-a para sua moradia ou de sua família, desde que não seja proprietário de outro imóvel urbano ou rural. Todos os requisitos exigidos para o usucapião estão aí delineados.

Contudo, embora o *caput* se refira à aquisição do *domínio*, o § 1º fala em *título de domínio* e em *concessão de uso*. Esta não constitui forma de transferência do domínio. Em consequência, não deveria estar mencionada no dispositivo, conforme ressalta José Afonso da Silva. Diz o jurista, comentando esse parágrafo: "Na verdade, não é o título de domínio e a concessão de uso, mas um *ou* outra, porque são institutos excludentes. Aliás, a bem da verdade, a concessão de uso não tem cabimento no caso, pois o usucapião é modo de aquisição da propriedade e não meio de obter mera concessão de uso".[1]

Em um esforço de interpretação, baseada no próprio conceito tradicional da concessão de uso no Direito Brasileiro, é possível concluir que o constituinte quis distinguir duas hipóteses:

a) em relação a imóveis privados aplica-se o usucapião previsto no *caput*, com a outorga do *título de domínio*, já que o dispositivo prevê expressamente a aquisição do domínio como direito do possuidor que preencher os requisitos legais; nem seria possível a outorga de título de concessão de uso para transferência do domínio, uma vez que, nesse tipo de ato, o que se transfere é tão-somente o direito de uso;

b) em relação a imóveis públicos aplica-se a concessão de uso, com a outorga do respectivo título de concessão de uso previsto no mesmo § 1º, já que o § 3º expressamente proíbe o usucapião de imóveis públicos.

1. *Curso de Direito Constitucional Positivo*, 37ª ed., São Paulo, Malheiros Editores, 2014, p. 831.

Fazendo-se um paralelo com o tratamento dado à matéria no capítulo subsequente da Constituição, pertinente à política agrícola e fundiária e à reforma agrária, verifica-se que também foi previsto o usucapião de terras particulares (art. 191) e proibido o usucapião de imóveis públicos (parágrafo único). Além disso, o art. 189 estabelece que "os beneficiários da distribuição de imóveis rurais pela reforma agrária receberão *títulos de domínio* ou de *concessão de uso*, inegociáveis pelo prazo de dez anos". E o parágrafo único, com redação praticamente igual à do art. 183, § 1º, determina que "o título de domínio e a concessão de uso serão conferidos ao homem ou à mulher, ou a ambos, independentemente do estado civil, nos termos e condições previstos em lei". Com ressalva para essa parte final do artigo, que prevê lei disciplinando o instituto, os dois dispositivos são praticamente idênticos. Só que, em relação aos imóveis rurais, a norma, prevendo título de domínio ou de concessão de uso, está se referindo à distribuição de imóveis rurais pela reforma agrária (os quais, desapropriados, entram para o patrimônio público, para fins de distribuição), e não a imóveis adquiridos por usucapião, os quais são sempre bens particulares. E em relação aos imóveis urbanos incluiu o parágrafo no dispositivo que trata do usucapião, e não no que trata da desapropriação sancionatória prevista no art. 182, § 4º, III.

O legislador constituinte parece ter feito realmente confusão: em relação aos imóveis urbanos introduziu dispositivo que na área rural somente se justifica em relação aos imóveis desapropriados para fins de reforma agrária, ficando a critério do Poder Público outorgar título de domínio ou concessão de uso. Em relação à área urbana incluiu preceito idêntico no dispositivo que trata do usucapião.

Melhor seria, em tratamento igual ao adotado em relação aos imóveis rurais, que o § 1º do art. 183 tivesse sido incluído como parágrafo do art. 182, de tal modo que os imóveis desapropriados por descumprimento da função social da propriedade urbana pudessem ser objeto de distribuição mediante título de domínio ou concessão de uso, da mesma forma que o art. 188 estabelece para os imóveis desapropriados por descumprimento da função social da propriedade rural. Colocado no art. 183, o parágrafo ficou praticamente sobrando diante das demais normas do dispositivo.

De qualquer forma, o § 1º do art. 183 existe, e dele tem que ser extraído algum sentido, já que não se pode admitir que a Constituição contenha palavras inúteis, que fiquem sem aplicação. O sentido possível é o já assinalado: como é vedado o usucapião de imóveis públicos, em relação a estes é cabível a transferência do domínio ou a concessão de uso, não como *direito* do possuidor do imóvel, mas a critério do Poder Público.

São quatro as indagações que o dispositivo suscita:

a) Em caso de concessão de uso, os requisitos são os mesmos estabelecidos para o usucapião?

b) Em caso negativo, de quem é a competência para legislar sobre a matéria, estabelecendo os requisitos para a concessão?

c) A outorga do título de concessão de uso constitui direito subjetivo do particular, como o usucapião?

d) Sendo direito, pode ele ser limitado aos que preencherem os requisitos até 30 de junho de 2001?

Em relação a essas indagações, há duas possibilidades: 1) se a outorga do título de concessão está sujeita aos mesmos requisitos do usucapião, o possuidor de imóvel público nas condições descritas no *caput* investe-se em direito subjetivo oponível ao Poder Público, e, em consequência, não pode ficar limitado no tempo o exercício desse direito; nesse caso, a medida provisória seria inconstitucional quando limita o exercício do direito a quem preencher os requisitos até 30 de junho de 2001; 2) se, ao contrário, os requisitos estabelecidos no *caput* não se aplicam à concessão de uso de imóveis públicos, então sua outorga constitui decisão discricionária do Poder Público, não investindo o possuidor em direito subjetivo; nesse caso a outorga da concessão pode ser limitada no tempo, conforme previsto na Medida Provisória 2.220.

Quanto à primeira questão os requisitos para a concessão não podem ser os mesmos estabelecidos para o usucapião. O *caput* do art. 183 refere-se especificamente à *aquisição do domínio* e não pode ser estendido a imóveis públicos, por disposição expressa do § 3º. Nem cabe ao Poder Público, em relação ao possuidor que preencher os requisitos do *caput*, decidir, discricionariamente, entre outorgar título de domínio ou mera concessão de uso. Vale dizer que o dispositivo é muito preciso quanto à sua aplicação apenas ao usucapião. Não há qualquer fundamento para estender à concessão de uso de bens públicos os mesmos requisitos estabelecidos para a aquisição do bem por usucapião. A redação do dispositivo não permite qualquer dúvida de que os requisitos foram estabelecidos especificamente para o usucapião e de que o proprietário é obrigado a conceder o título de domínio.

Não sendo aplicáveis à concessão de uso os requisitos do *caput*, vem a resposta à terceira indagação: o possuidor de imóvel público não é titular de direito subjetivo oponível à Administração. O próprio fato de o § 1º falar em título de domínio e concessão de uso já deixa claro que o Poder Público pode optar entre uma hipótese ou outra; não em relação ao usucapião, mas em relação a imóveis públicos ocupados por particulares. Não sendo *direito* subjetivo do possuidor de imóvel público, pode ser assegurado pela legislação infraconstitucional como norma transitória somente aplicável a quem preencher os requisitos legais até a data fixada na medida provisória.

Se os requisitos constitucionais para a concessão de uso de bens públicos não são os mesmos estabelecidos para o usucapião de bens particulares, cabe ao legislador definir as hipóteses e condições para sua outorga.

Se essa definição constitui matéria infraconstitucional, resta perquirir a quem cabe a competência para legislar a respeito do assunto.

O dispositivo constitucional comentado está inserido no capítulo pertinente à política urbana. Nos termos do art. 182, *caput*, "a política de desenvolvimento urbano, executada pelo Poder Público Municipal, conforme diretrizes gerais fixadas em lei, tem por objetivo ordenar o pleno desenvolvimento das funções sociais da cidade e garantir o bem-estar de seus habitantes".

Conforme se verifica por essa norma, o Município *executa* a política de desenvolvimento urbano, conforme *diretrizes gerais fixadas em lei*.

Conforme o art. 24, I, da Constituição, a competência para legislar sobre direito urbanístico é concorrente da União, Estados e Distrito Federal. Tratando-se de competência concorrente, a competência da União limitar-se-á a estabelecer normas gerais (§ 1º), não excluindo a competência suplementar dos Estados (§ 2º). Por sua vez, os Municípios têm competência para suplementar a legislação federal e a estadual no que couber (art. 30, II), para legislar sobre assuntos de interesse local (inciso I) e para promover, no que couber, adequado ordenamento territorial, mediante planejamento e controle do uso, do parcelamento e da ocupação do solo urbano (inciso VIII).

Analisado o assunto sob a perspectiva única do direito urbanístico, poder-se-ia concluir que a matéria pertinente à concessão de uso de imóveis públicos situados na área urbana seria de competência da União para estabelecer as normas gerais, e dos Estados e Municípios para suplementar a legislação federal.

Contudo, não se pode esquecer que o dispositivo em questão envolve a utilização de bens públicos, a respeito dos quais cada ente da Federação tem competência própria para legislar privativamente. Ainda que a União tenha competência para legislar sobre direito urbanístico (art. 24, I) e sobre a política de desenvolvimento urbano (art. 182), em um e outro caso sua competência não é privativa, tendo que se limitar a estabelecer as *normas gerais* ou as *diretrizes gerais* a respeito da matéria.

Não lhe cabe, em consequência, *impor* aos Estados e Municípios a outorga de título de concessão de uso, transformando-a em direito subjetivo do possuidor de imóveis públicos estaduais ou municipais. Se a norma constitucional fala em *título de domínio e concessão de uso* é porque deixou a decisão à apreciação discricionária do Poder Público titular do bem. A União pode, validamente, impor a concessão de uso, como decisão vinculada, em relação aos bens que integrem seu patrimônio; mas não pode fazê-lo em relação aos bens públicos estaduais e municipais. Fácil imaginar-se o ônus que tal imposição representaria para os grandes Municípios, em que as favelas invadem espaços públicos desordenadamente e em que teria que ser assegurado a todos os invasores outro imóvel urbano ou rural. A aplicação da medida é praticamente impossível sem a destinação de recursos públicos a essa finalidade.

A regulamentação do instituto seria válida por meio de lei federal se esta se limitasse a estabelecer as diretrizes gerais para sua aplicação, deixando ao Poder Público local a decisão quanto ao momento oportuno para aplicá-lo, de acordo com suas disponibilidades financeiras.

Ao ser redigida a Medida Provisória 2.220 certamente se teve consciência de que a concessão não foi prevista na Constituição como *direito* do possuidor de imóvel público, pois, se tivesse sido assim entendida, não poderia esse direito ter sido limitado no tempo, como estabelecido nos arts. 1º e 2º.

Em razão disso, tem-se que entender que o art. 1º, ao se referir a imóveis públicos, está abrangendo apenas os de propriedade da União. O art. 3º, ao impor aos Estados, Distrito Federal e Municípios a concessão de uso de bens de seu patrimônio, padece de vício de inconstitucionalidade, por invadir matéria de competência legislativa de cada qual.

A União teria que se limitar a estabelecer normas gerais a respeito do instituto da concessão de uso, deixando para cada ente da Federação a faculdade de se valer ou não do instituto, de acordo com critérios de oportunidade e conveniência, que passam forçosamente pela necessidade de proteção do patrimônio público.

Cabe assinalar, ainda, que, embora o uso privativo, individualmente considerado, seja aparentemente de interesse privado do concessionário e sua família, o instituto da concessão especial de uso para fins de moradia atende a evidente interesse social, na medida em que se insere como instrumento de regularização da posse de milhares de pessoas das classes mais pobres, em regra faveladas, contribuindo para ampliar a função social inerente à propriedade pública.

Só que a imposição de tal medida a todos os entes da Federação, sem levar em conta a viabilidade operacional diante do elevado ônus sobre o patrimônio público, fere frontalmente a autonomia estadual e municipal. O ente mais atingido é, evidentemente, o Município, que para oferecer outro local para os ocupantes das áreas mencionadas nos arts. 4º e 5º terá que dispor de elevados recursos públicos, provavelmente não disponíveis hoje, diante da grave crise financeira que o país atravessa, em todos os níveis de governo. A situação é tanto mais grave quando se verifica que a concessão de uso foi prevista como *direito* dos ocupantes de áreas públicas, o que lhes permitirá o acesso ao Poder Judiciário em caso de inviabilidade de atendimento de seus pedidos na via administrativa.

A dificuldade é tanto maior quando se levam em consideração as limitações impostas pela Lei de Responsabilidade Fiscal (Lei Complementar 101, de 4.5.2000), em benefício do equilíbrio orçamentário. Se o Governo Federal impõe um ônus financeiro aos Estados e Municípios, teria que compensá-los com recursos necessários para seu atendimento. Caso contrário não haverá como atender às exigências da referida lei complementar, em especial seu art. 16, que exige, a cada criação, expansão ou aperfeiçoamento de ação governamental que acarrete aumento da despesa, "estimativa do impacto orçamentário-financeiro no exercício em que deva entrar em vigor e nos dois subsequentes" e "declaração do ordenador da despesa de que o aumento tem adequação orçamentária e financeira com a lei orçamentária anual e compatibilidade com o plano plurianual e com a lei de diretrizes orçamentárias".

Vale dizer que a medida provisória, além de inconstitucional por invadir esfera de competência legislativa dos Estados e Municípios, ainda fere dispositivos da Lei de Responsabilidade Fiscal, que, por ter a natureza de lei complementar, não pode ser contrariada por normas hierarquicamente inferiores, como é o caso da medida provisória.

Feitas essas ressalvas quanto ao alcance do art. 183, § 1º, da Constituição e quanto à inconstitucionalidade do art. 3º da medida provisória, será esta analisada a seguir, pela forma como está redigida.

4. Conceito e natureza jurídica da concessão de uso especial para fins de moradia

4.1 Da concessão de uso de bem público

A concessão de uso especial para fins de moradia enquadra-se no conceito tradicional de concessão de uso, como uma das modalidades de outorga de uso privativo de bem público ao particular.

Tratamos do assunto no livro *Uso Privativo de Bem Público por Particular*, onde definimos a concessão como "o contrato administrativo pelo qual a Administração faculta ao particular a utilização privativa de bem público, para que a exerça conforme a sua destinação".[2]

Sua natureza é a de contrato de direito público, sinalagmático, oneroso ou gratuito, comutativo e realizado *intuitu personae*. Sua natureza contratual serve para distingui-lo da permissão e da autorização de uso, que têm a natureza de atos unilaterais, discricionários e precários.

2. São Paulo, Ed. RT, 1983.

Por ter natureza contratual, a concessão dá maiores garantias ao concessionário, sendo utilizada preferencialmente à permissão nos casos em que a utilização do bem público objetiva o exercício de atividades de utilidade pública de maior vulto e, por isso mesmo, mais onerosas para o concessionário.

É essencial na concessão de uso a finalidade pública a que se destina o bem. Ficou expresso no conceito de concessão que o uso tem que ser feito de acordo com a *destinação do bem*. No caso de bens destinados a utilização privativa o uso tem que atender a essa destinação; é o caso, por exemplo, dos bens de uso especial, como os mercados e cemitérios, parcialmente afetados ao uso privativo; é o caso também dos bens destinados à ocupação por concessionários de serviços públicos e dos bens dominicais postos no comércio jurídico privado para fins de moradia, cultivo da terra, exploração agrícola ou industrial, reforma agrária etc.

Quando a concessão implica a utilização de bem de uso comum do povo a outorga só é possível para fins de interesse público. Isto porque, em decorrência da concessão, a parcela do bem público concedida fica com sua destinação desviada para finalidade diversa: o uso comum a que o bem estava afetado substitui-se, apenas naquela pequena parcela, pelo uso a ser exercido pelo concessionário. Além disso, como a concessão é outorgada sob forma contratual e, em geral, por prazos mais prolongados, dela decorre estabilidade para o concessionário, uma vez que não pode ser despojado de seu direito de utilização privativa antes do termo estabelecido, a não ser por motivo de interesse público relevante e mediante justa indenização. Tais circunstâncias afastam a possibilidade de concessão de uso para fins de interesse particular do concessionário, a não ser nas hipóteses em que o uso privativo constitua a própria finalidade do bem. A utilização que ele exercerá terá que ser compatível com a destinação principal do bem ou atender a outro fim de interesse coletivo.

Em regra, a concessão de uso pode ser:

a) de *exploração* ou de simples *uso*;

b) *temporária* ou *perpétua*;

c) *remunerada* ou *gratuita*;

d) de *utilidade pública* (quando o bem vai ser utilizado em benefício público, por exemplo, por concessionária de serviço público) ou de *utilidade privada* (quando a utilidade do bem vai ser usufruída apenas pelo concessionário, como ocorre na concessão de sepultura, na derivação de águas públicas para irrigação, na exploração de campo de algas e de minas);

e) *facultativa* ou *obrigatória*, conforme a Administração seja livre ou não para outorgá-la;

CONCESSÃO DE USO ESPECIAL PARA FINS DE MORADIA

f) *autônoma* ou *acessória*, conforme esteja ou não conjugada a uma concessão de serviço público ou de obra pública;

g) de *natureza real* (como ocorre na concessão de direito real de uso, instituída pelo Decreto-lei 271, de 28.2.1967) ou *obrigacional* (como ocorre na maior parte dos casos de concessão outorgada por prazo determinado).

4.2 Da concessão de uso especial para fins de moradia

No caso da concessão de uso especial disciplinada pela Medida Provisória 2.220 não há qualquer referência a contrato. O art. 15, ao dar nova redação ao inciso I do art. 167 da Lei 6.015, de 31.12.1973, que indica as hipóteses de exigência de registro no registro de imóveis, inclui o item 37, referindo-se aos "termos administrativos ou das sentenças declaratórias da concessão de uso especial para fins de moradia".

O fato da lei falar em *termo administrativo* é uma indicação de que o instituto foi tratado como ato unilateral, conclusão que se reforça pelo fato de que a concessão não gera, nesse caso, obrigações para ambas as partes, mas apenas para o concessionário; ou seja, gera para ele o direito de utilizar o bem, com a obrigação de utilizá-lo exclusivamente para fins de moradia.

Trata-se de concessão *gratuita* (art. 1º, § 1º); de *simples uso*, e não de exploração, já que o beneficiário só pode utilizar o bem para fins de moradia, sob pena de extinção da concessão (art. 8º, I); *perpétua*, no sentido de que o direito subsiste enquanto o concessionário respeitar a utilização para fins de moradia e não adquirir a propriedade ou a concessão de uso de outro imóvel urbano ou rural (art. 8º); de *utilidade privada*, já que o uso se faz em seu interesse e no de sua família; *obrigatória*, porque o Poder Público não pode indeferir a concessão se o particular preencher os requisitos dos arts. 1º e 2º; *autônoma*, porque não vinculada a qualquer outra modalidade de concessão.

Um aspecto que chama a atenção do intérprete em relação ao art. 1º da medida provisória é o fato de que a concessão de uso especial ali prevista terá uma finalidade de interesse privado, porque beneficiará o possuidor, em seu exclusivo interesse. Apontamos acima, entre as características da concessão de uso, a destinação pública a ser dada pelo concessionário. Aliás, o interesse público tem que estar presente em todos os atos e contratos da Administração, sob pena de desvio de poder.

Veja-se, por exemplo, que a concessão de direito real de uso, disciplinada pelo Decreto-lei 271/1967, só pode ser outorgada para os fins expressos no art. 7º, ou seja, para fins específicos de urbanização, industrialização, edificação, cultivo da terra ou outra utilização de interesse social. Isto significa que a concessão de direito real de uso, quando incida sobre bem público, tem sempre que atender a um fim de interesse social.

Não é por outra razão que os institutos de direito privado, como comodato, locação, arrendamento, se ajustam mal como forma de utilização de bens públicos, pois a sujeição às normas de direito privado pode ser contrária ao interesse público que à Administração cabe tutelar. Note-se que o Decreto-lei 9.760/1946, que dispõe sobre bens imóveis da União, prevê a locação, o arrendamento e a enfiteuse como formas de outorga de seus bens a terceiros, para fins privados. Porém, tais institutos não são aplicados em conformidade com as normas do Código Civil, mas em consonância com as disposições do próprio Decreto-lei 9.760, que estabelece regime jurídico publicístico, compatível com o uso privativo de bens públicos por particulares, sempre assegurando ao Poder Público o poder de retomar o uso quando necessário para finalidade pública. Não vemos legitimidade na outorga de concessão com natureza de direito real, perpétuo, quando o bem vai ser utilizado para fins de moradia, fora de qualquer projeto de interesse social.

No caso da Medida Provisória 2.220 não há a inclusão da concessão de uso referida no art. 1º em qualquer projeto dessa natureza, que justificasse a regularização da posse, a não ser que fosse em caráter precário. Também não há a exigência de que o dispositivo somente se aplique às pessoas de baixa renda. Basta comprovar os requisitos do dispositivo para o interessado fazer jus à moradia. O instituto destoa mesmo da própria Lei de Licitações (Lei 8.666, de 21.6.1993), que, no art. 17, I, "f", ao estabelecer os requisitos para a alienação de bens públicos, inclui a licitação, porém ressalva expressamente a "alienação, concessão de direito real de uso, locação ou permissão de uso de bens imóveis construídos e destinados ou efetivamente utilizados *no âmbito de programas habitacionais de interesse social*, por órgãos ou entidades da Administração Pública efetivamente criados para esse fim".

Já no caso da concessão outorgada de forma coletiva, prevista no art. 2º da medida provisória, o interesse social está presente, já que visa a regularizar a posse de pessoas de baixa renda; certamente, visa a atender aos favelados. Justificável, portanto, a outorga sem caráter de precariedade.

Quanto à natureza real ou obrigacional do direito de uso que cabe ao concessionário na concessão de uso para fins de moradia, embora a medida provisória nada esclarecesse, as características que lhe foram imprimidas sempre permitiram enquadrá-la como direito real. Isto porque se trata de uso não precário, que confere ao concessionário direito oponível a terceiros, inclusive ao próprio ente político proprietário do bem, já que este somente pode extinguir o direito nas hipóteses expressamente previstas no art. 8º da medida provisória, ou seja, quando o concessionário der ao imóvel destinação diversa da moradia ou quando adquirir a propriedade ou concessão de uso de outro imóvel urbano ou rural. Enquanto tais circunstâncias não ocorrerem, o concessionário usufrui de direito oponível *erga omnes*, inclusive à própria pessoa jurídica titular do bem. E pode exercer em relação a ele a proteção possessória, também contra a própria Administração Pública.

As dúvidas que pudessem existir desapareceram com a alteração do art. 1.225 do Código Civil pela Lei n. 11.481/2007, para incluir no rol dos direitos reais a concessão de uso especial para fins de moradia (inc. XI). Essa lei ainda alterou o art. 1.473 do Código Civil para permitir a hipoteca da concessão de uso especial para fins de moradia (inc. VIII). Além disso, para facilitar o aproveitamento da área concedida, foi permitida a alienação fiduciária do direito de uso para fins de moradia (art. 11); ainda a título de garantia, o art. 13 da mesma lei veio estabelecer que a concessão de uso especial para fins de moradia pode ser objeto de garantia real, assegurada sua aceitação pelos agentes financeiros no âmbito do Sistema Financeiro de Habitação.

Portanto, na hipótese de concessão de uso especial para fins de moradia o particular exerce sobre o bem público um direito real, porém um direito de natureza pública, que assim se caracteriza: seu conteúdo é o direito de uso para fins exclusivos de moradia; esse direito cria uma relação entre seu titular e a coisa, podendo ser exercido e defendido independentemente da intermediação do Poder Público; somente se constitui com o registro no registro de imóveis; adere à coisa e é transmissível por ato *inter vivos* e *mortis causa*; é oponível a terceiros e à Administração quando esta atue com ilegalidade ou abuso de poder; é resolúvel, no sentido de que a Administração pode extingui-lo quando ocorrerem as duas hipóteses previstas na medida provisória; sua tutela é feita por meio de ações judiciais, inclusive a possessória.

Diante dessas características, pode-se definir a concessão de uso especial para fins de moradia como *o ato administrativo vinculado pelo qual o Poder Público reconhece, gratuitamente, o direito real de uso de imóvel público de até duzentos e cinquenta metros quadrados àquele que, em 30.6.2001, o possuía por cinco anos, ininterruptamente e sem oposição, para sua moradia ou de sua família.*

5. Da concessão de uso outorgada de forma coletiva

O art. 2º da medida provisória contempla uma hipótese de concessão de uso especial, para fins de moradia, em que a outorga é feita coletivamente. Isto ocorre desde que estejam presentes os seguintes requisitos: que não seja possível identificar os terrenos ocupados por possuidor; que os ocupantes comprovem estar na posse do imóvel público por cinco anos, ininterruptamente e sem oposição, na data de 30 de junho de 2001, com a possibilidade, para esse fim, de acrescentar sua posse à de seu antecessor, desde que ambas sejam contínuas (§ 1º); que se trate de população de baixa renda; que a posse se dê para fins de moradia; que os possuidores não sejam proprietários ou concessionários, a qualquer título, de outro imóvel urbano ou rural.

Comparado com a hipótese do art. 1º, verifica-se que o art. 2º somente beneficia a população de baixa renda desde que não seja possível identificar os terrenos ocupados. O objetivo de regularizar a posse dos moradores de favelas é evidente.

No entanto, uma dificuldade que decorre do dispositivo é o emprego de uma expressão de conteúdo impreciso, como "população de baixa renda", sem qualquer indicação de algum critério objetivo que permita identificar os beneficiários desse tipo de concessão. Se em alguns casos é possível, sem sombra de dúvida, enquadrar determinadas pessoas nesse conceito indeterminado, em muitos outros poderão surgir dúvidas e controvérsias difíceis de serem resolvidas, diante da excessiva indeterminação do conceito. O emprego de termos indeterminados é possível quando a lei queira deixar certa margem de liberdade de apreciação para a autoridade administrativa; no entanto, quando se trata de ato vinculado, como é a concessão de uso especial para fins de moradia, tratada na Medida Provisória 2.220 como *direito* do possuidor que preencha os requisitos legais, torna-se inaceitável o emprego desse tipo de conceito, porque sua indefinição tanto poderá servir de base para afastar os verdadeiros destinatários da norma como para nela incluir oportunistas que o legislador não teve intenção de beneficiar.

Ainda comparando a concessão coletiva com a do art. 1º, outra diferença é a que diz respeito à possibilidade assegurada ao possuidor de acrescentar sua posse à de seu antecessor, contanto que ambas sejam contínuas (§ 1º). Pelo art. 1º não existe essa possibilidade, ressalvando-se apenas a possibilidade de o herdeiro legítimo continuar, de pleno direito, na posse de seu antecessor, desde que já resida no imóvel por ocasião da abertura da sucessão.

No caso de concessão coletiva, o § 2º do art. 2º prevê a atribuição de fração ideal de terreno a cada possuidor, independentemente da dimensão do terreno que cada um ocupe, salvo hipótese de acordo escrito entre os ocupantes estabelecendo frações ideais diferenciadas. Da redação do dispositivo resulta claro que a ideia é que todas as frações sejam da mesma dimensão, salvo acordo entre os interessados. Só não pode ser ultrapassada, em uma fração ideal, a área de duzentos e cinquenta metros quadrados.

Fácil é avaliar as dificuldades de aplicação da concessão de uso coletiva, em decorrência da pouco provável existência de elementos seguros comprobatórios da posse pelo período de cinco anos, sem falar na cobiça que suscitará, nas disputas e nos conflitos que inevitavelmente surgirão entre os vários ocupantes.

Também a medida provisória não esclarece como se fará a concessão coletiva de uma área se nem todos os possuidores demonstrarem a posse contínua por cinco anos. Serão eles excluídos da concessão? Ou terão que ser transferidos para outro local? Também não se esclarece se a extinção será coletiva quando apenas alguns dos beneficiários incidirem em uma das hipóteses previstas no art. 8º.

Pela maneira como a concessão coletiva está disciplinada, ela será de difícil ou impossível aplicação.

Melhor seria que a medida provisória tivesse se limitado a estabelecer a concessão de uso de forma coletiva como uma *possibilidade* para o Poder Público regularizar a situação das favelas sem a observância do módulo estabelecido para a zona urbana e sem a *imposição* de resolver ocupações pretéritas, não planejadas e, por isso mesmo, de difícil comprovação. Se não houver como comprovar a posse contínua por cinco anos os interessados não terão como obter a concessão.

6. Dos atos de outorga, transferência e extinção da concessão

Em consonância com o art. 6º, "o título de concessão de uso especial para fins de moradia será obtido pela via administrativa perante o órgão competente da Administração Pública ou, em caso de recusa ou omissão deste, pela via judicial".

Pelos termos em que o dispositivo está redigido, o recurso à via judicial está subordinado ao prévio exercício do direito perante a via administrativa. Reconhecendo o direito, a Administração fará a outorga por termo administrativo.

Para evitar que a Administração Pública fique procrastinando indevida e indefinidamente a apreciação do pedido, o § 1º do mesmo dispositivo estabelece o prazo máximo de doze meses para sua decisão, contado da data de seu protocolo. Antes desse período não poderá o interessado recorrer ao Poder Judiciário, porque lhe faltará interesse de agir se não tiver havido decisão administrativa no prazo legal.

O § 3º diz o óbvio: em caso de ação judicial a concessão de uso especial para fins de moradia será declarada pelo juiz, mediante sentença.

Obtido o reconhecimento do direito, o termo administrativo, ou a sentença judicial respectiva, será registrado no registro público (art. 167, I, item 37, da Lei de Registros Públicos – Lei 6.015, de 31.12.1973, com a redação dada pelo art. 15 da MP 2.220).

A outorga do título de concessão depende da comprovação dos requisitos estabelecidos nos arts. 1º e 2º, devendo o pedido ser instruído, quando se tratar de imóvel da União ou dos Estados, com certidão expedida pelo Poder Público Municipal que ateste a localização do imóvel em área urbana e a sua destinação para moradia do ocupante ou de sua família (art. 6º, § 2º).

Para fins de cômputo do período de cinco anos fixado no art. 1º, o herdeiro legítimo (conforme o art. 1.829 do CC) continua, de pleno direito, na posse de seu antecessor desde que já resida no imóvel por ocasião da abertura da sucessão (art. 1º, § 3º). No caso do art. 2º, referente à concessão coletiva, o possuidor pode somar sua posse à do seu antecessor desde que ambas sejam contínuas (§ 1º).

A medida provisória admite a transferência do direito de concessão de uso especial por ato *inter vivos* ou *causa mortis*. Não especificando a forma possível de transferência *inter vivos*, tem-se que concluir que qualquer espécie de alienação é possível, como venda, doação, permuta, desde que o uso se destine à moradia do concessionário e de sua família, pois caso contrário haverá a extinção do direito, prevista no art. 8º, I. Essa exigência de uso exclusivo para fins de moradia, imposta ao concessionário e aos seus sucessores, afasta a possibilidade de exploração do imóvel para obtenção de renda.

Em caso de falecimento do concessionário, seu direito de uso se transmite a seus herdeiros, com a mesma exigência de que a utilização do bem continue a ser feita para fins de moradia.

Quanto à extinção do direito, o art. 8º prevê as duas hipóteses já referidas, que ocorrem no caso de: "I – o concessionário dar ao imóvel destinação diversa da moradia para si ou para sua família; ou II – o concessionário adquirir a propriedade ou a concessão de uso de outro imóvel urbano ou rural".

Embora a medida provisória exija registro no registro de imóveis apenas dos "termos administrativos ou das sentenças declaratórias da concessão de uso especial para fins de moradia" (art. 167, I, da Lei de Registro Públicos, com a redação dada pelo art. 15 da medida provisória), a extinção do direito deve ser objeto de *averbação* no registro de imóveis competente, em face da norma do art. 167, II, item 2, da Lei de Registros Públicos, que faz tal exigência em relação à "extinção dos ônus e direitos reais".

É lamentável que não tenha sido incluída entre as hipóteses de extinção do direito a retomada do imóvel por motivo de interesse público, o que poderia ser feito mediante indenização. Os ônus reais sobre bens públicos somente são aceitáveis quando a Administração Pública não abra mão de seus poderes irrenunciáveis; dentre eles se insere, incontestavelmente, o de retomar os imóveis cedidos a terceiros quando o interesse público, devidamente demonstrado, imuser a adoção de tal medida.

De qualquer forma, entendo possível, mesmo na omissão da lei, a retomada por motivo de interesse público, mediante indenização, que equivale praticamente a uma desapropriação de direito, semelhante à que ocorre quando o Poder Público revoga uma licença para construir, embora esta seja considerada ato vinculado gerador de direito subjetivo ao proprietário do imóvel.

7. Da autorização de uso para fins comerciais

O art. 9º da medida provisória faculta ao Poder Público competente "dar autorização de uso àquele que, até 30 de junho de 2001, possuiu como seu, por cinco anos, ininterruptamente e sem oposição, até duzentos e cinquenta metros quadrados de imóvel público situado em área urbana, utilizando-o para fins comerciais".

A disciplina do instituto foi feita de forma incompleta, de modo que as características do instituto têm que ser extraídas pela análise sistemática da medida provisória e com base no conceito doutrinário do instituto da autorização de uso.

Além dos requisitos estabelecidos no *caput*, limitou-se o dispositivo a estabelecer a gratuidade do uso (§ 1º), a permitir que o possuidor acrescente à sua posse a posse de seu antecessor contanto que ambas sejam contínuas (§ 2º) e a estender à autorização de uso as normas dos arts. 4º e 5º, que preveem os casos em que o Poder Público fica obrigado a garantir outro local ao possuidor se este for ocupante de uma das áreas indicadas nesses dois dispositivos.

Pela leitura do artigo é possível concluir que são as seguintes as características do instituto:

a) a outorga da autorização não é prevista como *direito* do usuário, mas como *faculdade* da Administração; em consequência, trata-se de ato discricionário, que a autoridade competente praticará ou não segundo razões de conveniência e oportunidade, razão pela qual não é possível o recurso à via judicial para obtenção da autorização quando esta for negada pela Administração;

b) o interessado pode requerer a autorização de uso na esfera administrativa desde que atenda às exigências do *caput* do dispositivo;

c) não é possível a transferência do direito, já que o § 3º do dispositivo comentado somente estendeu à autorização de uso as normas dos arts. 4º e 5º, e não a do art. 7º, que permite a transferência do direito de concessão;

d) como não foram estendidas à autorização as hipóteses de extinção previstas no art. 8º, entende-se que a Administração poderá revogá-la por motivo de interesse público no momento em que assim entender necessário; em consequência, trata-se de ato precário, cuja revogação não confere qualquer direito de indenização ao usuário;

e) o ocupante da área não é titular de direito oponível à Administração; e, portanto, não é titular de direito de natureza real.

Em face dessas características, a autorização de uso prevista no art. 9º amolda-se ao nosso conceito do instituto contido no livro *Uso Privativo de*

Bem Público por Particular, já referido; trata-se de "ato administrativo unilateral e discricionário pelo qual a Administração consente, a título precário, que o particular se utilize de bem público com exclusividade", podendo-se acrescentar, no caso, que essa utilização se dá para fins comerciais.³

A autorização de uso é *ato unilateral*, porque, não obstante outorgada mediante provocação do particular, se perfaz com a exclusiva manifestação de vontade do Poder Público; *discricionário*, uma vez que o consentimento pode ser dado ou negado, segundo considerações de oportunidade e conveniência, a cargo da Administração; *precário*, no sentido de que pode ser revogada a qualquer momento quando o uso se revelar contrário ao interesse público. Seu efeito é *constitutivo*, porque outorga ao particular uma faculdade que ele não poderia exercer sem a edição desse ato, ou seja, confere-lhe o poder de utilizar privativamente parcela de bem público, com exclusão de terceiros.

---

3. *Uso Privativo* ..., p. 66.

DIREITO DE SUPERFÍCIE

Maria Sylvia Zanella Di Pietro

Art. 21. O proprietário urbano poderá conceder a outrem o direito de superfície do seu terreno, por tempo determinado ou indeterminado, mediante escritura pública registrada no cartório de registro de imóveis.

§ 1º. O direito de superfície abrange o direito de utilizar o solo, o subsolo ou o espaço aéreo relativo ao terreno, na forma estabelecida no contrato respectivo, atendida a legislação urbanística.

§ 2º. A concessão do direito de superfície poderá ser gratuita ou onerosa.

§ 3º. O superficiário responderá integralmente pelos encargos e tributos que incidirem sobre a propriedade superficiária, arcando, ainda, proporcionalmente à sua parcela de ocupação efetiva, com os encargos e tributos sobre a área objeto da concessão do direito de superfície, salvo disposição em contrário do contrato respectivo.

§ 4º. O direito de superfície pode ser transferido a terceiros, obedecidos os termos do contrato respectivo.

§ 5º. Por morte do superficiário, os seus direitos transmitem-se a seus herdeiros.

Art. 22. Em caso de alienação do terreno, ou do direito de superfície, o superficiário e o proprietário, respectivamente, terão direito de preferência, em igualdade de condições à oferta de terceiros.

Art. 23. Extingue-se o direito de superfície:

I – pelo advento do termo;

II – pelo descumprimento das obrigações contratuais assumidas pelo superficiário.

Art. 24. Extinto o direito de superfície, o proprietário recuperará o pleno domínio do terreno, bem como das acessões e benfeitorias introduzidas no imóvel, independentemente de indenização, se as partes não houverem estipulado o contrário no respectivo contrato.

§ 1º. Antes do termo final do contrato, extinguir-se-á o direito de superfície se o superficiário der ao terreno destinação diversa daquela para a qual for concedida.

§ 2º. A extinção do direito de superfície será averbada no cartório de registro de imóveis.

1. Considerações preliminares

O Estatuto da Cidade, ao estabelecer diretrizes gerais da política urbana, em regulamentação aos arts. 182 e 183 da Constituição da República, elenca, no art. 4º, os instrumentos que serão utilizados para atender ao objetivo fundamental da lei, expresso no *caput* do art. 2º, de "ordenar o pleno desenvolvimento das funções sociais da cidade e da propriedade urbana".

Dentre esses instrumentos são mencionados, no inciso V, os *institutos jurídicos e políticos*, em cuja categoria foi previsto, na alínea "l", o *direito de superfície*.

O direito de superfície é o direito real de construir ou plantar em solo alheio.

Trata-se de direito real sobre coisa alheia, já que não afeta o domínio do proprietário do solo. Um aspecto que os autores salientam com relação ao direito de superfície é o fato de que ele afasta a acessão, ou seja, a regra segundo a qual todas as coisas que se acrescentam ao solo, sejam plantações ou construções, pertencem ao dono do solo (*superficies solo cedit*). Tal regra, no Direito Brasileiro, consta do art. 545 do Código Civil de 1916, e foi repetida no art. 1.253 do novo Código, segundo a qual "toda construção ou plantação existente em um terreno se presume feita pelo proprietário e à sua custa, até que se prove o contrário".

No caso do direito de superfície, enquanto o mesmo perdura, a propriedade do dono do solo coexiste com a propriedade do dono das plantações ou construções que se acrescentam ao solo. Trata-se de exceção ao princípio de que o acessório segue o principal.

Tal instituto, não previsto no Código Civil de 1916, vem inserido no Estatuto da Cidade, dentro do objetivo maior de garantir a função social da propriedade.

Além disso, o Código Civil de 2002 contempla esse direito entre os direitos reais, disciplinando-o nos arts. 1.369 a 1.377, de forma muito semelhante à que consta do Estatuto da Cidade, nas normas ora comentadas.

Na segunda edição deste livro, havíamos entendido que, nos pontos em que existem algumas diferenças no Código Civil, este, sendo posterior, prevalece sobre as normas contidas no Estatuto da Cidade. O tema suscitou controvérsias doutrinárias. Alguns defendem a derrogação das normas do

Estatuto da Cidade contrárias ao Código Civil, como é o posicionamento de Carlos Alberto Dabus Maluf e Adriana Caldas do Rego Freitas Dabus Maluf.[1] Outros, como Fernando Dias Menezes de Almeida[2] e Maria Helena Diniz,[3] entendem que não houve essa derrogação, mantendo-se a vigência das normas do Estatuto da Cidade. Curvamo-nos ao argumento utilizado: tem aplicação, no caso, a norma do art. 2º, § 2º, da Lei de Introdução às normas do Direito Brasileiro, segundo a qual "a lei nova, que estabeleça disposições gerais ou especiais a par das já existentes, não revoga nem modifica lei anterior".

O Estatuto da Cidade, instituído para fins urbanísticos, como instrumento de função social da propriedade urbana, é considerado norma especial não afetada pela entrada em vigor do novo Código Civil.

Esse entendimento foi adotado na I Jornada de Direito Civil, promovida pelo Conselho de Justiça Federal, que aprovou o enunciado 93, nos seguintes termos: "As normas previstas no Código Civil sobre direito de superfície não revogam as relativas a direito de superfície constantes do Estatuto da Cidade (Lei n. 10.257/2001) por ser instrumento de política de desenvolvimento urbano".

2. Origem e evolução

No período inicial do Direito Romano aplicava-se integralmente o princípio segundo o qual *superficies solo cedit*, significando que todas as coisas que se acrescentam ao solo, sejam plantações ou construções, pertencem ao dono do solo. Trata-se de princípio decorrente do caráter absoluto e exclusivo com que o direito de propriedade era concebido. É *absoluto* no sentido de que confere ao titular o poder de usar, gozar e dispor da coisa da maneira que melhor lhe aprouver. É *exclusivo* no sentido de que a mesma coisa não pode pertencer simultaneamente a duas ou mais pessoas e que o proprietário tem a faculdade de se opor à ação de terceiros exercida sobre aquilo que lhe pertence. Esse atributo, que era expresso em Roma pelo princípio *duorum vel plurium dominium in solidum esse non potest*, está contido no art. 1.231 do Código Civil, em cujos termos "a propriedade presume-se plena e exclusiva, até prova em contrário".

O conceito romano de propriedade era rigidamente individualista, pois cada qual tinha apenas um dono, de direito e de fato, cujos poderes eram

---

1. In *Comentários ao Estatuto da Cidade*, São Paulo, Atlas, p. 101.
2. In Odete Medauar e Fernando Dias Menezes de Almeida (coordenadores), *Estatuto da Cidade. Lei 10.257, de 10.07.2001*, 2ª ed., São Paulo, Ed. RT, 2004, pp. 167-168.
3. *Código Civil Anotado*, 13ª ed, São Paulo, Saraiva, 2008, p. 931.

amplos e absolutos, abrangendo a propriedade do solo e de tudo aquilo que lhe estivesse na superfície ou no subsolo, em toda altura e profundidade; o direito do proprietário era exercido *usque ad sidera et ad inferos*.

O direito de superfície, concebido hoje como um direito de propriedade sobre as plantações e construções, separado da propriedade do solo, era incompatível com o caráter absoluto e exclusivo do direito de propriedade.

Aos poucos, no entanto, o caráter absoluto foi sofrendo alterações, passando-se a admitir a existência de ônus sobre a propriedade, tais como a servidão, o usufruto, o uso. A esse respeito, ensina José Cretella Júnior: "Atribuindo ao titular um poder absoluto sobre a coisa, o maior dos poderes permitidos por lei, o direito de propriedade não conhece fronteiras a princípio, até que motivos de diversas naturezas determinam o aparecimento de normas que regulam a relação do *dominus* diante da *res*, prescrevendo: o proprietário pode exercitar sobre a coisa toda sua vontade, exceto naquilo que é proibido por lei". Acrescenta que "o traço individualista dos primeiros tempos vai sofrendo contínuas alterações, cedendo lugar à penetração do elemento social. Do individual para o social – eis o sentido inequívoco do direito de propriedade, no Império Romano".[4]

Dentre as inovações, surgiu, em decorrência da ampliação do Império Romano, o instituto denominado de *jus in agro vectigali*, semelhante à locação ou arrendamento, que permitia "a ocupação e cultivo, por particulares, de terras, a princípio somente as do Estado e, a seguir, as dos Municípios e as das associações religiosas, mediante o pagamento de um cânon anual denominado vectigal".[5]

Ao lado do *jus in agro vectigali*, surgiram novas formas de arrendamento, dentre as quais o *jus emphyteuticum*, em que a concessão de terras para fins de cultivo se dava mediante o pagamento de um cânon anual.

Na época de Justiniano fundem-se o *jus in agro vectigali* e o *jus emphyteuticum* sob o nome de *enfiteuse*.

Também foi admitida outra forma de arrendamento, inicialmente sobre bens do Estado e depois sobre bens particulares, para fins de edificação ao longo das estradas, de estalagens, tabernas, lojas etc., também mediante o pagamento de um cânon, pensão ou *solarium*; admitia-se a outorga a título gratuito, o que não ocorria na enfiteuse. A concessão era outorgada por prazo longo ou perpetuamente. Esse direito era inicialmente de natureza obrigacional, porque dava ao arrendatário apenas os direitos de usar e fruir. Aos

---

4. José Cretella Júnior, *Curso de Direito Romano*, 5ª ed., Rio de Janeiro, Forense, 1973, p. 157.

5. Cf. José Guilherme Braga Teixeira, *Direito Real de Superfície*, São Paulo, Ed. RT, 1993, p. 17.

arrendatários foi concedido um interdito (*de superficiebus*), que protegia apenas a posse; tratava-se de interdito de "natureza proibitória, impeditivo do uso da violência para tirar ao concessionário o gozo da *superfícies* (edificação superficiária)".[6] Posteriormente, já no período de Justiniano, o direito de superfície passou a ser protegido por ação real (*actio in rem*), a chamada *actio de superfície*.

Tanto a enfiteuse como a superfície surgiram como formas de arrendamento, ou seja, como direitos obrigacionais, com poderes de usar e fruir, e não de natureza real, tendo em vista o prevalecimento do princípio da acessão (*superfícies solo cedit*). A enfiteuse era constituída para fins de cultivo; e a superfície, para fins de edificação. Uma e outra surgiram como forma de concessão de terrenos públicos e só posteriormente passaram a ser utilizados para concessão de terrenos privados.

Foi só no Direito Justinianeu que a superfície passou a ter a natureza de direito real (*jus in re aliena*), protegido pelo *interdito de superfície*, concedido ao superficiário para se manter na posse das construções; esse interdito assumiu a natureza de ação real, que podia ser invocada contra terceiros ou contra o próprio proprietário do solo.

Não se cogitava, a essa época, do direito de superfície como um direito de propriedade autônoma, pois ainda se aplicava o princípio *superfícies solo cedit*. Embora o superficiário pudesse exercer os direitos de usar, gozar e dispor dos bens acrescidos ao solo, era um direito visto como *direito real sobre coisa alheia*.

Segundo José Guilherme Braga Teixeira, assim se caracterizavam os direitos e deveres do superficiário: "Eram seus direitos: a) o pleno gozo da superfície; b) transmitir a superfície, *ab intestato*, a seus herdeiros; c) dispor da superfície, assim entre vivos como por causa de morte; d) empenhar a superfície e gravá-la de servidões; e) utilizar-se da *actio de superfície* (*actio in rem utile*) para perseguir o seu direito e das ações confessória e negatória, a primeira para afirmar o seu direito e a segunda para excluí-lo de gravame de toda espécie; f) utilizar-se do *interdictum de superficiebus* para manter-se na posse; g) utilizar-se dos interditos ordinários *de vi* e *de precario*. As obrigações do superficiário: a) suportar os tributos incidentes sobre a superfície; b) pagar o *solarium* ou *pensio*, ou uma importância única, quando o pagamento fosse convencionado; c) entregar a edificação ao *dominus soli*, extinta a superfície, não respondendo, porém, pelas deteriorações que, sem culpa sua, o edifício tivesse sofrido, fosse por vetustez, fosse por acaso; d) preferir o *dominus soli* a terceiro quando da alienação da superfície".[7]

6. Cf. Ricardo Pereira Lira, *Elementos de Direito Urbanístico*, Rio de Janeiro, Renovar, 1997, p. 23.
7. *Direito Real ...*, p. 21.

Na época medieval fracionou-se o conceito de propriedade, pois esta se detinha *de direito* em mãos do senhor feudal e *de fato* em mãos do servo ou vassalo, que era obrigado a cultivar a terra, pagando vultosos tributos ao proprietário. A ideia de propriedade ligava-se à ideia de soberania, assumindo caráter eminentemente político.

A exploração da propriedade imóvel – que tinha enorme importância nessa época, por constituir o meio de subsistência da sociedade – tomou, no dizer de Orlando Gomes, "a forma de vínculo entre os que a possuíam, mas não a cultivavam, e os que a trabalhavam, mas dela não eram donos. A estes se reconheceu o direito de possuí-la com a obrigação, porém, de satisfazer perpetuamente determinadas prestações, que revestiam diversas formas. Em suma, tinham direito real sobre a coisa alheia, mas não a propriedade. Conservava-se esta no domínio eminente das famílias nobres, que a senhoreavam, sem a trabalhar".[8]

Houve, portanto, nessa época, a bifurcação da propriedade; de um lado, o *domínio direto*, que cabia ao senhor feudal, e, de outro lado, o *domínio útil*, que, reconhecido ao possuidor e cultivador da terra (enfiteuta ou superficiário), definia sua posição de vassalo na hierarquia social. O certo é que o Feudalismo favoreceu a ideia de propriedade dividida, seja pelo instituto da enfiteuse, seja pelo instituto da superfície. Por outras palavras, reconheceu-se a existência de uma propriedade das construções e plantações, separada da propriedade do solo.

Para isso tanto contribuíram os povos bárbaros como a Igreja; os primeiros porque, sendo nômades e desconhecendo o princípio *superficies solo cedit*, valorizavam mais as construções e plantações do que o direito do proprietário do solo; a Igreja porque tinha interesse de valorizar e legitimar as construções feitas sobre os terrenos de sua propriedade.[9] Daí o surgimento e desenvolvimento da ideia de que existe uma propriedade separada das construções e plantações, sem grande preocupação com o princípio romano *superficies solo cedit*.

Porém, o Feudalismo "deu azo à escravidão do homem à terra, criando a ignominiosa classe dos 'servos da gleba', formada pelos enfiteutas e subenfiteutas dos latifúndios feudais".[10] Além disso, os valores cobrados dos enfiteutas e superficiários eram abusivos.

Em resumo, pode-se afirmar que no período intermédio as principais inovações em relação ao direito de superfície foram: a) o reconhecimento da

---

8. "Significado da evolução contemporânea do direito de propriedade", *RT* 205/4.
9. Cf. Braga Teixeira, *Direito Real* ..., pp. 22-23.
10. Idem, ibidem, p. 24.

propriedade das construções e plantações separada da propriedade do solo, deixando o instituto de ser visto apenas como direito real sobre coisa alheia; e b) a utilização da superfície tanto para construções como plantações.

Os abusos verificados no período medieval, com a instituição de verdadeira escravidão dos servos que exploravam a terra, favoreceu, no século XVIII, o retorno da concepção romana do direito de propriedade. Na França, após a Revolução, a propriedade aparece, na Declaração dos Direitos do Homem e do Cidadão, como "direito inviolável e sagrado". O Código Civil Francês, seguido por muitos outros do século XIX, definiu o direito de propriedade, no art. 544, como "o direito de gozar e de dispor das coisas de modo absoluto, contanto que isso não se torne uso proibido pelas leis ou pelos regulamentos".

A preocupação em assegurar a liberdade individual e a igualdade dos homens bem como a reação ao regime feudal levaram a uma concepção individualista exagerada da propriedade, caracterizada como direito absoluto, exclusivo e perpétuo, não se admitindo, inicialmente, outras restrições senão as decorrentes das normas sobre vizinhança, que impunham algumas obrigações ao proprietário. Coerente com tais princípios, o Código Civil Francês não admitiu modo algum de bifurcação da propriedade, seja sob a forma de superfície, seja sob a forma de enfiteuse.

No entanto, aos poucos a legislação de vários países passou a prever os institutos da enfiteuse e da superfície. Esta última é adotada na Áustria (embora sem emprego da denominação do instituto), Alemanha, Suíça, Itália, Espanha, Holanda, Bélgica, Inglaterra, França, China e Portugal, embora com diferenças quanto à forma de disciplinar o instituto; a maior parte só a adota para as construções, ressalva feita quanto a Bélgica, Holanda, China e Portugal, que a estendem às plantações; alguns a adotam expressamente, enquanto outros a aceitam com base em construção doutrinária, como é o caso da França. Há ainda as legislações que não admitem a superfície, como era o caso do Brasil até a promulgação do Estatuto da Cidade. Na Argentina, além de se adotar a tese de que os direitos reais existem em *numerus clausus*, ainda o Código Civil, no art. 2.614, expressamente proíbe a enfiteuse e a superfície.

3. Direito Comparado

Embora a natureza deste trabalho não comporte grande aprofundamento no estudo da legislação estrangeira, algumas considerações são relevantes para realçar as diferentes formas de disciplinar o instituto do direito de superfície e fazer uma aproximação com a forma como está disciplinado no Estatuto da Cidade.

No Direito Francês, conforme dito, não há previsão expressa do instituto no Código Civil. Porém, em decorrência de elaboração doutrinária, hoje ele é admitido por interpretação do art. 553 do referido Código. Esse dispositivo estabelece que todas as construções, plantações e obras realizadas em um terreno presumem-se feitas pelo proprietário, às suas custas, e lhe pertencem, "se o contrário não for comprovado". Vale dizer que, segundo entendimento hoje aceito, o art. 553 do Código Civil implicitamente admite o direito de superfície, que derroga o princípio da acessão e aceita a propriedade dos bens superficiários (sejam construções, sejam plantações), separada da propriedade do solo. Reconhecida como *propriedade autônoma*, pode ser adquirida por usucapião e pode ser objeto de hipoteca.

No Direito Alemão, um dos primeiros a disciplinar a superfície (no Código Civil promulgado em 1896, em vigor em 1º de janeiro de 1900), tal direito tem as seguintes características, com alterações introduzidas por lei de 1919: só admite construções, e não plantações; é alienável por ato *inter vivos* ou *mortis causa*; não pode ficar limitado a uma parte da construção; constitui-se pela manifestação bilateral das partes interessadas; não se extingue pelo perecimento da construção; pode ser outorgado tanto na hipótese de construções novas a cargo do superficiário como na hipótese de construções já existentes; rege-se pelas disposições relativas aos imóveis, sendo-lhe aplicáveis as normas referentes à aquisição da propriedade e às ações fundadas na propriedade.[11]

No Direito Italiano o Código Civil de 1865 continha, no art. 448, norma semelhante à do art. 553 do Código Civil Francês, também interpretada pela doutrina como admitindo implicitamente o direito de superfície. Porém, o Código Civil de 1942 passou a prever e disciplinar expressamente o instituto nos arts. 952 a 956, com as seguintes características: "(a) é alienável, hipotecável e transmissível pela via sucessória; (b) não é suscetível de perda pelo não uso; (c) é protegido pelas ações tuteladoras da propriedade imobiliária; (d) atendidas as peculiaridades do seu objeto, é um direito pleno, e não limitado; (e) a posse do superficiário é posse *de coisa*, não posse de um direito; (f) os modos de aquisição são, enquanto compatíveis, os mesmos da propriedade imobiliária".[12] Também pode ser estipulado apenas para fins de construção, e não de plantação.

Na Bélgica a superfície existe e está disciplinada desde 1824; abrange construções, obras e plantações, com previsão expressa dos poderes de alienar, hipotecar, instituir servidões; determinação de que, ao término do prazo, a propriedade das construções, obras ou plantações passe para o proprietário do solo mediante pagamento do valor atualizado, sob pena de retenção pelo

---

11. Cf.. Ricardo Pereira Lira, *Elementos* ..., p. 36, nota 65.
12. Idem, ibidem, p. 44.

superficiário; proibição de que o proprietário do solo impeça o superficiário de demolir as construções e obras ou retirar as plantações, desde que feitas por ele e desde que devolva o terreno nas condições em que se encontrava no momento da concessão.

Normas semelhantes à lei belga foram inseridas no Código Civil Holandês. Em ambos os países discutem os doutrinadores se a superfície constitui *direito real sobre coisa alheia* ou *propriedade superficiária*, já que as respectivas leis não contêm norma expressa a respeito.

Em Portugal uma lei de 1948 veio disciplinar o direito de superfície como "a faculdade de construir ou manter, perpétua ou temporariamente, uma obra em terreno alheio, ou de nele fazer ou manter plantações".[13] Só admite a superfície em terrenos privados do Estado, autarquias locais e pessoas coletivas de utilidade pública administrativa.

Na Suíça o direito de superfície é disciplinado no Código Civil de 1907, só abrangendo construções, com a peculiaridade de considerar o instituto como servidão. Braga Teixeira, baseado na lição de Wieland, esclarece que "da disposição legal que insere o instituto na legislação suíça resulta, em síntese, que podem ocorrer três situações jurídicas distintas em que as construções e outras obras estabelecidas acima ou abaixo do solo poderão pertencer não ao proprietário do solo, mas a terceira pessoa: a) se lhe for concedida uma servidão predial; b) se lhe for outorgada uma servidão pessoal ordinária; c) se lhe for dada uma servidão com caráter de um direito distinto e permanente. No primeiro caso a servidão é conferida ao proprietário de outro imóvel vizinho; no segundo, a uma pessoa física ou jurídica, que, entretanto, terá um direito incessível e intransmissível; no terceiro, matriculada a servidão no registro predial, obterá o terceiro o direito de superfície propriamente dito, alienável e transmissível aos herdeiros, como propriedade imobiliária, por isso que poderá ser, outrossim, gravado de hipoteca, de servidões e de outras cargas fundiárias".[14]

Como se verifica, o direito de superfície é sempre tratado como direito real; porém não há uniformidade de tratamento quanto à sua natureza; alguns o consideram apenas um *direito real sobre coisa alheia* (como ocorre na Bélgica e na Holanda, com divergências doutrinárias em relação aos que o consideram como *propriedade autônoma*); outros o tratam expressamente como propriedade autônoma distinta da propriedade do dono do solo, como ocorre na Alemanha e Suíça; outros, finalmente, não contêm norma expressa nesse sentido, mas, pelo trabalho de interpretação doutrinária, também consideram a superfície como propriedade autônoma, tal como ocorre na França e na Itália. Mesmo os que não contêm disposição que trate o direito

13. Cf. Ricardo Pereira Lira, *Elementos* ..., p. 51.
14. Braga Teixeira, *Direito Real* ..., pp. 27-28.

de superfície como direito de propriedade contemplam os poderes de alienar e hipotecar, seja por norma expressa (Alemanha, Itália, Bélgica, Holanda, Suíça), seja por interpretação da doutrina (França).

Em nenhum dos sistemas referidos a onerosidade constitui característica inerente ao instituto.

Não há uniformidade quanto à abrangência do direito de superfície: se só o direito de construir ou também o de plantar.

4. Direito Brasileiro

O direito de superfície existiu no período do Brasil-Colônia pela aplicação das Ordenações do Reino e se manteve após a independência até a Lei 1.237, de 24.9.1864, que, ao enumerar os direitos reais, deixou de mencionar essa modalidade.

O Código Civil de 1916 também não contemplou o direito de superfície. Tendo adotado, pela opinião dominante da doutrina, a teoria do *numerus clausus* em matéria de indicação dos direitos reais, a possibilidade de utilização do instituto ficou afastada.

Houve algumas tentativas de reinclusão do instituto no Direito Brasileiro. Tal ocorreu no Anteprojeto de Código Civil elaborado por Orlando Gomes e apresentado ao Ministro da Justiça em 31 de março de 1963; nele o direito de superfície era inserido no rol dos direitos reais (art. 513, II) e disciplinado nos arts. 524 a 532. A Comissão Revisora, composta pelo próprio Orlando Gomes, Caio Mário da Silva Pereira e Orozimbo Nonato, ao transformar o anteprojeto em projeto, não manteve o instituto.

Posteriormente foi elaborado novo Anteprojeto de Código Civil sob a supervisão de Miguel Reale. Na parte relativa ao direito das coisas o autor do anteprojeto original, Ebert Chamoun, não incluiu o direito de superfície. Porém, ao ser transformado em Projeto de Código Civil, sob n. 634/1975, veio esse direito a ser incluído no rol dos direitos reais e disciplinado em título próprio.

Desse modo, o novo Código Civil contempla e disciplina o direito de superfície nos arts. 1.369 a 1.377, incluindo-o entre os direitos reais no art. 1.225, II. Mais recentemente, alterações foram introduzidas nesse Código pela Lei n. 11.481, de 31.5.2007, para permitir que a propriedade superficiária seja objeto de hipoteca (art. 1.473, X). A mesma Lei veio permitir que a propriedade superficiária seja objeto de alienação fiduciária, limitada à duração do direito de superfície (art. 11) e de garantia real, assegurada sua aceitação pelos agentes financeiros do Sistema Financeiro de Habitação (art. 13).

O Estatuto da Cidade, que se antecipou ao Código Civil, inclui, no art. 4º, V, "l", o direito de superfície entre os instrumentos de execução da política urbana de que tratam os arts. 182 e 183 da Constituição Federal, e o disciplina nos arts. 21 a 24.

Segundo alguns autores o direito de superfície já teria sido reintroduzido no Direito Brasileiro sob a forma de *concessão de direito real de uso*, instituída pelo Decreto-lei 271, de 28.2.1967.[15]

Não há dúvida de que os dois institutos têm muitos pontos comuns; porém, também há algumas diferenças a assinalar, conforme será analisado além.

5. *Estatuto da Cidade*

5.1 Direito de superfície restrito à área urbana

O direito de superfície no Estatuto da Cidade tem de ser analisado em face dos objetivos estabelecidos em seus arts. 1º e 2º.

Um primeiro dado que salta aos olhos é que o Estatuto, disciplinando os arts. 182 e 183 da Constituição Federal, insere-se na *política urbana*, com exclusão, portanto, da área rural, tratada nos arts. 184 e ss. da mesma Constituição. Aliás, esse aspecto está expresso na lei, em vários dispositivos, inclusive no art. 21, com a referência ao *proprietário urbano*. Ele é que poderá "conceder a outrem o direito de superfície do seu terreno, por tempo determinado ou indeterminado, mediante escritura pública registrada no cartório de registro de imóveis".

Uma primeira conclusão, portanto, é no sentido de que o direito de superfície, tal como disciplinado nessa lei, não abrange os imóveis rurais. Já no Código Civil, que tem uma abrangência muito maior, porque não está restrito à área urbana, não há distinção entre propriedade urbana ou rural. O art. 1.369, *caput*, estabelece que "o proprietário pode conceder a outrem o direito de construir ou de plantar em seu terreno, por tempo determinado, mediante escritura pública devidamente registrada no Cartório do Registro de Imóveis". Em consequência dessa norma, o direito de superfície poderá ser indistintamente utilizado pelo proprietário rural ou urbano.

5.2 Objeto do direito de superfície

Ao contrário da legislação estrangeira citada, o Estatuto da Cidade não especifica se o objeto do direito de superfície compreende só as construções,

---

15. Cf.: Luciano de Souza Godoy, "Direito de superfície. Uma solução para minimizar custos em edificações", *Revista do Instituto de Pesquisas e Estudos – Divisão Jurídica* 15/59-71, Instituição Toledo de Ensino, agosto-novembro/1996; Miguel Reale, *Anteprojeto de Código Civil*, ed. da Comissão de Estudos Legislativos, 1972, pp. 26-27.

como ocorria nas origens do instituto, ou também as plantações, admitidas em alguns sistemas.

Pelo § 1º do art. 21, "o direito de superfície abrange o direito de utilizar o solo, o subsolo ou o espaço aéreo relativo ao terreno, na forma estabelecida no contrato respectivo, atendida a legislação urbanística". Omite-se quanto aos fins da utilização que constitui objeto do direito. Teoricamente, tem-se que entender que, no silêncio da lei, a utilização pode abranger qualquer construção, obra ou plantação.

Porém, como o instituto, nessa lei, é previsto apenas como instrumento de política urbana, fica evidente que sua utilização se dará mais especificamente para construção.

O Código Civil põe fim a qualquer dúvida, porque o art. 1.369 expressamente prevê a concessão do *direito de construir ou de plantar*. Introduz, no entanto, uma alteração, ao estabelecer, contrariamente ao art. 21, § 1º, do Estatuto, que "o direito de superfície não autoriza obra no subsolo, salvo se for inerente ao objeto da concessão" (art. 1.369, parágrafo único).

O Estatuto da Cidade não esclarece se o direito de superfície pode referir-se a construções previamente existentes no terreno, como é admitido, por exemplo, no Direito Alemão. Contudo, pode-se deduzir que essa possibilidade não existe, consoante decorre implicitamente do art. 21, que prevê como objeto o "direito de superfície do seu *terreno*" (*caput*) e o "direito de utilizar o *solo*, o subsolo ou o espaço aéreo". *Solo* é a "porção da superfície terrestre onde se anda, se constrói etc.; terra, chão".[16] Tem-se que entender, portanto, que o direito de superfície não incide sobre construções já existentes na data da concessão.

Também o Código Civil, no art. 1.369, falando em *direito de construir ou de plantar*, evidentemente, afasta as construções ou plantações já existentes antes da constituição do direito de superfície.

5.3 Conceito e natureza jurídica

Pela evolução do direito de superfície, verificou-se que nas origens ele era de natureza obrigacional, assemelhando-se a uma forma de arrendamento. No Direito Justinianeu adquiriu a natureza de direito real sobre coisa alheia. No Direito Intermédio o direito de superfície foi tratado como propriedade autônoma; ou seja, à semelhança da enfiteuse, o direito de superfície acarretava uma bifurcação do domínio: o domínio direto pertencia ao senhorio, e o domínio útil, ao enfiteuta ou ao superficiário. Com essa mesma natureza de propriedade autônoma é considerado na França, Alema-

---

16. Cf. *Novo Dicionário Aurélio da Língua Portuguesa*, 2ª ed., Nova Fronteira.

nha, Itália, Suíça, Bélgica e Holanda, em alguns sistemas em decorrência de norma expressa, em outros pelo trabalho de interpretação doutrinária.

No Brasil a análise doutrinária que se encontrava anteriormente ao Estatuto da Cidade era feita com base no Direito estrangeiro, tendo em vista a inexistência de previsão do instituto no direito positivo, desde 1864.

Instituído pelo Estatuto da Cidade, a natureza jurídica passou a ser analisada à luz de suas normas, muito pouco esclarecedoras a esse respeito. Não fala em propriedade do superficiário; não fala em direito real nem obrigacional. No entanto, o Código Civil põe fim à dúvida que o tema pudesse acarretar, ao incluir o direito de superfície no rol dos direitos reais (art. 1.225, II).

Além disso, algumas características imprimidas pelo Estatuto da Cidade (muito semelhantes às previstas no Código Civil), são próprias dos direitos reais: em primeiro lugar, o fato de ser exigida escritura pública registrada no cartório do registro de imóveis, o que somente se justifica tratando-se de direito real sobre imóveis, diante do art. 1.227 do Código Civil; em segundo lugar, a possibilidade de transmissão a terceiros, por ato *inter vivos* ou *mortis causa* (art. 21, §§ 4º e 5º, do Estatuto, e art. 1.372 do Código Civil), significando, com isto, que o direito acompanha a coisa nas mãos de quem quer que a detenha; em terceiro lugar, o fato de que o art. 24 do Estatuto da Cidade e o art. 1.375 do Código Civil, ao estabelecerem que, com a extinção do direito de superfície, o proprietário recuperará o *pleno domínio* do terreno, implicitamente reconhecem que o direito do proprietário é limitado em decorrência do direito real que sobre ele incide em benefício do superficiário. Nas palavras de Sílvio Rodrigues, "o próprio legislador distingue a propriedade em plena, quando os seus direitos elementares se acham reunidos no do proprietário; e *limitada*, quando tem ônus real ou é resolúvel". (*Direito Civil*, v. V, Max Limonad, 1964, p. 100). Assim, se o Estatuto da Cidade e o Código Civil estabelecem a recuperação do *domínio pleno* ao término do direito de superfície é porque enquanto este perdura o domínio é *limitado*, ou seja, está sujeito a direito real.

Quanto a se tratar de *propriedade autônoma* é importante ressaltar que o Código Civil, repetindo norma que constava do Código anterior (art. 545), contém dispositivo semelhante ao que no Direito Francês deu margem à tese doutrinária, encampada pela jurisprudência, da existência do direito de superfície como direito real e como propriedade autônoma da propriedade do terreno. Com efeito, o art. 1.253 determina que "toda construção, ou plantação, existente em um terreno, presume-se feita pelo proprietário e à sua custa, até que se prove o contrário". O art. 553 do Código Civil Francês estabelece que "todas as construções, plantações e obras sobre um terreno ou no seu interior presumem-se feitas pelo proprietário, às suas custas, e lhe pertencem, se o contrário não for provado". Pela doutrina francesa[17] essa ressalva contida na parte final do dispositivo consagra, implicitamente, a possibilidade de uma divisão horizontal entre propriedades superpostas. Daí a ideia de que o superficiário é proprietário das construções e plantações.

No Direito Brasileiro, não obstante a semelhança do dispositivo, a doutrina predominante não aceitava essa tese, pelo fato de ter prevalecido o entendimento de que os direitos reais existem em *numerus clausus*. Contudo, uma vez previsto o direito de superfície no Estatuto da Cidade e no Código Civil, está ele integrado no direito positivo, como direito real sobre coisa alheia, razão pela qual é plenamente possível, com base no art. 1.253 do Código Civil, às partes que instituírem o direito de superfície estipular o direito de propriedade autônoma em benefício do superficiário.

A grande vantagem de se inserir o direito de superfície como propriedade autônoma está na possibilidade de a hipoteca incidir sobre o mesmo, em face do art. 1.473 do Código Civil, que, ao indicar os bens hipotecáveis, inclui, no inciso III, o *domínio útil*; nesse conceito pode ser inserido o direito que o superficiário exerce sobre o imóvel alheio. Sem a possibilidade de hipoteca o direito de uso do terreno poderia ficar dificultado, pois dificilmente alguma instituição financeira se disporia a financiar a realização de obras, construções ou plantações sem uma garantia hipotecária. Aliás, essa tem sido uma das dificuldades da utilização do instituto da concessão de direito real de uso.

O direito de superfície, conforme art. 21, *caput*, do Estatuto da Cidade, é estabelecido por contrato, por prazo determinado ou indeterminado. Já o Código Civil, no art. 1.369, determina que a concessão do direito se faz por tempo *determinado*. A partir da tese de que as duas normas convivem, a conclusão é a de que, para fins urbanísticos, o prazo pode ser determinado ou indeterminado.

Pelo art. 21, § 2º, do Estatuto da Cidade, a concessão do direito de superfície poderá ser gratuita ou onerosa. No Código Civil, o art. 1.370 também permite que a concessão seja gratuita ou onerosa, acrescentando que, "se onerosa, estipularão as partes se o pagamento será feito de uma só vez ou parceladamente".

Em face do exposto, o direito de superfície, tal como previsto no Estatuto da Cidade, pode ser conceituado como *o direito real que confere ao seu titular o direito de propriedade autônoma sobre as construções, obras e plantações que acrescentar ao solo, mediante acordo de vontades celebrado com o proprietário do terreno, com ou sem remuneração, por tempo determinado ou indeterminado.*

---

17. Citada por Ricardo Lira, *Elementos* ..., p. 33, nota 59.

5.4 Direito de superfície e concessão de direito real de uso

Existe grande semelhança entre o direito de superfície e a concessão de direito real de uso, a tal ponto que alguns autores defendem que a instituição dessa modalidade de concessão pelo Decreto-lei 271, de 28.2.1967, já teria significado o retorno do direito de superfície no Direito Brasileiro, ainda que com nova denominação.[18]

Contudo, existe preocupação da doutrina em assinalar a distinção entre os dois institutos, que estaria exatamente no fato de que o direito de superfície implica bifurcação do domínio, com a instituição do direito de propriedade autônoma em benefício do superficiário, o que não ocorre na concessão de direito real de uso, em benefício do concessionário.[19] Na concessão não ocorre a suspensão do princípio *superficies solo cedit*.

Aliás, grande parte da dificuldade de utilização do instituto da concessão de direito real de uso decorria da impossibilidade de ser o direito do concessionário oferecido em garantia de financiamento. Sem essa possibilidade o instituto dificilmente podia ser utilizado para fins de edificação, industrialização, cultivo e outros fins de interesse social, conforme previsto no Decreto-lei 271.

A dificuldade ficou parcialmente afastada quando o instituto seja utilizado em programas e projetos habitacionais de interesse social desenvolvidos por órgãos ou entidades da Administração Pública com atuação específica nessa área. Nesse caso, o art. 48, II, do Estatuto da Cidade estabelece que os respectivos contratos "constituirão título de aceitação obrigatória em garantia de contratos de financiamentos habitacionais".

Além disso, a Lei 11.481, de 31.5.2007, alterou o art. 1.225 do Código Civil, para incluir, no inciso XII, a concessão de direito real de uso no rol dos direitos reais. E alterou também o art. 1.473, incluindo o inciso IX, para permitir que o direito real de uso seja objeto de hipoteca. Nesse caso, a hipoteca fica limitada à duração da concessão, conforme o § 2º do mesmo art. 1.473. Idêntica norma foi estabelecida com relação à propriedade superficiária.

Por sua vez, o art. 13 da Lei 11.481 veio estabelecer que a concessão de direito real de uso e o direito de superfície (além da concessão especial para fins de moradia) podem ser objeto de garantia real, assegurada sua aceitação pelos agentes financeiros no âmbito do Sistema Financeiro da Habitação –

---

18. Cf. Luciano de Souza Godoy, "Direito de superfície. ...", *Revista do Instituto de Pesquisas e Estudos – Divisão Jurídica* 15/59-71.

19. Cf. Débora de Carvalho Baptista, *Concessão de Direito de Uso*, tese de doutoramento, São Paulo, Faculdade de Direito da USP, 1999, pp. 28 e 86.

SFH. Com essas normas, desapareceu uma das diferenças que havia entre direito de superfície e concessão de direito real de uso.

Outra diferença entre a concessão de direito real de uso e o direito de superfície está em que aquela está vinculada a fins de interesse público, conforme previsto no Decreto-lei 271, o que não ocorre com o direito de superfície, que pode ser outorgado para fins de interesse privado de ambas as partes.

Cabe assinalar que o Estatuto da Cidade, no art. 4º, ao elencar os instrumentos de política urbana, inclui a concessão de direito real de uso (inciso V, "g"), separadamente do direito de superfície, que está previsto no mesmo dispositivo, na alínea "l". Isto reforça a tese de que se trata de dois institutos de natureza diversa, pois se assim não fosse não haveria necessidade de previsão de ambos no mesmo dispositivo. Partindo do princípio de que o legislador não utiliza vocábulos inúteis, tem-se que concluir que houve realmente a intenção de reintroduzir no Direito Brasileiro o direito de superfície com suas características tradicionais diversas da concessão de direito real de uso.

5.5 Direito de superfície e enfiteuse

Outro instituto que se aproxima do direito de superfície é a enfiteuse, que, como visto, tem praticamente a mesma origem histórica, acarretando também a bifurcação do domínio. No entanto, a enfiteuse apresenta algumas características inexistentes no direito de superfície, quais sejam: o traço da *perpetuidade*; possibilidade de *resgate*, ou seja, de pagamento de um laudêmio, dez anos após a constituição da enfiteuse, para fins de consolidação do domínio em mãos do enfiteuta; o direito do senhorio ao pagamento do foro, cânon ou pensão anual, que não constitui característica inerente ao direito de superfície, já que este pode ser convencionado a título gratuito ou oneroso; o direito do senhorio ao recebimento de um laudêmio a cada vez que o domínio útil for transferido; a consolidação do domínio em mãos do senhorio em caso de comisso (não pagamento do cânon por três anos consecutivos).

É interessante que o direito de superfície ressurge no Direito Brasileiro em momento em que o instituto da enfiteuse tende a desaparecer, salvo em relação aos terrenos de marinha. Com efeito, o art. 49 do Ato das Disposições Constitucionais Transitórias da Constituição de 1988 prevê a remição dos aforamentos mediante aquisição do domínio direto, com o evidente intuito de favorecer a extinção do instituto. No § 3º mantém a enfiteuse, obrigatoriamente, para os terrenos de marinha e seus acrescidos situados na faixa de segurança, a partir da orla marítima. Essa enfiteuse de terrenos de marinha, contudo, não está disciplinada no Código Civil, mas em legislação específica sobre bens imóveis da União: o Decreto-lei 9.760, de 5.9.1946, alterado pelas Leis 9.636, de 15.5.1998 e 11.481, de 31.5.2007. No Código

Civil a enfiteuse não mais é prevista no rol dos direitos reais contido no art. 1.225. No entanto, ressurge o direito de superfície.

No dizer de Giselda Maria F. Novaes Hironaka o direito de superfície é "de utilidade muito maior que a enfiteuse, sem os inconvenientes desta, principalmente a perpetuidade". Acrescenta a autora que, "à primeira vista, parece soar como contra-senso a restauração deste velho instituto, mas, ao que tudo indica, a sua retomada, marcada por novos traços e por acréscimos, parece que vem, na realidade, se configurar como nova figura jurídica de grande utilidade em nossos dias, maior – segundo apontam os estudiosos – que aquela atribuída à enfiteuse".[20]

Com efeito, o direito de superfície apresenta grandes vantagens como forma de aproveitamento do solo e como instrumento de política urbana, como se verá no item subsequente.

5.6 Vantagens do direito de superfície

O direito de superfície pode revelar-se importante instrumento para que a propriedade imobiliária cumpra sua função social, seja na área urbana, seja na área rural. A função social da propriedade está prevista na Constituição, em seus arts. 5º, XXIII, entre os direitos fundamentais, e 170, II, dentre os princípios da ordem econômica, fundada na valorização do trabalho humano e na livre iniciativa, com o fim de assegurar a todos existência digna, conforme os ditames da justiça social. Isto significa – com as palavras de Manoel Gonçalves Ferreira Filho – "que a propriedade não é a da concepção absoluta, romanística, e sim a propriedade encarada como uma função eminentemente social". Segundo o autor, é o que se depreende do art. 170, II, "que implicitamente condena a concepção absoluta da propriedade, segundo a qual esta é o direito de usar, gozar e tirar proveito de uma coisa, de modo puramente egoístico, sem levar em conta o interesse alheio e particularmente o da sociedade. Reconhecendo a função social da propriedade, a Constituição não nega o direito exclusivo do dono sobre a coisa, mas exige que o seu uso seja condicionado ao bem-estar geral. Não ficou, portanto, o constituinte longe da concepção tomista, segundo a qual o proprietário é um procurador da comunidade para a gestão de bens destinados a servir a todos, embora pertençam a um só".[21]

Na Constituição de 1967 o princípio da função social da propriedade teve aplicação restrita à área rural, para fins de reforma agrária. Na Constituição de 1988 estende-se à área urbana, conforme o art. 182.

20. *Direito Civil*, Belo Horizonte, Del Rey, 2000, p. 193.
21. Manoel Gonçalves Ferreira Filho, *Comentários à Constituição Brasileira*, v. 3, São Paulo, Saraiva, 1975, p. 166.

No Estatuto da Cidade está apenas disciplinada a política urbana, de modo que, conforme ressaltado, o direito de superfície, como um dos instrumentos de política urbana, ficava sem aplicação na zona rural. No entanto, o Código Civil ampliou a aplicação do instituto, permitindo-o, implicitamente, também na zona rural. Desse modo, não há dúvida de que o instituto se apresenta como meio de favorecer a função social da propriedade, na medida em que facilita a utilização do terreno não edificado, subutilizado ou não utilizado. E, mais do que a função social da propriedade, apresenta-se o instituto como um dos meios de implementar a *função social da cidade*, conforme referido no *caput* do art. 2º do Estatuto da Cidade.

Com efeito, uma das grandes utilidades do direito de superfície é a de permitir a construção ou plantação sem necessidade de aquisição do terreno, o que oneraria o interessado em seu aproveitamento. Com isto facilita-se a utilização de terrenos alheios pela classe pobre e trabalhadora que não dispõe de recursos para a aquisição do terreno. Desse modo, o instituto pode contribuir para minorar a crise habitacional enfrentada em todo o país.

Outra vantagem é a possibilidade de hipotecar o domínio útil de que é titular o superficiário, conforme demonstrado no item 5.4. Por sua vez, a possibilidade de instituição de hipoteca facilita a obtenção de financiamentos para utilização adequada do terreno.

Braga Teixeira aponta os benefícios do instituto, referindo-se não só à sua utilização para ajudar a resolver a crise habitacional, mas para finalidades outras, como "a construção de fábricas, armazéns, hospitais, teatros, museus, policlínicas, sanatórios, conjuntos poliesportivos, hotéis etc.". Acrescenta o autor que, "no que tange à atividade hoteleira, é de alvitrar grande incentivo a que empresas que exploram essa atividade comercial no âmbito internacional aqui construam inúmeros e moderníssimos hotéis, resultando na ampliação do turismo no país, no crescimento de cidades e de empregos. A desnecessidade de aquisição dos terrenos, em geral altamente custosos, deverá incentivar os empreendedores do ramo da construção civil e os das demais atividades mencionadas".[22]

Do ponto de vista do proprietário do solo o direito de superfície pode trazer também algumas vantagens, como a de permitir o cumprimento da função social de sua propriedade, escapando às sanções previstas no art. 183, § 4º, da Constituição; a de permitir o recebimento da importância estipulada em caso de o direito de superfície ser estipulado onerosamente, como o permite o art. 21, § 2º, do Estatuto da Cidade; a possibilidade de onerar apenas parte do terreno que esteja inadequadamente utilizada; a possibilidade de estipular a responsabilidade do superficiário pelos encargos e tributos que incidirem sobre a propriedade, conforme o art. 21, § 3º; a aquisição,

---

22. *Direito Real* ..., pp. 89-91.

ao término do direito de superfície, do pleno domínio do terreno, com as acessões e benfeitorias introduzidas pelo superficiário, independentemente de indenização (art. 24). Essas normas não foram alteradas pelo Código Civil, que também permite a estipulação onerosa do direito de superfície (art. 1.370), a responsabilidade do superficiário pelos encargos e tributos (art. 1.371) e a aquisição do pleno domínio do terreno, construção ou plantação, ao término da concessão, se as partes não estipularem o contrário (art. 1.375).

5.7 Forma de constituição, transferência e extinção

A forma de constituição do direito de superfície no Estatuto da Cidade é o contrato celebrado por escritura pública registrada no cartório de registro de imóveis (art. 21, *caput* e § 1º). Está afastada, implicitamente, a aquisição por testamento ou por usucapião.

No contrato são estipuladas as condições de utilização do terreno, devendo ser obedecida a legislação urbanística (§ 1º), ou seja, as normas todas referentes ao uso do solo, construções, desenvolvimento urbano. No dizer de Hely Lopes Meirelles, "os superiores interesses da comunidade justificam as limitações urbanísticas de toda ordem, notadamente as imposições sobre área edificável, altura e estilo dos edifícios, volume e estrutura das construções; em nome do interesse público, a Administração exige alinhamento, nivelamento, afastamento, áreas livres e espaços verdes; impõe determinados tipos de material de construção; fixa mínimos de insolação, iluminação, aeração e cubagem; estabelece zoneamento; prescreve sobre loteamento, arruamento, habitações coletivas e formação de novas povoações; regula o sistema viário e os serviços públicos e de utilidade pública; ordena, enfim, a cidade e todas as atividades das quais depende o bem-estar da comunidade".[23] Todas essas normas têm que ser obedecidas pelas partes no contrato de constituição do direito de superfície.

O direito é transmissível a terceiros, por ato *inter vivos* (art. 21, § 4º) ou por sucessão hereditária (art. 21, § 5º). As mesmas normas constam do art. 1.372 do Código Civil. Vale dizer que, se o proprietário do terreno adquirir o direito, passarão ao seu domínio todas as acessões e benfeitorias introduzidas no imóvel pelo superficiário, desaparecendo automaticamente o direito de superfície, já que não tem sentido a existência de direito real sobre seu próprio imóvel.

Não há previsão no Estatuto da Cidade de pagamento de qualquer importância ao proprietário do solo na hipótese de o superficiário transferir a terceiro o seu direito de superfície. No entanto, no Código Civil existe

---

23. *Direito de Construir*, 11ª ed., São Paulo, Malheiros Editores, 2013, p. 112.

norma expressa, no art. 1.372, parágrafo único, proibindo a estipulação, a qualquer título, de pagamento de qualquer pagamento pela transferência.

Quanto às formas de extinção, estão previstas no art. 23, compreendendo o advento do termo (inciso I) e o descumprimento das obrigações contratuais assumidas pelo superficiário (inciso II). O art. 24, § 1º, contempla também uma forma de extinção do contrato, que ocorrerá "se o superficiário der ao terreno destinação diversa daquela para a qual for concedida", norma que se repete no art. 1.374 do Código Civil.

Pode-se também incluir entre as hipóteses de extinção do direito o exercício de preferência referido no art. 22 do Estatuto e no art. 1.373 do Código Civil. Estabelece este último dispositivo que "em caso de alienação do imóvel ou do direito de superfície, o superficiário ou o proprietário tem direito de preferência, em igualdade de condições". Haverá, no caso, a *confusão*, ou seja, a fusão dos direitos do proprietário do solo e do direito de superfície, já que, sendo este um *direito real sobre coisa alheia*, desaparecerá de pleno direito quando o direito de superfície pertencer ao próprio dono do solo. O mesmo ocorrerá, evidentemente, se a propriedade do solo e a superfície forem adquiridas por terceiro.

Embora não previstas na lei, constituem também formas de extinção do direito de superfície a *renúncia do superficiário* (sempre possível por manifestação expressa de vontade), o *distrato* (pela vontade de ambas as partes), o *perecimento do objeto* (terreno) *sobre o qual recai o direito*, a *decadência* pelo não uso do direito de construir pelo prazo estipulado, a *desapropriação* que incida sobre o solo e sobre o direito de superfície, acarretando a confusão em uma só pessoa do direito de propriedade e do direito de superfície, o falecimento do superficiário sem herdeiros.[24] A desapropriação foi prevista, como forma de extinção, no art. 1.376 do Código Civil, segundo o qual, nesse caso, "a indenização cabe ao proprietário e ao superficiário, no valor correspondente ao direito real de cada um".

Pelo art. 24, em caso de extinção do direito de superfície "o proprietário recuperará o pleno domínio do terreno, bem como das acessões e benfeitorias introduzidas no imóvel, independentemente de indenização, se as partes não houverem estipulado o contrário no respectivo contrato". Norma semelhante foi inserida no art. 1.375 do Código Civil. Trata-se de característica inerente ao direito de superfície: na sua vigência ocorre a suspensão do princípio segundo o qual *superficies solo cedit*; extinto o direito, por qualquer das razões mencionadas, volta a aplicar-se a regra da acessão, recuperando o proprietário do solo o pleno domínio do terreno.

---

24. Cf.: Braga Teixeira, *Direito Real* ..., p. 85, e Ricardo Lira, *Elementos* ..., p. 80.

Em regra, a recuperação do domínio ocorre sem indenização, a menos que o contrário tenha sido estipulado no contrato constitutivo do direito de superfície. No entanto, no caso de extinção pelo exercício de preferência assegurado no art. 22 a recuperação do domínio envolve pagamento "em igualdade de condições à oferta de terceiros".

O § 2º do art. 24 exige que a extinção do direito de superfície seja averbada no cartório de registro de imóveis. A exigência é plenamente justificável porque, tratando-se de direito real cuja constituição exige registro no cartório competente, igual providência tem de ser observada quando da desconstituição do direito.

A mesma providência não é exigida expressamente quando se trata de transferência do direito de superfície, seja por ato *inter vivos* ou *mortis causa*. No entanto, tratando-se de direito real que incide sobre a coisa e a acompanha nas mãos de quem quer que a detenha, submete-se à regra do art. 1.227 do Código Civil, que exige transcrição ou inscrição no registro de imóveis para a constituição ou transmissão dos direitos reais por atos entre vivos.

DIREITO DE PREEMPÇÃO

Diógenes Gasparini

Art. 25. O direito de preempção confere ao Poder Público Municipal preferência para aquisição de imóvel urbano objeto de alienação onerosa entre particulares.

§ 1º. Lei municipal, baseada no plano diretor, delimitará as áreas em que incidirá o direito de preempção e fixará prazo de vigência, não superior a cinco anos, renovável a partir de um ano após o decurso do prazo inicial de vigência.

§ 2º. O direito de preempção fica assegurado durante o prazo de vigência fixado na forma do § 1º, independentemente do número de alienações referentes ao mesmo imóvel.

Art. 26. O direito de preempção será exercido sempre que o Poder Público necessitar de áreas para:

I – regularização fundiária;

II – execução de programas e projetos habitacionais de interesse social;

III – constituição de reserva fundiária;

IV – ordenamento e direcionamento da expansão urbana;

V – implantação de equipamentos urbanos e comunitários;

VI – criação de espaços públicos de lazer e áreas verdes;

VII – criação de unidades de conservação ou proteção de outras áreas de interesse ambiental;

VIII – proteção de áreas de interesse histórico, cultural ou paisagístico;

IX – *(vetado)*.

Parágrafo único. A lei municipal prevista no § 1º do art. 25 desta Lei deverá enquadrar cada área em que incidirá o direito de preempção em uma ou mais das finalidades enumeradas por este artigo.

Art. 27. O proprietário deverá notificar sua intenção de alienar o imóvel, para que o Município, no prazo máximo de trinta dias, manifeste por escrito seu interesse em comprá-lo.

§ 1º. À notificação mencionada no *caput* será anexada proposta de compra assinada por terceiro interessado na aquisição do imóvel, da qual constarão preço, condições de pagamento e prazo de validade.

§ 2º. O Município fará publicar, em órgão oficial e em pelo menos um jornal local ou regional de grande circulação, edital de aviso da notificação recebida nos termos do *caput* e da intenção de aquisição do imóvel nas condições da proposta apresentada.

§ 3º. Transcorrido o prazo mencionado no *caput* sem manifestação, fica o proprietário autorizado a realizar a alienação para terceiros, nas condições da proposta apresentada.

§ 4º. Concretizada a venda a terceiro, o proprietário fica obrigado a apresentar ao Município, no prazo de trinta dias, cópia do instrumento público de alienação do imóvel.

§ 5º. A alienação processada em condições diversas da proposta apresentada é nula de pleno direito.

§ 6º. Ocorrida a hipótese prevista no § 5º, o Município poderá adquirir o imóvel pelo valor da base de cálculo do IPTU ou pelo valor indicado na proposta apresentada, se este for inferior àquele.

1. Introdução

"Direito de *preempção*", "direito de *preferência*" ou "direito de *prelação*" são expressões verbais sinônimas. Todas expressam os mesmos fatos e indicam uma restrição ao poder de disposição que o proprietário tem sobre a coisa móvel ou imóvel, na medida em que deve, antes da alienação do bem que lhe pertence, oferecê-lo, em igualdade de condições, a certa pessoa, conforme determinado por lei ou cláusula contratual. De outro lado, é o direito que assiste a uma pessoa de ser colocada, consoante determinado por lei ou contrato, em primeiro lugar na satisfação de seus interesses, quando outras desejam disputar sua primazia. É instituto tradicional do direito civil.

Os romanos já o conheciam e o denominavam *pactum prothimiseos*. Na atualidade é encontrável em quase todos os ordenamentos jurídicos. No *Estatuto da Cidade* o direito de prelação, como será visto mais adiante, tem, praticamente, o mesmo perfil jurídico de seu homônimo, instituído e regulado pelo nosso Código Civil. Por tal razão dito *codex* serve de legislação subsidiária na sua aplicação (art. 4º, § 1º, do Estatuto da Cidade). O plano diretor deverá instituí-lo e elencar as diretrizes requeridas à utilização desse importante instrumento da execução – pelo Município ou pelo Distrito Federal (cf. art. 51 do Estatuto da Cidade) – da política urbana (art. 42, II, do Estatuto da Cidade), cabendo posteriormente à lei municipal ou distrital delimitar a área de incidência e promover sua regulamentação.

2. A preempção no Código Civil

O Código Civil, no art. 513, prescreve que: "A preempção, ou preferência, impõe ao comprador a obrigação de oferecer ao vendedor a coisa que aquele vai vender, ou dar em pagamento, para que este use de seu direito de prelação na compra, tanto por tanto". Embora o direito de preferência esteja, nesse *codex*, referido como uma das cláusulas especiais da compra e venda, é comum encontrá-lo em outras leis que regulam transações diversas da compra e venda, a exemplo da locação, da superfície e da desapropriação.

Nessa legislação esparsa não se tem a regulamentação de uma compra e venda, mas se tem instituído e disciplinado o direito de preferência. Com efeito, no contrato de superfície o proprietário tem direito à preferência quando o superficiário se dispuser a alienar os direitos de superfície, ou, de forma mais simples, sempre que pretender alienar o objeto desse ajuste. O mesmo se passa com a locação, pois nesse caso o locador deve dar preferência ao locatário sempre que desejar alienar o imóvel que lhe fora locado. Vê-se, também, que o beneficiário da preferência, tanto no contrato de superfície como no de locação, não é o vendedor a que se refere o art. 513 do Código Civil quem deve cumprir essa obrigação, pois sequer há uma compra e venda no sentido indicado nesse diploma legal. De outra parte, a obrigação de oferecer o bem ao beneficiário do direito de preferência não decorre de cláusula contratual, mas de lei.

Estabelece o art. 519 do Código Civil que "se a coisa expropriada para fins de necessidade ou utilidade pública, ou por interesse social, não tiver o destino para que se desapropriou, ou não for utilizada em obras ou serviços públicos, caberá ao expropriado direito de preferência, pelo preço atual da coisa". O art. 514 estatui que o vendedor pode também exercer seu direito de prelação, intimando o comprador, quando lhe constar que esse vai vender a coisa. "Inexistindo prazo estipulado, o direito de preempção caducará, se a coisa for móvel, não se exercendo nos 3 (três) dias, e, se for imóvel, não se exercendo nos 60 (sessenta) dias subsequentes à data em que o comprador tiver notificado o vendedor", prescreve o art. 516 do Código Civil.

"Quando o direito de preempção for estipulado a favor de dois ou mais indivíduos em comum, só poderá ser exercido em relação à coisa no seu todo. Se alguma das pessoas, a quem ele toque, perder, ou não exercer o seu direito, poderão as demais utilizá-lo na forma sobredita" – estatui o art. 517 do Código Civil. Prescreve o art. 515 desse diploma legal que "aquele que exerce a preferência está, sob pena de a perder, obrigado a pagar, em condições iguais, o preço encontrado, ou o ajustado". "Responderá – reza o art.

515 do Código Civil – por perdas e danos o comprador, se ao vendedor não der ciência do preço e das vantagens, que lhe oferecem pela coisa". Por fim, estabelece o art. 520 dessa lei civil que o direito de preferência não pode ser cedido a terceiros, nem repassado aos herdeiros.

Com base nessa disciplina, Antônio Chaves, ao dissertar sobre o direito de preempção ou preferência, dá a esse instituto do direito civil definição consentânea com a realidade do nosso ordenamento jurídico, pois considera as disposições do Código Civil e as diversas leis que o instituíram e o disciplinaram.[1] Com efeito, define-o "como cláusula contratual, ou imposição de lei, em virtude da qual fica assegurado a uma determinada pessoa o direito de ser preferida como compradora, no caso de venda ou dação em pagamento de determinada coisa, em igualdade de condições". Sua definição não fica vinculada aos estritos dizeres do Código Civil, na medida em que entende a preferência como obrigação também decorrente de lei e não a restringe em favor do vendedor, pois pode privilegiar um terceiro.

O Código Civil de 2002, ao conceituar o direito de preempção, repete a definição do Código Civil de 1916. Com efeito, estabelece seu art. 513 que: "A preempção, ou preferência, impõe ao comprador a obrigação de oferecer ao vendedor a coisa que aquele vai vender, ou dar em pagamento, para que este use de seu direito de prelação na compra, tanto por tanto" – embora pudesse oferecer uma definição mais conformada com a utilização desse instituto. De qualquer modo, nada mudará, pois o conceito acanhado do novo Código Civil, não embotará a largueza que se observa na prática desse instituto, consoante o tratamento que lhe dão a doutrina, a jurisprudência e a própria legislação.

Duas são as modalidades ou espécies de preferência à vista do nosso ordenamento jurídico positivo: a *legal* e a *contratual*. Legal é a preferência que a lei outorga a alguém, quando certa pessoa se dispõe a realizar um dado negócio, a exemplo da locação, e da venda de quinhão de propriedade condominial. Em tais casos a lei dá preferência, em igualdade de condições, ao locatário para adquirir o objeto da locação e ao condômino para a aquisição de quinhão posto à venda. Contratual é a preferência que as partes envolvidas num dado negócio, como é o caso da compra e venda, resolvem outorgar em favor de determinada pessoa, quase sempre o vendedor na aquisição do objeto da transação. Assim, por força dessa cláusula o comprador deve oferecer ao beneficiário desse direito, ou seja, ao vendedor, em igualdade de condições, o bem que deseja alienar ou dar em pagamento. O direito de preferência no caso do Estatuto da Cidade é da primeira espécie, ou seja, *legal*. O exercício da primazia por quem a recebe, como prevê o art. 513

1. *Enciclopédia Saraiva do Direito*, coord. de R. Limongi França, v. 26, São Paulo, Saraiva, 1977, p. 237.

do Código Civil, há de ser "tanto por tanto", ou seja, em absoluta igualdade de preço e condições de pagamento. O Estatuto da Cidade não faz qualquer referência a esse particular aspecto da preferência, mas essa omissão não oferece qualquer dificuldade, pois é da natureza desse instituto – se não bastasse essa prescrição privatista. Mesmo assim, é certo que o proprietário pode aceitar uma contraoferta.

3. A preempção no Estatuto da Cidade

O Estatuto da Cidade prevê, no art. 4º, V, "m", e regula, nos arts. 25 a 27, o direito de preempção em favor do Poder Público Municipal ou Distrital. Com efeito, estabelece o art. 25 que: "O direito de preempção confere ao Poder Público Municipal preferência para a aquisição de imóvel urbano objeto de alienação onerosa entre particulares". Esse diploma legal seguiu o modelo da legislação esparsa, na medida em que dá preferência ao Município na aquisição de certo bem imóvel urbano, situado em área delimitada por lei municipal embasada no plano diretor onde a incidência do regime de preempção será de observância obrigatória em favor desse ente da nossa Federação, estranho em relação à alienação onerosa que está sendo travada entre particulares.

4. Conceito

O direito de preempção, nos termos em que foi instituído e regulado pelo Estatuto da Cidade, deveria ser mais bem tratado, para evitar discussões que certamente vão acontecer quando de sua utilização. De qualquer modo, caberá aos doutrinadores e ao Judiciário o trabalho de interpretá--lo corretamente. O dispositivo refere-se a *alienação onerosa*, acolhendo, portanto, apenas as transferências dominiais ajustadas mediante contratos de compra e venda, restando fora, por conseguinte, a dação em pagamento, a permuta, a doação, os casos de herança e legado. De outra parte, não se menciona a preferência há de ser em igualdade de preço e condições de pagamento ou se pode ser sob outro preço e condições diversas. Qualquer que seja a interpretação, restrita ou ampla, há de ser entendido que somente se tem preferência nas mesmas condições de preço e pagamento. Com efeito, esse e outros instrumentos de execução da política urbana, nos termos do § 1º do art. 4º do Estatuto da Cidade, são regulados por legislação própria, aplicando-se, no entanto, o que esse diploma legal prescreve. Logo, no que o Estatuto da Cidade for omisso aplica-se o Código Civil, que disciplina a matéria; e, quando em vigor o novo Código Civil, esse será, na hipótese, o diploma legal aplicável. A preferência instituída e regulada pelo Estatuto da Cidade deve ser entendida tanto por tanto, ou seja, em igualdade de preço e condições de pagamento.

Por fim, diga-se que a alienação pode ter início na própria vontade do proprietário que deseja se desfazer de sua propriedade ou na proposta de compra e venda formulada por terceiro, embora essa distinção não esteja claramente indicada no Estatuto da Cidade. No primeiro caso o proprietário age sem qualquer provocação e resolve vender sua propriedade, mediante o recebimento de certo preço. No segundo o proprietário é instado por terceiro a alienar sua propriedade, na medida em que lhe oferece uma proposta de compra e venda. Nas duas hipóteses a alienação há de ser onerosa e ajustada com particular. Assim, podemos definir o direito de preferência, previsto no art. 25 do Estatuto da Cidade, como o *direito assegurado por lei ao Município, nas mesmas condições de preço e pagamento, de ser preferido quando o proprietário de imóvel urbano situado em área delimitada por lei municipal baseada no plano diretor e sujeita ao regime da preempção se dispuser por vontade própria a aliená-lo onerosamente a particular ou se dispuser a aliená-lo, nessas condições, a terceiro em razão do recebimento formal de proposta de compra e venda.*

5. Fundamento

Pode-se afirmar que o direito de preferência tem tríplice fundamento: um *principiológico*, um *legal geral* e um *legal específico*. O fundamento principiológico do direito de preferência é a função social da propriedade. Tal princípio, previsto no art. 170, III, da Constituição Federal, pode ser indicado como seu fundamento constitucional. De outro lado, seu fundamento legal geral é o art. 513 do Código Civil, enquanto seu fundamento legal específico é o art. 25 do Estatuto da Cidade, que atribui ao Poder Público Municipal preferência para aquisição de imóvel urbano, objeto de alienação onerosa entre particulares, quando situado em área delimitada por lei municipal baseada no plano diretor e sujeita ao regime da preempção.

6. Natureza jurídica

Prescreve o art. 1.228 do Código Civil que "O proprietário tem a faculdade de usar, gozar e dispor da coisa, e o direito de reavê-la do poder de quem quer que injustamente a possua ou detenha". O Estatuto da Cidade, a seu turno, ao restringir o poder de disposição – um dos elementos configuradores da propriedade –, acaba por atribuir ao direito de preferência a natureza das normas de polícia administrativa. Com efeito, pelo direito de preempção é imposta ao proprietário de imóvel urbano situado em área delimitada por lei municipal baseada no plano diretor uma abstenção: não alienar onerosamente esse imóvel a particulares antes de oferecê-lo ao Município. É imposição, portanto, que se enquadra na definição de polícia administrativa, pregada por Celso Antônio Bandeira de Mello nestes termos: é "a atividade da Administração Pública, expressa em atos normativos ou concretos, de condicionar, com fundamento em sua supremacia geral e na forma da lei, a liberdade e a propriedade dos indivíduos, mediante ação ora fiscalizadora, ora preventiva, ora repressiva, impondo coercitivamente aos particulares um dever de abstenção (*non facere*) a fim de conformar-lhes os comportamentos aos interesses sociais consagrados no sistema normativo".[2]

Ademais, não se trata de direito real. Só é direito real aquele assim instituído por lei. O Estatuto da Cidade – observe-se – não atribuiu ao direito de preferência essa qualificação, como faz em relação a outros institutos utilizáveis na execução da política urbana, a exemplo do direito de superfície. Seu perfil jurídico não se ajusta à definição de direito real dada pelos autores, a exemplo de Washington de Barros Monteiro, que a enuncia como "a relação jurídica em virtude da qual o titular pode tirar da coisa, de modo exclusivo e contra todos, as utilidades que ela é capaz de produzir".[3] Sob essa óptica, pode-se afirmar que se trata de direito pessoal, a cuja égide seu titular pode exigir do sujeito passivo determinada prestação positiva ou negativa, resolvendo-se seu descumprimento por perdas e danos em favor do credor.

7. *Incidência*

O direito de preempção, nos termos em que está regulado pelo Estatuto da Cidade, só incide sobre a propriedade imobiliária urbana situada em área delimitada por lei municipal baseada no plano diretor e submetida ao regime de preferência. Atente-se a que esse diploma legal não menciona que as áreas delimitadas por lei municipal devam ser urbanas; mas essas áreas, ainda que assim seja, têm tal natureza. Com efeito, se a política urbana, por força do Estatuto da Cidade, somente pode acontecer na zona urbana, é certo se afirmar que os instrumentos de sua execução, como é o direito de prelação, só podem ser utilizados em áreas portadoras dessa qualificação.

Mas não basta isso, pois esse diploma legal exige que a propriedade assim qualificada seja objeto de alienação onerosa entre particulares. Alienação – ensinam os dicionaristas, a exemplo de De Plácido e Silva – é o termo genérico que designa todo e qualquer ato que tem o efeito de transferir o domínio de uma coisa para outra pessoa, seja por venda, troca ou por

---

2. *Curso de Direito Administrativo*, 31ª ed., São Paulo, Malheiros Editores, 2009, p. 855.

3. *Curso de Direito Civil – Direito das Coisas*, 14ª ed., São Paulo, Saraiva, 1975, p. 11.

doação.[4] Só incide sobre bens próprios e quando a pessoa que os possui tem capacidade para aliená-los. Pode ser a título gratuito ou a título oneroso. Para os fins do direito de preempção, conforme instituído e regulado pelo Estatuto da Cidade, só interessa a alienação onerosa, ou seja, a compra e venda.

Particulares são as pessoas físicas e jurídicas submetidas a um plexo de direitos e obrigações prescritos pela legislação privada, notadamente o direito civil e o direito comercial. Destarte, se a propriedade for objeto de alienação onerosa entre seu proprietário particular e o Estado, ou a União, ou a autarquia ou a fundação pública federal ou estadual, não incide sobre ela o regime de preempção, tanto quanto não incide se o proprietário for uma dessas pessoas públicas. Sempre que uma das partes da transação for pessoa jurídica de direito público não incide sobre ela o regime de preferência. Quanto ao Município nenhum problema se coloca, pois se for o proprietário do imóvel a propriedade já é sua; e se for o comprador, o proprietário já o tem como preferente.

As empresas governamentais, como são as sociedades de economia mista e as empresas públicas, quando desempenham atividade econômica devem ser consideradas particulares, sujeitas, portanto, ao regime da preempção, devendo oferecer ao Município o imóvel de sua propriedade quando objeto de alienação onerosa a particular. Como, em tese, essas entidades estão obrigadas a licitar a venda de seus imóveis, devem promover o competente certame licitatório e encontrar, assim, a proposta mais vantajosa. Selecionada esta, a entidade licitante oferecerá o bem ao Município nas exatas condições de preço e pagamento da proposta vencedora do certame, mediante notificação instruída com a ata de julgamento das propostas e do ato de homologação.

O ato de adjudicação somente será editado se o Município não exercer a preferência. Se essa for exercida a licitação deverá ser revogada, pois o exercício da preferência deve ser considerado razão de interesse público superveniente e suficiente para justificar tal conduta, conforme é exigido pelo art. 49 da Lei federal das Licitações e Contratos da Administração Pública. Se o Município não manifestar interesse dentro do tempo hábil a transação será celebrada com o vencedor da licitação. O edital licitatório deverá indicar que o bem objeto do certame está submetido ao regime de preferência e que o preferente é o Município ou quem lhe faça as vezes. As prestadoras de serviços públicos, por se assemelharem mais aos entes públicos, escapam do regime de preferência.

4. *Vocabulário Jurídico*, 10ª ed., v. I, Rio de Janeiro, Forense, 1987, p. 132.

A alienação de um bem se diz onerosa quando há um pagamento a título de contraprestação pela sua aquisição, como ocorre na compra e venda. Não se deve, portanto, reputar como onerosas as alienações ajustadas entre quaisquer interessados sob a forma de dação em pagamento, permuta ou doação. Assim, se a propriedade for objeto de uma dessas transações não será ela atingida pela prelação em favor do Município, nem seu proprietário terá a obrigação de lhe dar preferência em igualdade de preço e condições de pagamento. Escapam do regime de prelação as transferências imobiliárias feitas a determinadas pessoas em razão de herança ou legado. *Herança* é toda parte ou quinhão do acervo hereditário que venha a ser partilhado ao herdeiro – ensina De Plácido e Silva[5] –, enquanto *legado*, para esse dicionarista, é a parte da herança deixada pelo testador a quem não é herdeiro.[6]

Diga-se que também refogem ao regime de preferência as transferências imobiliárias decorrentes de integralização de capital, ou quando o imóvel é de propriedade de uma pessoa jurídica em regime de cisão, fusão ou incorporação, pois em nenhuma dessas hipóteses e nas anteriormente mencionadas se tem uma alienação onerosa. Por fim, cabe lembrar que não se submetem ao regime de preferência os casos em que o proprietário perde a propriedade sem que haja uma alienação e muito menos onerosa, como são as hipóteses de evicção, usucapião, desapropriação e falência. Em todos esses casos há transferência da propriedade sem, contudo, caracterizar-se como alienação onerosa e, ademais, em alguns há envolvimento de pessoas públicas, como é o caso da desapropriação.

Pouco importa o tamanho da propriedade, se está ou não edificada, se está gravada por algum ônus real, a exemplo da hipoteca, ou qual a sua utilização, pois o Estatuto da Cidade não faz qualquer distinção entre essas situações. Ademais, cremos que o titular de algum direito incidente sobre o bem objeto da preempção sub-roga-se no preço. Logo, qualquer propriedade imobiliária urbana situada em área delimitada por lei municipal, calcada no plano diretor, objeto de alienação onerosa entre particulares está, em tese, sujeita ao regime de preferência instituído em prol do Município, devendo seu proprietário lhe dar preferência para a aquisição em igualdade de condições. Também não importa se a propriedade é de um ou vários proprietários; se o domínio é individual ou coletivo. No caso da propriedade de um só dono nenhum problema se coloca, não sendo assim com a propriedade condominial. Tratando-se de propriedade condominial situada em área delimitada por lei municipal baseada no plano diretor e sujeita ao regime de preferência, a primazia aquisitiva é do Município e não do condômino, sempre que um dos coproprietários desejar alienar onerosamente sua parte

---

5. *Vocabulário Jurídico*, 10ª ed., v. II, p. 376.
6. *Vocabulário Jurídico*, 10ª ed., v. III, p. 54.

ideal. O condômino só terá direito à prelação se o Município não exercer o direito de preferência, por não lhe interessar o estado de condomínio em que se veria envolvido se viesse a adquirir a parte ideal posta à venda.

8. Partes envolvidas na preempção

Nos termos do Estatuto da Cidade, são partes envolvidas na preempção: de um lado, o proprietário do imóvel submetido ao regime de preferência e, de outro, o Poder Público Municipal. *Proprietário* é a pessoa física ou jurídica que tem o direito de propriedade sobre determinado bem, tomada esta palavra em sentido amplo (móveis, imóveis, semoventes, direitos). Vulgarmente, é o *senhor* ou o *dono da coisa*. Esse diploma legal, ao disciplinar a preempção e indicar o obrigado a dar preferência, refere-se a proprietário, e isso poderia levar ao entendimento de que só o portador de uma escritura pública de compra e venda registrada no cartório de registro de imóveis teria essa obrigação. Ademais, parece ignorar que a propriedade pode ter vários proprietários, atuando sob regime de comunhão.

Não cremos que deva ser assim, pois o compromissário pode adquirir o imóvel mediante compromisso de compra e venda quitado, ainda que lavrado por instrumento particular, desde que registrado no cartório de registro de imóveis. Em tais casos o compromissário é considerado titular ou *dominus* da propriedade. Compromisso de compra e venda – segundo De Plácido e Silva – "é o contrato em virtude do qual os compromitentes, comprador e vendedor, assumem recíprocas obrigações de comprar e vender a coisa mencionada no contrato, pelo preço, no prazo e segundo as condições no compromisso instituídas".[7] *Compromissário* é o compromitente-comprador, e *compromitente* é o compromitente-vendedor. *Quitado* é o contrato de compromisso de compra e venda cujo preço foi totalmente pago. O superficiário, titular do domínio útil num contrato de superfície, não estaria compreendido na expressão "proprietário"? A nosso ver sim, pois o Estatuto da Cidade não faz qualquer distinção. Ademais, pode interessar ao Município a titularidade do domínio útil para a concretização de uma ou mais das finalidades justificadoras do direito de preferência, como é o caso da criação de espaços públicos de lazer e áreas verdes. No caso da propriedade condominial a parte é o conjunto dos condôminos ou apenas um deles. É o conjunto quando todos os condôminos desejam alienar onerosamente a propriedade que têm em comum. É um dos condôminos quando apenas ele deseja alienar onerosamente seu quinhão. Por último, o detentor de direitos possessórios sobre imóvel urbano situado em área delimitada por lei municipal baseada no plano diretor e sujeita ao regime de prelação, também, a nosso ver, deve

---

7. *Vocabulário Jurídico*, 10ª ed., v. I, p. 478.

dar preferência ao Município quando se dispuser a alienar onerosamente esses direitos ou quando receber proposta de particular que deseja, mediante compra, adquirir tais direitos. Por certo, o Município deve ser cauteloso ao exercer a preferência, por se tratar de direitos possessórios.

Também envolvido no regime de preferência está o Poder Público Municipal, conforme mencionado no art. 26 do Estatuto da Cidade. Essa parte é chamada de *preferente* ou *preemptor*. Poder Público Municipal é o mesmo que Município, conforme está indicado no art. 27 e nos §§ 2º, 3º e 6º desse dispositivo. É ao Município que o proprietário do imóvel urbano situado em área onde incide a prelação deve dar o exercício desse direito. Essa preferência, no entanto, pode não acontecer, pois o proprietário pode deixar de notificar o Município, não lhe dando, por conseguinte, a oportunidade para exercer esse direito. Se isso acontecer, o Município, tomando conhecimento da alienação onerosa que está se processando entre o proprietário de imóvel sujeito ao regime de preferência e um certo particular, pode intervir na transação, notificando o proprietário sobre seu interesse em comprá-lo em igualdade de preço e condições de pagamento, desde que sejam os praticados pelo mercado.

Se mesmo assim não lograr a preferência e a alienação acontecer, somente lhe resta pleitear perdas e danos, conforme interpretação combinada do disposto no art. 518 do Código Civil com a regra do § 1º do art. 4º do Estatuto da Cidade, embora esse entendimento não seja pacífico. Paralelamente deverá, em função de sua necessidade na execução e desenvolvimento da política urbana, promover a desapropriação. Dado o prestígio que a propriedade tem em nosso ordenamento jurídico, não cremos possível a aplicação analógica, em casos dessa natureza, da regra do art. 27, § 5º, desse diploma legal, que considera nula a alienação assim processada e faculta ao Município adquirir o imóvel pelo valor da base de cálculo do IPTU ou pelo valor indicado na proposta apresentada, se este for inferior àquele (art. 27, § 6º, do Estatuto da Cidade). Só mediante expressa previsão legal a nulidade e a faculdade aí previstas poderiam ser utilizadas – o que, por evidente, não é o caso.

O Município, nos termos do art. 182 da Lei das Leis, é o responsável pela execução e desenvolvimento da política urbana, devendo, por essa razão, ser o preferido na aquisição de imóvel urbano situado em área delimitada por lei municipal baseada no plano diretor e submetida ao regime de preferência. No entanto, se a reforma urbana estiver a cargo de uma empresa pública municipal, por exemplo, cremos que a essa entidade deve ser dado o direito de preferência, pois é ela quem, no caso, faz as vezes do Município – isto é, ela é a outra parte do binômio *proprietário/preferente*. Ademais, não teria sentido lógico atribuir a execução da reforma urbana a certa empresa governamental municipal e entender que só o Município tem o direito de ser preferido, na medida em que o instituto da prelação é importante instrumento de realização dessa transformação urbana. A lei municipal pode perfeitamente regular essa situação, sem ofender a competência privativa da União para legislar sobre direito civil, pois a matéria é de natureza administrativa. Em suma, o preferente tanto pode ser o Município como alguém que lhe faça as vezes.

9. Obrigatoriedade ou faculdade

Em relação ao proprietário do imóvel urbano situado em área delimitada por lei municipal calcada no plano diretor e sujeito ao regime de preferência, conforme disciplinado pelos arts. 25 *usque* 27 do Estatuto da Cidade, pode-se afirmar que se trata de uma obrigação. O proprietário que desejar alienar onerosamente essa propriedade a particular está obrigado a oferecê-la, tanto por tanto, em primeiro lugar ao Município, conforme se extrai da redação impositiva do art. 25 ("O direito de preempção *confere* ao Poder Público Municipal preferência ...") e do art. 27 ("O proprietário *deverá* ..."). Observe-se, ainda, que essa obrigação é confirmada na medida em que cabem em favor do Município perdas e danos quando o proprietário não lhe dá a preferência, por força do que estabelece o art. 518 do Código Civil, em interpretação combinada com o prescrito no art. 4º, § 1º, do Estatuto da Cidade.

No que respeita ao Município pensamos que há apenas uma faculdade. O Município, ainda que receba a regular e indispensável notificação que lhe dê, tanto por tanto, a preferência na aquisição de determinado imóvel urbano situado em área delimitada por lei municipal fundada no plano diretor e sujeita ao regime de preempção, não está obrigado a exercê-la. Cabe ao Município examinar a conveniência e, especialmente, a oportunidade da aquisição do imóvel objeto da notificação para que exerça o direito de prelação. Com efeito, o imóvel pode não lhe interessar em razão do estágio de desenvolvimento da política urbana (só vai ser utilizado muito depois) ou em virtude do preço (está fora do praticado pelo mercado). O § 3º do art. 27 do Estatuto da Cidade, por sua vez, prescreve que, transcorrido o prazo de trinta dias para o Município exercer a preempção, o proprietário fica autorizado a realizar a alienação para terceiros, nas condições da proposta notificada. Por tais razões e, ademais, pela ausência de qualquer punição aplicável ao Município em decorrência desse comportamento, há de se entender que estamos frente a uma faculdade.

Observe-se que o particular que regularmente venha a adquirir um certo bem imóvel sujeito à preferência, fica vinculado a esse regime e, obviamente, deverá atendê-lo enquanto vigorar, pois a aquisição não libera o comprador das obrigações decorrentes, não importando para essa submissão o modo pelo qual (compra, doação, permuta) o adquiriu.

10. Beneficiário da prelação

O art. 25 do Estatuto da Cidade considera o Poder Público Municipal apenas como beneficiário, ou seja, como o único titular do direito de preempção. Por *Poder Público Municipal* deve ser entendido o Município. Destarte, não podem ser beneficiários os órgãos do governo municipal, como são o Executivo e o Legislativo. Estes não podem também por outra razão, pois não são pessoas. Mas poderia, cremos, uma empresa governamental municipal, como é o caso de uma empresa pública, ser beneficiária do direito de preferência se ela for a responsável, por determinação legal, pela execução da *política urbana*.

Com efeito, não teria sentido lógico – e o Direito deve ser interpretado sem absurdos – ser essa empresa a responsável pela execução da política urbana e o beneficiário do direito de preempção ser o Município, distante dessa atividade. Destarte, no Município em que houver essa empresa pública municipal, com o objetivo de prover a política urbana, é ela a beneficiária da prelação na aquisição do imóvel objeto de alienação onerosa. A lei municipal a que se refere o Estatuto da Cidade no § 1º do art. 25 ou a própria lei do plano diretor, indicará a entidade responsável pela execução da política urbana e lhe atribuirá o direito de preferência conforme regulado nesse diploma legal. A União e o Estado não são responsáveis pela política urbana, nem poderiam, pois tal competência é assegurada somente ao Município (art. 182 da CF) ou a quem lhe faça as vezes; por isso não podem ser beneficiários da prelação instituída e regulada pelo Estatuto da Cidade.

O imóvel urbano situado em área delimitada por lei municipal baseada no plano diretor e submetido ao regime de preferência, por força do que prescreve o Estatuto da Cidade, pode estar alugado ou submetido ao regime superficiário com fundamento em legislação específica ou no Código Civil. Essa situação, que não é cerebrina, enseja, de uma parte, o aparecimento de dois preferentes: o Município e o locatário, na hipótese da locação, e o Município e o superficiário, no caso do direito de superfície. De outra, enseja a pergunta: quem efetivamente terá o direito de preferência quando o locador pretender alienar onerosamente o imóvel locado e o proprietário resolver alienar, também onerosamente, o domínio direto que detém sobre o imóvel objeto da superfície? Cremos que o preemptor, em ambas as hipóteses, é o Município, e se este não se interessar pela preferência o preferente será o locatário ou o superficiário, conforme o caso. Preferir o locatário ou o superficiário seria prestigiar o interesse particular em detrimento do interesse público; seria colocar em confronto as funções, privada e pública, da propriedade e pender em favor da privada. Seria, ademais, ignorar o princípio da função social da propriedade contido no inciso III do art. 170 da Lei Maior.

11. Finalidade

A finalidade do direito de preempção – afirma Antônio Chaves – "é eminentemente social".[8] Se assim é quando se procura assegurar ao antigo proprietário, ao locatário, ao superficiário e ao condômino o direito de preferência na aquisição do imóvel ou de parte ideal postos à venda, com mais razão há de ser no caso em que a propriedade imóvel cuja venda está sendo planejada pelo seu titular se encontra em área urbana e é necessária a certos fins de interesse público. Com efeito, a finalidade social, no caso, é mais que evidente, pois é por meio do direito de preferência que se pode, também, concretizar a função social da propriedade. Deveras, reza o art. 26 do Estatuto da Cidade que o direito de preempção será exercido sempre que o Município necessitar de áreas urbanas para "I – regularização fundiária; II – execução de programas e projetos habitacionais de interesse social; III – constituição de reserva fundiária; IV – ordenamento e direcionamento da expansão urbana; V – implantação de equipamentos urbanos e comunitários; VI – criação de espaços públicos de lazer e áreas verdes; VII – criação de unidades de conservação ou proteção de outras áreas de interesse ambiental; VIII – proteção de áreas de interesse histórico, cultural ou paisagístico".

O inciso I permite a instituição do direito de preferência quando a área é indispensável à regularização fundiária. *Regularização fundiária* é a levada a efeito no sentido de dotar o posseiro do competente título de propriedade ou de concessão de direito real de uso. É o caso de área invadida por pessoas de baixa renda quando seu proprietário recebe uma proposta de compra da associação dos invasores. Disposto a vender essa área, seu proprietário deve oferecê-la ao Município ou a quem lhe faça as vezes. Se adquirida, será mais fácil promover a regularização dominial ou fundiária e a um custo menor, pois a aquisição acontecerá antes que a intervenção urbana municipal valorize a propriedade.

O inciso II retrata situação em que o direito de preferência se justifica, na medida em que o imóvel submetido ao regime de prelação é necessário à execução de programas e projetos habitacionais de interesse social a cargo do Município ou de quem lhe faça as vezes. Se não existir um programa ou projeto dessa natureza não cabe a instituição do direito de preferência. "Programa" e "projeto" são expressões indicadoras de um conjunto de medidas (aquisição do terreno, elaboração do projeto, entrega do lote e da planta da moradia a ser construída, execução das moradias pelo Município ou construção por meio de mutirão, entrega do lote semiconstruído) de caráter social destinadas a dotar de moradia a população de baixa renda. Podem ser distinguidas, no entanto, na medida em que o *programa* é ação de duração

8. *Enciclopédia Saraiva ...*, v. 26, p. 339.

mais longa e se propõe a resolver em definitivo o problema da moradia no Município. *Projeto* é ação de duração mais curta e não se propõe a tanto, apenas intenta resolver o problema de moradia de um bloco de pessoas de baixa renda, como é o caso dos invasores de área particular.

O direito de preferência presta-se também, conforme indicado no inciso III do art. 26 do Estatuto da Cidade, à constituição de reserva fundiária. Para os futuros programas, especialmente de habitação de interesse social, o Município ou quem lhe faça as vezes pode adquirir bens imóveis pelos modos normais de aquisição da propriedade imobiliária e assim constituir uma reserva ou banco de imóveis, a ser utilizada mais tarde. Desse modo, é certo que o direito de preferência será útil, pois lhe permite adquirir determinado bem antes que tenha um novo destino em razão da venda a um terceiro qualquer ou alcance um valor maior em razão de obras e serviços executados na área pelo Poder Público.

O inciso IV prevê a possibilidade de utilização do direito de preferência para a promoção do ordenamento e direcionamento da expansão urbana. O crescimento da cidade nem sempre é ordenado e direcionado consoante o interesse público. O direito de preferência, em tais casos, facilita a aquisição da propriedade imobiliária necessária a imprimir ao crescimento da cidade ordem e direção, voltadas à satisfação do interesse da coletividade. A cidade crescerá organizada na direção e na medida em que essas aquisições imobiliárias estimularem a iniciativa privada segundo essas diretrizes.

A comunidade sempre está exigindo mais equipamentos urbanos e comunitários, obrigando o Município ou quem lhe faça as vezes a adquirir bens imóveis, com os ônus decorrentes da compra e venda ou da desapropriação. O inciso V do art. 26 do Estatuto da Cidade, ao permitir a instituição do direito de preferência incidente sobre imóveis situados em área onde esses equipamentos são desejados pela população, estará facilitando essas aquisições. Equipamentos urbanos são, entre outros, os destinados a captação, tratamento e distribuição de água domiciliar, os utilizados na prestação dos serviços de captação e afastamento de esgotos, os indispensáveis na distribuição de energia elétrica, os empregados no escoamento de águas pluviais, os destinados a implantação ou ampliação das redes de telefonia e gás canalizado. Já os equipamentos comunitários são destinados a educação (escola, universidade), cultura (teatro, cinema), saúde (hospital, pronto--socorro), lazer (ginásio esportivo).

O Município ou quem lhe faça as vezes também precisa de bens imóveis para espaços públicos de lazer e para a criação de áreas verdes – finalidades que justificam a prescrição do direito de preferência conforme indicado no art. 26, VI, do Estatuto da Cidade. Espaços públicos de lazer são bens públicos, a exemplo das praças, jardins e parques, abertos ao público e destinados ao descanso ou, como ensina José Afonso da Silva, "à ociosidade repousante".[9] Áreas verdes, quando destinadas ao público, são as dotadas de vegetação contínua, livres de edificações, salvo as estritamente indispensáveis ao conforto e segurança dos usuários, como são os sanitários, os postos policiais e os de saúde, cortadas por caminhos e vielas e dotadas, ainda, de brinquedos infantis.

A criação ou a proteção de unidades de conservação ou proteção de áreas de interesse ambiental é preocupação constante do Poder Público, especialmente o Municipal, o que exige do Município ou de quem lhe faça as vezes a aquisição de áreas para essas finalidades. As bacias hidrográficas precisam ser protegidas, e isso muitas vezes exige a aquisição de áreas em seu entorno. Para tal proteção não basta a imposição de restrições de uso e ocupação. Há necessidade da aquisição dessas áreas pelo Município. O direito de preferência pode, em tais casos, ser de grande utilidade, daí a prescrição do art. 26, VI, do Estatuto da Cidade. O mesmo deve ser dito – mudado o que cabe mudar – em relação às unidades de proteção ambiental, como são as reservas florestais.

O inciso VII do art. 26 desse diploma legal também prevê a instituição do direito de preferência para áreas do entorno de sítios de interesse histórico, cultural ou paisagístico. A proteção desses locais, quase sempre tombados, exige que as áreas do entorno também sejam envolvidas nessa proteção, sob pena de sua descaracterização. Os elementos naturais do entorno compõem com o sítio de interesse histórico, cultural ou paisagístico um conjunto, e todo ele deve ser preservado. A venda indiscriminada dos bens situados no entorno pode levar à degradação das áreas que efetivamente se deseja proteger. Esse irrecuperável prejuízo pode ser evitado na medida em que o Município, titular do direito de preferência, pode exercer a prelação.

O Município, ou quem lhe faça as vezes, pode precisar de áreas para a proteção de bens de interesse histórico, cultural ou paisagístico – daí a prescrição do inciso VIII, do art. 26 do Estatuto da Cidade. Essa proteção restará mais fácil, e eventualmente até mais econômica, se os proprietários do entorno dessas áreas merecedoras de proteção estiverem submetidos ao regime da preempção. O inciso IX foi vetado, não exigindo, por isso, qualquer preocupação.

Prescreve o parágrafo único do art. 26 que a lei municipal, responsável pela delimitação das áreas em que incidirá o direito de preempção e pela fixação da vigência dessa medida, deverá enquadrar cada área em que incidirá o direito de preferência em uma ou mais das finalidades enumeradas nos incisos dessa disposição estatuária. Nenhuma outra destinação poderá

---

9. *Direito Urbanístico Brasileiro*, 7ª ed., São Paulo, Malheiros Editores, 2012, p. 279.

ser dada às áreas assim enquadradas, sob pena de incorrer em improbidade administrativa, nos termos do art. 52, III, do Estatuto da Cidade.

12. *Requisitos*

A instituição do direito de preferência somente será legítima se forem observados os seguintes requisitos: I – existir plano diretor; II – instituição e disciplina substancial da prelação consignadas no plano diretor; III – lei municipal baseada no plano diretor delimitando a área de incidência da preempção; IV – indicação em lei municipal das finalidades arroladas no art. 26 para a área de incidência da preferência; V – incidir sobre propriedade imobiliária urbana situada em área delimitada por lei municipal para o exercício da prelação; VI – ser propriedade urbana objeto de alienação onerosa entre particulares. Todos esses requisitos merecem alguma consideração. O plano diretor é instrumento fundamental na execução e desenvolvimento da política urbana. Ademais, é exigência incontornável na imposição do regime de prelação (art. 42, II, do Estatuto da Cidade), pois a ele cabem sua instituição e o estabelecimento de suas diretrizes. Destarte, a instituição e a disciplina substancial do direito de preferência são exigências que devem anteceder a lei municipal de delimitação da área onde o regime de preferência em favor do Município deverá ser exercido.

O Estatuto da Cidade exige lei municipal baseada no plano diretor para delimitar a área ou as áreas que no interior da zona urbana estarão sujeitas ao regime de preferência (art. 25, § 1º). Essa lei poderá considerar toda a zona urbana como sujeita ao regime de prelação ou poderá delimitar para essa finalidade uma ou mais áreas, de sorte que no interior da zona urbana algumas propriedades estarão e outras não estarão sujeitas ao regime de preempção. A delimitação, portanto, não pode ser promovida por decreto regulamentar, nem mesmo pelo plano diretor, ainda que esse diploma seja uma lei municipal. É lei de iniciativa exclusiva do Chefe do Executivo Municipal, cuja aprovação pela Câmara de Vereadores depende do número de deliberações e do quórum de aprovação previstos na lei orgânica municipal ou no regimento interno desse Poder.

A lei municipal, baseada no plano diretor, deverá indicar, para cada área em que incidirá o direito de preempção, qual ou quais das finalidades indicadas no art. 26 do Estatuto da Cidade que, no seu interior, caberá ao Município perseguir. Destarte, não basta a lei municipal prescrever a preempção em favor do Município e delimitar a área de sua incidência, pois esse diploma legal exige que sejam indicadas uma ou mais finalidades a serem alcançadas, a exemplo da regularização fundiária e da execução de programas e projetos habitacionais de interesse social. Essa indicação só por lei pode ser alterada.

O pacto de preempção tanto pode versar sobre a propriedade mobiliária como pode incidir sobre a propriedade imobiliária, bastando que as partes o prevejam, pois o Código Civil não faz, nesse particular, qualquer distinção. Ao contrário, expressamente prevê essas possibilidades (art. 516). Diferentemente ocorre com o Estatuto da Cidade, que só disciplina o direito de prelação em relação à propriedade imobiliária urbana, e ainda assim somente sobre a situada em área delimitada por lei municipal, baseada no plano diretor. Por fim, a propriedade urbana sujeita à incidência do direito de preferência há de ser objeto de alienação onerosa entre particulares. Desse modo, não é toda e qualquer propriedade que está sujeita ao direito de preferência, mesmo que situada no interior dessa área.

13. Prazos

Cabe à lei municipal que delimita, dentro da zona urbana, a área em que as propriedades privadas situadas em seu interior estarão submetidas ao regime de preferência estabelecer o prazo durante o qual o proprietário de imóvel urbano nela situado deve oferecê-lo ao Município em igualdade de preço e condições de pagamento, se e quando desejar aliená-lo onerosamente a particular ou quando a isso for instado por terceiro. Esse prazo, segundo o § 1º do art. 25 do Estatuto da Cidade, não pode ser superior a cinco anos, mas pode ser menor, pois esse dispositivo, para indicar sua grandeza, vale-se da expressão "não superior a cinco anos". Ainda nos termos desse parágrafo, o prazo fixado pode ser renovado ou repetido por lei municipal, desde que entre o término de um e o início de outro medeie, no mínimo, um período de carência de um ano. Tais prazos podem ser diferentes, conforme o estágio em que se encontra a reforma urbana: o primeiro pode ser de cinco e o segundo, por exemplo, pode ser de três anos. Nada impede que sejam iguais.

O prazo de carência, também chamado *intersticial*, não pode ser menor, mas, induvidosamente, pode ser maior, prestigiando-se, desse modo, a propriedade particular. Para ser maior basta que a lei municipal assim determine. Durante o período de carência o proprietário pode alienar como lhe aprouver, inclusive onerosamente e a particular, sua propriedade, sem qualquer obrigação de oferecê-la antes ao Município. O mesmo pode ser afirmando quando o prazo de preferência não é renovado. Em ambas as hipóteses a liberação da obrigação de dar preferência ao Município é automática, não necessitando para a alienação de qualquer autorização municipal. Nessas hipóteses, ainda que dada ao Município a preferência, este não poderá exercê-la, pois fora do regime de preferência a aquisição da propriedade imobiliária, em tese, exige o competente processo licitatório.

O Estatuto da Cidade não menciona quantas vezes o período de prelação pode ser renovado. Não obstante seja assim, cremos que, além da renovação prevista, outras, de acordo com o interesse público, poderão ser promovidas, desde que sejam efetivadas por lei e haja entre elas, ao menos, o interstício de um ano. É evidente que essas renovações não podem se perpetuar, sob pena de serem havidas por abusivas. A lei municipal pode restringir a quantidade de renovações. Durante o prazo de preferência e suas renovações assegura-se o direito de prelação ao Município ou a quem lhe faça as vezes, independentemente da quantidade de preferências relacionadas com o mesmo imóvel. Destarte, enquanto submetido o imóvel ao regime de preferência, a cada proposta de compra e venda que seu proprietário receber, ou a cada intenção de aliená-lo, deve dar preferência, tanto por tanto, ao Município. A lei municipal que estabelece esse prazo pode restringir a quantidade de preferências a um certo número ou estabelecer um prazo, de tal sorte que além daquele ou fora deste não há qualquer obrigação por parte do proprietário de dar preferência ao Município ou a quem lhe faça as vezes.

O prazo de preferência começa a ser contado na data da publicação da lei municipal que o instituir, enquanto o prazo de carência começa a ser contado no dia imediato ao do encerramento do prazo de prelação. O prazo de preferência é decadencial, ou seja, se não ocorrer o oferecimento do bem ao preferente ou se, oferecido, não for por ele aproveitado dentro desse espaço temporal o preemptor perde o direito à preferência. Renovado o prazo, restaura-se o direito de prelação do preferente, ou seja, do Município ou de quem lhe faça as vezes. O mesmo – mudado o que deve ser mudado – pode ser afirmado em relação ao prazo de carência. Com efeito, se o proprietário, dentro desse espaço de tempo, não alienar o imóvel a quem o desejar, não mais poderá fazê-lo, pois encerrado esse prazo inicia-se o novo período de preferência, onde incidirá o direito de prelação em favor do Município ou de quem lhe faça as vezes. Esses prazos terminam na mesma data que começaram, ao completar-se o tempo correspondente. Assim, o prazo de cinco anos iniciado com a publicação da lei em 5 de outubro de 2001 terminará em 6 de outubro de 2006, enquanto o prazo de carência de um ano iniciado em 6 de outubro de 2001 terminou em 6 de outubro de 2002. Para essa contagem aplicam-se as regras da Lei federal 810, de 6.9.1949, que define o ano civil.

14. *Procedimento*

O Estatuto da Cidade, no art. 27 e parágrafos, delineia o procedimento a que está sujeito o proprietário do bem imóvel submetido ao regime de preferência. Duas são as situações que podem levar o proprietário a observar o regime de prelação, sob pena de incorrer nas sanções prescritas pelos §§ 5º e 6º do art. 27 desse diploma legal. A primeira instaura-se por iniciativa do próprio titular do imóvel submetido ao regime de preferência, que, segundo seu exclusivo interesse, resolve aliená-lo a particular mediante contrato de compra e venda, por certo preço e determinadas condições. A segunda é de iniciativa de terceiro que, pretendendo adquirir certo imóvel submetido ao regime de preferência, faz ao seu proprietário uma proposta estabelecendo o preço, as condições de pagamento e seu prazo de validade. Em qualquer dessas hipóteses, por estar o imóvel em área delimitada por lei municipal calcada no plano diretor e sujeito ao regime de prelação, o proprietário deve notificar o Município dando-lhe o direito de preferência, observado, em cada uma, o indispensável procedimento de notificação, ainda que esse direito esteja previsto contratualmente em seu favor ou em prol de outrem, pois há de prevalecer o interesse público.

O início do procedimento de notificação pode estar num ato do proprietário do bem imóvel submetido ao regime de prelação. De fato, desejando alienar esse imóvel mediante contrato de compra e venda, seu proprietário notifica o Município dessa intenção e lhe informa o preço, as condições de pagamento e o prazo de validade da proposta. Outro, no entanto, pode ser o acontecimento inicial desse procedimento, pois embasado num ato de terceiro. Com efeito, se o proprietário recebe uma proposta para a venda de imóvel que lhe pertence, submetido ao regime de prelação, e por ela se interessa, deve notificar o Município sobre a intenção de vendê-lo, juntando à notificação a proposta que lhe fora dirigida, contendo o preço, as condições de pagamento e o prazo de validade, dando-lhe, pois, preferência na aquisição, tanto por tanto. A juntada da proposta à notificação é a diferença entre as duas situações. Feita essa observação, ambas as hipóteses, no que respeita ao procedimento de notificação, podem ser versadas de uma só assentada. Em qualquer delas a notificação deve conter o preço, as condições de pagamento e o prazo de validade – elementos que exigem algum aclaramento.

Preço é o valor em dinheiro – em Real, no caso – que o proprietário pretende alcançar com a venda de seu imóvel, que é, normalmente, o de mercado, isto é, o alcançado em venda à vista, considerando-se um mercado normal. O Município não está obrigado a aceitar o preço nem as condições de pagamento que lhe são propostos. Aliás, quanto ao preço não pode o Município pagar mais que o preço de mercado, sob pena de incorrer em improbidade administrativa (art. 52, VIII, do Estatuto da Cidade). Se entender que o preço e as condições estão fora dos praticados no mercado, o Município poderá oferecer uma contraproposta.

As condições de pagamento também precisam ser informadas. Comumente são duas: *pagamento à vista* e *pagamento a prazo* – cuja escolha cabe ao proprietário quando deseja alienar imóvel de sua propriedade sem que haja provocação de terceiro. Quando é este quem faz a proposta cabe-lhe ofertar o preço e a escolha das condições de pagamento. Ao proprietário cabe, apenas, aceitá-las ou não e, eventualmente, discutir o preço e as condições de pagamento. De qualquer forma, aceitos ou ajustados o preço e as condições de pagamento, cabe ao proprietário promover a notificação do Município ou de quem lhe faça as vezes para, se o desejar, exercer, tanto por tanto, a preferência.

O pagamento à vista – isto é, o realizado de uma só vez – não oferece qualquer preocupação. Na data da lavratura da escritura pública o Município efetua o respectivo pagamento e é investido em todos os direitos decorrentes da transação imobiliária realizada. O pagamento a prazo oferece alguma preocupação, pois o preço será maior e diretamente proporcional ao número de prestações. Nesta hipótese, outras informações devem ser prestadas, a exemplo da existência ou não de um pagamento inicial na data da lavratura da escritura pública e de outros tantos correspondentes às prestações para a quitação do saldo, da forma pela qual as prestações serão representadas e a data de vencimento de cada uma. O prazo de validade da proposta é fixado pelo proprietário ou pelo terceiro autor da proposta de compra e venda. Corresponde ao tempo em que a proposta deve ser respeitada. Há de ser superior a trinta dias, sob pena de não se completar o procedimento de notificação, especialmente quando é iniciado por proposta de compra e venda de terceiro.

Notificação, no caso, é a comunicação solene, formal, feita ao Município pelo proprietário do imóvel situado em área delimitada por lei municipal calcada no plano diretor e sujeito ao regime de preempção para que, se o desejar, exerça, em relação a esse imóvel e no prazo estipulado, o direito de preferência. O proprietário do imóvel é o *notificante*; o Município é o *notificado*. A notificação deve ser feita, via de regra, na pessoa do prefeito municipal, que é o representante legal do Município. A notificação pode ser *judicial*, *cartorária* ou *postal*, pois o Estatuto da Cidade não preferiu esta ou aquela via. Assim, cabe ao notificante escolher a que melhor atenda e resguarde seus interesses, especialmente os relacionados com a entrega da notificação.

Pela via *judicial* o notificante pede ao juiz que notifique o Município para que, se for de seu interesse, exerça a prelação em relação a imóvel de sua propriedade submetido por força de lei municipal ao regime de preferência. Cumprida a notificação e devolvido o mandado, os autos da notificação são entregues ao notificante. Esse pedido – na realidade, uma petição – deve ser assinado por advogado.

Cartorária é a notificação levada pelo notificante ao cartório e por este entregue ao notificado. Cumprida essa diligência, uma das cópias da notificação é entregue ao notificante, com a certidão de sua entrega ao notificado.

Postal é a notificação feita via Correio. O proprietário do imóvel sujeito ao regime da preempção posta a notificação, tomando as cautelas comprovadoras de que essa comunicação será efetivamente entregue ao notificado. Normalmente essa cautela consiste na postagem com o pedido de que a entrega seja feita pelo sistema AR.

Essas são as modalidades mais utilizadas, mas nada impede que a notificação seja levada pessoalmente pelo proprietário ou por alguém a seu mando ao prefeito municipal, com a cautela de colher na segunda via da notificação a assinatura dessa autoridade ou de seu representante legal, anotando-se sob essa assinatura o nome do agente público e o número da identificação funcional ou, quando não adotada, o da cédula de identidade. De qualquer forma, os autos da notificação devidamente cumprida, a cópia da notificação feita via cartório com a certidão de sua entrega, o aviso postal de AR e a segunda via da notificação assinada pelo agente público municipal que a recebeu constituem prova do cumprimento dessa obrigação imposta pela lei municipal ao proprietário de imóvel urbano sujeito ao regime da preempção. Em situações excepcionais a notificação poderá ser feita por edital.

O Município, ao receber a notificação, em qualquer das hipóteses, analisará os termos da proposta e se os aceitar, porque satisfazem o interesse público e o preço é o de mercado, determinará a publicação de edital. Do edital constará um resumo da notificação recebida, contendo, no mínimo, o preço, as condições de pagamento e o prazo de validade da proposta, juntamente com a intenção de aquisição do imóvel nas condições da notificação. A publicação deve ser feita no órgão oficial de divulgação do Município, que poderá, conforme o caso, ser o *Diário Oficial do Município* (*DOM*) ou um jornal particular contratado, mediante licitação, para a publicação dos atos oficiais municipais. Mas não é somente isso, pois o Estatuto da Cidade exige que idêntica publicação seja feita em, pelo menos, um jornal local ou regional de grande circulação. A expressão "jornal de grande circulação" deve ser entendida em seus devidos termos, isto é, sob certas condições – ensina De Plácido e Silva.[10] Ainda seguindo as lições desse dicionarista, cabe afirmar que a expressão "grande circulação" deve ser tomada em relação ao local em que o jornal é publicado. Assim, *jornal de grande circulação* significa o mais lido, o mais procurado, o mais conceituado na cidade ou Município em que tem sua sede ou no Estado. O jornal local, pelas suas próprias características, por certo, não precisa ser de grande circulação.

A par desse comportamento, o Município informará por escrito o proponente sobre seu interesse na aquisição do imóvel segundo a proposta apresentada, tomando cada um as providências que lhes tocam e necessárias à lavratura da escritura pública de compra e venda. O proprietário cuidará de comprovar o domínio que exerce sobre o imóvel objeto da preempção e da obtenção das certidões negativas de ônus e alienações dos últimos vinte

---

10. *Vocabulário Jurídico*, 10ª ed., v. III, p. 7.

anos e das certidões negativas de tributos. O Município providenciará o empenho do valor correspondente ao pagamento do preço e à satisfação das custas cartorárias e, sobretudo, providenciará os recursos financeiros para honrar esse pagamento na data da lavratura da escritura pública de compra e venda. Lavrado esse documento, cabe ao Município promover o registro desse contrato no competente cartório de registro de imóveis. O tabelião em que será lavrada a escritura, via de regra, é o já escolhido mediante licitação para a prática de atos semelhantes. Se assim não for, verifica-se se no caso há ou não necessidade de licitação. Não cabe igual preocupação em relação ao cartório de registro de imóveis, pois aquele, o tabelião, pode ser qualquer um, daí a necessidade desse certame; este, o cartório de registro de imóveis, é o determinado por lei, donde a inexigibilidade da licitação.

Restaria saber se o Município pode apresentar, dentro do trintídio destinado a demonstrar solenemente seu interesse na compra de imóvel submetido ao regime de preferência, uma contraproposta. Não vemos qualquer motivo para negar-lhe essa possibilidade, conforme já mencionado. Com efeito, ainda que essas partes tenham sido aproximadas em razão do regime de preferência, a transação que estão para celebrar é de natureza contratual, onde prevalece a vontade das partes. Destarte, nesses casos cabe ao proprietário do bem submetido ao regime de prelação aceitar ou não o que está sendo proposto pelo Município. Ademais, incorrerá em improbidade administrativa o prefeito, ou quem lhe faça as vezes, se adquirir imóvel objeto de direito de preempção pelo valor da proposta apresentada se este for comprovadamente superior ao de mercado (art. 52, VIII, do Estatuto da Cidade). É evidente, então, que, para não incorrer nessa punição, o prefeito municipal, ou quem lhe faça as vezes, deve propor ao proprietário do imóvel uma contraproposta. Daí a legalidade desse comportamento. Ao receber a contraproposta o proprietário informará o Município de sua aceitação ou recusa. Se a contraproposta for aceita, deve ser ultimada a alienação. O particular, autor da proposta, se for o caso, deve ser informado desse acontecimento. Observe-se que essa informação é dada por simples atenção social, pois não há qualquer determinação legal nesse sentido.

Todo esse processo deverá estar pronto, inclusive com a escritura pública de compra e venda lavrada, no prazo de trinta dias, salvo eventual prorrogação. Essa afirmação é decorrência do disposto no § 3º do art. 27 do Estatuto da Cidade, que permite, ultrapassado esse tempo, a alienação do imóvel a quem por ele se interessar, pois esse diploma legal não estabelece qualquer prazo para a conclusão do procedimento. Com efeito, se após o prazo de trinta dias o proprietário pode alienar a terceiros seu imóvel, resta claro que todo o processo deve estar concluído dentro do mencionado trintídio. Por cuidar-se de prazo exíguo, cremos que, se solicitado pelo Município um lapso maior, nada impede que o proprietário o conceda, já que é prazo previsto em seu benefício, de sorte que pode, sem qualquer ilegalidade, conceder a dilação pretendida.

Embora seja assim, não há qualquer imposição para tanto, já que a concessão dessa prorrogação é mera faculdade do proprietário. Se a notificação estiver calcada em proposta de terceiro o prazo mais a prorrogação devem se conter dentro da vigência da proposta. Pode ocorrer que a manifestação municipal informando sobre o interesse do Município na aquisição do bem submetido ao regime de preferência tanto por tanto vá ter às mãos do proprietário notificante depois desse prazo. Assim acontecendo, o proprietário, se nada fez no sentido de transferir esse bem a terceiro que nessas condições se dispunha a adquiri-lo, deve aceitar a manifestação municipal, pois não há nulidade alguma, nem prejuízo para qualquer das partes, na conclusão da transação após esse prazo.

Se, ao contrário, o Município não se interessar pela oferta, nem lhe interessar fazer qualquer contraproposta, nada deve promover, bastando deixar que o mencionado trintídio escorra *in albis*. Nesse caso está o proprietário livre para alienar seu imóvel a qualquer interessado, nas condições da proposta apresentada ao Município – estatui o § 3º do art. 27 do Estatuto da Cidade. Negociado o imóvel nessas condições, nada mais cabe ao então proprietário, tirante a obrigação de remeter ao Município uma cópia da escritura pública de compra e venda, consoante determina o § 4º desse dispositivo do Estatuto da Cidade, como mais adiante será visto. Alterado para menos o valor à vista ou a prazo do imóvel, o proprietário deverá notificar o Município observando o mesmo procedimento, que recomeça *ex novo*. Se a alteração do valor à vista ou a prazo for para mais cremos desnecessária a notificação, pois é lógico supor que se não houve interesse do Município antes, quando o valor era menor, não haverá interesse agora, quando o valor é maior. Embora deva ser assim, é certo que o Estatuto da Cidade não fez tal distinção e comina a pena de nulidade para a transação celebrada em desconformidade com a proposta (art. 27, § 1º) – o que, a nosso ver, é, no mínimo, uma impropriedade do legislador.

Vendido o imóvel, no prazo de trinta dias, contados da data da alienação, deve o vendedor remeter ao Município uma cópia da escritura pública de compra e venda (art. 27, § 4º, do Estatuto da Cidade), qualquer que seja o preço à vista ou a prazo. O Estatuto da Cidade exige escritura pública, ficando assim descartada a utilização de contrato particular de compra e venda, mesmo que registrado, pois só desse modo a fraude será dificultada. Nada impede que seja escritura pública de contrato de compromisso de venda e compra, se desse modo foi ofertado ao Município. Essa remessa tem por fim comprovar que a alienação foi feita nas exatas condições de preço e pagamento consignadas na proposta, pois é nula de pleno direito a alienação processada em condições diversas das apresentadas na proposta (art.

27, § 5º, do Estatuto da Cidade), salvo, por evidente, se essas condições de preço e pagamento forem superiores. Processada a alienação em condições diversas da proposta apresentada, o Município poderá adquirir o imóvel pelo valor da base de cálculo do IPTU ou pelo valor indicado na proposta apresentada, se este for inferior àquele, salvo, por certo, se a transação foi feita por preço e condições superiores, ainda que essa distinção, repita-se, não seja feita pelo Estatuto da Cidade. Observe-se que o prazo de trinta dias é contado da alienação, ou seja, da data da lavratura da escritura de compra e venda, não da data do seu registro no cartório de registro de imóveis, até porque o vendedor não tem controle sobre essa data, na medida em que dito comportamento cabe ao comprador.

De outra parte, o prazo de trinta dias não é para a alienação, que poderá acontecer bem mais tarde. Advirta-se que o Estatuto da Cidade não fixou qualquer prazo para a alienação do imóvel quando Município deixa de exercer a preferência. Nesse caso, até que momento o proprietário pode se aproveitar do desinteresse municipal para vender nas condições da notificação a terceiros o imóvel objeto do regime de preferência? A nosso ver, até que um terceiro lhe ofereça nova proposta de compra e venda ou ele, proprietário, se proponha a alienar seu imóvel, em qualquer caso por preço e condições mais favoráveis que as anteriores. Assim acontecendo, e se ainda estiver vigorando o regime de preferência, o proprietário deve notificar o Município para, se for de seu interesse, exercer a preferência tanto por tanto, reiniciando-se, assim, todo o procedimento determinado pelo regime de preferência.

15. Pagamento

O pagamento do preço deve ser realizado pelo Município ao proprietário, consoante os termos da proposta. O pagamento é feito em dinheiro e comumente no dia em que é lavrada a escritura de compra e venda, podendo, no entanto, ser estabelecida outra data, sempre depois da lavratura, para não caracterizar pagamento adiantado. É pagamento normal, que não observa ordem alguma, especialmente a dos precatórios judiciais. Com efeito, somente os pagamentos devidos pela Fazenda Municipal em virtude de sentença judiciária far-se-ão exclusivamente na ordem cronológica de apresentação dos precatórios e a conta dos créditos respectivos – reza o art. 100 da Constituição Federal.

Os débitos municipais decorrentes do exercício do direito de preferência, como tantos outros, não são originários de sentenças judiciárias, daí sua insubmissão ao regime dos precatórios. Ademais, são pagos valendo-se o Município de dotações orçamentárias específicas para cada uma dessas despesas. Os dois sistemas convivem, sem que se possa imaginar qualquer burla ao regime dos precatórios. Para a satisfação dessa despesa há que existir dotação orçamentária e no dia do pagamento, depois, por certo, de processada a liquidação da despesa, há que existir recurso financeiro.

16. Desistência

Depois de tomar todas as medidas que lhe cabe, pode o Município desistir da preferência? A nosso ver, sim. Com efeito, se o Município não está obrigado a exercer a preferência, é evidente que também pode dela desistir, bastando que, por escrito, informe o proprietário dessa decisão e o libere de qualquer responsabilidade, de modo que possa alienar seu imóvel a quem por ele se interessar, desde que observe as condições da notificação, se essas também não forem liberadas. Essa decisão não precisa ser justificada, tanto quanto não precisa ser justificada a informação da desistência levada ao conhecimento do proprietário. Qualquer prejuízo que tal comportamento possa causar ao proprietário pode ser, uma vez devidamente comprovado, cobrado por ele do Município, administrativa ou judicialmente. A desistência municipal pode ser viabilizada até o pagamento do preço. A partir daí não se pode falar em desistência, pois os efeitos da preferência já se operaram em sua plenitude, com a entrega ao vendedor do valor correspondente ao preço e a incorporação do imóvel ao patrimônio municipal.

Nenhum problema se coloca se esgotado o prazo para o exercício da preferência sem qualquer manifestação do Município. A hipótese, no entanto, não é de desistência, pois nenhum procedimento foi iniciado. É – isto, sim – de desinteresse.

E o proprietário, depois de notificada a preferência, pode dela desistir? Entendemos que não, enquanto vigorar o trintídio para o Município exercer a prelação. Escoado esse prazo *in albis*, o proprietário pode desistir da venda sem maiores problemas. Assim também entende Eurico de Andrade Azevedo ao comentar o direito de preempção no Projeto de Lei 5.788/1990, que tinha por objetivo regulamentar o capítulo da política urbana conforme consignado na Constituição Federal, em trabalho coordenado pela Dra. Mariana Moreira e publicado, via *Internet*, pela Fundação Prefeito Faria Lima – CEPAM, entidade da Administração indireta do Estado de São Paulo.

17. Despesas cartorárias

A lavratura e o registro da escritura pública têm custos fixados em lei, comumente chamados de *emolumentos*, que devem ser satisfeitos por uma das partes ou por ambas, em igualdade de condições ou conforme for entre elas ajustado. O Estatuto da Cidade nada dispôs a esse respeito. Assim, deve-se afirmar que, via de regra, tanto as despesas com a lavratura da escritura (art. 490 do CC) como as decorrentes do seu registro no cartório de registro de imóveis são da responsabilidade do comprador. Destarte, se o Município exerce a preferência e compra o imóvel que seu proprietário lhe oferecera, cabe-lhe o pagamento dos emolumentos por ocasião da lavratura e do registro da escritura pública de compra e venda. As custas decorrentes da notificação judicial, os emolumentos cartorários e as despesas postais são da responsabilidade de quem as promover. No caso, são daquele que tem a obrigação de dar preferência, ou seja, o proprietário, que, aliás, também responde pelos emolumentos decorrentes da extração de certidões de ônus e alienações e pelo imposto sobre a transmissão *inter vivos*, a qualquer título, por ato oneroso de bens imóveis – ITBI, de competência municipal (art. 156, II, da CF).

18. Registro imobiliário

Não há necessidade de qualquer registro ou averbação da notificação recebida pelo Município para exercer dentro do trintídio o direito de preferência. A publicidade que se poderia alcançar com tal procedimento cartorário é atingida com ampla vantagem pelo procedimento adotado com base no § 2º do art. 27 do Estatuto da Cidade, que determina a publicação, em órgão oficial e em pelo menos um jornal local ou regional de grande circulação, do edital de aviso da notificação recebida. Pensamos, no entanto, ser possível a averbação da preferência nas matrículas de todos os imóveis situados em áreas delimitadas por lei municipal, baseada essa lei no plano diretor e submetidas essas áreas ao regime de preempção, em razão dos princípios da publicidade e da concentração. Nesse sentido é a lição do registrador João Pedro Lamana Paiva, proferida nestes termos: "Quanto à recepção do direito de preempção pelo direito registral, embora a não previsão por parte do legislador, pensamos sobre a conveniência de proceder a competente averbação nas matrículas dos imóveis situados nas áreas estabelecidas de interesse municipal, fundada nos princípios da publicidade e da concentração".[11]

19. Licitação

A compra pelo Município de imóvel submetido ao regime de preferência, consoante regulado pelos arts. 25 *usque* 27 do Estatuto da Cidade, não exige qualquer procedimento licitatório, pois é caso de inexigibilidade de licitação, cujo fundamento é o *caput* do art. 25 da Lei federal das Licitações e Contratos da Administração Pública. Por força do regime de preempção o Município não escolhe o imóvel que eventualmente irá adquirir, pois esse

---

11. "Estatuto da Cidade – Alerta a registradores e notários", artigo veiculado pelo IRIB através da *Internet*.

lhe é oferecido pelo proprietário, que detém a iniciativa do processo de transferência dominial. Nesse processo o Município apenas aceita ou não aceita a preferência que lhe é dada, podendo, nesta última hipótese, oferecer uma contraproposta. Essa peculiaridade do regime de prelação obsta à licitação, mas não dispensa a justificativa do preço, consoante exige a Lei federal das Licitações e Contratos da Administração Pública (art. 26, parágrafo único, III). Ainda que sejam oferecidos ao Município vários imóveis de diferentes proprietários, a licitação continua inexigível, já que todos, por estarem em área delimitada por lei municipal baseada no plano diretor e sujeitos ao regime de prelação, são de seu interesse e indispensáveis à execução da política urbana. Embora o ideal fosse a aquisição de todos esses imóveis ao mesmo tempo, pois sua aquisição mais tarde será, certamente, por um preço maior, em virtude da valorização que alcançarão com o início e desenvolvimento da reforma urbana, nada impede que nesse caso o Município estabeleça uma ordem de prioridade para compra, justificada em razão da evolução da execução da política urbana. Assim, serão adquiridos inicialmente os imóveis de utilização imediata na execução dessa política, enquanto que a aquisição dos demais será promovida na medida em que as preferências forem acontecendo. De qualquer modo, a licitação será sempre inexigível. No caso a licitação é contrária ao interesse público, pois outro poderá ser o vencedor do certame, perdendo o Município o imóvel necessário à execução e desenvolvimento da política urbana.

20. Utilização do bem adquirido em razão da preferência

Retira-se *a contrario sensu* do disposto no art. 52, III, do Estatuto da Cidade o entendimento segundo o qual o Município, uma vez exercido o direito de preferência e adquirido o imóvel que lhe fora ofertado, tem a obrigação de dar ao bem incorporado ao seu patrimônio a utilização indicada por lei municipal para a área em que está situado. Destarte, em tese, nenhuma outra utilização que não a estabelecida para a área pode ser atribuída ao bem que se incorporou ao patrimônio público municipal, sob pena de incorrer o prefeito em improbidade administrativa, conforme previsto nesse dispositivo do Estatuto da Cidade.

A incorporação ao patrimônio municipal mesmo do imóvel adquirido pelo Município segundo as regras do regime de preempção ocorre com o registro da escritura pública de compra e venda no cartório de registro de imóveis (art. 1.245 do CC). É a incorporação de direito, ainda que se possa afirmar que sua ocorrência fática tenha se dado por ocasião da transferência da posse ao Município, feita pelo vendedor no dia da lavratura da escritura pública de compra e venda. Atente-se que a Lei não determinou qualquer prazo para essa utilização. Pode-se, então, adotar o prazo máximo de cinco anos estabelecido por essa lei para o Município dar o adequado aproveitamento aos imóveis incorporados ao seu patrimônio por força do regime de prelação, tal como se passa nas desapropriações pagas com títulos da dívida pública municipal (art. 8º, § 4º).

21. Distrito Federal

Estabelece o art. 51 do Estatuto da Cidade que, para os efeitos dessa lei, aplicam-se ao Distrito Federal e ao Governador do Distrito Federal as disposições relativas, respectivamente, ao Município e ao Prefeito. Assim, tudo o que cabe ao Município em termos de competências, direitos e obrigações cabe ao Distrito Federal, tanto quanto tudo o que cabe ao Prefeito no que diz respeito a competências, direitos e responsabilidades, cabe ao Governador do Distrito Federal. Portanto, sempre que mencionamos ao longo deste ensaio a palavra "Município" estávamos implicitamente enunciando *ou Distrito Federal*; igualmente quando mencionamos o termo "Prefeito" estávamos implicitamente mencionando *ou Governador do Distrito Federal*. Essa observação vale, igualmente, para a locução "lei municipal".

22. Improbidade administrativa

Estabelece o art. 52 do Estatuto da Cidade que, sem prejuízo da punição dos eventuais agentes públicos envolvidos e da aplicação de outras sanções, quando cabíveis, "o prefeito incorre em improbidade administrativa, nos termos da Lei n. 8.429, de 2 de junho de 1992, (...) quando utilizar áreas obtidas por meio do direito de preempção em desacordo com o disposto no art. 26" do Estatuto da Cidade (inciso III). Por sua vez, esse artigo estabelece que "o direito de preempção será exercido sempre que o Poder Público necessitar de áreas para: I – regularização fundiária; II – execução de programas e projetos habitacionais de interesse social; III – constituição de reserva fundiária; IV – ordenamento e direcionamento da expansão urbana; V – implantação de equipamentos urbanos e comunitários; VI – criação de espaços públicos de lazer e áreas verdes; VII – criação de unidades de conservação ou proteção de outras áreas de interesse ambiental; VIII – proteção de áreas de interesse histórico, cultural ou paisagístico". Portanto, o prefeito municipal incorre em improbidade administrativa se adquirir áreas, valendo-se do regime de prelação, sem utilizá-las para as finalidades, uma ou mais das anteriormente indicadas, nas áreas delimitadas por lei municipal baseada no plano diretor para a incidência desse regime. Também incorre nessa sanção o prefeito municipal que adquirir imóvel objeto de direito de preempção, nos termos dos arts. 25 a 27 do Estatuto da Cidade, pelo valor da proposta apresentada se este for, comprovadamente, superior ao preço de mercado (art. 52, inciso VIII).

OUTORGA ONEROSA DO DIREITO DE CONSTRUIR (SOLO CRIADO)

Floriano de Azevedo Marques Neto

Art. 28. O plano diretor poderá fixar áreas nas quais o direito de construir poderá ser exercido acima do coeficiente de aproveitamento básico adotado, mediante contrapartida a ser prestada pelo beneficiário.

§ 1º. Para os efeitos desta Lei, coeficiente de aproveitamento é a relação entre a área edificável e a área do terreno.

§ 2º. O plano diretor poderá fixar coeficiente de aproveitamento básico único para toda a zona urbana ou diferenciado para áreas específicas dentro da zona urbana.

§ 3º. O plano diretor definirá os limites máximos a serem atingidos pelos coeficientes de aproveitamento, considerando a proporcionalidade entre a infraestrutura existente e o aumento de densidade esperado em cada área.

Art. 29. O plano diretor poderá fixar áreas nas quais poderá ser permitida alteração de uso do solo, mediante contrapartida a ser prestada pelo beneficiário.

Art. 30. Lei municipal específica estabelecerá as condições a serem observadas para a outorga onerosa do direito de construir e de alteração de uso, determinado:

I – a fórmula de cálculo para a cobrança;

II – os casos passíveis de isenção do pagamento da outorga;

III – a contrapartida do beneficiário.

Art. 31. Os recursos auferidos com a adoção da outorga onerosa do direito de construir e de alteração de uso serão aplicados com as finalidades previstas nos incisos I a IX do art. 26 desta Lei.

1. Introdução

O direito urbanístico brasileiro é um raro caso de ramo jurídico que se criou e consolidou muito antes do advento, no direito positivo, de um diploma contendo regras claras e consolidadas a lhe servir de base. Embora o país tenha se urbanizado rápida e drasticamente, passando a conviver com enormes concentrações urbanas – e seus desafiadores problemas –, até há pouco não tínhamos uma lei urbanística que reunisse os marcos disciplinadores da ocupação do solo urbano. Não é, pois, imerecido ou exagerado o nome com que se autobatizou a Lei federal 10.257/2001: o *Estatuto da Cidade*.

Há mais de trinta anos, José Afonso da Silva, comentando o instituto do *solo criado*, asseverava: "O conceito e os contornos do instituto estão precisamente formulados pela doutrina. Resta ao legislador dar-lhe normatividade jurídico-positiva".[1] Passados seis lustros, na Seção IX do Capítulo II (arts. 28-31), o Estatuto da Cidade estabelece estes contornos normativos. Bem verdade que o fez aquém dos marcos que já se tinham como consensuais na doutrina, como veremos. Porém, em tema que envolve tantos interesses e suscita candentes posicionamentos ideológicos, é natural que o debate parlamentar acarrete mitigações e concessões mútuas, que por vezes comprometem a pureza de um conceito ou os contornos de um instituto jurídico. Assim é na Democracia. O fato é que, a despeito de resistências dogmáticas ou ideológicas, o ordenamento jurídico acolhe, agora expressamente,[2] o instituto do *solo criado* nas feições que adiante apresentaremos.[3] Antes é imperativo passar por algumas questões conceituais subjacentes a este instituto.

1. *Direito Urbanístico Brasileiro*, São Paulo, Ed. RT, 1981, p. 319 (atualmente em 7ª edição, São Paulo, Malheiros Editores, 2012, p. 268).

2. Dizemos "agora expressamente" porque, conforme a concepção de solo criado que se adote, é possível sustentar que seu núcleo conceitual – entendido como a limitação do direito de uso da propriedade urbana para fins construtivos – já constava desde 1916 do ordenamento jurídico pátrio. Com efeito, o art. 572 do Código Civil, a par de consagrar o direito de construir ao proprietário, deixava claro que este direito se punha cingido pelo direito de vizinhança e pelos regulamentos administrativos. Segue daí que a submissão do direito de edificar na propriedade a limites verticais ou de ocupação da propriedade já se colocava admissível até em sede infralegal (regulamentos administrativos). Como veremos, constitui uma das linhas de concepção do *solo criado* sua tradução numa limitação àquilo que constitui o direito subjetivo do proprietário de imóvel urbano de edificar sobre sua propriedade.

3. Por ora, vale fixar a sempre precisa definição de Hely Lopes Meirelles para o instituto, de modo a que possamos a ele fazer referência antes de expormos o porquê de sua preferência em detrimento do conceito de "outorga onerosa do direito de construir", constante da legislação ora comentada. Dizia o administrativista que "considera-se 'solo criado' toda área edificável além do coeficiente único de aproveitamento do lote, legalmente fixado para o local. O 'solo criado'

2. Direito urbanístico e direito de propriedade

O direito urbanístico, entendido como o campo do Direito voltado a disciplinar o uso e a ocupação do solo urbano, envolve, por definição, condicionamentos e restrições ao direito de propriedade. Implica, necessariamente, a superação da ideia da propriedade como um direito absoluto titularizado pelo indivíduo. Desde as suas origens no Direito Romano o direito de propriedade encontrava alguma relativização no cotejo com o direito de vizinhança; limitação, esta, que se punha em face do direito subjetivo dos demais particulares (os lindeiros). Com o desenvolvimento das cidades, às restrições e aos condicionamentos ao direito de propriedade ditados pelos direitos subjetivos dos confrontantes agregam-se outros, decorrentes do plexo de direitos da coletividade, dos demais indivíduos, que não os confrontantes, habitantes da urbe ou não (se colocarmos a hodierna dimensão das condicionantes ambientais).

Como percucientemente aponta Eros Grau,[4] diferentemente da propriedade rural, traço essencial da propriedade urbana é que o valor desta decorre menos da sua escassez e mais da sua acessibilidade. A riqueza da propriedade urbana não advém, exclusiva ou mesmo principalmente, do que nela se pode produzir (a partir de seus atributos intrínsecos – qualidade do solo, aptidão do clima, extensão, topografia etc.), mas do uso que se lhe pode dar em virtude de sua inserção no contexto da cidade.

Daí por que – sustenta Eros Grau – a agregação de valor à propriedade urbana depende das condições de fruição (acesso) dessa propriedade como suporte a atividades necessárias à vida urbana. A partir dessa constatação, afirma – a nosso ver, com acerto – que "a possibilidade de o solo urbano ser utilizado como suporte de diversas atividades, no entanto, é decorrente de ação estranha à atuação do seu proprietário. O acréscimo de valor, em verdade, não é produto de nenhuma aplicação de capital ou de trabalho por parte do proprietário individual, resultando da ação conjugada do setor privado – como um todo – e do setor público, ou seja, da comunidade".[5]

será sempre um acréscimo ao direito de construir além do coeficiente básico de aproveitamento estabelecido pela lei: acima desse coeficiente, até o limite que as normas edilícias admitirem, o proprietário não terá o direito originário de construir, mas poderá adquiri-lo do Município, nas condições gerais que a lei local dispuser para a respectiva zona" (*Estudos e Pareceres de Direito Público*, v. IX, São Paulo, Ed. RT, 1986, p. 333).
    4. *Direito Urbano*, São Paulo, Ed. RT, 1983, p. 72.
    5. *Direito Urbano*, p. 73. De nossa parte, apenas abrandaríamos um pouco a assertiva do autor no sentido de dizer que o acréscimo de valor pode ser gerado em parte pelo esforço individual do proprietário, mas nunca será exclusivamente disso decorrente.

De fato, o potencial de exploração de uma propriedade urbana dependerá sempre da existência ou da criação de uma infraestrutura pública (gerada com recursos advindos de toda a coletividade) sem a qual a atividade aplicada à propriedade individual não se viabiliza.

Doutro lado, a destinação que o proprietário dá à sua propriedade gera externalidades que afetam a toda a coletividade. Se tal finalidade envolve a alocação de um significativo contingente populacional, haverá, cedo ou tarde, a saturação da infraestrutura viária, de transportes públicos ou das redes de suporte a outros serviços essenciais. De resto, as condições ambientais, de habitabilidade, paisagísticas, de salubridade – enfim, todo o meio ambiente urbano –, são afetadas conforme o uso que se dá à propriedade inserida no contexto da cidade.

Quer pelo fato de – como sustenta Eros Grau – a valia econômica (sua rentabilidade) da propriedade urbana ser "função da ação conjunta do setor público e do setor privado, devendo pois ser atribuída à sociedade como um todo",[6] quer pelo fato de sua utilização, mormente mediante edificação, afetar o meio ambiente urbano (pertencente a toda a gente, como bem de uso comum do povo que é, por expressa definição constitucional[7]), é que o direito urbanístico oferece limites (restrições, condicionamentos e, mesmo, sacrifício) à utilização da propriedade.

Dentro deste regime de adstrição do uso da propriedade às normas urbanísticas colocou-se, desde há muito tempo, a polêmica em torno da separação ou não entre o direito de propriedade e o direito de construir, em sede da qual se travou – imaginando-se agora estar ela superada – a discussão em torno do instituto do *solo criado*. Três posições emergiram sobre o tema.

Num polo erigiu-se a doutrina mais aproximada do direito civil (na sua tradição romanística), segundo a qual o direito de propriedade implicaria a plenitude do direito de construir, sendo este inerente aos atributos de fruição e gozo do bem integrante do domínio privado.[8] Por essa acepção seria inconstitucional, porquanto írrita ao direito de propriedade, qualquer imposição de normas urbanísticas que condicionassem o direito de construir

---

6. *Direito Urbano*, p. 73.

7. CF "Art. 225. Todos têm direito ao meio ambiente ecologicamente equilibrado, bem de uso comum do povo e essencial à sadia qualidade de vida, impondo-se ao Poder Público e à coletividade o dever de defendê-lo e preservá-lo para as presentes e futuras gerações."

Para uma visão da conformação urbanística da cidade como incluída no patrimônio ambiental urbano, v. José Afonso da Silva, *Direito Urbanístico Brasileiro*, 7ª ed., pp. 306 e ss. De resto, parece que a própria referência, no art. 182 da Constituição, à garantia do bem-estar dos habitantes da cidade permite-nos utilizar o termo "meio ambiente urbano" sem maiores preocupações conceituais.

8. Cf. art. 1.228

à prévia outorga pelo Poder Público, quanto mais a título oneroso. O máximo que, nessa linha de entendimento, se admitia era a fixação de restrições gerais ditadas pelo direito de vizinhança ou por posturas municipais concernentes ao zoneamento ou a condições sanitárias das edificações.[9] Adotada essa linha de pensamento, não haveria lugar no ordenamento jurídico para o instituto do *solo criado*, pois a edificação, tanto quanto seus recursos técnicos e econômicos permitissem, era algo inerente ao direito de propriedade; logo um direito subjetivo de quem tem o domínio da propriedade urbana. Sem lugar, pois, para se regrar ou limitar o direito a construir acima de qualquer limite legal ou regulamentarmente estipulado, muito menos para que o exercício desse direito dependesse de outorga, licença ou autorização do Poder Público.

No outro extremo estavam aqueles que – como Eros Grau – sustentavam que haveria distinção entre direito de propriedade e direito de construir, pois que este não pertenceria ao proprietário, mas apenas a ele poderia ser atribuído por meio de autorização ou concessão do Poder Público, seu efetivo titular.[10] Neste sentido, haveria uma separação entre as duas dimensões, sendo subtraída dos atributos de uso, gozo e disponibilidade da propriedade urbana a prerrogativa de sobre ela construir qualquer edificação. O direito de construir sobre ou sob a propriedade não integraria o domínio da coisa, sendo titularizado pela coletividade, e, como tal, somente o Poder Público poderia outorgá-lo ao proprietário, observadas as normas urbanísticas. Tal tese, antes já ventilada em foros internacionais,[11] teve como marco entre nós a propositura encabeçada por Antônio Carlos Cintra do Amaral, Eros

9. Embora não sendo um prócer da posição radical, de cunho marcadamente romanístico, esta parecia ser a posição de Hely Lopes Meirelles que, em seu célebre *Direito de Construir* (11ª ed., São Paulo, Malheiros, 2013, já atualizada *post mortem* por Adílson Abreu Dallari e os., mas neste particular ainda no texto original, p. 30), asseverava que: "O fundamento do direito de construir está no direito de propriedade. Desde que se reconhece ao proprietário o poder legal de usar, gozar e dispor de seus bens (Código Civil, art. 1.228), reconhecido está o direito de construir, visto que no uso, gozo e disponibilidade da coisa se compreende a faculdade de transformá-la, edificá-la, beneficiá-la, enfim, com todas as obras que lhe favoreçam a utilização ou lhe aumentem o valor econômico". É bem dizer que Hely, em outros textos, deixou consignada a possibilidade de o Poder Público impor limitações ao direito de construir, no interesse da coletividade (*Estudos e Pareceres* ..., v. IX, p. 334), tendo sido autor de Anteprojeto de Lei de Desenvolvimento Urbano que, nos idos de 1976, contemplava o instituto do solo criado traduzido em uma licença especial e remunerada a ser concedida em casos especiais pelo Poder Público Municipal.

10. Eros Grau, in *Solo Criado/Carta de Embu* (diversos autores), CEPAM – Fundação Prefeito Faria Lima, 1977, pp. 141 e ss.

11. Neste sentido, noticia Eros Grau (*Direito Urbano*, p. 60) conclusão de seminário realizado no início de 1971, na capital italiana, por técnicos vinculados à ONU, firmando idêntica posição.

Roberto Grau e Jorge Bartholomeu Carneiro da Cunha nos idos de 1975,[12] pela qual se aventava a hipótese de definição por lei federal de que haveria distinção entre direito de propriedade e direito de construir, donde consequentemente resultaria não mais caber falar em limitações administrativas ao direito de edificação do proprietário, haja vista que o titular do domínio não teria tal direito. Tal concepção, por fim, encontrou eco na legislação italiana. A Lei 10, de 28.1.1977, consagrou o princípio da não edificabilidade dos terrenos urbanos, nos quais a possibilidade e as condicionantes de construir decorreriam e seriam condicionadas aos planos urbanísticos.[13] Por essa linha tinha-se algo além do próprio instituto do *solo criado*, pois toda e qualquer edificação dependeria de outorga específica por parte do Poder Público, independente de sua dimensão sobre a área do imóvel. A titularidade do direito de construir caberia à coletividade não só para o *solo criado*, mas para qualquer espaço edificado.

Entre os dois polos construiu-se uma concepção intermediária, mas nem por isso desprovida de radicalidade. Na sua senda é que vem o tratamento dado ao instituto do *solo criado* na legislação ora comentada. Essa concepção tem seu legado histórico entre nós em conclusão aprovada pelos participantes de um seminário promovido, no início de 1975, pelo GEGRAN (Grupo Executivo da Grande São Paulo), cunhada por Celso Antônio Bandeira de Mello, segundo a qual, inobstante reconhecer que o direito de propriedade envolve a utilização e disposição do bem, caberia à legislação estipular os limites do uso e desta disponibilidade, donde adviria a um só tempo o reconhecimento dos direitos inerentes à propriedade, mas exercíveis nos limites da lei.[14] Na esteira dessa concepção, tem-se que pode a lei definir limites objetivos ao direito de construir, para além dos quais haveria a necessidade de uma outorga específica por parte do Poder Público. É neste sentido que a legislação francesa regrou o chamado *plafond légal de densité*.[15] A partir dessa concepção é que se estrutura doutrinariamente o conceito

12. José Afonso da Silva, *Direito Urbanístico Brasileiro*, 7ª ed., p. 263.

13. Acerca do tratamento dado na legislação italiana, v. Márcia Walquiria Batista dos Santos, "Direito de propriedade e direito de construir", *Cadernos de Direito Constitucional e Ciência Política* 8/97 e ss., julho-setembro/1994. Para uma crítica do sistema de planificação urbanística vigente na Itália, a seu entender excessiva, v. Pablo Stella Richter, "L'urbanistica dopo la pianificazione", in Sandro Amorosino, *Le Trasformazioni del Diritto Amministrativo*, Milão, Giuffrè, 1995, pp. 311-317.

14. Assim foi assentada a propositura: "O direito de propriedade, assegurado na Constituição, tem seu perfil definido pela legislação ordinária, a qual não pode desconhecer a noção de que a propriedade envolve a utilização e disposição; contudo, assiste à legislação ordinária definir a extensão do seu uso e disposição".

15. A Lei 75-1.328, de 31.12.1975, estipulou que ao proprietário corresponde o direito de construir correspondente em toda a França ao coeficiente 1 (igual à área do terreno) e para a região de Paris correspondente a 1,5. Para além desse patamar

jurídico de *solo criado*, ao qual em grande medida se prende o tratamento dado pelo Estatuto da Cidade ao tema.[16]

3. Histórico do instituto no Brasil

Paralelamente ao debate entre estas três visões da relação entre direito de propriedade e direito de construir, em grande medida pela inspiração da lei francesa e da noção de *plafond légal de densité*, por inspiração de técnicos e juristas estudiosos do urbanismo,[17] começou a ganhar força a noção de limitação do direito de construir e do condicionamento, para transposição destes limites, a que o proprietário ofereça contrapartidas ao Poder Público.

O debate teórico e conceitual em torno da noção de *solo criado* prosseguiu por alguns meses e culminou, já em dezembro de 1976, na chamada *Carta de Embu*, cidade onde se realizou o seminário (também promovido pelo CEPAM) em que ela foi aprovada.[18] Neste documento encontramos todas as premissas e fundamentos do instituto.

legal de densidade a possibilidade de construir ficaria subordinada ao pagamento, pelo beneficiário, de uma soma igual ao valor do terreno, de forma a ressarcir a coletividade, titular do direito de construir acima do patamar legal.

16. Neste sentido, bastante apropriada nos parece a formulação sintetizada por Maria Magnólia Lima Guerra (*Aspectos Jurídicos do Uso do Solo Urbano*, Fortaleza, 1981, p. 75), citada por Marcelo Figueiredo ("Considerações a respeito da outorga onerosa (solo criado) no Projeto de Lei n. 5.788, de 1990", *Working Paper* 30-2000/30, Lisboa, Faculdade de Direito da Universidade Nova de Lisboa), em sede de apresentação dos pressupostos do instituto do *solo criado*. Diz a autora que "a solução preconizada, na verdade, admite o direito de construir como um direito cuja titularidade pertence ao proprietário do solo, mas só até o limite de edificação estabelecido pelo coeficiente de aproveitamento do solo instituído por lei. A partir desse limite é que o direito de construir passa a pertencer à coletividade. Isso significa também que, dentro do coeficiente de aproveitamento, é assegurada ao proprietário a faculdade de separar o direito de construir do direito de propriedade do solo, de modo a torná-lo suscetível de alienação".

17. O ponto de partida para esta discussão foi o histórico documento produzido pelos urbanistas Antônio Cláudio Moreira Lima e Moreira, Dalmo do Valle Nogueira Filho, Domingos Theodoro de Azevedo Netto e Clementina De Ambrosis. O documento, produzido nos idos de 1975, constituiu o texto-base a partir do qual transcorreram vários seminários e discussões promovidos pelo Centro de Estudos e Pesquisas em Administração Municipal (CEPAM), então vinculado à Secretaria do Interior do Estado de São Paulo. Esse documento encontra-se inserido na coletânea *O Solo Criado/Carta de Embu*, pp. 21-29.

18. Necessário consignar, passado tanto tempo, em homenagem ao descortino destes juristas e urbanistas, o nome dos signatários da *Carta de Embu*: Álvaro Villaça Azevedo; Celso Antônio Bandeira de Mello; Dalmo do Valle Nogueira Filho; Eros Roberto Grau; Eurico de Andrade Azevedo; Fábio Fanucchi; José Afonso da Silva; Maria de Lourdes Cesarino Costa; Mário Pazzaglini Filho; Miguel Seabra Fagundes;

Os *consideranda* do documento primam por sintetizar as bases do raciocínio doutrinário que sustenta e justifica o instituto do solo criado. Neles vemos registrados os seguintes pressupostos: (i) há no território urbano áreas favoráveis a diferentes tipos de atividades; (ii) a maior propensão a algumas atividades tende a incrementar o valor dos imóveis em algumas áreas, nas quais haverá forte pressão por um maior aproveitamento – ensejado pelo avanço tecnológico nas técnicas construtivas – destes terrenos, levando a um maior adensamento nestas áreas; (iii) este processo sobrecarrega a infraestrutura urbana; (iv) a possibilidade de adensamento, trazida pelo avanço tecnológico, não é necessariamente inconveniente; (v) no entanto, as normas urbanísticas habitualmente limitam tal adensamento, gerando uma valorização desigual dos imóveis, favorecendo aqueles que podem ser mais aproveitados do ponto de vista de multiplicação da utilização de sua área pela ocupação do espaço aéreo ou do subsolo; (vi) o direito de propriedade é condicionado pelo princípio da sua função social, o que permite a adstrição do seu uso e disposição a limites ou condições ditados por critérios de relevância social; (vii) exemplos desses condicionamentos são encontrados na legislação de parcelamento do solo, pela qual se condiciona a divisão dos imóveis urbanos à doação de áreas para uso público ou social.

A partir desses pressupostos, a *Carta de Embu*[19] definia expressamente que "o criador de solo deverá oferecer à coletividade as compensações necessárias ao reequilíbrio urbano reclamado pela criação do solo adicional". Vê-se, portanto, um forte componente de uma visão compensatória e reparadora do instituto, segundo a qual a possibilidade de exploração do imóvel urbano mediante a multiplicação do seu espaço explorável implicaria oneração a toda a coletividade e, portanto, o dever de repará-la (ou compensá-la) por tais ônus. Muito habilmente, a construção advinda da *Carta de Embu* passava ao largo da discussão em torno da pertença do direito de construir.

As conclusões que seguiam dão conta dos exatos limites do instituto. Primeiramente, predizendo seu pressuposto objetivo: o Poder Público Municipal poderia estabelecer um coeficiente único de edificação para todos os terrenos urbanos do Município, sem elidir sua competência para regrar o zoneamento municipal. A partir desse coeficiente, o excedente de edificação seria considerado *solo criado*. Em seguida, preconizavam-se as condicionantes para a edificação dependente de *solo criado*: o Poder Público, mediante lei municipal, condicionaria a criação de solo à entrega, pelo proprietário, de quantidade proporcional de áreas ao mesmo Poder. Quando

---

Jorge Hori; Antônio Cláudio Moreira Lima e Moreira; Clementina De Ambrosis; Domingos Theodoro de Azevedo Netto; Luiz Carlos Costa; Norberto Amorim.

19. Cf. *O Solo Criado/Carta de Embu*, cit.

esta dação não fosse materialmente possível, poderia ser substituída por seu equivalente econômico. Por fim, previa-se a possibilidade de o proprietário, impedido de explorar em seu imóvel a utilização, mesmo do coeficiente mínimo (como no caso de imóvel tombado[20]), alienar a parcela entre o potencial aproveitável e este coeficiente.

Passaram-se quase 40 anos, e a Carta de *Embu* ainda se mostra atual, talvez até mais avançada que o próprio Estatuto da Cidade. Desde sua edição formou-se um forte consenso entre os urbanistas em torno da necessidade da introdução do *solo criado* como mecanismo para disciplinar a ocupação do solo urbano. No mundo jurídico, porém, o debate se estagnou ou mesmo retrocedeu, estancado particularmente na discussão em torno da competência para legislar sobre a matéria.

Em que pese aos esforços de alguns Municípios, prevaleceu o entendimento (com respaldo na jurisprudência) de que, por tanger limitações ao direito de propriedade, matéria afeta ao direito civil, a competência legislativa caberia apenas à União (cf. art. 22, I, da CF).[21] A polêmica, por óbvio, ficou superada com o advento da nova legislação federal. Não podemos deixar de registrar, porém, que não perfilávamos com a tese de imprescindibilidade de lei federal para albergar o instituto do *solo criado* no direito positivo. Se é induvidosa a competência federal para legislar sobre direito civil, tampouco se pode desconhecer que a propriedade urbana está constitucionalmente adstrita (i) ao cumprimento de sua função social (CF, art. 170, III, e art. 182, § 2º) e (ii) à competência municipal para executar a política de desenvolvimento urbano (art. 182, *caput*, da CF) e legislar sobre assuntos de interesse

20. Assim como a construção doutrinária de que a *Carta de Embu* foi legatária tinha forte influência na já citada lei francesa de 1975, aqui, no tocante à alienação do potencial construtivo de imóvel sujeito a restrições urbanísticas, especialmente objeto de tombamento, a influência parece vir da experiência vivida nos EUA, mais precisamente no *Space Adrift* previsto no Plano Urbanístico de Chicago. Por este instituto, responsável em grande medida pela preservação de grande parte dos imóveis históricos daquela cidade americana, o proprietário de imóvel tombado pode alienar o *quantum* de direito de construir que poderia exercer sobre seu imóvel caso pudesse demolir a edificação lá existente e objeto de medidas de preservação.

21. José Afonso da Silva noticia tentativas pioneiras no antigo Estado da Guanabara e no Município de São Paulo, quando do alargamento da Av. Paulista (o que, no nosso entender, não chegou a corresponder propriamente à introdução do instituto do *solo criado*). Posteriormente, sim, há que se citar a Lei municipal 11.773, de 18.5.1995, que instituiu as chamadas "Operações Interligadas". Tal iniciativa foi questionada em sede de ação direta de inconstitucionalidade ajuizada pelo Ministério Público Estadual junto ao Tribunal de Justiça do Estado (ADI 45.352-0). O Tribunal de Justiça concedeu a ação direta de inconstitucionalidade por 14 votos a 11. Motivou a decisão pela inconstitucionalidade, no caso, a existência na lei paulistana de delegação para o Executivo estabelecer critérios para alterar índices urbanísticos.

local (art. 30, I, da CF). Porém, esse debate em torno de competências legislativas agora é história.

4. A constitucionalidade do solo criado

Se não mais subsiste a discussão constitucional em sede da necessidade de lei federal, pode-se ainda levantar óbices à constitucionalidade da outorga onerosa do direito de construir retomando-se a concepção mais privatista do direito de propriedade. Nessa linha de argumentação, a inclusão do instituto do *solo criado* no Estatuto da Cidade padeceria de inconstitucionalidade por violar o direito de propriedade, consagrado no art. 5º, *caput* e inciso XXII, bem como também nos arts. 170, II, e 5º, LIV, todos da Constituição da República.

A tese, a nosso ver, não procede. Isso porque, como é cediço, a Constituição, a um só tempo, consagrou o direito de propriedade subordinando-o ao exercício de sua função social. Vemos isso em diversos dispositivos, tanto de forma geral (*v.g.*, o art. 170, III, que expressamente consagra o princípio da função social da propriedade como fundante de toda ordem econômica constitucional, aplicável à propriedade urbana e rural, aos meios de produção e aos bens de raiz) como específica (cf. art. 182, *caput* e § 2º, art. 184, *caput*, art. 185, parágrafo único, e art. 186). A Constituição de 1988 – como, de resto, já fazia, difusamente, a anterior – consagrou a moderna concepção do direito de propriedade, que não se estabelece ou pode se exercer de forma absoluta, mas sim condicionada ao cumprimento das funções sociais, é dizer, do melhor proveito para toda a coletividade, a partir de premissas definidas na lei.[22] Muito não é preciso dizer, aqui, sobre o fato de que, consagrado o princípio da função social da propriedade, não se pode sustentar como inconstitucional a restrição estabelecida em lei ao exercício deste direito pelo particular.[23]

22. Nas sempre sábias palavras de Duguit, "en las sociedades modernas, en las cuales ha llegado a imperar la consciencia clara y profunda de la interdependencia social, así como la libertad es el deber para el individuo de emplear su actividad física, intelectual y moral en el desenvolvimiento de esta interdependencia, así la propiedad es para todo poseedor de una riqueza el deber, la obligación de orden objetivo, de emplear la riqueza que posee en mantener y aumentar la interdependencia social. (...). La propiedad no es, pues, el derecho subjetivo del propietario; es la función social del tenedor de la riqueza" (*Las Transformaciones del Derecho*, Buenos Aires, Heliasta, 2001, pp. 239-240).

23. A respeito da aplicação da ideia de função social da propriedade às restrições em apreço, v. a dissertação desenvolvida por Marcelo Figueiredo, "Considerações a respeito da outorga onerosa ...", *Working Paper* 30-2000/2 e ss. V. também, sobre o tema: Carlos Ari Sundfeld, *Desapropriação*, São Paulo, Ed. RT, 1990; Roger Raupp Rios, "A propriedade e sua função social na Constituição Federal de 1988",

Como acima deixamos assentado, a limitação do direito de construir mediante a introdução do instituto do *solo criado* no direito positivo insere--se no rol de mecanismos decorrentes da aplicação do princípio da função social à propriedade urbana. Poder-se-ia alegar que os instrumentos para concretização da função social da propriedade urbana seriam exclusivamente aqueles relacionados no § 4º do art. 182 da Constituição Federal. O argumento não se sustenta.

De um lado porque no próprio art. 182 vemos contemplada uma visão mais ampla da função social da propriedade urbana. No seu *caput* vemos consignado que o objetivo da política urbana é a ordenação do pleno desenvolvimento das funções sociais da cidade (assim mesmo, no plural), nos termos de diretrizes gerais que serão fixadas em lei. Já no seu § 2º encontramos expressa prescrição no sentido de que "a propriedade urbana cumpre sua função social quando atende às exigências fundamentais de ordenação da cidade expressas no plano diretor". Tendo o Estatuto da Cidade, como adiante veremos, vinculado a aplicação da outorga onerosa do direito de construir sempre às premissas e prescrições do plano diretor, restaria fora de dúvida que o instituto se trata de um instrumento apto a ordenar o desenvolvimento das funções sociais da cidade.

De outro porque no § 4º do art. 182 vemos listados instrumentos para coibir uma das modalidades de abuso do direito de propriedade (traduzida no que se convencionou chamar de *especulação imobiliária*), qual seja, o não-aproveitamento pleno da propriedade urbana, com vistas à formação de estoques imobiliários. Há, porém, três tipos de condutas que violam a rela-

Ajuris 22-64/307-320, julho/1995, e *Lex – Jurisprudência do STJ e TRFs* 6-55/17-25, março/1994; Maria Lúcia de Paula Oliveira, "Constituição econômica e função social da propriedade: a questão da efetividade da Constituição de 1988", *Direito, Estado e Sociedade* 1/115-122, julho-dezembro/1991; Uadi Lamego Bulos, "Função social da propriedade", *Ciência Jurídica* 9-63/333-345, maio-junho/1995; Rogério Gesta Leal, *A Função Social da Propriedade e da Cidade no Brasil: Aspectos Jurídicos e Políticos*, Porto Alegre, Livraria do Advogado, 1998; Vladimir da Rocha França, "Perfil constitucional da função social da propriedade", *Revista de Informação Legislativa* 36-141/9-21, janeiro-março/1999; Carlos Araújo Leonetti, "Função social da propriedade na Constituição de 1988", *Repertório IOB Jurisprudência: Tributário, Constitucional e Administrativo* 11/329-336, 1ª quinzena de junho/1999, e *A & C: Revista de Direito Administrativo & Constitucional* 1-3/55-73, 1999; Toshio Mukai, "O imposto predial e territorial progressivo: a função social da propriedade e a Constituição de 1988", *RDP* 23-93/243-244, janeiro-março/1990; José Diniz de Moraes, *A Função Social da Propriedade e a Constituição Federal de 1988*, São Paulo, Malheiros Editores, 1999; Vivian Josete Pantaleão Caminha e Roger Raupp Rios, in Leandro Paulsen (org.), *Desapropriação e Reforma Agrária: Função Social da Propriedade, Devido Processo Legal, Desapropriação para Fins de Reforma Agrária, Fases Administrativa e Judicial, Proteção do Direito de Propriedade*, Porto Alegre, Livraria do Advogado, 1997.

ção de bom aproveitamento dos recursos da urbe, traduzindo-se em abuso na utilização da propriedade urbana: (i) o não-aproveitamento da infraestrutura urbana criada às custas da coletividade; (ii) o aproveitamento da propriedade descompassado com a capacidade da infraestrutura, obrigando a que a coletividade concorra com recursos para ampliar a infraestrutura existente; e, por fim, (iii) a utilização da propriedade para finalidades incompatíveis com a infraestrutura urbana, insuficiente ou mesmo inexistente na região específica.[24] Os instrumentos sucessivos do dispositivo em comento prestam-se a obrigar o aproveitamento de imóvel urbano, naturalmente em regiões em que a infraestrutura urbana admite tal aproveitamento. Para as duas outras modalidades de utilização írrita aos interesses da coletividade são necessários instrumentos não de utilização compulsória, mas de abstenção ou mitigação do aproveitamento. E neste quadrante é que se insere o instituto do *solo criado*. Seria incorreto que o constituinte previsse uma concepção ampla de função social da propriedade urbana para, depois, admitir apenas instrumentos para coibir sua violação pela omissão no aproveitamento desta propriedade, vedando meios de impedir o uso abusivo do imóvel urbano.

Fosse isso pouco e sepultaria a alegação de inconstitucionalidade do instituto a expressa previsão constante do art. 30, VIII, da Carta Maior, que insere dentre as competências do Município "promover, no que couber, adequado ordenamento territorial, mediante planejamento e controle do uso, do parcelamento e da ocupação do solo urbano". Sendo a matéria prevista na Seção IX do Capítulo II do Estatuto da Cidade nada mais do que balizamento para a ocupação do solo urbano com vistas a seu planejamento (meio de "ordenar o pleno desenvolvimento das funções sociais da cidade e garantir o bem-estar de seus habitantes", consoante a dicção constitucional – art. 182), soaria um tanto esquizofrênico defender a incompatibilidade do instituto do *solo criado*, posto como está no Estatuto da Cidade, com o texto constitucional.

Abordadas – ainda que com a brevidade cabível em sede do presente trabalho – as notas doutrinárias e gerais enredadas em torno do instituto do *solo criado* sob seus aspectos doutrinário, histórico e constitucional, é hora de enfrentarmos as questões trazidas pelo tratamento que lhe foi dado pelo Estatuto da Cidade.

5. *O solo criado no Estatuto da Cidade*

A introdução do instituto no Estatuto da Cidade precede a seção em que ele recebeu tratamento específico. Já o art. 4º da lei contempla entre os

---

24. A divisão dos três planos de abuso do direito de propriedade – e, consequentemente, de desatendimento de sua função social – foi-nos apresentada por Wladimir Antônio Ribeiro, um dos juristas que, ao longo de uma década, contribuiu para a edição do Estatuto da Cidade.

instrumentos de política urbana (i) o planejamento municipal tanto mediante edição do plano diretor como por meio da disciplina do parcelamento, do uso e da ocupação do solo (art. 4º, III, "a" e "b") e, (ii) como instituto jurídico e político, a própria outorga onerosa do direito de construir e da alteração de uso (inciso V, "n"). Ao arrolar estes instrumentos como mecanismos para concretização da política urbana o legislador deu guarida à linha de sustentação da constitucionalidade do instituto, acima defendida, pois deixou claro serem eles parte da política de desenvolvimento urbano e, portanto, à luz do art. 182 da Constituição, mecanismos para concretização da função social da propriedade. De outro lado, ao incluir a outorga onerosa do direito de construir no rol de institutos jurídicos e políticos (inciso V), deixou claro que tal instituto nada tem de natureza tributária (o que o faria inserido no rol do inciso IV – institutos tributários e financeiros), antecipando-se a uma outra discussão conceitual que se insinua.[25]

5.1 Solo criado e outorga onerosa do direito de construir

Talvez para evitar a carga semântica e ideológica envolvida no conceito de "solo criado", o legislador se esquivou de designar expressamente o instituto, preferindo tratar o tema sob a designação de "outorga onerosa do direito de construir", título dado à Seção IX do Capítulo II do Estatuto da Cidade. Ao fazê-lo incorreu em dois pecadilhos.

O menos grave é que deu título menos abrangente do que a matéria tratada nos artigos subsequentes. De fato, a seção trata não apenas da outorga onerosa do direito de construir, mas também da possibilidade de outorga onerosa de alteração de uso, consoante se verifica no art. 29 e na referência constante do art. 30. Aqui, parece-nos, houve mesmo uma distração do legislador, pois, como visto acima, no art. 4º, V, "n", está correta a referência às duas modalidades de outorga onerosa.[26]

25. Nessa linha, v., por todos, Ives Gandra da Silva Martins, "Solo criado", *RDC* 15/57 e ss., São Paulo, Ed. RT, janeiro-março/1981. Diz o tributarista: "No Brasil, desde a *Carta de Embu*, pretende-se partir para a solução do solo criado, mas a tentativa de descaracterizar a sua natureza tributária, a nosso ver, inviabiliza a solução. Qualquer exigência para que se permita a construção além de certos limites ganharia, pela definição do art. 3º do CTN, coloração nítida e inequívoca de tributação" (p. 62). Discordamos deste entendimento, pois é intrínseco à definição de tributo constante do art. 3º do Código Tributário Nacional o fato de ser uma "prestação pecuniária compulsória", característica que não se coaduna com o caráter voluntário da aquisição de potencial construtivo excedente pelo proprietário do imóvel sobre o qual se quer ter solo criado.

26. Poder-se-ia aludir ainda a soar um pouco inadequada a designação de toda a seção como versante da outorga onerosa quando nela vemos dispositivo prevendo

Porém, o mais grave problema da opção tomada pelo legislador é de ordem conceitual. A *outorga onerosa do direito de construir* não substitui ou se confunde com a noção de *solo criado*. A onerosidade da outorga é, na verdade, uma consequência do estabelecimento do instituto do solo criado. Afinal, somente faz sentido prever a possibilidade de outorga onerosa (de todo modo, uma faculdade que assistirá ao particular interessado em edificar para além do coeficiente básico de aproveitamento) se preexistir a noção de que a edificação para além destes parâmetros constitui criação de solo à qual não corresponde um direito subjetivo do particular. Tanto é assim que o instituto do *solo criado*, tal como definido logo no início deste texto, vem delimitado no art. 28 do Estatuto da Cidade, enquanto a outorga onerosa propriamente dita somente virá a ser tratada no seu art. 30. Em suma, embora sem se utilizar da expressão, o núcleo da seção ora comentada é mesmo o instituto do *solo criado*, precisamente estabelecido pela regra constante do *caput* do art. 28 a partir da concepção de "exercício do direito de construir acima do coeficiente de aproveitamento básico adotado".[27]

5.2 O solo criado como um bem "in commercium"

Da forma como tratado no Estatuto da Cidade, temos que o direito de construir para além do coeficiente de aproveitamento básico – ou seja, o solo criado – se constitui como um ativo patrimonial destacado da propriedade do imóvel correspondente. Esse ativo, caracterizado num bem intangível autônomo, admite alienação ou pelo Poder Público (mediante a outorga onerosa aqui tratada) ou mesmo pelos particulares que tiverem seu direito de construir até o limite do coeficiente básico interditado por outras medidas de sacrifício ou condicionamento urbanístico[28] (mediante a transferência do direito de construir tratada no art. 35 e objeto de comentários em capítulo específico, adiante). Esta constatação leva, uma vez mais, à verificação do anacronismo e da superação – infelizmente não equacionada pelo Código Civil – da classificação tradicional dos bens públicos.

Fato é que o solo criado, caracterizado como um bem público passível de alienação (mediante outorga onerosa), não é um bem ilimitado. Quer

a possibilidade de isenção do pagamento da outorga. Porém, aqui pecaríamos por excesso de rigorismo e intolerância com o legislador.

27. Coteje-se com as definições de Hely: solo criado é "toda área edificável além do coeficiente único de aproveitamento do lote, legalmente fixado para o local. O 'solo criado' será sempre um acréscimo ao direito de construir além do coeficiente-base de aproveitamento estabelecido pela lei" (*Estudos e Pareceres ...*, v. IX, p. 333).

28. Para uma precisa distinção doutrinária entre estas espécies de restrições de direitos, v. Carlos Ari Sundfeld, "Condicionamentos e sacrifícios de direitos – Distinções", *RTDP* 4/79 e ss., São Paulo, Malheiros Editores.

dizer, o Poder Público Municipal não pode sair vendendo potencial construtivo como se tivesse descoberto uma forma de criação ilimitada de riqueza. Haverá em cada cidade um potencial de, digamos, *solo criável* correspondente à diferença entre o coeficiente de aproveitamento básico estabelecido para cada área dentro da zona urbana (art. 28, § 2º) e o limite máximo passível de ser aproveitado (art. 28, § 3º), este último balizado pela disponibilidade de infraestrutura e o incremento de adensamento alvitrado. Dessa diferença, por óbvio, deverão ser abatidas as áreas nas quais a edificação é defesa (áreas públicas e institucionais, áreas tombadas ou objeto de proteção ambiental etc.). Em suma, o *solo criado*, como bem em comércio, trata-se também de recurso escasso, cuja alienação pelo Poder Público deverá ser ponderada e criteriosa.

5.3   O papel central do plano diretor

Já acima deixamos assentado que para implementação do instituto do solo criado é imprescindível a elaboração e aprovação de um plano diretor. O tema será objeto de análise específica nos comentários aos arts. 39 a 42, abaixo. Não é demasiado insistir, contudo, que o plano diretor é, até por imposição constitucional (art. 182, § 1º), o instrumento angular de toda a política urbana, além de ser o documento em sede do qual se definem os contornos da função social da propriedade urbana, como acima divisamos.

Será no plano diretor, portanto, que deverão estar contidas as definições para implementação do *solo criado*. A saber:

O plano diretor deve, inicialmente, definir o coeficiente de aproveitamento básico, que poderá ser único ou – contrariando uma das premissas doutrinárias do instituto – poderá ser diferenciado para áreas específicas (art. 28, § 2º[29]). Este coeficiente demarca, como acima visto, o limite do direito de construir inerente ao direito de propriedade e que, portanto, constituirá direito subjetivo do titular do domínio.

Feito isso, o plano deverá estabelecer as áreas da cidade – à luz das premissas e dos objetivos urbanísticos eleitos pelo plano – em que seria admitida a edificação para além do respectivo coeficiente básico (art. 28, *caput*). Daí decorre a possibilidade prevista no Estatuto de que haja áreas

29. A locução "poderá", constante do início do dispositivo, a nosso ver, refere-se à alternativa entre a fixação de um coeficiente básico uniforme a toda a cidade ou diferenciado, descabendo interpretar tal norma como uma faculdade para o plano definir ou não tais coeficientes. Neste quadrante, ou o plano diretor define um coeficiente básico de aproveitamento, introduzindo o *solo criado* no Município, ou não o faz, abrindo mão do instituto. Acerca das opções feitas pelo legislador em remeter a fixação do coeficiente para o Município e admitir o estabelecimento de múltiplos coeficientes para uma mesma cidade nos manifestamos logo a seguir.

em que será interditada a criação de solo, o que é correto como mecanismo de ordenação urbanística. Pois as condições da infraestrutura urbana podem indicar que, mesmo que a título oneroso, a criação de solo em uma dada região contrariará metas de adensamento ou desadensamento perseguidas pelo plano diretor.

Ainda caberá ao plano diretor definir um segundo patamar de aproveitamento, este não mais vinculando o particular, mas adstringindo a própria possibilidade de outorga onerosa de potencial construtivo pelo Poder Público (art. 28, § 3º). Estes "limites máximos a serem atingidos pelos coeficientes de aproveitamento" constituir-se-ão como um limite máximo para criação do solo. Note-se que o dispositivo se refere a *limites máximos*, no plural – o que permite concluir que poderão (a nosso ver, *deverão*) ser estabelecidos limites diferenciados em cada área da cidade, consoante a realidade de sua infraestrutura urbana e o perfil de densidade que sobre ela se quer estabelecer. Enquanto o coeficiente básico de aproveitamento deveria ser único, o limite para criação do solo deve ser plural.

Por fim, será no plano diretor que deverão ser fixadas as áreas em que se admitirá a "outorga onerosa do direito de alteração de uso" (art. 29), ou seja, o direito atribuível ao particular de, mediante pagamento de ônus, implantar numa região atividade que ali seria defesa pela lei de zoneamento. A estipulação destas áreas no plano diretor deverá ser bastante restrita e comedida, quer no tocante às áreas em que se admitirá tal "outorga", quer no tocante aos usos que se admite excetuar. Num primeiro exame, cremos que os malefícios da medida são maiores que os benefícios. Além da impropriedade de se aduzir (cf. art. 4º, V, "n") uma *outorga onerosa do direito de exceção particular da norma geral de zoneamento*, o instrumento, se utilizado sem o devido comedimento, poderá se transformar num veículo não de ordenação, mas de desorganização do uso do solo urbano. Afinal, sabe-se que uma das grandes mazelas das grandes cidades brasileiras foi o processo de adoção de soluções pontuais, casuísticas e particulares para o uso e ocupação do solo. Neste sentido, a exigência de ônus só abranda o problema, "publicizando" a carga cabente ao particular beneficiário da exceção.

5.4 O coeficiente de aproveitamento básico

O § 1º do art. 28 define o coeficiente de aproveitamento como "a relação entre a área edificável e a área do terreno".[30] A definição permite entrever apenas parcialmente o conceito, pois prediz como ele será calculado, mas não os seus efeitos, os quais só são obtidos à luz do *caput* do art. 28.

---

30. Neste sentido, v. Marcelo Figueiredo, "Considerações a respeito da outorga onerosa ...", *Working Paper* 30-2000/11.

O coeficiente de aproveitamento será sempre o resultado da divisão da soma das superfícies edificadas sobre o terreno pela área total desse imóvel urbano.[31] O coeficiente de aproveitamento distingue-se da *taxa de ocupação*, pois nesta o que se divide pela área do terreno não é a soma das superfícies edificadas sobre ela, e sim a sua projeção sobre o eixo perpendicular do imóvel.

O que efetivamente predica o instituto do solo criado é aquele potencialmente explorável pelo particular independentemente de outorga do Poder Público, é dizer, o *coeficiente básico de aproveitamento*. Daí por que é importante ter em mente que o art. 28 do Estatuto se refere a duas hipóteses de coeficiente de aproveitamento: o coeficiente de aproveitamento básico (art. 28, *caput*) e os coeficientes de aproveitamento a serem decorrentes da outorga onerosa do direito de construir, até os limites máximos previstos no plano diretor.

5.5 Coeficiente básico e limites máximos

O Estatuto da Cidade seguiu a linha preconizada há mais de duas décadas por Antônio Carlos Cintra do Amaral,[32] de se estabelecer dois parâmetros de aproveitamento do solo urbano, um limitativo do direito de construir titularizado pelo proprietário do bem e outro delimitador dos limites urbanísticos de sua extensão, dentro dos quais se estabeleceria o solo criado. Fê-lo porém, sem definir, enquanto lei federal, o coeficiente de aproveitamento básico aplicável a todo o território.

O coeficiente básico de aproveitamento a ser definido, em cada Município, pelo plano diretor deverá observar três parâmetros. O primeiro é ditado pelo princípio da impessoalidade, de modo a interditar o estabelecimento de coeficientes básicos que onerem ou desonerem, imotivadamente, indivíduos específicos ou situações particulares. O segundo, decorrente do

31. Segundo Eros Grau, "o coeficiente de aproveitamento expressa a relação entre a área construída (isto é, a soma das áreas dos pisos utilizáveis, cobertos ou não, de todos os pavimentos de uma edificação) e a área total do terreno em que a edificação se situa" (*Direito Urbano*, p. 56).
32. "Breves considerações sobre o controle do uso e ocupação do solo metropolitano e a noção de solo criado", *RDP* 43-44/219, São Paulo, Ed. RT, julho-dezembro/1977. Dizia o jurista: "O esquema ora exposto corresponde a uma inversão do raciocínio atualmente vigorante a respeito de limitações administrativas ao direito de propriedade. A limitação (ou contenção) estaria na definição, pela lei federal (nacional), do coeficiente mínimo de aproveitamento. A partir dessa definição, à lei municipal seria facultado estender a possibilidade do exercício do direito, mas nunca além de um limite que correspondesse à realidade do princípio constitucional da função social da propriedade".

princípio da finalidade, traduz-se na adstrição dos critérios para estabelecimento do ou dos coeficientes básicos de aproveitamento a partir das razões urbanísticas balizadoras do plano diretor. Por fim, há que se ter em conta que a fixação do coeficiente básico não poderá ser tal que sirva para desnaturar o direito de propriedade, condicionando toda a edificação à obtenção de outorga onerosa do direito de construir pelo proprietário.[33]

Importante notar que os limites máximos deverão ser fixados de forma integrada com as premissas do plano diretor. É dizer, o art. 28, § 3º, estabelece que tais limites (o teto máximo para criação de solo em cada área da cidade) deverão ser fixados tendo em vista a relação de proporcionalidade entre a infraestrutura urbana existente e o adensamento prospectado, na respectiva área. Duas notas defluem necessárias. Primeiro, que o Estatuto fixou como parâmetro de limitação da criação do solo não a infraestrutura projetada ou potencialmente a ser desenvolvida, e sim a infraestrutura já existente quando da definição dos limites máximos (é dizer, quando da elaboração do plano diretor). Outra, que a proporcionalidade preconizada deverá ser detalhadamente demonstrada e deverá ser detalhada para cada região da cidade. Se acima criticamos a possibilidade de diferenciação local entre os coeficientes básicos de aproveitamento, considerando-a inconveniente e incompatível com o instituto do solo criado, no tocante aos limites máximos a diferenciação é de rigor. Só com a regionalização destes limites é que se pode ter o solo criado com um forte caráter de ordenação urbanística, esvaziando seu caráter de instrumento de arrecadação.

5.6 A não-definição do coeficiente básico na lei nacional

O Estatuto peca, porém, ao não definir um coeficiente de aproveitamento básico aplicável a todo o território nacional. E desta falha advêm duas consequências, uma jurídica e outra política.

33. Preciosa, neste sentido, é a lição de Carlos Ari Sundfeld sobre limitações administrativas ao direito de propriedade: "Em sentido amplo, utilizar o bem é destiná-lo a uma finalidade. Compreende os poderes de dispor, usar ou gozar. *Dispor* é alienar, consumir ou gravar de ônus (como a hipoteca, o usufruto). *Usar* é retirar as utilidades que, sem oneração, alienação, destruição ou alteração na substância, a coisa pode oferecer. Usa-se um imóvel para moradia, para instalação de negócio industrial ou comercial etc. Finalmente, *gozar* é perceber os rendimentos que o bem pode proporcionar (como o aluguel). A apropriação visa à utilização, vale dizer, a *afetação a uma finalidade*. Inútil a detenção de algo que não se pode empregar. Impossibilitada a utilização, a propriedade estará esvaziada de seu conteúdo mínimo. Por esse motivo, na regulação do direito constitucionalmente assegurado, o legislador tem como limite a garantia da utilização do bem. Poderá diminuí-la, condicioná-la, dificultá-la. Porém, todo ato estatal que importe impedir – ou reduzir à insignificância, que é a mesma coisa – a utilização gerará sacrifício do direito de propriedade" (Condicionamentos ...", *RTDP* 4/82).

A questão jurídica põe-se no sentido exatamente contrário àquele que motivou o não-estabelecimento de um coeficiente de aproveitamento básico para todo o país. Isso se deve ao entendimento de que, se assim o fizesse, a lei nacional estaria invadindo competência municipal.[34] Ao contrário, sustentamos o risco inverso. Como acima expusemos, o coeficiente de aproveitamento básico estabelece um crivo de limitação para o direito do titular do domínio de dar destinação à sua propriedade urbana, sobre ela edificando. Ora, se a edição de norma nacional para introdução do solo criado era exigível por cuidar-se de limitação ao direito de propriedade (definição dos seus limites para além dos quais faz-se necessária a adstrição ao interesse da coletividade), matéria típica do direito civil, exatamente o coeficiente básico, enquanto fator de limitação do direito subjetivo, é que deveria vir previsto em lei nacional. Invadida seria a competência municipal se o Estatuto da Cidade viesse a estipular os limites máximos para extensão do coeficiente de aproveitamento – este, sim, um patamar tipicamente urbanístico. A presente crítica, porém, não aponta para a inconstitucionalidade do Estatuto neste particular, pois no nosso entendimento não seria aplicável à matéria a competência legislativa exclusiva prevista no art. 22, I, da Constituição Federal, conforme acima sustentamos.

Já a questão política decorre do risco de que, deixando-se para os Municípios a atribuição de definir, no plano diretor, o coeficiente básico de aproveitamento, se possa transformar ou num instrumento de pressão política pelo Poder local, ou numa fonte de receitas, desvirtuando sobremodo o instituto.[35] Como assevera José Afonso da Silva, "o que poderá aconselhar a sua adoção *[do solo criado]* por lei federal será a conveniência de estabelecer para todo o país um único coeficiente de aproveitamento, o que evitará disparidades de Município para Município, geradoras de tratamentos desiguais de proprietários de uns para outros".[36]

5.7 *A possibilidade de coeficientes diferenciados*

Outro ponto merecedor de crítica diz respeito à possibilidade, aberta pelo art. 28, § 2º, de estabelecimento de coeficiente de aproveitamento básico "diferenciado para áreas específicas dentro da zona urbana". Aqui, cremos, encontra-se a maior falha do tratamento do tema no Estatuto. Diferentemente do que deve ocorrer com os limites máximos de aproveitamento, é da essência do coeficiente básico sua uniformidade ao menos em todo o território urbano. Como já foi assaz apontado, trata-se de um limitador

---

34. Cf. Marcelo Figueiredo, "Considerações a respeito da outorga onerosa ...", *Working Paper* 30-2000/16.
35. Idem, ibidem, p. 17.
36. *Direito Urbanístico Brasileiro*, 7ª ed., p. 263.

do direito de propriedade, sendo de rigor que tal crivo de limitação atinja igualmente todos os proprietários. Esse já era um ponto vetorial na *Carta de Embu*, que, como visto, em sua primeira – e talvez principal – afirmação conclusiva sustentava a constitucionalidade da fixação "de um coeficiente único de aproveitamento para todos os terrenos urbanos".[37] A fixação de um único coeficiente para toda a cidade atenderia a um dos principais princípios do moderno urbanismo (encampado pelo Estatuto, cf. art. 2º, IX), que é a isonomia aplicada às regras de uso e aproveitamento do espaço urbano.

De resto, na própria gênese do instituto do solo criado estava a verificação de que o estabelecimento de coeficientes de aproveitamento diferenciados numa mesma cidade cria situações de iniquidade, além de criar valorizações desiguais da propriedade urbana, contribuindo para desordenar a ocupação do solo.[38]

Para além de colidir com os pressupostos do instituto do *solo criado*, a diferenciação de coeficientes básicos num mesmo Município é perigosa e vazia de sentido. *Perigosa*, pois pode ensejar a fragmentação dos coeficientes básicos de aproveitamento, transformando o instituto do *solo criado* em uma modalidade de zoneamento, com todos os desvios casuísticos, apenas agora sujeita à cobrança pelo Poder Público. *Vazia de sentido*, pois se a diferenciação se presta a albergar situações locais peculiares, o próprio Estatuto já contém mecanismos para tanto. Assim, se não se quer onerar regiões em que se deseja permitir o adensamento sem oneração dos particulares, haveria a isenção do pagamento da outorga (art. 30, II); ou se se quer limitar o adensamento, reduzindo a margem de *solo criado*, bastaria aproximar o limite máximo de aproveitamento do coeficiente de adensamento básico único.

Andou, a nosso ver, mal o legislador, neste particular. Resta agora aos Municípios, no exercício de sua competência para editar o plano diretor e, nele, estabelecer o coeficiente de aproveitamento básico, fazê-lo de forma unificada para todo o Município, abrindo mão da diferenciação por áreas introduzida, inadequadamente, pelo art. 28, § 3º, do Estatuto.

37. Comentando essa formulação, Seabra Fagundes perorava que: "O coeficiente único de edificação, a que se refere a *Carta do Embu* na primeira de suas conclusões, se nos afigura instrumento válido, e o melhor, para a execução de uma política equânime no que diz com os titulares de propriedade imóvel urbana, e benéfica no concernente às condições de vida na cidade" ("Aspectos jurídicos do solo criado", *RDA*, Rio de Janeiro, p. 6).

38. Eros Grau: "A definição, pelo Poder Público, de diversos e distintos coeficientes de aproveitamento na legislação de zoneamento permite a ocorrência, a nível individual, de inúmeras situações de injustiça: a definição de um e outro coeficiente de aproveitamento poderá alterar substancialmente o valor dos terrenos" (*Direito Urbano*, p. 56).

5.8 A lei municipal específica

O art. 30 do Estatuto prevê que *lei municipal específica* deverá estabelecer condições para outorga do direito de construir ou de ter alterado o uso do solo urbano. De pronto deve-se notar que tal lei será diversa do plano diretor.[39] É natural que assim seja, pois a norma referida no art. 30 será fundamentalmente uma norma-procedimento, na qual deverão estar previstas as regras de cálculo, os critérios e parâmetros de contrapartida e – entendemos – o processo objetivo por meio do qual o particular poderá postular e obter quaisquer das outorgas onerosas ali referidas.

5.9 Condições para outorga onerosa

A principal questão que se põe aqui diz respeito ao procedimento (ou, na dicção do Estatuto, "as condições a serem observadas para a outorga onerosa") a ser observado como condição para a outorga. Já afirmamos acima que o *solo criado* (e o direito suplementar de construir a ele inerente) bem como o direito à alteração do uso do solo constituem bens públicos especiais e, mais que isso, bens escassos, pois o estoque de *solo criado* não pode ser indefinido.[40] A outorga do direito à sua utilização (modalidade que se aproxima da cessão de direito) deve, portanto, observar procedimento que assegure, a um só tempo, a isonomia entre os particulares interessados e a obtenção da maior vantagem para o Poder Público.

Embora concordemos com Eros Grau no sentido de que o procedimento para outorga onerosa não deve "estar sujeito às tradicionais e ortodoxas regras de licitação",[41] entendemos que a lei específica referida no art. 30 deverá prever procedimento licitatório simplificado, sendo admissível inclusive, no nosso entender, a previsão, na legislação municipal, de modalidade licitatória específica, para o quê a modalidade de leilão se nos apresenta como paradigma bastante adequado. Não se diga, em oposição a este entendimento, que assim se estaria ferindo o art. 22, XXVII, da Constituição, conjugado com o art. 22, § 8º, da Lei 8.666/1993. Primeiro porque a modalidade de leilão já está prevista na Lei Geral de Licitações, cuidando-se aqui apenas de ampliar as hipóteses de sua aplicação, para colher situação não prevista naquela lei nacional. Segundo porque o Estatuto da Cidade, também lei nacional e superveniente, acabou por dar expressa autorização para que lei municipal fixe condições para a outorga onerosa (o que, a nosso ver, en-

---

39. E este também aprovado por lei municipal, conforme art. 40 do Estatuto.
40. Eros Grau sustenta que "quando o Poder Público negocia o direito de criar solo está vendendo determinado bem, e não permitindo o exercício de atividade" (*Direito Urbano*, p. 81).
41. *Direito Urbano*, p. 81.

volve procedimentos), sem ressalvar qualquer exigência relativa à licitação. Por fim, porquanto o Supremo Tribunal Federal já se manifestou no sentido de considerar inconstitucional a previsão na Lei nacional de Licitações de regras que limitassem a autonomia dos demais entes federados para dispor dos bens de que são titulares.[42]

É de se notar, entretanto, que a outorga onerosa do direito de construir poderá ser atribuída ou exclusivamente ao proprietário do bem ou a outros particulares que tenham interesse em adquiri-la. Deste modo, o direito de construir não adquirido por um dado proprietário poderá ser utilizado por outro titular de imóvel localizado em área distinta (para a qual, eventualmente, haja um limite máximo mais elevado). Certo é que só nesta segunda hipótese é que se poderia cogitar de algum procedimento licitatório para a outorga. Se a legislação municipal estabelecer que o direito ao *solo criado* de um dado imóvel só poderá ser outorgado ao respectivo proprietário ou possuidor, neste caso estaríamos diante de hipótese de inexigibilidade de licitação, na forma como regrada pelo art. 25 da Lei 8.666/1993.

5.10 Fórmula de cálculo para a cobrança

Outra questão trazida pelo art. 30 refere-se à forma de cálculo para a cobrança. Vários podem ser os critérios utilizados pelo Poder Público, indo desde a fixação de uma parcela do valor venal do imóvel até uma estimativa de mercado do potencial econômico atribuível ao *solo criado*. De todo modo, parece-nos que o valor máximo exigível pelo Poder Público não poderá exceder, em valor unitário do metro quadrado de *solo criado*, o valor unitário do terreno. Nos casos de outorga do direito de construir acima do coeficiente básico de aproveitamento para o proprietário do imóvel, o valor correspondente a todo o potencial de solo criado (ou seja, a diferença entre o coeficiente básico e o limite máximo na área do terreno) não poderia exceder, no total, o valor do imóvel. Isso porque, sendo o direito de construir dependente do direito de propriedade (integrando-se a ele ou não), seria difícil sustentar que o valor do acessório (solo criado) exceda o valor do principal (o respectivo terreno). De toda sorte, estando prevista no Estatuto a possibilidade de transferência de potencial construtivo mediante sua alienação por outros particulares, coloca-se possível um balizamento de valores pelo mercado que se constituirá em cada cidade. Isso porque se o valor exigido pelo Poder Público exceder aquele pretendido pelos particulares,

---

42. ADI 927-3-RS, que suspendeu a aplicação de diversos dispositivos do art. 17 da Lei 8.666/1993, julgada em 3.11.1993. Neste sentido, v. Floriano de Azevedo Marques Neto, "Normas gerais de licitação – Doação e permuta de bens públicos de Estados e Municípios – Aplicabilidade de disposições da Lei federal 8.666/93 aos entes federados", *RTDP* 12/173 e ss., São Paulo, Malheiros Editores, 1995.

obviamente, não sobrevirá interesse em adquiri-lo da Administração. Caso a outorga onerosa estiver subordinada a procedimento licitatório o valor do ônus decorrerá da oferta vencedora do certame.

Importa notar que, embora o inciso I do art. 30 aluda à "cobrança" pelo ônus, o que predicaria o ônus pago necessariamente em pecúnia, a outorga onerosa pode estar condicionada não ao pagamento em dinheiro, mas à doação de áreas em outra região ou ao compromisso de efetivar investimentos em infraestrutura urbana na mesma zona ou em outras áreas da cidade. Neste ponto, a outorga onerosa em muito se aproximaria das operações urbanas consorciadas, também tratadas no Estatuto (arts. 32-34).

5.11 Casos passíveis de isenção

O inciso II do art. 30 estabelece que a lei municipal deverá regrar as hipóteses de isenção do pagamento da outorga. Estas hipóteses poderão decorrer ou de situações objetivas (situação local peculiar em que se justifique promover o adensamento, carecendo que se desonere a criação de solo), ou subjetivas (por exemplo, o caráter filantrópico do proprietário do bem que receberá a outorga ou a finalidade social da construção a se utilizar do *solo criado*).

Como se verá adiante, perfilhamos com aqueles que entendem que as eventuais receitas advindas da outorga onerosa tratada nesta seção do Estatuto da Cidade não têm natureza tributária. Não é demais entendermos que, se tais receitas têm tal natureza, a isenção do pagamento da outorga deverá observar o disposto no art. 14 da Lei de Responsabilidade Fiscal.

5.12 A contrapartida do usuário

O inciso III do art. 30 alude apenas à previsão, na lei municipal específica, da "contrapartida do *[seria melhor "a ser oferecida pelo"]* beneficiário". Tal formulação remete a uma gama de formas de pagamento do ônus da outorga mais ampla do que a simples pecúnia. O projeto original era, neste particular, mais claro, listando quatro hipóteses de contrapartida: (i) ativos financeiros; (ii) bens imóveis; (iii) execução de obras e serviços relevantes para o desenvolvimento urbano municipal; (iv) créditos relativos a indenizações não pagas pelo Município. Provavelmente a supressão das hipóteses de contrapartidas deveu-se à preocupação do legislador em não restringir a margem de liberdade para que os Municípios estabeleçam os ônus que aceitarão receber pela outorga. A alteração no texto final, em que pese a retirar um pouco da clareza do texto, não elidiu, a nosso ver, a possibilidade de que o ônus (contrapartida) seja exigível em modalidades outras que não apenas o pagamento em dinheiro.

5.13 Natureza dos ônus pagos pela outorga

Uma vez sendo o ônus exigido em pecúnia, coloca-se a discussão em torno da natureza destas receitas. Há aqueles que defendem tratar-se de receita tributária.[43] Outros, porém – como nós –, sustentam que tal receita caracteriza mero preço público, haja vista que a aquisição do direito ao *solo criado* ou à mudança do uso do solo não possui o caráter de compulsoriedade inerente aos tributos. Como bem sustenta Eros Grau: "Tributos são receitas que encontram sua causa na lei, daí a sua definição como receitas legais. No caso em espécie, estamos diante de um ato de aquisição de um direito, não compulsório. Trata-se de ato voluntário, no qual o requisito da vontade das partes – setores público e particular – substitui o requisito da imposição legal. A remuneração correspondente, pois, é contratual e não legal".[44]

A razão da vinculação parece-nos, ademais, clara. Como dito acima, a onerosidade da outorga do direito de construir decorre em grande medida da necessidade de se compensar a coletividade pelos ônus decorrentes do adensamento, o que os urbanistas portugueses chamam de *perequação*, decorrência também ele da aplicação do princípio da isonomia, plena e ativa, na política urbana. Não é por outro motivo que o art. 52, IV, do Estatuto tipifica como improbidade administrativa a aplicação destes recursos em desacordo com as finalidades previstas no dispositivo em comento.

Agregue-se apenas que, se as receitas tivessem natureza tributária, o art. 31 restaria inconstitucional. Isso porque, como se verá, ele prediz uma vinculação desta receita a finalidades específicas (previstas no art. 26, I-IX). E pelo art. 167, IV, da Constituição Federal é vedada a vinculação de receita de impostos a órgão, fundo ou despesa legal.

5.14 Destinação dos recursos obtidos

O art. 31 do Estatuto contempla regra de extrema relevância para tornar o instituto do *solo criado* efetivo instrumento urbanístico. Por este dispositivo os recursos auferidos com a outorga onerosa terão de ser utilizados em alguma das seguintes finalidades listadas no art. 26: (i) regularização fundiá-

---

43. Por todos, v. Seabra Fagundes: "Será próprio, sim, gravar com ônus maior, e até mesmo bem maior do que o usual, as construções que, pela superposição de múltiplos pisos, importam sobrecarga extraordinária aos equipamentos e serviços públicos locais. Mas isso através de tributo, e não como uma espécie de transação, eticamente espúria, entre o Poder Público e o proprietário, à custa daquilo que se considerou, tendo em vista o interesse coletivo, como limite máximo de superposição de pisos e, consequentemente, de habitabilidade da área" ("Aspectos jurídicos ...", *RDA*, Rio de Janeiro, p. 7).

44. *Direito Urbano*, p. 82.

ria; (ii) execução de programas e projetos habitacionais de interesse social; (iii) constituição de reserva fundiária; (iv) ordenamento e direcionamento da expansão urbana; (v) implantação de equipamentos urbanos e comunitários; (vi) criação de espaços públicos de lazer e áreas verdes; (vii) criação de unidades de conservação ou proteção de outras áreas de interesse ambiental; e (viii) proteção de áreas de interesse histórico, cultural ou paisagístico.[45] Trata-se de dispositivo essencial, pois se presta a evitar que os recursos auferidos com a alienação do potencial construtivo se transformem em receitas públicas desvinculadas do cumprimento das finalidades de ordenação e planejamento urbano. Como de início sustentamos, o *solo criado*, como bem urbanístico pertencente a toda a coletividade, deverá ter sua utilização adstrita ao cumprimento da função social da cidade, o que se efetiva também com a consecução das finalidades previstas no art. 31.

Parafraseando José Afonso da Silva na peroração citada no segundo parágrafo deste texto, temos agora não apenas os conceitos e contornos do instituto do *solo criado*. Temos agora a sua previsão no direito positivo. Cumpre agora ao legislador e ao administrador municipal dar-lhe concretude e eficácia, ensejando que toda a coletividade se beneficie do potencial da cidade.

---

45. O inciso IX do art. 26 foi vetado pelo Presidente da República e se referia a "outras finalidades de interesse social ou de utilidade pública, definidas no plano diretor". O veto teve o condão de tornar *numerus clausus* o rol do art. 26 do Estatuto, conforme se depreende das razões que o acompanham.

OPERAÇÃO URBANA CONSORCIADA

Paulo José Villela Lomar

Art. 32. Lei municipal específica, baseada no plano diretor, poderá delimitar área para aplicação de operações consorciadas.

§ 1º. Considera-se operação urbana consorciada o conjunto de intervenções e medidas coordenadas pelo Poder Público Municipal, com a participação dos proprietários, moradores, usuários permanentes e investidores privados, com o objetivo de alcançar em uma área transformações urbanísticas estruturais, melhorias sociais e a valorização ambiental.

§ 2º. Poderão ser previstas nas operações urbanas consorciadas, entre outras medidas:

I – a modificação de índices e características de parcelamento, uso e ocupação do solo e subsolo, bem como alterações das normas edilícias, considerado o impacto ambiental delas decorrente;

II – a regularização de construções, reformas ou ampliações executadas em desacordo com a legislação vigente.

III – a concessão de incentivos a operações urbanas que utilizam tecnologias visando a redução de impactos ambientais, e que comprovem a utilização, nas construções e uso de edificações urbanas, de tecnologias que reduzam os impactos ambientais e economizem recursos naturais, especificadas as modalidades de design e de obras a serem contempladas. *(Incluído pela Lei n. 12.836, de 2013)*

Art. 33. Da lei específica que aprovar a operação urbana consorciada constará o plano de operação urbana consorciada, contendo, no mínimo:

I – definição da área a ser atingida;

II – programa básico de ocupação da área;

III – programa de atendimento econômico e social para a população diretamente afetada pela operação;

IV – finalidades da operação;

V – Estudo Prévio de Impacto de Vizinhança;

VI – contrapartida a ser exigida dos proprietários, usuários permanentes e investidores privados em função da utilização dos benefícios previstos nos incisos I, II e III do § 2º do art. 32 desta Lei; *(Redação dada pela Lei n. 12.836, de 2013)*

VII – forma de controle da operação, obrigatoriamente compartilhado com representação da sociedade civil.

VIII – natureza dos incentivos a serem concedidos aos proprietários, usuários permanentes e investidores privados, uma vez atendido o disposto no inciso III do § 2º do art. 32 desta Lei. *(Incluído pela Lei n. 12.836, de 2013)*

§ 1º. Os recursos obtidos pelo Poder Público Municipal na forma do inciso VI deste artigo serão aplicados exclusivamente na própria operação urbana consorciada.

§ 2º. A partir da aprovação da lei específica de que trata o *caput*, são nulas as licenças e autorizações a cargo do Poder Público Municipal expedidas em desacordo com o plano de operação urbana consorciada.

Art. 34. A lei específica que aprovar a operação urbana consorciada poderá prever a emissão pelo Município de quantidade determinada de certificados de potencial adicional de construção, que serão alienados em leilão ou utilizados diretamente no pagamento das obras necessárias à própria operação.

§ 1º. Os certificados de potencial adicional de construção serão livremente negociados, mas conversíveis em direito de construir unicamente na área objeto da operação.

§ 2º. Apresentado pedido de licença para construir, o certificado de potencial adicional será utilizado no pagamento da área de construção que supere os padrões estabelecidos pela legislação de uso e ocupação do solo, até o limite fixado pela lei específica que aprovar a operação urbana consociada.

A Lei 10.257, de 10.7.2001, conhecida como *Estatuto da Cidade*, constitui um marco para o direito urbanístico brasileiro. Fixou novas diretrizes gerais da política urbana como normas de ordem pública e de interesse social de cumprimento obrigatório para todos os níveis de governo em todas as fases da gestão urbana, desde o processo de planejamento, passando pela implementação, até o controle e a revisão desta última. Forneceu instrumentos novos a serem manejados pelo Poder Público Municipal, dentre os quais a operação urbana consorciada; fortaleceu a ação do Ministério Público na promoção e na defesa da ordem urbanística, dos cidadãos e da sociedade civil na formulação, execução e controle das políticas públicas destinadas ao ordenamento territorial com vistas ao desenvolvimento urbano sustentável.

Suas disposições assentam-se sobre três pilares: a gestão democrática, o planejamento urbano e a função social da propriedade direcionados para a concretização das diretrizes gerais nela estabelecidas.

Neste contexto, o Estatuto da Cidade disciplinou a operação urbana consorciada, que, na alínea "p" do inciso V do art. 4º, classificou como um dos instrumentos jurídicos e políticos suscetíveis de utilização para a implementação das diretrizes gerais da política urbana enumeradas no seu art. 2º.

1. Conceito

Primeiramente, a própria lei definiu *operação urbana consorciada* como o conjunto de intervenções e medidas coordenadas pelo Poder Público Municipal, com a participação dos proprietários, moradores, usuários permanentes e investidores privados, com o objetivo de alcançar em uma área *transformações urbanísticas estruturais, melhorias sociais e a valorização ambiental*.

Consequentemente, não é qualquer intervenção urbana que pode ser juridicamente qualificada como operação urbana consorciada, mas apenas aquelas que se destinem à realização de transformações urbanísticas estruturais, melhorias sociais e valorização ambiental. Uma primeira dúvida pode surgir quanto à compreensão do alcance destes objetivos. Seria indispensável a persecução cumulativa destes três objetivos simultaneamente, ou bastariam melhorias sociais ou a valorização ambiental sem a pretensão de realização de transformações estruturais?

Como observa o urbanista Pedro Jorgensen Júnior: "Operação urbana é uma expressão que, no urbanismo atual, se refere a gêneros de ação urbanística, que, embora conexos, podem diferir consideravelmente dependendo do lugar e da circunstância".[1] Este autor identifica um quadro de acepções correntes deste termo que importa conhecer para se obter uma noção clara do significado jurídico adotado pelo Estatuto da Cidade.

Segundo ele, para alguns o termo "operação urbana" apresenta um significado genérico, denotando qualquer intervenção pública urbanizadora. Neste sentido, pode significar a implantação de um novo conjunto residencial, a implantação de uma via expressa ou a urbanização de uma favela ou uma obra de requalificação arquitetônica numa avenida qualquer. Nesta acepção, "operação urbana" seria sinônimo de "projeto" ou "intervenção urbana".

---

1. "Operações urbanas: uma ponte necessária entre a regulação urbanística e o investimento direto", *Cadernos de Urbanismo* 3/10-11, Ano 1, Secretaria Municipal de Urbanismo da Prefeitura do Rio de Janeiro, novembro/2000.

Todavia, "operação urbana" pode referir-se, conforme o mesmo autor, à aplicação de uma classe específica de instrumentos normativos capazes de possibilitar o manejo dos índices e parâmetros urbanísticos vigentes controlado e limitado a uma região urbana ou a circunstâncias determinadas, com vistas à consecução de objetivos específicos predeterminados. Seria o campo da administração corrente de instrumentos urbanísticos onerosos, como a transferência do potencial construtivo, do solo criado, por ele chamado de "urbanismo operativo". Este campo incluiria também a gestão de "'fragmentos onerosos' existentes (explícitos ou implícitos) na legislação comum (...) essa 'carteira' de contrapartidas urbanísticas exigidas nas licenças de construção constitui no Rio de Janeiro uma razoável massa de recursos que tem sido, nas últimas décadas, gerada como 'exigências' nos processos de licenciamento e gerida por meio de uma arcaica estrutura cartorial de 'termos de obrigação' e 'certidões'".[2]

A terceira acepção adotada pelo mesmo autor consiste em considerar a operação urbana "como um tipo *especial* de intervenção urbanística, de iniciativa pública ou privada mas preferencialmente regida por critérios de interesse público, voltada para a transformação estrutural do ambiente urbano existente e que envolve simultânea ou alternativamente (1) a combinação de capital de investimento público e privado, (2) o redesenho da estrutura fundiária, (3) a apropriação e manejo (transação) dos direitos de uso e edificabilidade do solo e das obrigações privadas de urbanização e (4) a apropriação e manejo das externalidades positivas e negativas da intervenção. Essas *operações* têm o caráter de *projeto urbano* (por oposição à *atividade de controle urbano*), para o quê, além de institutos normativos especiais, o setor público necessita lançar mão de dispositivos gerenciais adequados (empresa pública, empresa de economia mista, escritório técnico, agência ou comitê executivo etc.), diferenciados da administração urbanística corrente. Essas operações-projeto diferem radicalmente da *obra pública* tradicional em termos de complexidade social da intervenção, do tempo de maturação do plano/projeto, do grau de incerteza quanto aos resultados, das fontes de recursos, dos prazos e métodos de execução da organização gerencial, da metodologia de avaliação de resultados etc.".[3]

Este urbanista conclui sua análise propugnando que o Poder Público não pode prescindir da aplicação de normas, métodos e técnicas de operação urbana, seja especial ou corrente, no processo de construção da metrópole contemporânea por duas razões: (1) a necessidade de otimizar e orientar as externalidades positivas e extrair compensações das externalidades negativas do investimento privado, pois o planejamento normativo, além de

2. Idem, p. 11.
3. Idem, p. 10.

exercer apenas efeitos mais ou menos probabilísticos de longo prazo, não é capaz de intervir na organização estrutural de um ambiente urbano já existente; (2) a necessidade de *poupar* recursos do Tesouro e do endividamento na realização de ações públicas que possam ser cobertas pelo investimento privado. Assim, para este autor, os mecanismos operativos do urbanismo nestas três acepções apresentam-se como instrumentos úteis ao planejamento das cidades, "tanto numa perspectiva *estratégica* quanto *situacional*, em caráter complementar aos tradicionais mecanismos do planejamento normativo e da obra pública".[4]

Destas acepções, certamente, sem prejuízo das demais, a que considera a operação urbana como um tipo especial de intervenção urbana voltada para a transformação estrutural do ambiente urbano, com o caráter de plano ou projeto urbano, parece ser a que foi contemplada no art. 32 do Estatuto da Cidade. Sem dúvida, a resposta mais consentânea com a definição, as diretrizes gerais e os demais requisitos exigidos para a realização da operação urbana parece ser o entendimento de que seu núcleo, que a distingue de outras possíveis intervenções urbanísticas, constitui a realização de transformações estruturais com melhorias sociais e a valorização ambiental, de tal modo que os três objetivos sejam cumulativamente concretizados por meio dela. Intervenções urbanas de menor envergadura podem visar a melhorias sociais e à valorização ambiental sem a realização de transformações estruturais, mas a operação urbana consorciada não estará completa se faltar a realização de um destes objetivos.

Somente assim se justifica, como expressamente exige o art. 33 do Estatuto da Cidade, a elaboração de um *plano específico* para a operação urbana consorciada com, ao menos, a definição da área a ser atingida, o programa básico de ocupação da área, o programa de atendimento econômico e social para a população diretamente afetada, finalidades, Estudo Prévio de Impacto de Vizinhança, contrapartida a ser exigida em função da utilização dos benefícios concedidos e a forma de controle da operação, obrigatoriamente compartilhado com a representação da sociedade civil. Igualmente, esta compreensão abrangente da operação urbana justifica a autorização para que lei municipal específica permita a emissão de certificados de potencial adicional de construção suscetíveis de alienação com o objetivo de antecipação dos recursos financeiros necessários para a execução das intervenções nela previstas, especialmente daquelas necessárias para alavancagem da própria operação urbana.

A operação urbana, assim compreendida, implica a recuperação de ambientes degradados e a adequação da infraestrutura urbana, serviços e edificações a novas funções e novas tecnologias dentro da perspectiva de

---

4. Idem, p. 12.

adaptação das cidades aos atuais processos de transformação econômica, social e cultural. Esta orientação mais recente expressa uma certa descrença quanto à eficácia dos instrumentos apenas normativos de planejamento e se apresenta como estimuladora da adoção de uma modalidade de planejamento estratégico mais interventiva sobre a realidade urbana, mediada por ampla negociação entre os diversos agentes públicos, empreendedores privados e a sociedade civil.

Em princípio, de acordo com o planejamento urbanístico, a operação urbana consorciada comporta um conjunto de alterações na área de sua realização, que pode abranger, por exemplo, a modificação ou ampliação do sistema viário, criação ou ampliação de espaços públicos, recuperação e modernização da infraestrutura urbana de saneamento básico, energia elétrica e telecomunicações, a recuperação de áreas envelhecidas e degradadas, maior adensamento populacional, a construção de habitações de interesse social, a criação ou a revitalização de áreas centrais de bairros ou distritos no âmbito de um processo de descentralização urbana e a reurbanização com a regularização fundiária de áreas ocupadas por população de baixa renda.[5]

Doravante, qualquer operação urbana consorciada que venha a ser proposta ou implantada deverá observar as diretrizes gerais do Estatuto da Cidade, desdobradas e expressas de modo mais concreto na lei municipal do plano diretor. A propósito, assinale-se a conotação redistributiva dos diferentes conteúdos dessas diretrizes gerais, desde a garantia do direito a cidades sustentáveis, passando pela justa distribuição dos benefícios e ônus decorrentes do processo de urbanização, recuperação dos investimentos do Poder Público de que tenha resultado a valorização de imóveis urbanos, a regularização fundiária e urbanização de áreas ocupadas por população de baixa renda, até a isonomia de condições para os agentes públicos e privados na promoção de empreendimentos e atividades relativos aos processos de urbanização, atendido o interesse social.

A legitimidade de qualquer operação urbana perante o Estatuto da Cidade exige que ela signifique a concretização de suas diretrizes gerais e das exigências fundamentais de ordenação da cidade integrantes do plano diretor, pois a ordem urbanística a ser promovida e defendida não pode ser

5. Estudo efetuado sobre a realização da Operação Urbana Faria Lima, instituída por meio da Lei municipal de São Paulo 11.773, de 14.3.1995, denunciou seu caráter excludente mediante a "expulsão" dos moradores que habitavam as favelas existentes na área para outras mais distantes. Segundo sua autora: "O questionamento da intervenção é dificultado justamente quando analisamos abstratamente um instrumento que é considerado um avanço, pela Esquerda e pela Direita, e o separamos da realidade brasileira, sem discutir o que significa sua implementação num país onde Estado e elite sempre se combinaram, segregando a maior parte da população" (Mariana Fix, *Parceiros da Exclusão*, São Paulo, Boitempo, 2001, p. 118).

apenas formal, legitimadora da marginalidade, da discriminação social e da exclusão social existente especialmente nas grandes cidades, pois, antes de mais nada, uma tal política contrariaria as determinações constitucionais expressas nos arts. 3º e 23, X, da Constituição Federal.

Para ser conforme à Constituição de 1988, a política urbana a ser executada por todos os níveis de governo deve caminhar na direção da redução das desigualdades sociais e regionais e ser, portanto, promotora da dignidade da pessoa humana, não discriminatória, includente e universalista.[6]

2. A operação urbana consorciada e a participação da sociedade civil

A definição legal de *operação urbana* adota a participação dos proprietários, moradores, usuários permanentes e investidores privados sob a coordenação do Poder Público Municipal como elemento fundamental da aplicação do instrumento. Não restringe a participação apenas aos proprietários de imóveis situados na área da operação, nem somente aos moradores, mas inclui usuários permanentes (por exemplo, os que nela trabalham) e investidores privados – o que não exclui a participação dos demais habitantes e usuários da cidade, pois uma das diretrizes fundamentais do Estatuto da Cidade é a gestão democrática da cidade.

Paralelamente ao objetivo imediato de assegurar a efetiva implantação da operação urbana consorciada mediante a compatibilização dos interesses e necessidades dos diferentes atores públicos e privados interessados na concretização do plano respectivo, a participação começa pelo dever do Poder Público Municipal de permitir e facilitar o acesso às informações, estudos, planos, programas, projetos e outros documentos pertinentes a quem quer que tenha interesse em seu conhecimento, em cumprimento ao direito fundamental assegurado no inciso XXXIII do art. 5º da Constituição Federal.

Em seguida, o Poder Público Municipal, sem se despir do exercício e das responsabilidades de sua condição de autoridade pública, deverá promover e coordenar reuniões informativas com os diferentes grupos sociais, auscultando suas críticas, indagações, sugestões e anseios e incorporando ao plano aquelas que considere compatíveis com os objetivos do plano propos-

6. Conforme a urbanista Ermínia Maricato: "A produção ilegal de moradias e o urbanismo segregador estão, portanto, relacionados: às características do processo de desenvolvimento industrial – uma vez que o salário do operário industrial não o qualifica para adquirir uma casa no mercado imobiliário legal; às características do mercado imobiliário capitalista – sobre cujos agentes não pesa nenhum constrangimento antiespeculativo como seria o caso da aplicação do princípio da função social da propriedade, e também às características dos investimentos públicos – que favorecem a infraestrutura industrial e o mercado concentrado e restrito" (cf. *Metrópole na Periferia do Capitalismo*, São Paulo, Hucitec, 1996, p. 43).

to. Com esta finalidade, segundo o art. 43 do Estatuto da Cidade, poderão ser realizadas audiências públicas, pesquisas de opinião, debates, consultas públicas, reuniões e assembleias plenárias, dentre outros meios existentes ou a serem criados. Não se pode obrigar ninguém a participar, mas o Poder Público não pode deixar de oferecer as oportunidades de participação, procedendo a ampla divulgação de seus estudos e planos.

Esta exigência decorre, por um lado, do fato de a Constituição Brasileira ter instituído a democracia representativa e participativa e adotado a cidadania como um dos fundamentos do Estado Democrático de Direito. Paralelamente, o texto constitucional determinou, no inciso X do art. 29, que o Município assegure a cooperação das associações representativas dos diferentes grupos sociais no planejamento municipal.

O Estatuto da Cidade incorporou tais determinações constitucionais, transformando-as em diretriz geral, de cumprimento obrigatório, para assegurar o pleno cumprimento das funções sociais da cidade e da propriedade urbana, sob a designação de *gestão democrática* por meio da participação da população e de associações representativas dos vários segmentos da comunidade na formulação, execução e acompanhamento de planos, programas e projetos de desenvolvimento urbano (art. 2º, II). No inciso III do mesmo artigo exigiu também a cooperação entre os governos, a iniciativa privada e os demais setores da sociedade no processo de urbanização, em atendimento ao interesse social.

A importância dada pela lei ao cumprimento da diretriz geral de gestão democrática da cidade é de tal ordem que a não-promoção de audiências públicas e debates com a participação da população e de associações representativas dos vários segmentos da comunidade, a falta de publicidade quanto aos documentos e informações produzidos e a não-facilitação do acesso de qualquer interessado a esses documentos e informação no processo de elaboração do plano diretor e na fiscalização de sua implementação implicarão a prática de improbidade administrativa, nos termos previstos no inciso VI do art. 52 do Estatuto da Cidade.

Embora este preceito legal se refira expressamente ao processo de elaboração do plano diretor, ao abranger o de fiscalização de sua implementação inclui, implicitamente, a operação urbana consorciada, na medida em que esta se constitui em instrumento de cumprimento dos objetivos e diretrizes do plano diretor e do próprio Estatuto da Cidade, como se depreende do estatuído nos arts. 4º e 32, *caput*, desta lei nacional.

Este processo de construção de consenso foi instituído pela lei nacional sem prejuízo do papel fundamental de árbitros que compete aos agentes políticos eleitos, integrantes dos Poderes Executivo e Legislativo, de modo que estes e a sociedade civil se complementem reciprocamente. A participação da sociedade civil, por seus diversos segmentos, não diminui a importância dos agentes públicos eleitos pela população, nem prejudica o exercício de suas atribuições institucionais.

Segundo o professor Paolo Urbani, primeiramente em casos limitados, depois em modo sempre mais difuso, a Administração local adota métodos de agir em relação à definição dos interesses da coletividade, que tendem a se destacar da administração clássica mediante atos ou provimentos administrativos, para buscar o acordo com os agentes privados na definição concreta dos assentamentos urbanos.[7] Isto porque, a seu ver, o interesse público não se restringe à previsão de um novo assentamento urbanístico na área considerada, mas alcança também colocar em ação mecanismos econômicos e sociais dirigidos à requalificação e à adoção de padrões e serviços especializados.[8]

Este professor italiano esclarece que somente com a entrada em vigor da Lei 241/1990, lei geral sobre o procedimento administrativo italiano, seu art. 11 autorizou que a Administração possa concluir, sem prejuízo para terceiros e a coletividade na persecução do interesse público, acordos com os interessados para determinar o conteúdo discricionário do provimento final ou nos casos previstos na lei, embora ainda existam resistências a tais procedimentos.[9] Acrescenta este autor que o sistema da urbanística negociada, que se baseia no pressuposto da troca entre bens "imateriais" representados por direitos de construir dos quais a Administração dispõe e as assim chamadas "prestações de obra" por parte dos agentes privados, parece constituir princípio necessário de uma efetiva planificação do território voltada para o desenvolvimento econômico.[10]

No Brasil a introdução de algo parecido poderia abranger desde a celebração de acordos de convivência entre vizinhos de um bairro ou uma área determinada arbitrados pelo Poder Público Municipal até acordos mais complexos, com base em parâmetros e critérios genericamente fixados em lei, destinados a viabilizar a implantação de operação urbana que considere não apenas a requalificação de natureza urbanística, mas abranja a implantação de atividades voltadas para o desenvolvimento econômico e a realização de programas de natureza social destinados ao atendimento das populações de mais baixa renda.

O interesse público em operação urbana não pode dispensar a persecução do objetivo fundamental de erradicação da pobreza e da marginalização, de redução das desigualdades regionais e sociais, como manda o inciso III

---

7. *Urbanistica Consensuale*, Turim, Bollati Boringhieri, 2000, p. 74.
8. Idem, p. 75.
9. Idem, p. 80.
10. Idem, p. 88.

do art. 3º da Constituição Federal. Talvez tal experiência possa começar mediante leis municipais, ao invés de aguardar normas federais que a regulem.

3. A operação urbana consorciada e os entes federativos

Todavia, a coordenação da operação urbana consorciada foi atribuída ao Município, excluídos a União e o Estado Federado – opção coerente com a importância atribuída pela Constituição Federal ao Município na condução da política urbana. Isso fica claro quando da leitura do texto constitucional, onde se vê, no art. 182, que o plano diretor deve conter as exigências fundamentais de ordenação da cidade; ser o instrumento básico da política de desenvolvimento urbano e de expansão urbana; e estabelecer as condições a serem cumpridas para o cumprimento da função social da propriedade urbana.

Neste contexto, as políticas urbanas nacional e estadual bem como as respectivas ações governamentais devem ser formuladas e executadas com observância das exigências fundamentais de ordenação da cidade expressas na lei municipal do plano diretor. Em caso de eventual conflito, impõe-se a busca de compatibilização dos interesses públicos específicos a ele pertinentes.

Em região metropolitana, por exemplo, a intervenção urbana ou obra pública que o governo estadual considere necessária para atendimento de interesse coletivo de impacto intermunicipal deve ser precedida de planejamento, em atendimento ao disposto no inciso IV do art. 2º, combinado com o inciso II do art. 4º, elaborado com observância da diretriz que determina a gestão democrática da cidade, prevista no inciso II do art. 2º em combinação com o estatuído no art. 45, todos do Estatuto da Cidade. Embora a realização de intervenção urbana possa ser promovida pelo Estado Federado para satisfação de interesse público intermunicipal em região metropolitana, este deverá respeitar as diretrizes fundamentais de ordenação da cidade expressas na lei municipal do plano diretor, buscando sua integração e compatibilização com os interesses comum e local de cada Municipalidade no âmbito metropolitano.

Entretanto, o Estado Federado não foi autorizado pelo art. 32 a coordenar operação urbana, nem a manejar alguns dos novos instrumentos urbanísticos criados pelo Estatuto da Cidade como o parcelamento, a edificação e a utilização compulsórios, a outorga onerosa do direito de construir, o direito de preempção, a transferência do direito de construir e a operação urbana consorciada. A modificação de índices e características de parcelamento, uso e ocupação do solo e subsolo bem como a alteração das normas edilícias para a realização de operação urbana consorciada constituem prerrogativa que a lei federal atribuiu ao Município no § 2º do art. 32, assim como a regularização de construções, reformas ou ampliações executadas em desacordo com a legislação vigente. Igualmente, a emissão de certificados de potencial adicional de construção vinculados a operação urbana consorciada só pode ser efetuada pelo Município.[11]

4. A operação urbana consorciada e o plano diretor

O art. 32 estabelece que a operação urbana consorciada seja instituída mediante lei municipal específica baseada no plano diretor, a qual deverá delimitar a área a ser atingida e aprovar o plano específico da operação. Consequentemente, ela só poderá ser criada para a realização de transformações estruturais compatíveis com as exigências fundamentais de ordenação da cidade, ferindo a ordem urbanística prescrita no Estatuto da Cidade e nesta lei municipal do plano a eventual criação de operação urbanística que as contrarie ou às demais diretrizes locais estatuídas no plano diretor.

Além disto, sua própria implantação só poderá ser efetuada com base num plano específico mais detalhado que o plano diretor, que, no art. 33, o Estatuto da Cidade chama de "plano de operação urbana consorciada". No mínimo, este último deve contemplar, além da definição da área a ser atingida, o programa básico de ocupação da área, o programa de atendimento econômico e social para a população diretamente afetada, as finalidades da operação, a realização de Estudo Prévio de Impacto de Vizinhança, a contrapartida a ser exigida dos proprietários, usuários permanentes e investidores privados em função da utilização dos benefícios concedidos como parte da operação e a forma de controle da operação, obrigatoriamente compartilhado com representação da sociedade civil.

Na medida em que a lei municipal de criação da operação urbana deve ser baseada no plano diretor, este deve, ao menos, contemplar os elementos básicos que permitam sua identificação, a especificação das transformações estruturais desejadas, as melhorias sociais e ambientais pretendidas e a enumeração sumária das ações, programas e projetos a serem realizados que constituam a concretização das diretrizes gerais do Estatuto da Cidade. A lei

11. O poder que o Estatuto da Cidade atribuiu ao Município para promover a ordenação do seu território mediante a determinação de parcelamento, edificação ou utilização para cumprimento da função social da propriedade urbana, o exercício do direito de preempção, a outorga onerosa do direito de construir, especialmente a fixação ou a modificação de índices e características de parcelamento, uso e ocupação do solo, de normas edilícias, coloca em questão, por exemplo, as minuciosas normas de parcelamento, uso e ocupação do solo das leis estaduais de proteção aos mananciais da Região Metropolitana de São Paulo, as quais, provavelmente, serão revistas, atualizadas e aperfeiçoadas, para adequação às disposições do Estatuto da Cidade.

federal remete os demais detalhamentos para a lei municipal específica de aprovação da operação urbana consorciada.

A operação urbana consorciada constitui um dos instrumentos previstos no Estatuto da Cidade para a ordenação do pleno desenvolvimento das funções sociais da cidade pelo Município, a ser concretizada sob o pálio do planejamento urbano, especialmente por meio do plano diretor. Esta exigência de planejamento urbano abrange tanto as cidades com mais de vinte mil habitantes quanto aquelas com população de dimensão inferior a este valor. As que excedem este limite estão sujeitas à elaboração e aprovação de plano diretor para a execução de sua política urbana.

"Plano diretor" não se confunde com "plano". Entretanto, o plano diretor, segundo a Constituição Federal (art. 182), é o mais importante instrumento destinado à ordenação do pleno desenvolvimento das funções sociais da cidade, pois ela própria o qualifica como o instrumento básico da política de desenvolvimento e expansão urbana, incumbido de estabelecer as exigências fundamentais de ordenação da cidade, que deverão expressar os requisitos a serem atendidos para o cumprimento da função social da propriedade urbana. Além disto, a própria Constituição Federal o chama de "plano diretor". Ora, isto não ocorreu por acaso ou lapso do legislador constituinte. Esta qualificação acarreta consequências jurídicas, pois não se presume a existência de palavras inúteis no texto constitucional, a principal lei do país. "Diretor", como adjetivo, denota "o que dirige", "diretivo".

Portanto, o plano diretor a que se refere a Carta de 1988 é aquele cujo conteúdo dirige a elaboração dos demais planos e projetos urbanos, bem como as ações governamentais, obras públicas e particulares e demais intervenções concretas que se realizem na cidade.[12] Trata-se, assim, de

12. No mesmo sentido, consulte-se Hely Lopes Meirelles:
"O *Plano Diretor* ou *Plano Diretor de Desenvolvimento Integrado*, como modernamente se diz, é o complexo de normas legais e diretrizes técnicas para o desenvolvimento global e constante do Município, sob os aspectos físico, social, econômico e administrativo, desejado pela comunidade local. Deve ser a expressão das aspirações dos munícipes quanto ao progresso do território municipal no seu conjunto cidade-campo. É o instrumento técnico-legal definidor dos objetivos de cada Municipalidade e, por isso mesmo, com supremacia sobre os outros, para orientar toda atividade da Administração e dos administrados nas realizações públicas e particulares que interessem ou afetem a coletividade. (...).
"(...).
"(...). Na fixação dos objetivos e na orientação do desenvolvimento do Município, é a *lei suprema e geral* que estabelece as prioridades nas realizações do governo local, conduz e ordena o crescimento da cidade, disciplina e controla as atividades urbanas em benefício do bem-estar social" (*Direito de Construir*, 11ª ed., atualizada por Eurico de Andrade Azevedo, Adilson Abreu Dallari e Daniela Libório di Sarno, São Paulo, Malheiros Editores, 2013, pp. 114-115).

um plano geral, que apresenta diretrizes, ordena e articula os diferentes elementos estruturais e integradores da vida urbana. Considera e compatibiliza a capacidade de suporte do meio ambiente, em suas peculiaridades e singularidades, com o desenvolvimento econômico e social, induzindo-o e impulsionando-o sempre que necessário. Neste sentido, busca evitar e impedir a ociosidade da infraestrutura urbana, assegurar espaços adequados para o desenvolvimento de atividades econômicas, evitar a proximidade de usos incompatíveis ou inconvenientes, a integração e a complementaridade entre as atividades urbanas e rurais, a adoção de padrões de produção e consumo de bens e serviços e de expansão urbana compatíveis com os limites da sustentabilidade ambiental, social e econômica do Município e do território sob sua área de influência.

O Plano Diretor Estratégico do Município de São Paulo (Lei 13.430, de 13.9.2002) coloca como elementos estruturadores a rede hídrica, a rede viária estrutural, a rede estrutural de transporte coletivo público e a rede estrutural de eixos e polos de centralidades, e como elementos integradores os espaços destinados a habitação, comércio, serviços e atividades industriais, equipamentos sociais, de uso público e áreas verdes. Além disto, define objetivos, diretrizes e ações estratégicas do desenvolvimento econômico e social, bem como para o desenvolvimento humano e a melhoria da qualidade de vida. Portanto, por seu conteúdo, dirige e orienta a ação governamental e a dos agentes privados nos mais diferentes aspectos da vida na cidade, articulando e integrando os respectivos pontos de intersecção.

Em conformidade com a Constituição Federal, o art. 39 do Estatuto da Cidade atribuiu ao plano diretor a função de estabelecer as exigências fundamentais de ordenação da cidade e a de definição da função social da propriedade urbana para assegurar o atendimento das necessidades dos cidadãos quanto à qualidade de vida, à justiça social e ao desenvolvimento das atividades econômicas, observadas as diretrizes gerais estabelecidas no seu art. 2º. Além disto, desenvolvendo sua função diretora, o art. 40 determinou que o plano plurianual, as diretrizes orçamentárias e o orçamento anual devem incorporar as diretrizes e prioridades contidas no plano diretor, que deve englobar o território do Município como um todo. No art. 41 prescreve, ainda, que, no caso de cidades com mais de quinhentos mil habitantes, o plano de transporte urbano integrado deve ser elaborado e ser compatível com o plano diretor ou ser nele inserido.

Consequentemente, as eventuais alterações do plano diretor, segundo o Estatuto da Cidade, dependem de participação da população e de associações representativas dos vários segmentos da comunidade, em cumprimento da diretriz geral de gestão democrática da cidade, inscrita no seu art. 2º, que prevê essa participação "na formulação, execução e acompanhamento dos planos, programas e projetos de desenvolvimento urbanos", dentre os quais se inclui, naturalmente, o plano. Por oportuno, importa recordar que o inciso XII do art. 29 da Constituição assegura a cooperação das associações representativas no planejamento municipal.

Portanto, dadas suas implicações sociais e legais, não se compadece mais com a Constituição Federal e o próprio Estatuto da Cidade a eventual alteração pontual do plano diretor por meio de leis municipais, como a de aprovação de operação urbana consorciada. Aliás, o próprio art. 32 do Estatuto da Cidade dispõe que a lei municipal específica de operação urbana consorciada deve ser baseada na lei do plano diretor. Isto porque, ainda como ensina Hely Lopes Meirelles: "O plano diretor é sempre uno e integral, mas os planos de urbanização ou de reurbanização podem ser múltiplos e setoriais, pois visam a obras isoladas, ampliação de bairros (plano de expansão), formação de novos núcleos urbanos (urbanização de loteamentos, renovação de áreas envelhecidas e tornadas impróprias para sua função (reurbanização) e quaisquer outros empreendimentos parciais, integrantes do plano geral".[13]

Embora muitos Municípios não tenham instituído em sua lei orgânica uma hierarquia formal entre a lei do plano diretor e as demais leis municipais, mediante a exigência de *quorum* qualificado superior para sua aprovação, o fato é que se pode depreender do art. 182 da Constituição Federal o estabelecimento de uma hierarquia de natureza material entre tais leis, pois, se assim não for, não será possível cumprir a função diretora e a de ser instrumento básico da política de desenvolvimento e de expansão urbana mediante a especificação das exigências fundamentais de ordenação da cidade e, em decorrência, respeitar a ordem jurídico-constitucional.

Deste modo, não é conforme ao texto constitucional proceder a alterações na lei do plano diretor mediante modificações pontuais insertas em outras leis municipais cujo conteúdo não se limite exclusivamente a modificações do próprio plano diretor. Esta limitação ao poder legislativo das Câmaras Municipais representa uma condição prévia para o início do processo legislativo de alteração da lei do plano diretor, que se infere, implicitamente, dos preceitos constitucionais acima mencionados.

Consequentemente, sob a ótica jurídica, não se pode inserir em lei específica de aprovação de operação urbana consorciada qualquer modificação na lei do plano diretor. Ao contrário, a lei da operação urbana consorciada deve basear-se na lei do plano diretor, da qual é instrumento de implementação. Se houver necessidade de modificação desta última, que se divulgue amplamente a proposta de alteração e se instaure procedimento de ampla discussão pública no seio da sociedade civil local com este objetivo, antes da aprovação da operação urbana consorciada.

13. *Direito de Construir*, cit., 11ª ed., p. 116.

O art. 30 da Constituição Federal atribuiu ao Município a tarefa de promoção do bem-estar das pessoas residentes em seu território e de seus demais usuários em torno da noção de *interesse local*. No seu inciso VIII deferiu ao Município a missão de promover, no que couber, adequado ordenamento territorial, mediante planejamento e controle do uso, do parcelamento e da ocupação do solo urbano. Por outro lado, o *caput* do art. 182 da mesma Constituição determina que a política de desenvolvimento urbano, executada pelo Município, seja implementada conforme diretrizes gerais fixadas em lei e tenha por objetivo ordenar o pleno desenvolvimento das funções sociais da cidade e garantir o bem-estar de seus habitantes.

Destarte, fica evidente que somente o Poder Público pode proceder à ordenação territorial, impondo-a, democrática e legitimamente, com base na lei do plano diretor. Esta afirmação não exclui a possibilidade de que a União, com base no inciso IX do art. 21 da Constituição Federal, e o Estado Federado, com base nos §§ 1º e 3º do art. 25 do mesmo texto constitucional, também possam promover a ordenação territorial com esteio em planos de desenvolvimento econômico e social à vista do atendimento dos interesses públicos nacional e intermunicipal. Afirma-se apenas que a ordenação territorial é função pública irrenunciável cuja titularidade é indelegável. Do seu exercício deve resultar o bem-estar de seus habitantes sob todos os aspectos sociais, ambientais, econômicos, culturais e urbanísticos.

Tudo isto deve ser concretizado sem prejuízo da observância dos princípios fundamentais da ordem econômica e social explicitados no art. 170 da Constituição, especialmente o disposto no art. 174, segundo o qual a lei estabelecerá as diretrizes e bases do planejamento do desenvolvimento nacional equilibrado, o qual incorporará os planos nacionais e regionais de desenvolvimento. Assim sendo, para ser legítima em face da Carta de 1988, a ordenação territorial deve respeitar a autonomia de cada ente federado, assegurada de forma vigorosa no seu art. 18, devendo cada um deles perseguir a concretização do interesse público de que foram incumbidos em virtude de sua posição no seio do sistema federativo brasileiro: a União, o interesse nacional ou interestadual; o Estado Federado, o interesse estadual ou intermunicipal; e o Município, o interesse local – os quais devem ser compatibilizados, a fim de o Poder Público promover e assegurar o bem-estar de todos no território nacional.

Quando determina elaborar e executar planos de ordenação territorial, a Constituição se refere, de forma indireta, à própria ordenação territorial, pois não seria razoável executar um plano desta natureza que não a implicasse. Todo plano é vocacionado à sua execução, e, se visa à ordenação territorial, sua implementação implica a promoção efetiva desta. Ao referir-se explicitamente a planos no inciso IX do art. 21, o texto constitucional de 1988 apenas condicionou a ordenação territorial promovida pela União ao seu prévio planejamento. Esta linha de interpretação pode ser aplicada, igualmente, em relação ao estatuído no inciso VIII do art. 30 da Carta de 1988. Aqui, ao contrário da redação dada ao inciso IX do art. 21, deu-se ênfase à ordenação territorial, vinculando-a ao planejamento e ao controle do uso, do parcelamento e da ocupação do solo urbano. Sem dúvida, o texto, aqui, padece de certa ambiguidade, aparentando uma conotação restritiva da ação ordenadora municipal.

Todavia, a interpretação mais consentânea de qualquer dispositivo constitucional não se deve limitar ao aspecto literal de sua redação, mas, sim, considerar as virtualidades contidas no conjunto da Constituição, numa exegese sistemática. Evidentemente, o significado literal da redação constitui, sem dúvida, o ponto de partida da interpretação, mas seu real alcance deve ser congruente com aquele que possa ser extraído de uma interpretação sistemática da Constituição. A exegese que possa atribuir ao preceito constitucional um significado inconsistente, quando comparado com as demais normas e valores prestigiados constitucionalmente, mas eventualmente em conflito, deve ser afastada em prol da que possibilite o máximo de efetividade possível, em atenção ao princípio da unidade da Constituição e ao caráter sistêmico de suas disposições.[14]

Como autorizou a União a elaborar e a executar planos de ordenação territorial de interesse nacional, não proibiu o Estado Federado de fazê-lo, para a consecução de interesse público estadual ou intermunicipal, e no próprio inciso VIII do art. 30 atribuiu expressamente ao Município a competência para ordenar o território em relação ao uso urbano de interesse local, caberia indagar: há alguma justificativa para uma interpretação sistemática que privilegie a literalidade deste inciso e, assim, faça prevalecer uma conotação restritiva em relação ao poder municipal de ordenar o território municipal, limitando-o ao mero planejamento e ao controle do parcelamento, uso e ocupação do solo urbano? A resposta mais adequada parece ser *não*.

Seria contraditório que, no mesmo inciso VIII, a Constituição autorizasse o Município a ordenar o território municipal e, simultaneamente, restringisse sua ação ao simples planejamento, impedindo-o de executar o plano diretor local. Todo planejamento só adquire sentido se dirigido para a ação, pois todo plano é para ela vocacionado, sob pena de ser um documento inútil. Aliás, do ponto de vista semântico, "planejar" significa "ordenar a ação", e toda ação ordenadora pressupõe o planejamento. Neste sentido, a ordenação territorial implica a das ações pública e privada no território.

O planejamento, quando realizado pelo Poder Público, constitui um processo coletivo, dinâmico e complexo, que compreende estudos técnicos

14. Celso Ribeiro Bastos, *Hermenêutica e Interpretação Constitucional*, 4a ed., São Paulo, Malheiros Editores, 2014, pp. 119-129.

e científicos, como base de decisões políticas.[15] Não se limita à ordenação racional das atividades, à maneira da geometria e do espírito cartesiano, mas pressupõe e exige a compatibilização, o mais possível, de interesses e concepções conflitantes, tendo em vista as finalidades específicas de cada intervenção desejada.

Se atribui ao Município a competência para planejar o desenvolvimento urbano, por meio da lei do plano diretor, e para promover a ordenação territorial, a Carta de 1988 confere-lhe, implicitamente, a função de implementá-lo, diretamente, por meio de seus próprios servidores, ou, indiretamente, mediante a coordenação de agentes privados ou a concessão da execução de tarefas destinadas ao atendimento das exigências fundamentais de ordenação da cidade, especialmente no âmbito da chamada operação urbana consorciada. Esta conclusão é inteiramente compatível e congruente com as competências atribuídas aos demais entes federados, especialmente aquela relativa à elaboração e execução dos planos de ordenação territorial, outorgada à União no inciso IX do art. 21 da Constituição.

O exame do texto constitucional não aponta qualquer razão que possa legitimar ou justificar uma interpretação autorizativa desta função de implementação de planos em relação à União e ao Estado Federado mas impeditiva em relação ao Município. Além disto, nele também não se encontra qualquer justificativa para uma interpretação segundo a qual se possa concluir que os entes federados não estão constitucionalmente autorizados a executar seus próprios planos.

Destarte, a referência feita ao planejamento no inciso VIII do art. 30 da Constituição deve ser entendida como um reforço explícito de sua função de instrumento da ordenação do território e de sua obrigatoriedade no nível municipal, conforme estabelecido no § 1º do art. 182. Por outro lado, a alusão à ordenação do território, por meio do controle do uso, do parcelamento e da ocupação do solo urbano, no mesmo inciso VIII, deve ser compreendida como uma explicitação do dever-poder municipal de exercer efetivamente esta função de controle.

15. No mesmo sentido, Alaôr Caffé Alves diz, textualmente: "(...) as considerações expendidas anteriormente ainda podem induzir à ideia errônea de que o planejamento é um processo de racionalização em cuja base encontra-se apenas um esforço de compreensão da realidade. Nada mais falso. É preciso desvelar com mais profundidade a dimensão política do planejamento. Na verdade, o planejamento não é uma expressão harmônica dos interesses sociais. Ele normalmente revela uma composição de interesses contraditórios; um compromisso de diferentes grupos e classes sociais vinculados a soluções múltiplas que obviamente não perfazem uma perfeita e racional unidade" (*Planejamento Metropolitano e Autonomia Municipal no Direito Brasileiro*, p. 59).

A Carta de 1988 exige, sim, que, ao fazê-lo, o Município não seja submisso a interesses particulares ou de grupos, mas exerça eficazmente sua autoridade, para a efetiva consecução do interesse coletivo, ao ordenar o pleno desenvolvimento das funções sociais da cidade e garantir o bem--estar de seus habitantes. Trata-se, na verdade, de uma forma indireta de apoio à autoridade municipal, compelindo-a a tornar realidade o princípio da supremacia do interesse coletivo sobre o interesse particular, em matéria de desenvolvimento urbano.

Consequentemente, a ordenação territorial, mediante planejamento, é uma função pública explicitamente atribuída ao Município e também à União, e implicitamente ao Estado Federado, pois só o Poder Público dispõe de legitimidade e supremacia, sobre os particulares, para promovê-la.

Trata-se de função cuja titularidade é irrenunciável e indelegável, porque privativa do Poder Público. Apenas sua execução pode ser transferida a particulares. O que distingue uma da outra é que a primeira consiste no poder de decisão, de coordenação, de fixação do que venha a ser o atendimento do interesse coletivo na situação específica com que se defronte, e a segunda limita-se à realização de tarefas, serviços e obras determinadas pelo Poder Público em conformidade com as condições por ele também estabelecidas. Quando se trate de interesse local esta função deve ser exercida pelo Município com base na lei do plano diretor. Além disto, esta função se exerce sobre interesses coletivos difusos, pois todos têm interesse indeterminado e indivisível na ordenação urbanística.

A atividade destinada a urbanizar áreas ainda não urbanizadas ou a renovar áreas de urbanização consolidada pode ser desenvolvida por agentes privados ou pelo Poder Público. Quando desenvolvida pelos particulares, esta atividade só pode ser legitimamente realizada se destinada a promover o pleno desenvolvimento das funções sociais da cidade e o bem-estar de seus habitantes, em consonância com os objetivos, diretrizes e programas estabelecidos na lei do plano diretor, se seu impacto for restrito aos limites territoriais do Município – e, portanto, de interesse local –, e de acordo com o plano urbanístico metropolitano ou intermunicipal, nos aspectos que causem impacto à população de dois ou mais Municípios.

No exercício de sua missão constitucional, o Município está incumbido de executar a política de desenvolvimento urbano não apenas ordenando seu território mediante a disciplina do parcelamento, do uso e da ocupação do solo urbano, mas também implementando-a, direta ou indiretamente. Esta execução pode ser direta, quando concretizada pelo Município por seus próprios meios e recursos, e indireta, quando transferida a terceiros, de acordo com as regras e exigências por ele fixadas.

No plano normativo, o instrumento básico da política municipal de desenvolvimento urbano é a lei do plano diretor, como expressamente declara o § 1º do art. 182 da Constituição, supracitado. Consoante o *caput* deste mesmo artigo, o objetivo específico desta política consiste em ordenar o pleno desenvolvimento das funções sociais da cidade e assegurar o bem-estar de seus habitantes. Além desta lei, são também instrumentos de ordenação do pleno desenvolvimento das funções sociais da cidade, dentre outras, as leis municipais de zoneamento ambiental, de disciplina do parcelamento, uso e ocupação do solo e as demais leis específicas destinadas à aplicação dos instrumentos previstos no Estatuto da Cidade.

No plano executivo, esta ordenação implica a realização de intervenções urbanas pelo Poder Público ou por empreendedores privados com base nas diretrizes da lei do plano diretor. Assim, podem ser implantados empreendimentos de urbanização de áreas não-urbanizadas, como os loteamentos, ou de reurbanização ou renovação de áreas urbanas consolidadas, deterioradas, com infraestrutura insuficientemente utilizada ou a ser atualizada, para adequação às novas tecnologias e necessidades sociais, a serem adensadas demograficamente, dotadas de novos espaços públicos, com reformulação ou ampliação do sistema viário associado à implementação de um plano de transporte coletivo de passageiros ou de descentralização urbana mediante a reformulação ou a criação de novas centralidades etc.

Sem prejuízo do estímulo e da disciplina das operações urbanas promovidas voluntariamente por empreendedores privados, o Poder Público pode, na medida dos recursos financeiros disponíveis, promover o ordenamento territorial, dando início, direta ou indiretamente, a empreendimentos de urbanização ou de renovação urbana destinados a atribuir novas qualificações a áreas urbanas para concretizar diretrizes previstas na lei do plano diretor e, deste modo, atender ao preceito constitucional que manda ordenar o pleno desenvolvimento das funções sociais da cidade (*caput* do art. 182 da CF).

Dadas a escassez de recursos financeiros públicos, a complexidade e a morosidade da gestão pública de operação desta magnitude, implicadas na elaboração de projeto executivo e no gerenciamento de sua execução, o Poder Público pode ver-se diante da contingência de estabelecer as diretrizes e requisitos de utilidade pública a serem implantados e de transferir a empreendedor privado a tarefa de executar a obra urbanística. Tudo isto deve ocorrer sem prejuízo ou redução de seu poder de regulação, de intervenção e de controle de toda a operação, a fim de que seja efetivamente concretizado o objetivo específico da política de desenvolvimento urbano em consonância com os objetivos fundamentais da República, inscritos, respectivamente, no *caput* do art. 182 e no art. 3º da Constituição Federal.

Como reconhece a doutrina jurídica,[16] a renovação urbana tem por objeto a recuperação de áreas urbanas deterioradas, a adequação de áreas adjacentes a obras públicas ou o adensamento de áreas edificadas. Assim, a renovação urbana pode implicar modificação, dentre outras possibilidades, da localização e da dimensão do sistema viário, das áreas destinadas aos usos residencial, comercial ou de serviços, da infraestrutura urbana, dos equipamentos comunitários, dos prédios públicos e dos espaços livres destinados ao uso comum do povo.

Portanto, a renovação urbana é uma modalidade de atividade urbanística destinada à consecução dos fins sociais da cidade; e, como tal, sua realização implica o exercício da função pública de ordenação do território cuja titularidade pertence primacialmente ao Município, embora não exclusivamente, pois o Estado Federado também pode promover intervenções urbanas destinadas à concretização de interesses públicos intermunicipais em região metropolitana ou aglomeração urbana. Esta primazia sobressai quando se considera que a Constituição Federal atribuiu à lei do plano diretor a condição de instrumento básico da política de desenvolvimento e de expansão urbana e que o Estatuto da Cidade condicionou a aplicação dos novos instrumentos urbanísticos nele previstos, inclusive a operação urbana consorciada, aos ditames da lei municipal do plano diretor. Ainda que particulares possam desenvolver atividade urbanística, por conta e risco próprios, obedecidas as normas legais e a lei do plano diretor, sem prejuízo da observância de outras conexas, a atividade de ordenação ou de reordenação do espaço urbano é uma função pública típica, irrenunciável, promotora de utilidade pública, pois só o Poder Público pode, democraticamente, impor a ordenação aos particulares, embora sua execução material concreta possa ser transferida a terceiros sem qualquer prejuízo para o interesse público.[17]

Em outras palavras, compete ao Poder Público Municipal, no exercício de suas prerrogativas de autoridade, com base na lei do plano diretor, determinar onde devam ser localizados os equipamentos urbanos de utilidade pública, os prédios públicos e privados, bem como suas dimensões mínimas e máximas e usos permissíveis ou proibidos, os recuos – dentre outros re-

16. José Afonso da Silva, *Direito Urbanístico Brasileiro*, 7ª ed., São Paulo, Malheiros Editores, 2012, p. 361.
17. Arnoldo Wald, Luiz Rangel de Moraes e Alexandre de M. Wald chegam a propor o direito de parceria como instrumento de desenvolvimento. Um dos instrumentos desta parceria entre o Poder Público e os agentes privados seria a concessão de obra pública, pois, a seu ver: "Na realidade, a institucionalização da concessão de obras lembra o milagre da multiplicação dos pães, pois é o dinheiro privado que vai permitir a realização de obras públicas, sem custo para a Administração, que, finalmente decorrido o prazo contratual, as receberá gratuitamente" (*O Direito de Parceria e a Nova lei de Concessões*, p. 16).

quisitos pertinentes. Entretanto, no que concerne aos bens e equipamentos de utilidade pública na cidade, não basta determinar onde devam ser localizados, mas é indispensável promover sua realização concreta, para desfrute de seus habitantes.

Neste sentido, cabe ao Poder Público o exercício da autoridade em matéria urbanística para fazer prevalecer o interesse coletivo sobre o interesse particular, com vistas ao bem de todos. Entretanto, tudo isto está subordinado ao planejamento urbano produzido no processo de gestão democrática da cidade, de acordo com os cânones do Estado Democrático de Direito.

O exercício da função pública de ordenação do território por meio de operação urbana mediante a realização de obras de urbanização ou de renovação urbana se faz com base em diretrizes estabelecidas em plano legalmente aprovado segundo os cânones do Estado Democrático de Direito.

O § 1º do art. 182 da Constituição Federal dispõe que "o plano diretor, aprovado pela Câmara Municipal, obrigatório para cidades com mais de vinte mil habitantes, é o instrumento básico da política de desenvolvimento e de expansão urbana". Segundo este preceito, o plano diretor deve, no mínimo, conter, dentre outras, as exigências fundamentais de ordenação da cidade e as condições e exigências para que a propriedade urbana cumpra sua função social (§ 2º). Ademais disto, o próprio Estatuto da Cidade condicionou a aplicação de alguns de seus instrumentos à lei municipal do plano diretor. O art. 41 deste diploma legal, a título de diretriz geral, estendeu a obrigatoriedade do plano diretor às cidades integrantes de regiões metropolitanas e aglomerações urbanas onde o Poder Público Municipal pretenda utilizar o parcelamento, a edificação ou a utilização compulsórios, integrantes de áreas de especial interesse turístico e inseridas na área de influência de empreendimentos ou atividades com significativo impacto ambiental de âmbito regional ou nacional.

Embora, de acordo com o § 1º do art. 182 da Constituição Federal, não estejam obrigados à aprovação do plano diretor e à sua aplicação como instrumento básico da política de desenvolvimento e de expansão urbana, os Municípios com cidades de menos de vinte mil habitantes estão igualmente obrigados ao planejamento urbano por meio da participação da população local na formulação, execução e acompanhamento de planos, programas e projetos de desenvolvimento urbano, em cumprimento da diretriz geral de gestão democrática da cidade. Este dever de promover o ordenamento territorial mediante planejamento também foi atribuído pela Constituição Federal a todos os Municípios, inclusive os pequenos Municípios com cidades de menos de vinte mil habitantes, no inciso VIII do art. 30. A diferença entre os pequenos e os demais Municípios reside em que os primeiros não estão obrigados à aprovação do plano diretor que estabeleça as exigências fundamentais de ordenação da cidade, embora permaneçam obrigados à elaboração e aprovação democrática de planos e projetos específicos como condição prévia para sua realização.

De qualquer modo, todos os Municípios com cidades de menos de vinte mil habitantes também devem fazer com que sua política de desenvolvimento urbano esteja direcionada para o atendimento das funções sociais da cidade e do bem-estar de seus habitantes, bem como para o cumprimento da função social da propriedade urbana, pois o fato de não lhes ser exigido plano diretor não os exime do dever de cumprir as prescrições do *caput* do art. 182 da Constituição Federal. Se, porventura, desejarem realizar operação urbana, estes Municípios menores deverão aprovar a lei do plano diretor, como exige o art. 32 do Estatuto da Cidade.

O exame do alcance da obrigatoriedade da aprovação de plano diretor para os Municípios com cidades de mais de vinte mil habitantes pressupõe que se considere o sistema federativo brasileiro, no qual esta prescrição se encontra presente, e, especialmente, quem é o destinatário deste preceito constitucional. Resulta do próprio texto que este é o Município com cidade com mais de vinte mil habitantes, a quem cumpre aprová-lo por meio do seu Poder Legislativo, a Câmara Municipal. Além disto, no sistema federativo brasileiro, a Constituição Federal de 1988 elevou o Município à condição de ente federado, assim como a União e o Estado Federado (v. arts. 1º e 18 da CF de 1988).[18]

Destarte, o Município figura, hoje, como pessoa jurídica de direito público interno autônoma, dotada do poder de legislar, cujo exercício se circunscreve a considerações de ordem política inerentes ao Estado Democrático de Direito, especialmente às competências que lhe foram atribuídas na própria Constituição Federal, sem qualquer subordinação de natureza hierárquica em face da União e do Estado Federado. Disto decorre que o Município não precisa de licença ou autorização destes entes federados para o exercício legítimo de suas atribuições constitucionais. Tais competências constitucionais não podem ser ampliadas ou reduzidas, nem pela Constitui-

18. Conforme José Afonso da Silva, os Municípios continuam como divisão político-administrativa dos Estados Federados dotada de autonomia político-constitucional, não sendo elementos essenciais do pacto federativo, pois não existe uma federação de Municípios. Para este autor, a autonomia federativa pressupõe território próprio não compartilhado, o que não acontece com o Município (*Curso de Direito Constitucional Positivo*, 37ª ed., São Paulo, Malheiros Editores, 2014, pp. 478-479). Todavia, este mesmo autor lhe reconhece autonomia político-constitucional suficiente para que, no exercício de suas atribuições, se vincule exclusivamente às competências que lhe foram outorgadas diretamente no texto constitucional, sem qualquer subordinação hierárquica frente à União ou ao Estado Federado, os quais não podem ampliá-las ou reduzi-las.

ção Estadual, que só pode fixar princípios a serem observados na elaboração da lei orgânica municipal (art. 29 da CF de 1988), nem por qualquer lei infraconstitucional federal ou estadual.

Assim sendo, em face da função pública de ordenação do território urbano, colocam-se, pois, as seguintes questões: Caso a Câmara Municipal se omita, não aprovando o plano diretor, quais seriam os efeitos jurídicos deste preceito constitucional que institui a obrigatoriedade de sua aprovação pelo Legislativo Municipal? Seria sua existência indispensável para a execução de operação urbana consorciada destinada a promover transformações estruturais mediante obras de urbanização ou de reurbanização? Se afirmativa a resposta, quais as possíveis consequências jurídicas na hipótese de realização de operação urbana consorciada sem apoio em plano diretor legalmente aprovado?

A Constituição Federal, adotando a forma federativa de Estado, na qual assegura, de modo vigoroso, a autonomia municipal, não propicia meios para que se possa obrigar o Município a legislar, aprovando o plano diretor. Assim sendo, parece possível imaginar o argumento segundo o qual não haveria inconstitucionalidade na hipótese de realização de operação urbana consorciada sem fundamento em plano diretor previamente aprovado, a despeito da prescrição contida no art. 32 do Estatuto da Cidade, desde que satisfeito o interesse público. Este eventual argumento é insustentável juridicamente, pelos motivos a seguir expressos.

Em primeiro lugar, não se pode ignorar os mandamentos constitucionais. O primeiro deles atribui ao Município a competência para a promoção do ordenamento territorial mediante planejamento, e o segundo obriga expressamente a aprovação do plano diretor como instrumento básico da política de desenvolvimento e de expansão urbana. Em tese, duas alternativas estariam autorizadas na Carta de 1988 para obrigar o Município a aprová-lo: o mandado de injunção ou a ação de inconstitucionalidade por omissão.

O mandado de injunção pode ser impetrado pelo prejudicado sempre que a falta de norma regulamentadora torne inviável o exercício de direitos individuais fundamentais; ou, conforme sua expressão literal, "o exercício dos direitos e liberdades constitucionais e das prerrogativas inerentes à nacionalidade, à soberania e à cidadania" (inciso LXXI do art. 5º da CF). A finalidade desta impetração, neste caso, seria possibilitar o exercício concreto, pelo impetrante, do seu direito, liberdade ou prerrogativa, mas não a regulamentação, propriamente dita, da norma constitucional.

A outra alternativa seria a ação de inconstitucionalidade por omissão, para tornar efetiva a norma constitucional, pelo fato de o Município não instituir plano diretor. Nesta hipótese, conforme o § 2º do art. 103, manda a Constituição que seja dada ciência ao Poder Público competente, para a adoção das providências necessárias.[19] Sem dúvida, trata-se de consequência jurídica débil, pois significa uma determinação judicial para que o Poder Legislativo aprove o plano diretor mas sem sanção e sem prazo para seu cumprimento.

A existência destas duas alternativas apenas, expressas no texto constitucional, suscita sérias dúvidas sobre a efetividade da obrigatoriedade de aprovação do plano diretor nos Municípios com cidades com mais de vinte mil habitantes. Neste contexto, persiste a indagação: haveria realmente esta obrigatoriedade, numa interpretação sistemática do texto constitucional, ou esta disposição seria inútil?

Ora, constitui princípio de hermenêutica jurídica que as leis – e especialmente a Constituição – não contém palavras inúteis, salvo a eventual possibilidade da demonstração inequívoca desta inutilidade. Celso Ribeiro Bastos, analisando os pressupostos hermenêuticos constitucionais, apropriadamente, sustenta que: "(...) sempre que possível, deverá ser o dispositivo constitucional interpretado num sentido que lhe atribua maior eficácia".[20] Para este autor, o princípio da máxima eficiência na interpretação constitucional significa "o banimento da ideia de que um artigo ou parte dele possa ser considerado sem efeito algum, o que equivaleria a desconsiderá-lo mesmo".[21]

Assim sendo, diante deste impasse gerado pelo texto constitucional, cabe ao intérprete tentar esclarecer os efeitos jurídico-constitucionais da obrigatoriedade a que se refere o § 1º do art. 182, retrocitado, em face da inviabilidade de, dentro das limitações do texto constitucional, obrigar o Legislativo Municipal a aprovar o plano diretor, buscando a harmonização deste preceito com outros princípios ou regras constitucionais, a fim de não se alcançar um resultado contraditório.

Com este objetivo, importa chamar a atenção para o fato de que é a própria Constituição, e não uma lei infraconstitucional, que determina expressamente a obrigatoriedade da aprovação da lei do plano diretor como instrumento básico da política de desenvolvimento e de expansão urbana.

19. Nelson Saule Júnior discute pormenorizadamente o alcance da aplicabilidade de *normas locais de direito urbanístico* em razão de uma eventual declaração de inconstitucionalidade por omissão de aprovação do plano diretor pela Câmara Municipal, sustentando que ela não pode acarretar a declaração de inconstitucionalidade de toda a legislação urbanística municipal, em razão da supremacia do interesse público, da segurança jurídica e da impossibilidade de aumentar os privilégios dos proprietários que não estejam promovendo o cumprimento da função social da propriedade urbana ("O tratamento constitucional do plano diretor como instrumento de política urbana", in Edésio Fernandes (org.), *Direito Urbanístico*, p. 41).
20. *Hermenêutica e Interpretação Constitucional*, cit., p. 127.
21. Idem, ibidem.

Contrariar uma norma constitucional constitui ilegalidade mais grave que infringir uma lei infraconstitucional, pois a Constituição é a principal lei do país, hierarquicamente superior a todas as demais.

Ora, se não existir o plano diretor, apesar de constitucionalmente obrigatório, ou se suas normas, diretrizes e conteúdos puderem ser desrespeitados, evidentemente, não haveria o cumprimento do preceito constitucional que determina sua utilização como meio ou instrumento básico da política de desenvolvimento urbano para ordenar o pleno desenvolvimento das funções sociais da cidade – e, consequentemente, este dispositivo também poderia ser visto como inútil.

Logo, a realização de qualquer operação urbana consorciada sem base na lei do plano diretor significa a não-utilização deste como instrumento básico da política de desenvolvimento urbano e contraria o disposto nesse preceito constitucional, pois uma das funções principais, dentre outras, do plano diretor consiste exatamente em servir de base para a ordenação do parcelamento, do uso e da ocupação do solo urbano.

Neste sentido, pode-se vislumbrar um pressuposto implícito nesta exigência constitucional: o de que, dentre outras disposições relacionadas com o desenvolvimento econômico-social e urbano local, o plano diretor, considerando a capacidade de suporte e as peculiaridades do meio ambiente, determine a localização e as diretrizes para as áreas destinadas à realização de operação urbana consorciada.

Se figura no texto constitucional com o teor de importância e de obrigatoriedade nele contido, qual seria a utilidade do § 1º do art. 182 se pudesse não ser aplicado? Admitir a possibilidade de seu descumprimento significa ignorar e desprezar a regra constitucional, pois esta estaria destituída de efeitos jurídico-constitucionais pelo simples efeito da interpretação. Haveria o surgimento de um paradoxo na Constituição: uma norma não-jurídica inserta no próprio texto constitucional. Destarte, impõe-se perquirir e buscar reconhecer-lhe algum grau de efetividade jurídica e congruência com os demais preceitos e princípios constitucionais.

Ora, se a Constituição declara peremptoriamente que o plano diretor a ser aprovado pela Câmara Municipal é o instrumento básico da política de desenvolvimento e de expansão urbana, sendo obrigatório, parece evidente que, implicitamente, o texto está dizendo que não podem ser realizadas intervenções urbanas, inclusive operação urbana consorciada, sem fundamento na lei do plano diretor. Seria um modo de subordinar a implementação desta política ao planejamento urbano, obrigando o Município a elaborá-lo e aprová-lo.

Diante destas considerações, parece imperioso concluir que a Constituição vinculou a legitimidade de qualquer atividade urbanística, especialmente operação urbana consorciada, à observância do plano diretor aprovado pela Câmara Municipal nos Municípios com cidades de mais de vinte mil habitantes, e nos demais ao planejamento urbano simplificado. Disto decorre a obrigatoriedade de sua aprovação nos primeiros. Assim, o texto constitucional parece autorizar a tese de que a execução de operação urbana consorciada em Município com mais de vinte mil habitantes sem respaldo em plano diretor, previamente aprovado pela Câmara Municipal, ou contrariando suas disposições, poderia ser considerada ilegal, por inconstitucionalidade.

Com efeito, se o plano diretor não for a fonte de legitimidade da realização de atividades urbanísticas, por motivo de sua inexistência ou de contrariedade às suas diretrizes, torna-se difícil assegurar que a realização da operação urbana consorciada vá ao encontro da política de desenvolvimento urbano e de expansão urbana que promova as funções sociais da cidade e o bem-estar de seus habitantes, como manda a Constituição Federal. Especialmente na hipótese de inexistência do plano diretor, seria contrariado expressamente o preceito contido no § 1º do mesmo art. 182, na medida da sua não-utilização como instrumento básico da política de desenvolvimento urbano e de expansão urbana.

Em princípio, raciocínio similar pode ser aplicado, igualmente, nos casos de aprovação, pelo Município, de empreendimentos urbanísticos em geral, tais como loteamentos, obras públicas, *shoppings centers*, edificações e outros conexos. Portanto, do ponto de vista jurídico-constitucional, como se pode deduzir do estatuído neste art. 182 da Constituição Federal, o Município parece só estar autorizado constitucionalmente a aprovar a implantação de empreendimentos urbanísticos com base em prévio planejamento urbanístico precedido de ampla participação da população local. Por tudo isto, os Municípios com cidades de mais de vinte mil habitantes estão obrigados pela Constituição Federal à aprovação do plano diretor, sem o quê não podem realizar operação urbana consorciada; e os demais, ao planejamento urbano específico, menos complexo, como condição prévia à implantação de empreendimentos urbanísticos, públicos ou privados, e ao cumprimento da função social da propriedade urbana.

A admissão da hipótese contrária em caso de Município com cidades de mais de vinte mil habitantes – ou seja, de que este pudesse aprovar ou realizar tais empreendimentos sem apoio em plano diretor previamente aprovado pela Câmara Municipal – implica afronta direta à literalidade da redação dada ao § 1º do art. 182 da Constituição Federal, que determina a obrigatoriedade da lei do plano diretor como instrumento básico da política de desenvolvimento urbano.

Mesmo assim, esta inconstitucionalidade parece insuficiente para o reconhecimento imediato da invalidade dos atos administrativos de aprovação de obras e empreendimentos urbanísticos públicos ou privados por motivo de inexistência de plano diretor. O próprio texto constitucional, ao dizer que o plano diretor é o instrumento básico da política de desenvolvimento urbano, permite o entendimento de que ele não é o único. Todavia, disto não segue a conclusão de que sua omissão não acarretaria efeitos jurídicos negativos.

A realização de uma obra pública ou a aprovação de um empreendimento urbanístico sem fundamento em plano diretor legalmente aprovado, por si sós, podem não configurar um atentado ou uma lesão ao atendimento das funções sociais da cidade ou ao bem-estar de seus habitantes.

Entretanto, esta omissão, em tese, pode, eventualmente, gerar a responsabilidade das autoridades públicas envolvidas, caso se demonstrem a ilegalidade e a lesividade da aprovação feita ou da decisão tomada, bem como dos demais atos delas decorrentes, por meio de ação popular ou de ação civil pública, em caso de interesse difuso que contrarie a ordem urbanística prevista na lei do plano diretor.

Aliás, hoje, o planejamento urbanístico é instrumento juridicamente indispensável tanto para a promoção quanto para a proteção da ordem urbanística. A ordem urbanística, como interesse difuso juridicamente autônomo, é alcançável por meio de planos, programas e projetos, em razão do quê qualquer transformação do ambiente urbano, especialmente se de natureza estrutural, deve ser previamente planejada e projetada, inclusive para avaliar a capacidade de suporte do ambiente.

Somente o planejamento urbano permitirá avaliar se obras públicas, loteamentos ou outros empreendimentos estarão contribuindo, ou não, para o pleno desenvolvimento das funções sociais da cidade. Por exemplo, em face da diretriz de adequação dos instrumentos de política econômica, tributária e financeira e dos gastos públicos aos objetivos do desenvolvimento urbano (inciso X do art. 2º do Estatuto da Cidade), tornar-se-á possível questionar, como contrária à ordem urbanística, a construção de conjuntos habitacionais na periferia das cidades em locais distantes da mancha urbana contínua; a implantação de sistemas de transporte coletivo de alta capacidade em áreas de preservação dos mananciais de água, por induzirem o incremento da ocupação; a desapropriação de imóveis para a realização de obras viárias dissociadas do planejamento do transporte coletivo de passageiros; a realização de intervenções urbanas em áreas privilegiadas razoavelmente dotadas de infraestrutura urbana, em detrimento de outras ainda não servidas pela infraestrutura básica; etc.

Todavia, a despeito das limitações acima apontadas, há que considerar a redação categórica da Constituição (§ 1º do art. 182) declarando a obrigatoriedade do plano diretor para os Municípios com cidades de mais de vinte mil habitantes e a relevância que lhe atribui ao declará-lo instrumento básico da política de desenvolvimento urbano. Além disto, o § 2º do mesmo artigo estabelece que o cumprimento da função social da propriedade urbana depende de sua adequação às exigências fundamentais de ordenação da cidade expressas no plano diretor, tornando-o instrumento aferidor deste cumprimento. Finalmente, o § 4º do artigo exige expressamente o plano diretor como elemento indispensável para a aplicação da desapropriação--sanção, nele prevista.

Por todas estas razões, não se afigura razoável acolher a exegese constitucional que não só ignore a literalidade do § 1º do art. 182 da Constituição Federal, mas, principalmente, lhe retire a importância que os demais parágrafos do mesmo artigo lhe conferem. Não parece, pois, igualmente razoável, neste contexto, admitir que os Poderes Executivo e Legislativo Municipais possam omitir-se, não promovendo sua elaboração e subsequente aprovação legislativa, sem que deste comportamento advenham efeitos jurídicos negativos.

A hipotética interpretação em sentido contrário conduziria à conclusão equivocada de que seria possível o Município descumprir a Constituição Federal, ignorando que todos os entes federados, no Estado Democrático de Direito, estão vinculados ao cumprimento do princípio da legalidade, no qual se insere, evidentemente, esta exigência contida na mais importante das leis do país.

Aliás, o *caput* do art. 182 da Constituição Federal estabelece que a política municipal de desenvolvimento urbano deve ser executada em obediência a diretrizes fixadas em lei. O texto, aqui, usa a palavra "lei" em sentido geral e indeterminado, não se devendo entendê-la como restrita à lei federal. Interpretação sistemática da Constituição revela que, quando o legislador quis referir-se a "lei federal", o fez expressamente. Prova disto são as menções à lei federal feitas no § 4º deste mesmo artigo e no § 2º do art. 236 do título referente às "Disposições Constitucionais Gerais" da mesma Carta de 1988. Em outras palavras, salvo a hipótese em que o contexto constitucional possibilite extrair, de modo inequívoco, que a utilização do vocábulo "lei" só possa denotar significação restrita à lei federal, ele deve ser entendido em sentido geral e indeterminado, sendo este o caso do *caput* do art. 182, retrocitado. Assim sendo, pode-se, coerentemente, entender que, como este *caput* fixa os objetivos a serem alcançados na execução da política de desenvolvimento urbano pelo Município, a palavra "lei", nele utilizada, abrange a lei do plano diretor. Além disto, este *caput* estabelece como objetivo a ordenação do pleno desenvolvimento das funções sociais da cidade – e, como visto, o plano é o instrumento, por excelência, desta ordenação.

Desta compreensão pode-se, então, extrair a conclusão de que também este *caput* exige o plano diretor aprovado pelo Poder Legislativo Municipal como base para a ordenação do solo urbano mediante a realização de obras de urbanização ou de reurbanização, inclusive por meio de operação urbana consorciada. Se correta esta exegese, o Município com cidade de mais de vinte mil habitantes só poderá executar ou aprovar obras desta natureza com base na lei do plano diretor, enquanto os demais deverão observar o planejamento urbano, nos termos do inciso VIII do art. 30 da Constituição.

Deste modo, encontra-se também implícita no art. 182, acima citado, a conclusão de que a legalidade da realização de operação urbana consorciada mediante obras de urbanização ou de renovação urbana, de forma direta ou indireta, depende de sua conformidade aos objetivos, às diretrizes, à localização e aos demais conteúdos integrantes da lei do plano diretor aprovado pelo Poder Legislativo de Municípios com cidade de mais de vinte mil habitantes. Segundo o art. 32 do Estatuto da Cidade, somente estes Municípios que disponham de lei de plano diretor podem promover e coordenar operação urbana consorciada.

Em caso de eventual inexistência de plano diretor aprovado pela Câmara Municipal, a realização de operação urbana consorciada poderá ser juridicamente questionada, sob a alegação de inconstitucionalidade, por descumprimento do disposto nos §§ 1º e 2º do art. 182, combinado com o inciso VIII do art. 30, ambos da Constituição Federal, especialmente se caracterizada lesão à ordem urbanística ou ambiental, às funções sociais da cidade e ao bem-estar de seus habitantes, mediante ação civil pública, ou ao patrimônio público, mediante ação popular.

Como "não se pode constranger o legislador a legislar, nem mesmo naqueles casos em que lhe é fixado prazo",[22] o fato de não existir a lei do plano diretor, em que pese à alta relevância que lhe atribuiu o art. 182 da Constituição Federal, coloca o Município em condição altamente desconfortável, sujeitando as autoridades municipais do Executivo e do Legislativo ao risco de serem responsabilizadas por improbidade administrativa, com fundamento no estatuído no art. 52 do Estatuto da Cidade. Segundo este preceito legal, o prefeito e outras autoridades envolvidas que não tomarem as providências adequadas para a revisão da lei do plano diretor a cada dez anos (§ 4º do art. 40) ou os de Município que, não dispondo de plano diretor aprovado na data de entrada em vigor do Estatuto da Cidade, não tenham tomado as providências adequadas para sua aprovação dentro do prazo de cinco anos praticam improbidade administrativa, devendo ser responsabilizados por isto. Enquanto não transcorrer este prazo de cinco anos que a lei concedeu aos Municípios que não disponham de plano para sua aprovação, as respectivas autoridades não correrão o risco da improbidade administrativa,

---

22. José Afonso da Silva, *Aplicabilidade das Normas Constitucionais*, 8ª ed., São Paulo, Malheiros Editores, 2012, p. 126.

mas as obras públicas e demais intervenções urbanísticas que promoverem permanecem suscetíveis de impugnação judicial, por não terem se baseado em plano diretor devidamente aprovado.

Assim, a despeito desta eventual omissão, de ocorrência pouco provável nos dias de hoje, pois o Estatuto da Cidade e a Lei Federal 9.785, de 29.1.1999, que introduziu alterações na Lei Federal 6.766, de 19.12.1979, condicionaram a aplicabilidade de suas disposições à existência de plano diretor legalmente aprovado. De qualquer modo, a concretização dos objetivos da política de desenvolvimento urbano e demais conteúdos do art. 182, bem como do Estatuto da Cidade, deve ser prestigiada, porque não se pode olvidar que a lei do plano diretor deve ser entendida sempre como meio para que os mesmos sejam alcançados, não possuindo fim em si mesma. Em tal contexto, a iniciativa popular legislativa constitui alternativa, autorizada pela Constituição Federal, para que se promova a aprovação da lei do plano diretor em face da eventual omissão do Executivo e Legislativo Municipais.

Admitir como legítima a possibilidade de descumprimento do disposto no art. 182, acima citado, significa substituir-se o intérprete ao legislador constituinte, tornando-o inútil – o que, como visto, contraria a boa hermenêutica jurídica, pois não há razão que possibilite a demonstração inequívoca desta inutilidade. Ao contrário, este preceito constitucional apenas realça e enfatiza, de modo vigoroso, a importância de seu cumprimento, pois, além de determinar a obrigatoriedade de aprovação do plano diretor pela Câmara Municipal nos Municípios com cidades de mais de vinte mil habitantes, exige sua utilização como instrumento básico da política de desenvolvimento urbano. No seu § 2º estabelece que a propriedade urbana cumprirá sua função social se atender às exigências fundamentais de ordenação da cidade expressas no plano diretor.

Em face destas disposições constitucionais, que atribuem função relevante ao plano diretor, e do art. 32 do próprio Estatuto da Cidade, que condiciona a aprovação de operação urbana consorciada à sua conformidade com a lei do plano diretor, a exegese em sentido contrário – isto é, que eventualmente admita a possibilidade de inexistência de plano diretor nas cidades com mais de vinte mil habitantes e de realização de tal operação sem fundamento na lei do plano diretor – caracteriza uma interpretação arbitrária, frontalmente contrária ao texto constitucional e à lei, substituindo-se o intérprete ao legislador constitucional, o que não atende aos princípios da boa hermenêutica constitucional.

Deste modo, o art. 32 do Estatuto da Cidade – bem como as demais disposições deste diploma legal – veio concretizar a determinação constitucional de que toda intervenção urbana seja efetuada com base em planejamento urbanístico expresso na lei municipal do plano diretor. Assim, a função pública de ordenação urbanística, mediante operação urbana consorciada, deve ser exercida com base nesta lei municipal. Sua execução material – que inclui a elaboração de projetos e as atividades materiais de seu gerenciamento – pode se dar diretamente pela Administração Pública, em colaboração com os agentes privados interessados enumerados no § 1º do art. 32 do Estatuto da Cidade, ou ser delegada, total ou parcialmente, a empreendedores privados, sem prejuízo da participação dos proprietários, moradores, usuários permanentes e investidores privados e de seu completo controle, do início ao fim, pelo Poder Público Municipal, na qualidade de seu coordenador, e pela sociedade civil.

As possibilidades de cooperação e articulação entre o Poder Público e os segmentos da sociedade civil diretamente interessados são múltiplas, sendo diversas as combinações possíveis para a execução das diretrizes da lei do plano diretor mediante a operação urbana consorciada.

5. Benefícios urbanísticos e contrapartida

A lei do plano diretor ou a lei municipal específica podem autorizar a aprovação de benefícios urbanísticos capazes de induzir os investidores e proprietários imobiliários a deflagrar as obras e serviços necessários para dar à área objeto da operação urbana consorciada a requalificação urbanística visada pela lei do plano diretor. O § 2º do art. 32 do Estatuto da Cidade autoriza, entre outras medidas previstas na lei do plano diretor ou na lei municipal específica, a modificação de índices e características de parcelamento, uso e ocupação do solo e subsolo, bem como alterações das normas edilícias, considerado o impacto ambiental delas decorrente, e a regularização de construções, reformas ou ampliações executadas em desacordo com a legislação vigente.

Esta enumeração é exemplificativa, admitindo, portanto, a previsão de outros benefícios na lei municipal específica que autorizar a operação urbana ou na lei do plano diretor. Quanto à regularização de construções, reformas ou ampliações executadas em desacordo com a lei, convém ressaltar que não se trata de simples anistia. São regularizáveis as construções que estejam de acordo com o respectivo plano.

O plano da operação urbana consorciada, exigido no art. 33 do Estatuto da Cidade, constitui a referência balizadora de todas as intervenções previstas para a área delimitada a ser atingida. Esta norma exige que o referido plano contenha, no mínimo, a definição da área a ser atingida; o programa básico de ocupação da área; o programa de atendimento econômico e social para a população diretamente afetada pela operação; as finalidades da operação; a contrapartida a ser exigida dos proprietários, usuários permanentes e investidores privados em função da utilização dos benefícios previstos nos incisos I e II do § 2º do art. 32; a forma de controle da operação, obrigatoriamente compartilhado com representação da sociedade civil; e Estudo Prévio de Impacto de Vizinhança.

Houve certa impropriedade ao incluir o Estudo de Impacto de Vizinhança, que a lei mesma exige que seja prévio, no plano da operação urbana consorciada, na medida em que prevê a inserção deste mesmo plano, com o conteúdo mínimo fixado no art. 33 do Estatuto da Cidade, na lei municipal específica de aprovação da operação urbana consorciada. Em primeiro lugar, se o Estudo de Impacto de Vizinhança deve ser prévio à lei da operação urbana consorciada, o mais adequado seria que a exigência das medidas mitigadoras ou compensatórias que, eventualmente, nele tivessem sido propostas e aprovadas, após amplo debate no seio da sociedade civil e no Poder Legislativo Municipal, constasse da lei, mas não o próprio Estudo – que, como tal, carece de teor prescritivo. Entretanto, o legislador agiu com bom senso ao limitar-se à referência ao Estudo de Impacto de Vizinhança, e não ao de Impacto Ambiental.

De fato, os Estudos de Impacto Ambiental devem fundamentar a própria elaboração da lei do plano diretor no contexto de uma avaliação ambiental estratégica, de modo que os estudos ambientais posteriores que, eventualmente, ainda se tornem necessários se limitem aos empreendimentos que impliquem obras ou atividades potencialmente causadoras de significativa degradação do meio ambiente com foco mais objetivo, delimitado e específico, e não a qualquer empreendimento pelo simples fato de apresentar maior porte, pois o plano diretor já deveria apresentar diretrizes ambientais adequadas para tal situação.

Ao referir-se ao programa básico de ocupação da área e ao de atendimento econômico e social para a população diretamente afetada pela operação, o Estatuto da Cidade exige uma definição sobre o grau de prioridade, os recursos e o cronograma de execução da ocupação e do atendimento à população afetada. Assim sendo, a lei específica da operação deve contemplar uma proposta de encaminhamento e uma solução para ambas as situações.

Tratando-se da modificação de índices e características de parcelamento, uso e ocupação do solo e subsolo, há que ser considerado o conteúdo do plano da operação urbana consorciada, que pode abranger o zoneamento específico da área da operação, especialmente, em face das diretrizes gerais de justa distribuição dos benefícios e ônus decorrentes do processo de urbanização e de recuperação dos investimentos do Poder Público de que tenha resultado a valorização de imóveis urbanos situados dentro ou fora do respectivo perímetro, sem prejuízo da observância das demais diretrizes fixadas no art. 2º do Estatuto da Cidade.

Neste contexto, o respeito aos princípios da igualdade e da proporcionalidade deve ser aferido em função do plano da operação urbana consorciada, procedendo-se às compensações adequadas, de modo que situações iguais recebam tratamento igual ou proporcional, conforme o caso, mas sem a pretensão de submeter realidades diferentes a idêntico tratamento – o que, evidentemente, significa a inobservância destes princípios.

A outorga onerosa do direito de construir em área de operação urbana consorciada obedece aos mesmos princípios, inclusive o de que o coeficiente de aproveitamento máximo deve considerar a proporcionalidade entre a infraestrutura existente e a que será implantada como decorrência da execução do plano da operação urbana e o aumento de densidade projetado para cada área, como disposto no § 3º do art. 28 do Estatuto da Cidade. Por oportuno, resta lembrar que a possibilidade de aplicação da outorga onerosa do direito de construir não se encontra restrita às áreas de operação urbana consorciada, mas pode ocorrer fora destas, desde que para regularização fundiária, execução de programas e projetos habitacionais de interesse social, constituição de reserva fundiária, ordenamento e direcionamento da expansão urbana, implantação de equipamentos urbanos e comunitários, criação de espaços públicos de lazer e áreas verdes, criação de unidades de conservação ou proteção de outras áreas de interesse ambiental e proteção de áreas de interesse histórico, cultural ou paisagístico, como expressamente prevê o art. 31 do Estatuto da Cidade.

As operações urbanas implantadas no Município de São Paulo a partir da segunda metade dos anos 90 do século passado até a vigência do atual Plano Diretor Estratégico autorizaram a aprovação de benefícios que constituíam exceções às normas da legislação municipal de zoneamento urbano aprovadas por um órgão colegiado composto por representantes do Poder Público e por representantes da sociedade civil.

Assim, por exemplo, a Lei da Operação Urbana Faria Lima (Lei 11.732, de 14.3.1995, parcialmente modificada e revogada pela Lei 13.769/2004, do Município de São Paulo) autorizou a aprovação de um plano de investimentos em obras com desapropriações e incentivos urbanísticos diferenciados, conforme o tamanho do lote, representados pela ampliação do potencial construtivo, em algumas hipóteses de forma gratuita e em outras de forma onerosa, desde que atendidas exigências, tais como a reserva, no pavimento térreo, de áreas destinadas à circulação e atividades de uso aberto ao público, aumento da taxa de ocupação para uso comercial e de serviços até o limite de 70% da área do lote, a permissão de uso misto residencial e comercial e de serviços em zonas de uso (Z2), mudança de uso no corredor Z8-CR1, cessão do espaço público aéreo ou subterrâneo. A contrapartida financeira foi fixada em valor calculado com base em tabela anexa à lei.

A Lei da Operação Urbana Centro (Lei 12.349, de 6.6.1997, do Município de São Paulo) autorizou, mediante contrapartida financeira, a modificação de índices urbanísticos, de características de uso e ocupação do solo e de disposições do Código de Obras e Edificações, a transferência do potencial construtivo de imóveis preservados, a regularização de construções, reformas ou ampliações executadas em desacordo com a legislação vigente e concluídas até a data de publicação da lei e cessão onerosa do espaço público aéreo ou subterrâneo, resguardado o interesse público. Além de proibir ampliações ou construções destinadas a determinados tipos de usos, a lei admitiu expressamente que a contrapartida financeira se refere aos benefícios concedidos como exceção à legislação vigente, devendo ser aplicada na execução de obras de melhoria urbana na área da operação urbana após análise urbanística. O potencial construtivo de terrenos situados no perímetro da operação que sejam transformados em áreas livres e verdes doadas à Prefeitura como bens de uso comum do povo pode ser aplicado no remanescente ou transferido para outro imóvel situado no interior ou fora da área da Operação Urbana Centro. A restauração dos imóveis tombados foi incentivada, admitindo-se a transferência do potencial construtivo, pelo seu valor equivalente, para outros imóveis localizados dentro ou fora do perímetro da área da Operação Urbana. A aprovação dos benefícios urbanísticos foi atribuída a um órgão colegiado, que recebeu também a incumbência de aprovar a modificação de índices urbanísticos, de características de uso e ocupação do solo e de disposições do Código de Edificações – o que vem sendo questionado pelo Ministério Público, por implicar infração aos princípios constitucionais da separação de Poderes e da legalidade.[23]

Tais operações urbanas foram concebidas a partir da ideia de "flexibilização" das restrições da lei de zoneamento, mediante a modificação de seus parâmetros urbanísticos, permitindo-se potencial construtivo maior que aquele por ela autorizado e outras alterações de menor significado econômico. Neste contexto, o proprietário permanecia com a possibilidade de utilização do potencial permitido na lei de zoneamento, ao qual era acrescido o potencial permitido além do limite nela estabelecido. Este novo potencial aparece autorizado pela operação urbana como moeda de troca para a realização das intervenções desejadas, como bem observado pelo professor Carlos Ari Sundfeld em estudo sobre o tema.[24]

23. Posteriormente foram promulgadas a Lei 13.260, de 28.12.2001, que instituiu a Operação Urbana Consorciada Água Espraiada, e a Lei 13.872, de 12.7.2004, que aprovou a Operação Urbana Consorciada Rio Verde-Jacu.
24. "Direito de construir e novos institutos urbanísticos", *Direito n. 2* (obra coletiva), São Paulo, Max Limonad, 1995, p. 39. Apropriadamente, observa o professor Carlos Ari Sundfeld: "A operação urbana adota o ponto de partida segundo o qual o direito de construir conferido pelo zoneamento tem os limites determinados pela infraestrutura urbana hoje existente. Acréscimos quantitativos desses direitos exigem intervenções urbanas que criem as condições urbanísticas para suportar as constru-

Agora, o Estatuto da Cidade, nos §§ 2º e 3º do art. 28, possibilita que o aumento do potencial construtivo e seus limites sejam autorizados na própria lei do plano diretor, independentemente da lei de zoneamento, ao permitir que o plano estabeleça coeficiente de aproveitamento básico único ou diferenciado para áreas específicas dentro da zona urbana e limites máximos destes coeficientes, considerando a proporcionalidade entre a infraestrutura existente e o aumento de densidade esperado. Neste novo contexto, permite-se a redução do direito de construir ao limite representado pelo coeficiente básico, tornando-se possível a exigência de contrapartida de valor econômico mediante outorga onerosa do direito de construir para permitir construção acima deste limite. Admitida esta possibilidade, a operação urbana consorciada assume mais a feição de projeto urbano a ser executado, que a de instituição de exceções ao zoneamento urbano sujeitas ao controle do Poder Público.

O Estatuto da Cidade não especifica explicitamente a natureza financeira da contrapartida a ser exigida dos proprietários, usuários permanentes e investidores privados em operação urbana consorciada. Ela pode ser inferida da autorização legal para a instituição de certificados de potencial adicional de construção e da determinação de aplicação destes recursos exclusivamente na área da própria operação urbana consorciada contida no § 1º do art. 33.

6. O certificado de potencial adicional construtivo

O certificado de potencial adicional de construção (CEPAC) é valor mobiliário na categoria dos títulos de investimento, pois constitui instrumento de captação de recursos financeiros junto a investidores financeiros, e, por isto, tendo em vista a proteção dos investidores, sujeito a registro e controle pela Comissão de Valores Mobiliários (CVM), órgão regulador do mercado de capitais. A emissão do CEPAC encontra-se disciplinada pela Instrução CVM-401, de 29.12.2003. O CEPAC não pode ser emitido sem prévio registro na CVM.

A Municipalidade emissora deverá enviar trimestralmente à CVM as informações exigidas, relatando o andamento da operação urbana consorciada, contemplando os fatos relativos à aplicação dos recursos e a quantidade de CEPACs utilizados; comunicar imediatamente à CVM e ao mercado a existência de estudos, projetos de lei ou quaisquer iniciativas que possam modificar o plano diretor ou aspectos da operação; e divulgar, ampla e ime-

ções maiores deles derivadas. (...). Como a intervenção urbana é a causa direta da viabilidade do aumento do potencial construtivo, nada mais lógico que este financiar aquela" (idem, pp. 40-41).

diatamente, qualquer ato ou fato relevante relativo às operações do CEPAC, de modo a garantir aos investidores acesso a informações que possam, direta ou indiretamente, afetar o valor de mercado ou influir em suas decisões de adquirir, permanecer ou alienar este valor mobiliário.

Além disto, deve ser elaborado o respectivo Prospecto, que é o documento que contém os dados básicos da operação urbana consorciada e a quantidade total de CEPACs cuja emissão tenha sido autorizada para alienação ou utilização direta no pagamento das intervenções previstas no âmbito da própria operação. O Município deve contratar instituição integrante do sistema de distribuição registrada na CVM para exercer a função de fiscalizar o emprego dos recursos obtidos com a distribuição pública de CEPACs, bem como acompanhar o andamento das intervenções previstas e assegurar a veracidade das informações que serão periodicamente prestadas pelo Município ao mercado. A distribuição pública de CEPACs para a realização de leilão deve também ser efetuada pelo Município junto à CVM, podendo contemplar uma única intervenção ou um conjunto de intervenções, composto por uma única obra e/ou desapropriação, ou conjunto de obras e/ou desapropriações, e será objeto de um Suplemento específico, que deverá ser anexado ao Prospecto.

Deste modo, o CEPAC é título de investimento representativo do direito de utilização de potencial adicional de construção alienável em leilão ou utilizado diretamente no pagamento das obras necessárias à própria operação urbana consorciada. Além disto, é livremente negociável. O direito de construir nele representado pode ser exercido unicamente na área objeto da operação. Segundo o § 2º do art. 34, uma vez apresentado o pedido de licença para construir, o CEPAC será utilizado no pagamento da área de construção que supere os padrões estabelecidos pela legislação de uso e ocupação do solo, até o limite fixado pela lei específica que aprovar a operação urbana consorciada, pressupondo a outorga onerosa do direito de construir.

Deste modo, o Estatuto da Cidade autoriza a lei específica que aprovar a operação urbana consorciada a prever a emissão pelo Município de quantidade determinada de CEPACs, alienáveis em leilão ou utilizáveis diretamente no pagamento das obras necessárias à própria operação.

A implantação de operação urbana exige, algumas vezes, a realização de obras públicas que deem impulso à própria operação. Ora, isto exige recursos financeiros, que, usualmente, não se encontram disponíveis em mãos do Poder Público Municipal. Os recursos passíveis de serem auferidos por meio da própria operação somente ingressam gradativamente no Tesouro Municipal, na medida do interesse despertado nos empreendedores privados, sendo, em geral, insuficientes para a realização das obras de reurbanização previstas.

Esta realidade, associada ao fato da inexistência de recursos financeiros orçamentários para os investimentos exigidos pela operação urbana, leva o Poder Público Municipal a buscar instrumentos que possibilitem a antecipação do recebimento dos recursos financeiros e/ou a delegar a empreendedores privados a tarefa de realizar com recursos financeiros próprios os investimentos adequados, em troca de sua recuperação por meio da renda obtida com a exploração das áreas e edificações que resultarem da operação que for realizada.

Neste contexto, os CEPACs surgem como instrumento de realização desta antecipação do recebimento de recursos financeiros, que, de outra forma, somente seriam recebidos em pequenas parcelas e a longo prazo.

Os CEPACs, aos quais se refere o art. 32 do Estatuto da Cidade, representam o direito de realização futura de potencial adicional de construção na área da própria operação urbana consorciada, nos termos autorizados pela lei do plano diretor e pela lei municipal específica que a tenha criado. São emitidos e alienáveis pela Municipalidade em leilão, podendo também ser utilizados diretamente no pagamento das obras necessárias à própria operação urbana.

O potencial adicional construtivo capaz de lastrear a emissão de CEPAC é aquele suscetível de outorga onerosa até o limite fixado pela lei específica que aprovar a operação urbana. Uma vez apresentado o pedido de licença para construir, o CEPAC poderá ser utilizado no pagamento da área de construção que supere os padrões estabelecidos pela legislação de uso e ocupação do solo, até o referido limite, pressupondo a outorga onerosa do potencial construtivo a ser pago por meio do certificado.

O CEPAC não é um título de crédito representativo de obrigação pecuniária devida pelo Município, mas é dotado de valor econômico, em virtude do valor da quantidade de potencial adicional construtivo nele autorizado de modo abstrato. Ele representa a autorização do Poder Público Municipal dada ao adquirente do Certificado para realizar o potencial construtivo adicional representado pela quantidade de área construída nele autorizada em imóvel situado na área da própria operação urbana consorciada. Esta autorização é concedida ao titular do Certificado, que poderá exercê-la quando julgar conveniente ou negociá-la com terceiros; mas seu exercício efetivo fica condicionado à apresentação futura de pedido de licença para construir, com o respectivo projeto executivo elaborado nos termos da legislação em vigor e a inclusão, neste, do potencial adicional autorizado no Certificado.

O compromisso da Municipalidade consiste em, uma vez apresentado o pedido de licença, com o respectivo projeto de edificação elaborado nos termos da lei, aprovar a realização da área de construção, nele especificada, "que supere os padrões estabelecidos na legislação municipal", conforme tenha sido fixado no Certificado que for anexado ao pedido. A propósito, o legislador federal não foi feliz ao usar esta expressão no § 2º do art. 34 do Estatuto da Cidade, pois transmite, inicialmente, a impressão de que este potencial poderia estar fora ou acima dos limites máximos estabelecidos na lei do plano diretor. Em verdade, trata-se de potencial construtivo adicional ao coeficiente de aproveitamento básico, superior ao potencial construtivo sujeito a outorga onerosa admitido nas demais áreas situadas fora da área da operação urbana, mas igualmente limitado ao coeficiente máximo de aproveitamento e sujeito a outorga onerosa mediante contrapartida.

Para exercer o direito de realizar o potencial adicional de construção autorizado no Certificado, seu titular deve estar na posse deste no momento em que requerer a licença para construir perante a Municipalidade. A quantidade de potencial adicional de construção fixada no Certificado não se encontra vinculada a imóvel determinado, podendo ser entendida como um potencial virtual, no sentido de ser abstratamente considerado, o qual somente será vinculado a imóvel determinado quando seu titular solicitar a aprovação de projeto de edificação sobre terreno situado na área da operação urbana no qual será materializado.

Não têm eficácia para a relação jurídica instaurada com a emissão do Certificado quaisquer outros atos jurídicos, cláusulas, circunstâncias, termos ou condições que nele estejam expressamente consignados, pois sua única finalidade consiste em representar este potencial adicional autorizado para o fim de livre negociação desse potencial com terceiros ou seu exercício futuro perante a Prefeitura. Por isto, no Certificado deverá estar consignada apenas a quantidade de potencial adicional de construção autorizada expressamente pela Municipalidade. Sendo um título livremente negociável, o CEPAC é autônomo em relação a qualquer terreno enquanto não for vinculado a imóvel determinado pelo seu titular, por ocasião da apresentação do pedido de licença para edificação.

A emissão do Certificado só será possível com base em potencial adicional de construção suscetível de outorga onerosa na área objeto da própria operação urbana, conforme a lei municipal específica que a tenha autorizado, e sua negociação poderá ocorrer enquanto o potencial nele fixado não tiver sido materialmente realizado e vinculado a imóvel determinado.

7. *A gestão da operação urbana consorciada*

A gestão da operação urbana consorciada, como prevê o Estatuto da Cidade, deve ser efetuada sob a coordenação do Poder Público Municipal, com a participação dos proprietários, moradores, usuários permanentes e investidores privados. Por se tratar de intervenção urbana complexa, de realização a longo prazo, e exigir intensas articulações e negociações, em geral, a realização de operação urbana consorciada pressupõe uma autoridade, um órgão colegiado gestor ou uma instituição da Administração indireta a ser incumbida do gerenciamento do plano da operação. O Estatuto da Cidade, acertadamente, não impôs um modelo único, de tal modo que ela pode ser implementada, de modo direto ou indireto, por qualquer das modalidades admitidas na legislação em vigor.

Na Espanha, segundo Tomás-Ramón Fernández,[25] existem três sistemas de implementação do planejamento, cujo objetivo consiste em assegurar também o retorno à comunidade de uma parte da valorização gerada pelos investimentos do Poder Público. A diferenciação entre eles reside principalmente na maior ou menor participação dos proprietários no processo.

No sistema de *compensación* são os proprietários privados que realizam, por si mesmos e às suas próprias custas, todas as operações destinadas à concretização do planejamento, tais como a justa distribuição de benefícios e ônus decorrentes do processo de urbanização e a própria urbanização. Para isto, os proprietários associam-se numa Junta de Compensação, que adquire personalidade jurídica para possibilitar a gestão autônoma de algumas funções administrativas delegadas pela Administração. A Junta elabora e aprova o projeto de compensação, por meio do qual se realiza a distribuição de benefícios e ônus entre os diferentes proprietários, executa a urbanização, a correlativa adjudicação das novas parcelas a cada um deles, a adjudicação à Administração dos 15% do aproveitamento de cessão obrigatória e a localização do sistema viário e equipamentos previstos pelo plano. Finalmente, a Junta responde perante a Administração pela completa e correta urbanização da área.

No sistema de *cooperación* a Administração exerce os poderes de direção e controle, assegurando o efetivo cumprimento dos deveres que a lei impõe aos proprietários de ceder gratuitamente os terrenos necessários para os equipamentos coletivos e de custear a urbanização, garantindo a realização desta com a colaboração e o auxílio dos proprietários afetados. A diferença deste sistema para o primeiro consiste no protagonismo da Administração neste último. A cooperação dos proprietários realiza-se através da constituição de uma associação administrativa que fiscaliza o andamento das obras.

No sistema de *expropiación* a participação privada é inexistente, pois, ao proceder à desapropriação, a Administração assume a titularidade de domínio sobre os bens expropriados, urbaniza-os de acordo com o plano e os devolve ao mercado, apropriando-se da mais-valia inerente ao aumento de valor trazido pela urbanização. Neste sistema a gestão pode ser direta ou

25. *Manual de Derecho Urbanístico*, 15ª ed., Madri, Editorial El Consultor de los Ayuntamientos y de los Juzgados, 2000, pp. 160-174.

efetuada mediante concessão de obra pública, sendo seu objeto a realização de um conjunto de obras pelo concessionário, das quais obtém ressarcimento mediante a exploração temporal das mesmas nos termos que forem pactuados.

A *Comunidade Autónoma de Aragón* disciplinou, nos arts. 152 a 156 da Lei Urbanística 5, de 25.3.1999, o sistema da concessão de obra urbanizadora, prevendo que o concessionário urbanizador realize as obras que lhe foram delegadas e proceda à justa distribuição dos benefícios e ônus correspondentes, obtendo sua retribuição nos termos que forem ajustados com o *Ayuntamiento*. O urbanizador fica responsável pelo financiamento da atuação urbanística, e obterá sua remuneração à custa dos proprietários em terrenos edificáveis ou em dinheiro nos termos estabelecidos na concessão.

Na França a concessão urbanística (*concession d'aménagement*) está prevista no art. L. 300-4 do Código de Urbanismo, que autoriza o Poder Público a confiar o estudo e a realização de operações de ordenamento territorial a qualquer pessoa pública ou privada, encarregando-a também de adquirir os terrenos necessários para o assentamento, de vendê-los, uma vez ordenados, e de se remunerar pelo preço destas vendas.[26]

Igualmente, na França a zona de ordenação concertada (ZAC – *Zone d'Aménagement Concerté*) corresponde à operação urbana consorciada prevista no art. 32 do Estatuto da Cidade. Trata-se de uma operação de ordenação territorial de iniciativa pública que se caracteriza pela realização de um programa de equipamentos públicos em áreas a serem urbanizadas ou de urbanização consolidada, mas deterioradas.[27] As regras de urbanismo a serem realizadas são editadas no plano de ordenação da zona. A lei relativa à solidariedade e à renovação urbana, de 13.12.2000, introduziu modificações no sistema das ZACs.

Contudo, o sistema brasileiro adotado no art. 32 do Estatuto da Cidade parece aproximar-se mais do sistema de *cooperación*, sem prejuízo de sua combinação com o sistema de *expropiación*. Na França, um dos modos de realização de uma ZAC é a *concession d'aménagement*, que podemos traduzir por "concessão urbanística".

Na verdade, desde que o Poder Público Municipal mantenha sua posição de coordenação prevista no § 1º do art. 32, podem ser constituídas formas de gestão impregnadas de maior ou menor protagonismo dos agentes privados, inclusive valendo-se dos institutos jurídicos da desapropriação e da concessão urbanística. Uma delas é a concessão urbanística.

26. Cf. Yves Jégouzo (org.), *Droit de l'Urbanisme*, Paris, Dalloz, 2000/2001, pp. 183-193.
27. Idem, p. 1.253.

A concessão urbanística é uma concessão de obra por meio da qual o Poder Público delega a uma empresa ou consórcio de empresas a realização de uma urbanização ou reurbanização, desde a elaboração do respectivo projeto até o gerenciamento de sua execução, que pode abranger a modificação da localização de obras de infraestrutura urbana para uso comum do povo, como vias públicas, praças e áreas verdes, e de edificações destinadas a usos públicos e privados etc., remunerando-se o concessionário através da alienação das áreas destinadas a usos privados ou da exploração de mais-valias delas resultantes.[28]

Na França o concessionário urbanístico tem a missão de adquirir de modo amigável, inclusive mediante o exercício do direito de preempção, ou por via de desapropriação, os terrenos e imóveis incluídos no perímetro da zona bem como aqueles que, embora situados fora desse perímetro, sejam necessários para a realização de obras incluídas na concessão; executar as obras de infraestrutura urbana e os equipamentos públicos; promover a venda dos terrenos e imóveis equipados, concedê-los, quando for o caso, ou alugá-los a quem se interesse pelos mesmos; e promover o conjunto dos estudos e tarefas de gestão necessários para o bom êxito do conjunto da operação.[29] Os encargos atribuídos ao concessionário urbanístico são cobertos pela renda proveniente das alienações, concessões de uso e locações e outras receitas conexas, com base num orçamento estimativo da operação. Além disto, ele está também autorizado a contratar os empréstimos e a obter os recursos necessários para o financiamento da operação.

No Brasil este instituto jurídico foi instituído pelo Município de São Paulo no art. 239 da Lei 13.430, de 13.9.2002, o Plano Diretor Estratégico. Este preceito normativo autorizou o Poder Executivo Municipal a delegar, mediante licitação, a empresa, isoladamente, ou a conjunto de empresas, em consórcio, a realização de obras de urbanização ou de reurbanização de região da cidade, inclusive loteamento, reloteamento, demolição, reconstrução e incorporação de conjunto de edificações para implementação de diretrizes do Plano Diretor Estratégico.

A empresa concessionária obterá sua remuneração mediante exploração, por sua conta e risco, dos terrenos e edificações destinados a usos privados que resultarem da obra realizada, da renda derivada da exploração de espaços públicos, nos termos que forem fixados no respectivo edital de licitação e contrato de concessão urbanística. Ficará também responsável pelo pagamento, por sua conta e risco, das indenizações devidas em decorrência das desapropriações e pela aquisição dos imóveis que forem necessários à

---

28. V., à p. 471 a Lei n. 14.917, 7.5.2009, do Município de São Paulo, que dispõe sobre a concessão urbanística no Município de São Paulo.

29. Cf. Yves Jégouzo (org.), *Droit de l'Urbanisme*, cit., p. 187.

realização das obras concedidas, inclusive o pagamento do preço do imóvel no exercício do direito de preempção pela Prefeitura ou o recebimento de imóveis que forem doados por seus proprietários para viabilização financeira de seu aproveitamento, nos termos do art. 46 do Estatuto da Cidade, cabendo-lhe também, no que couber, a elaboração dos respectivos projetos básico e executivo, o gerenciamento e a execução das obras objeto da concessão urbanística.

A delegação para que o concessionário promova a desapropriação dos imóveis que forem necessários não significa a delegação do poder de desapropriar pelo Poder Público Municipal. Este poder de desapropriar permanece com o Município, pois ele é indelegável. Tanto é que, também na concessão urbanística, quem tem o poder e o dever indelegável de emitir o decreto de declaração de utilidade pública ou de interesse social, como condição indispensável para a eficácia do processo expropriatório, é sempre o Poder Público Municipal.

O que este efetivamente delega ao concessionário é apenas a tarefa de executar a desapropriação, ou seja, de promover judicial ou amigavelmente a desapropriação com base no decreto, de declaração de utilidade pública ou de interesse social, expedido pelo Poder Executivo Municipal, efetuando, às suas custas e nos termos do contrato de concessão, o pagamento da indenização devida ao expropriado. Não existe novidade alguma neste procedimento, o qual se encontra expressamente previsto no inciso VIII do art. 29 e no inciso VII do art. 31, ambos da Lei 8.987, de 13.2.1995. Este procedimento é aplicável tanto na hipótese de concessão de serviços públicos, como é pacificamente aceito, quanto na de concessão de funções públicas que implicam a realização de "(...) quaisquer obras de interesse público (...)", como expressamente autoriza o inciso III do art. 2º desta mesma lei federal. Exatamente, este é o caso da concessão urbanística, que consiste na delegação da função pública de ordenar o ambiente urbano, que abrange tanto a área urbana consolidada quanto a de expansão urbana, para o pleno desenvolvimento das funções sociais da cidade, como expressamente previsto no *caput* do art. 182 da Constituição Federal.

A desapropriação para a requalificação ambiental e urbanística, nos termos do contrato de concessão urbanística, possibilita a alienação a particulares de terrenos ou de unidades autônomas residenciais ou não residenciais que resultarem da requalificação ou renovação urbana uma vez realizado o interesse público consubstanciado na requalificação. Esta possibilidade encontra-se expressamente autorizada no art. 44 da Lei Federal 6.766, de 19.12.1979, desde que "(...) ressalvada a preferência dos expropriados para a aquisição de novas unidades".

Este dispositivo legal, em vigor, introduziu na legislação brasileira a chamada desapropriação para fins urbanísticos para superar a polêmica, ocorrida nos anos de 1976 a 1978, decorrente das desapropriações feitas pela EMURB nos terminais de metrô construídos nos bairros de Santana e Jabaquara, no Município de São Paulo, que acabou sendo apreciada pelo Supremo Tribunal Federal. A propósito, consulte-se o Recurso Extraordinário 82.300-São Paulo em que figuraram como recorridos a Prefeitura Municipal de São Paulo e a EMURB – Empresa Municipal de Urbanização. Aliás, a legislação brasileira já admitia e ainda admite a desapropriação por interesse social para posterior alienação do bem expropriado a particulares. Veja-se, a propósito, a Lei 4.132, de 10.9.1962, que, exemplificativamente, autoriza a expropriação para a construção de casas populares, conforme previsto no inciso V do seu art. 2º.

O texto da lei municipal que instituiu a concessão urbanística remete a licitação e o contrato de concessão urbanística ao regime jurídico dos contratos administrativos de concessão nos termos da Lei Federal 8.987, de 13.2.1995, não havendo, pois, ilegalidade nisto uma vez que a concessão urbanística exige prévia licitação e contrato de concessão.

O art. 39 da Lei municipal 13.885, de 25.8.2004 – que "estabelece normas complementares ao Plano Diretor Estratégico, institui os Planos Regionais Estratégicos das Subprefeituras e dispõe sobre o parcelamento, disciplina e ordena o uso e da ocupação do solo no Município de São Paulo", substituindo a antiga legislação municipal de zoneamento urbano –, autorizou que, no caso da execução de programas habitacionais de interesse social e de urbanização das favelas de Heliópolis e Paraisópolis, localizadas, respectivamente, nas Áreas de Intervenção Urbana de Ipiranga-Heliópolis e de Vila Andrade-Paraisópolis, a empresa concessionária de concessão urbanística poderá também obter sua remuneração mediante o recebimento de certidão de outorga onerosa de potencial construtivo adicional, nos termos previstos no art. 23 da mesma lei. Conforme esta disposição legal, esta certidão, desvinculada de lote ou lotes, somente poderá ser emitida para remuneração direta da empresa ou consórcio de empresas que tenha recebido atribuição para a execução dos programas acima mencionados nas favelas de Heliópolis e Paraisópolis.

A concessão urbanística rege-se pelas disposições da Lei federal 8.987, de 13.2.1995, pelo fato de esta poder ser entendida como uma lei nacional que contempla normas gerais aplicáveis aos contratos administrativos de concessão, dos quais a concessão urbanística é uma espécie. Esta lei, nos seus arts. 1º e 2º, III, refere-se à concessão de obra pública. Aliás, no inciso III citado, enquanto o conteúdo da definição trata de obra pública, apenas seu nome faz alusão a serviço público. Por coerência, o conteúdo da definição deveria ter conceituado o serviço público mencionado no título definido, mas, ao contrário, sequer fez menção a ele.

OPERAÇÃO URBANA CONSORCIADA

Assim, o edital de licitação da concessão urbanística, exemplificativamente, deve conter o objeto, a área e prazo da concessão, a descrição das condições necessárias à completa e adequada realização do empreendimento ou da operação urbanística concedida, as possíveis fontes de receita alternativas, complementares ou acessórias, bem como as provenientes de projetos associados, os direitos e obrigações do poder concedente e da concessionária em relação a alterações e expansões a serem realizadas no futuro para assegurar a completa execução do empreendimento, os critérios e fontes de receita destinada à remuneração da concessionária, a indicação dos bens reversíveis, sempre que for o caso, os critérios e demais parâmetros relativos ao julgamento da proposta, a indicação do responsável pelo ônus das desapropriações ou da eventual instituição de servidões, a delegação para o exercício do direito de preempção, quando for o caso, bem como a forma de repasse ou de delegação para o recebimento dos recursos financeiros a serem aplicados exclusivamente na própria operação urbana, conforme o § 1º do art. 33 do Estatuto da Cidade, bem como de prestação de contas de sua aplicação, os elementos do projeto básico que permitam a plena caracterização do empreendimento urbanístico e outros que sejam necessários e adequados à realização do objeto da concessão urbanística. O art. 120 da Lei 11.196, de 21.11.2005, permitiu que o edital preveja também a inversão da ordem das fases de habilitação e julgamento.

A operação urbana consorciada pressupõe, portanto, processo especializado de gestão permanente de sua implementação, com observância da diretriz de gestão democrática, mediante ampla informação e participação da sociedade civil em todas as suas fases, no qual múltiplas e combinadas formas de intervenção são possíveis, total ou parcialmente, tudo dependendo de sua adequação aos aspectos peculiares e singulares de cada uma e de sua capacidade de mobilização de proprietários e empreendedores privados, sem prejuízo da coordenação pelo Poder Público Municipal, a fim de que o interesse público seja efetivamente concretizado.

TRANSFERÊNCIA DO DIREITO DE CONSTRUIR

Yara Darcy Police Monteiro

Egle dos Santos Monteiro

Art. 35. Lei municipal, baseada no plano diretor, poderá autorizar o proprietário de imóvel urbano, privado ou público, a exercer em outro local, ou alienar, mediante escritura pública, o direito de construir previsto no plano diretor ou em legislação urbanística dele decorrente, quando o referido imóvel for considerado necessário para fins de:

I – implantação de equipamentos urbanos e comunitários;

II – preservação, quando o imóvel for considerado de interesse histórico, ambiental, paisagístico, social ou cultural;

III – servir a programas de regularização fundiária, urbanização de áreas ocupadas por população de baixa renda e habitação de interesse social.

§ 1º. A mesma faculdade poderá ser concedida ao proprietário que doar ao Poder Público seu imóvel, ou parte dele, para os fins previstos nos incisos I a III do *caput*.

§ 2º. A lei municipal referida no *caput* estabelecerá as condições relativas à aplicação da transferência do direito de construir.

1. *Introdução*

Comemora-se, enfim, a promulgação *do Estatuto da Cidade*, assim denominada a Lei 10.257, de 10.7.2001, que estabelece diretrizes gerais da política urbana, cujas raízes remontam ao Projeto de Lei 775, submetido ao crivo do Congresso Nacional em 1983.

Decorridos cinco anos sem aprovação, e com o advento de nova ordem jurídico-constitucional, o projeto original foi objeto de vários substitutivos até que, em 1990, foi aprovado pelo Senado o Projeto de n. 5.788/1990, conhecido como o *Estatuto da Cidade*. Remetido à Câmara dos Deputados, sofreu significativas alterações nas Comissões pertinentes. Em novembro/1999 foi apresentado o substitutivo da Comissão de Desenvolvimento Urbano e Interior, que, aprovado pelo Plenário, deu origem à lei ora em vigor.

Destarte, esperou-se – nada menos do que dezoito anos – pela edição da lei nacional fixadora das diretrizes gerais destinadas a dotar os Municípios do indispensável suporte legal para viabilizar o desempenho de uma de suas competências mais relevantes: a execução da política de desenvolvimento urbano.

O motivo de tantos substitutivos e delongas no processo legislativo que deu origem ao Estatuto da Cidade é de conhecimento notório.

A lei em causa regula matéria urbanística – e, como se sabe, a atividade urbanística compreende ações distintas, mas que, em síntese, configuram intervenções na esfera dos interesses particulares, em especial na propriedade privada, instituição que define o modelo capitalista. A toda evidência, no Parlamento a correlação de forças políticas não é equilibrada, favorecendo os proprietários e empresários empreendedores, que, por deterem o poder econômico, constituem a maioria. De sorte que é até compreensível – embora não justificável – que a lei de integração exigida pela Constituição promulgada em 8 de outubro de 1988 só tenha entrado em vigor em 11 de outubro de 2001.

Forçoso é reconhecer, no entanto, a real importância do diploma em apreço. Relevadas as imperfeições e omissões comuns às produções legislativas, tem o indiscutível mérito de introduzir no ordenamento jurídico nacional mecanismos de intervenção na propriedade urbana que já foram previstos em algumas legislações municipais, todavia passíveis de questionamentos, em face da ausência de respaldo da correspondente lei federal autorizadora.

No Capítulo II trata o Estatuto dos "Instrumentos da Política Urbana" O art. 4º oferece o rol de instrumentos a serem utilizados pelos Municípios no exercício da competência que lhes foi atribuída pela Constituição da República.

Dentre os institutos jurídicos e políticos enunciados nas alíneas do inciso V do referido dispositivo, será objeto destas breves considerações o polêmico instituto da *transferência do direito de construir*.

2. Característica do instituto

O art. 35 do Estatuto disciplina pontualmente o novo instituto jurídico, delineando suas características e conteúdo. Como se lê da norma, suas disposições introduzem um novo instrumento urbanístico no ordenamento jurídico, moldando seu conteúdo básico e, assim, fixando-lhe uma feição geral.

À lei municipal restou expressamente reservado o necessário espaço para estabelecimento das normas de aplicação em sintonia com as peculiaridades locais, na forma prevista no respectivo plano diretor.

Observe-se, inicialmente, a precisa conduta do legislador federal, que se conteve nos estritos limites de sua competência legislativa.

Isso porque a competência da União para disciplinar matéria urbanística restringe-se à edição de normas gerais, destinadas a consolidar um modelo de partilha de competências adequado às peculiaridades do sistema federativo. Isso propicia a produção de regramento homogêneo em assuntos de interesse nacional, respeitada, contudo, a autonomia dos entes federados no que toca aos interesses locais, porquanto se lhes preserva competência para editar as respectivas leis pormenorizadoras de aplicação.

Entretanto, na prática, considerando-se que as normas gerais agregam, sobre o mesmo campo material, mais de um nível de competência, não raro, como, via de regra, a União é a primeira a legislar, acaba por invadir a competência dos entes federados, em especial do Município, à vista da competência privativa que lhe é assegurada para legislar sobre assuntos de interesse local.

Superado este aspecto preliminar, incumbe examinar o texto do art. 35, a fim de definir os elementos caracterizadores do instituto nele previsto.

Diz o preceptivo que, mediante lei municipal, o proprietário de imóvel urbano considerado necessário ao atendimento de finalidades públicas, ou que doar seu imóvel para a satisfação dos mesmos fins, poderá alienar ou exercer em outro local o correspondente direito de construir, previsto no plano diretor ou em legislação urbanística dele decorrente – podendo-se, pois, destacar as seguintes características e elementos essenciais:

1) doação ou afetação de determinado imóvel urbano a uma das finalidades públicas previstas nos incisos I a III do art. 35;

2) a vinculação do imóvel ao atendimento dos fins públicos enunciados deverá ser de proporções a impedir, ao menos parcialmente, sua utilização funcional, ou seja, a possibilidade de edificação segundo os índices e potenciais de construção previstos no plano diretor;

3) a autorização, veiculada por lei municipal, ao proprietário que teve seu direito de construir amesquinhado, ou que tenha doado seu imóvel, para exercer em outro local o correspondente direito de construir previsto no plano diretor, para efeitos de reparação ou compensação. Tal compensação poderá ser concretizada também por meio da alienação, mediante escritura pública, do direito de construir:

4) o plano diretor, devidamente aprovado pela Câmara de Vereadores, é condição para que o Município possa contemplar a transferência do direito de construir na lei local, posto que do plano defluem os parâmetros conformadores desse instrumento urbanístico.

De efeito, o plano diretor é o instrumento básico para a execução da política de desenvolvimento e expansão urbana do Município. Nele, ou em leis dele decorrentes, está previsto o sistema de zoneamento, indicativo dos variados índices urbanísticos adotados para o controle do uso do solo – sendo, portanto, curial que a partir de suas disposições sejam identificados os potenciais construtivos dos imóveis doados ou declarados necessários para as finalidades previstas nos incisos do art. 35.

Do mesmo modo, ao plano deve recorrer o legislador municipal para fixar as zonas ou regiões passíveis de recepcionar o acréscimo de construção objeto de transferência.

Dispensável anotar que a matéria requer avaliação precisa a respeito da capacidade de infraestrutura e adensamento da zona receptora. O ideal, para afastar possível comprometimento da relação infraestrutura/capacidade de adensamento e do equilíbrio áreas públicas/privadas, é delimitar a transferência do direito de construir à mesma área ou zona em que se encontra o imóvel doado ou tangido pela finalidade pública.

Sob outro enfoque, o planejamento adequado, mediante levantamentos e estimativas da área edificável, em face da infraestrutura e correlação entre áreas públicas e privadas, poderá permitir que a legislação municipal utilize o mecanismo de transferência do direito de construir como incentivo ao adensamento de áreas urbanizáveis e de expansão urbana.

3. Natureza jurídica

A transferência do direito de construir começou a ser idealizada na década de 1970 como um dos pressupostos indispensáveis para a corporificação de um inovador instrumento de intervenção urbanística: o *solo criado*. De sorte que a análise dos fundamentos da transferência do direito de construir há de ser procedida no bojo do instituto do solo criado.

O solo criado, como instrumento de intervenção na propriedade urbana, constitui um dos temas mais polêmicos do direito urbanístico. Nas décadas de 1970 e 1980 a matéria foi vivamente discutida, destacando-se como fórum da mais alta relevância o Seminário promovido pelo CEPAM, em junho/1976, cujas conclusões encontram-se cristalizadas na *Carta de Embu*, documento básico sobre a matéria, ainda não superado em importância.[1]

1. Assim entende José Afonso da Silva, que registrou em seu livro o texto da *Carta de Embu*. Parece-nos conveniente transcrevê-lo:

"Considerando que, no território de uma cidade, certos locais são mais favoráveis à implantação de diferentes tipos de atividades urbanas;

"Considerando que a competição por esses locais tende a elevar o preço dos terrenos e aumentar a densidade das áreas construídas;

"Considerando que a moderna tecnologia da construção civil permite intensificar a utilização dos terrenos, multiplicando o número de pavimentos pela ocupação do espaço aéreo e do subsolo;

"Considerando que esta intensificação sobrecarrega toda a infra-estrutura urbana, a saber, a capacidade das vias, das redes de água, esgoto e energia elétrica, bem assim a dos equipamentos sociais, tais como escolas, áreas verdes etc.;

"Considerando que essa tecnologia vem ao encontro dos desejos de multiplicar a utilização dos locais de maior demanda, e, por assim dizer, permite a criação de solo novo, ou seja, de áreas adicionais utilizáveis, não apoiadas diretamente sobre o solo natural;

"Considerando que a legislação de uso do solo procura evitar esse adensamento, diferenciadamente para cada zona, no interesse da comunidade;

"Considerando que um dos efeitos colaterais dessa legislação é o de valorizar diferentemente os imóveis, em consequência de sua capacidade legal de comportar área edificada, gerando situações de injustiça;

"Considerando que o direito de propriedade, assegurado na Constituição, é condicionado pelo princípio da função social da propriedade, não devendo, assim, exceder determinada extensão de uso e disposição, cujo volume é definido segundo a relevância do interesse social,

"Admite-se que, assim como o loteador é obrigado a entregar ao Poder Público áreas destinadas ao sistema viário, equipamentos públicos e lazer, igualmente, o criador de solo deverá oferecer à coletividade as compensações necessárias ao reequilíbrio urbano reclamado pela criação do solo adicional, e

"Conclui-se que:

"1. É constitucional a fixação, pelo Município, de um coeficiente único de edificação para todos os terrenos urbanos.

"1.1 A fixação desse coeficiente não interfere com a competência municipal para estabelecer índices diversos de utilização dos terrenos, tal como já se faz, mediante legislação de zoneamento.

"1.2 Toda edificação acima do coeficiente único é considerada solo criado, quer envolva a ocupação de espaço aéreo, quer a de subsolo.

"2. É constitucional exigir, na forma da lei municipal, como condição de criação de solo, que o interessado entregue ao Poder Público áreas proporcionais ao solo criado; quando impossível a oferta destas áreas, por inexistentes ou por não atenderem às condições legais para tanto requeridas, é admissível sua substituição pelo equivalente econômico.

"2.1 O proprietário de imóvel sujeito a limitações administrativas, que impeçam a plena utilização do coeficiente único de edificação, poderá alienar a parcela não-utilizável do direito de construir.

"2.2 No caso de imóvel tombado, o proprietário poderá alienar o direito de construir correspondente à área edificada ou ao coeficiente único de edificação" (em 12.12.1976, *ass.*: Álvaro V. Azevedo, C. A. Bandeira de Mello, Dalmo V. Nogueira Filho, Eros R. Grau, Eurico de A. Azevedo, Fábio Fanucchi, José A. da Silva, Maria

A concepção do solo criado partiu do avanço tecnológico das construções que fez surgir os edifícios com pisos artificiais sobrepostos ou subpostos, como unidades horizontais autônomas em relação ao solo natural do lote. A partir da constatação da viabilidade de criação artificial de áreas adicionais ao solo natural, sob a forma de unidades autônomas horizontais, surge o modelo de construção vertical, que se proliferou a ponto de originar um novo padrão de cidade: a cidade que não se limita à expansão no plano horizontal, mas que cresce em direção às alturas.

Acresce ponderar, por outro lado, que a migração da população rural para a cidade e o consequente fenômeno da urbanização encontraram as cidades sem condições habitacionais para absorver o novo contingente populacional. Era, pois, natural a procura de formas alternativas para equacionar o problema. As novas técnicas de construção apresentaram-se como solução ideal.

No entanto, impende reconhecer que a cidade havia sido pensada para o crescimento horizontal, e para ela foram estabelecidas as regras disciplinadoras do uso e ocupação do solo no que concerne às áreas de uso público e infraestrutura, exigindo, destarte, essa cidade com novo perfil uma regulamentação do solo e equipamentos urbanos compatível com sua realidade.

Sobre a matéria são atuais as palavras de Clementina De Ambrosis em trabalho apresentado no I Seminário Nacional de Pesquisas Urbanas, em 1978, do qual se destaca: "A problemática do espaço urbano reside, em grande parte, na proporção equilibrada entre espaços públicos e privados. Uma proporção equilibrada entre áreas úteis às atividades privadas e as áreas de circulação e de equipamentos públicos (escolas, praças, centros de saúde etc.) de uso comum. *Essa proporção diminui na medida em que a cidade cresce verticalmente, pois em cima dos lotes planejados para uma residência se constroem prédios que comportam várias delas; no entanto, as vias e as praças não aumentam*"[2] (grifos nossos).

As distorções relatadas inspiraram o propósito de utilizar o novo modelo de propriedade horizontal como meio de racionalizar o uso do solo urbano, refreando a especulação imobiliária e, por consequência, compatibilizando o crescimento da cidade com as exigências do bem-estar social. Surge, assim, a ideia do *solo criado*.

de Lurdes C. Costa, Marino Pazzaglini Filho, Miguel S. Fagundes, Jorge Hori, Antônio Cláudio M. L. Moreira, Clementina De Ambrosis, Domingos T. Azevedo Netto, Luiz Carlos Costa e Norberto Amorim – José Afonso da Silva, *Direito Urbanístico Brasileiro*, 7ª ed., São Paulo, Malheiros Editores, 2012, pp. 267-268).
2. In *Solo Criado*, ed. Brasília, mimeografada, p. 4.

Entendem-se por *solo criado* as áreas adicionais utilizáveis que, não apoiadas diretamente sobre o solo natural, constituem propriedades horizontais autônomas.

A determinação do solo natural é obtida mediante a fixação de um coeficiente único de edificação para todos os terrenos urbanos. De tal sorte que a edificação que ultrapassar esse coeficiente será considerada construção adicional – e, portanto, solo criado ou artificial.

A lei de zoneamento, por sua vez, divide a cidade em zonas que correspondem ao tipo de uso: residencial, comercial, industrial, mistas etc. O controle do adensamento nessas zonas é feito pela fixação dos índices urbanísticos, dentre os quais o coeficiente de aproveitamento ou de edificação, que indica a proporcionalidade entre a área construída e a área do terreno, com vistas a manter o equilíbrio entre a densidade demográfica e a infraestrutura de serviços e de solos públicos.

A legislação paulistana prevê coeficientes diferenciados para a diversidade de zonas, de acordo com o tipo de uso, indicativo do adensamento, serviços e solos públicos da área.

O Estatuto da Cidade faculta a fixação pelo plano diretor de coeficiente de aproveitamento básico único para toda a zona urbana ou diferenciado para áreas específicas dentro da zona urbana (art. 28, § 2º), determinando, ainda, a definição de limites máximos para os coeficientes de aproveitamento (art. 28, § 3º).

Vinha-se considerando como razoável a fixação do coeficiente 1 (um) para o aproveitamento do terreno. É dizer, assistiria ao proprietário o direito de construir em metragem igual à do terreno, respeitados os demais índices urbanísticos pertinentes.

Nessa conformidade, nas zonas onde a legislação admite coeficientes superiores de construção (2, 3, 4 etc.) o direito de construir estará restrito ao coeficiente único. Para sua superação, até o limite legal permitido, o proprietário terá que adquirir o respectivo direito junto ao Poder Público.

Como bem se vê, a concepção de solo criado, como cogitado, implica profunda alteração no conceito do direito de propriedade, provocando a indagação a respeito da separação entre este direito e o direito de construir.

A autonomia do direito de construir como elemento conformador do instituto do solo criado já era defendida à época por Eros Roberto Grau, Toshio Mukai, Magnólia Lima Guerra e Marco Aurélio Greco, entre outros.[3]

---

3. Cf.: Eros R. Grau, "Aspectos jurídicos da noção de solo criado", in *O Solo Criado/Carta de Embu*, pp. 21-29; Toshio Mukai, *Direito e Legislação Urbanística no Brasil*; Maria Magnólia L. Guerra, *Aspectos Jurídicos do Uso do Solo Urbano*; e

Em posição oposta, José Afonso da Silva[4] – um dos signatários da *Carta de Embu* – afirma que a figura jurídica do solo criado, ao contrário de exigir a separação entre o direito de construir e o direito de propriedade, reafirma a correlação entre ambos, vez que transforma em direito subjetivo a faculdade de edificar até o limite do coeficiente único estabelecido. Em apoio desse pensar lembra as zonas em que, por imposição de índices urbanísticos, o direito de construir se torna inferior ao coeficiente único estabelecido, cujos proprietários farão jus à correspondente compensação pela limitação estabelecida em desigualdade com os demais proprietários.

O saudoso Min. Seabra Fagundes[5] – também signatário da *Carta de Embu* – alinha-se entre os que não admitem a autonomia do direito de construir, por entender que esta conflita com a garantia constitucional da propriedade. Assevera que, tratando-se de imóvel urbano, o direito de construir integra a essência econômica do direito de propriedade, daí decorrendo que a adoção de tal concepção significa esvaziar o direito assegurado pelo Estatuto Político em termos de valor patrimonial. Cotejando a medida questionada com a suposta vedação legal de plantar em imóvel rural, conclui que o esvaziamento patrimonial é menor, pois, nesse caso, poderia haver alternativa, economicamente razoável, de utilização (atividades pecuárias, madeireira etc.).

Celso Antônio Bandeira de Mello, que da mesma forma após sua assinatura no documento do Embu, ao expor seu entendimento sobre o que denomina *uso funcional* da propriedade, adverte: "Com efeito, o uso funcional é aquele compassado tanto com suas aptidões naturais, como com suas destinações comuns ou preponderantes. Não vêm ao caso usos não-plausíveis ou secundários. *Por esta razão não aceitamos que o direito de construir no meio urbano possa ser definido pelo Estado, sem ofensa à proteção constitucional da propriedade, como direito dele distinto*"[6] (grifo nosso).

Ainda no que toca o aspecto sob meditação, não se pode deixar de mencionar a preocupação de Eros Grau, citado por Maria Magnólia Guerra,[7] ambos defensores da dicotomia entre o direito de construir e o direito de propriedade, ao assinalar, no que respeita ao coeficiente único de edificação: "(...) tal padrão não poderá reduzir *in extremis* a capacidade de uso e disposição da propriedade do solo urbano, sob pena de se estar a comprometer a

Marco A. Greco, "O solo criado e a questão fundiária", *Direito urbanístico*, IBAM, pp. 1-20.

4. *Direito Urbanístico Brasileiro*, 7ª ed., pp. 262-263.
5. "Aspectos jurídicos do solo criado", *RDA*, pp. 5-7.
6. "Natureza jurídica do zoneamento", *RDP* 61/39.
7. *Aspectos Jurídicos do Uso do Solo Urbano*, Fortaleza, Universidade do Ceará, 1981, p. 74.

possibilidade de utilização econômica do imóvel, isto é, o fundamento do direito de propriedade".

Do exposto, evidencia-se que, à época, a resistência da doutrina em relação à autonomia do direito de construir, subjacente ao instituto do solo criado, comprometeu sua evolução e consolidação.

Em edições anteriores sustentou-se que, com a introdução no ordenamento jurídico do instituto da transferência do direito de construir, pelo Estatuto da cidade, com a compostura de instrumento urbanístico independente, restaria caracterizada a cisão entre o direito de construir e o direito de propriedade, uma vez que, por meio deste instrumento, o proprietário de imóvel afetado ao cumprimento de uma função de interesse público ou social, teria deste imóvel desincorporado o seu direito de construir, para ser utilizado em outro local ou alienado a terceiros, na forma prevista no Plano Diretor e na legislação local.

Embora a noção de transferência do direito de construir surja a partir da concepção do solo criado, que admite, uma vez adotado um coeficiente de aproveitamento básico, a aquisição de direito adicional de construir acima do referido coeficiente, mediante contrapartida a ser prestada pelo beneficiário, quer nos parecer, que o instrumento sub examine, tal como positivado pelo Estatuto da Cidade, se afasta desta ideia, para aproximar-se de um instrumento voltado à compensação de uma intervenção administrativa no bem, que o vincula à "implantação de equipamentos urbanos e comunitários; preservação, quando o imóvel for considerado de interesse histórico, ambiental, social ou cultural; servir a programas de regularização fundiária, urbanização de áreas ocupadas por população de baixa renda e habitação de interesse social" (art. 35, incs. I, II e III).

Assim, não há que se falar em exercício do direito de construir restrito ao coeficiente básico de aproveitamento. Nas hipóteses acima descritas, a vinculação do bem a uma função de interesse social amesquinha o direito de seu uso e gozo pelo proprietário, gerando uma redução ou mesmo esvaziamento econômico do direito de propriedade, o que poderá, de acordo com a Jurisprudência pátria, resultar em indenização.

Com efeito, o instituto da transferência do direito de construir, na forma prevista pelo Estatuto da Cidade, contempla situações que geram ou podem gerar a impossibilidade de exercício do direito de construir, ainda que dentro dos limites do coeficiente básico adotado.

A aplicação do instrumento sub examine depende da configuração de uma situação especial – e não genérica – do bem, qual seja a necessidade de sua utilização pelo Poder Público municipal para fins de "implantação de equipamentos urbanos e comunitários; preservação, quando o imóvel for considerado de interesse histórico, ambiental, social ou cultural; servir a programas de regularização fundiária, urbanização de áreas ocupadas por população de baixa renda e habitação de interesse social" (art. 35, incs. I, II e III). Caracterizada esta situação, abre-se a possibilidade de transferência do direito de construir, cujo exercício regular foi obstado.

Neste contexto, estamos inclinados a concluir que a questão acerca da cisão entre o direito de propriedade e o direito de construir aqui não se coloca, ou pelo menos na forma que até então tem sido debatida, uma vez que as restrições ao direito de construir, previstas no art. 35 do Estatuto da Cidade, emergem de situações fáticas que irão qualificar o bem como de interesse social, autorizando, assim, um tratamento jurídico diferenciado, dada a peculiaridade da situação.

José Afonso da Silva tece considerações relevantes acerca do instituto que, se não chegam à conclusão ora alcançada, apresenta pontos de convergência:

"Para compreender esse instituto, lembre-se do que foi dito sobre a experiência norte-americana do solo criado, sob o nome de *Space Adrift* ("Espaço Flutuante") em Chicago, que se aplica a imóveis que o Poder Público vincula a um interesse cultural ou social relevante, que, se forem construídos, impedem a demolição da construção existente, para no respectivo terreno se erguer outra construção mais moderna e elevada, que é a hipótese do inciso II do art. 35 do Estatuto. Este ampliou as hipóteses do *Space Adrift*, para abranger também os casos indicados nos incisos I e III do mesmo artigo, que são situações que impedem o proprietário de construir nos seus terrenos ocupados. Suponha-se, na hipótese do inciso III, um terreno de propriedade privada ocupado por favelas ou por habitações de interesse social em que seja do interesse do Poder Público fazer sua regularização fundiária. De duas uma: ou o proprietário ingressa em juízo para obter a desocupação do seu imóvel, para que nele possa erguer as construções que lhe aprouver – o que é uma situação traumática; ou o Poder Público tem que desapropriar a área para exercer a regularização fundiária pretendida – o que nem sempre é possível ou conveniente. A possibilidade de transferência do direito de construir que cabe ao proprietário na área é um mecanismo que facilita a solução do problema.

"Por outro lado, sempre se teve uma luta brava entre Poder Público e proprietário de imóvel considerado de interesse histórico, ambiental, paisagístico, social e cultural, porque o tombamento do imóvel para a proteção desses valores importa tal restrição que o imóvel perde valor e o proprietário não pode demoli-lo para, no terreno, construir outro. A possibilidade de transferência do seu direito de construir, seja para acrescer outro imóvel seu, seja para outro proprietário, suaviza as dificuldades da proteção cultural."[8]

8. In *Direito Urbanístico Brasileiro*, 7ª ed., São Paulo, Malheiros Editores, 2012, pp. 266-267 – grifos originais.

Em face das considerações ora colacionadas e do quanto antes discorrido, quer nos parecer que o presente instrumento se coloca como uma alternativa à desapropriação do bem pelo Poder Público ou, ainda, ao dever de indenização, quando as restrições previstas nos incisos do art. 35 representarem um sacrifício de direito ao proprietário do bem.

Neste sentido, entende-se que o proprietário do bem, caracterizado o sacrifício de direito, poderá optar entre a indenização pelos prejuízos suportados ou a utilização do instrumento em análise, caso o município preencha os requisitos previstos no *caput* do art. 35, bem como no § 2º do mesmo artigo, quais sejam: previsão no plano diretor e existência de lei local definidora das condições para o exercício da transferência do direito de construir.

Trata-se, pois, como apontado por José Afonso da Silva, de mecanismo que "suaviza as dificuldades da proteção cultural", bem como as dificuldades na proteção de interesses de inegável relevância urbanística (art. 35, incs. I e III), cuja tutela é absolutamente imprescindível ao desenvolvimento das funções sociais da cidade e da propriedade urbana, dever do Estado, na forma preconizada pelo art. 182 da Constituição Federal.

Diga-se, também, que, sendo certo que o presente instrumento pode amenizar os severos conflitos decorrentes dos interesses contrapostos dos proprietários privados e do Poder Público, este no desempenho de seu dever de promover a função social das cidades, uma vez que representa forma menos onerosa de compensação das restrições impostas à propriedade privada em benefício da coletividade, a sua previsão no Plano Diretor e regulamentação legal é dever que se impõe ao Estado.

Acrescente-se, ainda, que sempre que os direitos dos cidadãos comportarem restrições em favor da coletividade, tem o Estado o dever moral de impor ao cidadão a forma menos onerosa de restrição, o que na seara deste estudo, pode se traduzir pela disciplina e aplicação da transferência do direito de construir, na conformidade que lhe atribui o art. 35 do Estatuto da Cidade.

De outra parte, como se pôde entrever, o fundamento constitucional da transferência do direito de construir encontra repouso no art. 182 da Constituição Federal na medida em que traduz instrumento preordenado a realizar a política de desenvolvimento urbano a cargo do Poder Público municipal.

À guisa de consideração final, entende-se que a transferência do direito de construir representa relevante instrumento para a amenização ou mesmo solução de importantes conflitos decorrentes do intenso processo de urbanização, que tem provocado crescentes prejuízos à qualidade de vida dos cidadãos.

ESTUDO DE IMPACTO DE VIZINHANÇA

Lucéia Martins Soares

Art. 36. Lei municipal definirá os empreendimentos e atividades privados ou públicos em área urbana que dependerão de elaboração de Estudo Prévio de Impacto de Vizinhança (EIV) para obter as licenças ou autorizações de construção, ampliação ou funcionamento a cargo do Poder Público Municipal.

Art. 37. O EIV será executado de forma a contemplar os efeitos positivos e negativos do empreendimento ou atividade quanto à qualidade de vida da população residente na área e suas proximidades, incluindo a análise, no mínimo, das seguintes questões:

I – adensamento populacional;

II – equipamentos urbanos e comunitários;

III – uso e ocupação do solo;

IV – valorização imobiliária;

V – geração de tráfego e demanda por transporte público;

VI – ventilação e iluminação;

VII – paisagem urbana e patrimônio natural e cultural.

Parágrafo único. Dar-se-á publicidade aos documentos integrantes do EIV, que ficarão disponíveis para consulta, no órgão competente do Poder Público Municipal, por qualquer interessado.

Art. 38. A elaboração do EIV não substitui a elaboração e a aprovação de Estudo Prévio de Impacto Ambiental (EIA), requeridas nos termos da legislação ambiental.

1. *Notas introdutórias*

Nos últimos anos os administrativistas vêm sendo convidados a refletir acerca do dogma da dicotomia direito público *x* direito privado. Em razão do que se convencionou chamar de *Reforma do Estado* (privatização da prestação de vários serviços antes prestados de forma monopolizada pelo Estado, criação de agências reguladoras etc.), a questão da separação dos regimes em público e privado se firmou, e com veemência, como a pauta-do-dia dos juristas que se dedicam ao estudo do direito público.

Com a mudança do papel do Estado – de forte prestador direto de serviços públicos para importante ente regulador dos mesmos –, passou-se a questionar se o fenômeno importaria a privatização do direito público ou a publicização do direito privado. Embora trate de tema polêmico (muitos estudiosos do direito público, em especial do direito administrativo, acham exacerbada a ideia da influência do direito privado naquele ramo do Direito por conta das recentes transformações), a discussão traz mais uma vez à reflexão dos juristas o aspecto multidisciplinar dos ramos do Direito.

Conquanto não se possa proclamar uma radical interconexão entre os dois regimes, é inegável admitir que o mundo jurídico vive hoje um momento de grande efervescência de ideias, já que teorias e conceitos clássicos do direito público estão sendo obrigatoriamente revistos por conta do novo enfoque que o direito positivo está dando a instituições antigas.

Este novo redimensionamento está nos fazendo questionar sobre a real autonomia dos diversos ramos do Direito. Mais que isto, leva-nos a visitar novamente as premissas que separam o regime público do regime privado. A liberdade, a autonomia da vontade, a faculdade, são fundamentos básicos deste último, em contraposição às noções de dever, função e competência, peculiares àquele outro. Ainda que seja precipitado (ou até mesmo impossível, para alguns) anunciar a extinção daquela dicotomia, pode-se afirmar que as noções de um regime foram "temperadas" com as do outro, e vice-versa.

Com efeito, o mundo fático está a nos dar amostras da interferência de elementos de um regime em outro: serviços que antes eram monopolizados pelo Estado sendo prestados por particulares simultaneamente em regime público e em regime privado, os contratos de gestão etc. E com razão estes exemplos podem ser detectados no mundo jurídico atual. Embora seja produzido para incidir na realidade fática e, portanto, naturalmente nasce em momento posterior a ela, o direito positivo não pode ficar dela tão distante a ponto de se tornar ineficaz ou não proporcionar a segurança jurídica, que é seu objetivo primordial. As transformações sociais, econômicas e culturais pelas quais passou o mundo nas últimas décadas estavam a clamar (ou mesmo a impor) um direito que regulasse as relações nascidas deste contexto. Daí ter sido inevitável a resposta dada pelo direito positivo em todo o mundo – e o ordenamento jurídico brasileiro não ficou fora desta transformação.

2. O direito urbanístico

As breves linhas traçadas acima não só tiveram por objetivo trazer uma discussão que está em pauta dentro do direito público por sua importância, mas também pincelar o contexto dentro do qual o direito urbanístico está inserido.

Ramo jurídico recente se comparado com os demais da Ciência Jurídica,[1] o direito urbanístico talvez seja aquele onde mais se observa a interferência de elementos de um regime em outro.[2] Vale ressaltar, entretanto, que aqui se nota muito mais a imposição de noções do regime público ao regime privado, já que seu papel primordial é a interferência na vida privada, mais propriamente na propriedade privada, buscando ordenar os espaços urbanos habitáveis.[3]

Vê-se que, por definição, o direito urbanístico deve ser multidisciplinar e sofrer influências do direito privado, mas, principalmente, deve provocar

1. Em excelente trabalho dedicado a analisar os princípios do direito urbanístico, a professora Regina Helena Costa chega mesmo a afirmar a inexistência de normas específicas deste ramo do Direito, o que o privaria de uma autonomia científica, eis que "a matéria carece de atenção por parte do legislador, porque o urbanismo não tem sido preocupação relevante no Brasil". Para a autora o direito urbanístico possuiria apenas uma autonomia didática ("Princípios de direito urbanístico na Constituição de 1988", in Adilson Abreu Dallari e Lucia Valle Figueiredo (coords.), *Temas de Direito Urbanístico – 2*, São Paulo, Ed. RT, 1991, p. 114).

2. Mais uma vez nos socorremos das lições da professora Regina Helena Costa, que, ao tentar enquadrar o direito urbanístico dentro da Ciência Jurídica, já havia ressaltado a dificuldade desta tarefa, dada a influência que recebe de diversos elementos de outras disciplinas jurídicas – o que colocaria em xeque a dicotomia "direito público x direito privado", da qual tratamos no início do texto. Diz aquela professora: "Partir-se, pois, da divisão absolutista do Direito em público e privado se nos mostra inservível para o fim de se enquadrar o direito urbanístico. Neste particular, estamos com o mestre José Afonso da Silva, para quem o direito urbanístico, 'especialmente no Brasil, forma-se de um conjunto de normas que ainda pertencem a várias instituições jurídicas, parecendo mais adequado considerá-lo, em seu estágio atual, como uma *disciplina de síntese* ou *ramo multidisciplinar do Direito*, que, aos poucos, vai configurando suas próprias instituições'. Concordamos, todavia, que, dentre as múltiplas disciplinas que emprestam elementos ao direito urbanístico, *predomina o direito administrativo*, por ser este o ramo da Ciência Jurídica que regula as relações entre a Administração e os administrados; porém, concluir-se que o direito urbanístico é puro direito administrativo parece-nos equivocado. Trata-se, portanto, de uma disciplina em evolução, que caminha gradualmente para a consolidação de seu perfil" ("Princípios ...", in Adilson Abreu Dallari e Lucia Valle Figueiredo (coords.), *Temas ...*, pp. 112-113).

3. O direito urbanístico, na definição do professor José Afonso da Silva, "consiste no conjunto de normas que têm por objeto organizar os espaços habitáveis, de modo a propiciar melhores condições de vida ao homem na comunidade" (*Direito Urbanístico Brasileiro*, 7ª ed., São Paulo, Malheiros Editores, 2012, pp. 49-50).

ingerências de institutos de direito público neste último. No Brasil esta peculiaridade do direito urbanístico recebeu traços marcantes com o advento da Constituição Federal de 1988 e, sobretudo, com o perfil social que ela veio dar à utilização da propriedade.

Com efeito, a noção de função social da propriedade ganhou uma dimensão muito maior e mais relevante a partir de 1988. É que a Constituição Federal incorporou em seu texto não só a ideia que vem acoplada à noção de função social da propriedade, como também instrumentos viabilizadores de sua implementação.

Assim é que a Constituição Federal abarcou a ideia clássica de direito civil segundo a qual a propriedade privada pode ser disponibilizada pelo proprietário da forma que julgar útil aos seus fins pessoais,[4] mas esta utilização não pode ser afastada da ideia de justiça social.[5]

Desta forma, além de poder impor restrições e limitações ao uso da propriedade privada, o Poder Público pode também impor a própria utilização da mesma pelo proprietário.[6] Explica-se: não se concebe mais a ideia de que a propriedade possa ficar abandonada, sem utilização alguma, apenas porque recebe o qualitativo de ser privada. A noção de *função social da propriedade* constante em nosso texto constitucional dá instrumentos ao Poder Público para que incentive ou, mesmo, imponha a utilização da propriedade pelo próprio proprietário (o administrado), chegando ao limite de prever a perda da propriedade em caso de inação.[7] Trata-se dos

---

4. "Art. 5º. Todos são iguais perante a lei, sem distinção de qualquer natureza, garantindo-se aos brasileiros e aos estrangeiros residentes no país a inviolabilidade do direito à vida, à liberdade, à igualdade, à segurança e à propriedade, nos termos seguintes: (...) XXII – é garantido o direito de propriedade; (...)."

5. "Art. 5º. (...) XXIII – a propriedade atenderá a sua função social; (...)."

6. O professor Carlos Ari Sundfeld já se preocupou em ressaltar que Limitações Administrativas e *função social da propriedade* são elementos distintos dentro do direito urbanístico. Ao analisar a obrigação de fazer, própria das limitações, enquadrando-as como condições cujo implemento possibilita o exercício de um direito, explica que "o que nunca se cogitou, porque incompatível com a propriedade individualista, *foi da imposição da obrigação de utilizar o imóvel, isto é, obrigação de exercer o direito em benefício de um interesse social. E é justamente tal tipo de obrigação que se deve impor com fundamento na função social*. Percebe-se que o fazer, nas duas hipóteses, tem um caráter distinto. No primeiro caso, o das limitações, trata-se de *condição para o exercício de direito*. No segundo (função social), trata-se do *dever de exercitar* o mesmo direito" ("Função social da propriedade", in Adilson Abreu Dallari e Lucia Valle Figueiredo (coords.), *Temas de Direito Urbanístico – 1*, São Paulo, Ed. RT, 1987, p. 11).

7. São exemplos claros disto as previsões constitucionais previstas no § 4º do art. 182, bem como o art. 183:

"Art. 182. (...).

conceitos clássicos de *liberdade* e *autonomia da vontade* do direito privado sendo balizados por noções de direito público, tais como supremacia do interesse público sobre o privado, consignada no instituto da função social da propriedade.

E nunca este tema da função social da propriedade esteve tão presente entre juristas, cientistas, sociólogos – enfim, entre todos aqueles que se dedicam a pensar no homem vivendo e habitando em sociedade. Embora várias características da sociedade moderna propiciem o individualismo exacerbado, as pessoas e, principalmente, o poder estatal são chamados a interferir de maneira intensa em alguns setores da coletividade, buscando garantir o bem-estar coletivo.

A interferência na regulação do desenvolvimento urbano equilibrado, sobretudo quando se pensa nas grandes cidades, tornou-se uma imposição para o Poder Público: a uma porque, como já demonstrado acima, o ordenamento jurídico brasileiro nas últimas décadas se voltou para a análise do fenômeno e para a criação de regras claras de atuação do ente estatal; a duas porque o crescimento das cidades (êxodo rural e intensiva migração populacional para alguns centros urbanos) requisita há muito tempo planejamento e atuação fortes da Administração a fim de garantir justiça social e mínimas condições de habitação nestes polos.

3. O Estatuto da Cidade

Dentro deste contexto, inegável a relevância da edição da Lei federal 10.257, de 10.7.2001. Buscando regulamentar os arts. 182 e 183 da Constituição Federal, esta lei veio estabelecer *normas de ordem pública e interesse social que regulam o uso da propriedade urbana em prol do bem coletivo,*

"§ 4º. É facultado ao Poder Público Municipal, mediante lei específica para área incluída no plano diretor, exigir, nos termos da lei federal, do proprietário do solo urbano não edificado, subutilizado ou não utilizado, que promova seu adequado aproveitamento, sob pena, sucessivamente, de:
"I – parcelamento ou edificação compulsórios;
"II – imposto sobre a propriedade predial e territorial urbana progressivo no tempo;
"III – desapropriação com pagamento mediante títulos da dívida pública de emissão previamente aprovada pelo Senado Federal, com prazo de resgate de até dez anos, em parcelas anuais, iguais e sucessivas, assegurados o valor real da indenização e os juros legais.
"Art. 183. Aquele que possuir como sua área urbana de até duzentos e cinquenta metros quadrados, por cinco anos, ininterruptamente e sem oposição, utilizando-a para sua moradia ou de sua família, adquirir-lhe-á o domínio, desde que não seja proprietário de outro imóvel urbano ou rural."

da segurança e do bem-estar dos cidadãos, bem como do equilíbrio ambiental – diz o parágrafo único de seu art. 1º.

Embora o texto constitucional de 1988 já tenha encampado ideias e princípios relevantes acerca de direito urbanístico (como vimos, as noções de função social da propriedade, crescimento urbano equilibrado, instrumentos de intervenção estatal para o fim de garantir justiça social etc.), a edição de uma lei que venha concretamente regulamentar as previsões constitucionais nesta matéria merece ser recebida com aplausos.

Em primeiro lugar porque já não é mais novidade o fato de que perante a Administração Pública vários preceitos constitucionais deixam de ser implementados na prática sob a alegação de que não existe lei que os regulamente. Princípios e regras importantíssimos de direito público já ficaram "encostados", aguardando por muito tempo uma lei que lhes desse o aval exigido pela máquina burocrática do Estado. Não é à toa que leis como a que regulamentou o processo administrativo em âmbito federal (Lei 9.784/1999) e a que disciplinou acerca da responsabilidade fiscal (Lei Complementar 101/2000) foram também tão aguardadas e bem-recebidas pela comunidade jurídica.

Em segundo lugar porque a Lei 10.257/2001 veio também oferecer novos instrumentos de organização urbana, além de regulamentar aqueles já previstos constitucionalmente. Na verdade, nota-se no texto legal uma preocupação muito grande em prever mecanismos de intervenção estatal suficientes a preencher espaços vazios da legislação até agora em vigor e tentar resolver – ou ao menos abrandar – o caos encontrado no que se refere à política urbana nas grandes cidades.

Ainda que os mecanismos do § 4º do art. 182 da Constituição Federal (utilização compulsória, IPTU progressivo e desapropriação paga em títulos da dívida pública resgatáveis em dez anos) continuem sendo os mais importantes para a intervenção estatal na busca da implementação do princípio da função social da propriedade,[8] muitas novidades inseridas na lei poderão trazer avanços no que diz respeito à organização dos espaços urbanos habitáveis. Vários são os instrumentos representativos deste avanço, como a maior participação popular nos processos que envolvam decisões de grande interesse coletivo[9] e na própria implementação de projetos de transforma-

---

8. Cada um destes instrumentos foi regulamentado na Lei 10.257/2001 em seção própria, nos arts. 5º-8º.

9. Várias são as previsões legais de participação popular introduzidas com esta lei. Dentre elas, podemos citar:

"Art. 2º. A política urbana tem por objetivo ordenar o pleno desenvolvimento das funções sociais da cidade e da propriedade urbana, mediante as seguintes diretrizes gerais: (...);

ções estruturais de áreas urbanas;[10] a possibilidade de outorga onerosa do direito de construir, segundo a qual em algumas áreas poderão ser construídos imóveis acima do limite autorizado pela Administração mediante uma contraprestação pecuniária do administrado[11] – dentre outros.

O importante a ressaltar é que a Lei 10.257/2001 está possibilitando uma nova etapa na evolução do direito urbanístico. Na verdade, sua grande importância está em viabilizar a construção de uma *política urbana*, já que até o momento notamos uma desordem generalizada no crescimento das cidades, sobretudo nos grandes centros metropolitanos. A fiscalização, a intervenção estatal mais forte na busca da utilização justa da propriedade e, sobretudo, o *planejamento* são medidas essenciais para a organização urbana de acordo com os princípios constitucionais. Mas para que sejam eficazes pressupõem uma *organização estatal*. Isto, sem dúvida, impõe a tomada de medidas *preventivas* e a elaboração de estudos prévios. A atuação estatal costumeira nestes assuntos, entretanto, vem sempre se demonstrando tardia, posterior ao surgimento dos problemas.

4. O impacto de vizinhança

O Estudo do Impacto de Vizinhança é um destes instrumentos que permitem a tomada de medidas preventivas pelo ente estatal a fim de evitar o desequilíbrio no crescimento urbano e garantir condições mínimas de ocupação dos espaços habitáveis, principalmente nos grandes centros.

"II – gestão democrática por meio da participação da população e de associações representativas dos vários segmentos da comunidade na formulação, execução e acompanhamento de planos, programas e projetos de desenvolvimento urbano; (...);

"XIII – audiência do Poder Público Municipal e da população interessada nos processos de implantação de empreendimentos ou atividades com efeitos potencialmente negativos sobre o meio ambiente natural ou construído, o conforto ou a segurança da população; (...)."

E, ainda:

"Art. 4º. (...).

"§ 3º. Os instrumentos previstos neste artigo que demandam dispêndio de recursos por parte do Poder Público Municipal devem ser objeto de controle social, garantida a participação de comunidades, movimentos e entidades da sociedade civil."

10. São as chamadas *operações urbanas consorciadas*, definidas em lei como o "conjunto de intervenções e medidas coordenadas pelo Poder Público Municipal, com a participação dos proprietários, moradores, usuários permanentes e investidores privados, com o objetivo de alcançar em uma área transformações urbanísticas estruturais, melhorias sociais e a valorização ambiental" (§ 1º do art. 32).

11. "Art. 28. O plano diretor poderá fixar áreas nas quais o direito de construir poderá ser exercido acima do coeficiente de aproveitamento básico adotado, mediante contrapartida a ser prestada pelo beneficiário."

Sua justificativa maior está exatamente no fato de que, como já dito no início deste trabalho, o direito de propriedade deve ser encarado de uma nova forma, não absoluta como no direito civil (regime predominantemente privado). A utilização da propriedade é livre por expressa previsão constitucional (art. 5º, XXII), mas deve atender à sua função social, como já vimos anteriormente. E não é só. É livre, mas deve se conformar às restrições impostas pelo Poder Público a fim de assegurar que o uso da propriedade pelo particular não colocará em risco outros valores ou garantias assegurados à coletividade.

4.1 O que vem a ser o Estudo de Impacto de Vizinhança?

É sabido que existem regras urbanísticas que dizem onde, como e quando é possível a construção de determinadas obras. A elas deve o proprietário se submeter; caso contrário não receberá a competente licença para levar adiante seu projeto. São normas que dizem respeito ao zoneamento imposto à cidade, bem como às restrições ou limitações ao direito de construir no local determinado.

Mas, embora estas regras tenham por objetivo "limitar" a liberdade do proprietário em prol da sociedade, estabelecendo condições e requisitos para que a obra não lese de qualquer forma o interesse coletivo, elas não são suficientes a evitar transtornos que podem advir tão-só do surgimento da obra ou atividade nova. Explica-se: um projeto pode estar em conformidade com todas as normas urbanísticas e apto a receber a licença de construir mas mesmo assim ser potencial causador de distúrbios para o interesse coletivo, dadas as consequências geradas com sua implementação.

É que o simples aparecimento de uma obra ou atividade nova pode gerar constrangimentos e/ou distúrbios se construída em determinados locais ou representar uma dimensão considerável. Não só todos os serviços públicos prestados na região (transporte, infraestrutura, saneamento etc.), como também os simples comportamentos daqueles que habitam nas proximidades podem ser afetados pela tão-só construção de um empreendimento – repita-se –, ainda que em conformidade com toda a legislação urbanística que disciplina a forma pela qual ele deve ser levado a efeito.

Estamos tratando de empreendimentos ou atividades de tal porte ou relevância que podem conturbar o equilibrado andamento de uma região com seu simples surgimento. A Administração Pública, embora não proíba a construção da obra ou exploração da atividade, tenta intervir de maneira a evitar que haja perturbação no cotidiano daqueles que habitam na região ou, pelo menos, tenta amenizar ao máximo a intensidade daquela. Novamente, aqui o Poder Público intervém para limitar a liberdade daquele proprietário da esfera privada, na tentativa de adequar a construção ao meio no qual será inserida, ou vice-versa. É que muitas vezes, por conta do aparecimento de um empreendimento em determinada região, o Poder Público deve aumentar a rede de serviços colocados à disposição no local. Daí a exigência da elaboração do Estudo Prévio de Impacto de Vizinhança, previsto no art. 36 da Lei 10.257/2001.

Esta norma impõe que para a implementação de determinados empreendimentos seja elaborado o Estudo Prévio de Impacto de Vizinhança (EIV) como condição para obter as respectivas licenças de construir. E não só. A lei impõe referido Estudo também em alguns casos quando não se dará uma construção de empreendimento novo, mas sim ampliação de obra já existente. Tudo isso para que o Poder Público faça o devido planejamento e decida se o local comportará o empreendimento sem causar grandes danos ao meio. E vale já frisar que não se trata, aqui, de discutir danos ao meio ambiente, os quais serão analisados em outro estudo, o Estudo Prévio de Impacto Ambiental, que, de resto, não foi substituído por este.[12]

4.2 Quais as obras sujeitas à elaboração do Estudo de Impacto de Vizinhança?

O art. 36 do Estatuto da Cidade assim dispôs: "Lei municipal definirá os empreendimentos e atividades privados ou públicos em área urbana que dependerão de elaboração de Estudo Prévio de Impacto de Vizinhança (EIV) para obter as licenças ou autorizações de construção, ampliação ou funcionamento a cargo do Poder Público Municipal".

As respectivas leis de cada Município fixarão os critérios a partir dos quais serão determinados as atividades e empreendimentos submetidos à regra contida na lei federal. E assim o é porque cada Município terá condição de averiguar que tipos de empreendimentos podem gerar um distúrbio de grande porte a ponto de exigir sua intervenção na prestação de serviços públicos ou, ao contrário, impedir que o projeto siga em frente, com a denegação da competente licença. Tudo isso levando em consideração seu espaço territorial e as características a ele inerentes.

Note-se que a lei federal, em seu art. 36, elegeu a *lei municipal* como o instrumento veiculador de norma apto a disciplinar quais empreendimentos

---

12. Para evitar quaisquer dúvidas acerca do objetivo do EIV e sua compatibilidade com o EIA, o art. 38 da Lei 10.257/2001 assim dispôs: "A elaboração do EIV não substitui a elaboração e a aprovação de Estudo Prévio de Impacto Ambiental (EIA), requeridas nos termos da legislação ambiental". No entanto, vale ressaltar que em alguns casos é possível que um Estudo seja plenamente suficiente para embasar o outro, já que levam em consideração vários fatores semelhantes.

estarão sujeitos à elaboração do EIV. Portanto, não será possível disciplinar sobre a matéria via decreto, portaria ou qualquer ato proveniente do Executivo local. Restou claro que haverá necessariamente a participação do Legislativo na fixação das características daqueles empreendimentos submetidos àquela exigência.

Embora a Lei 10.257/2001 não confira as características dos empreendimentos em questão, é possível extrair do texto legal que a lei municipal só poderá utilizar por critério diferenciador o resultado da relação existente entre o porte da obra, a região em que será executada e o fim a que se destina. Não há um critério fixo para todos os Municípios. Se o Estudo do Impacto de Vizinhança visa exatamente a prever os distúrbios que a obra causará no meio ao qual será inserida, nada mais óbvio que o critério a ser estabelecido pelos Municípios reflita esta relação.

Com efeito, a dimensão da construção em combinação com sua finalidade formam um binômio capaz de mensurar ou, pelo menos, indicar um possível impacto no local da obra e seu entorno, suficiente a requerer a intervenção pública – daí a exigência do Estudo, que o comprovará concretamente. Como aquela dimensão deverá ser fixada por cada lei municipal, cada uma levará em consideração as características do local (cidade) onde estarão presentes os elementos que genericamente podem levar ao planejamento público desejado.[13]

A título de exemplo podemos citar o caso do Município de São Paulo. Antes mesmo da Lei 10.257/2001 já existia um decreto[14] disciplinando a matéria nesta cidade. Trata-se do Decreto 34.713, de 30.11.1994, alterado pelo Decreto 36.613, de 6.12.1996.

Este decreto cuidou de dispor sobre o "Relatório de Impacto de Vizinhança (RIVI)", e nele restou definido quais empreendimentos dependem de sua apresentação para obtenção de licença na cidade de São Paulo. Diz seu art. 1º: "São considerados como de significativo impacto ambiental ou de infraestrutura urbana os projetos de iniciativa pública ou privada, referentes à implantação de obras de empreendimentos cujo uso e área de construção

13. A Lei 12.836/2013 acrescentou um inciso ao art. 2º do Estatuto: "Art. 2º. A política urbana tem por objetivo ordenar o pleno desenvolvimento das funções sociais da cidade e da propriedade urbana, mediante as seguintes diretrizes gerais: (...) XVII – estímulo à utilização, nos parcelamentos do solo e nas edificações urbanas, de sistemas operacionais, padrões construtivos e aportes tecnológicos que objetivem a redução de impactos ambientais e a economia de recursos naturais".

14. Embora não se trate propriamente de uma lei municipal, não se pode deixar de reconhecer validade aos dispositivos do decreto que não contrariem a Lei federal 10.257/2001, que lhe é posterior. Mas se o Município de São Paulo resolver alterar as regras sobre a matéria, deverá fazê-lo agora por meio de lei municipal, em função do comando do art. 36 do Estatuto da Cidade.

computável estejam enquadrados nos seguintes parâmetros: I – industrial: igual ou superior a vinte mil metros quadrados; II – institucional: igual ou superior a quarenta mil metros quadrados; III – serviços/comércio: igual ou superior a sessenta mil metros quadrados; IV – residencial: igual ou superior a oitenta mil metros quadrados".

Nota-se que a legislação da cidade de São Paulo levou em consideração a destinação do empreendimento aliada à área de construção.[15] Utilizou o binômio já mencionado para estabelecer os empreendimentos que estarão sujeitos à elaboração do EIV. Vale repetir que os empreendimentos enquadrados naqueles critérios não estarão necessariamente proibidos de ser implementados, mas sim dependerão de apresentação do referido estudo. De posse deste, o Poder Público poderá averiguar concretamente se o impacto gerado em seu entorno merecerá uma atuação administrativa (aumento na disponibilidade de serviços públicos, por exemplo) ou se esta, sendo necessária, não conseguirá amenizar o impacto a ser sentido pela população que habita ao seu redor. Neste último caso a obra deverá ter seu projeto alterado ou, mesmo, indeferido pelo Poder Público.[16]

15. Vale comentar que nos grandes centros metropolitanos – como é o caso da cidade de São Paulo – às vezes este binômio pode ainda não ser suficiente para demonstrar o índice de impacto de vizinhança como almejado pelo Poder Público. Embora não haja outra solução senão considerar o critério genericamente – até porque será veiculado por lei –, cada região da cidade apresenta características diferentes, o que levará a um maior ou menor impacto na implantação de determinado empreendimento. Exemplo disto foi a construção de um *shopping center* no Bairro de Higienópolis, região residencial da cidade de São Paulo e com índice de ocupação populacional bastante alto. Com certeza, a construção do mesmo empreendimento em local menos povoado traria menos repercussão que a alcançada naquele bairro. Mas como o Estudo visa a demonstrar a adequação da obra ao local no qual será inserida, o oferecimento do maior número de detalhes da construção e da região é a melhor maneira de suplantar possíveis desvios.

16. Ainda que se trate de elaboração de Estudo de Impacto Ambiental (RAP – Relatório Ambiental Prévio), vale ressaltar, também a título de exemplo, a solução dada pela cidade de Curitiba, no Estado do Paraná, que relacionou genericamente as obras sujeitas à elaboração do referido Estudo levando em consideração critério diferente. Diz o art. 2º do Decreto municipal 838: "Dependerão da elaboração do RAP, a serem submetidos à avaliação da Secretaria Municipal do Meio Ambiente – SMMA, as seguintes atividades: I – obras de saneamento, tais como sistemas de abastecimento de água, sistemas de esgoto sanitário, sistemas de drenagem, dragagem e limpeza ou desobstrução de rios, listados no art. 3º da Resolução 05/88-CONAMA; II – extração de minérios, inclusive os de classe II, definidos no Código de Mineração; III – projetos de parcelamento do solo (loteamentos e desmembramentos) com área de cinquenta a cem hectares; IV – empreendimentos comerciais e de serviços que, devido ao seu porte, natureza ou área de localização, possam representar alteração significativa sobre o meio ambiente; V – cemitérios; VI – crematórios". E comple-

Sobre o decreto da cidade de São Paulo vale ilustrar, ainda, que o § 1º de seu art. 2º, com a redação que lhe deu o Decreto 36.613/1996, prevê casos em que empreendimentos sujeitos à incidência da regra contida em seu art. 1º ficam dispensados da apresentação do EIV. Diz aquele artigo:

"Art. 2º. O pedido de aprovação de projetos enquadrados no artigo anterior deverá ser formulado pelos interessados, devidamente acompanhado de Relatório de Impacto de Vizinhança – RIVI, contendo os elementos que possibilitem a análise da adequação do empreendimento às condições do local e do entorno.

"§ 1º. Ficam dispensados da apresentação de Relatório de Impacto de Vizinhança – RIVI:

"a) os projetos dos empreendimentos destinados a Habitações de Interesse Social – HIS, construídas com recursos do Fundo Municipal de Habitação, e os de empreendimentos cujos novos parâmetros urbanísticos tenham sido aprovados pela Comissão Normativa de Legislação Urbanística – CNLU, da Secretaria Municipal do Planejamento – SEMPLA, nos termos da Lei n. 11.773, de 18 de maio de 1995;

"b) os projetos de empreendimentos cujos parâmetros urbanísticos específicos tenham sido fixados pela Secretaria Municipal do Planejamento – SEMPLA para zonas de uso especial Z.8-200 e os contidos em perímetros de leis de Operação Urbana;

"c) os projetos de empreendimentos anteriormente aprovados com análise do Relatório de Impacto de Vizinhança – RIVI, desde que sejam mantidas as categorias de uso e não seja ampliada a área total de construção computável;

"d) os projetos modificativos de empreendimento cujas obras já tenham sido iniciadas ou os de reforma, com acréscimo de área computável de até vinte por cento, desde que mantida a categoria de uso.

"§ 2º. As dúvidas referentes à dispensa e ao enquadramento nos parâmetros estabelecidos neste decreto serão dirimidas pelo Secretário da Habitação e Desenvolvimento Urbano, ouvida a Comissão de Edificações e Uso do Solo – CEUSO."

Vê-se que o decreto municipal em exame apenas dispensou da apresentação do EIV aqueles empreendimentos enquadrados em outros parâmetros anteriormente fixados pela Prefeitura, bem como aqueles cujo EIV já fora apresentado e aprovado anteriormente.

Voltando ao Estatuto da Cidade, faz-se necessário ressaltar – e nisto ele foi expresso – que a obrigação de elaboração do EIV não é dirigida apenas

menta, no art. 3º: "Serão estabelecidas, através de portaria da SMMA, classificações quanto ao porte das obras citadas nos incisos I e IV do art. 2º".

aos particulares, mas também ao próprio Poder Público quando executor de obras inseridas nas características previstas em lei municipal. E isso é a maior prova de que o Estudo de Impacto de Vizinhança é uma exigência que não visa a diminuir a liberdade do proprietário como na restrição ou na limitação administrativa, mas apenas adequar o empreendimento ao meio do qual fará parte. E é claro que os próprios empreendimentos públicos geram impacto em seu entorno com seu simples surgimento – o que exige um planejamento anterior para evitar distúrbios para aqueles que habitam ou desfrutam do local.

Como se viu, a lei apenas fez referência aos empreendimentos e atividades privados ou públicos. Não mencionou expressamente se a obrigação do art. 36 de elaboração do EIV se dirige apenas aos empreendimentos comerciais ou se os residenciais também se inseririam naquela sujeição. Vale, aqui, o mesmo raciocínio desenvolvido acima para justificar o enquadramento das obras públicas naquela obrigação. Se o empreendimento residencial (como um condomínio de grande porte, por exemplo) gerará impacto sobre a região, nada mais coerente do que se exigir a elaboração do respectivo Estudo de Impacto de Vizinhança para a concessão da licença. O objetivo de garantir o equilíbrio urbano do entorno à obra continua sendo o mesmo quer para obras comerciais, quer para as residenciais. O que definirá se a obra residencial tem potencial para gerar impacto e, portanto, se sujeitar àquela obrigação, são os critérios definidos por cada legislação municipal.

Cabe, por último, questionar o conteúdo da expressão "área urbana", contida no art. 36 da Lei 10.257/2001. Apenas os empreendimentos localizados nas cidades estarão sujeitos ao EIV?

O objetivo do Estudo de Impacto de Vizinhança é o de prever as repercussões que determinado empreendimento vai gerar na região em que será implementado, a fim de que o Poder Público, quando necessário, tome medidas que procurem amenizar aqueles efeitos e manter o equilíbrio da vida da população no seu entorno. Se é assim, estas repercussões só fazem sentido e merecem atenção nos centros urbanos, onde as populações dividem espaços cada vez mais diminutos. Em outras palavras: apenas nas cidades os efeitos da implementação de um empreendimento serão mais sentidos por aqueles que vivem ao seu redor.

No entanto, vale questionar se, tratando-se de projeto a ser implementado fora dos perímetros urbanos, mas que mesmo assim trará repercussão às cidades mais próximas do local em obra, deverá ser apresentado o Estudo de Impacto de Vizinhança em exame nestas reflexões. Para melhor visualizar a questão proposta podemos trazer o exemplo da obra realizada pelo Governo do Estado de São Paulo denominada de "Rodoanel".

Trata-se de importante complexo viário que está sendo construído fora do perímetro urbano e que ligará várias rodovias que desembocam na cidade de São Paulo, visando a desafogar o tráfego de automóveis daquela cidade. Embora tenha por objetivo diminuir o trânsito caótico dessa metrópole – o que, por si só, tende a gerar um impacto contrário, ou seja, negativo, pois o menor fluxo de carros requererá uma atuação administrativa menos intensa no que se refere à fiscalização de trânsito –, o "Rodoanel" poderá causar repercussões nas cidades pequenas que se localizam nas proximidades de São Paulo e, portanto, do empreendimento. Estas cidades estariam preparadas para receber um incremento do contingente de "visitantes" (mesmo que em trânsito) ocasionado por aquela obra?

Nota-se que o que o Estudo visa é a diminuir o impacto perturbador do equilíbrio daquelas regiões "sacudidas" com o novo empreendimento. Se o impacto puder ser sentido em função de obras realizadas fora do perímetro urbano, nada mais prudente que a realização do respectivo Estudo de Impacto de Vizinhança para que o Poder Público evite a ocorrência de distúrbios da mesma forma que tenta amenizá-los naqueles empreendimentos realizados dentro do próprio perímetro urbano. Parece que o critério a ser considerado é o da localização do impacto (aí, sim, dentro do perímetro urbano), e não necessariamente o da localização do empreendimento.[17]

4.3 Como deve ser elaborado o Estudo de Impacto de Vizinhança?

Pelo fim a que visa, o Estudo de Impacto de Vizinhança obrigatoriamente deverá demonstrar, o mais claro possível, a repercussão que a implementação do empreendimento trará à vida e à atividade das pessoas que vivem em seu entorno, bem como estimar seus efeitos sobre a infraestrutura pública do local.

A Lei federal 10.257/2001 elegeu alguns parâmetros a serem abordados no Estudo de Impacto de Vizinhança. O art. 37 assim se expressou: "O EIV será executado de forma a contemplar os efeitos positivos e negativos do empreendimento ou atividade quanto à qualidade de vida da população residente na área e suas proximidades, incluindo a análise, no mínimo, das seguintes questões: I – adensamento populacional; II – equipamentos urbanos e comunitários; III – uso e ocupação do solo; IV – valorização imobiliária; V – geração de tráfego e demanda por transporte público; VI – ventilação e iluminação; VII – paisagem urbana e patrimônio natural e cultural".

---

17. Outro exemplo interessante seria o da construção do parque denominado "Hopi Hari", localizado à beira da Rodovia dos Bandeirantes, no Estado de São Paulo. Embora construído fora dos perímetros urbanos, seu simples surgimento fez com que as cidades vizinhas tivessem todo seu sistema de saneamento alterado, dado o grande contingente de visitantes que o parque recebe. Também neste caso é indiscutível a necessidade de elaboração do EIV.

Todos estes elementos foram eleitos como importantes pelo Estatuto da Cidade a fim de auxiliar na mensuração do impacto do empreendimento ou da atividade no local. Devem constar obrigatoriamente, sem prejuízo de outros, no EIV a ser elaborado.

Sem dúvida alguma, trata-se dos principais elementos de infraestrutura a abalar o equilíbrio de uma região em caso de empreendimento ou atividade de grande porte ou relevo. Mais que isto, englobam os principais serviços a serem prestados pelo Poder Público, como o transporte público, e parâmetros com repercussão direta no atuar da Administração Pública.

Pode-se dizer que a lista exposta no art. 37 poderia ser mais extensiva, detalhando outros parâmetros de grande valia para a elaboração do Estudo de Impacto de Vizinhança. Mas não se pode deixar de lembrar que o *caput* do art. 37 é claro ao afirmar que o rol lá exposto não é limitativo, mas sim exemplificativo. O texto legal diz que "no mínimo" serão aqueles os elementos abordados no EIV.

Novamente traz-se a título de exemplo a solução dada pelo Município de São Paulo. No decreto já mencionado anteriormente optou-se em relacionar uma lista bem mais detalhada dos componentes do EIV a ser elaborado. Diz seu art. 3º: "O Relatório de Impacto de Vizinhança (RIVI) deverá ser apresentado à Secretaria da Habitação e Desenvolvimento Urbano – SEHAB, instruído com os seguintes componentes: I – dados necessários à análise da adequação do empreendimento às condições do local e do entorno: a) localização e acessos gerais; b) atividades previstas; c) áreas, dimensões e volumetria; d) levantamento planialtimétrico do imóvel; e) mapeamento das redes de água pluvial, água, esgoto, luz e telefone no perímetro do empreendimento; f) capacidade do atendimento pelas concessionárias das redes de água pluvial, água, esgoto, luz e telefone para a implantação do empreendimento; g) levantamento dos usos e volumetria de todos os imóveis e construções existentes, localizados nas quadras limítrofes à quadra ou quadras onde o imóvel está localizado; h) indicação das zonas de uso constantes da legislação de uso e ocupação do solo das quadras limítrofes à quadra ou quadras onde o imóvel está localizado; i) indicação dos bens tombados pelo CONPRESP ou pelo CONDEPHAAT, no raio de trezentos metros, contados do perímetro do imóvel ou dos imóveis onde o empreendimento está localizado; II – dados necessários à análise das condições viárias da região: a) estradas, saídas, geração de viagens e distribuição no sistema viário; b) sistema viário e de transportes coletivos do entorno; c) demarcação de melhoramentos públicos, em execução ou aprovados por lei, na vizinhança; d) compatibilização do sistema viário com o empreendimento; e) certidão de diretrizes fornecida pela Secretaria Municipal de Transportes – SMT; III – dados necessários à análise de condições ambientais específica do local e de seu entorno: a) produção e nível de ruído; b) produção e volume de partículas em suspensão e de fumaça; c) destino final do material resultante do movimento de terra; d) destino final do entulho da obra; e) existência de recobrimento vegetal de grande porte no terreno".[18]

Sem dúvida, a previsão da cidade de São Paulo foi bem mais extensa e detalhada que o Estatuto da Cidade, porém reflete as mesmas preocupações que este, genericamente, expôs no rol do art. 37. Cada Município terá competência para detalhar ou expandir mais a listagem legal; só não poderá pretender restringi-la.

4.4 Participação popular

O tema do Estudo do Impacto de Vizinhança, da forma como tratado na Lei 10.257/2001, não traz grandes alterações para o mundo jurídico. É que mesmo nas cidades onde ainda não havia regulamentação a este respeito os requisitos e condições impostos pela lei são muito parecidos com aqueles utilizados para a elaboração do Estudo de Impacto Ambiental, que já existia.

No entanto, um aspecto do Estatuto da Cidade sobre este tema deve ser ressaltado e elogiado. Trata-se da possibilidade conferida pela lei de participação popular no trâmite da aprovação do EIV. Diz o parágrafo único do art. 37: "Dar-se-á publicidade aos documentos integrantes do EIV, que ficarão disponíveis para consulta, no órgão competente do Poder Público Municipal, por qualquer interessado".

Se o Estudo de Impacto de Vizinhança tem o objetivo primordial de dar condições à Municipalidade de prever a repercussão que um empreendimento ou atividade podem trazer para um determinado local, nada mais indicado do que a população, principalmente aquela que nele habita, possa trazer sua contribuição e críticas. Com efeito, será ela a detentora de informações mais precisas sobre a região e o funcionamento das infraestruturas públicas no local.

A participação da população na implementação de empreendimentos ou atividades não foi reconhecida apenas como regra, mas também como princípio. Como já acentuado no início deste trabalho, a Lei 10.257/2001, em seu art. 2º, trouxe vários incisos com diretrizes gerais para a política

18. Bem mais genérica foi a abordagem dada pelo Decreto municipal 838, da cidade de Curitiba, já mencionado em linhas anteriores. Assim previu seu art. 5º: "O RAP contemplará, no mínimo, o seguinte conteúdo: I – descrição detalhada do projeto ou empreendimento, inclusive com as plantas preliminares ou anteprojeto; II – delimitação das áreas de influência direta do empreendimento e descrição detalhada das suas condições ambientais; III – identificação dos impactos a serem causados pelo empreendimento nas fases de planejamento, implantação, operação e desativação, se for o caso; IV – medidas de controle ambiental e/ou medidas compensatórias adotadas nas diversas fases, citadas no inciso III".

urbana e traçou, em seu inciso XIII, a possibilidade de "audiência do Poder Público Municipal e da população interessada nos processos de implantação de empreendimentos ou atividades com efeitos potencialmente negativos sobre o meio ambiente natural ou construído, o conforto ou a segurança da população; (...)".

Nota-se que a participação da sociedade foi considerada de extrema importância não só em situações de menor relevo, mas principalmente no assunto que lhe é mais pertinente: o planejamento urbano. Foi ela "convidada" a participar mais ativamente daquilo que surtirá efeito direto em seu cotidiano. Tanto é assim que as chamadas "operações urbanas consorciadas", introduzidas pela lei e disciplinadas em seus arts. 32 a 34, têm como ponto central a participação do setor privado (leia-se: proprietários, moradores, usuários permanentes e investidores privados) nos projetos que visem a transformações urbanísticas estruturais, melhorias sociais e à valorização ambiental de uma determinada área.

Assim como em várias transformações promovidas pelo Estado nos últimos tempos em diversos setores, a participação consciente da população nos assuntos públicos restou prevista e incentivada pelo Estatuto da Cidade. Acompanhou, com bastante prudência, os rumos do novo perfil estatal. Resta à população de cada cidade fazer valer os direitos que lhe foram assegurados.

5. Conclusões

Não só o Estudo Prévio do Impacto de Vizinhança como também todos os demais instrumentos introduzidos ou simplesmente regulamentados na Lei 10.257/2001 demonstram uma preocupação muito grande do Poder Público em tornar a vida nas cidades, principalmente nos grandes centros metropolitanos, menos caótica e desorganizada. Isto se dá em função da evolução das normas que disciplinam o desenvolvimento das cidades de forma equilibrada e, sobretudo, da imposição da forma de vida moderna.

Conquanto se possa tecer uma ou outra crítica ao Estatuto da Cidade, há que se reconhecer que ele trouxe, ou pelo menos regulamentou, instrumentos importantes de controle do crescimento das cidades. Na verdade, ele colocou à disposição dos administradores os meios necessários para que se possa mudar um costume arraigado nos centros urbanos: o do crescimento desequilibrado e desatento à justiça social.

O Estatuto da Cidade, na verdade, cobre vácuos do ordenamento jurídico e oferece meios para que a Administração Pública comece a realizar o *planejamento urbano*. Sem planejar não há como se falar em crescimento urbano equilibrado. O Estudo Prévio de Impacto de Vizinhança, sem dúvida alguma, é um instrumento importante para este fim.

Além disso, é extremamente crucial que se mude a visão totalmente individualista da noção de propriedade. Não só a Administração como também os munícipes devem se propor a pensar no coletivo como responsabilidade inerente à condição de habitante de um centro urbano. Sem uma internalização de novos costumes dificilmente as regras consignadas no Estatuto da Cidade serão levadas a efeito.

PLANO DIRETOR

Jacintho Arruda Câmara

Art. 39. A propriedade urbana cumpre sua função social quando atende às exigências fundamentais de ordenação da cidade expressas no plano diretor, assegurando o atendimento das necessidades dos cidadãos quanto à qualidade de vida, à justiça social e ao desenvolvimento das atividades econômicas, respeitadas as diretrizes previstas no art. 2º desta Lei.

Art. 40. O plano diretor, aprovado por lei municipal, é o instrumento básico da política de desenvolvimento e expansão urbana.

§ 1º. O plano diretor é parte integrante do processo de planejamento municipal, devendo o plano plurianual, as diretrizes orçamentárias e o orçamento anual incorporar as diretrizes e as prioridades nele contidas.

§ 2º. O plano diretor deverá englobar o território do Município como um todo.

§ 3º. A lei que institui o plano diretor deverá ser revista, pelo menos, a cada dez anos.

§ 4º. No processo de elaboração do plano diretor e na fiscalização de sua implementação, os Poderes Legislativo e Executivo Municipais garantirão:

I – a promoção de audiências públicas e debates com a participação da população e de associações representativas dos vários seguimentos da comunidade;

II – a publicidade quanto aos documentos e informações produzidos;

III – o acesso de qualquer interessado aos documentos e informações produzidos;

§ 5º. *(Vetado).*

Art. 41. O plano diretor é obrigatório para cidades:

I – com mais de vinte mil habitantes;

II – integrantes de regiões metropolitanas e aglomerações urbanas;

III – onde o Poder Público Municipal pretenda utilizar os instrumentos previstos no § 4º do art. 182 da Constituição Federal;

IV – integrantes de áreas de especial interesse turístico;

V – inseridas na área de influência de empreendimentos ou atividades com significativo impacto ambiental de âmbito regional ou nacional.

VI – incluídas no cadastro nacional de Municípios com áreas suscetíveis à ocorrência de deslizamentos de grande impacto, inundações bruscas ou processos geológicos ou hidrológicos correlatos. *(Incluído pela Lei 12.608/2012)*

§ 1º. No caso da realização de empreendimentos ou atividades enquadrados no inciso V do *caput*, os recursos técnicos e financeiros para a elaboração do plano diretor estarão inseridos entre as medidas de compensação adotadas.

§ 2º. No caso de cidades com mais de quinhentos mil habitantes, deverá ser elaborado um plano de transporte urbano integrado, compatível com o plano diretor ou nele inserido.

Art. 42. O plano diretor deverá conter no mínimo:

I – a delimitação das áreas urbanas onde poderá ser aplicado o parcelamento, edificação ou utilização compulsórios, considerando a existência de infraestrutura e de demanda para utilização, na forma do art. 5º desta Lei;

II – disposições requeridas pelos arts. 25, 28, 29, 32 e 35 desta Lei;

III – sistema de acompanhamento e controle.

Art. 42-A. Além do conteúdo previsto no art. 42, o plano diretor dos Municípios incluídos no cadastro nacional de municípios com áreas suscetíveis à ocorrência de deslizamentos de grande impacto, inundações bruscas ou processos geológicos ou hidrológicos correlatos deverá conter: *(Artigo incluído pela Lei 12.608/2012)*

I – parâmetros de parcelamento, uso e ocupação do solo, de modo a promover a diversidade de usos e a contribuir para a geração de emprego e renda;

II – mapeamento contendo as áreas suscetíveis à ocorrência de deslizamentos de grande impacto, inundações bruscas ou processos geológicos ou hidrológicos correlatos;

III – planejamento de ações de intervenção preventiva e realocação de população de áreas de risco de desastre;

IV – medidas de drenagem urbana necessárias à prevenção e à mitigação de impactos de desastres; e

V – diretrizes para a regularização fundiária de assentamentos urbanos irregulares, se houver, observadas a Lei n. 11.977, de 7 de julho de 2009, e demais normas federais e estaduais pertinentes, e previsão de áreas para habitação de interesse social por meio da demarcação de zonas especiais de interesse social e de outros instrumentos de política urbana, onde o uso habitacional for permitido.

§ 1º. A identificação e o mapeamento de áreas de risco levarão em conta as cartas geotécnicas.

§ 2º. O conteúdo do plano diretor deverá ser compatível com as disposições insertas nos planos de recursos hídricos, formulados consoante a Lei n. 9.433, de 8 de janeiro de 1997.

§ 3º. Os Municípios adequarão o plano diretor às disposições deste artigo, por ocasião de sua revisão, observados os prazos legais.

§ 4º. Os Municípios enquadrados no inciso VI do art. 41 desta Lei e que não tenham plano diretor aprovado terão o prazo de cinco anos para o seu encaminhamento para aprovação pela Câmara Municipal.

Art. 42-B. Os Municípios que pretendam ampliar o seu perímetro urbano após a data de publicação desta Lei deverão elaborar projeto específico que contenha, no mínimo: *(Artigo incluído pela Lei 12.608/2012)*

I – demarcação do novo perímetro urbano;

II – delimitação dos trechos com restrições à urbanização e dos trechos sujeitos a controle especial em função de ameaça de desastres naturais;

III – definição de diretrizes específicas e de áreas que serão utilizadas para infraestrutura, sistema viário, equipamentos e instalações públicas, urbanas e sociais;

IV – definição de parâmetros de parcelamentos, uso e ocupação do solo, de modo a promover a diversidade de usos e contribuir para a geração de emprego e renda;

V – a previsão de áreas para habitação de interesse social por meio da demarcação de zonas especiais de interesse social e de outros instrumentos de política urbana, quando o uso habitacional for permitido;

VI – definição de diretrizes e instrumentos específicos para proteção ambiental e do patrimônio histórico e cultural; e

VII – definição de mecanismos para garantir a justa distribuição dos ônus e benefícios decorrentes do processo de urbanização do território de expansão urbana e a recuperação para a coletividade da valorização imobiliária resultante da ação do poder público.

§ 1º. O projeto específico de que trata o caput deste artigo deverá ser instituído por lei municipal e atender às diretrizes do plano diretor, quando houver.

§ 2º. Quando o plano diretor contemplar as exigências estabelecidas no caput, o Município ficará dispensado da elaboração do projeto específico de que trata o caput deste artigo.

§ 3º. A aprovação de projetos de parcelamento do solo no novo perímetro urbano ficará condicionada à existência do projeto específico e deverá obedecer às suas disposições.

1. Introdução

Uma das primeiras lições passadas a um estudante de Direito é a diferenciação existente entre sistemas normativos. Dos vários que poderiam ser enumerados, geralmente merecem destaque o sistema da Moral, o da Religião, o da Política e, finalmente, o sistema do Direito. Este último possui como característica peculiar e distintiva dos demais o fato de ser o único que possui um mecanismo de sanção, contra a violação de suas regras, apoiado no uso da força (coercibilidade). A identificação de uma regra jurídica, portanto, segundo lições comezinhas da Ciência Jurídica, passa pela caracterização da sanção imposta em função de seu descumprimento. Havendo sanção jurídica, a regra é identificada com o sistema do Direito. Caso não possua esta característica há de ser considerada norma estranha ao ordenamento jurídico.

A lembrança dessa noção básica mostra-se importante para firmar a real compreensão do papel conferido ao plano diretor dentro do sistema jurídico nacional. Deveras, o tema em foco integra, simultaneamente, pelo menos dois mundos distintos: o do urbanismo e o do direito urbanístico. Por isso há de se ter cuidado com as proposições atinentes a este assunto, sob pena de se comentar, indistintamente, proposições jurídicas e proposições pura e simplesmente urbanísticas.

A evolução legislativa ilustra como é variável a repercussão jurídica que o tema pode receber.

O planejamento, antes de conquistar *status* de regra jurídica, ganhou a adesão dos teóricos da Ciência da Administração e da Economia. Em especial no campo urbanístico, a ação de planejar foi considerada indispensável ao crescimento racional e ordenado das cidades. Repetia-se, como regra inquestionável, a necessidade de planejamento urbano. Tal regra, todavia, no início tinha caráter exclusivamente metajurídico. Tratava-se de uma proposição da Ciência da Administração, do urbanismo. Não era dotada de juridicidade – vale dizer, seu descumprimento não demandava a aplicação de sanções jurídicas. A adoção do planejamento urbano, concretizado geralmente num plano diretor (às vezes aprovado em lei, outras vezes por mera decisão administrativa), dependia exclusivamente de uma avaliação de natureza político-administrativa. Assim, diversos Municípios editaram plano diretor sem que houvesse, contudo, obrigatoriedade de fazê-lo ou, mesmo, a fixação de qualquer padrão que estabelecesse um conteúdo mínimo a ser atendido pela planificação. A existência de um plano diretor era exigência que se punha no campo da Ciência da Administração Urbana, que somente adquiria contornos jurídicos se e quando fosse encampada na regulamentação (legal ou infralegal) de um dado Município.

Nesse estágio era possível basicamente discorrer sobre regras urbanísticas em matéria de plano diretor. Juridicamente, a discussão ou se punha num campo altamente abstrato, referente aos limites da competência normativa nesta matéria, ou à análise de uma planificação urbana já positivada na regulamentação de um dado Município.

Essa fase começou a mudar com a Constituição Federal de 1988. Na atual Carta Magna a técnica do planejamento urbano foi consagrada normativamente, sendo eleito o caminho de implementação da política de desenvolvimento urbano (art. 182, *caput*). O plano diretor foi qualificado como principal instrumento de implementação de uma política de desenvolvimento e expansão urbana (art. 182, § 1º). Além disso, passou a ser de adoção obrigatória nas cidades com mais de vinte mil habitantes (art. 182, § 1º). Instituiu-se que a função social da propriedade seria definida a partir do plano diretor (art. 182, § 2º). Admitiu-se a adoção de instrumentos persuasivos de aplicação de política urbana apenas em áreas demarcadas no plano diretor (art. 182, § 4º).

Vejam-se os dispositivos constitucionais citados:

"Art. 182. A política de desenvolvimento urbano, executada pelo Poder Público Municipal, *conforme diretrizes fixadas em lei*, tem por objetivo ordenar o pleno desenvolvimento das funções sociais da cidade e garantir o bem-estar de seus habitantes.

"§ 1º. *O plano diretor*, aprovado pela Câmara Municipal, *obrigatório para cidades com mais de vinte mil habitantes, é o instrumento básico da política de desenvolvimento e de expansão urbana.*

"§ 2º. *A propriedade urbana cumpre sua função social quando atende às exigências fundamentais de ordenação da cidade expressas no plano diretor.*

"(...).

"§ 4º. É facultado ao Poder Público Municipal, mediante lei específica *para área incluída no plano diretor*, exigir, nos termos da lei federal, do proprietário do solo urbano não edificado, subutilizado ou não utilizado, que promova seu adequado aproveitamento, sob pena, sucessivamente, de:

"I – parcelamento ou edificação compulsórios;

"II – imposto sobre a propriedade predial e territorial urbana progressivo no tempo;

"III – desapropriação com pagamento em títulos da dívida pública de emissão previamente aprovada pelo Senado Federal, com prazo de resgate de até dez anos, em parcelas anuais, iguais e sucessivas, assegurados o valor real da indenização e os juros legais."

Tais dispositivos constitucionais, por certo, elevaram a planificação urbana, em geral, e o plano diretor, em especial, à categoria de instrumentos jurídicos indispensáveis à adoção das políticas urbanas. Todavia, ainda faltaram definições que assegurassem a plena identificação de um regime jurídico do planejamento urbano. Não se sabia ainda qual o conteúdo mínimo que tal planejamento haveria de ter. Também não estavam estabelecidas as sanções jurídicas para o não-cumprimento do dever de editar um plano diretor. Isto tudo sem falar na imprescindível regulamentação legal para adoção das medidas de implementação da função social da propriedade previstas no art. 182, § 4º, da Constituição Federal, que, enquanto não fora editada, deixou sem perspectiva de efetivação importante vertente da política urbana.

Por esta razão, mesmo após a Constituição de 1988 as proposições que, *a priori*, podiam ser feitas em relação ao planejamento urbano, mais especificamente em relação ao conteúdo e aos reflexos da instituição de um plano diretor, pertenciam ainda predominantemente ao campo do urbanismo. As definições jurídicas propriamente ditas ainda estavam por ser tomadas.

Os contornos jurídicos mais precisos a respeito do planejamento urbano foram traçados somente com a edição da Lei federal 10.257, de 10.7.2001, o chamado *Estatuto da Cidade*. A partir deste marco regulatório, não só no campo urbanístico – que, obviamente, continua a ter substancial e perene material de trabalho –, mas também sob o prisma estritamente jurídico, o planejamento urbano adquire reflexos concretos.

Deveras, com o Estatuto da Cidade proposituras pertencentes apenas à Ciência do urbanismo ganharam juridicidade. Assim ocorreu com a definição da abrangência que deve ter o plano diretor, do rol de quem está obrigado a editá-lo, dos requisitos procedimentais de sua elaboração, de seu conteúdo mínimo – entre outros aspectos que mereceram tratamento expresso na lei.

Sem deixar de reconhecer a fundamental e inafastável importância que o conhecimento urbanístico exerce sobre a matéria, gostaríamos de deixar claro, logo nesta introdução, que o objeto do presente trabalho se limitará ao enfrentamento das questões jurídicas que, em virtude do novo Estatuto, o plano diretor passou a ensejar.

2. *Conceito*

O conceito de *plano diretor*, como instrumento urbanístico, precede a existência de uma legislação geral estabelecendo as normas necessárias à implementação da política urbana. A noção de plano diretor sempre conduziu à ideia de um instrumento normativo básico para dirigir o desenvolvimento do Município nos seus mais variados aspectos (físico, econômico, social etc.). Era considerado o instrumento de planejamento próprio para a área urbana. Este conceito, muito embora ainda válido sob o aspecto exclusivamente material, mostra-se incompleto sob o enfoque jurídico. Insuficiência que veio mais nitidamente à tona com a edição do Estatuto da Cidade. Deveras, vários traços distintivos desse instrumento da política urbana (o plano diretor) foram definidos em lei, dando concreção a alguns outros já previstos na Constituição. Tais aspectos devem ser incorporados e destacados numa conceituação jurídica que se queira elaborar. É o que pretendemos destacar no presente tópico.

De início discutia-se qual o instrumento adequado para editar um plano diretor. Alguns sustentavam a possibilidade de criação de um plano diretor por intermédio de mero decreto do Chefe do Poder Executivo Municipal. Nesta hipótese, por óbvio, o conteúdo do plano seria apenas o de definir o campo de atuação do Poder Público, uma vez que seria instrumento inadequado para imposição de limitações ou condicionamento a direitos particulares.

Esta primeira discussão foi definitivamente superada pela Constituição de 1988, que, expressamente, vinculou o plano diretor a ato do Poder Legislativo (art. 182, § 1º).[1] Isto significou dizer que este instrumento do planejamento urbano envolve uma decisão do Poder Legislativo Municipal, e não apenas do Chefe do Executivo, como se chegou a admitir. Portanto, pode ser este o primeiro aspecto do conceito em exame: o plano diretor é (ou deve ser) uma lei.

A Constituição também trouxe outros elementos a compor o conceito jurídico de *plano diretor*. No texto constitucional foi estabelecido que tal plano consiste no *"instrumento básico* da política de desenvolvimento e de expansão urbana" (art. 182, § 1º). O mesmo dispositivo determinou sua obrigatoriedade às cidades com mais de vinte mil habitantes.

Além disso, o plano diretor foi posto como veículo delimitador das áreas suscetíveis de imposição de encargos urbanísticos aos proprietários de solo urbano não edificado, subutilizado ou não utilizado (art. 182, § 4º).

Desta forma, para balizar o contorno jurídico conferido ao plano diretor no Direito nacional vigente é possível ressaltar, com base em preceitos constitucionais, os seguintes aspectos: o plano diretor deve ser aprovado por lei municipal; o plano diretor é o instrumento básico da política de desenvolvimento e de expansão urbana; o plano diretor é obrigatório para as cidades com mais de vinte mil habitantes; o plano diretor é condição para

---

1. Prescreve o citado dispositivo: "O plano diretor, *aprovado pela Câmara Municipal*, (...)".

impor obrigações ao proprietário de solo urbano não edificado, subutilizado ou não utilizado.

Tais prescrições constitucionais já seriam úteis para esboçar um conceito jurídico de *plano diretor*. Apesar de trazer proposições um tanto quanto vagas (como, por exemplo, a caracterização do plano diretor como "instrumento básico da política de desenvolvimento e de expansão urbana"), a Constituição estabeleceu as bases normativas para a implementação no país desse importante instrumento da política urbana.

Porém, mesmo com o tratamento constitucional dado ao tema, continuou restando espaço para definições normativas mais precisas, antes da atuação específica do legislador municipal na elaboração do plano diretor. Este campo haveria de ser ocupado pela legislação federal,[2] o que só ocorreu com a edição do Estatuto da Cidade.

Referida lei agregou importantes elementos ao conceito jurídico de Plano Diretor no Direito Brasileiro. Vejamos quais são.

De pronto, o Estatuto estabeleceu que será o plano diretor o instrumento jurídico competente para precisar a fluidez do conceito de *função social* da propriedade urbana. Fez isso ao afirmar que "a propriedade urbana cumpre sua função social quando atende às exigências fundamentais de ordenação da cidade expressas no plano diretor" (art. 39).

Ao definir o planejamento urbano o legislador municipal deve ter como objetivo inafastável assegurar "o atendimento das necessidades dos cidadãos quanto à qualidade de vida, à justiça social e ao desenvolvimento das atividades econômicas" (art. 39, *in fine*). Cumprindo seu mister, o plano diretor acaba por fixar a função social que a propriedade urbana deve cumprir. Esta é uma importante característica que foi vinculada ao plano diretor. Deveras, uma série de medidas de implementação de políticas públicas só pode ser adotada caso haja descumprimento da função social da propriedade (é o caso das nomeadas no art. 182, § 4º, da CF). Com tal fixação de competência, a definição dessa função social passou necessariamente a depender de um planejamento urbano geral (típico do plano diretor), escapando de uma decisão pontual, isolada, em lei específica (que eventualmente poderia destoar da planificação). Portanto, é possível destacar mais essa faceta do conceito jurídico de plano diretor: ele é o instrumento normativo competente para definir a função social da propriedade para fins urbanísticos.

Outro aspecto do conceito de *plano diretor* que também deve ser ressaltado é a importância institucional que lhe foi dada. Essa importância

---

2. A competência constitucional para tanto está encartada no próprio art. 182 (mais diretamente no seu § 4º) e no art. 24, que arrola entre as matérias de competência legislativa concorrente da União, Estados e Municípios o direito urbanístico (no seu inciso I).

vem marcada, de início, por sua caracterização como *instrumento básico da política de desenvolvimento e expansão urbana*. Esta condição, conforme apontado, já havia sido prevista no texto constitucional (art. 182, § 1º). Como não poderia deixar de ser, o Estatuto da Cidade ratificou esta posição (art. 40, *caput*), dando a ela contornos práticos.

Não são apenas os instrumentos de implementação de políticas urbanas referidos no art. 182, § 4º, da Constituição que dependem de prévia instituição no plano diretor para serem adotados. Outros importantes instrumentos urbanísticos submeteram-se a vinculação semelhante. Deveras, o Estatuto da Cidade, ao definir as regras gerais de utilização de vários outros instrumentos de implementação de uma política urbana (direito de preempção, outorga onerosa do direito de construir, operações urbanas consorciadas e transferência do direito de construir), vinculou a aplicação destes à existência de um plano diretor.

Isto pode ser notado nos diversos dispositivos que mencionaram o plano diretor como uma espécie de *ato-condição* para a implementação dos referidos instrumentos. Assim, quando trata do direito de preempção, a lei determina que "lei municipal, baseada do plano diretor, delimitará as áreas em que incidirá" tal medida (art. 25, § 1º); a outorga onerosa do direito de construir só pode ser implantada nas áreas fixadas no plano diretor (arts. 28 e 29); a lei municipal que instituir a aplicação das operações consorciadas deve se basear no plano diretor (art. 32, *caput*); e, finalmente, a transferência do direito de construir só pode ser operada se houver lei municipal autorizativa, também baseada no plano diretor (art. 35, *caput*). Em todos esses casos, os instrumentos urbanísticos definidos no Estatuto da Cidade só podem ser aplicados concretamente caso haja planejamento urbano, instituído por meio do plano diretor. Esse, sem dúvida, é outro aspecto a ser destacado no conceito de *plano diretor*.

Nesse contexto de importância institucional dada ao plano diretor, foi expressa e didaticamente reconhecida sua inclusão na planificação geral a ser obedecida pelo Município. Tendo em vista seu caráter cogente e a possibilidade de estabelecer políticas de investimento e atuação do Poder Público Municipal, o Estatuto da Cidade veio a prescrever a necessária incorporação das normas do plano diretor no plano plurianual, nas diretrizes orçamentárias e no orçamento anual (art. 40, § 1º). Não fosse a expressa prescrição do Estatuto da Cidade, esta seria uma consequência logicamente inafastável, uma vez que qualquer atuação do Poder Público Municipal que demande a utilização de recursos públicos (mesmo que prevista no plano diretor), para ser efetivada na prática, deve contar com expressa previsão orçamentária.

Essas, a nosso ver, são as características gerais que marcam o conceito jurídico de *plano diretor*, segundo o direito positivo vigente (constitucional e legal). Desse conceito é possível extrair a seguinte definição: o plano diretor é o mais importante instrumento de planificação urbana previsto no Direito Brasileiro, sendo obrigatório para alguns Municípios e facultativo para outros; deve ser aprovado por lei e tem, entre outras prerrogativas, a condição de definir qual a função social a ser atingida pela propriedade urbana e de viabilizar a adoção dos demais instrumentos de implementação da política urbana (parcelamento, edificação ou utilização compulsórios, IPTU progressivo, desapropriação com pagamento em títulos, direito de preempção, outorga onerosa do direito de construir, operações urbanas consorciadas e transferência do direito de construir).

Além dessas características gerais que, a nosso ver, compõem o conceito de plano diretor, o Estatuto da Cidade fixou diversas outras regras atinentes ao regime jurídico do instituto. Elas dizem respeito: à abrangência que o plano deve ter; aos Municípios que são obrigados a editar um plano; às consequências para aqueles que não o editem; ao processo de elaboração de um plano diretor; ao seu conteúdo mínimo; e às formas de sua alteração. Cada um desses pontos, por óbvio, apresenta consequências jurídicas importantes. Justamente essas consequências serão objeto de análise a seguir.

3. *Abrangência*

Um dos pontos de divergência existentes antes que fosse editada legislação geral a respeito da matéria era o de saber qual a abrangência do plano diretor.

Por se tratar de instrumento de disciplina urbanística, alguns defendiam que o plano diretor só devesse disciplinar a área urbana de um dado Município. Escaparia de sua abrangência – segundo essa linha de raciocínio – toda a área rural do Município. A conclusão parte da premissa segundo a qual os temas relacionados ao urbanismo e que, por esta razão, merecem um planejamento geral, a ser inserido no plano diretor, só corresponderiam à área urbana, sendo-lhes estranha, por pura e simples impertinência de conteúdo, a área rural que fizesse parte do Município.

Este argumento ainda traz um aspecto de natureza jurídica: a competência legislativa. Deveras, a edição de um plano diretor insere-se dentro da competência legislativa municipal, integrando induvidoso interesse local, relacionado às políticas urbanísticas. Esta linha de pensamento defende que intervenções regulatórias na área rural devem ser excluídas do plano diretor. Esta compreensão, contudo, poderia implicar a exclusão da competência municipal para disciplinar qualquer aspecto da área rural do Município com o possível argumento de que caracterizaria usurpação de competência legislativa da União, que detém exclusividade na disciplina do direito civil (propriedade) e agrário.

O assunto, porém, foi objeto de tratamento expresso no Estatuto da Cidade (o que parece pôr termo, pelo menos no campo jurídico, à referida discussão). A posição adotada pelo Estatuto foi oposta à descrita acima, isto é, definiu-se que o plano diretor deveria abranger a área de todo o Município, urbana e rural, indistintamente. Assim ficou disciplinada a questão:

"Art. 40. (...).

"§ 2º. O plano diretor deverá englobar o território do Município como um todo."

A regra há de ser bem compreendida. Não é porque o plano diretor deve abranger toda a área do Município, inclusive a rural, que o legislador poderá, no exercício dessa competência específica, prescrever políticas agrárias ou disciplinar o uso de imóveis rurais. Se assim o fizesse estaria, efetivamente, usurpando competência legislativa exclusiva da União. Quando o Estatuto prevê a abrangência do plano diretor para a área de todo o Município, parte do pressuposto de que tal competência será exercida no âmbito da atuação legítima do legislador municipal, que, em relação ao citado plano, deve se ater a aspectos urbanísticos.

São várias as diretrizes urbanísticas que podem – e devem, segundo o Estatuto – abranger as áreas rurais. Assim ocorre, por exemplo, ao disciplinar a forma de expansão urbana, impondo regras que afetem áreas rurais destinadas a tal fim; ao condicionar o uso de áreas rurais importantes ao desenvolvimento urbano em virtude de recursos ambientais ou hídricos; ao disciplinar o trânsito de veículos automotores entre cidades e centros urbanos – e assim por diante.

Em matéria de expansão do perímetro urbano, foi introduzida modificação no Estatuto da Cidade que tornou obrigatória a aprovação em lei específica de projeto de ampliação, caso a matéria não tenha sido suficientemente abordada no Plano Diretor (art. 42-B, incluído pela Lei 12.608, de 10.4.2012). Além da demarcação do novo perímetro urbano (art. 42-B, I), o projeto específico de expansão do perímetro urbano deve contemplar: delimitação dos trechos com restrições à urbanização e dos trechos sujeitos a controle especial em função de ameaça de desastres naturais (inc. II); definição de diretrizes específicas e de áreas que serão utilizadas para infraestrutura, sistema viário, equipamentos e instalações públicas, urbanas e sociais (inc. III); definição de parâmetros de parcelamentos, uso e ocupação do solo, de modo a promover a diversidade de usos e contribuir para a geração de emprego e renda (inc. IV); previsão de áreas para habitação de interesse social por meio da demarcação de zonas especiais de interesse social e de outros instrumentos de política urbana, quando o uso habitacional for permitido (inc. V); definição de diretrizes e instrumentos específicos para proteção ambiental e do patrimônio histórico e cultural (inc. VI); e definição de mecanismos para garantir a justa distribuição dos ônus e benefícios decorrentes do processo de urbanização do território de expansão urbana e a recuperação para a coletividade da valorização imobiliária resultante da ação do poder público (inc. VIII). Tais previsões tanto podem constar de lei específica, como também podem fazer parte do Plano Diretor, o que dispensará a elaboração de projeto e a aprovação de lei própria (§ 2º do art. 42-B do Estatuto da Cidade).

Desta forma, ao lado da prescrição contida no Estatuto da Cidade que estende a abrangência do plano diretor para a área de todo o Município, vale salientar o caráter urbanístico que deve marcar todas as prescrições nele contidas, inclusive aquelas que abarquem áreas rurais integrantes do Município.

4. Quem é obrigado a editar plano diretor

A Constituição expressamente estabeleceu o universo de entidades obrigadas a editar um plano diretor. No art. 182, § 1º, foi definida sua obrigatoriedade para todas as cidades com mais de vinte mil habitantes. O Estatuto da Cidade, todavia, ampliou esta regra, considerando-o obrigatório também para as cidades: integrantes de regiões metropolitanas e aglomerações urbanas (art. 41, II); onde o Poder Público Municipal pretenda utilizar os instrumentos previstos no § 4º do art. 182 da Constituição Federal (art. 41, III); integrantes de áreas de especial interesse turístico (art. 41, IV); inseridas na área de influência de empreendimentos ou atividades com significativo impacto ambiental de âmbito regional ou nacional (art. 41, V); e incluídas no cadastro nacional de Municípios com áreas suscetíveis à ocorrência de deslizamentos de grande impacto, inundações bruscas ou processo geológicos ou hidrológicos correlatos (art. 41, VI, acrescido pela Lei 12.608/2012).

Afora a imposição às cidades acima de vinte mil habitantes e àquelas desejosas de aplicar os instrumentos mencionados no art. 182, § 4º, da Constituição, às quais a própria Constituição obrigou a edição do plano diretor, é possível questionar a legitimidade do rol de cidades obrigadas a editar o referido instrumento, previsto no Estatuto.

A discussão pode ser travada com base em interpretação segundo a qual a Constituição seria o único veículo normativo a ter força para impor obrigações a entes política e administrativamente autônomos, como os Municípios. Se a própria Constituição apenas obrigara a editar plano diretor, diretamente, as cidades acima de vinte mil habitantes e, indiretamente, as cidades interessadas em utilizar os instrumentos de implementação de políticas urbanas previstos no art. 182, § 4º, uma lei federal não poderia impor tal obrigação além deste elenco constitucional. Tal leitura, por óbvio, conduziria à inconstitucionalidade dos dispositivos que promoveram tal extensão – quais sejam, os incisos II, IV, V e VI do art. 41 do Estatuto da Cidade. Esta não é a única interpretação possível. Também não é a mais correta, em nossa opinião. Parece possível depreender do sistema constitucionalmente concebido de divisão de competências em matéria de direito urbanístico que haveria espaço para a instituição de regras quanto à obrigatoriedade da edição do plano diretor, tais quais as que foram previstas no Estatuto da Cidade. Deveras, cabe à União editar normas gerais sobre a matéria, inclusive disciplinando a edição do plano diretor. Dentro desta competência geral, a lei editada pela União chega a dizer em que efetivamente consiste o plano diretor, além de estabelecer muitas outras características de regime jurídico que a ela compete disciplinar. Com base em tais diretrizes, que somente a lei federal pode estabelecer (porque são gerais e aplicáveis a todos os Municípios do território nacional), ela também pode remodelar o rol de entidades sujeitas a, obrigatoriamente, editar tal plano. A nova previsão deve, por óbvio, guardar coerência com a diretriz geral adotada no Estatuto, inclusive e principalmente no que toca ao conceito de plano diretor que foi abraçado. A previsão constitucional, nessa perspectiva, serviria apenas como limite mínimo a ser seguido, ou seja, não seria possível contrariar o dispositivo constitucional, desobrigando quem já estava obrigado a editar um plano diretor, mas seria possível complementar o rol de entidades obrigadas, estendendo a obrigatoriedade a novas figuras além daquelas já mencionadas na Constituição.

Muito embora a redação do art. 41 do Estatuto da Cidade tenha sido clara no que toca à imposição da obrigação de editar plano diretor para o rol acima referido, o restante da lei adota um sistema dúbio, que acaba por levantar incertezas quanto à efetividade da extensão que se buscou adotar. Explicamos. Para que uma obrigação seja aplicável é necessário estabelecer um prazo para que ela seja exigível, isto é, um prazo a partir do qual o sujeito passivo é efetivamente obrigado a cumprir o seu dever. No caso de obrigações gerais e abstratas, como as previstas em lei, a exigibilidade, caso não haja disposição em contrário, passa a existir no momento em que a lei entra em vigor. Para esta regra específica o Estatuto da Cidade trouxe disciplina própria, que só atinge, porém, parte dos sujeitos passivos da obrigação de editar o plano diretor. Trata-se do disposto no art. 50. Confira-se: "Art. 50. Os Municípios que estejam enquadrados na obrigação prevista nos incisos I e II do *caput* do art. 41 desta Lei e que não tenham plano diretor aprovado na data de entrada em vigor desta Lei deverão aprová-lo até 30 de junho de 2008" (redação dada pela Lei n. 11.673, de 8 de maio de 2008).

As cidades com mais de vinte mil habitantes (inciso I) e as integrantes de regiões metropolitanas e aglomerações urbanas (inciso II) foram obrigadas a aprovar o plano diretor até 30 de junho de 2008. E qual o prazo para a aprovação do plano nas demais cidades obrigadas expressamente a adotá-lo?[3]

Existem pelo menos duas respostas possíveis para tal indagação (a que a lei expressamente não responde).

A primeira seria a de admitir que para as demais cidades obrigadas a editar o plano não existiria prazo para sua implementação, sendo este momento definido individualmente pelos Municípios. Isto seria o mesmo que eliminar a exigibilidade da obrigação – ou seja, não haveria obrigação jurídica propriamente dita. Esta interpretação, muito embora resolva a lacuna deixada pela lei, acaba se confrontando com a lógica do próprio dispositivo no contexto do sistema em que ele está inserido. Isto porque não faria sentido algum estabelecer regra impondo uma obrigação a determinadas pessoas para depois impor prazo para seu cumprimento apenas a uma parte delas, restando às demais a escolha de quando (e se) irão cumpri-la.

A outra forma de interpretar busca o confronto das características das hipóteses submetidas ao prazo de cinco anos de exigibilidade (cidades acima de vinte mil habitantes e aquelas integrantes de regiões metropolitanas e aglomerações urbanas) com as que marcam aquelas cidades que foram excluídas desse prazo (cidades onde o Poder Público Municipal pretenda utilizar os instrumentos previstos no § 4º do art. 182 da CF, integrantes de áreas de especial interesse turístico e inseridas na área de influência de empreendimentos ou atividades com significativo impacto ambiental de âmbito regional ou nacional). Desse confronto é possível extrair um critério distintivo entre os dois grupos (os *com* e os *sem* prazo), e a partir daí compreender a razão da diferença e qual o seu objetivo.

Aqueles sujeitos submetidos ao prazo independem de qualquer decisão estatal para se enquadrarem na hipótese legal que obriga à elaboração do plano. São hipóteses que se concretizam (incisos I e II) por obra e graça do crescimento urbano, muitas vezes desordenado. Já as demais hipóteses dependem de uma decisão estatal prévia, que resolva utilizar os instrumentos constitucionais de implementação de políticas públicas (inciso III), que a defina como área de especial interesse turístico (inciso IV), ou que autorize a realização de empreendimentos ou atividades com significativo impacto ambiental (inciso V). Nesses últimos casos, como se trata de condição a ser preenchida em virtude de um ato estatal, faz sentido que, como consequên-

---

3. Aquelas cidades que se enquadrem no inciso VI do citado dispositivo, ou seja, que façam parte do "cadastro nacional de Municípios com áreas suscetíveis à ocorrência de deslizamentos de grande impacto, inundações bruscas ou processo geológicos ou hidrológicos correlatos", receberam prazo específico de cinco anos, para encaminhamento do plano diretor para aprovação da Câmara Municipal, a partir da edição da Lei 12.608/2012 (art. 42-A, § 4º, do Estatuto da Cidade).

cia, se tenha a imediata inclusão das cidades atingidas no dever de instituir um plano diretor. Tais hipóteses, ademais, já significam, de certo modo, a concretização de uma diretriz de planificação, e, por isso mesmo, deve ser formalizada o quanto antes por intermédio da edição de um plano diretor. As primeiras, de outro lado, são contingências – por assim dizer – incontroláveis, que justificam o estabelecimento de prazo para planejar adequadamente os rumos do desenvolvimento urbano.

Tendo em vista o exposto, há de se concluir que as cidades obrigadas a editar o plano diretor (art. 41) – aquelas inseridas nos incisos I, II e VI – tiveram o prazo de cinco anos para implantação. As demais (incisos III a V) devem editar o plano tão logo a condição prevista em lei se perfaça, isto é, quando houver a intenção de se utilizar dos instrumentos de implementação de políticas urbanísticas previstas na Constituição (inciso III), quando a cidade for inserida em área de especial interesse turístico (inciso IV) ou em área de influência de empreendimentos ou atividades com significativo impacto ambiental (inciso V).

5. *Conseq*uên*cias para quem não editar plano diretor*

Houve época em que a obrigação de editar um plano diretor era praticamente desprovida de conteúdo jurídico, pois seu descumprimento não implicava uma sanção corroborada pelo Direito. Tratava-se de questão de pura conveniência político-administrativa, como afirmado anteriormente. Os Municípios editavam ou deixavam de editar em obediência ao juízo dos governantes de ocasião. A prescrição constitucional (art. 182, § 1º) não era autoexecutável, constituindo, na prática, apenas uma diretriz a ser obedecida pelo legislador federal, que só agora se manifestou.

A situação foi totalmente modificada com a edição do Estatuto da Cidade. É possível vislumbrar, com a nova lei, pelo menos três categorias distintas de consequências – por assim dizer – sancionatórias que o descumprimento do dever de editar o plano diretor suscita. Tais consequências podem ser de natureza *institucional, funcional ordinária* e, ainda, *funcional extraordinária*. Vejamos o significado de cada uma.

Do ponto de vista institucional, deixar de editar o plano diretor significa privar o Município da utilização de uma série de instrumentos urbanísticos que, hoje, com a entrada em vigor do Estatuto da Cidade, estão disponíveis. Não se trata apenas da impossibilidade de utilizar os mecanismos de política urbana previstos na Constituição e por ela própria vinculados à existência de um plano diretor (art. 182, § 4º). É mais que isto. Vários outros instrumentos da política urbana foram criados pelo Estatuto, que, por vontade própria – isto é, sem imposição constitucional –, fez vincular sua utilização à preexistência de um plano diretor. Isto pode ser visto, como já salientado em tópico anterior, através da exigência de plano diretor como condição para a validade de leis que instituam direito de preempção, outorga onerosa do direito de construir, operações urbanas consorciadas e transferência do direito de construir. Neste sentido pode-se concluir que não editar plano diretor implica a consequência negativa de afastar do Município a possibilidade de utilização dos novos mecanismos de política urbana, fixados no Estatuto da Cidade.

Tendo sido fixado o caráter obrigatório do plano diretor para determinadas cidades (art. 41 do Estatuto, tratado no tópico anterior), sua não-edição, nas condições estabelecidas no próprio Estatuto, submete os infratores às sanções ordinárias previstas nos regimes jurídicos funcionais aplicáveis às autoridades responsáveis. Não editar o plano, neste outro prisma, significa descumprir uma obrigação funcional legalmente estabelecida, punível como também o são as outras infrações cometidas por agentes públicos.

O Estatuto ainda prescreveu sanções especiais para determinadas infrações cometidas pelo Chefe do Executivo Municipal relacionadas ao plano diretor. Condutas consideradas graves pelo legislador passaram a caracterizar atos de improbidade administrativa,[4] por expressa tipificação constante do Estatuto. Mereceu este tratamento especial, sob o ponto de vista sancionatório, a conduta do prefeito que impeça ou deixe de garantir os mecanismos de divulgação e participação popular na elaboração do plano diretor (mecanismos, estes, previstos no art. 40, § 4º, do Estatuto, que será objeto de comentário no tópico seguinte), bem como quando se deixe de tomar as providências necessárias à aprovação e à atualização do plano diretor nos prazos fixados em lei (prazos fixados no § 3º do art. 40 e no art. 50 do Estatuto).[5]

6. Processo de elaboração e implementação

Revelando consonância com uma moderna tendência da Administração Pública, o Estatuto da Cidade previu mecanismos de participação popular na elaboração e implementação do plano diretor.[6]

---

4. Sobre os atos tipificados como improbidade pelo Estatuto da Cidade, v. os comentários do professor Marcelo Figueiredo que também integram este livro.

5. Cf. o texto de lei que prevê tais sanções: "Art. 52. Sem prejuízo da punição de outros agentes públicos envolvidos e da aplicação de outras sanções cabíveis, o prefeito incorre em improbidade administrativa, nos termos da Lei n. 8.429, de 2 de junho de 1992, quando: (...) VI – impedir ou deixar de garantir os requisitos contidos nos incisos I a III do § 4º do art. 40 desta Lei; VII – deixar de tomar as providências necessárias para garantir a observância do disposto no § 3º do art. 40 e no art. 50 desta Lei; (...)".

6. O Estatuto, aliás, estabeleceu como diretriz geral da política urbana a "gestão democrática por meio da participação da população e de associações representativas

Uma primeira regra inserida no Estatuto da Cidade acentua diretriz encampada na Lei de Processo Administrativo Federal, ao determinar (e não apenas *facultar*, como fez a outra lei federal) aos Poderes Legislativo e Executivo que garantissem a promoção de audiências públicas e debates com a participação da população e de associações representativas dos vários segmentos da comunidade no processo de elaboração do plano diretor e de fiscalização de sua implementação (art. 40, § 4º, I).

A lei não define precisamente como e quando serão realizadas as audiências e os debates; apenas determina que se realizem, impondo, inclusive, severa sanção para o caso de descumprimento da regra (caracterizada como ato de improbidade administrativa – art. 52, VI). A regulamentação a ser adotada, porém, não pode fugir de algumas diretrizes mínimas necessárias ao atingimento da finalidade legal de garantir a efetiva participação popular. Algumas dessas diretrizes, já adotadas em determinados processos de participação popular em entidades da Administração Pública Brasileira, podem ser assim resumidas: divulgação, com a antecedência necessária à preparação dos interessados, das informações a discutir em audiência pública; abertura de participação a todos os detentores de legítimo interesse em participar do processo; divulgação dos comentários e sugestões formulados; e, finalmente, resposta fundamentada aos comentários e contribuições.

Completam as regras procedimentais relativas ao plano diretor aquelas referentes ao princípio da publicidade. Com este objetivo o Estatuto igualmente instituiu aos Poderes Legislativo e Executivo o dever de garantir a publicidade dos documentos e informações produzidos (art. 40, § 4º, II) e o acesso de qualquer interessado a tais documentos e informações (art. 40, § 4º, III). *Dar publicidade* a esses atos significa divulgá-los, dar ciência ao público de sua existência. É, por assim dizer, postura ativa a ser tomada pela Administração. *Permitir o acesso*, por seu turno, constitui dever de tornar as informações disponíveis ao público (o que pode ser feito inclusive através da *Internet*). Não demanda um esforço de transmissão da informação, mas sim uma postura de receptividade em relação a quem queira se inteirar dos assuntos de público interesse ali tratados. O descumprimento dessas regras processuais, do mesmo modo como a primeira, sujeita o prefeito às sanções da Lei de Improbidade Administrativa (art. 52, VI, do Estatuto).

7. Conteúdo mínimo

Como instrumento básico da política de desenvolvimento e expansão urbana, o plano diretor pode fixar as linhas mestras sobre todo e qualquer

dos vários segmentos da comunidade na formulação, execução e acompanhamento de planos, programas e projetos de desenvolvimento urbano" (art. 2º, II).

assunto de interesse municipal em matéria de urbanismo. Nesta atribuição estão inseridos o poder e o dever de esboçar a estratégia de utilização dos vários e importantes instrumentos da política urbana postos à disposição do Município (art. 4º do Estatuto da Cidade).

Portanto, respeitado o limite inerente a qualquer planejamento – segundo o qual, sob pena de perder a essência própria de planificação, o plano não pode prever detalhes e especificidades próprios de normas de implementação e execução –, é possível afirmar que não existe matéria pertinente ao planejamento urbano que tenha sido excluída do âmbito de abrangência do plano diretor.

A dúvida há muito invocada dizia respeito ao conteúdo mínimo que uma planificação urbana deveria conter para ser considerada, propriamente, um plano diretor. O Estatuto da Cidade, em seu art. 42, buscou arrolar os assuntos sem os quais uma planificação não pode ser juridicamente considerada um plano diretor.

O primeiro aspecto que, necessariamente, deve ser abordado no plano diretor é a delimitação da área em que poderá ser aplicado o parcelamento, edificação ou utilização compulsórios, nos termos previstos no Estatuto. Vale salientar, neste ponto, que, apesar de ser facultativa a adoção da medida pelo Poder Público Municipal, a delimitação das áreas possivelmente atingidas deve ser necessariamente estabelecida no plano diretor. Este mecanismo serve, de um lado, para assegurar a implementação futura do instrumento em tela e, de outro, para conferir previsibilidade e, com isso, segurança jurídica a qualquer medida futura que venha a ser adotada com tal conteúdo.

A segunda quadra de matérias a serem abordadas pelo plano diretor diz respeito a aspectos preliminares à aplicação de outros instrumentos da política urbana. O Estatuto já havia feito essa vinculação em artigos esparsos, induzindo à conclusão de que tais matérias deveriam necessariamente ser objeto de um plano diretor; mas, evitando qualquer dúvida a esse respeito, arrolou sistematicamente como conteúdo mínimo do plano diretor as "disposições requeridas pelos arts. 25, 28, 29, 32 e 35" (art. 42, II).

As disposições referidas correspondem às seguintes definições: das áreas em que será possível instituir a incidência do direito de preempção (art. 25, § 1º); das áreas nas quais o direito de construir poderá ser exercido acima do coeficiente de aproveitamento básico adotado (art. 28, *caput*); do coeficiente de aproveitamento básico (art. 28, § 2º);[7] dos limites máximos a serem

---

7. Muito embora o Estatuto, no art. 28, § 2º, institua que "o plano diretor *poderá* fixar coeficiente de aproveitamento básico único para toda a zona urbana ou diferenciado para áreas específicas dentro da zona urbana", há de se entender que, dentro do sistema instituído – segundo o qual a outorga onerosa do direito de construir depende de previsão no plano diretor –, não faria sentido admitir que neste

atingidos pelos coeficientes de aproveitamento (art. 28, § 3º); das áreas nas quais poderá ser permitida a alteração de uso do solo (art. 29); das áreas em que poderão ser admitidas operações consorciadas (art. 32); e das áreas em que serão admitidas transferências do direito de construir (art. 35).

O art. 42 exige ainda que o plano diretor traga um sistema de acompanhamento e de controle (inciso III). Tal exigência também guarda relação com outros dispositivos do Estatuto, notadamente os do art. 2º, II, e do art. 40, § 4º, que preveem a adoção de sistemas de fiscalização e acompanhamento da execução de planos.

Por fim, cabe ainda a referência – para o caso de cidades com mais de quinhentos mil habitantes – à necessidade de elaboração de um plano de transporte urbano integrado, que há de ser compatível com o plano diretor ou está inserido nele próprio (art. 41, § 2º).

Por fim, vale registrar que a Lei 12.608/2012, que instituiu a Política Nacional de Proteção e Defesa Civil – PNPDEC, introduziu novas matérias ao rol de temas a serem abordados no Plano Diretor de Municípios, incluídos no cadastro nacional de municípios com áreas suscetíveis à ocorrência de deslizamentos de grande impacto, inundações bruscas ou processos geológicos ou hidrológicos correlatos. Nesses casos, o Plano Diretor também deverá conter: parâmetros de parcelamento, uso e ocupação do solo, de modo a promover a diversidade de usos e a contribuir para a geração de emprego e renda (art. 42-A, I); mapeamento contendo as áreas suscetíveis à ocorrência de deslizamentos de grande impacto, inundações bruscas ou processos geológicos ou hidrológicos correlatos (art. 42-A, II); planejamento de ações de intervenção preventiva e realocação de população de áreas de risco de desastre (art. 42-A, III); medidas de drenagem urbana necessárias à prevenção e à mitigação de impactos de desastres (art. 42-A, IV); e diretrizes para a regularização fundiária de assentamentos urbanos irregulares, se houver (art. 42-A, V).

8. Alterações no plano diretor

O último ponto a abordar diz respeito ao modo de alteração do plano diretor. Como instrumento a dirigir a dinâmica da expansão e do desenvolvimento urbano, é natural que as normas instituídas num dado momento, através de um plano diretor, sejam revistas.

plano não houvesse qualquer definição a respeito do coeficiente de aproveitamento básico. Sendo assim, por detrás da "autorização" para instituir coeficientes únicos ou diferenciados existe a "obrigatoriedade" de o plano diretor tratar do assunto de alguma maneira. Para uma visão mais detida sobre o tema, v. o artigo de Floriano de Azevedo Marques Neto que integra a presente coletânea.

Mais do que uma contingência derivada da necessidade de adaptação de políticas públicas urbanas, após a edição do Estatuto da Cidade a alteração periódica do plano diretor passou a constituir um dever jurídico. Deveras, o art. 40, § 3º, determinou que "a lei que instituir o plano diretor deverá ser revista, pelo menos, a cada dez anos". Esta regra é muito importante, na medida em que busca preservar a eficiência da planificação urbana, exigindo que sua diretriz básica seja revista periodicamente. Essa importância foi ressaltada pelo sistema sancionatório previsto no próprio Estatuto da Cidade. Como foi visto, o descumprimento da referida norma sujeita o prefeito ao regime sancionador da Lei de Improbidade Administrativa (art. 52, VII, do Estatuto).

Além desta possível e necessária alteração, a ser feita de modo genérico (abarcando toda a lei instituidora do plano diretor) e com periodicidade mínima de dez anos, há de se cogitar da viabilidade jurídica de alterações pontuais no plano diretor.

Não há nada que impeça, em tese, a alteração pontual de um plano diretor, por intermédio de lei municipal de mesma hierarquia. A única limitação existente diz respeito à coerência e sistematicidade que o plano, após a alteração, deve manter. Não é possível – sob pena de violar o princípio da razoabilidade – que se introduza alteração pontual num plano diretor que destoe por completo de sua diretriz assumida genericamente. Seria o caso, por exemplo, de regra específica que venha a criar um altíssimo coeficiente de aproveitamento básico em toda a zona urbana de um dado Município, sem fazer qualquer ressalva às áreas de proteção ambiental expressamente protegidas pelo plano. A alteração, numa hipótese como essa, somente poderia ser operada num contexto mais amplo, em que houvesse a compatibilização da mudança a ser feita (aumento do coeficiente de aproveitamento básico) com outras diretrizes assumidas no plano diretor original (a de demarcar, por exemplo, áreas de proteção ambiental). A alteração pontual que seja desarrazoada, destarte, há de ser considerada inválida.

Respeitada a condicionante acima referida, as alterações pontuais do plano diretor podem ser operadas de dois modos distintos: por intermédio de lei específica, que tenha como único objetivo produzir a alteração no plano diretor, ou por intermédio de lei que trate de outro assunto, como, por exemplo, a implementação de um instrumento de política urbana, e que, reflexamente, venha a modificar diretriz originalmente concebida no plano diretor. Esta última hipótese poderia se efetivar no caso de lei municipal instituidora de operações consorciadas que abarcasse expressamente área ausente da demarcação prevista no plano diretor. Há de se compreender a inclusão operada por lei municipal como uma alteração (implícita ou expressa, dependendo da técnica legislativa empregada) no plano diretor original.

Dúvida poderia existir no que toca à possibilidade de uma lei municipal que trate de outro assunto vir a alterar o plano diretor. Isto porque, como ressaltado em diversas passagens do Estatuto da Cidade, o plano diretor é um ato-condição para a implementação de vários outros instrumentos de política urbana. Por ostentar esta condição, poder-se-ia sustentar que, do ponto de vista da hierarquia normativa, a lei que aprovasse o plano diretor deveria ser superior às demais leis municipais.

A exigência, todavia, não tem foro constitucional, isto é, a Constituição, que tratou expressamente o assunto, em nenhum momento exigiu que o plano diretor fosse aprovado por lei complementar, nem tampouco existe exigência semelhante no Estatuto da Cidade. Tal providência, caso seja tomada, partirá exclusivamente do legislador municipal (que pode exigir tal superioridade por meio de sua lei orgânica ou pontualmente, ao definir o modo de encaminhamento do projeto de plano diretor). Sendo assim, caso o plano diretor seja aprovado por lei ordinária (o que é possível) ele poderá ser normalmente alterado por lei ordinária posterior que discipline pontualmente uma dada matéria de forma distinta daquela prevista no plano original. A limitação que se impõe é de natureza lógica (princípio da razoabilidade), que impede a adoção de uma medida pontual que seja desconforme ao sistema geral que caracteriza o plano diretor.

GESTÃO DEMOCRÁTICA DA CIDADE

Maria Paula Dallari Bucci

Art. 43. Para garantir a gestão democrática da cidade, deverão ser utilizados, entre outros, os seguintes instrumentos:
I – órgãos colegiados de política urbana, nos níveis nacional, estadual e municipal;
II – debates, audiências e consultas públicas;
III – conferências sobre assuntos de interesse urbano, nos níveis nacional, estadual e municipal;
IV – iniciativa popular de projeto de lei e de planos, programas e projetos de desenvolvimento urbano;
V – *(vetado)*.
Art. 44. No âmbito municipal, a gestão orçamentária participativa de que trata a alínea "f" do inciso III do art. 4º desta Lei incluirá a realização de debates, audiências e consultas públicas sobre as propostas do plano plurianual, da lei de diretrizes orçamentárias e do orçamento anual, como condição obrigatória para sua aprovação pela Câmara Municipal.
Art. 45. Os organismos gestores das regiões metropolitanas e aglomerações urbanas incluirão obrigatória e significativa participação da população e de associações representativas dos vários segmentos da comunidade, de modo a garantir o controle direto de suas atividades e o pleno exercício da cidadania.

1. Art. 43

1.1 Gestão democrática

A noção de *gestão democrática*, no Capítulo IV do Estatuto da Cidade, é a chave de abóbada dos novos instrumentos de direito urbanístico ou, mais precisamente, de política urbana, objeto dos Capítulos II ("Dos Instrumentos da Política Urbana") e III ("Do Plano Diretor") do Estatuto.

O Capítulo I da lei ("Diretrizes Gerais") afirma, entre os seus princípios gerais, o princípio democrático, reafirmando a disposição inaugural da Constituição Federal ("A República Federativa do Brasil constitui-se em Estado Democrático de Direito" e "Todo o poder emana do povo" – art. 1º, *caput* e parágrafo único, da CF).

O sentido do Capítulo IV, por sua vez, é garantir, não apenas como princípio, mas como diretriz de "operação" da nova ordem jurídico-urbanística, "a participação da população e de associações representativas dos vários segmentos da comunidade na formulação, execução e acompanhamento de planos, programas e projetos de desenvolvimento urbano" (art. 2º, II, do Estatuto da Cidade). A própria situação topológica do capítulo, que é o penúltimo do Estatuto, antecedendo apenas as "Disposições Gerais", além do seu conteúdo indicam seu caráter de norma de processo político-administrativo, que informa o modo concreto de formulação da política urbana e da incidência dos dispositivos tratados nos capítulos anteriores, para o quê se exige sempre a necessária participação popular. O Capítulo IV cuida, no âmbito da cidade e da política urbana, de processo político, processo legislativo, processo administrativo, processo orçamentário e processo de controle social das atividades compreendidas na gestão urbana.

Deve-se frisar o sentido da palavra "gestão", que difere do mero "gerenciamento",[1] na medida em que a primeira compreende grande amplitude de responsabilidades de coordenação e planejamento, enquanto a segunda, mais usual na tradição das cidades brasileiras, diz respeito à simples execução cotidiana de tarefas e serviços de administração. Assim, a gestão democrática das cidades implica a participação dos seus cidadãos e habitantes nas funções de direção, planejamento, controle e avaliação das políticas urbanas.

A realização do processo democrático na gestão das cidades é a razão da própria existência do Estatuto da Cidade, que resulta, ele próprio, de uma longa história de participação popular, iniciada na década de 80, e que teve

---

1. No direito positivo brasileiro distinguem-se os conceitos de "gerenciamento" e "gestão" na Norma Operacional Básica da Saúde (NOB 1996), hoje complementada pela Norma Operacional da Assistência à Saúde (NOAS 01/2001). Na NOB 1996 define-se o Sistema de Saúde Municipal (item 4, assunto cuja relação com o Estatuto da Cidade dispensa comentários), nos seguintes termos: "*gerência* é conceituada como sendo a administração de uma unidade ou órgão de saúde (...), que se caracteriza como prestador de serviços ao Sistema. Por sua vez, *gestão é a atividade e a responsabilidade de dirigir um sistema de saúde (...) mediante o exercício de funções de coordenação, articulação, negociação, planejamento, acompanhamento, controle, avaliação e auditoria*".

grande influência na redação do capítulo da política urbana da Constituição Federal (arts. 182-183).[2]

A plena realização da gestão democrática é, na verdade, a única garantia de que os instrumentos de política urbana introduzidos, regulamentados ou sistematizados pelo Estatuto da Cidade (tais como o direito de preempção, o direito de construir, as operações consorciadas etc.) não serão meras ferramentas a serviço de concepções tecnocráticas, mas, ao contrário, verdadeiros instrumentos de promoção do direito à cidade para todos, sem exclusões.

Alguns urbanistas denunciam o descompasso entre o refinamento técnico dos conceitos jurídicos empregados pelo nosso direito urbanístico nas áreas nobres das cidades em contraste com o abandono das áreas em que vivem as populações mais carentes, desamparadas pela mediação estatal. Segundo Ermínia Maricato, a exclusão social nas cidades brasileiras, em que se encontram segregadas a "cidade legal" e as periferias clandestinas, tem amparo num discurso jurídico em que "o aparato regulatório exagerado convive com radical flexibilidade": "Nunca é demais repetir que não é por falta de planos e nem de legislação urbanística que as cidades brasileiras crescem de modo predatório. Um abundante aparato regulatório normatiza a produção do espaço urbano no Brasil – rigorosas leis de zoneamento, exigente legislação de parcelamento do solo, detalhados códigos de edificações, são formulados por corporações profissionais que desconsideram a condição de ilegalidade em que vive grande parte da população urbana brasileira em relação à moradia e à ocupação da terra, demonstrando que a exclusão social passa pela lógica da aplicação discriminatória da lei. A ineficácia dessa legislação é, de fato, apenas aparente, pois constitui um instrumento fundamental para o exercício arbitrário do poder, além de favorecer pequenos interesses corporativos. A ocupação ilegal da terra urbana é não só permitida como parte do modelo de desenvolvimento urbano no Brasil (...)".[3]

2. Ermínia Maricato refere a Iniciativa Popular Constitucional de Reforma Urbana, apresentada na Assembleia Constituinte de 1986/1988, apresentada por seis entidades nacionais e subscrita por mais de cento e trinta mil eleitores ("As ideias fora do lugar e o lugar fora das ideias", in Otília Arantes, Carlos Vainer e Ermínia Maricato, *A Cidade do Pensamento Único. Desmanchando Consensos*, Petrópolis, Vozes, 2000, p. 174).

3. Ermínia Maricato, "As ideias fora do lugar ...", in Otília Arantes, Carlos Vainer e Ermínia Maricato, *A Cidade do Pensamento Único. ...*, p. 147. V., nesse mesmo sentido, a análise de Raquel Rolnik sobre "a contraposição entre um espaço contido no interior da minuciosa moldura da legislação urbanística e outro, três vezes maior, eternamente situado numa zona intermediária entre o legal e o ilegal" (*A Cidade e a Lei. Legislação, Política Urbana e Território na Cidade de São Paulo*, São Paulo, coedição FAPESP/Studio Nobel, 1997).

A gestão democrática remete à ideia de um novo pacto territorial, em que o Direito não se distancie da Justiça, mas garanta que a cidade seja espaço de convivência de todos os seus habitantes, onde cada um possa desenvolver plenamente suas potencialidades.

A gestão democrática, como fórmula portadora da ideia não apenas do "governo *do* povo" e "*pelo* povo", mas também do governo da cidade "*para* o povo", remete a uma concepção ampliada de cada direito relacionado à vida urbana.[4] De acordo com ela é que se vislumbram o "direito à cidade"[5] e "função social da cidade", tal como dispõe a parte final do art. 182 do texto constitucional, ao estabelecer como objetivo da política de desenvolvimento urbano "ordenar o pleno desenvolvimento das funções sociais da cidade e garantir o bem-estar de seus habitantes". Não se deve perder de vista que a realidade do mundo é cada vez mais urbana; o Brasil segue essa tendência, tendo deixado de ser um país de população predominantemente rural na década de 1970.

O direito à cidade é a tônica dos avanços mais recentes nessa matéria, reconhecido como direito fundamental na esfera do direito internacional dos direitos humanos pela Conferência Habitat-II (Conferência das Nações Unidas sobre Assentamentos Humanos, cujos temas globais foram a "Adequada Habitação para Todos" e o "Desenvolvimento de Assentamentos Humanos em um Mundo em Urbanização"), realizada em Istambul, em 1996, que culminou com a elaboração da *Agenda Habitat*.[6] Sob influência da Conferência foi promulgada no Brasil a Emenda Constitucional 26/2000, que acrescentou o direito à moradia aos direitos sociais previstos no art. 6º.

A *Agenda Habitat* compreende um amplo programa de ação, no qual é enfatizada a relação entre a habitação adequada e a proteção ao meio

---

4. Le Corbusier, ao tratar do urbanismo, falava nas funções da vida: "habitar, trabalhar, cultivar o corpo e o espírito, aos quais um objetivo elevado, conquanto acessível, possa ser atribuído: a alegria de viver" (*Planejamento Urbano*, São Paulo, Perspectiva, 1984).

5. Henri Lefebvre, *Le Droit à la Ville*, Paris, Éditions Anthropos, 1972.

6. Na verdade, o reconhecimento da moradia como direito fundamental tem antecedentes muito mais antigos, datados pelo menos da Declaração Universal dos Direitos Humanos, de 1948, e do Pacto Internacional dos Direitos Econômicos, Sociais e Culturais, de 1966, senão da Declaração dos Direitos do Homem e do Cidadão, de 1789, em que a proteção da propriedade fundamentava-se na garantia das condições de existência individual. O direito à "habitação adequada e serviços" foi reafirmado na Declaração sobre Assentamentos Humanos de Vancouver, de 1976. Um relato bastante abrangente sobre o tema pode ser consultado em Nélson Saule Júnior, *Direito à Cidade. Trilhas Legais para o Direito às Cidades Sustentáveis*, São Paulo, coedição Pólis – Assessoria, Formação e Estudos em Políticas Sociais/Max Limonad, 1999.

ambiente,[7] bem como a garantia de acesso à moradia – acesso entendido como garantia de um "custo acessível *para todos*": "De acordo com o § 43 da *Agenda Habitat*, 'adequada habitação' significa: 1) mais do que um telhado sobre a cabeça, adequada habitação significa adequada privacidade, adequado espaço, acesso físico, adequada segurança, incluindo a garantia de posse, durabilidade e estabilidade da estrutura física, adequada iluminação, aquecimento e ventilação; 2) adequada infraestrutura básica, fornecimento de água, saneamento e tratamento de resíduos, apropriada qualidade ambiental e de saúde, adequada localização com relação ao trabalho e serviços básicos; 3) que esses componentes tenham um custo acessível para todos".[8]

A *Agenda Habitat* – segundo Nélson Saule Júnior – dá grande ênfase aos princípios da responsabilidade, transparência e participação popular. De acordo com o § 179, "os governos devem garantir o direito de todos os membros da sociedade de participar ativamente dos assuntos da comunidade em que vivem e garantir a participação na adoção de políticas em todos os níveis".[9] O § 180 acentua a importância da educação para a cidadania, com o fim de "destacar o papel dos indivíduos como atores políticos de suas comunidades" e "institucionalizar a participação popular".[10]

Finalmente, retome-se a abordagem inicial desse comentário, em que se destacava a gestão democrática como fundamento e justificação dos novos instrumentos de política urbana consagrados no Estatuto da Cidade, o que é muito bem demonstrado na síntese de Renato Cymbalista:

"O Estatuto da Cidade dá aos Municípios o poder de interferir sobre os processos de urbanização e sobre o mercado imobiliário. Isso significa que a Prefeitura pode mexer com práticas e privilégios muito arraigados, principalmente no que se refere aos maiores proprietários urbanos. Também as práticas clientelistas envolvendo a regularização fundiária podem ser combatidas. Alguns setores provavelmente insistirão na permanência desses privilégios.

7. A relação entre a adequada ordenação da cidade, a gestão democrática e a proteção do meio ambiente para um desenvolvimento sustentável vem sendo destacada desde os documentos preparatórios da Conferência sobre Meio Ambiente e Desenvolvimento, no Rio de Janeiro (ECO/1992). Não há como pensar-se em proteção ambiental no entorno urbano sem que se resolva o caos nas cidades, especialmente nos países em desenvolvimento (*Nosso Futuro Comum. Comissão Mundial sobre Meio Ambiente e Desenvolvimento*, Rio de Janeiro, Editora da Fundação Getúlio Vargas, 1991).

8. Nélson Saule Júnior, *Direito à Cidade...*, pp. 342-343.

9. "Políticas públicas locais. Município e direitos humanos", in Maria Paula Dallari Bucci e outros, *Direitos Humanos e Políticas Públicas – Cadernos Pólis 2*, São Paulo, Pólis, 2001, pp. 19-20.

10. Nélson Saule Júnior, *Direito à Cidade...*, pp. 342-343.

"É fundamental que a Prefeitura envolva ativamente os diferentes setores da sociedade nos debates dos instrumentos e do plano diretor. Apenas dessa maneira poderá ficar claro para todos que em alguns casos é preciso que uma minoria abra mão dos seus privilégios para que sejam garantidos os recursos territoriais e materiais que permitirão um crescimento mais equilibrado da cidade.

"Os potenciais resultados da aplicação democrática dos instrumentos propostos no Estatuto da Cidade são muitos: a democratização do mercado de terras; o adensamento das áreas mais centrais e melhor infraestruturadas, reduzindo também a pressão pela ocupação das áreas mais longínquas e ambientalmente mais frágeis; a regularização dos imensos territórios ilegais. Do ponto de vista político, os setores populares ganham muito, à medida que a urbanização adequada e legalizada dos assentamentos mais pobres passa a ser vista como um direito, e deixa de ser objeto de barganha política com vereadores e o Poder Executivo. O Legislativo também ganha, pois a superação das práticas clientelísticas pode elevar o patamar da política praticada na Câmara, em direção aos seus reais objetivos: a elaboração e aprovação das leis e o acompanhamento crítico da atuação do Executivo."[11]

Espero ter demonstrado, portanto, que a gestão democrática, como fundamento – razão de ser e justificação – dos novos instrumentos de política urbana, é, de todos os elementos trazidos pelo Estatuto da Cidade, aquele que pode determinar, de fato, uma alteração significativa do estado de coisas que hoje se vive nas nossas cidades.

1.2   Inciso I: conselhos de desenvolvimento urbano

A previsão de órgãos colegiados de política urbana é uma decorrência da "face processual" da regra da gestão democrática, ao mesmo tempo em que é consequência do processo que levou à aprovação do Estatuto da Cidade, com participação significativa de organizações nãogovernamentais – ONGs e setores populares.

Em várias áreas ligadas aos direitos sociais, os conselhos de políticas integram uma "nova institucionalidade democrática" do Brasil pós--democratização e pós-Constituição de 1988, que combina elementos da Democracia representativa e participativa, dando margem ao "surgimento de um público não-estatal e de um privado não-mercantil".[12] Apresenta-se

---

11. "Estatuto da Cidade", *Dicas-Desenvolvimento Urbano* 181, São Paulo, publicação do Instituto Pólis – Estudos, Assessoria e Formação em Políticas Sociais divulgada na página eletrônica *www.polis.org.br*. Essa página tem rico material sobre experiências urbanas, poder local e políticas públicas.

12. Rudolf de Noronha, "Avaliação comparativa dos Conselhos Municipais", in Maria do Carmo Carvalho e Ana Cláudia Teixeira (orgs.), *Conselhos Gestores de*

um "arranjo institucional com feições novas, porque *[os conselhos]* não são meramente comunitários – são distintos dos fóruns congregadores de entidades e associações da sociedade civil – e não são meramente estatais. E sua novidade é ainda mais significativa pelo caráter compartilhado na formulação, gestão, controle e avaliação das políticas públicas. Esta participação com igualdade de poderes é inteiramente nova para o Estado, em especial para a Administração Pública, habituada à centralização das decisões e pelo uso descabido do argumento do poder discricionário mesmo em matéria de direitos humanos, especialmente de direitos sociais".[13]

No Direito Brasileiro recente registra-se o funcionamento de conselhos nas áreas sociais, especialmente Saúde (Conselho Nacional de Saúde, Lei 8.142/1990), Assistência Social (Conselho Nacional de Assistência Social, Lei federal 8.742/1993), Criança e Adolescente (Conselho Nacional da Criança e do Adolescente – CONANDA, Lei federal 8.242/1991), Portadores de Deficiências, Idosos etc., e também na área ambiental (Conselho Nacional do Meio Ambiente – CONAMA). Nessas áreas funcionam conselhos também nas esferas estaduais e municipais.

O local por excelência da formulação da política urbana com a participação direta dos cidadãos e habitantes são os conselhos de desenvolvimento urbano.[14] Tais conselhos, previstos em algumas leis orgânicas de Municípios, terão que ser criados ou adaptados a fim de servir como espaços de interlocução política e administrativa entre o governo do Município e a sociedade civil, cumprindo o preceito do art. 29, XII, da Constituição Federal

Políticas Públicas – Publicações Pólis 37, São Paulo, Pólis, 2000, p. 85. O "privado não-mercantil" é uma referência às organizações não-governamentais e o público não-estatal são os conselhos incumbidos de formular ou subsidiar políticas governamentais.

13. Patrícia Massa-Arzabe, "Conselhos de direitos e formulação de políticas públicas", in Maria Paula Dallari Bucci e outros, *Direitos Humanos e Políticas Públicas – Cadernos Pólis 2*, São Paulo, Pólis, 2001, pp. 33-34.

14. José Afonso da Silva chama a atenção para a confusão comum em alguns textos de leis orgânicas municipais entre "desenvolvimento urbano" e "desenvolvimento municipal" – expressões que não são sinônimas. O *desenvolvimento urbano* – para ele – "consiste na ordenada criação, expansão, renovação e melhoria dos núcleos urbanos". Por outro lado, existem aspectos da vida do Município, administrativos, econômicos e sociais, voltados a toda a vida do Município, e não apenas ao seu setor urbano (*Direito Urbanístico Brasileiro*, 7ª ed., São Paulo, Malheiros Editores, 2012, pp. 67-68 e 138). Para os fins do inciso que se comenta, o conselho pode ter ou não o qualificativo de "desenvolvimento urbano". Há conselhos em funcionamento com outras designações, tais como conselho de planejamento, conselho comunitário etc. (Renato Cymbalista, "Conselhos de desenvolvimento urbano", *Dicas-Desenvolvimento Urbano* 137, São Paulo, Instituto Pólis – Estudos, Assessoria e Formação em Políticas Sociais, *www.polis.org.br*).

("cooperação das associações representativas no planejamento municipal"), bem como atendendo ao princípio da gestão democrática, enunciado no *caput* do art. 43 do Estatuto da Cidade.

A situação jurídica dos conselhos é de difícil definição, uma vez que se trata de organismos híbridos, nem inteiramente comunitários, nem propriamente estatais.[15] "São órgãos públicos de natureza *sui generis*", criados por lei e regidos por um regulamento aprovado pelo Plenário mas referendado pelo Executivo.[16] Em alguns casos, como em matéria de saúde, a existência do conselho é obrigatória e condição para repasse de recursos.

A criação do conselho de desenvolvimento urbano deve ser feita por lei municipal, que preveja sua composição, duração dos mandatos, forma de indicação ou eleição dos participantes, além das suas atribuições e a definição de seu papel como consultivo ou deliberativo. O texto do *caput* do art. 43, ao utilizar o verbo "deverão", indica a obrigatoriedade da instituição do conselho ou organismo afim, "órgão colegiado de política urbana".

O conselho pode ser paritário, isso é, dividido em dois blocos, equivalentes em tamanho e poder, de representantes do Poder Público e da sociedade civil, ou tripartite, quando se entenda conveniente segmentar a representação da sociedade civil em dois grupos, um de usuários do espaço urbano (associações de bairros, associações de moradia, ONGs, entidades ambientalistas, entidades profissionais de engenheiros, arquitetos, sindicatos etc.) e outro de integrantes dos setores empresariais ligados à produção do espaço urbano (incorporadores imobiliários, construtores, empresários etc.).[17]

A questão da composição é da maior importância para a efetividade do funcionamento do conselho. É preciso que o Poder Público seja adequadamente representado; nem demais – o que transformaria o conselho em mero espaço de legitimação e referendo das decisões previamente tomadas pelo Poder Executivo –, nem de menos – o que faria dos representantes da Prefeitura no conselho meros "mensageiros" aos escalões superiores, sem poder de negociar soluções e criar alternativas construtivas dentro do conselho. Deve-se buscar equilíbrio também na representação da sociedade civil, de modo a que não haja super-representação de setor algum – o que sufocaria

15. Celso Daniel, "Conselhos, esfera pública e cogestão", in Maria do Carmo Carvalho e Ana Cláudia Teixeira (orgs.), *Conselhos Gestores de Políticas Públicas – Publicações Pólis 37*, São Paulo, Pólis, 2000.
16. Elenaldo Celso Teixeira, "Conselhos de políticas públicas: efetivamente uma nova institucionalidade participativa?", in Maria do Carmo Carvalho e Ana Cláudia Teixeira (orgs.), *Conselhos Gestores de Políticas Públicas – Publicações Pólis 37*, São Paulo, Pólis, 2000.
17. Renato Cymbalista, "Conselhos de desenvolvimento urbano", *Dicas--Desenvolvimento Urbano* 137 (*www.polis.org.br*).

o poder dos demais –, nem sub-representação – o que enfraqueceria a representatividade do conselho.[18]

O processo que leva à criação do conselho de desenvolvimento urbano é determinante para a efetividade do seu funcionamento, mais até que os termos da lei de criação. "Geralmente os conselhos que são criados apenas para atender a uma legislação superior ou para ter acesso a recursos financeiros permanecem num grau de institucionalização baixo e não alcançam resultados concretos, enquanto os conselhos que nascem de um verdadeiro anseio da sociedade são os que tendem a ter maior sucesso e participação nas políticas públicas no nível municipal".[19] Há quem recomende que a criação do conselho seja precedida da constituição de um fórum "onde a composição e o relacionamento entre os diferentes atores possa ser exercitada até que haja maturidade para a formalização de uma estrutura operativa".[20]

É importante, ainda, que o conselho tenha meios efetivos para funcionar, tanto no que diz respeito à dotação orçamentária própria quanto no que tange ao suporte técnico para o exercício das funções próprias. Nos aproximadamente quinze anos de experiência do funcionamento dos conselhos de direitos no Brasil tem-se verificado como problemas recorrentes a falta de estrutura física e de pessoal técnico para assessorar os conselheiros.[21] Isso sem falar em problemas de índole mais política, entre eles o chamado "elitismo popular", em que se verifica uma certa especialização dos representantes na função, restando pouco espaço para o cidadão não engajado em qualquer ONG,[22] ou, ainda, a superposição de representações, como indicou

18. Idem, ibidem: "A Prefeitura deve ter claro que a existência do conselho – assim como qualquer mecanismo de participação popular na Administração Pública – implica uma partilha de poder. A população, adquirindo voz ativa na gestão da cidade, pode expressar posições contrárias às do Executivo, que deve estar preparado para negociar e ceder em alguns pontos. As tensões e disputas serão tanto maiores quanto maior for o poder atribuído ao conselho".

19. Rudolf de Noronha, "Avaliação comparativa ...", in Maria do Carmo Carvalho e Ana Cláudia Teixeira (orgs.), *Conselhos Gestores de Políticas Públicas – Publicações Pólis 37*, p. 86. No mesmo sentido: Elenaldo Celso Teixeira, "Efetividade e eficácia dos conselhos", in Maria do Carmo Carvalho e Ana Cláudia Teixeira (orgs.), *Conselhos Gestores de Políticas Públicas – Publicações Pólis 37*, São Paulo, Pólis, 2000, p. 92.

20. Renato Cymbalista, "Conselhos de desenvolvimento urbano", *Dicas- -Desenvolvimento Urbano* 137 (www.polis.org.br).

21. Patrícia Massa-Arzabe, "Conselhos de direitos e formulação de políticas públicas", in Maria Paula Dallari Bucci e outros, *Direitos Humanos e Políticas Públicas – Cadernos Pólis 2*.

22. Elenaldo Celso Teixeira, "Conselhos de políticas públicas: ...", in Maria do Carmo Carvalho e Ana Cláudia Teixeira (orgs.), *Conselhos Gestores de Políticas Públicas – Publicações Pólis 37*.

uma pesquisa do Instituto Brasileiro de Administração Municipal (IBAM), que apontava os secretários de saúde e as primeiras-damas dos Municípios como integrantes de quase todos os conselhos das pequenas cidades, independentemente da área temática.[23]

A questão da fragmentação das políticas e da pulverização das demandas nos conselhos é um problema novo, que exige grande poder de articulação entre os vários conselhos, para que a soma das participações populares produza como resultante uma intervenção de significado mais amplo. Nesse sentido, os conselhos mais gerais, como os conselhos de desenvolvimento urbano, são apontados por Elenaldo Teixeira como foros interessantes, exatamente por propiciarem integração entre várias políticas públicas.[24]

Deve ser considerada a questão do poder consultivo ou deliberativo dos conselhos. Pois, se a atuação do conselho é decisiva para que a sociedade civil possa contribuir na formulação da agenda e na indicação de pautas de ação para o governo, é preciso evitar-se a dualidade de poder entre conselho e governo, ou entre conselho e Poder Legislativo, o que poderia resultar num quadro de ingovernabilidade.[25] Adverte Elenaldo Teixeira: "Quanto ao caráter deliberativo dos conselhos, devemos considerar dois aspectos. A rigor, somente os organismos eleitos por sufrágio universal ou que recebem delegação explícita teriam o poder decisório num regime democrático, em que a regra da maioria é princípio basilar que se traduz na eleição por voto universal. (...). Por outro lado, estamos diante de um processo de mudanças das relações entre Estado e sociedade em que vários espaços de interlocução e de negociação começam a surgir. Estes passam a ter uma legitimidade que denominamos de *substantiva*, embora não se pautem pelas regras de uma legitimidade 'procedimental', provinda de eleições ou decisão de maiorias".[26]

A advertência deve ser levada em conta para que a lei de criação do conselho de desenvolvimento urbano defina um modelo de atuação proveitoso para a solução das questões urbanas, que tanto ofereça um espaço relevante para a participação popular quanto contribua para a governabilidade, ao compartilhar com o conselho a gestão das questões urbanas.

A atribuição de funções deliberativas ao Conselho esbarrará nas matérias em relação às quais o Estatuto da Cidade ou outras normas exijam edi-

23. Rudolf de Noronha, "Avaliação comparativa ...", in Maria do Carmo Carvalho e Ana Cláudia Teixeira (orgs.), *Conselhos Gestores de Políticas Públicas – Publicações Pólis 37*.
24. Elenaldo Teixeira, "Conselhos de políticas públicas: ...", in Maria do Carmo Carvalho e Ana Cláudia Teixeira (orgs.), *Conselhos Gestores de Políticas Públicas – Publicações Pólis 37*.
25. Idem, ibidem.
26. Idem, ibidem, p. 105.

ção de lei específica, reservando, portanto, competência ao Poder Legislativo. Contudo, em relação a outras matérias, não cobertas por essa vedação, poderá ser atribuído ao conselho poder de deliberar sobre aspectos de fundo, os quais se tornarão elementos vinculantes ou de forte poder persuasório para a expedição de atos administrativos ou legislativos subsequentes.

Finalmente, embora se tenha abordado esse tópico sempre da ótica preferencial do Município, o art. 43, I, do Estatuto da Cidade determina que sejam criados "órgãos colegiados de política urbana" nos três níveis – o que significa que deverão ser criados ou readequados um conselho nacional e conselhos estaduais de desenvolvimento urbano, de modo a traçar diretrizes comuns para a solução de problemas urbanísticos em cada esfera. Espera-se, nesse sentido, que a criação ou readequação dos conselhos nacional[27] e estaduais proporcionem intercâmbio de experiências e soma de esforços para a solução de problemas urbanos comuns. Deve-se cuidar, todavia, para que sejam preservadas as competências de cada esfera, especialmente a autonomia do Município, que é o nível, por excelência, de trato das questões urbanas.

1.3 Inciso II: debates, audiências e consultas públicas

Os debates, audiências e consultas públicas são instrumentos cuja importância vem ganhando vulto no Direito Brasileiro, à medida que o antigo conceito de *procedimento administrativo* – sequência ordenada de atos, visando a um fim[28] – cede lugar a uma visão de processo, isso é, informada pelo princípio do contraditório. O processo é o "procedimento em contraditório".[29]

A valorização do processo administrativo, conferindo relevo e forma jurídica à participação dos cidadãos na Administração Pública, é tendência que se verifica no mundo inteiro (v., por exemplo, nos EUA, o *Administrative Procedure Act*, 1946; em Portugal, o Código do Procedimento Administrativo, Decreto-lei 442/1991; e, na Espanha, a Lei do Regime Jurídico das

27. O Conselho Nacional de Política Urbana e Regiões Metropolitanas, posteriormente transformado em Conselho Nacional de Desenvolvimento Urbano, tem existência antiga entre nós. Foi no seu interior que se elaborou o Projeto de Lei 775/1983, projeto de lei que está na origem do próprio Estatuto da Cidade e até de alguns dispositivos da Constituição Federal. A Medida Provisória 2.200, de 4.9.2001, recriou o CNDU.

28. Segundo Cândido Rangel Dinamarco o procedimento compreende um "sistema de atos interligados numa relação de dependência sucessiva e unificados pela finalidade comum de preparar o ato final de consumação do exercício do poder".

29. Antônio Carlos Araújo Cintra, Ada Pellegrini Grinover e Cândido Rangel Dinamarco, *Teoria Geral do Processo*, 30ª ed., São Paulo, Malheiros Editores, 2014, p. 288.

Administrações Públicas e do Procedimento Administrativo Comum, Lei 30/1992). No direito administrativo europeu, o Tribunal de Justiça das Comunidades Europeias (TJCE) considera a audiência pública como "princípio procedimental inerente ao Estado de Direito".[30]

Os debates, audiências e consultas públicas dão margem a que se realizem princípios constitucionais relacionados à atuação do Poder Público, tais como o da prestação de informações de interesse geral, presente tanto no art. 5º, XXXIII, como no princípio da publicidade, do art. 37 da Constituição Federal. Também se relacionam com esses institutos participativos o princípio do devido processo legal (art. 5º, LIV) e o da ampla defesa (art. 5º, LV), sem falar nos demais princípios do art. 37, no controle por via de ação popular (art. 5º, LXXIII), e tantos outros.

Esse novo papel do processo administrativo, com a ampliação das formas de participação popular, confere maior destaque aos atributos "substanciais" dos atos administrativos relacionados à atividade urbanística, nomeadamente motivação e finalidade. Devem ser mais explícitas as condições de validade dos atos em relação aos seus pressupostos materiais, não bastando o preenchimento das condições formais, relativas à competência do agente, à forma exterior do ato e à licitude do objeto. O processo administrativo dispõe sobre o rito a ser observado para que se faça essa demonstração, abrindo-se oportunidade para o exercício do contraditório.

"Assim, em respeito às noções de Estado de Direito e legalidade, pretende-se ter regulada, normatizada, a fase precedente à edição dos atos, não somente administrativos, mas de todos aqueles correspondentes às funções estatais típicas. (...). Em outras palavras, pronunciamentos estatais que interfiram, sob qualquer forma, na esfera dos indivíduos e da coletividade em geral não se coadunarão com o Estado de Direito Democrático caso emitidos na ausência de prévia realização de um processo. (...).

"Ao lado da coleta de opinião, debates e consultas públicas, colegiado público e diversas formas de cogestão, a audiência pública está inserida no rol dos mecanismos ou instrumentos de participação dos cidadãos na esfera administrativa. (...).

"Logo, sempre que direitos coletivos estiverem em jogo, haverá espaço para a realização de audiências públicas. Por via de consequência, o território da atuação colaboradora dos cidadãos é vastíssimo, sendo as disposições constitucionais elencadas simplesmente exemplificativas.

"Deve ser salientado o caráter pedagógico dessas audiências, pois estabelece-se uma real oportunidade de conscientização e educação da população sobre as diretrizes e políticas públicas.

30. In Javier Barnes Vasquez (coord.), *El Procedimiento Administrativo en el Derecho Comparado*, Madri, Civitas, 1993, p. 86.

"Entretanto, para ser considerado um mecanismo cooperativo útil, tudo aquilo que foi discutido em sede de audiência pública deve ser considerado pelo órgão administrativo 'decididor'."[31]

A Lei de Processo Administrativo[32] (Lei federal 9.784/1999) disciplina a consulta pública em seu art. 31 ("Quando a matéria do processo envolver assunto de interesse geral, o órgão competente poderá, mediante despacho motivado, abrir período de consulta pública para manifestação de terceiros, antes da decisão do pedido, se não houver prejuízo para a parte interessada"). As audiências públicas são previstas no art. 32 ("Antes da tomada de decisão, a juízo da autoridade, diante da relevância da questão, poderá ser realizada audiência pública para debates sobre a matéria do processo").

Os arts. 33 a 35 complementam a disciplina desses institutos, ao facultar o trabalho integrado dos vários órgãos administrativos, o que é particularmente interessante no campo do urbanismo, dado o entrelaçamento de matérias (tais como habitação, saneamento, transportes, políticas de emprego e inclusão social) nos problemas urbanísticos mais complexos.

Resta examinar, por fim, quais os efeitos (a) da não-realização das audiências e consultas públicas previstas no Estatuto da Cidade; (b) da realização dessas mesmas audiências e consultas públicas.

A primeira questão refere-se à validade do processo de utilização de qualquer dos instrumentos de política urbana sem que se realizem os debates, audiências e consultas previstos no art. 43, II. Dado o caráter permissivo do dispositivo, entendo que caberá a cada Município, no âmbito de sua competência, regulamentar as questões de desenvolvimento urbano, fixando as hipóteses de obrigatoriedade da realização de audiências e consultas públicas.

Evidentemente, tais hipóteses devem ser abrangentes, compreendendo todo ato urbanístico que possa gerar consequências sobre direitos individuais, coletivos ou difusos dos habitantes da cidade, sob pena de se negar eficácia ao art. 43, II, do Estatuto da Cidade. Considerando a diretriz contida no art. 2º, XIII ("audiência do Poder Público Municipal e da população interessada nos processos de implantação de empreendimentos ou atividades com efeitos potencialmente negativos sobre o meio ambiente natural ou construído ou a

31. Gustavo Henrique Justino de Oliveira, "As audiências públicas e o processo administrativo brasileiro", *RDA* 209/153-167, Rio de Janeiro, julho-setembro/1997.

32. Para uma apreciação da recente legislação de processo administrativo, v.: Carlos Ari Sundfeld e Guillermo Andrés Muñoz, *As Leis de Processo Administrativo. Lei Federal n. 9.784/99 e Lei Paulista n. 10.177/98*, São Paulo, coedição Sociedade Brasileira de Direito Público/Malheiros Editores, 1ª ed., 2ª tir., 2006; e Sérgio Ferraz e Adilson Abreu Dallari, *Processo Administrativo*, 3ª ed., São Paulo, Malheiros Editores, 2012.

segurança da população"), nas situações em que haja efeitos danosos ao meio ambiente ou à segurança da população a audiência pública deve ser considerada requisito necessário, cuja falta acarretará a nulidade do processo.[33]

Nessa linha, o veto ao § 5º do art. 40[34] esvazia a hipótese mais importante de participação popular prevista no Estatuto da Cidade, que é exatamente o processo de elaboração do plano diretor, para o qual se previu, nos termos do art. 40, § 4º, a "promoção de audiências públicas e debates com a participação da população e de associações representativas dos vários segmentos da comunidade", além de consulta pública a documentos e informações, compreendendo esses mecanismos participativos também a fiscalização da implementação do plano. Evidentemente, nada impede – ao contrário, tudo recomenda – que o Município, no âmbito da sua competência, acolha o disposto no art. 40, § 4º, e institua espontaneamente a audiência e a consulta públicas no processo de elaboração do plano diretor.

Entretanto, na medida em que retirou a obrigatoriedade do contraditório nesse procedimento, o veto tolheu a plenitude do princípio da gestão democrática no instrumento fundamental da lei, o plano diretor, documento que vincula a aplicação de todos os demais instrumentos de política urbana previstos no Estatuto da Cidade. Entendo faltar base jurídica ao veto, na medida em que a exigência da realização de audiência pública para o plano diretor consiste em nada mais que norma geral de aplicação do princípio democrático consagrado no art. 1º da Constituição Federal, em conjugação com outros princípios constitucionais destacados neste tópico. Essa diretriz não fere a autonomia municipal, nem invade matéria de processo legislativo municipal, uma vez que o processo de discussão e aprovação do plano diretor permanece sujeito a disciplina própria, estabelecida pelo Poder Legislativo em cada Município.

Outra hipótese de consulta pública obrigatória é a prevista no art. 37, parágrafo único, do Estatuto da Cidade, relativa aos documentos integrantes de Estudo de Impacto de Vizinhança.

33. Gustavo Henrique Justino de Oliveira, "As audiências públicas ...", *RDA* 209/153-167.
34. Dispunha o § 5º, vetado: "É nula a lei que instituir o plano diretor em desacordo com o disposto no § 4º". São as seguintes as razões do veto: "Reza o § 5º do art. 40 que é 'nula a lei que instituir o plano diretor em desacordo com o disposto no § 4º'. Tal dispositivo viola a Constituição, pois fere o princípio federativo, que assegura a autonomia legislativa municipal. Com efeito, não cabe à União estabelecer regras sobre processo legislativo a ser obedecido pelo Poder Legislativo Municipal, que se submete tão-somente, quanto à matéria, aos princípios inscritos na Constituição do Brasil e na do respectivo Estado-membro, consoante preceitua o *caput* do art. 29 da Carta Magna. O disposto no § 5º do art. 40 do Projeto é, pois, inconstitucional e, por isso, merece ser vetado".

Finalmente, há a questão mais complexa dos efeitos a serem atribuídos às audiências públicas e às posições nelas produzidas, se vinculantes ou não. Sobre essa questão, embora não haja ainda conclusão definitiva da doutrina processual administrativista, deve-se considerar que sem a vinculatividade perderia grande parte de seu sentido a realização das audiências públicas, que teriam papel apenas figurativo.

1.4 Inciso III: conferências sobre assuntos de interesse urbano

No direito positivo vigente no Brasil a figura das conferências é prevista no âmbito da saúde pública, na Lei 8.142/1990, cujo art. 1º prevê como instâncias colegiadas do Sistema Único de Saúde a Conferência de Saúde e os conselhos de saúde. O § 1º do artigo assim dispõe: "A Conferência de Saúde reunir-se-á a cada quatro anos com a representação dos vários segmentos sociais, para avaliar a situação de saúde e propor as diretrizes para a formulação da política de saúde nos níveis correspondentes, convocada pelo Poder Executivo ou, extraordinariamente, por esta e pelo Conselho de Saúde". Isso considerando que no campo da seguridade social é assegurada pela Constituição Federal a participação dos diversos polos de interesses.[35]

Em outros campos ligados aos direitos sociais também têm sido realizadas conferências, como é o caso da Criança e Adolescente, Assistência Social etc., em paralelo com a atuação dos conselhos respectivos, tal como destacado em relação ao inciso I do art. 43, acima comentado.

Essa participação multifacetada, embora não seja expressa em termos constitucionais para o âmbito urbanístico, deve ser reproduzida nas conferências de política urbana, por força do inciso III, com a participação dos vários setores envolvidos nos processos de desenvolvimento urbano, a partir das indicações do art. 2º, II, do Estatuto da Cidade – isso é, os habitantes da cidade, a população carente, empresários da indústria imobiliária, governo, representantes dos setores de transporte, meio ambiente etc.

As conferências devem ser vistas mais como foros para a formação de uma cultura de participação popular e consulta democrática na formulação de políticas, do que propriamente como um expediente legal vinculante. Governos menos envolvidos com o processo democrático poderão fazer das conferências, assim como dos conselhos, espaços burocratizados pouco influentes para a determinação concreta dos rumos da política urbana. Inversamente, governos comprometidos com posições democráticas tenderão

---

35. Constituição Federal, art. 194, VII: "caráter democrático e descentralizado da Administração, mediante gestão quadripartite, com participação dos trabalhadores, dos empregadores, dos aposentados e do governo nos órgãos colegiados".

a se utilizar das conferências como espaços de avaliação de rumos políticos e consulta aos setores importantes da sociedade nessa matéria.

1.5 Inciso IV: iniciativa popular de projeto de lei e de planos, programas e projetos de desenvolvimento urbano

A iniciativa popular de projeto de lei rege-se pelo disposto no art. 61, § 2º, da Constituição Federal.[36]

Destaque-se no Estatuto da Cidade a quantidade de matérias que depende de aprovação em lei, especialmente o parcelamento, edificação ou utilização compulsórios (art. 5º), o IPTU progressivo (art. 7º), o direito de preempção (art. 25, § 1º), a outorga onerosa do direito de construir (art. 30), as operações urbanas consorciadas (art. 32), a transferência do direito de construir (art. 35) e a obrigatoriedade de Estudo de Impacto de Vizinhança, nas hipóteses do art. 36. A maioria desses dispositivos depende também de previsão no plano diretor.

Rigorosamente, essa previsão não altera a situação já facultada pela Constituição. O que importa considerar é que, não se tratando de matéria de lei reservada à iniciativa do Poder Executivo, a iniciativa popular terá possibilidade de propor os textos de lei em diversas modalidades de intervenções urbanísticas.

A menção à iniciativa popular de planos, programas e projetos de desenvolvimento urbano é – essa, sim – inovadora, ao dotar o movimento popular de um poder significativo de interferir nas intervenções urbanas em curso ou propor atuações de seu interesse direto. Veja-se, por exemplo, o caso de operação urbana consorciada, em que poderá caber à iniciativa popular proposta alternativa de "programa de atendimento econômico e social para a população diretamente afetada pela operação" (art. 33, III) – o que confere a essa população uma condição de negociação muito mais favorável no processo.

Também a hipótese do art. 35, III, comporta a iniciativa popular de "programas de regularização fundiária, urbanização de áreas ocupadas por população de baixa renda e habitação de interesse social" no bojo da negociação de lei de transferência do direito de construir.

A iniciativa popular pode ser importante ainda como impulso para uma posição ativa dos movimentos, na medida em que "programas e projetos

---

36. "A iniciativa popular pode ser exercida pela apresentação à Câmara dos Deputados de projeto de lei subscrito por, no mínimo, um por cento do eleitorado nacional, distribuído pelo menos por cinco Estados, com não menos de três décimos por cento dos eleitores de cada um deles."

habitacionais de interesse social", previstos no art. 48, possam ser propostos de acordo com as suas próprias diretrizes.

No entanto, a eficácia do dispositivo da iniciativa popular de planos, programas e projetos dependerá dos termos em que for regulamentada a iniciativa popular nessas matérias, a cargo do Poder Legislativo Municipal.

Além disso, vale a advertência feita acima, no sentido de que a simples aprovação formal tanto da lei como dos planos e programas pode não ser suficiente para garantir sua efetividade. Sem recursos e suporte técnico adequado dificilmente os projetos urbanísticos mais arrojados sairão do papel. Ainda assim, deve-se reconhecer que os instrumentos legais de participação são elementos que favorecem a organização popular e, com isso, inspiram uma melhoria na condição de cidadania de boa parte dos habitantes hoje inteiramente excluídos do direito à cidade.

1.6 Inciso V (vetado): referendo popular e plebiscito

Razões do veto: "Tais instrumentos de exercício da soberania popular estão disciplinados na Lei n. 9.709, de 18.11.1998, que, em seu art. 6º, admite a sua convocação por parte de Estados e Municípios, na forma determinada pela Constituição Estadual ou lei orgânica municipal. Há, portanto, no ordenamento jurídico pátrio, permissivo legal para a utilização destes mecanismos por parte dos Municípios, desde que observados os ditames da lei orgânica municipal, instrumento constitucionalmente habilitado a regular o processo político em âmbito local.

"Instituir novo permissivo, especificamente para a determinação da política urbana municipal, não observaria a boa técnica legislativa, visto que a Lei n. 9.709/1998 já autoriza a utilização de plebiscito e referendo popular em todas as questões de competência dos Municípios."

De acordo com sua própria fundamentação, o veto prender-se-ia a razões de técnica legislativa, não obstando, portanto, à utilização dos instrumentos do referendo popular e do plebiscito em questões de interesse da cidade. Nesse sentido, o veto é inócuo, não devendo o Poder Público Municipal abrir mão da utilização desses importantes mecanismos da Democracia direta – ainda muito pouco utilizados entre nós, a despeito da expressa previsão nos incisos I e II do art. 14 da Constituição Federal e da regulamentação pela Lei federal 9.709/1998 – para ampliar as oportunidades de consulta aos habitantes da cidade sobre assuntos de seu interesse.

O argumento técnico é inconsistente, diga-se, na medida em que a menção aos instrumentos da gestão democrática neste capítulo do Estatuto da Cidade tem finalidade de sistematizar o assunto em relação ao objeto da lei – a gestão da cidade – que delimita um interesse específico e cria um campo de aplicação peculiar. A se admitir o fundamento do veto em seu suposto rigor, deveriam ser vetados, pelo menos em parte, também o inciso II, posto que as audiências e consultas públicas são disciplinadas pela Lei de Processo Administrativo (Lei federal 9.784/1999), e o inciso IV, uma vez que o art. 61, § 2º, da Constituição Federal já disciplinou a iniciativa popular de projeto de lei.

2. Art. 44

Tendo em vista as ressalvas feitas acima quanto à insuficiência de meios legais desacompanhados da necessária dotação de recursos, é auspiciosa a referência ao tema da gestão orçamentária no Estatuto da Cidade, ainda mais sob o tratamento da gestão democrática.

Pondo-se de lado certos aspectos polêmicos da Lei de Responsabilidade Fiscal, tais como a busca do equilíbrio orçamentário dentro do exercício e a absoluta rigidez quanto às metas de resultado primário ou nominal, sem mecanismos de compensação dos custos sociais nelas embutidos, é fato que a Lei Complementar 101/2000 avança bastante no quesito *transparência das contas públicas*. Basta que se vejam os arts. 48 e 49, além da referência às audiências públicas de verificação de cumprimento de metas fiscais, no art. 9º, § 4º.

"A recente Lei de Responsabilidade Fiscal (Lei Complementar n. 101/2000), apesar de polêmica quanto à sua constitucionalidade, explicita algumas normas pelas quais o movimento social vem lutando há bastante tempo: a) ampla divulgação dos planos e programas governamentais em formas simplificadas; b) incentivo à participação popular e à realização de audiências públicas durante a elaboração e discussão de planos e orçamentos; c) disponibilidade das contas durante todo o exercício orçamentário para consulta e apreciação por parte dos cidadãos e das instituições da sociedade; d) audiências públicas das Comissões da Câmara para avaliar o cumprimento de metas fiscais; e) limite de despesas com pessoal e operações de crédito."[37]

Merece destaque, mais uma vez, o desafio de transformar os dispositivos inovadores da Lei de Responsabilidade Fiscal, conjugados com os novos mecanismos do Estatuto da Cidade, em realidade de vida democrática na cidade. A efetivação dos novos instrumentos requer capacitação e amadurecimento do movimento popular, principalmente no sentido de evitar que seu potencial inovador seja anulado por uma cultura formalista e autoritária ainda dominante nas instituições do poder.

37. Elenaldo Celso Teixeira, "Conselhos de políticas públicas: ...", in Maria do Carmo Carvalho e Ana Cláudia Teixeira (orgs.), *Conselhos Gestores de Políticas Públicas – Publicações Pólis 37*, p. 109.

3. Art. 45

A figura das regiões metropolitanas foi prevista na Constituição Federal de 1967. A Lei Complementar 14/1973 instituiu as Regiões Metropolitanas de São Paulo, Belo Horizonte, Porto Alegre, Recife, Salvador, Curitiba, Belém e Fortaleza, com o fim de organizar, planejar e prestar os serviços de interesse metropolitano. Naquela oportunidade a lei previa a criação de um conselho deliberativo e um conselho consultivo, os quais nunca funcionaram. Em lugar deles, os Estados é que se incumbiram de estruturar o funcionamento das regiões metropolitanas, e o fizeram basicamente com a criação de empresas e autarquias.[38]

Um problema sentido de forma bastante intensa à época foi o solapamento da autonomia de alguns Municípios pelo planejamento metropolitano.[39] A noção de *planejamento* difundida nos anos de 1970 – cabe lembrar – é estreitamente ligada à ideia de técnica de racionalização da ação do Estado, esvaziada do conceito de participação popular que hoje se procura estabelecer.[40]

No regime da Constituição de 1988, apesar da previsão expressa da figura no art. 25, § 3º ("Os Estados poderão, mediante lei complementar, instituir regiões metropolitanas, aglomerações urbanas e microrregiões, constituídas por agrupamentos de Municípios limítrofes, para integrar a organização, o planejamento e a execução de funções públicas de interesse comum."), o fato é que as regiões metropolitanas não foram institucionalizadas, na prática, como tais. Eventual colaboração entre Municípios vizinhos se faz sem caráter sistemático e sem qualquer forma de planejamento ou institucionalização de serviços que se perpetue para além da duração de governos.

Aglomerações urbanas são figuras não conceituadas pelo sistema legal. José Afonso da Silva define-as doutrinariamente como "áreas urbanas, sem um polo de atração urbana, quer tais áreas sejam das cidades-sedes dos Municípios, como na Baixada Santista (em São Paulo), ou não".[41]

38. José Afonso da Silva, *Curso de Direito Constitucional Positivo*, 37ª ed., São Paulo, Malheiros Editores, 2014, p. 673.

39. Alaôr Caffé Alves, *Planejamento Metropolitano e Autonomia Municipal no Direito Brasileiro*, São Paulo, José Bushatsky Editor, 1981. Também Eros Roberto Grau, *Regiões Metropolitanas. Regime Jurídico*, São Paulo, José Bushatsky Editor, 1974.

40. À guisa de exemplo, v. a síntese de Modesto Carvalhosa, citada por Alaôr Caffé Alves (*Planejamento Metropolitano* ..., p. 23): "a planificação representa, assim, o ponto máximo, em quantidade e em sistematização, do dirigismo racional".

41. José Afonso da Silva, *Curso* ..., 37ª ed., p. 673.

Havendo interesse dos Municípios em se articularem em regiões metropolitanas – o que dependerá de lei complementar estadual –, deverão ser instituídos organismos gestores. Tais organismos, de acordo com o art. 45 do Estatuto da Cidade, deverão propiciar "significativa participação da população" – o que supõe a criação de conselhos ou instâncias em que se dê tal participação. A gestão das regiões metropolitanas, nesse ponto, deverá ser radicalmente distinta das experiências encetadas na década de 70, comportando um processo aberto de estabelecimento de prioridades e alocação de meios na condução da região metropolitana.

O "controle direto das atividades" relaciona-se ao conceito de controle social, referido no art. 4º, § 3º, do Estatuto da Cidade ("Os instrumentos previstos neste artigo que demandam dispêndio de recursos por parte do Poder Público Municipal devem ser objeto de controle social, garantida a participação de comunidades, movimentos e entidades da sociedade civil"). O controle direto soma-se ao controle externo sobre as atividades de cada um dos Poderes, exercido pelo Poder Legislativo, com auxílio dos Tribunais de Contas (arts. 70 e 71 da CF), e ao controle interno, exercido pelos Poderes Públicos sobre suas próprias atividades (arts. 70 e 74).

O controle direto previsto no art. 45 do Estatuto da Cidade é mais dilatado que a permissão conferida pelo art. 74, § 2º, da Constituição Federal,[42] não apenas no tocante à legitimação, que abrange comunidades, movimentos e entidades da sociedade civil, mas também no que respeita ao objeto do controle. Este, embora contemple aspectos econômicos e financeiros, transcende-os, podendo englobar qualquer elemento de avaliação das políticas urbanas, tais como prioridade dos problemas, adequação das medidas adotadas, proporcionalidade entre meios e fins etc., acionando-se os meios legais apropriados para cada um desses aspectos. Além disso, o controle direto não será exercido necessariamente perante o Tribunal de Contas, mas pode acionar o poder fiscalizatório do Ministério Público ou a atividade parlamentar de investigação – sem falar, evidentemente, na gama de ações e medidas judiciais disponíveis (ação civil pública, mandado de segurança, mandado de segurança coletivo etc.).

Finalmente, a ideia de pleno exercício da cidadania remete, entre outras, à noção de controle judicial dos atos emanados dos organismos gestores. Uma das manifestações da cidadania nesse sentido é a proposição de ação popular, hoje prevista no art. 5º, LXXIII, da Constituição Federal, sem falar nas reclamações sobre serviços públicos, no acesso à informação, no

---

42. "Qualquer cidadão, partido político, associação ou sindicato é parte legítima para, na forma da lei, denunciar irregularidades ou ilegalidades perante o Tribunal de Contas da União."

direito de representação (art. 37, § 3º, da CF) e no controle da improbidade administrativa (art. 37, § 4º, da CF), bem como em todas as formas legais de controle dos atos administrativos e de governo, de iniciativa de cidadãos ou entidades representativas da sociedade civil.

NORMAS DE PROCESSO ADMINISTRATIVO NO ESTATUTO DA CIDADE

Lucia Valle Figueiredo

Art. 49. Os Estados e Municípios terão o prazo de noventa dias, a partir da entrada em vigor desta Lei, para fixar prazos, por lei, para a expedição de diretrizes de empreendimentos urbanísticos, aprovação de projetos de parcelamento e de edificação, realização de vistorias e expedição de termo de verificação e conclusão de obras.

Parágrafo único. Não sendo cumprida a determinação do *caput*, fica estabelecido o prazo de sessenta dias para a realização de cada um dos referidos atos administrativos, que valerá até que os Estados e Municípios disponham em lei de forma diversa.

1. O art. 49 da Lei 10.257/2001

Em interpretação literal do artigo, verificamos: 1) atribuição de norma de competência para os Estados e Municípios fixarem, por lei, a expedição de diretrizes de empreendimentos urbanísticos; 2) atribuição de norma de competência para fixação de prazos para aprovação de projetos de parcelamento e edificação pelas mesmas entidades federativas; 3) atribuição de norma de competência para que essas entidades fixem prazos para realização de vistorias e termos de verificação e conclusão de obras. Em seguida vemos, no parágrafo único do mesmo artigo, o consequente pelo descumprimento, tal seja, o estabelecimento peremptório do prazo de sessenta dias para realização de cada um dos atos administrativos; tal consequência estaria sob condição resolutória. Ou, em outro falar, estaria vigente até que as entidades federativas nominadas dispusessem de forma diferente.

Vejamos ainda os artigos da mesma lei que, de perto, nos possam interessar:

"Art. 2º. A política urbana tem por objetivo ordenar o pleno desenvolvimento das funções sociais da cidade e da propriedade urbana, mediante as seguintes diretrizes gerais: (...);

"VI – ordenação e controle do uso do solo, de forma a evitar:

"a) a utilização inadequada dos imóveis urbanos;

"b) a proximidade de usos incompatíveis ou inconvenientes;

"c) o parcelamento do solo, a edificação ou o uso excessivos ou inadequados em relação à infra-estrutura urbana; (...);

"g) a poluição e a degradação ambiental; (...).

"h) a exposição da população a riscos de desastres. (*Incluído dada pela Lei 12.608/2012*)

"Art. 4º. Para os fins desta Lei, serão utilizados, entre outros instrumentos: (...);

"III – planejamento municipal, em especial: (...);

"b) disciplina do parcelamento, do uso e da ocupação do solo;

"c) zoneamento ambiental; (...)."

Passemos, agora, à parte introdutória, que entendemos indispensável ao desenvolvimento do tema – tal seja, a competência da União, no que tange especificamente ao artigo *sub examine*, e a competência do Município para os atos de parcelamento, construção de edificações, licenças de funcionamento e habitação. Enfim, vai nos interessar, sobremodo, o regime jurídico dos atos de licenciamento urbanístico e/ou ambiental, seu processo administrativo, para, a final e ao cabo, poder entender a consequência que se poderá retirar da omissão do exercício das competências estadual e municipal, conforme preceitua o art. 49.

2. Competências federativas

Característica essencial do Estado Federado é a coexistência pacífica de ordens jurídicas parciais, o que nos leva à breve análise das competências quer administrativas, quer legislativas.

No que tange à partilha constitucional, verificamos que a Constituição distingue as competências da União, dos Estados e dos Municípios, reservando à primeira e aos últimos competências expressas. Os Estados ficam com as competências residuais (art. 25, § 1º).

Demais disso, a Constituição atribui competências administrativas comuns à União, Estados, Distrito Federal e Municípios (art. 23) e competências legislativas concorrentes à União, Estados e Distrito Federal (art. 24).

No art. 24, inciso I, da Constituição está estabelecida *competência concorrente* para que União, Estados e Distrito Federal legislem sobre *normas gerais de direito urbanístico* – nas quais, a nosso ver, aloja-se o *Estatuto da Cidade*.

Todavia, no art. 30 da Constituição a competência do Município é para legislar sobre assuntos de interesse local – o que torna a competência municipal também concorrente ou, em certas hipóteses, específica, se a matéria for exclusivamente de interesse local, ainda que de direito urbanístico.

Ademais, no inciso II do mencionado art. 30 verifica-se competir ao Município suplementar a legislação federal e a estadual, no que couber.

É no âmbito da competência concorrente para legislar que problemas de ordem interpretativa podem ocorrer.

Deveras, a legislação, sobretudo em assuntos de interesse local, na esfera do direito administrativo e do direito urbanístico (ordenação do território) compete ao Município, como, ainda, repetindo-se, a suplementação da legislação federal e estadual, no que couber (inciso II do art. 30 da CF).

O socorro (quanto ao que cabe) deverá vir da interpretação sistemática dos arts. 24 e 30, I, II ("suplementar a legislação federal e a estadual no que couber") e VIII ("promover, no que couber, adequado ordenamento territorial, mediante planejamento e controle do uso, do parcelamento e da ocupação do solo urbano"), em consonância com o art. 182 ("A política de desenvolvimento urbano, executada pelo Poder Público Municipal, conforme diretrizes gerais fixadas em lei, tem por objetivo ordenar o pleno desenvolvimento das funções sociais da cidade e garantir o bem-estar de seus habitantes"), todos da Constituição.

Cabem, agora, considerações sobre o campo de abrangência das normas gerais e suas limitações, em face do § 1º art. 24 da Constituição, mencionado.

3. As normas gerais

Dirigem-se as normas gerais aos legisladores e intérpretes como normas de sobredireito. Normas que condicionam, no assunto em que a competência existe, a legislação ordinária da pessoa política, também competente para legislar sobre a matéria.

Essa questão palpitante já foi versada pelos mestres do Direito[1] – todavia, sem que alcançasse uniformidade. Tal uniformidade ocorre, apenas e tão-somente, em campos parciais.

1. Diogo de Figueiredo Moreira Neto, em percuciente trabalho ("Competência concorrente limitada – O problema da conceituação das normas gerais", "Separata"

As *normas gerais*, para nós, possuem *características diferenciadas das normas com hierarquia normativa inibitória ao legislador ordinário*, se estadual ou municipal, *de dispor de forma diferente*, sobretudo se tais normas gerais forem de competência privativa da União.

Deveras, as matérias que devam ser objeto de normas gerais não podem ser legisladas por outros entes políticos, a não ser nas hipóteses constitucionais de suplementação (como, por exemplo, art. 24, § 2º, da CF).

Em termos da pirâmide kelseniana[2] poderíamos ter em seu ápice a *Constituição*; em seguida as *normas gerais*, quando constitucionalmente couberem; no degrau seguinte as denominadas comumente de *normas gerais* no sentido de inovações primárias e abstratas, como concebidas por Hans Kelsen; e em sequência as *normas individuais*.

Hipóteses há, todavia, em que a pirâmide kelseniana conservar-se-á, *em face do ordenamento jurídico brasileiro*, como formulada pelo seu idealizador, insista-se – tal seja, *Constituição, normas gerais* e *individuais*. Porém, quando o texto constitucional expressamente referir-se a *normas gerais*, estará tratando de outra espécie legislativa, com outro campo de abrangência.

A sistematização que já propusemos[3] das normas gerais foi a seguinte: a) *disciplinam as normas gerais, de forma homogênea, para as pessoas políticas federativas, nas matérias constitucionalmente permitidas, para garantia da segurança e certeza jurídicas*; b) *não podem ter conteúdo particularizante que afete a autonomia dos entes federados; assim, não podem dispor de maneira a ofender o conteúdo da Federação, tal seja, não podem se imiscuir em assuntos que devam ser tratados exclusivamente pelos Estados e Municípios*; c) *estabelecem diretrizes sobre o cumprimento dos princípios constitucionais expressos e implícitos, porém não podem se imiscuir no âmbito de competências específicas dos outros entes federativos* – repita-se.

O brevíssimo apanhado sobre "normas gerais" foi importante para que devidamente possamos captar o limite da disposição do art. 49 do Estatuto da Cidade, ora estudado, uma vez que a União, em matéria de direito urbanístico, apenas pode legislar *dentro do exato contorno do campo de atuação da norma geral*.

da *Revista de Informação Legislativa* 100, Ano 25, outubro-dezembro/1988) – como, aliás, em todos os temas sobre que o ilustre autor versa –, citando Cláudio Pacheco, em seu *Tratado das Constituições Brasileiras*.

2. Lucia Valle Figueiredo, "Competências administrativas dos Estados e Municípios", *RDA* 207/1-19, Rio de Janeiro, Editora da FGV, 1997.

3. Idem, ibidem.

Já afirmamos em trabalho anterior – e agora repetimos: *as normas gerais serão constitucionais se e na medida em que não invadam a autonomia dos entes federativos, com particularizações indevidas.*

Trataremos, pois, do problema com esses específicos olhos.

Voltando, ainda que rapidamente, ao art. 49, relembramos: 1) *há atribuição de norma de competência para os Estados e Municípios fixarem, por lei, prazos para expedição de diretrizes de empreendimentos urbanísticos*; 2) *para aprovação de projetos de parcelamento e edificação pelas mesmas entidades federativas*; 3) *fixação de prazos para que essas entidades realizem vistorias e termos de verificação e conclusão de obras.*

Verificamos que todas essas competências, pseudamente atribuídas pelas normas do art. 49, já foram expressamente outorgadas pela Constituição.

As diretrizes de empreendimentos urbanísticos estão na competência específica dos Municípios (art. 182 da CF), aprovações de projetos de parcelamento e edificações estão na competência municipal (art. 30, VIII), e quando se tratar de interferência com o meio ambiente teremos, ainda, a somar-se, competência estadual (por exemplo, poluição ambiental).

As vistorias e termos de verificação, obviamente, hão de estar compreendidos na competência municipal, e sempre que houver impacto ambiental, ou qualquer outra implicação com o meio ambiente, também estaremos diante da competência estadual, como anteriormente remarcado.

Portanto, a primeira conclusão a se impor: as normas veiculadas pelo art. 49 do Estatuto da Cidade *não se colocam no campo de abrangência das normas gerais de direito urbanístico*. A fixação de prazos para prática de atos administrativos nos *processos administrativos* é inerente à competência da pessoa política que detiver competência para legislar na matéria.

Não cabe à União, enfatize-se, legislar sobre normas gerais de processo administrativo – o que, diga-se de passagem, não fez quando legislou na matéria (Lei 9.784, de 29.1.1999).[4]

4. Dos princípios constitucionais aplicáveis aos processos administrativos de licenciamentos urbanísticos e ambientais

Já trabalhamos o tema do *processo administrativo* em vários estudos, e concluímos pela adequação da palavra "processo" no que concerne à atividade administrativa. Distinguimos *processo* como gênero, e *procedimento* como espécie.

4. A ementa da lei é a seguinte: "Regula o processo administrativo no âmbito da Administração Pública Federal" (*DOU* 1.2.1999).

Ao falarmos de processo administrativo, com suas diversas facetas, cabe verificar especificamente o *procedimento administrativo*, a *forma de explicitação normal da atividade administrativa*, da *função administrativa*.

E é, sem dúvida, o processo administrativo um dos meios mais eficazes de controle da Administração Pública, da obrigatoriedade de transparência. Da participação do cidadão na formação dos atos administrativos.

Começando-se com o conceito de *princípio*, como está o próprio vocábulo a nos transmitir, significa início, origem, vetor. E, se constitucional, *princípio* é o vetor dos vetores.

Ou, como afirma Diogo de Figueiredo Moreira Neto: "Em síntese, os princípios são abstrações de segundo grau, normas de normas, em que se buscam exprimir proposições comuns a um determinado *sistema de leis*"[5] (grifos do autor).

Ou, na acepção de Enterría e Ramón Fernandez: "Os princípios gerais do Direito expressam os valores materiais básicos de um ordenamento jurídico, aqueles sobre os quais se constitui como tal, as convicções ético--jurídicas fundamentais de uma comunidade. Não se trata somente de ideias vagas ou tendências morais que possam explicar o sentido de determinadas regras, senão de princípios técnicos, fruto da experiência da vida jurídica e somente por meio dela cognoscíveis"[6] (traduzimos).

De conseguinte, temos de partir dos fundamentos da Constituição para os direitos e garantias individuais e coletivos para, depois, deduzirmos quais princípios têm berço constitucional. É isso que nos interessa: o berço constitucional dos princípios.

Dizem os publicistas: violar um princípio é muito mais sério do que violar toda a lei. E, realmente, sem que trabalhemos com princípios não poderemos tentar expungir do mundo jurídico determinadas leis que tenham aparência de constitucionalidade mas que, na verdade, significam a antítese dos princípios constitucionais e das garantias fundamentais consagrados nesta Constituição, na Constituição da cidadania, que traz a tábua de garantias individuais, coletivas e difusas.

4.1 O amplo contraditório

Todavia, inicialmente, afirme-se que o texto constitucional traçou princípios peculiares à atividade administrativa, que abordaremos brevemente e de maneira singela.

5. *Curso de Direito Administrativo*, 10ª ed., Rio de Janeiro, Forense, 1992, p. 61.
6. *Curso de Derecho Administrativo*, 4ª ed., reimpr. de 1986, v. I, p. 74.

NORMAS DE PROCESSO ADMINISTRATIVO NO ESTATUTO DA CIDADE

Um dos princípios essenciais ao processo administrativo é o amplo contraditório, consignado no texto constitucional no inciso LV do art. 5º e essencial aos novos métodos de participação da comunidade nas decisões administrativas. Além disso, é princípio essencial do Estado de Direito.

"Aos *litigantes*, em *processo judicial* ou *administrativo*, e aos *acusados em geral* são assegurados o *contraditório* e a *ampla defesa*, com os meios e recursos a ela inerentes" (dicção do art. 5º, LV, do texto constitucional). Compreende-se a interferência direta do administrado na ampla defesa e na produção de prova.

No asseguramento do amplo contraditório é necessário que os prazos para defesa sejam exequíveis (estamos a falar não apenas em prazos recursais, como, também, mas inclusive, em prazos para a defesa quando se pretenda anular atos administrativos anteriores, ampliativos de direito).

Deveras, se consignado prazo, ainda que seja o formalmente disposto na lei, mas se for inadequado, se não houver compatibilidade (razoabilidade) do prazo com a providência a ser tomada, para cumprimento efetivo do devido processo, em sentido material, inerente ao Estado de Direito, ter-se-á dado o contraditório apenas formalmente, mas não substancialmente.

Em consequência, assegura-se amplo contraditório porque a lei pretende seja assegurado direito amplo de defesa.

Anote-se que a defesa, em regra, há de ser prévia, e não *a posteriori*.

Em brilhante acórdão, o Min. Marco Aurélio enfatizou a necessidade do contraditório quando se cogitasse de anulação do ato administrativo.[7]

Abordemos os princípios específicos da função administrativa e, por consequência, inerentes aos processos administrativos de licenciamento, que se completam por meio de procedimentos, normalmente específicos a cada um dos tipos de licenciamento, e consequentes vistorias, autos de conclusão ou licenças de habitação ou funcionamento.

4.2 Princípio da legalidade

Surge como conquista do Estado de Direito, a fim de que os cidadãos não sejam obrigados a se submeter ao abuso de poder. Por isso, "ninguém

---

7. "Ato administrativo – Repercussões – Presunção de legitimidade – Situação constituída – Interesses contrapostos – Anulação – Contraditório – Tratando-se da anulação de ato administrativo cuja formalização haja repercutido no campo de interesses individuais, a anulação não prescinde da observância do contraditório, ou seja, da instauração de processo administrativo que enseje a audição daqueles que terão modificada situação já alcançada – Presunção de legitimidade do ato administrativo praticado, que não pode ser afastada unilateralmente, porque é comum à Administração e ao particular" (STF, 2ª T., RE 15.843-9-RS, rel. Min. Marco Aurélio, j. 30.8.1994, m.v., *Ement*. 1.803-04).

será obrigado a fazer ou deixar de fazer alguma coisa senão em virtude de lei". Todavia, o princípio da legalidade não pode ser compreendido de maneira acanhada, de maneira pobre. E assim seria se o administrador, para prover, para praticar determinado ato administrativo, tivesse sempre que encontrar arrimo expresso em norma específica que dispusesse exatamente para aquele caso concreto.

Ora, assim como o princípio da legalidade é bem mais amplo do que a mera sujeição do administrador à lei – pois aquele, necessariamente, deve estar submetido também ao Direito, ao ordenamento jurídico, às normas e princípios constitucionais –, assim também há de se procurar solver a hipótese de a norma ser omissa.

Não é aqui o lugar e a hora de dissertarmos sobre o tópico referente à integração no direito administrativo. Todavia, quando analisarmos a consequência de os Estados e Municípios eventualmente não terem legislado sobre prazos para a prática dos atos enumerados no citado art. 49 da Lei 10.257/2001 a questão se porá.[8]

Enterría e Tomás-Ramón Fernandez, a respeito do princípio da legalidade, entendem: "Trata-se, simplesmente, de fazer coerente o sistema legal, que há de se supor que responda a uma ordem de razão e não a um casuísmo cego, o qual, de outra parte, está claro desde a doutrina geral do ordenamento, que, mais atrás, se expôs, e que impede identificar a este como lei escrita. Nesse difícil fio entre uma proibição de extensões analógicas e uma exigência de coerência legal move-se a doutrina de poderes inerentes ou implícitos, que são, definitivamente, poderes efetivamente atribuídos à Administração pelo ordenamento, ainda que não pelo componente escrito do mesmo".[9]

4.3 Princípio da igualdade

Anote-se, em seguida, o princípio da igualdade, que deve pautar, de ponta a ponta, toda a atividade da Administração; e os provimentos emanados por esta só serão válidos se e na medida em que estejam atendendo ao princípio.

A igualdade de todos os administrados, se é limite ao legislador, também é, por maior razão, ao aplicador da lei – seja ele juiz ou administrador.

8. V., sobre integração no direito administrativo: Linares, *Caso Administrativo no Previsto*, Buenos Aires, Astrea, 1976, pp. 54 e ss.; e Henri Buch, in Perelman, *Le Problème des Lacunes en Droit Administratif*, Bruxelas, Bruylant, 1968.

9. *Curso* ..., 4ª ed., v. I, p. 426. Note-se, na 8ª edição, reimpr. de 1998 (p. 441), a seguinte assertiva, a corroborar a citação anterior: "En ese difícil filo entre una prohibición de extensiones analógicas y una exigencia de coherencia legal se mueve la doctrina de los poderes inherentes o implícitos, que son, en definitiva, poderes efectivamente atribuidos a la Administración por el ordenamiento escrito del mismo".

4.4 Princípio da motivação

Pouco importa o fato de não estar a motivação expressamente no art. 37 da Constituição. Lembremos que no art. 93, X, obriga-se a motivação nas decisões administrativas dos tribunais.

Fazendo-se interpretação sistemática, não seria de se supor que os tribunais devessem motivar suas decisões administrativas e não fossem a isso obrigados os administradores, a quem cabe expressamente a função administrativa, portanto, de maneira típica.

Em consequência, pouco importa que não se encontre a motivação sediada no art. 37, no Capítulo VII, referente à Administração Pública, que não esteja topograficamente inserida ao lado dos outros princípios.

De outra parte, teríamos o princípio, de qualquer forma, consagrado no texto constitucional na medida em que o art. 5º, XXXV, possibilita acesso amplo à jurisdição quando houver lesão ou, até mesmo, apenas ameaça a direito. Ora, sabida é a impossibilidade de acesso ao Judiciário se as decisões não forem motivadas. Como discutir direitos se não se souber sequer o fundamento das decisões atentatórias a tais direitos?

Em consequência, o art. 5º, XXXV, da Constituição da República também clama pela necessidade de motivação. Ademais, nesta Constituição, no art. 5º, LV, que já citamos, às claras, às abertas, encontra-se o asseguramento aos litigantes e aos acusados em geral, tanto no processo judicial quanto no administrativo, do contraditório e da ampla defesa, com os meios e recursos a eles inerentes.

4.5 Princípios da razoabilidade e da proporcionalidade

Consoante pensamos, não se pode conceber a função administrativa – e, portanto, o regime jurídico do processo administrativo – sem se inserir o princípio da razoabilidade. É por meio da razoabilidade das decisões tomadas que se poderá contrastar atos administrativos, verificar se estão dentro da moldura do Direito. Ver-se-á mais adiante que não é lícito ao administrador, quando tiver de valorar situações concretas, depois da interpretação, valorá-las a lume dos seus *standards* pessoais, a lume da sua ideologia, a lume do que entende ser bom, certo, adequado no momento, mas a lume de princípios gerais, a lume da razoabilidade, do que em direito civil se denomina *valores do homem médio*.

Em síntese: a razoabilidade vai se atrelar à congruência lógica entre as situações postas e as decisões administrativas. Vai se atrelar às necessidades da coletividade, à legitimidade, à economicidade, à eficiência.

Ao lado da razoabilidade traz-se à colação, também como princípio importantíssimo, o da proporcionalidade. Com efeito, resume-se o princípio da proporcionalidade na direta adequação das medidas tomadas pela Administração às necessidades administrativas. Vale dizer: só se sacrificam interesses individuais em função de interesses coletivos, de interesses primários, na medida da estrita necessidade, não se desbordando do que seja realmente indispensável para a implementação da necessidade pública.

Esses princípios serão de cabal importância no processo administrativo, sobremodo na hipótese das ações ou omissões administrativas, quer quanto à fixação de prazos, quer quanto à omissão administrativa, quer haja, quer não haja, prazo expressamente assinalado em lei.

4.6 A publicidade dos atos administrativos

A publicidade dos atos administrativos é princípio e, além disso, essencial, sobretudo para os atos de licenciamentos, vistorias etc.

Os mecanismos de garantias atribuídos aos administrados num Estado Democrático de Direito, quer individuais ou coletivos, dependem da ampla publicidade.

É a publicidade, enfim, que possibilita as formas de controle admitidas constitucionalmente, tanto internas quanto externas. Além disso, a República (*res publica*), coisa do povo, demanda transparência.

4.7 O princípio da impessoalidade

A impessoalidade – melhor seria denominada de *imparcialidade* – caracteriza-se pela valoração objetiva dos interesses públicos e privados envolvidos na relação jurídica a se formar, independentemente de qualquer interesse político.

Não pode a Administração agir por interesses políticos, interesses particulares, públicos ou privados, interesses de grupos.

A ação administrativa – repetimos – deve desenvolver-se tendo em vista os critérios do bom andamento do serviço público, do melhor para aquele determinado interesse público a tutelar. Decisões motivadas por interesses alheios à situação jurídica a ser cuidada desmerecem o princípio.

4.8 O princípio da eficiência introduzido pela Emenda 19/1998

No *Dicionário Houaiss da Língua Portuguesa*, na acepção 7, parece termos encontrado o conceito mais adequado do termo "eficiência" para a ação administrativa, tal seja: "qualidade ou característica de quem ou do que, num nível operacional, cumpre suas obrigações e funções quanto a normas e padrões". Ainda remete o autor à conferência com *eficácia* e *efetividade*.

Realmente, ao que nos parece, pretendeu o "legislador" da Emenda 19/1998 simplesmente dizer que a Administração deveria agir com eficácia.

5. Fases dos procedimentos de licenças

De maneira singela, descreveremos as fases do processo administrativo que, normalmente, acontecem. São elas: 1) *fase propulsiva ou deflagratória* (quando o pedido é feito ou quando o administrador determina certa providência a ser tomada pelos seus subordinados); portanto, *fase inicial*, por exemplo: o pedido de licença será a fase deflagratória do procedimento licenciador; 2) *fase instrutória*, compreende todos os atos e fatos administrativos que levem à decisão, como, *v.g.*, os pareceres, ainda que não vinculantes, fazem parte dessa fase instrutória; ainda, se houver necessidade de depoimentos (nos processos), colheita de provas etc., tudo isso estará abrigado na fase instrutória; 3) *fase decisória*, que poderá estar afeta apenas a determinado agente administrativo ou ao órgão colegial (decisões simples ou colegiadas); 4) *fase de integração*, quando necessária.[10]

As decisões podem ser atos bastante simples, como as licenças; ou, então, bastante complexos, como os atos colegiais. As decisões colegiadas representam a somatória das vontades plúrimas que constituem a deliberação final.

Traçado, ainda que brevemente, o regime dos processos administrativos, normalmente levados a cabo pela disposição legal, chegamos ao aspecto crucial diretamente envolvido com o nosso tema, tal seja: ou não há prazo assinalado para que a Administração pratique determinados atos ou, então, há prazo, porém a Administração quedou-se silente, omitiu-se.

6. Omissão administrativa: o silêncio ou a excessiva demora

Submetido um projeto a exame – seja um parcelamento de solo, edificação ou outra qualquer atividade a ser licenciada –, tem a Administração o dever de se pronunciar, dentro de determinado prazo, se estiver demarcado na lei, ou em prazo razoável, se não tiverem as entidades enumeradas no art. 49 do Estatuto da Cidade fixado prazos. E isso mesmo que seja para denegá-lo. Portanto, a Administração deverá pronunciar-se dentro de prazos demarcados legalmente, findos os quais poderá o requerente tomar as providências permitidas pelo tipo de procedimento que esteja sendo seguido.

10. A fase integratória é a controladora. Existe quando uma autoridade superior deve se manifestar para trazer eficácia ao ato administrativo decisório. O ato de integração poderá consistir em *homologação* (controle da legalidade) ou *aprovação* (controle de mérito). Tal fase dependerá de expressa previsão legal.

Na hipótese de licenciamento de obras, normalmente, poderá o administrado iniciar a construção, dando ciência à repartição competente, com antecedência geralmente demarcada nos códigos ou nas leis de edificações.

Coloca-se um problema de relevo nessas situações em que houve silêncio da Administração, quando houver consequente imputação legal, como a acima exemplificado.

Qual a consequência a ser atribuída ao silêncio administrativo se houver imputação legal – na hipótese, por exemplo, de mudança de legislação? Precluiu a possibilidade de a Administração se pronunciar tardiamente denegando a licença?

De fora parte a responsabilidade que possa advir ao funcionário negligente, afloram questões de maior relevo, tais como: Encontrar-se-á adquirido o direito a prosseguir na construção, mesmo quando da existência de lei nova a tornar dita construção incompatível? Como deverá proceder a Administração, que não expediu a licença durante toda a construção da obra, ao cabo da mesma?

Geralmente o próprio direito positivo nos traça os parâmetros.[11]

De outra parte, normalmente a lei responsabiliza o particular pelo respeito às normas legais, na medida em que se o pedido for ulteriormente indeferido, *por ausência dos pressupostos legais*, considera-se irregular a obra já edificada.

Em consequência, podemos afirmar que *o silêncio administrativo aliado a ato do particular* – a comunicação feita à repartição competente – terá efeito do ato administrativo de deferimento sob condição resolutória. Esta operar-se-á se ocorrer o indeferimento do pedido (nesse caso, ainda que serôdio), obviamente desde que não se tenham verificado originariamente os pressupostos legais da expedição da licença.

De conseguinte, ao silêncio administrativo imputou a lei uma consequência relevante: a licitude da construção *si et in quantum* não se pronunciar a Administração, *porém desde que o projeto mereça aprovação*.

No Direito Italiano outra não é a colocação, como se depreende de decisão do *Consiglio di Stato*. E a esse respeito manifesta-se o autor italiano Italo Di Lorenzo: "*Há a obrigação* e não a faculdade de pronunciar-se sobre

---

11. Lei Municipal, do Município de São Paulo, n. 11.228/92 (Código de Obras e Edificações), item 4.2.3: "Escoado o prazo para decisão de processo de alvará de aprovação, a obra poderá ser iniciada, sendo de inteira responsabilidade do proprietário e envolvidos a eventual adequação da obra às posturas municipais"; item 4.2.4: "Escoado o prazo para decisão do processo relativo à emissão de certificado de conclusão, a obra poderá ser utilizada a título precário, não se responsabilizando a PMSP por qualquer evento decorrente de falta de segurança ou salubridade".

o requerimento e de fundamentar aos interessados os motivos da decisão adotada; portanto, o silêncio é ilegítimo, ainda que o requerido não tivesse sido instruído de todos os elementos necessários"[12] (tradução nossa).

Remanesce para exame a temática, por nós também colocada, de a licença não ser concedida até o final da construção, muito embora tenha o administrado comunicado o início da obra.

Como conclusão, não podemos deixar de afirmar que, mesmo havendo modificação superveniente na lei, tem, inexoravelmente, o particular direito a obter o "auto de conclusão", depois da vistoria, desde que se compadeça a obra *com a legislação vigente à época em que deveria ter sido deferida a licença*.

Com essas observações, a conclusão adotada é no sentido de que, como os prazos não são normas gerais de direito urbanístico, não pode haver qualquer imposição da União, por incompetência para legislar sobre a matéria.

Portanto, caso não haja legislação dos entes federados, no prazo estabelecido no art. 49 da Lei 10.257/2001, a Administração, na hipótese de não existir imputação legal, deve ser constituída em mora, a fim de que se demarque a preclusão administrativa, com as consequências jurídicas que possam advir de sua atitude.

Não podemos nos furtar de rematar este pequeno estudo com texto de Sérgio Ferraz: "Parece-nos hoje inadmissível qualquer tentativa de rejeição à ideia de preclusão – e incidente para *todos* os personagens envolvidos – no processo administrativo, em razão da consagração constitucional da existência desse (e, pois, de seu conceito), no mesmo tope do processo judicial, como instrumento de defesa de direitos e interesses. Em suma, a 'processualização' da atividade administrativa implica um tratamento sério, de boa-fé, responsável e equânime, o que não se perfaz sem a aceitação da ideia uniforme de preclusão".[13]

Ou, então, com as lúcidas observações de José Luís Said: "Existem prazos peremptórios para a Administração? Em princípio a resposta deve ser negativa, já que o exercício de sua competência 'constitui uma obrigação da autoridade' (art. 3º da LNPA). Contudo, o art. 10 da LNPA, ao admitir a possibilidade de que mediante disposições expressas possa conferir-se ao silêncio 'sentido positivo', coloca uma interrogação sobre a possibilidade de se ditar uma resolução tardia, indeferindo petição já acolhida como consequência do silêncio. Carlos Grecco sustenta que 'o silêncio positivo constitui

---

12. *Diritto Urbanistico*, p. 636. Embasa-se o autor na decisão do Conselho do Estado de 20.6.1964, de n. 793.

13. Sérgio Ferraz, "Processo administrativo: prazos e preclusões", in *As Leis do Processo Administrativo* (Capítulo IV), São Paulo, Malheiros Editores, 1ª ed., 2ª tir., 2006, pp. 297-298.

um limite à atuação administrativa posterior, podendo apenas ser revogado o ato pela Administração se concorrerem as condições que a lei exige para o exercício de tal poder. Desta perspectiva, o prazo para resolver quando a lei atribui sentido positivo ao silêncio seria peremptório. (...). Sem pretender esgotar a exposição das instituições do procedimento vinculadas aos prazos, existem duas que merecem um tratamento especial: o silêncio da Administração e a caducidade do procedimento. Há entre ambos uma fundamental conexão (ao menos na etapa de elaboração do ato administrativo): nem o interessado pode prevalecer-se da inação administrativa, nem a Administração da inação do interessado, sem antes formular-se um requerimento de atuação. A solução parece razoável, pois a finalidade da lei é ordenar a atuação administrativa e os procedimentos para fazê-la atuar, e não extinguir situações pelo transcurso de tempo e a inatividade dos participantes'".[14]

7. Brevíssimas conclusões

As conclusões já foram feitas ao longo deste estudo. Cabe, agora, tão-somente, reavivá-las.

7.1 Repetindo, portanto, a primeira conclusão a se impor: as normas veiculadas pelo art. 49 do Estatuto da Cidade *não se colocam no campo de abrangência das normas gerais de direito urbanístico*. A fixação de prazos para prática de atos administrativos nos *processos administrativos* é inerente à competência da pessoa política que detiver competência para legislar na matéria.

Não cabe à União legislar sobre normas gerais de processo administrativo: a competência é dos Estados Federados, Distrito Federal e Municípios.

7.2 Os prazos não podem ser veiculados por normas da União, competente para legislar sobre o direito administrativo da União e sobre normas gerais de direito urbanístico; assim, ainda que os entes enumerados no art. 49 não legislem, o prazo assinalado nesse artigo não poderá prevalecer.

7.3 Portanto, caso não haja legislação dos entes federados no prazo estabelecido no art. 49 da Lei 10.257/2001, a Administração, na hipótese de não existir alguma imputação legal como consequência, deve ser constituída em mora, a fim de que se demarque a preclusão administrativa, com as consequências jurídicas que possam advir de sua atitude.

7.4 A integração pode e deve ser utilizada para se verificar a razoabilidade dos prazos para cada um dos atos assinalados.

---

14. "Os prazos na lei nacional de procedimentos administrativos na Argentina", in *As Leis do Processo Administrativo* (Capítulo IV), São Paulo, Malheiros Editores, 1ª ed., 2ª tir., 2006, pp. 311 e 315.

O ESTATUTO DA CIDADE
E A LEI DE IMPROBIDADE ADMINISTRATIVA

MARCELO FIGUEIREDO

Art. 52. Sem prejuízo da punição de outros agentes públicos envolvidos e da aplicação de outras sanções cabíveis, o prefeito incorre em improbidade administrativa, nos termos da Lei n. 8.429, de 2 de junho de 1992, quando:

I – *(vetado)*;

II – deixar de proceder, no prazo de cinco anos, o adequado aproveitamento do imóvel incorporado ao patrimônio público, conforme o disposto no § 4º do art. 8º desta Lei;

III – utilizar áreas obtidas por meio do direito de preempção em desacordo com o disposto no art. 26 desta Lei;

IV – aplicar os recursos auferidos com a outorga onerosa do direito de construir e de alteração de uso em desacordo com o previsto no art. 31 desta Lei;

V – aplicar os recursos auferidos com operações consorciadas em desacordo com o previsto no § 1º do art. 33 desta Lei;

VI – impedir ou deixar de garantir os requisitos contidos nos incisos I a III do § 4º do art. 40 desta Lei;

VII – deixar de tomar as providências necessárias para garantir a observância do disposto no § 3º do art. 40 e no art. 50 desta Lei;

VIII – adquirir imóvel objeto de direito de preempção, nos termos dos arts. 25 a 27 desta Lei, pelo valor da proposta apresentada, se este for, comprovadamente, superior ao de mercado.

1. Introdução

A Lei 10.257, de 10.7.2001, pretende dar eficácia integral aos arts. 182 e 183 da Constituição Federal, estabelecendo diretrizes gerais da política urbana.

Nosso objetivo é dissertar a respeito da *probidade administrativa* e verificar de que maneira esse *dever constitucional* desponta no Estatuto da Cidade. É dizer, quais as condutas obrigatórias, proibidas e toleradas segundo o novo diploma legal. E a questão vem à tona porque decidiu o legislador infraconstitucional contemplar hipóteses de improbidade administrativa no art. 52 do Estatuto da Cidade. Também os arts. 53 e 54 se relacionam com o tema da improbidade, sendo que deles cuidaremos no momento oportuno.

Parece-nos que, antes de caminharmos para analisar o tema da improbidade no Estatuto da Cidade, será útil uma visão panorâmica da lei, ao menos no que toca à matéria constitucional da qual ela descende e a que deve respeitar.

2. Matéria constitucional e seus valores

A "política urbana" (Capítulo II) está inserida no Título VII da Constituição Federal ("Da Ordem Econômica e Financeira"), convivendo com a "política agrícola e fundiária e a reforma agrária" e com o "Sistema Financeiro Nacional" (cf. arts. 170-192 da CF).

Inicialmente, advirta-se que concebemos a Constituição como *sistema*.[1] Com o intuito de facilitar a inteligência de qualquer corpo normativo, é imprescindível comprovar que o mesmo não é um mero agregado caótico, mas uma totalidade ordenada e sistemática. No caso da Constituição, essa necessidade se visualiza mais claramente na medida em que se possa atribuir a uma vontade historicamente individualizável, que alimenta a obtenção de certos objetivos através de um projeto unitário.

Nesse contexto, a *política urbana* deve ser vista como um elemento da *função social da propriedade* e um caminho para a redução das desigualdades regionais e sociais, com busca de pleno emprego. Em outras palavras, os princípios gerais da atividade econômica devem conformar o entendimento da própria política urbana que é executada pelo Poder Público Municipal, à luz dos vetores constitucionais assinalados.

Não é por outra razão a previsão do art. 182 da Constituição, ao determinar que "a política de desenvolvimento urbano, executada pelo Poder Público Municipal, conforme diretrizes fixadas em lei, tem por objetivo ordenar o *pleno desenvolvimento das funções sociais da cidade e garantir o bem-estar de seus habitantes*".

---

1. Para uma análise a respeito do critério de aferição do efeito integrante como ordenação na concretização do direito constitucional, um subcaso de interpretação sistemática, v. Friedrich Muller, "Métodos de trabalho do direito constitucional", *Revista da Faculdade de Direito da UFRS* 1999, trad. de Peter Naumann, Porto Alegre, Síntese Editora.

Desde logo se vê que a normatização constitucional da *política urbana*, naturalmente dirigida à realidade municipal, nela não se esgota. Já na Constituição Federal encontramos enunciados de normas abrangentes que pretendem alcançar todo um *plano*, um *planejamento* nacional a propósito do urbanismo, no quadro normativo nacional.

Anote-se, ainda, que a "política urbana" deve atender aos princípios constitucionais constantes do art. 170, em especial aos incisos II (propriedade privada), III (função social da propriedade),[2] VI (defesa do meio ambiente), VII (redução das desigualdades regionais e sociais) e VIII (busca do pleno emprego).

Nesse contexto, fixamos como premissa fundamental a ideia – que adiante retomaremos – de que o princípio jurídico da propriedade, "associado" à sua função social, ou seja, o princípio da função social da propriedade,[3] não só deve ser visualizado como um direito de defesa, na visão clássica da propriedade, mas sobretudo como um meio de exigir do Estado a concretização de um ordem social justa.[4]

Recorde-se que o princípio da dignidade da pessoa humana (art. 1º, III, da CF), na classificação proposta por Canotilho,[5] poderia ser encartado como "princípio fundamental geral" ou "especial", se considerado "direito humano". O que importa assinalar é exatamente que, diante de tais conside-

2. Entendemos que, no contexto analisado, o princípio da função social da propriedade assume relevância constitucional especial, maior peso, condicionando a ação de todos aqueles que devam dar concreção à norma interpretada. A noção de *peso* e *contrapeso* advém da doutrina constitucional norte-americana do *balancing* ou contrapeso que deve orientar o trabalho do intérprete diante dos diferentes valores ou interesses em jogo, protegidos constitucionalmente. Em sentido similar, lembramos R. Alexy, reconhecendo a necessidade de fazer-se um "sopesamento" (*Abwägung*) dos princípios constitucionais (*Theorie der Grundrecht*, Baden-Baden, Nomos, 1985, p. 100).

3. A jurisprudência parece já ter assimilado a ideia de que o uso do solo urbano submete-se aos princípios gerais disciplinadores da função social da propriedade, evidenciando a defesa do meio ambiente e do bem-estar da sociedade. Nesse sentido: STJ, RMS 8.766-PR (97/0054105-3), rel. Min. Peçanha Martins, j. 6.10.1998, *DJU*-E-1 17.5.1999, p. 150.

4. Podemos afirmar que a maioria das Constituições modernas reconhece o direito à propriedade privada, condicionando-a à função social, remetendo à lei a delimitação de seu conteúdo, como é o caso da Espanhola (art. 33, itens 2 e 3). A mesma Constituição, em seu art. 47, regulamenta o uso do solo, ao prescrever: "Todos os espanhóis têm direito de desfrutar de uma habitação digna e adequada. Os Poderes Públicos promoverão as condições necessárias e estabelecerão as normas destinadas a tornar efetivo este direito, regulando a utilização do solo de acordo com o interesse geral, a fim de impedir a especulação. A comunidade participará nas mais-valias geradas pela ação urbanística das entidades públicas".

5. *Direito Constitucional*, Coimbra, Almedina, 1989, p. 129.

rações, há deveres impostos ao Estado no sentido de *dinamizar*, dentro do possível, políticas públicas que implementem o princípio.

Assinale-se, ainda, que o direito de propriedade, enquanto um "espaço de convivência humana", goza de *status* internacional e, consequentemente, de proteção desse sistema. A Declaração Americana dos Direitos e Deveres do Homem estabelece, em seu art. XXII, que "toda pessoa tem direito à propriedade privada correspondente às necessidades essenciais de uma vida digna,[6] que contribua a manter a dignidade da pessoa e do lugar". Já a Convenção Americana sobre Direitos Humanos, em seu art. 21, ao enunciar o direito à propriedade privada, diz que "toda pessoa tem direito ao uso e gozo de seus bens. A lei pode *subordinar o uso e gozo ao interesse social*".[7] O aspecto foi ressaltado especialmente diante das novas possibilidades de amparo internacional[8] que as aludidas Convenções trazem, por intermédio da Corte Interamericana de Direitos Humanos.[9]

Por aí já se vê que o balizamento do direito de propriedade como função social dá lugar a uma nova dimensão da propriedade, que tem nas normas de direito urbanístico a sua estruturação. Ou, como bem acentua Luciano Parejo Alfonso, "el contenido del derecho de propiedad lo define la ordenación urbanística, que, al efecto, posee una estructura peculiar que la hace capaz de acomodar el estatuto objetivo de la propiedad a las características concretas que ésta presenta según los bienes específicos sobre los que recae".[10]

6. No original, "vida decorosa".

7. Nesse sentido, é possível dizer que o direito de propriedade assumiu nova conformação nos tempos contemporâneos, como veremos a seguir. Entretanto, desde logo podemos fixar a ideia de que a propriedade vem associada ao urbanismo, à moradia, ao acesso aos bens urbanos – enfim, deseja-se que o Homem tenha uma vida digna na cidade onde vive. E não há como atingir este objetivo sem dotar o Estado de meios para conformar o direito de propriedade às normas e limitações urbanísticas.

8. A Declaração de Vancouver, enunciada pela Conferência das Nações Unidas sobre os Assentamentos Humanos, em junho de 1997, destaca, no item 10 ("Princípios Gerais"), que "a terra é um dos elementos fundamentais dos assentamentos humanos. Todo Estado tem direito a tomar as medidas necessárias para manter sob fiscalização pública o uso, a propriedade, a disposição e a reserva de terras. Todo Estado tem direito a planejar e administrar a utilização do solo, que é um de seus recursos mais importantes, de maneira que o crescimento dos centros populacionais tanto urbanos como rurais se baseie num plano amplo de utilização do solo. Essas medidas devem assegurar a realização dos objetivos básicos da reforma social e econômica de cada nação, de conformidade com o seu sistema e suas leis de propriedade da terra".

9. Para um estudo do tema, remetemos o leitor para a obra de Flávia Piovesan, *Direitos Humanos e o Direito Constitucional Internacional*, São Paulo, Max Limonad, 1996.

10. *Derecho Urbanístico, Instituciones Básicas*, ed. Ciudad Argentina, 1986, p. 137.

Retornando ao tema central, verificamos que o plano diretor, instrumento básico da política de desenvolvimento e de expansão urbana, deve refletir a realidade local, atento à sua vocação constitucional de ser um instrumento integrado do *desenvolvimento nacional*.

Ainda na Constituição Federal – ratifique-se, uma vez mais – encontramos a subordinação da política urbana ao princípio maior da *função social da propriedade*, que deve estar presente no plano diretor (§ 2º do art. 182).

Finalmente, como um dos instrumentos de concretização da função social da propriedade, "é facultado ao Poder Público Municipal, mediante lei específica para área incluída no plano diretor, exigir, nos termos da lei federal, do proprietário do solo urbano *não edificado, subutilizado ou não utilizado*, que promova seu adequado aproveitamento, sob pena, sucessivamente de I – parcelamento ou edificação compulsórios; II – imposto sobre a propriedade predial e territorial urbana progressivo no tempo; III – desapropriação (...)" (art. 182, § 4º, I, II e III).

Do mesmo modo, ainda como uma forma de dar concretização ao princípio da função social da propriedade, o constituinte conferiu ao possuidor de área urbana de até duzentos e cinquenta metros quadrados por cinco anos, ininterruptamente e sem oposição, utilizando-a para sua moradia ou de sua família, o domínio, desde que não seja proprietário de outro imóvel urbano ou rural (art. 183, *caput*).

Diante dos comandos constitucionais enunciados, cumpre ao legislador integrar a vontade constitucional. É o que *pretendeu* a Lei 10.257/2001, já denominada de *Estatuto da Cidade*. Antes de analisá-lo, esperemos que o legislador ordinário tenha seguido a advertência de F. Ost, para quem os seis atributos essenciais que o legislador pode predicar-se são: "1) o legislador não se contradiz; 2) o legislador respeita a Constituição; 3) o legislador adapta os meios utilizados aos fins perseguidos; 4) o legislador não faz nada inútil; 5) o legislador é equitativo; 6) o legislador não é fundamentalmente imprevisível".[11]

Antes mesmo do advento da lei tivemos a oportunidade de dissertar a propósito do *Projeto de Lei 5.788/1990*, de relatoria do deputado Inácio Arruda. Sobre ele escrevemos as "considerações a respeito da outorga onerosa" (solo criado).[12]

---

11. "L'interprétation logique et systématique et le postulat de rationalité du législateur", in M. van De Kerchove (coord.), *L'Interprétation en Droit, Approche Pluridisciplinaire*, Bruxelas, 1978, pp. 163 e ss.

12. Publicação que foi editada pela Fundação Prefeito Faria Lima, objeto de um "CD" intitulado *Estatuto da Cidade*, cujo conteúdo também está disponível no site *www.cepam.sp.gov.br*. À ocasião, dissertamos: "O Projeto de Lei n. 5.788, de 1990, está estruturado da seguinte forma: 'Capítulo I – Diretrizes Gerais' (arts. 1º, 2º

e 3º). Nesse capítulo introdutório o legislador enuncia o objetivo da política urbana, qual seja, ordenar o pleno desenvolvimento das funções sociais da cidade e da propriedade urbana, mediante dezesseis diretrizes gerais que arrola. Em seguida, atribui competência à União para legislar sobre normas gerais de direito urbanístico, normas de cooperação entre as entidades políticas, diretrizes de desenvolvimento e planos nacionais e regionais de ordenação do território. O art. 2º, ao enunciar o que denomina 'diretrizes gerais' (normas gerais) da política urbana, traça, na verdade, os princípios que devem orientar, ordenar, a função social da cidade e da propriedade. São eles o direito à terra, à moradia, ao saneamento ambiental, à infraestrutura urbana, ao transporte e serviços públicos, à participação da comunidade, à cooperação social, ao planejamento urbano, à oferta de equipamentos urbanos, à *ordenação e controle do uso do solo*, ao desenvolvimento socioeconômico do Município, à sustentabilidade ambiental, à recuperação dos investimentos do Poder Público, à preservação do patrimônio cultural, à regularização urbana, à simplificação da legislação de uso e ocupação do solo. Vê-se que, para a concretização dessas 'normas-objetivo', há forte interpenetração das competências constitucionais federais, estaduais e municipais, não sendo possível à grande maioria dos Municípios Brasileiros implementarem esses objetivos solitariamente, com seus próprios recursos. Em seguida, o projeto trata dos 'Instrumentos da Política Urbana', enunciando alguns instrumentos de ação. São institutos tradicionais do direito urbanístico e normas de gestão administrativa e financeira de modo a alcançar os propósitos dantes enunciados. Dentre eles, para nosso trabalho, destacamos o planejamento municipal, por intermédio do plano diretor, a disciplina do parcelamento, do uso e da ocupação do solo, os institutos tributários e financeiros, a concessão de direito real de uso, o direito de superfície, *a outorga onerosa do direito de construir* e de alteração de uso, a transferência do direito de construir, as operações urbanas consorciadas. Em seguida, o projeto enuncia, na Seção II, a regulamentação do § 4º do art. 182 da Constituição Federal, criando a 'Subseção I – Do Parcelamento, Edificação ou Utilização Compulsórios', criando normas de aplicação concreta dos dispositivos constitucionais. Segue-se o IPTU progressivo no tempo, a desapropriação-sanção, o usucapião especial de imóvel urbano, a concessão de uso especial para fins de moradia, o direito de superfície, o direito de preempção, *a outorga onerosa*, as operações urbanas consorciadas, a transferência do direito de construir e o Estudo de Impacto de Vizinhança (arts. 5º a 38) do Projeto. A outorga onerosa do direito de construir e a alteração de uso, segundo o Projeto, são um dos instrumentos da política urbana que devem compor o plano diretor (art. 4º, III, 'a', V, 'g', 'i', 'n', 'o'). Desde logo, verifica-se que, em face da realidade municipal analisada, a concepção, estruturação e dimensionamento dos aludidos instrumentos será diversa. Não há falar necessariamente na aplicação efetiva de *todos* os instrumentos incondicionalmente por todos os Municípios. É preciso ter presente que a norma do art. 30 e seus incisos da Constituição Federal garante ao Município 'legislar sobre assuntos de interesse local'. A vetusta norma constitucional não só garante efetivamente o princípio da *autonomia municipal*, em seus vários aspectos, mas inclusive para diagnosticar e implementar, como bem lhe aprouver, a concretização dos instrumentos urbanísticos. Haverá Município que por suas dimensões geográficas e econômicas não necessitará desse ou daquele instrumento urbanístico. Todos, sem exceção, devem traçar a sua política urbana por intermédio de seu plano diretor. Assinale-se ainda, para não perdermos a visão de conjunto do Projeto, que o Capítulo IV cuida das 'Regiões Metropolitanas' (arts. 44 a 47) (v. CF, art. 25, § 3º, e art. 154 da CE), o Capítulo V, da 'Gestão Democrática da Cidade' (arts. 48 a 50).

3. A improbidade administrativa

O princípio da moralidade administrativa, antigo conhecido do direito administrativo,[13] adquiriu *renovada densidade e alcance* com sua previsão e proteção constitucional (art. 37, *caput* e § 4º, art. 5º, LXXIII, art. 14, § 9º, e art. 15, V, da CF).

Em 1992 veio a lume a Lei 8.429,[14] que dispôs sobre "as sanções aplicáveis aos agentes públicos nos casos de enriquecimento ilícito no exercício do mandato, cargo, emprego ou função na Administração Pública direta, indireta ou fundacional".

São inúmeros os dispositivos constitucionais relacionados *direta ou indiretamente* ao tema da moralidade administrativa. Não é o caso de relacioná-los ou comentá-los. Basta recordar, para os objetivos desse artigo, a ação popular, a ação civil pública, o Decreto-lei 201, de 27.2.1967, dispondo sobre a responsabilidade criminal dos prefeitos, prevendo os chamados "crimes de responsabilidade" e, naturalmente, a denominada "ação de improbidade".

Todos esses mecanismos são instrumentos hábeis para a tutela da *moralidade administrativa* e o combate à *improbidade administrativa* – conceitos que expressam um *dever jurídico* do agente público, amplamente considerado, e do particular que se relaciona com a Administração Pública.

Conquanto seja tarefa árdua e contínua do cientista do Direito tentar delimitar o alcance do conceito (jurídico) da moralidade administrativa, forçoso reconhecer que o direito positivo procura, com sua consagração, incentivar a formação de relações jurídicas que se produzam ou se consolidem sob o influxo da boa-fé, da lealdade, da imparcialidade, e, assim, sancionando condutas e comportamentos contrários a esses princípios ou normas.[15]

Finalmente, no 'Capítulo VI – Disposições Gerais' (arts. 51 a 62), traça normas de procedimento e transição para aplicação do Projeto (que pretende tornar-se lei, naturalmente), contempla normas de responsabilização do prefeito, no tema da improbidade e da ação civil pública, prevê adaptações às normas sobre registros públicos, tudo em consonância com a nova regulamentação pretendida".

13. Para maiores detalhes, cf. nosso trabalho *O Controle da Moralidade na Constituição*, São Paulo, Malheiros Editores, 1ª ed., 2ª tir., 2003, especialmente o Capítulo V.

14. V., de nossa autoria, *Probidade Administrativa – Comentários à Lei n. 8.429/92 e Legislação Complementar*, 6ª ed., São Paulo, Malheiros Editores, 2009.

15. O conceito de *moralidade administrativa* pode e deve ser concretizado por todos os operadores do Direito através de seus entendimentos, baseados em argumentos e razões sacados dos valores inseridos no sistema jurídico e uma constante operação de construção e desenvolvimento da matéria. Entretanto, somente ao Poder Judiciário é conferido o poder de dizer o Direito e o conteúdo da ética pública com força e coatividade.

Desejam-se resultados *jurídicos* que não sejam *imorais, amorais, abusivos,* contrários aos *standards* normativos inseridos na Constituição e nas leis infraconstitucionais.[16]

Nessa medida, a Lei 8.429/1992 contempla, basicamente, três categorias de atos de improbidade administrativa: 1) atos de improbidade que importam enriquecimento ilícito; 2) atos de improbidade que causam prejuízo ao Erário; 3) atos de improbidade que atentam contra os princípios da Administração Pública (arts. 9º, 10 e 11).

Dessa maneira, de modo objetivo, teremos comportamentos claramente violadores da moralidade administrativa caso haja lesão a direitos e interesses protegidos pelo ordenamento. Assim, *v.g.*, na ação popular, "o proveito que se espera obter com a decisão que acolhe a ação (...) é a *preservação da ética na Administração*; o retorno aos cofres públicos do dinheiro malversado ou desviado; a reposição do meio ambiente agredido ao seu *status quo ante*; a recuperação do prédio de relevante valor histórico ou arquitetônico".[17] E com o Estatuto da Cidade também se almeja o fiel cumprimento da legislação urbanística e suas novas disposições.

Na defesa da moralidade administrativa surge um aliado: o correspondente *dever de probidade*. A improbidade consiste em uma quebra, uma falta que se traduz na violação de uma obrigação geral de conduta do agente público: a de ser honesto e leal na condução de seus encargos e obrigações na Administração Pública.

Com o princípio da moralidade administrativa positivado em nossa Constituição foi possível à doutrina e à jurisprudência avançarem no tema do "direito administrativo sancionador",[18] que traz o ilícito da improbidade (uma modalidade de ilícito jurídico que está a meio-caminho do ilícito penal e do ilícito administrativo clássico). O legislador, a fim de proteger os valores constitucionais, tem a liberdade de eleger a conduta que será considerada um delito penal, ou delito administrativo, ou de improbidade, ou colocá-la em mais de uma categoria.

16. Pontes de Miranda ensina: "A heterogeneidade do sistema jurídico é interna. O que alguns escritores chamam de direito moral, ou direito natural, ou é Direito e cabe, portanto, no conceito, ou não é Direito, ou há confusão de regras jurídicas, regras morais e *costumes*". E, em outra passagem: "A Deontologia estuda os deveres: se jurídica, os deveres jurídicos; se moral, os deveres morais (...) não há como confundir a Deontologia com a Ciência da Moral" (*Sistema de Ciência Positiva do Direito*, atualizado por Vílson Rodrigues Alves, t. 3, Bookseller, 2000, p. 368).

17. Rodolfo de Camargo Mancuso, *Ação Popular*, 3ª ed., São Paulo, Ed. RT, p. 77.

18. V., a esse respeito, a obra de Antonio Domínguez Vila, *Constitución y Derecho Sancionador Administrativo*, Tese de Doutoramento que analisa o Direito Espanhol, Madri, Marcial Pons, 1997.

Destarte, apesar da heterogeneidade das modalidades de infração que a moralidade administrativa procura proteger, forçoso reconhecer um substrato homogêneo a todas elas. O bem jurídico protegido em todos esses "delitos" é o *correto exercício da atividade administrativa*, é dizer, a função pública como bem jurídico protegido no mais elevado grau.

Não há como proteger a lisura no exercício da função administrativa, que deve estar a serviço da sociedade e dos interesses públicos, sem levar em conta os deveres que obrigam os agentes públicos, exigindo deles e de todos os que com eles se relacionam a aplicação da moralidade administrativa.

A Lei de Improbidade ingressa nesse cenário. Procura proteger a moralidade administrativa. Quer punir o *devasso, o corrupto*, da Administração Pública, mas também está preocupada com a boa gestão dos recursos públicos, com comportamentos que violem, *em maior ou menor grau*, o princípio da moralidade administrativa. Eis por que não há como conhecê-la ou aplicá-la ausente o *princípio da proporcionalidade*,[19] seja para tipificar as condutas lá contempladas, seja para aplicar as sanções previstas em seu texto.

É oportuno, neste espaço, registrar que a aplicação da Lei de Improbidade tem sido um sucesso, crédito sobretudo do Ministério Público, que soube, na maioria dos casos,[20] bem exercitar sua função de guardião dos direitos da comunidade.

Mas é necessário um alerta nessa matéria. Não se há de confundir *ilegalidade* com *improbidade*. A aplicação da lei não prescinde da individualização das condutas tidas como ímprobas. É necessário o integral respeito ao "devido processo legal" em caráter substancial. O(s) réu(s) da improbidade tem(têm) direito constitucional à ampla defesa e ao contraditório, sobretudo para comprovar, se for o caso, sua boa-fé, seu grau de participação, a culpa (ou dolo); do contrário, injustiças serão sacramentadas pela coisa julgada.

É preciso ainda entender que a prevenção e o acompanhamento simultâneo da gestão pública são sempre mais eficazes do que a posterior responsabilização do agente, após ocorrido o dano ao Erário. Assim, os órgãos e agentes fiscalizadores do sistema devem estar presentes em todos os setores da Administração Pública. A Lei de Responsabilidade Fiscal, os inquéritos civis, o acompanhamento das audiências públicas e das consultas públicas, são todos instrumentos importantes para esse efeito.

---

19. Sobre o tema, v. Raquel Denize Stumm, *Princípio da Proporcionalidade no Direito Constitucional Brasileiro*, Porto Alegre, Livraria do Advogado, 1995.

20. Sem embargo de alguns desvios condenáveis que vislumbram improbidade em qualquer hipótese, confundindo ilegalidade com improbidade ou pugnando pela aplicação de todas as sanções da lei independentemente da gravidade da conduta, da extensão do dano e do proveito econômico do agente.

4. Uma questão preliminar: alguma dificuldade para integrar o art. 52 à Lei de Improbidade

O art. 52 da Lei 10.257/2001 contempla a previsão de responsabilização de prefeitos, descrevendo condutas não desejadas pelo legislador do Estatuto da Cidade, *remetendo a matéria para a Lei 8.429/1992*.

O art. 52 dispõe: "Sem prejuízo da punição de outros agentes públicos envolvidos e da aplicação de outras sanções cabíveis, *o prefeito incorre em improbidade administrativa, nos termos da Lei n. 8.429, de 2 de junho de 1992, quando: (...)*".

O legislador não foi feliz, pois, tal como formulada, a regra jurídica certamente causará dificuldades em sua aplicação. Teria sido muito mais adequado prever, expressamente, toda a estrutura da norma jurídica, deixando claras as sanções *no próprio art. 52, ou mediante remissão expressa às hipóteses desejadas pelo legislador*.

Como sabemos, toda e qualquer norma jurídica tem uma estrutura lógica, consistente na imputação de uma consequência a um suposto de fato.

A regra do art. 52 é *norma não autônoma*,[21] já que, não prescrevendo a sanção, necessita, para sua completa aplicabilidade, de outra norma – no caso, a Lei 8.429/1992. Não há no art. 52, ou em qualquer outra regra do Estatuto da Cidade, o enunciado das sanções aplicáveis em caso de transgressão do antecedente.

Ocorre que, ao não estabelecer em seu texto quais as sanções aplicáveis, forçoso reconhecer que são aquelas estabelecidas na Lei de Improbidade. Ainda assim a regra causa insegurança, na medida em que não saberemos que tipo de sanção deve ser aplicada.

Haveremos de nos perguntar: O ato de improbidade causou enriquecimento ilícito? Lesou o Erário? Violou algum princípio da Administração Pública? Somente após obter essas respostas é que poderemos encontrar a regra correspondente na Lei de Improbidade, para determinar quais as sanções cabíveis.

É dizer, *conforme o ato do prefeito*, aplicar-se-á o art. 9º, se importar enriquecimento ilícito ou sem causa, auferindo, na prática dos atos arrolados no art. 52, qualquer tipo de vantagem indevida, em razão do cargo; o art. 10, se houver lesão ao Erário, por ato omissivo ou comissivo, doloso ou culposo, que enseje perda patrimonial, desvio etc.; o art. 11, se atentar contra princípios da Administração Pública, incluídos os princípios éticos da Administração, ou não proceder com ética na administração dos negócios e atos de sua gestão. Tudo no que atina aos atos vedados pelo art. 52.

---

21. *Norma não-autônoma*, segundo Kelsen, é aquela que não prescreve sanção, valendo apenas quando se liga a uma que estatua punição (*apud* Maria Helena Diniz, *Dicionário Jurídico*, v. 3, São Paulo, Saraiva).

Em síntese, a sanção aplicável variará conforme as três modalidades de improbidade. O Poder Judiciário deverá, com prudência e atendendo aos princípios da proporcionalidade e razoabilidade, apreciar em cada caso se o ato violador do art. 52 importou enriquecimento ilícito, lesão ao erário, ou afrontou princípios da Administração Pública.

5. *As hipóteses do art. 52*

O art. 52 da Lei 10.257/2001 enuncia que *qualquer agente público*, especialmente o *prefeito*, incorre em improbidade administrativa quando descumprir ou não atender aos comandos do Estatuto. Antes de ingressarmos nas sanções, parece interessante invertermos o raciocínio e verificar que tipo de conduta é exigida do prefeito em face da nova lei.[22] Nessa operação chegaremos ao resultado almejado, analisando as sanções e suas dimensões.

Preliminarmente, assinale-se que o Estatuto da Cidade parece ter previsto diferentes formas de responsabilização quer se trate de agente público, quer de particulares. Os últimos poderão ser atingidos por *ação civil pública*, consoante previsão do art. 54, que teve por efeito alterar o art. 4º da Lei 7.347/1985.[23] Os primeiros, especialmente por improbidade administrativa, notadamente os chefes do Poder Executivo Municipal, os prefeitos.

Finalmente, não há como descartar *a priori* a possibilidade de o particular ser sujeito passivo de *ato de improbidade administrativa* em casos de *lesão à ordem urbanística e, assim, ao patrimônio público, amplamente considerado*. Isto porque o art. 3º da Lei 8.429/1992 é explícito ao dispor: "As disposições desta Lei são aplicáveis, *no que couber*,[24] àquele que, mes-

---

22. Paulo de Barros Carvalho, com acuidade, averba que, na trajetória do dever-ser até o ser da conduta, é relevante o trabalho do legislador, que deve mobilizar, ao máximo, as estimativas, as crenças e sentimentos do destinatário da norma, de tal modo que o faça inclinar-se ao cumprimento da conduta prescrita, pois nesse empenho se resolverá a eficácia social da norma jurídica. Sem esse autêntico "dom de legislar", sem esse cuidado psicossocial, sem essa habilidade específica, o comando normativo cairá certamente em solo estéril, e a regra não atingirá os objetivos ordinatórios que persegue (cf. *Direito Tributário – Fundamentos Jurídicos da Incidência*, 2ª ed., São Paulo, Saraiva, 1999, pp. 12-13).

23. "Art. 4º. Poderá ser ajuizada ação cautelar para os fins desta Lei, objetivando, inclusive, evitar o dano ao meio ambiente, ao consumidor, à honra e à dignidade de grupos raciais, étnicos ou religiosos, à ordem urbanística ou aos bens e direitos de valor artístico, estético, histórico, turístico e paisagístico." (*Redação dada pela Lei 12.966/2014*)

24. Sobre o tema, recomendamos o artigo de Jacintho de Arruda Câmara, "A Lei de Improbidade Administrativa e os contratos inválidos já executados", inserido na obra *Improbidade Administrativa – Questões Polêmicas e Atuais*, editada pela Malheiros Editores e SBDP em 2001, sob a coordenação de Cassio Scarpinella Bueno e Pedro Paulo de Rezende Porto Filho.

mo não sendo agente público, induza ou concorra para a prática do ato de improbidade *ou dele se beneficie sob qualquer forma direta ou indireta*".

O inciso I do art. 52 foi vetado pelo Presidente da República, por entendê-lo contrário ao interesse público.[25] De fato, a norma em sua redação original era por demais vaga e imprecisa. Naturalmente que a participação de comunidades, movimentos e entidades da sociedade civil na gestão dos instrumentos urbanísticos é necessária não só para conferir legitimidade à implantação da nova realidade legal,[26] como sobretudo para fiscalizar a regular aplicação dos recursos públicos envolvidos nessas operações.

Ausente uma disciplina mais pormenorizada da aludida "participação popular", seria temerário contemplar sanção por ato de improbidade. Destarte, será preciso no âmbito municipal, através de lei ou ato regulamentar, dependendo da hipótese, regular o acesso e a participação equilibrada da população e das entidades de defesa dos valores inseridos na Lei 10.257/2001; do contrário ocorrerá fenômeno muito parecido ao que já vem ocorrendo em algumas agências reguladoras – faculta-se uma "participação" *formal* de entidades e associações, sem o estabelecimento de critérios, com – *v.g.* – prazos por demais curtos em matérias de alta complexidade técnica, o que inviabiliza o conhecimento da matéria para uma participação *consciente* e, assim, *efetiva* e *real*.[27]

25. As razões do veto são as seguintes: "O art. 52, inciso I, do Projeto prevê como improbidade administrativa a conduta de o prefeito 'impedir ou deixar de garantir a participação de comunidades, movimentos da sociedade civil, conforme o disposto no § 3º do art. 4º da lei'. Esse parágrafo do art. 4º estabelece o denominado controle social da aplicação dos recursos públicos. Sabe-se que o chamado controle social dos atos do governo tem natureza muito mais política do que jurídica, sendo certo que o seu preciso significado e alcance sempre ensejam controvérsias, de modo a dificultar sobremaneira a sua real efetivação. Resulta, então, que fixar como ato de improbidade a conduta de não garantir o controle social dos gastos públicos, de forma a sancionar os prefeitos com a suspensão dos direitos políticos, a perda da função pública e a indisponibilidade de bens em razão daquela conduta, significa incluir no ordenamento legal dispositivo de difícil interpretação e aplicação, em prejuízo da segurança jurídica. Mais uma vez o interesse público ficou contrariado, merecendo ser vetado o referido inciso I do art. 52 do Projeto".

26. Recorde-se que a política urbana deve desenvolver-se por intermédio da gestão democrática por meio da participação da população e de associações (art. 2º, II-III, da lei) através de audiência do Poder Público Municipal e da população interessada (art. 2º, XIII); em síntese, através da "Gestão Democrática", título do Capítulo IV, art. 43 – debates, audiências e consultas públicas.

27. Paulo Bonavides afirma que a Democracia participativa "que se incorpora ao Estado Social tende a adquirir nas Constituições do Estado de Direito uma dimensão *principial* e a trasladar-se da esfera programática, onde era ideia, para a esfera da positividade onde, por ser princípio, é norma de normas. (...). A politização da espécie assim personificada faz do homem o eixo e a referência de toda a dignidade par-

Nessa medida, seria temerário contemplar como ato de improbidade a conduta de dirigente municipal que *impedisse ou deixasse de garantir a participação de comunidade*, movimentos da sociedade civil e congêneres, sem que, *previamente*, essa participação estivesse plenamente delimitada, com todos os seus balizamentos bem definidos.

Não se põe, *portanto, o tema da improbidade no dispositivo, que restou vetado.*

O inciso II do art. 52 contempla a hipótese de improbidade administrativa caso o prefeito deixe de proceder, no prazo de cinco anos, ao adequado aproveitamento do imóvel incorporado ao patrimônio público, conforme o disposto no § 4º do art. 8º da lei.[28]

Para bem compreender a norma do art. 52, II, é preciso estar atento ao art. 182, § 4º, da Constituição Federal, bem assim ao princípio da *função social da propriedade*, que se deseja ser concretizado a qualquer custo.

O Estatuto da Cidade veio integrar a vontade constitucional, oferecendo ao Poder Público Municipal a possibilidade efetiva de fazer valer os instrumentos urbanísticos do (a) parcelamento e edificação compulsórios, (b) IPTU progressivo no tempo, (c) desapropriação com pagamento mediante títulos da dívida pública, de emissão previamente aprovada pelo Senado Federal, com prazo de resgate de até dez anos, em parcelas anuais, iguais e sucessivas, assegurados o valor real da indenização e os juros legais.

Para aplicação desses instrumentos o Poder Público Municipal deve, ainda, preencher os seguintes requisitos jurídicos: (a) a propriedade urbana

ticipativa que cimenta as bases do novo Estado social, com a democracia convertida, doravante, em instrumento de libertação. Mas instrumento que se deseja palpável, efetivo, concreto e não abstrato; a um tempo ação e palavra, verdade e dogma, valor e fato, teoria e práxis, ideia e realidade, razão e concreção" (*Teoria Constitucional da Democracia Participativa*, 3ª ed., São Paulo, Malheiros Editores, 2008, p. 189).

28. O art. 8º disciplina a desapropriação com pagamento em títulos e tem a seguinte redação:

"Art. 8º. Decorridos cinco anos de cobrança do IPTU progressivo sem que o proprietário tenha cumprido a obrigação de parcelamento, edificação ou utilização, o Município poderá proceder à desapropriação do imóvel, com pagamento em títulos da dívida pública. (...).

"§ 4º. O Município procederá ao adequado aproveitamento do imóvel no prazo máximo de cinco anos, contado a partir da sua incorporação ao patrimônio público.

"§ 5º. O aproveitamento do imóvel poderá ser efetivado diretamente pelo Poder Público ou por meio de alienação ou concessão a terceiros, observando-se, nesses casos, o devido procedimento licitatório.

"§ 6º. Ficam mantidas para o adquirente do imóvel nos termos do § 5º as mesmas obrigações de parcelamento, edificação ou utilização previstas no art. 5º desta Lei."

que não atende à função social deve ser integrante de área definida no plano diretor como sujeita à aplicação dos instrumentos; (b) instituição do plano urbanístico local dispondo sobre as exigências concretas para a propriedade urbana atender à sua função social, bem como sobre o procedimento e o prazo para o cumprimento das exigências; (c) lei federal de desenvolvimento urbano dispondo sobre a regulamentação dos instrumentos acima mencionados.

Com a promulgação do Estatuto há plenas condições para que a função social da propriedade[29] deixe de ser uma mera "recomendação", para se concretizar na realidade jurídica nacional. Para tanto há os instrumentos urbanísticos lá contemplados.

Visam, essencialmente, a combater a especulação imobiliária e ajustar os espaços e imóveis urbanos à sua verdadeira vocação – qual seja, estarem integrados à cidade, como espaço de convivência pública e cultural.

A desapropriação para fins de reforma urbana encarta-se nesse cenário, ao lado dos outros instrumentos urbanísticos acima citados. Poderia o legislador ter feito referência à improbidade em todos eles, mas não fez. Preocupou-se com a desapropriação para fins de reforma urbana, como mecanismo de planejamento urbano.

Como sabemos, a história das cidades demonstra abusos e desmandos nesse tema, não raro violações ao direito de propriedade, indenizações que se prolongam no tempo, ao arrepio dos comandos constitucionais; malversação de fundos e recursos públicos que deveriam ser destinados a pagamento de precatórios ou indenizações. Enfim, má gestão pública de recursos e desrespeito a direitos dos cidadãos, em detrimento da cidade, do espaço urbano.

Nesse sentido, a norma em tela, ao prever a possibilidade de se considerar ato de improbidade a conduta do *prefeito municipal* que não der adequado aproveitamento ao imóvel incorporado ao patrimônio público, é mais do que razoável: é de elevada justiça.

O prazo oferecido pela lei é dilatado e mais do que suficiente para dar cumprimento à finalidade da norma: cinco anos, contados a partir de sua incorporação ao patrimônio público.

O art. 52, II, determina ao prefeito municipal, Chefe do Poder Executivo local, proceder ao adequado aproveitamento do imóvel. É evidente que só poderá fazê-lo nos limites de sua competência e não havendo qualquer impedimento ou obstáculo legal para cumprir a norma.

Recorde-se que os §§ 5º e 6º do art. 8º da lei permitem ao Poder Público Municipal que realize o aproveitamento diretamente ou por meio de alienação ou concessão a terceiros, precedidas de licitação.

29. V. Nélson Saule Júnior (coord.), *Direito à Cidade – Trilhas Legais para o Direito às Cidades Sustentáveis*, São Paulo, Max Limonad/Instituto Pólis, 1999.

Parece-nos que a norma se apresenta bastante razoável, quer em virtude do prazo concedido ao prefeito, quer em razão da minuciosa previsão do procedimento a seguir para cumpri-la. Sendo assim, a possibilidade de improbidade administrativa na espécie é adequada, sobretudo se considerarmos os valores que se quer preservar – a boa gestão de recursos públicos e a função social da propriedade –, e que os dirigentes municipais estão obrigados a atender.

Resta saber a que tipo de improbidade o *prefeito* estaria sujeito nessa hipótese. Ao que parece, teria se omitido ao não proceder ao adequado aproveitamento do imóvel incorporado ao patrimônio público. Teria agido, em nossa hipótese, com dolo. Não se afigura possível a hipótese culposa.

Outra questão ainda se põe. Poderia o particular ser sujeito passivo de improbidade na hipótese prevista no inciso II do art. 52? Aparentemente, não. Trata-se de omissão atribuída diretamente ao Chefe do Poder Executivo que deixou de lado os comandos legais previstos na lei, ou que não conferiu à área ou imóvel desapropriado a destinação social adequada. Mas na hipótese de o imóvel ser objeto de alienação ou concessão a terceiro mediante licitação (art. 8º, §§ 5º-6º, do Estatuto) poderia, em tese, nessa operação, haver algum tipo de lesão ao Erário, passível, portanto, de responsabilização por ato de improbidade.

Nesta hipótese, retornamos ao art. 3º da Lei de Improbidade.

O inciso III do art. 52 assim vem redigido: "III – utilizar áreas obtidas por meio do direito de preempção em desacordo com o disposto no art. 26 desta Lei".

O art. 26 cuida do direito de preempção, que será exercido sempre que o Poder Público necessitar de áreas para: "I – regularização fundiária; II – execução de programas e projetos habitacionais de interesse social; III – constituição de reserva fundiária; IV – ordenamento e direcionamento da expansão urbana; V – implantação de equipamentos urbanos e comunitários; VI – criação de espaços públicos de lazer e áreas verdes; VII – criação de unidades de conservação ou proteção de outras áreas de interesse ambiental; VIII – proteção de áreas de interesse histórico, cultural ou paisagístico".

O artigo considera ato de improbidade administrativa a *utilização desviada* de áreas obtidas por meio do direito de preempção.

O direito de preempção ou preferência é instituto do direito privado, contemplado nos arts. 513 a 520 do Código Civil. Na lição de Clóvis Beviláqua (comentando os artigos correspondentes do Código de 1916): "Sendo o direito de preferência meramente pessoal, não acompanha a coisa alienada. Se o comprador, ao aliená-la, deixa de oferecê-la àquele que lha vendeu, nem por isso a venda é nula. Apenas o primeiro vendedor tem ação para exigir, do primeiro comprador, perdas e danos pelo não-cumprimento da obrigação de oferecê-la".[30]

Tendo migrado para o direito público e urbanístico, o direito de preferência assumiu, paulatinamente, novos contornos. Assim, passou a ser previsto em leis especiais com efeitos reais. Tem por objetivo, nitidamente, privilegiar uma das partes na relação jurídica negocial.

Seu objetivo, sem dúvida, é estratégico. Tendo conhecimento prévio, através do planejamento urbanístico, de onde e de que modo deverá atuar, o Poder Público Municipal adquire, regularmente convocado (direito de preferência), os imóveis necessários à intervenção urbanística, formando um "banco de áreas".

A ideia e a finalidade do instituto são, de fato, muito interessantes para desenvolver a contento um eficaz planejamento urbanístico.[31] Entretanto, com a escassez de recursos públicos, não acreditamos que possa ser um instrumento operacional, ao menos no atual estágio das finanças municipais, sem embargo da possibilidade de linhas de crédito e programas especiais internacionais para o desenvolvimento urbano.

De qualquer modo, o que nos importa é exatamente discutir o tema da improbidade nessas hipóteses. A norma pretende punir a conduta do dirigente municipal que desvirtue, desvie, a utilização dessas áreas – o que é comum, especialmente no instituto da desapropriação.

A ausência de planejamento (orçamentário, fiscal, econômico) do administrador público brasileiro, associada à necessidade de interromper programas da gestão anterior (sobretudo quando vencedor o partido adversário), ou mera ilegalidade ou desvio de poder, levam, *v.g.*, a que imóveis desapropriados sejam utilizados ou aproveitados para fins diversos daquele a que se destinava a desapropriação.

Parece-nos que a norma que contempla a improbidade quer exatamente afastar a prática corrente do administrador público irresponsável, aquele que simula a necessidade ou utilidade de obras públicas ou de um "ordenamento urbanístico" que jamais se concretiza. A ameaça da improbidade na hipótese será instrumento útil para evitar a utilização arbitrária da propriedade privada pelos meios ora concedidos pelo Estatuto da Cidade. Havendo interesse coletivo e social, os institutos devem ser utilizados tal como planejados. Do contrário o administrador deve ser alcançado pelo ato de improbidade administrativa.

30. *Código Civil dos Estados Unidos do Brasil Comentado*, 7ª ed., v. IV, Rio de Janeiro, Francisco Alves, 1946.
31. Sobre "planejamento urbanístico" no Brasil, v. José Afonso da Silva, *Direito Urbanístico Brasileiro*, 7ª ed., São Paulo, Malheiros Editores, 2012, Título II, Capítulos I-VI.

Também nos parece que a hipótese somente admite dolo, não sendo hipótese de conduta culposa do prefeito ou de autoridade responsável pela aplicação desses instrumentos. Novamente, a falta de indicação da sanção é um problema. De acordo com o caso concreto, dever-se-á apurar se a hipótese é de "prejuízo ao Erário Público" (art. 10 da Lei de Improbidade) ou de violação de princípios (art. 11).

Também aqui é possível imaginar o conluio do agente público com o particular, ou de particulares entre si, para lesar o Erário. Figure-se hipótese de uma operação fraudulenta montada para, de fato, vender o imóvel ao Poder Público. De um lado o proprietário, que, não conseguindo alienar seu imóvel, sabendo do interesse do Poder Público na área, monta a operação com terceiro.

A lei cuida de evitar essa hipótese, já que o Estatuto dispõe que o Município deverá publicar, em órgão oficial ou equivalente, edital de aviso da notificação recebida e seu interesse na aquisição do imóvel, *nas condições da proposta apresentada* (que pode ser fraudulenta). Com a publicação abre-se a possibilidade de investigar a transação, que será nula no caso de ter sido montada de forma fraudulenta. É dizer, concretizada a venda a terceiro, o proprietário fica obrigado a apresentar ao Município, no prazo de trinta dias, cópia do instrumento público de alienação do imóvel. A alienação processada em condições *diversas da proposta apresentada* é nula de pleno direito (art. 27, § 5º, do Estatuto), e, cremos, poderá o particular ser sujeito passivo de improbidade administrativa.

O art. 52, IV, está assim redigido: "aplicar os recursos auferidos com a outorga onerosa do direito de construir e de alteração de uso *em desacordo* com o previsto no art. 31 desta Lei".

Por sua vez, o art. 31 estabelece: "Os recursos auferidos com a adoção da outorga onerosa do direito de construir e de alteração de uso serão aplicados *com as finalidades* previstas nos incisos I a IX do art. 26 desta Lei".

Já a outorga onerosa do direito de construir e a alteração de uso estão previstas nos arts. 28 a 30 do Estatuto da Cidade.

A norma preocupa-se com a *regular e adequada gestão dos recursos auferidos* a partir da aplicação desses dois instrumentos urbanísticos – outorga onerosa do direito de construir e alteração de uso. Vincula a aplicação desses recursos ao atendimento das *finalidades* constantes dos incisos I a IX do art. 26.

Ambos os institutos (a outorga onerosa do direito de construir[32] e a alteração de uso) são oriundos da experiência estrangeira e variam muito

---

32. Sobre o tema editamos o artigo "Considerações a respeito da outorga onerosa – solo criado – no Projeto de Lei n. 5.788/1990", publicação eletrônica dis-

de país para país.³³ Mesmo no Brasil, cada Município ou Região disciplina a matéria de modo diverso. Assim, não há como agrupá-los ou destacar elementos comuns.

Fundamentalmente, a noção de *solo criado* desenvolveu-se a partir da observação da possibilidade de criação artificial de área horizontal, mediante sua construção sobre ou sob o solo natural.³⁴

Ambos os institutos dependem de regulamentação contemplada no plano diretor. Além do plano diretor, *lei específica* ainda estabelecerá as condições a serem observadas para a *outorga onerosa do direito de construir* e para a *alteração de uso do solo*.

Convém assinalar que no Estado de São Paulo poucos são os Municípios que aprovaram plano diretor, e sequer poderiam, portanto, implantar aludidos instrumentos.

O único ponto que, segundo nos parece, pode ensejar a aplicação da Lei de Improbidade, nesse aspecto, diz respeito aos critérios referentes à "contrapartida a ser prestada pelo beneficiário" nas hipóteses da outorga onerosa do direito de construir. Ante a indefinição do Estatuto sobre no que consistiria essa "contrapartida", remetendo inclusive a questão à lei municipal específica, podemos imaginar que os critérios legais possam, em tese, ser contrários ao interesse público e, assim, *eventualmente* lesivos ao patrimônio público, ensejando a aplicação da Lei de Improbidade.

O art. 52, V, do Estatuto estabelece: "*aplicar os recursos* auferidos com operações consorciadas *em desacordo* com o previsto no § 1º do art. 33 desta Lei".

As operações urbanas consorciadas estão previstas nos arts. 32 a 34 do Estatuto da Cidade. São instrumentos urbanísticos de fomento visando ao aproveitamento e valorização do solo urbano. Permite-se, por seu intermédio, obter recursos privados para construção de obras, equipamentos urbanos, que possam revitalizar o espaço urbano.

O Plano Diretor do Município de São Paulo contempla a possibilidade como uma modalidade de ação conjunta entre o setor público e o privado,

ponível em "CD" e no *site* da Fundação Prefeito Faria Lima (CEPAM), *www.cepam. sp.gov.br*. Sobre lei do parcelamento, uso e ocupação do solo, v.: Flávia Mourão Pereira do Amaral, *Revista Pólis* 27, São Paulo, 1996; *Anais do Seminário Políticas Públicas para o Manejo do Solo Urbano: Experiências e Possibilidades*, e *Aspectos Jurídicos do Uso do Solo Urbano*, de Maria Magnólia Lima Guerra, Fortaleza, 1981, publicados pela Universidade Federal do Ceará; "Transferência do direito de construir", de Maria Cecília Lucchese, no mesmo *site* do CEPAM.

33. V., a propósito, o trabalho da arquiteta Maria Cecília Lucchese citado na nota anterior, com extenso relato da experiência estrangeira.

34. V. Eros Roberto Grau, *Direito Urbano*, São Paulo, Ed. RT, 1983.

visando a permitir a reurbanização ou a ocupação de áreas ainda disponíveis com o aproveitamento pleno da capacidade de iniciativa e investimentos particulares, atendendo ao interesse público.

O instituto não constitui novidade para os paulistanos.[35] Cuida-se de detectar determinada área ou região da cidade que necessita de especial interferência do Poder Público (revitalização, preservação, indução de novas características ou correção das já existentes). Tudo a depender das linhas traçadas pelo plano diretor e pela lei específica de sua instituição.

Pretende-se ordenar e reequilibrar o desenvolvimento da cidade segundo os parâmetros definidos em seu plano diretor. Através das operações urbanas quer-se viabilizar recursos privados para obras e incremento de equipamentos urbanos modificando ou preservando espaços e áreas urbanas degradados ou que necessitam impulso para nova urbanização.[36]

José Afonso da Silva, a respeito, doutrinava: "Operação urbana integrada compreende um conjunto integrado de intervenções e medidas coordenadas pelo Poder Público Municipal, com a participação dos proprietários, moradores, usuários permanentes e investidores privados, visando a alcançar transformações urbanísticas e estruturais, a melhoria e a valorização ambiental de área delimitada por lei específica. Essa lei traça as diretrizes e os objetivos da operação urbana".[37]

Como visto, a implantação de uma operação consorciada passa, necessariamente, por diversas etapas jurídicas. É operação complexa, que envolve diversos atores, o Poder Público como promotor e agente do interesse público, o particular, o proprietário, o usuário, o investidor, o empresário, as empresas, associações de moradores etc.

Em seu bojo normalmente estão encartadas modificação de potencial de construção, modificações ou implicações com a lei de zoneamento, estudos de viabilidade urbanística e de cunho econômico-financeiro para determinar a viabilidade do empreendimento como um todo, definição concreta da contrapartida financeira e pagamento efetuado com base na estimativa de valorização dos imóveis. Enfim, é empreendimento de fôlego, envolvendo uma série de relações jurídicas.

Nesse contexto, é previsível a existência de pressões e interesses conflitantes na implantação de projetos advindos dessas operações urbanas.

35. Cf. as Leis municipais 11.090/1991, 11.732/1995, 11.774/1995 e 12.349/1997, Operações Urbanas Anhangabaú, Faria Lima, Água Branca e Urbana Centro.

36. V. Clementina De Ambrosis, *Recuperação da Valorização Imobiliária Decorrente da Urbanização* e *O Município no Século XXI: Cenários e Perspectivas*, São Paulo, Fundação Prefeito Faria Lima (CEPAM), 1999.

37. *Direito Urbanístico Brasileiro*, 3ª ed., pp. 352-353.

Muitas vezes há posições antagônicas que devem ser arbitradas pelo Poder Público. Sua implantação e seu sucesso dependem, além dos aspectos formais, de um constante diálogo entre as partes envolvidas.

Assim, *a visibilidade e controle na movimentação e destino dos recursos* públicos e privados concernentes à operação é medida que não só atende ao interesse público e ao princípio da transparência, mas se impõe como um imperativo democrático na gestão da cidade.

O Estatuto preocupa-se, corretamente, com a gestão desses recursos e com sua destinação final, sua vinculada aplicação nas finalidades legais previamente traçadas. Não teria sentido realizar operação urbana ou qualquer outra operação coligada se, com os recursos auferidos, pudesse o Poder Público, *v.g.*, amortizar dívidas que nenhuma relação têm com as finalidades da própria operação em tela, ou pagar juros de empréstimos para pagamento de servidores públicos, e assim por diante.

Ademais, é óbvio que a sanção por ato de improbidade também atingiria o desvio na própria operação se, *v.g.*, fosse montada ou realizada com vantagens econômico-financeiras desproporcionais em prol do empresariado, para além da justa retribuição pelo investimento empregado no projeto.

Em síntese, a possibilidade da improbidade desponta no dispositivo como mecanismo sancionador de condutas de administradores ou agentes públicos e particulares que possam desviar a finalidade do instituto em seu conteúdo ou operacionalização. Os recursos estão necessariamente *vinculados* à operação urbana levada a efeito pelo Poder Público Municipal.

Nessa medida, a publicidade dos atos praticados, a gestão participativa de todos quantos sofram a intervenção estatal, a transparência na definição dos critérios econômicos envolvidos na operação, são instrumentos imprescindíveis à lisura na condução desse poderoso instrumento de intervenção urbanística no espaço das cidades.

O art. 52, VI, do Estatuto da Cidade estabelece: *"impedir ou deixar de garantir* os requisitos contidos nos incisos I a III do § 4º do art. 40 desta Lei".

Por sua vez, o art. 40 afirma que "o plano diretor, aprovado por lei municipal, é o instrumento básico da política de desenvolvimento e expansão urbana", "parte integrante do processo de planejamento municipal, devendo o plano plurianual, as diretrizes orçamentárias e o orçamento anual incorporar as diretrizes e as prioridades nele contidas" (§ 1º).

O § 4º dispõe: "No processo de *elaboração do plano diretor* e na *fiscalização de sua implementação*, os *Poderes Legislativo e Executivo Municipais garantirão*: I – a promoção de audiências públicas e debates com a participação da população e de associações representativas dos vários segmentos da comunidade; II – a publicidade quanto aos documentos e informações produzidos; III – o acesso de qualquer interessado aos documentos e informações produzidos".

Na verdade, a norma em tela reafirma a necessidade de que a política urbana tenha *efetivamente* concepção e gestão *democráticas* (art. 2º, II, do Estatuto).

Afirma-se que o Chefe do Poder Executivo e o Poder Legislativo têm o dever de *garantir a participação* da população e de associações representativas dos vários segmentos da comunidade na elaboração e implementação do plano diretor.

Os instrumentos dessa participação, as audiências públicas,[38] a ampla publicidade envolvendo aludidos temas e o amplo acesso a documentos e informações são necessários à compreensão do que está sendo encaminhado e decidido.

A participação da população e de entidades representativas, na verdade, já está contemplada na Lei Orgânica do Município de São Paulo em inúmeros dispositivos.[39] Assim, *v.g.*, seu art. 143:

"O Município organizará sua administração e exercerá suas atividades com base num processo de planejamento, de caráter permanente, descentralizado e participativo, como instrumento de democratização da gestão da cidade, de estruturação da ação do Executivo e orientação da ação dos particulares. (...).

"§ 3º. *É assegurada a participação direta dos cidadãos em todas as fases do planejamento municipal, na forma da lei, através das suas instâncias de representação, entidades e instrumentos de participação popular.*"

A norma é vaga em sua formulação, dependendo de complemento ou regulamentação que defina, *em cada caso*, de que modo essa pretendida participação será efetivada, quais os critérios que presidem o chamamento das entidades interessadas, quem são elas, quem representam, de que modo podem participar. Há necessidade de maior detalhamento da regra em foco para naturalmente apurar-se a existência de sua violação.

Desse modo, impedir ou deixar de garantir a participação dessas entidades ou da comunidade pode, segundo o Estatuto, dar ensejo à aplicação da Lei de Improbidade. Sem maiores detalhamentos, que disciplinem concretamente essa participação, não será possível apurar como o Chefe do Executivo ou o próprio Legislativo poderiam frustrá-la.

---

38. Sobre o tema, v. Gordillo, "La Protección de los Derechos", capítulo de seu *Tratado de Derecho Administrativo*, t. 2, Buenos Aires, Fundación de Derecho Administrativo, 1998.

39. V. especialmente os seguintes artigos: art. 2º, I e IV; art. 36, III; § 2º do art. 41; e arts. 54, 55, 83, I e § 1º, e 143, § 3º.

O primeiro passo será, sem dúvida, oferecer projetos e resoluções que disciplinem caso a caso a integral aplicabilidade do dispositivo. Com base neles será possível apurar sua violação. Em caso de lacuna legislativa ou executiva na implementação das aludidas normas já seria possível, em tese, configurar uma frustração do comando legal – tudo a depender da análise das circunstâncias fáticas que envolvem a matéria.

O art. 52, VII, do Estatuto dispõe: "*deixar de tomar as providências necessárias* para garantir a observância do disposto no § 3º do art. 40 e no art. 50 desta Lei".

O § 3º do art. 40 dispõe: "A lei que instituir o plano diretor deverá ser revista, pelo menos, a cada dez anos".

O art. 50, por sua vez, determina que: "Os Municípios que estejam enquadrados na obrigação prevista nos incisos I e II do *caput* do art. 41 desta Lei e que não tenham plano diretor aprovado na data de entrada em vigor desta Lei deverão *aprová-lo até 30 de junho de 2008*" (redação dada pela Lei n. 11.673, de 8 de maio de 2008).

A norma obriga o Município a encaminhar proposta de revisão do plano diretor *pelo menos* a cada dez anos. De outro lado, institui obrigação no sentido de que todos os Municípios Brasileiros com mais de vinte mil habitantes tenham um plano diretor.

De fato, não haveria como implementar toda a vasta gama de instrumentos urbanísticos contemplados no Estatuto da Cidade sem plano diretor. Ele é a espinha dorsal da política urbana. Dele defluem os principais direitos e obrigações urbanísticas. Assim, a norma é coerente, exigindo sua implantação e revisão periódica.

A norma ainda diz respeito ao processo legislativo municipal. Ao exigir a revisão do plano diretor, é preciso indicar quem é competente para oferecer projeto de alteração da lei que institui aludido plano. Ademais, na hipótese de ausência de revisão no prazo legal (art. 40, § 3º, do Estatuto), a quem é possível responsabilizar.

Há liminarmente que distinguir processo de *planejamento* em geral, que se dilui através de várias ações e instrumentos como, *v.g.*, o plano de governo, o plano orçamentário decomposto nas várias leis (LDO, orçamentária etc.), do plano diretor – instrumento urbanístico aprovado mediante lei municipal.

A iniciativa do plano diretor é do Executivo, do prefeito municipal. É o Executivo que orienta e prepara o plano, ouvidos todos os órgãos e setores técnicos envolvidos. No Município de São Paulo a aprovação de alteração do plano diretor depende do voto favorável de três quintos dos membros da Câmara (§ 4º do art. 40 da LOMSP).

O prefeito que encaminha o projeto de alteração do plano diretor, visando a renová-lo, atualizá-lo, cumpre a regra do art. 52, VII, primeira parte? Acreditamos que a resposta é positiva. *Quid juris* se o projeto dormitar no Legislativo, sem justificativa plausível? Estariam também os vereadores sujeitos a cumprir a regra, ou a não frustrar seu cumprimento? Poderiam praticar ato de improbidade?

Conquanto a questão seja tormentosa e de algum modo se enquadre no antigo problema da "irresponsabilidade do legislador",[40] cremos que há plausibilidade na tese da responsabilização dos agentes políticos se restar comprovada *omissão dolosa passível de ser individualizada*. Mas reconhecemos que a regra é dirigida de modo especial ao prefeito municipal.

A segunda parte da regra traz dificuldades sérias de interpretação e aplicabilidade. Alude a "aprovação" de planos diretores em Municípios com mais de vinte mil habitantes. Novamente o problema se põe, dessa feita com maior vigor.

Teria o dispositivo fixado prazo certo ao *legislador municipal*? A necessidade de "aprovar" o plano diretor em cinco anos, nos Municípios que não disponham desse importantíssimo instrumento, é norma cogente? Poderia o legislador federal, a pretexto de editar normas gerais, ter fixado aludido prazo?

Cremos que a resposta é positiva. A obrigatoriedade do plano decorre de norma constitucional (art. 182, § 1º). A mora dos Municípios é notória. Os Municípios devem aparelhar-se para editar seus planos diretores, sem os quais nenhum dos instrumentos do Estatuto da Cidade poderá ser implementado ou aplicado.

Digamos que o prefeito encaminhe o projeto e a Câmara não o aprove ou o rejeite, ou mesmo que haja emendas ao projeto original – o projeto pode ser aprovado, com ou sem emendas, ou rejeitado.

Ao que parece, a finalidade do Estatuto é clara. Ele postula a *existência*, a produção do plano diretor, instrumento imprescindível para o regular desenvolvimento do espaço urbano. Sua criação depende de lei, ato complexo por natureza. Executivo e Legislativo têm o dever constitucional de exercer suas competências.

Desse modo, cumpre seu dever o Chefe do Executivo que encaminha o projeto ao Legislativo. Este, por sua vez, igualmente tem o dever de legislar, de encaminhá-lo. O processo legislativo deve seguir seu percurso, respeitando toda a regulamentação interna que a matéria exige. Não há como fixar prazos para a aprovação de projetos de lei.

40. *Calcanhar de Aquiles* do direito constitucional, que mesmo com o mandado de injunção ou a inconstitucionalidade por omissão não logrou equacionamento jurídico-político satisfatório.

O art, 52, VIII, do Estatuto da Cidade dispõe: "adquirir imóvel objeto de direito de preempção, nos termos dos arts. 25 a 27 desta Lei, pelo valor da proposta apresentada, se este for, *comprovadamente*, superior ao de mercado".

O tema já foi objeto de nossos comentários (art. 52, III). Na verdade, trata-se de uma complementação daquele dispositivo, reforçando-o. Evidentemente que, nessa hipótese, o *ato de improbidade* é claro e insofismável, havendo no mínimo *lesão ao Erário*, devendo ser aplicado o art. 10 da Lei 8.429/1992. Eventualmente pode ser invocado o art. 9º, II, da mesma lei.

Com isso, entendemos ter abordado os principais aspectos alusivos ao art. 52 do *Estatuto da Cidade*. Com ele o legislador pretendeu punir os agentes públicos que desviem sua finalidade e intenção. Esperamos que não haja necessidade de invocá-lo com frequência. Será a prova maior de que o Estatuto veio para ficar.

6. Jurisprudência aplicada à espécie

A política urbana objetiva ordenar o pleno desenvolvimento das funções sociais da cidade e da propriedade urbana, mediante as diretrizes gerais constantes da lei (art. 2º do Estatuto) e o uso de instrumentos de planejamento nos níveis nacional, regional e estadual, inclusive regiões metropolitanas, aglomerações urbanas e microrregiões (art. 4º, I e II, do), e municipal, em especial nesse âmbito governamental (art. 4º, III, do Estatuto), com rol exemplificativo de meios tradicionais (plano diretor, disciplina do parcelamento, do uso e da ocupação do solo, zoneamento ambiental, plano plurianual, diretrizes orçamentárias e orçamento anual) e inovadores ou contemporâneos (gestão orçamentária participativa).

Sem prejuízo da punição de outros agentes públicos envolvidos e da aplicação de outras sanções cabíveis, o prefeito (assim também considerado o governador do Distrito Federal, porque o art. 51 estende as obrigações municipais à esfera distrital) incorre em improbidade administrativa, nos termos da Lei 8.429, nos casos arrolados no art. 52.

Como vimos, há o instrumento do inciso VI que considera improbidade administrativa o impedimento ou a supressão dos instrumentos da transparência (audiências públicas, publicidade e acesso à informação), obrigatórios na elaboração e fiscalização da execução do plano diretor (art. 40, § 4º, da Lei 10.257/2001).

No Estado do Rio Grande do Sul, foi considerada inconstitucional a Lei 1.365/1999 do Município de Capão da Canoa, que ao estabelecer normas acerca de edificações e loteamentos, alterou o Plano Diretor sem a "obrigatória participação das entidades comunitárias legalmente constituídas na definição do plano diretor" (TJRS, ADI 70005449053, j. 5.4.2004, rel. Des. Araken de Assis).

A observância do princípio da participação popular deve ocorrer em todas as fases de elaboração do plano diretor, o que exige que eventuais emendas sejam submetidas também à consulta pública, nos termos do art. 43, II, do Estatuto da Cidade.

No Estado de São Paulo, foi declarada a inconstitucionalidade da Lei Complementar 81/2007 do Município de São Sebastião, com o mesmo fundamento:

"Ausência de prévios estudos técnicos detalhados, planejamento e consulta à população diretamente interessada. Lei de zoneamento corretamente impugnada por dispor de matéria exclusiva de Plano Diretor. Não atendimento às exigências contidas na Lei Federal 10.257/01, art. 50" (TJ-SP, ADI 147.807-0/6-00, j. 11.3.2009, rel. Reis Kuntz).

Por fim, para fins de dosimetria, refira-se novamente caso do Estado do Rio Grande do Sul, em que Ação Civil Pública em face do Prefeito do Município de Pinheiro Machado foi julgada procedente, declarando-se este incurso no art. 11, *caput* e inciso II da Lei 8.429/1992, sendo condenado ao pagamento de quatro vencimentos, na linha do que preceitua o art. 12, inciso III.

Ainda que município com menos de vinte mil habitantes, considerou-se o município de Pinheiro Machado inserido em área de influência de empreendimentos ou atividades com significativo impacto ambiental de âmbito regional ou nacional, hipótese em que o plano diretor também se afigura obrigatório (art. 41, V, do Estatuto). Não restaram comprovadas as alegações de insuficiência financeira para a realização do plano diretor – teoria da reserva do possível, prevalecendo o entendimento de que houve omissão do prefeito quanto ao dever de elaboração de plano diretor.

AÇÃO CIVIL PÚBLICA E ESTATUTO DA CIDADE

Cassio Scarpinella Bueno

Art. 53. O art. 1º da Lei n. 7.347, de 24 de julho de 1985, passa a vigorar acrescido de novo inciso III, renumerando o atual inciso III e os subsequentes:

"Art. 1º. (...).

"(...);

"III – à ordem urbanística;

"(...)." *(Artigo revogado pela Medida Provisória 2.180-35/2001)*

Art. 54. O art. 4º da Lei n. 7.347, de 1985, passa a vigorar com a seguinte redação:

"Art. 4º. Poderá ser ajuizada ação cautelar para os fins desta Lei, objetivando, inclusive, evitar o dano ao meio ambiente, ao consumidor, à ordem urbanística ou aos bens e direitos de valor artístico, estético, histórico, turístico e paisagístico *(vetado).*" *(O art. 4º da Lei 7.347/1985 tem nova redação dada pela Lei 12.966/2014)*

1. Introdução

Quando a doutrina trata das "ondas de acesso à Justiça", especificamente da denominada "segunda onda", salienta a necessidade do pensar e do construir um processo civil voltado a lidar e *resolver eficazmente* diferentes espécies de conflitos de interesses que não se encaixam na usual visão do direito subjetivo *personificado* em dada pessoa, que o titulariza e que, consequentemente, pode agir em juízo para defender o que é seu (CPC, art. 6º).[1]

---

1. Por todos, v. Mauro Cappelletti e Bryant Garth, *Acesso à Justiça*, esp. pp. 49-67.

A sociedade mudou; suas expectativas e necessidades também. O Direito, de uma forma ou de outra, *teve* e *tem* que acompanhar essa mudança. Daí que direitos meta-individuais, não pertencentes mais a uma só pessoa mas a um grupo, às vezes indeterminado, passaram a ocupar largo e gradativo espaço nos ordenamentos jurídicos, em resposta a estes *novos* anseios sociais.

Mas não só as diretrizes *substanciais* do Direito que se alteraram e vêm se alterando, no que diz respeito ao presente trabalho, do individual para o coletivo. Também as *formas de resolução* de conflitos derivados desses "novos" direitos, *meta-individuais*, precisaram e precisam ser alteradas, para que sejam adequadas para seu fim último: aplicação do direito material. Na exata proporção em que se conceberam "novos" direitos, precisou-se conceber novas formas de aplicação compulsória desses mesmos direitos em conflito. Se o perfil do "novo" direito é diverso do que lhe precedeu, o perfil dos mecanismos de resolução dos conflitos derivados desses "novos" direitos também deverá ser.

Aqui não há espaço para discutir se direito material (substancial) sem a existência de uma forma correlata de sua aplicação *compulsória* – isto é, mesmo independentemente da vontade do(s) destinatário(s) da norma – não é direito.[2] O que importa destacar é que, fixada a ideia da *necessidade* de formas de resolução de conflito de "novos" direitos materiais, o vetusto art. 75 do Código Civil tem sido lido, interpretado e aplicado pela doutrina do direito processual. "A todo o direito corresponde uma ação, que o assegura."[3] Não poderia ser diferente quando se trata de *novos* direitos e *novos* anseios sociais.

A partir de preocupações e necessidades como essas apenas ventiladas, surge, para o Direito Brasileiro, a Lei 7.347/1985, a Lei da Ação Civil Pública. Essa ação surge para dar implementação prática e concreta a determinados direitos e interesses *materiais* ou *substanciais* "novos" ou "diferenciados" quando comparados com o clássico modelo do direito subjetivo titularizado por uma e apenas uma pessoa. Tais direitos "novos", posto que

2. Esse tema é tratado por Cândido Rangel Dinamarco em trabalho que não pode deixar de ser lido. Refiro-me a "Direito e processo", publicado em *Fundamentos do Processo Civil Moderno*, 6ª ed., v. I, São Paulo, Malheiros Editores, 2010, pp. 61-92. De minha parte, voltei-me ao tema em meu "Direito, interpretação e norma jurídica: uma aproximação musical do direito" (*Revista de Processo*, vol. 111, São Paulo, Ed. RT, julho/setembro de 2003). Para o tema aqui tratado, consultar o que está escrito às pp. 233-237.

3. Neste sentido, v.: José Carlos Barbosa Moreira, *Notas sobre o Problema da Efetividade no Processo*, p. 208; e Kazuo Watanabe, *Da Cognição no Processo Civil*, pp. 21-25, esp. 25, e *Código Brasileiro de Defesa do Consumidor Comentado pelos Autores do Anteprojeto*, pp. 742-747, esp. p. 745.

definidos no ordenamento jurídico, careciam de instrumentos jurisdicionais para sua aplicação compulsória, é dizer: quando descumpridos ou simplesmente não cumpridos por pura inércia ou omissão não havia condições ou mecanismos de exigir sua observância. Os modelos jurisdicionais até então existentes, moldados para resolução de conflitos de direitos subjetivos personificados em pessoas bem definidas, não tinham aptidão para solucionar uma espécie diferente de controvérsia cujos titulares podem não ser identificados ou sequer identificáveis.[4]

Tanto que Rodolfo de Camargo Mancuso, quando discute a natureza *material* ou *processual* da Lei da Ação Civil Pública, escreve o seguinte: "Na *Exposição de Motivos* do Projeto Bierrenbach (3.034/1984), que foi o embrião da atual Lei 7.347/1985, transcreveu-se o encaminhamento da matéria feito pela Comissão de juristas que estudara o assunto. Ali se lê que no quadro do direito positivo registravam-se textos autorizativos da atuação do Ministério Público em matéria de meio ambiente (Lei 6.983/1981, art. 14; Lei Complementar 40/1981, art. 3º, III; Lei Complementar paulista 304/1982, art. 41, I). Adiante se acrescentava: 'No campo civil, contudo, tais dispositivos não têm sido utilizados, até porque a Lei 6.983/1981 não disciplina a destinação da indenização ou reparação'. Enfim, '(...) optou-se por disciplinar as ações a que alude a Lei 6.983/1981, que, pela primeira vez entre nós, se preocupou especificamente com a tutela jurisdicional de certos interesses difusos'".[5]

E complementa o precitado professor, em seguida: "Ainda que o texto afinal promulgado tenha se distanciado, a certos respeitos, da formulação originária, percebe-se, por aquela *Exposição de Motivos*, a intenção de *disciplinar*, de *regulamentar*, de *instrumentalizar*, de dispor sobre a *forma processual* que seria a mais adequada para viabilizar o acesso à Justiça daqueles interesses difusos mencionados nas leis 'substantivas'".[6]

É esse o contexto que me parece ser o mais adequado para os (breves) comentários que se seguem a respeito da ação civil pública e do Estatuto da Cidade. Quando o legislador entendeu ser conveniente deixar *expresso* que a ação civil pública serve para a tutela da "ordem urbanística" – e o fez, pela primeira vez, no art. 53 da Lei 10.257, de 10.7.2001, o *Estatuto da Cidade* (art. 1º, parágrafo único) – é porque sentiu necessidade de destinar todo um instrumental para cumprimento *compulsório* de determinadas prescrições de direito material. Justamente para que, ao mesmo tempo em que definia

---

4. Sobre o assunto, v.: Ada Pellegrini Grinover, *Código Brasileiro de Defesa do Consumidor Comentado pelos Autores do Anteprojeto*, pp. 703-705; Kazuo Watanabe, *Código Brasileiro de Defesa do Consumidor* ..., pp. 706 e ss.

5. *Ação Civil Pública*, pp. 26-27.

6. Idem, p. 27 (os grifos são do original).

direitos, restassem assegurados, na mesma e idêntica proporção, mecanismos de sua realização prática, pressupondo que nem sempre as prescrições substanciais são voluntariamente acatadas pelos seus destinatários.

2. Um quase-desastrado caso de "inovação revogatória" na ordem jurídica

O desenvolvimento do que anunciei no item anterior manteria o mesmo tom não fossem fatos normativos que ocorreram desde que o legislador resolveu *expressar-se* quanto ao cabimento da ação civil pública para a tutela da "ordem urbanística". Fundamental para um estudo que se pretende sério – posto que breve – descrever a sucessão de normas de direito positivo editadas desde o dia 10 de julho de 2001, data da Lei 10.257, o *Estatuto da Cidade*. Descrevê-las não só pelo prazer da descrição e do conhecimento do direito *positivo* brasileiro, mas também – e principalmente – para demonstrar que, a par das ricas discussões que o "novo" tipo de ação civil pública suscita e suscitará, outras tantas não podem ser desconhecidas e ignoradas pela doutrina e pela jurisprudência. Quando menos para colocar em destaque o verdadeiro caos normativo que é o ordenamento jurídico nacional.

É que, não fosse pelo art. 58 do Estatuto da Cidade, não haveria como deixar de reconhecer que, ao lado do cabimento da ação civil pública para a tutela da "ordem urbanística", esta ação não serviria mais para a tutela de "qualquer outro interesse difuso e coletivo". Pelo menos no plano infraconstitucional. Mais do que isto, entretanto: a ação civil pública para tutela da ordem urbanística, desejada, inequivocamente, pelo legislador do Estatuto da Cidade, parece estar contaminada de flagrante inconstitucionalidade formal.

Ocupo-me com a demonstração de cada uma destas afirmações.

O art. 53 do Estatuto da Cidade, Lei 10.257, de 10.7.2001, introduziu um novo inciso no art. 1º da Lei da Ação Civil Pública, Lei 7.347, de 24.7.1985, de n. III. Por força daquele dispositivo, a ação civil pública passou a ter como objeto *também* a proteção da "ordem urbanística".

O referido art. 53 determinara, ainda, que os incisos originais do art. 1º da Lei 7.347/1985 fossem remunerados: o que era inciso III passou a ser IV (bens e direitos de valor artístico, estético, histórico, turístico e paisagístico), e o inciso IV (qualquer outro interesse difuso ou coletivo) passou a ser V.

Logo depois da publicação daquela lei foi reeditada a Medida Provisória 2.180, de 27.7.2001, então na 34ª reedição, cujo art. 6º, a exemplo das suas edições anteriores, determinou a introdução de um novo inciso V na Lei da Ação Civil Pública, segundo o qual cabe ação civil pública "por infração da ordem econômica e da economia popular".

Mesmo que não intencionalmente, não há como deixar de notar que, em virtude do advento da então 34ª reedição da Medida Provisória 2.180, qualquer um poderia imaginar estar *revogado* o cabimento da ação civil pública para a tutela de "qualquer outro interesse difuso ou coletivo", justamente o dispositivo da Lei 7.347/1985 tão elogiado pela doutrina, em virtude da ampla gama de possibilidades de emprego daquela ação para a tutela de interesses e direitos meta-individuais. Isto porque o anterior inciso IV do art. 1º da Lei da Ação Civil Pública, que o art. 53 da Lei 10.257, de 10.7.2001, determinou passasse a ser inciso V, com a Medida Provisória 2.180-34, de 27.7.2001, passou a ter a seguinte redação: "por infração da ordem econômica e da economia popular".

Esta situação, quando menos embaraçosa, foi objeto de regulação expressa da 35ª reedição da Medida Provisória 2.180, de 24.8.2001, publicada no *Diário Oficial da União* de 27.8.2001, que quis, ao que tudo indica, contornar a situação. Na última versão da medida provisória, seu art. 6º deu *nova* redação aos incisos V *e* VI do art. 1º da Lei 7.347/1985, nos seguintes termos:

"Art. 6º. Os arts. 1º e 2º da Lei n. 7.347, de 24 de julho de 1985, passam a vigorar com as seguintes alterações:

"'Art. 1º. (...).

"'V – por infração da ordem econômica e da economia popular;

"'VI – à ordem urbanística'. (...)."

Mercê da redação determinada pela última reedição da Medida Provisória 2.180, a ação civil pública volta-se à tutela de eventuais infrações à ordem econômica e à economia popular (Lei 7.347/1985, art. 1º, V) e à tutela da ordem urbanística (Lei 7.347/1985, art. 1º, VI).[7] Não há como duvidar, destarte, de que o *novo* inciso VI do art. 1º da Lei 7.347/1985 admite que a ação civil pública pode ser utilizada como *instrumento jurisdicional* dos bens materiais idealizados e criados pelo Estatuto da Cidade (v. n. 5, *infra*) e que, nesse sentido, foi restabelecida ou confirmada, no direito positivo, a vontade da Lei 10.257/2001. O art. 21 da Medida Provisória 2.180-35 *revogou expressamente* o art. 53 do Estatuto da Cidade, ao mesmo tempo em que seu art. 18 autorizou o Executivo Federal a republicar as leis alteradas pela medida provisória, incorporando aos respectivos textos as alterações nela introduzidas.

7. O inciso V do art. 1º da Lei 7.347/1985 acabou ganhando nova redação determinada pela Lei 12.529/2011 (conhecida como "lei do super CADE" ou, mais tecnicamente, lei que "estrutura o Sistema Brasileiro de Defesa da Concorrência – SBDC e dispõe sobre a prevenção e a repressão às infrações contra a ordem econômica"). A atual redação do dispositivo ("por infração da ordem econômica"), de qualquer sorte, não interfere no desenvolvimento do presente trabalho.

A revogação expressa e inequívoca da ação civil pública para as "ações de responsabilidade por danos morais e patrimoniais causados a qualquer outro interesse difuso ou coletivo" só não se verificou porque o art. 58 do Estatuto da Cidade estabeleceu *vacatio legis* de noventa dias contados de sua publicação para aquele diploma legislativo. Assim, porque o art. 53 da Lei 10.257/2001 só entraria em vigor em 9 de outubro de 2001, as modificações estabelecidas no art. 1º da Lei 7.347/1985 pela 34ª e 35ª reedições da Medida Provisória 2.180 não tiveram condições de consumar a "sobreposição" de incisos do dispositivo e a *absorção* do inciso IV (interesses difusos ou coletivos) pela ação civil pública para a tutela da ordem econômica e economia popular e ordem urbanística. Só por isto, entretanto. Não fosse a *ineficácia imediata* do Estatuto da Cidade e, irremediavelmente, o cabimento da ação civil pública para a tutela de "qualquer outro interesse difuso ou coletivo" teria sido extirpada do ordenamento jurídico nacional.

Não tenho dúvidas quanto a esta afirmação. A Medida Provisória 2.180-35, de 24.8.2001 (– a última da série e que foi "congelada" por força do art. 2º da Emenda Constitucional 32/2011 v. n. 4, *infra*), silenciou acerca do inciso IV do art. 1º da Lei 7.347/1985, limitando-se a revogar o art. 53 do Estatuto da Cidade. Mas a *expressa* revogação deste dispositivo pelo art. 21 da referida medida provisória, por si só, *não teria o condão* de restabelecer a vigência da norma revogada (Lei 12.376/2010, Lei de Introdução às normas do Direito Brasileiro, art. 2º, § 3º).[8] É assente a doutrina quanto à inexistência no Direito Brasileiro do efeito repristinatório da lei, a não ser que a lei revogadora discipline diferentemente *e* de maneira *expressa*.

Como acentua, com precisão, Maria Helena Diniz: "Assim sendo, deixando de existir a norma revogadora, não se terá o convalescimento da revogada. A revogação põe termo à lei anterior, que, pelo término da vigência da norma que a revogou, não renascerá. Como se vê, a lei revocatória não voltará *ipso facto* ao seu antigo vigor, a não ser que haja firme propósito de sua restauração, mediante declaração expressa de lei nova que a restabeleça, restaurando-a *ex nunc*, sendo denominado por isso 'repristinatória'. Faltando menção expressa, a lei restauradora ou repristinatória é lei nova que adota o conteúdo da norma primeiramente revogada. Logo, sem que haja outra lei que, explicitamente, a revigore, será a norma revogada tida como inexistente".[9]

8. "Art. 2º. Não se destinando à vigência temporária, a lei terá vigor até que outra a modifique ou revogue. "(...).
"§ 3º. Salvo disposição em contrário, a lei revogada não se restaura por ter a lei revogadora perdido a vigência."
9. *Lei de Introdução ao Código Civil Brasileiro Interpretada*, p. 83. No mesmo sentido Limongi França (*O Direito, a Lei e a Jurisprudência*, pp. 124-125) e, embora

O fato de o originário inciso IV do art. 1º da Lei 7.347/1985 ter sido acrescentado pelo art. 110 da Lei 8.078/1990, o Código de Proteção e Defesa do Consumidor, seria indiferente para constatar sua inequívoca retirada do ordenamento jurídico pela referida medida provisória. O que *quase* se revogou foi a possibilidade de a Lei 7.347/1985 reger as "ações de responsabilidade por danos morais e patrimoniais causados a qualquer outro interesse difuso ou coletivo". Imaginar que o referido art. 110 do Código do Consumidor teria "sobrevivido" ou estaria "imune" à sucessão de normas posteriores que teriam disciplinado *diferentemente* o *mesmo* assunto seria agredir comezinhas regras de hermenêutica jurídica, consolidadas, entre nós, no art. 2º, § 1º, da Lei de Introdução às normas do Direito Brasileiro.

Assim, não fosse pela *vacatio legis* do Estatuto da Cidade, o caótico quadro de medidas provisórias que caracterizava, à época – e ainda, convenhamos, caracteriza – o ordenamento jurídico brasileiro teria revogado o art. 1º, IV, da Lei 7.347/1985, que não foi objeto de disciplina *específica* em qualquer das duas edições mais recentes da Medida Provisória 2.180-35. Por incrível que possa parecer, mormente para os cultores do direito processual, o estado de *ineficácia* da lei (embora temporária) foi a causa de sua salvação. Não seria mais fácil que o Executivo e o Legislativo aplicassem (ou, quando menos, lessem) a Lei Complementar 95, de 26.2.1998, que disciplina o processo legislativo do art. 59 da Constituição Federal e busca, na medida do possível, criar condições para que esta confusão de normas não se verifique?

De qualquer sorte, é certo que eventual "revogação" da ação civil pública para a tutela de quaisquer outros interesses difusos e coletivos a não ser aqueles *expressamente* reconhecidos no art. 1º da Lei 7.347/1985 não afetaria que o Ministério Público pudesse valer-se daquele mecanismo processual para tal fim. A pertinência subjetiva para o Ministério Público ajuizar ações civis públicas sem exaustão de seu objeto decorre superior e diretamente do art. 129, III, da Constituição Federal.[10] Quem perderia a possibilidade de utilização da ação civil pública para bens que não estejam expressamente descritos na legislação, destarte, seriam todos os outros legitimados do art. 5º da Lei 7.347/1985.[11]

sem fazer menção ao art. 2º, § 3º, da então Lei de Introdução ao Código Civil, Carlos Maximiliano (*Hermenêutica e Aplicação do Direito*, pp. 365-366).

10. "Art. 129. São funções institucionais do Ministério Público: (...) III – promover o inquérito civil e a ação civil pública, para proteção do patrimônio público e social, do meio ambiente e de outros interesses difusos e coletivos." Também a tutela de interesses *individuais* indisponíveis está a cargo do Ministério Público, como expressamente admite o art. 127, *caput*, da Constituição Federal. Para essa discussão, v. meu *Curso Sistematizado de Direito Processual Civil*, v. 2, t. III, pp. 219-224.

11. À época em que o Estatuto da Cidade foi promulgado o art. 5º da Lei 7.347/1985 tinha a seguinte redação: "Art. 5º. A ação principal e a cautelar poderão

3. Inconstitucionalidade formal do "novo" tipo de ação civil pública

O tema que diz respeito a este trabalho, no entanto, não é o relativo à ação civil pública para a tutela de direitos difusos e coletivos. Até porque, passado o "susto" narrado no tópico anterior, o art. 1º, IV, da Lei 7.347/1985 restou incólume.

O que releva, aqui, é a circunstância de que, em virtude do art. 6º da Medida Provisória 2.180-35, de 24.8.2001, a ação civil pública tem cabimento para a tutela da ordem urbanística, recuperado, assim, o intuito do revogado art. 53 do Estatuto da Cidade. Independentemente da destinação da ação civil pública para tutelar *outros* direitos substanciais, ela cabe – pelo menos é o que diz o art. 6º da Medida Provisória 2.180-35 – para a tutela da "ordem urbanística". De modo direto: a previsão do cabimento da ação civil pública para a tutela da "ordem urbanística" deriva, única e exclusivamente, de medida provisória. Não da lei; não do Estatuto da Cidade, cujo art. 53 foi *expressamente* revogado justamente por aquela Medida Provisória.

Esta afirmação traz em si mesma uma consequência digna de destaque.

Para todos aqueles que sustentavam que medida provisória não poderia disciplinar matéria de processo (qualquer tipo de processo: civil, penal ou trabalhista), a inovação, hoje incorporada ao inciso VI do art. 1º da Lei 7.347/1985, é *flagrantemente* inconstitucional, quando menos do ponto de vista *formal*.[12]

Não é porque o objetivo da última reedição da Medida Provisória 2.180 foi o de recuperar o infeliz – e lamentável – descompasso entre o legislador ordinário e o legislador extraordinário (o das medidas provisórias) que a tese da inconstitucionalidade formal de toda e qualquer inovação processual por intermédio de medida provisória cede espaço. Ou medida provisória

ser propostas pelo Ministério Público, pela União, pelos Estados e Municípios. Poderão também ser propostas por autarquia, empresa pública, fundação, sociedade de economia mista ou por associação que: I – esteja constituída há pelo menos um ano, nos termos da lei civil; II – inclua entre suas finalidades institucionais a proteção ao meio ambiente, ao consumidor, à ordem econômica, à livre concorrência, ou ao patrimônio artístico, estético, histórico, turístico e paisagístico". A Lei 11.448/2007 modificou-a para o seguinte: "Art. 5º. Têm legitimidade para propor a ação principal e a ação cautelar: I – o Ministério Público; II – a Defensoria Pública; III – a União, os Estados, o Distrito Federal e os Municípios; IV – a autarquia, empresa pública, fundação ou sociedade de economia mista; V – a associação que, concomitantemente: a) esteja constituída há pelo menos um ano nos termos da lei civil; b) inclua, entre suas finalidades institucionais, a proteção ao meio ambiente, ao consumidor, à ordem econômica, à livre concorrência, aos direitos de grupos raciais, étnicos ou religiosos ou ao patrimônio artístico, estético, histórico, turístico e paisagístico" (*letra "b" com redação dada pela Lei 12.966/2014*).

12. A respeito, v. meu *O Poder Público em Juízo*, pp. 13-14.

cria regras processuais, ou não. Nunca houve uma terceira solução para este impasse. Não é porque medida provisória cria norma ampliativa de direito que ela deixa de ser inconstitucional por fundamento, que diz respeito única e exclusivamente à sua gênese.

Independentemente da vedação *expressa* hoje incorporada ao art. 62, § 1º, "b", da Constituição Federal (redação da EC 32, de 11.9.2001),[13] é certo que o Supremo Tribunal Federal, por algumas vezes, teve oportunidade de declarar a inconstitucionalidade de medidas provisórias que disciplinaram questões processuais.[14] Decisão importante a respeito foi com relação ao art. 24 da então Medida Provisória 2.152-2, de 1.6.2001, conhecida como "medida provisória *do apagão*", que estabelecia uma hipótese de litisconsórcio *necessário* entre a União Federal, a Agência Nacional de Energia Elétrica (ANEEL) e a concessionária privada prestadora do serviço público de energia elétrica, nos seguintes termos: "Art. 24. A União, na qualidade de poder concedente, e a ANEEL, na qualidade de agência reguladora do setor de energia elétrica, serão citadas como litisconsortes passivos em todas as ações judiciais em que se pretenda obstar ou impedir, em razão da aplicação desta Medida Provisória e da execução de normas e decisões da GCE, a suspensão ou interrupção do fornecimento de energia elétrica, a cobrança de tarifas ou a aquisição de energia ao preço praticado no MAE".[15]

13. No que diz respeito ao tema do presente trabalho, é a seguinte a atual redação do art. 62 da Constituição Federal:
"Art. 62. Em caso de relevância e urgência, o Presidente da República poderá adotar medidas provisórias, com força de lei, devendo submetê-las de imediato ao Congresso Nacional.
"§ 1º. É vedada a edição de medidas provisórias sobre matéria:
"I – relativa a:
"a) nacionalidade, cidadania, direitos políticos, partidos políticos e direito eleitoral;
"b) direito penal, processual penal e processual civil;
"c) organização do Poder Judiciário e do Ministério Público, a carreira e a garantia de seus membros;
"d) planos plurianuais, diretrizes orçamentárias, orçamento e créditos adicionais e suplementares, ressalvado o previsto no art. 167, § 3º;
"II – que vise a detenção ou sequestro de bens, de poupança popular ou qualquer outro ativo financeiro;
"III – reservada a lei complementar;
"IV – já disciplinada em projeto de lei aprovado pelo Congresso Nacional e pendente de sanção ou veto do Presidente da República."
14. V. meu *O Poder Público* ..., pp. 315/332. O acórdão integral da ADI 1.753-2-DF está em anexo ao livro, pp. 371/385.
15. Este dispositivo foi mantido até a 3ª reedição da medida provisória, já sob o n. 2.198-3, de 28.6.2001. Foi alterado a partir da 4ª reedição (v. nota seguinte).

Como se lê da nota do julgamento respectivo,[16] o motivo principal da suspensão liminar do referido dispositivo se deveu à impossibilidade de medida provisória cuidar de regras processuais.[17]

16. STF, Plenário, ADI/Medida Liminar 2.473-6-DF, rel. Min. Néri da Silveira, j. 13.9.2001, *DJU* 7.11.2003, p. 81. Foi disponibilizada nota de julgamento no *site* do Supremo Tribunal Federal, *www.stf.gov.br*, com o seguinte teor: "O Plenário do Supremo Tribunal Federal (STF) deferiu hoje (13.9) medida cautelar suspendendo a eficácia do art. 24 da Medida Provisória 2.152, que criou a Câmara de Gestão da Crise de Energia Elétrica (GCE). O artigo determina a citação como litisconsortes passivo da União e da Agência Nacional de energia Elétrica (ANEEL) nas ações que tratem do plano de racionamento de energia elétrica. Como litisconsorte passiva, a União passaria a ter interesse na demanda, levando para a Justiça Federal o julgamento. A medida cautelar foi deferida por maioria, vencidos os Mins. Nélson Jobim e Moreira Alves. O Min. Ilmar Galvão defendeu, em seu voto, que 'medida provisória é instrumento inidôneo para legislar sobre temas processuais'. A Medida Provisória 2.152 começou a ser apreciada pelo STF em junho deste ano. O Supremo examinou e declarou a constitucionalidade de vários pontos relativos à medida provisória do 'Apagão' durante o julgamento de ação declaratória de constitucionalidade (ADC 9) proposta pelo Executivo. Mas ainda restou o julgamento de alguns pontos questionados por ações diretas de inconstitucionalidade. A principal discussão no julgamento dessas ações diretas de inconstitucionalidade (ADI 2.468, 2.470 e 2.473), propostas por partidos de Oposição contra o plano de racionamento de energia elétrica, ocorreu quando da apreciação do art. 24 da medida provisória. Mas o julgamento foi suspenso, por falta de quórum. Hoje os Ministros retomaram a discussão e suspenderam a eficácia do artigo".

17. Não fosse em virtude do aspecto *formal*, não havia como deixar de tachar o dispositivo de inconstitucional por *dificultar o acesso à Justiça para questionar* mais um mirabolante plano do Governo. Sim, porque a determinação *legal* de um litisconsórcio (que, de resto, não decorre da relação jurídica material controvertida, visto que as personalidades jurídicas da União Federal e da ANEEL são distintas – v. Lei 9.427, de 26.12.1996, que cria a ANEEL como *autarquia de regime especial*) significava, sistematicamente, o deslocamento da competência das ações em que se discutia o "Apagão" para a Justiça Federal, por força do art. 109, I, da Constituição Federal. Como o número de Varas Federais espalhadas pelo Brasil concentra-se muito mais nas Capitais dos Estados do que no seu Interior, não é difícil perceber a maior dificuldade (se não impossibilidade, pura e simples) de acesso à Justiça daqueles que não têm a "sorte" de morar próximo a sedes de seção judiciária. Tanto que nas duas últimas reedições da medida provisória – tornadas *definitivas* pelo art. 2º da Emenda Constitucional 32/2001 com o n. 2.198-5, de 24.8.2001 – o art. 24 foi "amenizado", em homenagem ao art. 109, § 3º, da Constituição Federal, para dispor o seguinte: "Art. 24. Caso a comarca em que domiciliado o interessado não seja sede de Vara do Juízo Federal, as ações em que se pretenda obstar ou impedir, em razão da aplicação desta Medida Provisória e da execução de normas e decisões da GCE, a suspensão ou interrupção do fornecimento de energia elétrica, a cobrança de tarifas ou a aquisição de energia ao preço praticado no MAE poderão, sem prejuízo da citação obrigatória da União e da ANEEL, ser propostas na Justiça Estadual, cabendo recurso para o Tribunal Regional Federal na área de jurisdição do juiz de primeiro grau".

Nesse sentido, portanto, mesmo que se possa imaginar alguma boa intenção na última versão da Medida Provisória 2.180-35, este *móvel* não altera a patente inconstitucionalidade *formal* do dispositivo, que de forma alguma foi suplantada ou convalidada pelo *congelamento* determinado pelo art. 2º da Emenda Constitucional 32/2001.

4. A estabilização da ação civil pública para tutela da ordem urbanística: a Emenda Constitucional 32/2001

Para quem não concordar ou não se importar com as afirmações que ocupam os dois tópicos precedentes, uma "boa" notícia. A situação legislativa do cabimento da ação civil pública para a tutela da "ordem urbanística" (Lei 7.347/1985, art. 1º, VI, na redação da MP 2.180-35) estabilizou-se em virtude da Emenda Constitucional 32, de 11.9.2001, que limitou (*expressamente*) os casos de edição de medida provisória, modificando substancialmente o art. 62 da Constituição Federal. Dentre as novidades está a vedação de sua edição para tratar de temas processuais *civis* e *penais* (alínea "b" do inciso I do § 1º do art. 62 da CF). Assim, pelo menos enquanto a emenda constitucional estiver sendo levada a sério, dificilmente haverá uma *nova* medida provisória para baralhar, outra vez, os incisos do art. 1º da Lei da Ação Civil Pública. Está, por ora, salvo o inciso VI do art. 1º do mesmo diploma legal.

Mas não é só. O art. 2º da Emenda Constitucional 32/2001 tornou *definitivas* todas as medidas provisórias pendentes de aprovação pelo Congresso Nacional quando de sua promulgação. Todas as sessenta e seis medidas que ainda não haviam sido apreciadas pelo Congresso foram, na data de promulgação da referida Emenda Constitucional, *congeladas* ou *estabilizadas*, por força de seu art. 2º: "Art. 2º. As medidas provisórias editadas em data anterior à da publicação desta Emenda continuam em vigor até que medida provisória ulterior as revogue explicitamente ou até deliberação definitiva do Congresso Nacional".

O dispositivo é claro o suficiente para atestar que *todas* as medidas provisórias editadas até a *publicação* da Emenda Constitucional 32 (12 de setembro de 2001) ficam mantidas até ulterior deliberação normativa. Inviável que matéria processual – ou, de forma mais ampla, que diga respeito a *cidadania* – seja veiculada por medida provisória desde a atual redação do art. 62 da Constituição Federal (cf. § 1º, I, "a" e "b"), a Medida Provisória 2.180 – a exemplo de tantas outras que *também* criaram interessantíssimas normas de "direito processual público" – está, desde então, *estabilizada* até ulterior deliberação legislativa. Como toda e qualquer lei, portanto, que só vige até que lei posterior a revogue, expressa ou tacitamente (Lei de Introdução às normas do Direito Brasileiro, art. 2º). De *provisória* todas essas medidas, inclusive a de n. 2.180, nada mais têm a não ser o nome. São, todas, sem exceção, medidas permanentes, tanto quanto qualquer outra lei (em sentido formal) votada e aprovada pelo Congresso Nacional.

Assim sendo, por força do art. 2º da Emenda Constitucional 32, de 11.9.2001, *todas as medidas provisórias* então pendentes de deliberação pelo Congresso Nacional ficaram instantaneamente transformadas numa espécie legislativa *sui generis*, que não consta do art. 59 da Constituição Federal. Embora *formalmente* medidas provisórias, sua vigência e eficácia independem de qualquer prazo ou de qualquer manifestação imediata do Congresso. Se e quando ele se manifestar, elas podem vir a ser revogadas. Mas – e este é o ponto que está claro no art. 2º da Emenda, basta lê-lo –, qual *lei* que sobrevive a deliberação congressual em sentido contrário?

5. *Especificamente a ação civil pública e a ordem urbanística*

Tomando como constitucional, válido e eficaz o art. 1º, VI, da Lei 7.347/1985, deixando de lado, pois, as questões aventadas nos itens precedentes, a ação civil pública pode voltar-se à tutela da "ordem urbanística". Para usar a linguagem legislativa, regem-se pelas disposições daquele diploma legal, sem prejuízo da ação popular, as ações de responsabilidade por danos morais e materiais causados à ordem urbanística.

Seria necessário, no entanto, o legislador (ordinário ou extraordinário) prescrever essa função para a ação civil pública ou já seria possível, independentemente da "nova" regra, entender-se que a ação civil pública já se destinava, também, à tutela de quaisquer bens jurídicos materiais que pudessem ser entendidos como relativos à "ordem urbanística"? É perguntar de outra forma: dentro da genérica cláusula "quaisquer outros direitos difusos ou coletivos" que ainda – ressalvado o "susto" descrito pelo n. 2, *supra* – ocupa o inciso IV do art. 1º da Lei 7.347/1985, já se poderia constatar o cabimento da ação civil pública para a tutela *também* da ordem urbanística?

Decisão do Superior Tribunal de Justiça dá às questões resposta positiva. Decidiu a 1ª Turma daquele Tribunal: "Ação civil pública – Legitimação – Ministério Público – Solo urbano. O Ministério Público tem legitimação ativa *ad causam* para promover ação civil pública destinada à defesa dos interesses difusos e coletivos, incluindo aqueles decorrentes de projetos referentes ao parcelamento de solo urbano".[18]

18. Refiro-me ao REsp 174.308-SP, relatado pelo Min. Milton Luiz Pereira, julgado, por unanimidade, em 28.8.2001. V. *Informativo do STJ* 106, 27-31.8.2001. Nélson Nery Júnior e Rosa Maria Andrade Nery (*Código de Processo Civil Comentado*, São Paulo, Ed. RT, pp. 1.523-1.525) colacionam alguns julgados relacionados ao cabimento da ação civil pública para a tutela da ordem urbanística *antes* do ad-

De qualquer sorte, a *opção* do revogado art. 53 da Lei 10.257/2001 em criar *expressamente* mecanismo de tutela jurisdicional para tutelar *adequadamente* uma espécie de direito material (a ordem urbanística) é sempre bem-vinda no ordenamento jurídico brasileiro. Sobretudo porque a expressão "quaisquer interesses difusos e coletivos" – se é que ainda em vigor –, de tão ampla, acaba significando nada de concreto e frustrando, consequentemente, a expectativa gerada em torno do cabimento das denominadas "ações civis públicas".

Ilustro. Muito se questionou – e ainda hoje há espaço para se questionar – acerca do cabimento da ação civil pública para questões tributárias. Enquanto a doutrina inclinou-se, em larga escala, para a *admissibilidade* da ação, o Supremo Tribunal Federal teve a oportunidade, nos RE 195.056-PR e 213.631-MG, de negar o cabimento da ação para a tutela daqueles bens, pelo menos quando promovida pelo Ministério Público. Entendeu-se, naquelas oportunidades, não haver direito *difuso* ou *coletivo* passível de tutela jurisdicional pelo *Parquet* por ação civil pública. Diferentemente, entendeu-se que a relação tributária dá nascimento ao que a legislação infraconstitucional denomina de direito *individual homogêneo* (Lei 8.078/1990, art. 81, parágrafo único, III), a afastar, pelo grau de *disponibilidade* do bem da vida, a pertinência subjetiva do Ministério Público para promoção da ação.[19]

Discordo, com as vênias de estilo, da decisão então prevalecente no Plenário do Supremo Tribunal Federal. No dia em que tributo for direito *disponível* não será *compulsório* – e, portanto, deixará de ser manifestação de ato de direito público. Não será *tributo*. Tributo *disponível* não há no Brasil. Por força de lei: Código Tributário Nacional, art. 3º.

vento do Estatuto da Cidade, alguns deles analisando a hipótese como a *contraface* de um dano ambiental, em sintonia, no particular, com diversos dispositivos da Lei 10.257/2001, como, por exemplo, o art. 1º, parágrafo único (que faz menção ao equilíbrio ambiental como diretriz do Estatuto da Cidade); o art. 2º, I e XII (saneamento ambiental, proteção, preservação e recuperação do meio ambiente como diretrizes gerais a serem alcançadas pela política urbana); e o art. 4º, III, "c" (zoneamento ambiental como instrumento a ser empregado no planejamento municipal). Na jurisprudência mais recente da 2ª Turma daquele Tribunal, consultar, com proveito, o REsp 1.013.153-RS, rel. Min. Herman Benjamin, j. un. 28.10.2008, *DJe* 30.6.2010.

19. Enfrentei o tema à luz do parágrafo único do art. 1º da Lei 7.347/1985, também fruto das sucessivas reedições do que hoje é a Medida Provisória 2.180-35, de 24.8.2001, em dois textos diversos, para os quais remeto os interessados: "Réquiem para a ação civil pública", publicado em *Temas Atuais de Direito Processual Civil*, pp. 49-72, e "As ações coletivas contra o Poder Público", em *Acesso à Justiça*, pp. 39-67. V. também João Batista de Almeida, *Aspectos Controvertidos da Ação Civil Pública*, pp. 67-71, e as considerações feitas, a respeito, pelo Min. Sepúlveda Pertence, então na ativa do Supremo Tribunal Federal, no "Prefácio" do trabalho, p. 17.

Como quer que seja, a vantagem em dizer que *cabe* ação civil pública para a tutela da *ordem urbanística* está em que para esta *espécie* de bem da vida e para as relações jurídicas daí derivadas fica afastada a difícil, cansativa e, sobretudo, *frustrante* discussão do que são, quando são ou como surgem os tais "quaisquer outros direitos *difusos* ou *coletivos*". Muito melhor do que querer ampliar o objeto da ação civil pública para tudo aquilo que se pode encaixar num conceito muito mais do que vago e impreciso é deixar bem claro que ela cabe para a tutela de um determinado bem jurídico material. As referências do direito *material* para o *processual*, aliás, são fundamentais, numa verdadeira relação de continente e conteúdo. Justamente porque o direito processual *não cria* o direito material; limita-se a aplicá-lo coercitivamente se e quando necessário.[20]

Mais ainda. Mesmo para aqueles que sustentam a caracterização dos "direitos" difusos, coletivos e individuais homogêneos (tomando de empréstimo a classificação tripartite do parágrafo único do art. 81 do Código de Proteção e Defesa do Consumidor) a partir do *tipo* de provimento jurisdicional (tutela jurisdicional) requerido em juízo,[21] afasta-se, diante da atual redação do inciso VI do art. 1º da Lei 7.347/1985, qualquer discussão quanto às condições de "surgimento" dos interesses ou direitos dignos de tutela pela ação civil pública.[22] Basta que se trate de bem da vida qualificável como pertencente à "ordem urbanística", dado específico de direito *material*, para que uma sua situação conflituosa possa ser perseguida em juízo pela ação civil pública.

O papel a ser desempenhado pela ação civil pública voltada à proteção da ordem urbanística é o de dar *efetivo* cumprimento às diversas normas de conteúdo material previstas no Estatuto da Cidade e, evidentemente, em

---

20. Dentre tantos e importantes trabalhos, consultar: José Roberto dos Santos Bedaque, *Direito e Processo – Influência do Direito Material sobre o Processo*, 6ª ed., São Paulo, Malheiros Editores, 2011, p. 26; e Flávio Luiz Yarshell, *Tutela Jurisdicional Específica nas Obrigações de Declaração de Vontade*, São Paulo, Malheiros Editores, 1993, p. 152.

21. V. Nélson Nery Júnior, *Código Brasileiro de Defesa do Consumidor Comentado pelos Autores do Anteprojeto*, pp. 873-874. Bedaque (*Direito e Processo ...*, 6ª ed., 2011, pp. 48-51) critica o entendimento de Nery porque sustenta, em última análise, que o direito processual não pode sobrepor-se ao direito material.

22. O tema é muito pouco estudado pela doutrina brasileira que, em geral, limita-se a destacar os méritos (e a abertura) do referido dispositivo legal. Particularmente, sou bastante crítico àquele modelo. Para a discussão, consultar meu "Tutela coletiva em juízo: uma reflexão sobre a alteração proposta para o art. 81, parágrafo único, III, do CDC", esp. pp. 22-25 e, em menor escala, *Curso Sistematizado de Direito Processual Civil*, v. 2, t. III, pp. 205-209 e, ainda, *A Nova Lei do Mandado de Segurança*, pp. 167-173.

outros diplomas legislativos federais, estaduais, distritais ou municipais que digam respeito à "ordem urbanística".

Justamente porque se preocupa com a tutela *efetiva, tempestiva* e *in natura* destes bens de direito substancial que o art. 54 do Estatuto da Cidade incorporou *expressamente* ao art. 4º da Lei da Ação Civil Pública a possibilidade do ajuizamento de ação *cautelar* para *evitar* eventuais danos *também* à ordem urbanística. Deveras, o art. 54 da Lei 10.257/2001 deu nova redação ao art. 4º da Lei 7.347/1985 e reconheceu, também de maneira expressa, a possibilidade de ser ajuizada ação cautelar para evitar danos à ordem urbanística. Quis – não tenho dúvida – estabelecer um paralelo entre a ação civil pública usualmente denominada de "principal" e a ação civil pública "cautelar", preparatória ou incidente. Tanto uma como a outra servem para tutelar da maneira mais ampla e eficaz possível – evitando, inclusive, a *consumação de dano*, postura afinadíssima ao art. 5º, XXXV, da Constituição Federal – a ordem urbanística.[23]

Embora o Estatuto seja repleto de mecanismos para que a Administração Pública consiga, por intermédio de seus próprios atos (por vezes munidos não só de presunção de legitimidade mas, também, de autoexecutoriedade), implementar as políticas públicas urbanísticas desenhadas por aquele diploma legislativo, prevendo, inclusive, a aplicação das severas penalidades da Lei de Improbidade Administrativa (Lei 8.429/1992) aos agentes políticos e públicos que não cumprirem as diretrizes que estabelece (art. 52), não há como se descartar a possibilidade de o destinatário das obrigações legais quedar-se inerte e, por isso mesmo, ser *necessária* a intervenção jurisdicional para aplicação do direito material à espécie. Reparatória ou meramente acautelatória.

Situação interessante, aliás, a que pode decorrer do emprego da ação civil pública para esta sua "nova" finalidade. O que se vê no foro com bastante frequência são ações civis públicas ajuizadas pelo Ministério Público

---

23. Interessante notar, a este respeito, que nem o Estatuto da Cidade, nem a 34ª ou a 35ª reedições da Medida Provisória 2.180 (v. n. 2, *supra*) se preocuparam em *ajustar* inteiramente o referido art. 4º da Lei da Ação Civil Pública aos bens materiais tuteláveis pela ação civil pública (art. 1º da Lei 7.347/1985). Embora le tenha sido modificado para prever *expressamente* a ação civil pública *cautelar* para evitar danos à ordem urbanística, manteve o "veto" a ele oposto quando de sua promulgação. Com efeito, o art. 4º da Lei da Ação Civil Pública *nunca previu expressamente* a ação cautelar para a tutela *preventiva* de outros interesses difusos ou coletivos, fruto de veto lançando quando da promulgação da lei, não suprimido, no particular, com o advento do Código do Consumidor em 1990. Sobre este último tema, v. José dos Santos Carvalho Filho, *Ação Civil Pública – Comentários por Artigo*, pp. 67-68, que entende necessária a leitura do art. 4º da Lei 7.347/1985 em conjunto com o art. 1º do mesmo diploma legal, suprindo-se, com isto, a "lacuna" daquele dispositivo.

(Estadual ou Federal) em face de pessoas políticas e/ou administrativas visando a compeli-las ao cumprimento de políticas públicas e ao atingimento de metas públicas.[24]

Não que os próprios entes públicos não possam ser compelidos, por ações civis públicas, a implantar concretamente o Estatuto da Cidade e quaisquer outras normas que digam respeito à "ordem urbanística em geral". A atuação do Ministério Público nesse particular, aliás, tem tudo para ser decisiva quanto ao sucesso e *efetividade* dessas prescrições de direito material. O que é interessante destacar é que os entes públicos terão largo espectro de possibilidade de ajuizar, eles próprios, ações civis públicas contra particulares ou, de maneira mais geral, contra os destinatários das normas definidoras das políticas urbanísticas, para que estes – compulsoriamente – implementem as políticas urbanísticas que decorrem dos arts. 182 e 183 da Constituição Federal, do Estatuto da Cidade ou – repito – de outros diplomas legislativos complementares ou afins (por exemplo, os planos diretores dos Municípios – CF, art. 182, § 1º; e Lei 10.257/2001, art. 39). Não que se trate de uma novidade absoluta no ordenamento jurídico brasileiro. Evidentemente que não. No direito *ambiental* (Lei 7.347/1985, art. 1º, I) estes exemplos são cotidianos, embora o Ministério Público (Estadual ou Federal) usualmente assuma a iniciativa das ações.[25]

O que tem aptidão para ser diferente, se não novo, no caso do Estatuto da Cidade, é que o Município que vê, de qualquer forma, o particular frustrando o cumprimento de seu plano diretor ou, mais amplamente, de quaisquer diretrizes urbanísticas pode valer-se da ação civil pública para impor *jurisdicionalmente* ao particular o *dever* de fazer ou de não-fazer descumprido. Na exata proporção em que a só atuação administrativa mostrar-se insuficiente ou insatisfatória no perseguimento das políticas públicas e urbanísticas, a via jurisdicional *potencializada* da ação civil pública está *expressamente* reconhecida *também* para o Município (Lei 7.347/1985, art. 5º, *caput*). Formulo, a propósito, um exemplo: ação civil pública ajuizada

---

24. Sobre o tema, consultar, amplamente: Luíza Cristina Fonseca Frischeisen, *Políticas Públicas: a Responsabilidade do Administrador e o Ministério Público*, *passim*; e João Batista de Almeida, *Aspectos Controvertidos da Ação Civil Pública*, pp. 71-75 e, mais recentemente, Luiz Guilherme da Costa Wagner Junior, *A ação civil pública como instrumento de defesa da ordem urbanística*, esp. pp.173-181.

25. A respeito do tema, v.: Marcelo Abelha Rodrigues, *Processo Civil Ambiental*, pp. 81-85; Motauri Ciocchetti de Souza, *Interesses Difusos em Espécie*, pp. 1-83; e Édis Milaré (coord.), *Ação Civil Pública – Lei 7.347/85 – 15 Anos*, *passim*. Rodolfo de Camargo Mancuso escreveu interessantíssimo trabalho sobre a preponderância do Ministério Público no âmbito do "direito processual coletivo", intitulado "A projetada participação equânime dos colegitimados à propositura da ação civil pública: previsão normativa à realidade forense".

pelo Município para que proprietário de imóvel subutilizado promova sua edificação ou utilização compulsória, nos termos do art. 5º do Estatuto da Cidade.[26]

Mas não só os Municípios poderão valer-se da ação civil pública para a tutela da "ordem urbanística". Todos os legitimados pelo art. 5º da Lei 7.347/1985 detêm esta legitimidade, *concorrente e disjuntiva*; e, nestas condições, todos eles estão habilitados legalmente a tomar idêntica iniciativa.[27]

Afirmar que a ordem jurídica nacional *expressamente* admite a ação civil pública para a tutela da ordem urbanística significa que todo o mecanismo processual da Lei 7.347/1985 *complementada e potencializada* com os dispositivos processuais do Código de Proteção e Defesa do Consumidor – em suma: o "microssistema do processo civil coletivo[28] está, como nunca, à disposição da implementação *compulsória* das políticas urbanísticas desejadas pelo constituinte (CF, arts. 182-183), pelo legislador da Lei 10.257/2001 e, mais amplamente, para realização da ordem urbanística de maneira geral, inclusive as normas decorrentes da Lei 6.766/1979, que "dispõe sobre o parcelamento do solo urbano e dá outras providências".[29]

26. O exemplo rende ensejo a uma outra discussão, que não enfrentarei aqui. Será mesmo possível o ajuizamento de ação civil pública para a finalidade destacada no texto, ou será que o art. 7º do Estatuto da Cidade, ao prever que a não-utilização adequada de imóvel de acordo com o plano diretor levará à cobrança progressiva do IPTU, impede a imposição *compulsória* – isto é, *jurisdicionalmente* – do comportamento do art. 5º do mesmo diploma legal?

27. Por legitimidade *concorrente* deve ser entendida a possibilidade de cada um dos entes relacionados no art. 5º da Lei 7.347/1985 poder propor, por si próprio, a ação civil pública. A legitimidade de um *não exclui* a de outro ente para a propositura da *mesma* ação e dela não depende em nenhum sentido, por isso também é *disjuntiva*. Sobre o tema, v.: Rodolfo de Camargo Mancuso, *Ação Civil Pública*, pp. 102-103; José Marcelo Menezes Vigliar, *Ação Civil Pública*, pp. 70-73; Pedro da Silva Dinamarco, *Ação Civil Pública*, pp. 206-207; e José dos Santos Carvalho Filho, *Ação Civil Pública* – ..., pp. 75 e ss. De minha parte, v. meu *Curso Sistematizado de Direito Processual Civil*, v. 2, t. III, p. 219.

28. Cf. Nélson Nery Júnior, *Código Brasileiro de Defesa do Consumidor* ..., pp. 868-871. Também em companhia de Rosa Maria Andrade Nery em *Código de Processo Civil Comentado*, p. 1.565.

29. Expresso nesse sentido: "Processual Civil. Recurso Especial. Alínea 'c'. Falta de demonstração analítica da divergência. Alínea 'a'. Falta de prequestionamento. 1. (...) 3. É firme a orientação da jurisprudência desta Corte no sentido de reconhecer ao *Parquet* legitimidade para o ajuizamento da ação civil pública que tenha por objetivo a regularização de loteamentos urbanos. Precedentes de ambas as Turmas da 1ª Seção. 4. Recurso especial parcialmente conhecido e, nessa parte, improvido" (STJ, 1ª T., REsp 488.632-SP, rel. Min. Teori Albino Zavascki, j. un. 3.2.2005, *DJU* 28.2.2005, p. 191).

AÇÃO CIVIL PÚBLICA E ESTATUTO DA CIDADE 421

Para ilustrar a afirmação do parágrafo precedente: para a tutela jurisdicional da ordem urbanística é possível pleitear liminares de cunho cautelar ou antecipatório (Lei 7.347/1985, arts. 4º e 12);[30] pleitear a imposição de obrigações de fazer e de não-fazer, inclusive com a adoção de multas diárias (*astreintes*) (Lei 7.347/1985, art. 3º); destinar eventuais indenizações (inclusive as *astreintes*) para um fundo destinado à proteção específica dos bens protegidos pela ação civil pública e – para o que interessa ao presente trabalho – à ordem urbanística (Lei 7.347/1985, art. 13); tudo sem prejuízo da tutela *pela ação civil pública* de direitos e interesses de cunho individual (desde que homogêneos) – o que, sem dúvida alguma, é o ponto alto do entrelaçamento do Código do Consumidor (art. 90) e da Lei da Ação Civil Pública (art. 21).

A incidência destes mecanismos processuais, ademais, incentiva o direcionamento do saudável (e necessário) entusiasmo doutrinário e, em grau crescente, também jurisprudencial típico das ações coletivas e da segunda onda de acesso à Justiça a esta área do conhecimento, no sentido de que essas normas são suficientes e eficazes para cumprimento *adequado* das diretrizes substanciais que se pretende concretizar com o novel diploma legislativo.

De outra parte, se a destinação da ação civil pública para a tutela de interesses ou direitos meta-individuais é capaz de resolver problemas que o processo civil tradicional não teria e não tem condições de solucionar pela distribuição, a entes exponenciais, da iniciativa de agir em juízo que, em regra, não precisam demonstrar um específico prejuízo *seu* para ingressar com a ação (v. n. 1, *supra*), é certo que complexos temas relativos às efetivas *condições* – ou *contexto* – em que os legitimados de que trata o art. 5º da Lei 7.347/1985 podem agir em juízo vão surgir em momento oportuno.

Poderá, por exemplo, um Estado-membro ajuizar ação civil pública contra particulares que descumpram o plano diretor de um Município seu? O Estado pode propor ação civil pública contra o Município para que ele, na sua esfera de competências, implemente as políticas urbanísticas da Lei 10.257/2001? E o Ministério Público: poderá ele pretender tutelar, em juízo, a implementação destas *específicas políticas públicas* de cunho *urbanístico*? As associações só poderão tutelar a "ordem urbanística" nos termos do art. 1º, VI, da Lei 7.347/1985 quando incluírem entre suas finalidades institucionais a defesa específica deste bem jurídico, não obstante o silêncio do inciso

---

30. Para frisar o que já foi destacado no texto, saliento que o art. 4º da Lei 7.347/1985 também foi alterado pelo art. 54 do Estatuto da Cidade. De acordo com sua redação então determinada: "Poderá ser ajuizada ação cautelar para os fins desta Lei, objetivando, inclusive, evitar o dano ao meio ambiente, ao consumidor, à ordem urbanística, ou aos bens e direitos de valor artístico, estético, histórico, turístico e paisagístico *(vetado)*".

V, alínea "b", do art. 5º da Lei da Ação Civil Pública? A Defensoria Pública – cuja expressa legitimidade para a ação civil pública foi reconhecida pela Lei 11.448/2007 – pode ajuizar ações civis públicas "urbanísticas" para a tutela de direitos que não se limitem a necessitados?

O enfrentamento dessas indagações, de toda sorte, transbordaria da proposta desse trabalho. O que é suficiente, por ora, é acentuar que, não obstante as considerações que ocuparam os itens 2 a 4 desse trabalho, mais do que nunca o ordenamento jurídico brasileiro dispõe de regras *processuais* para implementação de políticas urbanísticas. Não é por falta de lei, nem por falta de instrumento *eficaz* de sua aplicação compulsória, que as diretrizes da Lei 10.257/2001 serão frustradas.

Ao mesmo tempo em que se hipertrofiou a tutela *material* da ordem urbanística, criando-se condições *concretas* de aplicação das amplas diretrizes dos arts. 182 e 183 da Constituição Federal, reconheceu-se mecanismo processual, inclusive de cunho cautelar, para que as "promessas de direito substancial" possam ser aplicadas e realizadas com ânimo de definitividade. Para que deixem de ser, portanto, meras *promessas*.

A LEI DE REGISTROS PÚBLICOS E O ESTATUTO DA CIDADE

Maria Helena Diniz

Art. 55. O art. 167, I, item 28, da Lei n. 6.015, de 31 de dezembro de 1973, alterado pela Lei n. 6.216, de 30 de junho de 1975, passa a vigorar com a seguinte redação:

"Art. 167. No Registro de Imóveis, além da matrícula, serão feitos:

"I – o registro:

"(...);

"28) das sentenças declaratórias de usucapião, independente da regularidade do parcelamento do solo ou da edificação." *(item acrescido pelo art. 15 da Medida Provisória 2.220/2001)*

Art. 56. O art. 167, I, da Lei n. 6.015, de 1973, passa a vigorar acrescido dos seguintes itens 37, 38 e 39:

"Art. 167. No Registro de Imóveis, além da matrícula, serão feitos:

"I – o registro:

"(...);

"37) dos termos administrativos ou das sentenças declaratórias da concessão de uso especial para fins de moradia, independente da regularidade do parcelamento do solo ou da edificação;

"38) *(vetado)*;

"39) da constituição do direito de superfície de imóvel urbano." *(itens acrescidos pelo art. 15 da Medida Provisória 2.220/2001)*

Art. 57. O art. 167, II, da Lei n. 6.015, de 1973, passa a vigorar acrescido dos seguintes itens 18, 19 e 20:

"Art. 167. No Registro de Imóveis, além da matrícula, serão feitos:

"(...);

"II – a averbação:

"(...);

"18) da notificação para parcelamento, edificação ou utilização compulsórios de imóvel urbano;

"19) da extinção da concessão de uso especial para fins de moradia;

"20) da extinção do direito de superfície do imóvel urbano."

1. Comentários ao art. 55 do Estatuto

1.1 Matrícula prévia como condição para o assento do imóvel usucapido

A matrícula tem por escopo caracterizar e confrontar o imóvel, individuando-o, possibilitando seu cadastramento.[1]

Todo e qualquer imóvel objeto de título a ser registrado deverá estar matriculado no Livro n. 2 – "Registro Geral", obedecendo-se às normas e requisitos dos arts. 176, § 1º, II, 231 e 232 da Lei 6.015/1973 (Lei 6.015/1973, art. 227). Se ainda não houver a referida matrícula, ela será aberta, obrigatoriamente, por ocasião do primeiro registro (Lei 6.015, art. 176, § 1º, I).

Exige-se matrícula prévia como condição necessária para o assento do imóvel. Por exemplo, se houver sentença declaratória de usucapião de imóvel que não está matriculado, impor-se-á, então, a prévia matrícula como condição daquele registro, baseada em dados que deverão emergir dos títulos apresentados.

Isto é assim porque nosso sistema consagrou o princípio da correspondência entre a unitariedade da matrícula e a unidade do imóvel, relacionado com o da especialidade, visto reclamar exata caracterização e individuação do imóvel. Ter-se-ão tantas matrículas quantas forem as unidades geodésico-jurídicas, ainda que aquela sentença recaia sobre mais de um imóvel. Mesmo que haja três lotes usucapidos por uma pessoa em razão de declaração e uma única sentença, ter-se-á uma matrícula para cada lote, pois, se a matrícula é ato cadastral, não poderá haver cadastramento dos três imóveis sob o mesmo número. Se, porventura, o usucapiente pretender a fusão das matrículas, poderá requerê-la ao oficial (Lei 6.015/1973, art. 234). Cada

---

1. Cf.: Valmir Pontes, *Registro de Imóveis*, São Paulo, Saraiva, 1982, pp. 65-66; Peri Carlos Pael Lopes, "A matrícula do imóvel e o uso do vernáculo como complemento da eficácia registral", *Boletim do IRIB* 294/1-4; Walter Ceneviva, *Lei dos Registros Públicos*, São Paulo, Saraiva, 1979, pp. 377 e 485-487; Rogério Lauria Tucci, "Matrícula", *Enciclopédia Saraiva do Direito*, v. 12, São Paulo, Saraiva, pp. 399-400; Maria Helena Diniz, *Sistemas de Registros de Imóveis*, São Paulo, Saraiva, 2000, pp. 50-59.

lote será, então – convém repetir –, objeto de assentamento figurado numa matrícula, com transcrição de seus caracteres.[2]

A matrícula é o ato cadastral de individuação do imóvel, obrigatoriamente praticado pelo serventuário *ex officio*, assim que lhe for apresentado um título ou documento.[3] Será permitida a abertura da matrícula, de ofício, desde que não acarrete despesas para os interessados, para cada lote ou unidade autônoma, logo em seguida ao registro do loteamento, desmembramento ou condomínio. Consiste, portanto, num simples ato, praticado em decorrência de lei, por iniciativa do oficial do registro, para caracterizar e identificar o imóvel registrando, conferindo-se-lhe um número de ordem. "É a matrícula o ato pelo qual o imóvel ingressa no registro imobiliário."[4]

O momento oportuno para a efetivação da matrícula é o do primeiro registro, permitindo-se ao oficial coletar dados necessários à abertura de matrícula no título apresentado ou em registro de título anterior (Lei 6.015/1973, art. 228).

A existência de qualquer irregularidade no parcelamento do solo ou da edificação não obstaria à abertura da matrícula nem ao registro da sentença declaratória de usucapião, como prescrevia o art. 167, I, n. 28, com a redação da Lei 10.257/2001; mas a Medida Provisória 2.220, de 4.9.2001, no art. 15, alterou o referido dispositivo da Lei de Registros Públicos, retirando a expressão "independente da regularidade do parcelamento do solo ou da edificação". Tal se deu por força do princípio da função social da propriedade, que regula e controla o uso do solo urbano e a moradia, cooperando no processo de urbanização, em atendimento ao interesse social, evitando parcelamento do solo e edificação inadequados em relação à infraestrutura urbana, buscando não só a regularização de áreas ocupadas por população de baixa renda, mediante estabelecimento de normas especiais de urbanização, uso e ocupação do solo e edificação, como também a simplificação da legislação de parcelamento, uso e ocupação do solo e das normas edilícias, com vistas a permitir a redução dos custos e o aumento da oferta dos lotes e unidades habitacionais (Lei 10.257/2001, art. 2º, I, III, VI, "c", XIV e XV). Diante desses objetivos a serem perseguidos pela política urbana, outra não poderia ser a diretriz apontada pela nova redação do art. 167, I, n. 28, da Lei

2. Édison J. Campos de Oliveira, *Registro Imobiliário*, São Paulo, Ed. RT, 1976, pp. 34-35; Antônio Cézar Peluso, "Atualização em matéria de registro imobiliário", *RJTJSP* 85/15-166; Walter Ceneviva, *Manual de Registro de Imóveis*, Rio de Janeiro, Freitas Bastos, 1988, pp. 81-82; Maria Helena Diniz, *Sistemas ...*, p. 53 e Capítulo VIII, item "E".

3. Rogério Lauria Tucci, "Matrícula", *Enciclopédia Saraiva do Direito*, v. 12, p. 15.

4. Walter Cruz Swensson, "Matrícula do imóvel", *Enciclopédia Saraiva do Direito*, v. 52, p. 16.

6.015/1973, imposta pelo art. 55 ora comentado e pelo art. 15 da Medida Provisória 2.220/2001.

O núcleo de todo assentamento é o imóvel caracterizado na matrícula, e nenhum registro poderá ser feito sem que o imóvel esteja antes matriculado.

1.2 Registro "stricto sensu" das sentenças declaratórias de usucapião: sua obrigatoriedade e local de sua efetivação

O registro imobiliário obrigatório abrange não só o direito real, como o pessoal a ele referente, dando-lhes publicidade e garantia da disponibilidade do direito real. Tal assento far-se-á no cartório da situação do imóvel usucapido registrando, e se o imóvel situar-se em várias comarcas limítrofes em todas elas deverá ser feito (Lei 6.015/1973, art. 169, II).

O usucapião tem por fundamento a consolidação da propriedade, dando juridicidade a uma situação de fato: a posse justa unida ao tempo fixado em lei. Será preciso que o usucapiente, adquirindo o domínio pela posse, requeira ao órgão judicante que assim declare por sentença, a qual deverá ser registrada. Tal registro não será necessário para que haja a aquisição do domínio do imóvel usucapido, visto que esta já se operou pelo preenchimento dos requisitos legais; a sentença do magistrado apenas declara este fato. O registro da sentença tão-somente dará publicidade àquele fato, permitindo a disponibilidade do imóvel; e, com isso, os atos de disposição subsequentes poderão ser admitidos a registro ao se abrir matrícula para assento dessa sentença; será mencionado se houver o registro anterior. Logo, se houver título anterior, este deverá ser, então, matriculado no Livro n. 2 e registrado em nome de seu proprietário, para que depois se possa registrar a sentença declaratória de usucapião. Se inexistir título anterior a própria sentença servirá de título hábil à matrícula e registro, pois o oficial não poderá deixar de proceder, como vimos acima, à matrícula do imóvel. A sentença será registrada mediante mandado judicial que conterá os requisitos da matrícula (Lei 6.015/1973, art. 226; *RJTJSP* 50/407, 56/402 e 105/521), desde que satisfeitas as obrigações fiscais, custas e honorários advocatícios.

Esse assento, portanto, será feito do seguinte modo:

"R .../... . Nos termos do mandado datado de ... de ... de ..., extraído dos autos de ação de usucapião n. .../..., pelo Escrivão do ... Ofício da Vara Cível desta Comarca, devidamente assinado pelo MM Juiz de Direito da Vara respectiva, Dr. ..., onde consta a respeitável sentença que julgou procedente a ação de usucapião promovida por ...(qualificar), conferindo-lhe a propriedade do imóvel constante da presente matrícula. O imposto de transmissão sobre bens imóveis, na quantia de R$ ... (... reais), foi recolhido por guia única de arrecadação à agência central do Banco ... desta praça.

"O referido é verdade e dou fé.
"......, ... de .... de ... .
(*assinatura do oficial*).
A sentença declaratória na ação de usucapião (CPC, arts. 941-945, sendo que os arts. 942 e 943 sofreram as alterações da Lei 8.951/1994; *RT* 573/254, 504/237, 548/189, 554/115, 559/196, 571/227, 590/121, e 501/114) e seu assento não têm valor constitutivo, e sim meramente probante, como um elemento indispensável para introduzir o imóvel usucapido no registro imobiliário, para que ele possa, daí por diante, com esta forma originária, seguir o curso normal de todos os bens imóveis, quer em sua utilização, quer na criação de seus direitos reais de fruição ou de disposição, antes do quê não seria possível criá-los. O registro da sentença (Lei 6.015/1973, art. 167, I, n. 28) não confere aquisição da propriedade, mas regulariza a situação do imóvel e permite sua livre disposição (Lei 6.015/1973, art. 172): alienação, hipoteca etc.[5]

1.3 Questão da regularidade do parcelamento do solo ou da edificação para fins registrários

Pela Lei 6.766/1979 há possibilidade de divisão do solo para loteamento urbano. O loteamento urbano é a subdivisão de área em lotes destinados a edificação de qualquer natureza, envolvendo abertura de novo sistema viário ou alteração do existente. O proprietário do terreno, que se propõe a loteá-lo, terá, além de efetivar plano de loteamento, o ônus de elaborar um plano de arruamento, traçando ruas, parques, jardins etc., o que lhe permitirá vender os lotes que constituem o resultado do parcelamento. Considera-se *lote* o terreno servido de infraestrutura básica cujas dimensões atendam aos índices urbanísticos definidos pelo plano diretor ou lei municipal para a zona em que se situe. Aquela infraestrutura básica abrange os equipamentos urbanos de escoamento das águas pluviais, iluminação pública, redes de esgoto sanitário e abastecimento de água potável e de energia elétrica pública e domiciliar e as vias de circulação, pavimentadas ou não (Lei 6.766/1979, art. 2º, §§ 4º-6º).

O loteamento urbano não se confunde com o *desmembramento*, que é a subdivisão da área urbana em lotes para edificação na qual seja aproveitado o sistema viário oficial da cidade, sem que se abram novas vias ou

---

5. Miguel M. de Serpa Lopes, *Curso de Direito Civil*, v. 6, Rio de Janeiro, Freitas Bastos, 1962, pp. 560-562; Maria Helena Diniz, *Sistemas* ..., pp. 80-81, Caio Mário da Silva Pereira, *Instituições de Direito Civil*, v. 4, Rio de Janeiro, Forense, 1978, pp. 140-141 e 137; Nicolau Balbino Filho, *Registro de Imóveis*, São Paulo, Atlas, 1987, pp. 360-361; e Valmir Pontes, *Registro de Imóveis*, pp. 35-36.

logradouros públicos e sem que se ampliem os já existentes (Lei 6.766/1979, arts. 2º, §§ 1º-2º, 10, 11, 12 e 13). Pelo art. 2º, § 2º, da Lei 6.766/1979, será considerado desmembramento, sujeito ao registro especial (art. 18, I-VII, e §§ 1º-5º, da Lei 6.766/1979), qualquer parcelamento do solo urbano procedido na forma nele expressamente prevista. Nos desmembramentos o oficial do registro de imóveis, com o firme propósito de impedir expedientes que visem a afastar a aplicação da Lei 6.766/1979, deverá examinar prudente e criteriosamente, baseado em elementos de ordem objetiva, especialmente na quantidade de lotes parcelados, se se trata de hipótese de incidência do registro especial. Caso contrário submeterá o fato à apreciação do juiz corregedor permanente.

É preciso ressaltar, ainda, que o art. 18 da Lei 6.766/1979 também não se aplicará aos registros de loteamentos ou desmembramentos requeridos pelas Prefeituras Municipais ou Distrito Federal, com base no art. 40 e §§ 1º a 5º. A Prefeitura Municipal ou o Distrito Federal, quando for o caso, se o loteador desatender à notificação, poderá regularizar o loteamento ou desmembramento não autorizado ou executado sem observância das determinações do ato administrativo de licença, para evitar lesão aos seus padrões de desenvolvimento urbano e na defesa dos direitos dos adquirentes dos lotes; e, para tanto, deverá obter judicialmente o levantamento das prestações depositadas pelos adquirentes em estabelecimento de crédito (Lei 6.766/1979, art. 38, § 1º), com os respectivos acréscimos de correção ou atualização monetária e juros, a título de ressarcimento das importâncias despendidas com equipamentos urbanos ou expropriações necessárias para aquela regularização (arts. 42 e 44 da Lei 6.766/1979). Para assegurar essa regularização e o ressarcimento integral das quantias que despendeu, poderá promover judicialmente os procedimentos imprescindíveis aos fins colimados.

Regularizado o loteamento ou desmembramento pela Prefeitura Municipal ou pelo Distrito Federal, o adquirente do lote, comprovando o depósito de todas as prestações do preço avençado e o pagamento do imposto de transmissão devido, poderá obter o registro da propriedade do lote adquirido, valendo como título hábil o compromisso de compra e venda celebrado antes da regularização, devidamente firmado (Lei 6.766/1979, art. 41), ou a cessão, desde que firmada numa das vias do compromisso de compra e venda, ou embora formalizada em instrumento de compromisso de compra e venda. Tal ocorre porque no Brasil os contratos apenas geram direitos pessoais, de modo que só o registro transfere a propriedade imobiliária, desde que haja acordo formal de transmissão, baseado no princípio de presunção *juris tantum* e de fé pública. Se assim é, nada obstava a que dentre as novidades apresentadas pela Lei 10.257/2001 houvesse possibilidade de registro da sentença declaratória de usucapião, independentemente da regularidade do parcelamento do solo ou da edificação (art. 55, que alterou o art. 167,

I, n. 28, da Lei 6.015/1973), visto que a transferência de propriedade se dava pelo usucapião. Logo, o assento da sentença declaratória na ação de usucapião apenas teria valor probatório, e não constitutivo, podendo ser, por isso, levada a registro mesmo que o plano de parcelamento do solo ou de edificação ainda não estivesse regularizado. Mas, com a redação dada pelo art. 15 da Medida Provisória 2.220/2001 àquele dispositivo da Lei de Registros Públicos, à primeira vista parecerá que a regularidade do parcelamento do solo ou da edificação voltou a ser uma questão imprescindível para fins registrários, evitando que haja proliferação de loteamentos clandestinos, dificultando a urbanização. Todavia, será preciso esclarecer que o registro de loteamento urbano regularizado em circunscrição imobiliária (Lei 6.015, art. 167, I, ns. 19 e 21) em nada interfere na propriedade adquirida por meio do usucapião, uma vez que haverá, com sua efetivação, a transferência das vias de comunicação ou dos espaços livres constantes do memorial e da planta destinados a praças, jardins etc. para o domínio público municipal, tornando-se, desde logo, inalienáveis e com afetação específica de "bens de uso comum do povo".

É proibida a venda de lote de loteamento não registrado. Se se verificar loteamento irregular ou não registrado, o adquirente do lote deverá suspender o pagamento das prestações restantes, notificando o loteador para suprir a falta, e fará o depósito das prestações devidas junto ao registro de imóveis competente, que as depositará preferencialmente em estabelecimento de crédito oficial, vencendo juros e correção ou atualização monetária. As contas assim abertas só poderão ser movimentadas (Lei 6.766/1979, art. 38, § 1º) mediante prévia autorização judicial. Regularizado o loteamento pelo loteador, este promoverá judicialmente a autorização para levantar aquele depósito, sendo necessária a citação da Prefeitura Municipal, ou do Distrito Federal, quando for o caso, para integrar o processo judicial, bem como audiência do Ministério Público (Lei 6.766/1979, art. 38, § 3º). O adquirente do lote será notificado, pelo registro de imóveis, para pagar as prestações remanescentes diretamente ao vendedor, retendo consigo os comprovantes dos depósitos até então efetuados (Lei 6.766, art. 38, § 4º).

Pelo art. 27 da Lei 6.766/1979, os pré-contratos, as promessas de cessão, a proposta de compra, a reserva de lote ou qualquer outro documento que contenha a manifestação volitiva das partes, a indicação do lote, o preço e o modo de pagamento, além da promessa de contratar, valerão, havendo regularidade do parcelamento do solo ou da edificação, como títulos para o registro a que a Lei 6.015/1973, art. 167, I, n. 20, alude. Após o registro equiparar-se-ão ao compromisso de compra e venda.

Será preciso lembrar uma vez mais que a sentença declaratória de usucapião deverá ser registrável mesmo se relativa à imóvel não loteado regularmente, visto que a propriedade já foi transferida ao usucapiente e que aquele registro gerará tão-somente presunção *juris tantum* e terá valor probante; e, além do mais, a ação de usucapião não é questão pertinente a registro público, embora a sentença favorável constitua título hábil para o registro do imóvel usucapido (*RT* 288/201), servindo de base para a matrícula. O fato de existir arruamento ou parcelamento do solo usucapiendo, por si só, não impedirá o deferimento do usucapião e o subsequente registro da sentença declaratória. A irregularidade do parcelamento do solo ou da edificação não gera direitos à Municipalidade para obstar ao usucapião e ao assento da sentença, por haver título de domínio com confrontações definidas. Poderá ou não o loteamento ser por ela aceito, posteriormente à transcrição do imóvel usucapido, desde que regular, de acordo com os preceitos da lei municipal (*RT* 413/168).[6]

2. Comentários ao art. 56

2.1 Finalidade da matrícula como peça fundamental do novo sistema registrário imobiliário

A matrícula é imprescindível, por consistir na individuação ou especialização do imóvel registrado (Lei 6.015/1973, art. 176, § 1º, I), constituindo, como já dissemos, um primeiro passo para possível cadastramento imobiliário técnico. Por isso é exigida antes que se faça o registro do direito de superfície de imóvel urbano ou dos termos administrativos ou de sentenças declaratórias da concessão de uso especial para fins de moradia ou, ainda, do contrato de concessão de direito real de uso de imóvel. Se bem que, como logo mais explicaremos, diante do fato de os arts. 15 a 20 da Lei 10.257/2001, alusivos à concessão de uso especial para fins de moradia, terem sido vetados, o art. 4º, V, "h", da Lei 10.257/2001 e o art. 167, I, n. 37, da Lei 6.015/1973, com a redação dada pelo art. 56 da Lei 10.257/2001, ficaram sem sentido. Logo, tal matrícula far-se-ia necessária tão-somente

---

6. Cf.: Álvaro Melo Filho, *Direito Registral Imobiliário*, Rio de Janeiro, Forense, 1979, pp. 28-29; Walter Ceneviva, *Manual ...*, pp. 99 e 175-183, e *Novo Registro Imobiliário Brasileiro*, São Paulo, Ed. RT, 1979, p. 69; Lucia Valle Figueiredo, *Disciplina Urbanística da Propriedade*, São Paulo, Ed. RT, 1980, pp. 39-45 (pela Malheiros Editores, 2ª ed., 2005, pp. 102-103); Serpa Lopes, *Tratado dos Registros Públicos*, v. 3, 1955, p. 42; Maria Helena Diniz, *Sistemas ...*, pp. 105-121; Valmir Pontes, *Registro de Imóveis*, pp. 25-27 e 190-192; Rui Geraldo C. Viana, *O Parcelamento do Solo Urbano*, Rio de Janeiro, Forense, 1985, pp. 68-71; Allan R. Brewer-Carías, *Disciplina Urbanística de la Propiedad*, Caracas, s/d, Capítulo VII; Toshio Mukai, Alaor Caffé Alves e Paulo Lomar, *Loteamento e Desmembramento Urbanos*, 1980; Waldemar Ferreira, "O loteamento de terrenos urbanos de propriedade particular e o domínio público dos espaços livres", *RT* 215/3-12; Plínio Marin, *Prática de Registros Públicos*, São Paulo, Saraiva, 1976, pp. 46-47.

para o assento da constituição do direito de superfície de imóvel urbano. Por tal razão, a Medida Provisória 2.220/2001 veio a reger a concessão de uso especial de imóvel público para fins de moradia, restaurando a eficácia do art. 56 do Estatuto da Cidade e do art. 167, I, n. 37, da Lei de Registros Públicos, à qual acrescentou o n. 40, exigindo, ainda, registro e matrícula do contrato de concessão de direito real de uso de imóvel público.

A matrícula deverá ser feita no cartório da circunscrição imobiliária da situação do imóvel, e seu serventuário relatará, no Livro n. 2: a) quanto ao imóvel, seus caracteres, sua localização, suas confrontações, sua área, sua denominação e sua designação cadastral, se houver, extraindo tais dados do título constitutivo, apresentado em cartório; e se houver alguma discrepância, na caracterização do imóvel, entre o título exibido e o anteriormente registrado, deverá rejeitá-lo, por ser impossível o assento do bem; e b) quanto ao proprietário, ao superficiário ou ao concessionário, sua qualificação. A matrícula refere-se unicamente ao imóvel cujo direito de superfície foi cedido, ou cujo uso especial foi concedido para fins de moradia, caracterizando-o e confrontando-o.[7]

2.2 Viabilidade jurídica do registro dos termos administrativos, das sentenças declaratórias da concessão de uso especial para fins de moradia e do contrato de concessão de direito real de uso de imóvel público

Na execução da política urbana, de que tratam os arts. 182 e 183 da Constituição Federal, deverá ser aplicado, em prol do bem coletivo e do bem-estar dos cidadãos, o instituto jurídico da *concessão de uso especial para fins da moradia* (art. 4º, V, "h", da Lei 10.257/2001), sendo que o termo administrativo ou a sentença declaratória da referida concessão deverão, após a matrícula do imóvel, ser levados a assento (art. 167, I, n. 37, com a redação do art. 56 da Lei 10.257/2001 e do art. 15 da MP 2.220/2001).

Todavia, os arts. 15 a 20 do Projeto de Lei 181/1989, que deu origem à Lei 10.257/2001, alusivos àquele instituto, foram vetados.[8]

Pareceu-nos que não havia o instituto jurídico da concessão de uso especial para fins de moradia. Logo, o art. 4º, V, "h", da Lei 10.257/2001 e o art. 167, I, n. 37, da Lei 6.015/1973, com a redação do art. 56 da Lei 10.257/2001, tinham vigência, mas perderam, com o veto dos arts. 15 a 20 do projeto de lei, sua eficácia, por não terem condições fáticas e técnicas de atuação, não podendo produzir efeitos jurídicos concretos. Com os textos

---

7. V.: Nicolau Balbino Filho, *Registro de Imóveis*, p. 92; Walter Ceneviva, *Manual ...*, p. 82; Maria Helena Diniz, *Sistemas ...*, pp. 47-48.

8. No final deste livro encontram-se os dispositivos vetados e as razões do veto.

vetados, que delimitavam os requisitos e os modos de constituição e extinção do instituto, o art. 4º, V, "h", da Lei 10.257/2001 e o art. 167, I, n. 37, da Lei 6.015/1973, com sua nova redação, perderam a aplicabilidade e a incidência normativa, surgindo, assim, as questões: Quais as situações subjetivas em que incidirão? Quais os casos ou critérios legais exigidos para obter concessão de uso especial para fins de moradia por via administrativa? Como poderia uma sentença declarar tal concessão? Se não se podia ter a configuração atual do instituto, como o art. 167, I, n. 37, com a redação do art. 56 da Lei 10.257/2001, poderia ter incidência? Com o veto dos arts. 15 a 20 do projeto de lei o registro de termos administrativos ou das sentenças declaratórias da concessão de uso especial para fins de moradia, independentemente da regularidade do parcelamento do solo ou da edificação, seria uma anormalidade. O art. 167, I, n. 37, da Lei 6.015/1973 tornou-se inoperante.

Como admitir juridicamente, no estado em que se encontrava o Estatuto da Cidade, a concessão de uso especial para fins de moradia e, consequentemente, o registro do termo administrativo ou da sentença declaratória a ela referente?

Acatar a concessão de uso especial para fins de moradia e seu registro seria instaurar uma verdadeira anomalia no campo do nosso direito positivo, conduzindo à arbitrariedade administrativa ou judicial e à incoerência lógica do sistema jurídico, dando lugar a situações indesejáveis.

O princípio da coerência lógica do sistema, o bom senso e o juízo prudencial reclamavam interpretação que afastasse a possibilidade jurídica dessa concessão, tendo-se em vista que a solução meramente política ao problema, engendrado pelos vetos, poderia gerar situações insatisfatórias, que, embora à primeira vista pudessem corresponder teoricamente ao texto constitucional, ficariam, na prática, asfixiadas pela análise teórico-científica mais aprofundada e pelas limitações normativas, fáticas e valorativas, causando danos de difícil reparação.

Baseados nesta fundamentação teórica, entendíamos que, no nosso Direito, só haveria possibilidade lógico-jurídica de aplicação do art. 167, I, n. 37, da Lei 6.015/1973 se houvesse edição de uma norma, regulando o instituto da concessão de uso especial para fins de moradia, atendendo aos reclamos da justiça para execução da política urbana e à prudência objetiva, que deverá nortear a autoridade competente ao emitir o termo administrativo e ao prolatar a decisão judicial declaratória que o constituir – que, então, seriam suscetíveis de ser levados a registro, por serem títulos hábeis para tanto.

Essa falha veio a ser sanada, posteriormente, pela Medida Provisória 2.220/2001, que rege a *concessão de uso especial de imóvel público para fins de moradia*.[9]

---

9. A cópia integral da medida provisória encontra-se no final deste livro.

A medida provisória vem a prevalecer sobre o Estatuto da Cidade, em razão do princípio baseado no critério normativo de que *lex posterior derogat legi priori* – segundo o qual, de duas normas do mesmo nível, a última revoga a anterior. A validade da norma editada em último lugar sobreleva à da norma fixada em primeiro lugar e que a contradiz, por modificar ou regular de forma diferente a matéria versada pela anterior. Consequentemente, no estado atual de nossa legislação, há viabilidade jurídica do registro dos termos administrativos ou das sentenças declaratórias da concessão de uso especial para fins de moradia ou, ainda, do contrato de concessão de direito real de uso de imóvel público, uma vez que a eficácia do art. 167, I, n. 37, da Lei de Registros Públicos e do art. 4º, V, "h", da Lei 10.257/2001 foi restaurada com a edição da Medida Provisória 2.220/2001, que, além disso, ao modificar o mencionado artigo da Lei 6.015/1973, acrescentou o n. 40, referente à necessidade da matrícula e registro do contrato de concessão de direito real de uso de imóvel público.

Logo, ter-se-ão de levar a assento no registro imobiliário a constituição do direito de superfície de imóvel urbano, os termos administrativos ou as sentenças declaratórias da concessão de uso especial para fins de moradia e o contrato de concessão de direito real de uso de imóvel público.

2.3 Registro da constituição do direito de superfície de imóvel urbano

De origem romana, somente agora passou a ser regida não só pelas normas do Código Civil (arts. 1.225, II, 1.369-1.377 e 1.227), como pelos arts. 21 a 24 da Lei 10.257/2001, apesar de o Decreto-lei 271/1967 ter disciplinado a concessão de uso de terrenos públicos, contratada por instrumento público ou particular ou por simples termo administrativo, inscrita e cancelada em livro especial.

Como nos explica Miguel Reale, a lei estende tal concessão de uso às relações particulares; e, consoante justa ponderação de José Carlos Moreira Alves, a migração desse modelo jurídico, que passou da esfera do direito administrativo para a do direito privado, veio restabelecer, sob novo enfoque, o antigo instituto da superfície, regendo a exploração da terra por quem não tem domínio legal sobre ela. É, portanto, o direito real pelo qual o proprietário urbano concede, por tempo determinado ou indeterminado, gratuita ou onerosamente, a outrem o direito de construir ou plantar em seu terreno, mediante escritura pública, devidamente registrada no cartório de registro de imóveis.[10]

10. V.: José Guilherme Braga Teixeira, *O Direito Real de Superfície*, São Paulo, Ed. RT, 1993, pp. 58, 92 e 94; Miguel Reale, *Exposição de Motivos ao Projeto de Código Civil*, p. 158; Sílvio Venosa, *Direito Civil*, n. IV, São Paulo, Atlas, 2000, pp. 323-324; Roberto César Pereira Lira, "O moderno direito de superfície", *Revista*

Como o negócio jurídico não é hábil para transferir direito real, este só pode ser adquirido depois do registro do referido título constitutivo no cartório imobiliário da situação do imóvel. Logo, ao se conceder superfície por meio de escritura pública ter-se-á apenas um direito obrigacional entre o proprietário urbano (fundieiro) e o superficiário. Esse direito somente se tornará um direito real sobre coisa alheia após o assento do seu título constitutivo no registro de imóveis.

A concessão de uso de superfície vem solucionar em grande parte o problema da falta de habitação ou de utilização do solo urbano.

A superfície foi no Código Civil contemplada em lugar da enfiteuse, substituindo-a vantajosamente, por sua grande utilidade econômico-social, por não ter o inconveniente da perpetuidade, por diminuir a crise habitacional e por fazer com que a terra, inclusive no meio urbano, possa ser fonte de trabalho e produção.

Roberto César Pereira Lira salienta que não se está ressuscitando uma instituição supérflua, porque o direito à superfície se ajusta às exigências sociais, principalmente na política de racionalização do uso do solo urbano.

Esse instituto dinamiza a propriedade, evitando interferência estatal, tornando-a frutífera, principalmente se o proprietário não tiver recursos para explorá-la, possibilitando-lhe fazer acordos com particulares ou empresas, concedendo-lhes o uso da superfície de seu terreno, para que nele haja plantação ou a construção de prédios, que após alguns anos reverterá ao seu patrimônio. Realmente, o proprietário do solo (fundieiro) continuará com o domínio, tendo não só o interesse na sua utilização por outrem (superficiário), mas também a expectativa de direito de receber o bem com a obra (construção ou plantação), em razão da temporariedade do instituto.

Com o assento da escritura pública no cartório de registro de imóveis o superficiário passa a ter a titularidade do direito real de usar de coisa alheia.

2.4 *Registros dos termos administrativos ou das sentenças declaratórias da concessão de uso especial para fins de moradia e do contrato de concessão de direito real de uso de imóvel público*

Todos os atos sujeitos a registro obrigatório estão arrolados no art. 167, I, ns. 1 a 42, da Lei 6.015/1973. Os atos previstos no inciso I do art. 167 da referida lei, ns. 37 e 42, objetos de nosso estudo, poderão ser classificados[11]

de Direito da Procuradoria-Geral de Estado do Rio de Janeiro 35/89, 90, 92 e 98, 1979; Maria Helena Diniz, *Curso de Direito Civil Brasileiro*, v. 4, São Paulo, Saraiva, 2000, p. 374.

11. Adaptação da sistematização apresentada por W. Ceneviva, *Manual ...*, pp. 49-50. V. Corregedoria-Geral da Justiça, Provimento 58/1989, ns. 1-35. Cf.: Cláudio

como alusivos à constituição de um direito real sobre imóvel alheio de fruição em virtude de termo administrativo, sentença judicial ou contrato, desde que levados a assento na circunscrição imobiliária da situação do imóvel.

O direito real de uso pode recair tanto em bens móveis (infungíveis e inconsumíveis) como imóveis (públicos ou particulares), como sobre bens corpóreos ou incorpóreos. Pontes de Miranda ensina que, tratando-se de bem incorpóreo, só pode ser objeto de uso o direito real de reprodução, se gratuitamente, com exceção da peça teatral, que Venezian apontava como explorável pelo ator que a representasse, o que seria fruir, e não usar, já que só a imposição da gratuidade poderia permitir que se cogitasse de uso.[12] Se assim é, nada obsta, juridicamente, à concessão de uso especial de imóvel público para fins de moradia e, até mesmo, para fins comerciais, principalmente diante do princípio da função social da propriedade, consagrado constitucionalmente, e do problema da queda de oferta de casa de moradia, consequência do colapso da política habitacional.

Por isso, o Estatuto da Cidade e a Medida Provisória 2.220/2001 resolveram criar condições para o aproveitamento de imóveis públicos ocupados para fins de moradia e empresariais, visto que não se pode menosprezar a questão socioeconômica, incrementando a possibilidade de concessão de uso especial daqueles imóveis por pessoas de pouco poder aquisitivo. Assim sendo, aquele que, até 30 de junho de 2001: a) possuir como seu, por cinco anos, ininterruptamente e sem oposição, imóvel público urbano com área até duzentos e cinquenta metros quadrados, utilizando-o para moradia, tem direito à concessão gratuita de uso especial do mencionado bem de raiz, independentemente de seu sexo ou estado civil, desde que não seja proprietário ou concessionário, a qualquer título, de outro imóvel urbano ou rural; b) ocupar, juntamente com outros, imóvel público urbano com mais de duzentos e cinquenta metros quadrados para morada, por cinco anos, continuamente e sem qualquer oposição, não sendo possível identificar o terreno ocupado pelo possuidor, tal concessão será conferida de forma coletiva, desde que os possuidores não sejam proprietários ou concessionários, a qualquer título, de outro imóvel. Atribuir-se-á igual fração ideal do terreno a cada possuidor, independentemente da dimensão do terreno ocupado por

---

Fioranti e Afonso Celso F. Rezende, *A Prática nos Instrumentos Particulares Acessíveis ao Cartório de Registro de Imóveis*, São Paulo, CONAN, 1996; Maria Helena Diniz, *Sistemas* ..., pp. 67-68.

12. Este texto de Pontes de Miranda foi transcrito por: Daibert, *Direito das Coisas*, Rio de Janeiro, Forense, 1979, p. 419; Orlando Gomes, *Direitos Reais*, Rio de Janeiro, Forense, 1978, p. 313; Washington de Barros Monteiro, *Curso de Direito Civil*, v. 3, São Paulo, Saraiva, 1979, pp. 326-327; Venezian, *Usufruto, Uso y Habitación*, v. 2, pp. 817 e ss.; Maria Helena Diniz, *Curso* ..., v. 4, São Paulo, Saraiva, 1999, p. 371.

cada um, salvo se houver acordo escrito entre os ocupantes estabelecendo frações ideais diferenciadas. Todavia, tal fração ideal não poderá ser superior a duzentos e cinquenta metros quadrados; c) possuir imóvel público urbano, até duzentos e cinquenta metros quadrados, por cinco anos, sem interrupção e sem oposição, para fins comerciais poderá obter do Poder Público competente a autorização para esse uso gratuito.

Se o local da ocupação apresentar risco à vida ou à saúde dos ocupantes, ou se for bem de uso comum do povo, destinado a projeto de urbanização, imprescindível à defesa nacional e à preservação do meio ambiente, reservado à construção de represas ou situado em via de comunicação, o Poder Público garantirá ao possuidor o exercício do direito de uso em outro local.

O título de concessão de uso especial é obtido pela via administrativa perante o órgão competente da Administração Pública ou, em caso de recusa ou omissão deste, por meio de sentença judicial. O termo administrativo, ou a decisão judicial, servirá para efeito de registro no cartório imobiliário. O mesmo se diga do contrato de concessão de direito real de uso de imóvel público, porque, por si mesmos, não têm o condão de gerar direito real de uso de coisa alheia, que só se configurará com a inscrição daqueles atos constitutivos no registro de imóveis. Ao se conceder o uso de imóvel público tem-se apenas um direito pessoal entre o ocupante e o Poder Público. Esse direito apenas se tornará um direito real após o referido registro.

A concessão de direito real de uso de imóvel público para fins de moradia ou mercantis autoriza o ocupante a retirar dele todas as utilidades para atender às suas próprias necessidades e às de sua família desde que o termo administrativo, a sentença ou o contrato que a constituir estejam inscritos no competente registro imobiliário no Livro n. 2 – "Registro Geral", por estar destinado à matrícula do imóvel e ao registro ou averbação de atos relacionados no art. 167, observando-se as seguintes normas: Lei 6.015, arts. 231, I e II, 232, 176 § 1º, I, II e III; Corregedoria-Geral da Justiça do TJSP, Provimentos 2/1983, 58/1989, ns. 42; 47 a 58 e 68.

3. Comentários ao art. 57

3.1 Importância da averbação

Surge, ao lado do registro *stricto sensu*, um ato específico – a averbação, ante a necessidade de se fazer exarar na história da propriedade imobiliária todas as ocorrências ou atos que, embora não sendo constitutivos de domínio, de ônus reais ou de encargos, venham a atingir o direito real e, consequentemente, o registro, alterando-o, por modificarem, esclarecerem ou extinguirem os elementos dele constantes, anotando-os à margem da matrícula ou do registro.

A averbação consiste no lançamento de ocorrências ou fatos que, não estando sujeitos ao assento, venham a alterar o domínio ou o direito real, afetando o registro relativamente à perfeita caracterização do imóvel ou do titular da propriedade. Tem por objetivo assegurar a publicidade daquelas mutações objetivas ou subjetivas, avisando terceiros de situações físicas ou jurídicas que possam atingir o registro. A averbação, baseada em título autêntico ou em ordem judicial, é lançada cronologicamente na matrícula, sendo precedida pelas letras "AV" (Lei 6.015/1973, art. 232), seguindo-se o número de ordem do lançamento e o da matrícula (por exemplo, AV-3/M. 10.243). Donde se infere sua acessoriedade, visto depender sempre de matrícula e de registro. Se não se fizer a averbação dos fatos modificativos, porventura ocorridos, poder-se-á criar dificuldade para a efetivação de futuros registros, inabilitando, assim, o imóvel para o ingresso no registro imobiliário (*RT* 575/129).[13]

Imprescindível será a averbação, de ofício ou a requerimento do interessado, dos atos ou circunstâncias subjetivas ou objetivas que produzam quaisquer alterações na propriedade imobiliária, nos direitos a ela concernentes, no registro e nas pessoas vinculadas ao direito real, mesmo que não venham a traduzir ônus reais ou alienação de domínio.

A averbação revela sua grande importância enquanto torna conhecida de todos a situação jurídica do bem, do direito real e das pessoas nele envolvidas, explicitando as garantias de segurança, de autenticidade e de eficácia que decorrem do ato registrário.[14]

3.2 Averbação da notificação para parcelamento, edificação ou utilização compulsórios de imóvel urbano

A notificação, em regra, não seria averbável, por não alterar os elementos constantes do registro. Entendemos que só poderá ser averbado o que modificar o registro.

Mesmo assim, a Lei 10.257/2001, no art. 5º, § 2º, prescreve que, quando a lei municipal específica para área incluída no plano diretor determinar o

13. Maria Helena Diniz, *Sistemas* ..., pp. 48-49; Álvaro Melo Filho, *Direito Registral Imobiliário*, pp. 2-8; Nicolau Balbino Filho, *Registro de Imóveis*, p. 55; José Sevá, *Manual de Prática Forense Civil*, São Paulo, Julex, 1989, pp. 36-38; Antônio Cézar Peluso, "Atualização ...", *RJTJSP* 85/15; Sílvio Rodrigues, "Registro de Imóveis", *Enciclopédia Saraiva do Direito*, v. 64, p. 273; e Iolanda Moreira Leite, "Registro imobiliário e ação de retificação", in Yussef Said Cahali (coord.), *Posse e Propriedade*, São Paulo, Saraiva, 1987, pp. 529-532.

14. Antônio Cézar Peluso, "Atualização ...", *RJTJSP* 85/20; Serpa Lopes, *Tratado* ..., v. 4, p. 471; Walter Ceneviva, *Manual* ..., pp. 141-142; Valmir Pontes, *Registro de Imóveis*, pp. 48 e 178; Maria Helena Diniz, *Sistemas* ..., p. 390.

parcelamento, a edificação ou a utilização compulsórios do solo urbano não edificado, subutilizado ou não utilizado, o proprietário será notificado pelo Poder Executivo Municipal para o cumprimento da obrigação, devendo a notificação ser averbada no cartório de registro de imóveis (Lei 6.015/1973, art. 167, II, n. 18, com a redação da art. 57 da Lei 10.257/2001). Tal notificação, a ser averbada no registro imobiliário da situação do imóvel, far-se--á: por funcionário do órgão competente do Poder Público Municipal, ao proprietário do imóvel ou, no caso de este ser pessoa jurídica, a quem tenha poderes de gerência geral ou administração; ou por edital quando frustrada por três vezes a tentativa de notificação pelo funcionário.

Não há por que negar averbação de tal notificação, que, apesar de não alterar o registro, vem para assegurar a validade e normalidade da declaração de utilidade pública ou, melhor, de interesse social do imóvel para efeito de compulsoriedade de parcelamento, edificação ou utilização, ante o fato de ser necessário seu aproveitamento para atender às diretrizes da política urbana e ao princípio da função social da propriedade. E, além disso, pelo art. 5º, § 4º, da Lei 10.257/2001, o prazo para implementação daquela obrigação não poderá ser inferior a um ano, a partir da notificação, para que seja protocolado o projeto no órgão municipal competente, ou a dois anos, a partir da aprovação do projeto, para iniciar as obras do empreendimento. E como, pelo art. 6º, a transmissão do imóvel, por ato *inter vivos* ou *causa mortis*, posterior à data da notificação transfere as obrigações de parcelamento, edificação ou utilização sem interrupção de quaisquer prazos, imprescindível será a excepcional averbação daquela notificação, diante da circunstância subjetiva que influencia a propriedade imobiliária, visto que o encargo do parcelamento, edificação ou utilização compulsórios passará ao novo titular do domínio, sem interromper o prazo para sua implementação. A averbação da notificação, além de servir de parâmetro para o cômputo do lapso temporal para o cumprimento da obrigação que recai sobre o proprietário, torna conhecido ao adquirente ou a terceiros que qualquer transferência do imóvel, posterior à data da notificação, traz consigo o dever de efetuar parcelamento, edificar ou utilizar compulsoriamente solo urbano não edificado, subutilizado ou não utilizado, dentro das condições e dos prazos estabelecidos em lei municipal. É a alteração subjetiva introduzida que a torna suscetível de averbação.

3.3 Averbação da extinção da concessão para fins de moradia

Pelo art. 20, I e II, do Projeto de Lei 181/1989, que foi vetado, o direito à concessão de uso especial para fins de moradia extinguir-se-ia, retornando o imóvel ao domínio público, se o concessionário desse ao imóvel outra destinação ou se os concessionários remembrassem seus imóveis. Por ser um ato modificativo de direito real, tal extinção deveria ser averbada, por força do art. 20, parágrafo único, também vetado, no cartório de registro imobiliário, por meio de declaração consubstanciada do Poder Público concedente.

Diante do fato de terem sido vetados tais dispositivos, o art. 167, II, n. 19, da Lei 6.015/1973, com a redação do art. 57 da Lei 10.257/2001, apesar de vigente, não poderia ser aplicado, por falta de objeto, pois, como vimos, o veto dos arts. 15 a 20 do mencionado Projeto fez com que tal instituto inexistisse no Direito Brasileiro. Para que tivesse eficácia urgia a promulgação de uma norma que viesse a admiti-lo, solucionando ocupações irregulares de áreas públicas.

Com a edição da Medida Provisória 2.220/2001 esse problema deixou de existir, visto que, além de reger o direito à concessão de uso especial para fins de moradia, estipulou, no art. 8º, I e II, e parágrafo único, não só que esse direito se extinguirá se o concessionário vier a dar ao imóvel destinação diversa da moradia para si ou para sua família ou a adquirir a propriedade ou a concessão de uso de outro imóvel urbano ou rural, mas também que essa extinção deverá ser averbada no cartório de registro de imóveis, por meio de declaração do Poder Público concedente (Lei 6.015, art. 167, II, n. 2). Com isso o art. 167, II, n. 19, da Lei 6.015/1973 ganha eficácia, podendo irradiar seus efeitos.

3.4 Averbação da extinção do direito de superfície do imóvel urbano

Todos os atos que causarem alterações no registro deverão ser averbados. Dentre eles podemos apontar como averbável a extinção do direito de superfície do imóvel urbano pelo advento do termo final do contrato ou pelo inadimplemento das obrigações contratuais assumidas pelo superficiário (arts. 23, I e II, e 24, § 1º, da Lei 10.257/2001), por operar-se um ato modificativo do direito real, visto que o proprietário recuperará o pleno domínio do terreno, bem como das acessões e benfeitorias introduzidas no imóvel, independentemente de indenização, se as partes não houverem estipulado o contrário no respectivo contrato (art. 24, *caput*, da Lei 10.257/2001). A extinção do direito de superfície deverá ser averbada no cartório de registro de imóveis (art. 24, § 2º, da Lei 10.257/2001 e art. 167, II, n. 20, da Lei 6.015/1973, com a redação dada pelo art. 57 da Lei 10.257/2001).

Tal averbação só se efetivará se efetuada mediante prova da extinção do direito real, da qual constarão o motivo que a determinou e a menção do título em razão do qual foi feita.

VIGÊNCIA DA LEI

Sérgio Ferraz

Art. 58. Esta Lei entra em vigor após decorridos noventa dias de sua publicação.

Os preceitos da Lei 10.257, de 10.7.2001, em sua quase-totalidade, encontram-se, além de vigentes e eficazes (características que se aplicam a *todas* as suas regras), plenamente operantes. Isso não só porque já ultrapassada a *vacatio legis* de noventa dias, de seu art. 58; isso não só porque inexistente na lei qualquer previsão de regulamentação (o que, é evidente, não impede sua edição, mas não subordina a esse evento a *efetividade* da lei); isso sobretudo porque a lei já contém, em si, aptos e idôneos implementos de exequibilidade, tornando dispensável qualquer intermediação ou intercessão para que se produzam seus efeitos.

Há, porém, três situações para as quais a lei, já vigente embora, criou prazos para sua total *efetividade*. Assim:

a) Os Municípios, a tanto obrigados pela lei, terão o prazo até 30 de junho de 2008 para aprovar seu plano diretor (cf. art. 50 do Estatuto – redação dada pela Lei n. 11.673, de 8 de maio de 2008).

b) O prefeito tem prazo de cinco anos (sob pena de incorrer em crime de improbidade) para dar adequado aproveitamento aos imóveis incorporados ao patrimônio público, por força do que disposto no art. 182 da Constituição Federal e no art. 8º do Estatuto da Cidade (cf. art. 52, II, do Estatuto).

c) Os Estados e Municípios têm noventa dias, a partir da entrada em vigor do Estatuto, para fixar, por suas leis, prazos para a expedição de diretrizes de empreendimentos urbanísticos, aprovação de projetos de parcelamento e de edificação, realização de vistorias e termo de verificação e conclusão de obras. Ultrapassado tal prazo sem que a iniciativa seja tomada, ficará o Poder Público omisso obrigado à prática dos referidos atos administrativos (aplicando as normas até aqui vigentes), em sessenta dias – tudo isso sem que, contudo, decaia de seu poder para disciplinar legalmente a matéria (cf. art. 48 do Estatuto). Como é de se esperar que o prazo da edição normativa não será observado na maior parte dos Estados e Municípios, pode-se imaginar a instauração de um forte contencioso, sobretudo em duas faixas: pleitos dos particulares, sustentando terem direito líquido e certo à prática do pertinente ato administrativo; pretensões da Administração, quando por fim venha a supervenientemente disciplinar a matéria, de aplicação dos novos comandos não só a casos ainda pendentes de solução como, até mesmo, a casos decididos de forma diversa à que enfim alcançada na lei.

LEGISLAÇÃO

LEI N. 10.257, DE 10 DE JULHO DE 2001

Regulamenta os arts. 182 e 183 da Constituição Federal, estabelece diretrizes gerais da política urbana e dá outras providências.

O Presidente da República:

Faço saber que o Congresso Nacional decreta e eu sanciono a seguinte Lei:

Capítulo I – Diretrizes Gerais

Art. 1º. Na execução da política urbana, de que tratam os arts. 182 e 183 da Constituição Federal, será aplicado o previsto nesta Lei.

Parágrafo único. Para todos os efeitos, esta Lei, denominada Estatuto da Cidade, estabelece normas de ordem pública e interesse social que regulam o uso da propriedade urbana em prol do bem coletivo, da segurança e do bem-estar dos cidadãos, bem como do equilíbrio ambiental.

Art. 2º. A política urbana tem por objetivo ordenar o pleno desenvolvimento das funções sociais da cidade e da propriedade urbana, mediante as seguintes diretrizes gerais:

I – garantia do direito a cidades sustentáveis, entendido como o direito à terra urbana, à moradia, ao saneamento ambiental, à infraestrutura urbana, ao transporte e aos serviços públicos, ao trabalho e ao lazer, para as presentes e futuras gerações;

II – gestão democrática por meio da participação da população e de associações representativas dos vários segmentos da comunidade na formulação, execução e acompanhamento de planos, programas e projetos de desenvolvimento urbano;

III – cooperação entre os governos, a iniciativa privada e os demais setores da sociedade no processo de urbanização, em atendimento ao interesse social;

IV – planejamento do desenvolvimento das cidades, da distribuição espacial da população e das atividades econômicas do Município e do território sob sua área de influência, de modo a evitar e corrigir as distorções do crescimento urbano e seus efeitos negativos sobre o meio ambiente;

V – oferta de equipamentos urbanos e comunitários, transporte e serviços públicos adequados aos interesses e necessidades da população e às características locais;

VI – ordenação e controle do uso do solo, de forma a evitar:

a) a utilização inadequada dos imóveis urbanos;

b) a proximidade de usos incompatíveis ou inconvenientes;

c) o parcelamento do solo, a edificação ou o uso excessivos ou inadequados em relação à infraestrutura urbana;

d) a instalação de empreendimentos ou atividades que possam funcionar como polos geradores de tráfego, sem a previsão da infraestrutura correspondente;

e) a retenção especulativa de imóvel urbano, que resulte na sua subutilização ou não utilização;

f) a deterioração das áreas urbanizadas;

g) a poluição e a degradação ambiental;

h) a exposição da população a riscos de desastres. *(Incluído pela Lei 12.608/2012)*

VII – integração e complementaridade entre as atividades urbanas e rurais, tendo em vista o desenvolvimento socioeconômicos do Município e do território sob sua área de influência;

VIII – adoção de padrões de produção e consumo de bens e serviços e de expansão urbana compatíveis com os limites da sustentabilidade ambiental, social e econômica do Município e do território sob sua área de influência;

IX – justa distribuição dos benefícios e ônus decorrentes do processo de urbanização;

X – adequação dos instrumentos de política econômica, tributária e financeira e dos gastos públicos aos objetivos do desenvolvimento urbano, de modo a privilegiar os investimentos geradores de bem-estar geral e a fruição dos bens pelos diferentes segmentos sociais;

XI – recuperação dos investimentos do Poder Público de que tenha resultado a valorização de imóveis urbanos;

XII – proteção, preservação e recuperação do meio ambiente natural e construído, do patrimônio cultural, histórico, artístico, paisagístico e arqueológico;

XIII – audiência do Poder Público Municipal e da população interessada nos processos de implantação de empreendimentos ou atividades com efeitos potencialmente negativos sobre o meio ambiente natural ou construído, o conforto ou a segurança da população;

XIV – regularização fundiária e urbanização de áreas ocupadas por população de baixa renda mediante o estabelecimento de normas especiais de urbanização, uso e ocupação do solo e edificação, consideradas a situação socioeconômica da população e as normas ambientais;

XV – simplificação da legislação de parcelamento, uso e ocupação do solo e das normas edilícias, com vistas a permitir a redução dos custos e o aumento da oferta dos lotes e unidades habitacionais;

XVI – isonomia de condições para os agentes públicos e privados na promoção de empreendimentos e atividades relativos ao processo de urbanização, atendido o interesse social.

XVII – estímulo à utilização, nos parcelamentos do solo e nas edificações urbanas, de sistemas operacionais, padrões construtivos e aportes tecnológicos que objetivem a redução de impactos ambientais e a economia de recursos naturais. *(Incluído pela Lei n. 12.836/2013)*

Art. 3º. Compete à União, entre outras atribuições de interesse da política urbana:

I – legislar sobre normas gerais de direito urbanístico;

II – legislar sobre normas para a cooperação entre a União, os Estados, o Distrito Federal e os Municípios em relação à política urbana, tendo em vista o equilíbrio do desenvolvimento e do bem-estar em âmbito nacional;

III – promover, por iniciativa própria e em conjunto com os Estados, o Distrito Federal e os Municípios, programas de construção de moradias e a melhoria das condições habitacionais e de saneamento básico;

IV – instituir diretrizes para o desenvolvimento urbano, inclusive habitação, saneamento básico e transportes urbanos;

V – elaborar e executar planos nacionais e regionais de ordenação do território e de desenvolvimento econômico e social.

Capítulo II – Dos Instrumentos da Política Urbana

Seção I – Dos Instrumentos em Geral

Art. 4º. Para os fins desta Lei, serão utilizados, entre outros instrumentos:

I – planos nacionais, regionais e estaduais de ordenação do território e de desenvolvimento econômico e social;

II – planejamento das regiões metropolitanas, aglomerações urbanas e microrregiões;

III – planejamento municipal, em especial:

a) plano diretor;

b) disciplina do parcelamento, do uso e da ocupação do solo;

c) zoneamento ambiental;

d) plano plurianual;

e) diretrizes orçamentárias e orçamento anual;

f) gestão orçamentária participativa;

g) planos, programas e projetos setoriais;

h) planos de desenvolvimento econômico e social;

IV – institutos tributários e financeiros:

a) imposto sobre a propriedade predial e territorial urbana – IPTU;

b) contribuição de melhoria;

c) incentivos e benefícios fiscais e financeiros;

V – institutos jurídicos e políticos:

a) desapropriação;

b) servidão administrativa;

c) limitações administrativas;

d) tombamento de imóveis ou de mobiliário urbano;

e) instituição de unidades de conservação;

f) instituição de zonas especiais de interesse social;

g) concessão de direito real de uso;

h) concessão de uso especial para fins de moradia;

i) parcelamento, edificação ou utilização compulsórios;

j) usucapião especial de imóvel urbano;

l) direito de superfície;

m) direito de preempção;

n) outorga onerosa do direito de construir e de alteração de uso;

o) transferência do direito de construir;

p) operações urbanas consorciadas;

q) regularização fundiária;

r) assistência técnica e jurídica gratuita para as comunidades e grupos sociais menos favorecidos;

s) referendo popular e plebiscito;

t) demarcação urbanística para fins de regularização fundiária; *(incluído pela Lei 11.977/2009)*

u) legitimação de posse. *(incluído pela Lei 11.977/2009)*

VI – Estudo Prévio de Impacto Ambiental (EIA) e Estudo Prévio de Impacto de Vizinhança (EIV).

§ 1º. Os instrumentos mencionados neste artigo regem-se pela legislação que lhes é própria, observado o disposto nesta Lei.

§ 2º. Nos casos de programas e projetos habitacionais de interesse social, desenvolvidos por órgãos ou entidades da Administração Pública com atuação específica nessa área, a concessão de direito real de uso de imóveis públicos poderá ser contratada coletivamente.

§ 3º. Os instrumentos previstos neste artigo que demandam dispêndio de recursos por parte do Poder Público Municipal devem ser objeto de controle social, garantida a participação de comunidades, movimentos e entidades da sociedade civil.

Seção II – Do Parcelamento, Edificação ou Utilização Compulsórios

Art. 5º. Lei municipal específica para área incluída no plano diretor poderá determinar o parcelamento, a edificação ou a utilização compulsórios do solo urbano não edificado, subutilizado ou não utilizado, devendo fixar as condições e os prazos para implementação da referida obrigação.

§ 1º. Considera-se subutilizado o imóvel:

I – cujo aproveitamento seja inferior ao mínimo definido no plano diretor ou em legislação dele decorrente;

II – *(vetado)*.

§ 2º. O proprietário será notificado pelo Poder Executivo Municipal para o cumprimento da obrigação, devendo a notificação ser averbada no cartório de registro de imóveis.

§ 3º. A notificação far-se-á:

I – por funcionário do órgão competente do Poder Público Municipal, ao proprietário do imóvel ou, no caso de este ser pessoa jurídica, a quem tenha poderes de gerência geral ou administração;

II – por edital quando frustrada, por três vezes, a tentativa de notificação na forma prevista pelo inciso I.

§ 4º. Os prazos a que se refere o *caput* não poderão ser inferiores a:

I – um ano, a partir da notificação, para que seja protocolado o projeto no órgão municipal competente;

II – dois anos, a partir da aprovação do projeto, para iniciar as obras do empreendimento.

§ 5º. Em empreendimentos de grande porte, em caráter excepcional, a lei municipal específica a que se refere o *caput* poderá prever a conclusão em etapas, assegurando-se que o projeto aprovado compreenda o empreendimento como um todo.

Art. 6º. A transmissão do imóvel, por ato *inter vivos* ou *causa mortis*, posterior à data da notificação, transfere as obrigações de parcelamento, edificação ou utilização previstas no art. 5º desta Lei, sem interrupção de quaisquer prazos.

Seção III – Do IPTU Progressivo no Tempo

Art. 7º. Em caso de descumprimento das condições e dos prazos previstos na forma do *caput* do art. 5º desta Lei, ou não sendo cumpridas as etapas previstas no § 5º do art. 5º desta Lei, o Município procederá à aplicação do imposto sobre a propriedade predial e territorial urbana (IPTU) progressivo no tempo, mediante a majoração da alíquota pelo prazo de cinco anos consecutivos.

§ 1º. O valor da alíquota a ser aplicado a cada ano será fixado na lei específica a que se refere o *caput* do art. 5º desta Lei e não excederá a duas vezes o valor referente ao ano anterior, respeitada a alíquota máxima de quinze por cento.

§ 2º. Caso a obrigação de parcelar, edificar ou utilizar não esteja atendida em cinco anos, o Município manterá a cobrança pela alíquota máxima, até que se cumpra a referida obrigação, garantida a prerrogativa prevista no art. 8º.

§ 3º. É vedada a concessão de isenções ou de anistia relativas à tributação progressiva de que trata este artigo.

Seção IV – Da Desapropriação com Pagamento em Títulos

Art. 8º. Decorridos cinco anos de cobrança do IPTU progressivo sem que o proprietário tenha cumprido a obrigação de parcelamento, edificação ou utilização, o Município poderá proceder à desapropriação do imóvel, com pagamento em títulos da dívida pública.

§ 1º. Os títulos da dívida pública terão prévia aprovação pelo Senado Federal e serão resgatados no prazo de até dez anos, em prestações anuais, iguais e sucessivas, assegurados o valor real da indenização e os juros legais de seis por cento ao ano.

§ 2º. O valor real da indenização:

I – refletirá o valor da base de cálculo do IPTU, descontado o montante incorporado em função de obras realizadas pelo Poder Público na área onde o mesmo se localiza após a notificação de que trata o § 2º do art. 5º desta Lei;

II – não computará expectativas de ganhos, lucros cessantes e juros compensatórios.

§ 3º. Os títulos de que trata este artigo não terão poder liberatório para pagamento de tributos.

§ 4º. O Município procederá ao adequado aproveitamento do imóvel no prazo máximo de cinco anos, contado a partir da sua incorporação ao patrimônio público.

§ 5º. O aproveitamento do imóvel poderá ser efetivado diretamente pelo Poder Público ou por meio de alienação ou concessão a terceiros, observando--se, nesses casos, o devido procedimento licitatório.

§ 6º. Ficam mantidas para o adquirente de imóvel nos termos do § 5º as mesmas obrigações de parcelamento, edificação ou utilização previstas no art. 5º desta Lei.

Seção V – Da Usucapião Especial de Imóvel Urbano

Art. 9º. Aquele que possuir como sua área ou edificação urbana de até duzentos e cinquenta metros quadrados, por cinco anos, ininterruptamente e sem oposição, utilizando-a para sua moradia ou de sua família, adquirir-lhe-á o domínio, desde que não seja proprietário de outro imóvel urbano ou rural.

§ 1º. O título de domínio será conferido ao homem ou à mulher, ou a ambos, independentemente do estado civil.

§ 2º. O direito de que trata este artigo não será reconhecido ao mesmo possuidor mais de uma vez.

§ 3º. Para os efeitos deste artigo, o herdeiro legítimo continua, de pleno direito, a posse de seu antecessor, desde que já resida no imóvel por ocasião da abertura da sucessão.

Art. 10. As áreas urbanas com mais de duzentos e cinquenta metros quadrados, ocupadas por população de baixa renda para sua moradia, por cinco anos, ininterruptamente e sem oposição, onde não for possível identificar os terrenos ocupados por cada possuidor, são suscetíveis de serem usucapidas coletivamente, desde que os possuidores não sejam proprietários de outro imóvel urbano ou rural.

§ 1º. O possuidor pode, para o fim de contar o prazo exigido por este artigo, acrescentar sua posse à de seu antecessor, contanto que ambas sejam contínuas.

§ 2º. A usucapião especial coletiva de imóvel urbano será declarada pelo juiz, mediante sentença, a qual servirá de título para registro no cartório de registro de imóveis.

§ 3º. Na sentença, o juiz atribuirá igual fração ideal de terreno a cada possuidor, independentemente da dimensão do terreno que cada um ocupe, salvo hipótese de acordo escrito entre os condôminos, estabelecendo frações ideais diferenciadas.

§ 4º. O condomínio especial constituído é indivisível, não sendo passível de extinção, salvo deliberação favorável tomada por, no mínimo, dois terços dos condôminos, no caso de execução de urbanização posterior à constituição do condomínio.

§ 5º. As deliberações relativas à administração do condomínio especial serão tomadas por maioria de votos dos condôminos presentes, obrigando também os demais, discordantes ou ausentes.

Art. 11. Na pendência da ação de usucapião especial urbana, ficarão sobrestadas quaisquer outras ações, petitórias ou possessórias, que venham a ser propostas relativamente ao imóvel usucapiendo.

Art. 12. São partes legítimas para a propositura da ação de usucapião especial urbana:

I – o possuidor, isoladamente ou em litisconsórcio originário ou superveniente;

II – os possuidores, em estado de composse;

III – como substituto processual, a associação de moradores da comunidade, regularmente constituída, com personalidade jurídica, desde que explicitamente autorizada pelos representados.

§ 1º. Na ação de usucapião especial urbana é obrigatória a intervenção do Ministério Público.

§ 2º. O autor terá os benefícios da justiça e da assistência judiciária gratuita, inclusive perante o cartório de registro de imóveis.

Art. 13. A usucapião especial de imóvel urbano poderá ser invocada como matéria de defesa, valendo a sentença que a reconhecer como título para registro no cartório de registro de imóveis.

Art. 14. Na ação judicial de usucapião especial de imóvel urbano, o rito processual a ser observado é o sumário.

Seção VI – Da Concessão de Uso Especial para Fins de Moradia
Art. 15. *(Vetado).*
Art. 16. *(Vetado).*
Art. 17. *(Vetado).*
Art. 18. *(Vetado).*
Art. 19. *(Vetado).*
Art. 20. *(Vetado).*

Seção VII – Do Direito de Superfície

Art. 21. O proprietário urbano poderá conceder a outrem o direito de superfície do seu terreno, por tempo determinado ou indeterminado, mediante escritura pública registrada no cartório de registro de imóveis.

§ 1º. O direito de superfície abrange o direito de utilizar o solo, o subsolo ou o espaço aéreo relativo ao terreno, na forma estabelecida no contrato respectivo, atendida a legislação urbanística.

§ 2º. A concessão do direito de superfície poderá ser gratuita ou onerosa.

§ 3º. O superficiário responderá integralmente pelos encargos e tributos que incidirem sobre a propriedade superficiária, arcando, ainda, proporcionalmente à sua parcela de ocupação efetiva, com os encargos e tributos sobre a área objeto da concessão do direito de superfície, salvo disposição em contrário do contrato respectivo.

§ 4º. O direito de superfície pode ser transferido a terceiros, obedecidos os termos do contrato respectivo.

§ 5º. Por morte do superficiário, os seus direitos transmitem-se a seus herdeiros.

Art. 22. Em caso de alienação do terreno, ou do direito de superfície, o superficiário e o proprietário, respectivamente, terão direito de preferência, em igualdade de condições à oferta de terceiros.

Art. 23. Extingue-se o direito de superfície:

I – pelo advento do termo;

II – pelo descumprimento das obrigações contratuais assumidas pelo superficiário.

Art. 24. Extinto o direito de superfície, o proprietário recuperará o pleno domínio do terreno, bem como das acessões e benfeitorias introduzidas no imóvel, independentemente de indenização, se as partes não houverem estipulado o contrário no respectivo contrato.

§ 1º. Antes do termo final do contrato, extinguir-se-á o direito de superfície se o superficiário der ao terreno destinação diversa daquela para a qual for concedida.

§ 2º. A extinção do direito de superfície será averbada no cartório de registro de imóveis.

Seção VIII – Do Direito de Preempção

Art. 25. O direito de preempção confere ao Poder Público Municipal preferência para aquisição de imóvel urbano objeto de alienação onerosa entre particulares.

§ 1º. Lei municipal, baseada no plano diretor, delimitará as áreas em que incidirá o direito de preempção e fixará prazo de vigência, não superior a cinco anos, renovável a partir de um ano após o decurso do prazo inicial de vigência.

§ 2º. O direito de preempção fica assegurado durante o prazo de vigência fixado na forma do § 1º, independentemente do número de alienações referentes ao mesmo imóvel.

Art. 26. O direito de preempção será exercido sempre que o Poder Público necessitar de áreas para:

I – regularização fundiária;

II – execução de programas e projetos habitacionais de interesse social;

III – constituição de reserva fundiária;

IV – ordenamento e direcionamento da expansão urbana;

V – implantação de equipamentos urbanos e comunitários;

VI – criação de espaços públicos de lazer e áreas verdes;

VII – criação de unidades de conservação ou proteção de outras áreas de interesse ambiental;

VIII – proteção de áreas de interesse histórico, cultural ou paisagístico;

IX – *(vetado)*.

Parágrafo único. A lei municipal prevista no § 1º do art. 25 desta Lei deverá enquadrar cada área em que incidirá o direito de preempção em uma ou mais das finalidades enumeradas por este artigo.

Art. 27. O proprietário deverá notificar sua intenção de alienar o imóvel, para que o Município, no prazo máximo de trinta dias, manifeste por escrito seu interesse em comprá-lo.

§ 1º. À notificação mencionada no *caput* será anexada proposta de compra assinada por terceiro interessado na aquisição do imóvel, da qual constarão preço, condições de pagamento e prazo de validade.

§ 2º. O Município fará publicar, em órgão oficial e em pelo menos um jornal local ou regional de grande circulação, edital de aviso da notificação recebida nos termos do *caput* e da intenção de aquisição do imóvel nas condições da proposta apresentada.

§ 3º. Transcorrido o prazo mencionado no *caput* sem manifestação, fica o proprietário autorizado a realizar a alienação para terceiros, nas condições da proposta apresentada.

§ 4º. Concretizada a venda a terceiro, o proprietário fica obrigado a apresentar ao Município, no prazo de trinta dias, cópia do instrumento público de alienação do imóvel.

§ 5º. A alienação processada em condições diversas da proposta apresentada é nula de pleno direito.

§ 6º. Ocorrida a hipótese prevista no § 5º o Município poderá adquirir o imóvel pelo valor da base de cálculo do IPTU ou pelo valor indicado na proposta apresentada, se este for inferior àquele.

Seção IX – Da Outorga Onerosa do Direito de Construir

Art. 28. O plano diretor poderá fixar áreas nas quais o direito de construir poderá ser exercido acima do coeficiente de aproveitamento básico adotado, mediante contrapartida a ser prestada pelo beneficiário.

§ 1º. Para os efeitos desta Lei, coeficiente de aproveitamento é a relação entre a área edificável e a área do terreno.

§ 2º. O plano diretor poderá fixar coeficiente de aproveitamento básico único para toda a zona urbana ou diferenciado para áreas específicas dentro da zona urbana.

§ 3º. O plano diretor definirá os limites máximos a serem atingidos pelos coeficientes de aproveitamento, considerando a proporcionalidade entre a infraestrutura existente e o aumento de densidade esperado em cada área.

Art. 29. O plano diretor poderá fixar áreas nas quais poderá ser permitida alteração de uso do solo, mediante contrapartida a ser prestada pelo beneficiário.

Art. 30. Lei municipal específica estabelecerá as condições a serem observadas para a outorga onerosa do direito de construir e de alteração de uso, determinando:

I – a fórmula de cálculo para a cobrança;

II – os casos passíveis de isenção do pagamento da outorga;

III – a contrapartida do beneficiário.

Art. 31. Os recursos auferidos com a adoção da outorga onerosa do direito de construir e de alteração de uso serão aplicados com as finalidades previstas nos incisos I a IX do art. 26 desta Lei.

Seção X – Das Operações Urbanas Consorciadas

Art. 32. Lei municipal específica, baseada no plano diretor, poderá delimitar área para aplicação de operações consorciadas.

§ 1º. Considera-se operação urbana consorciada o conjunto de intervenções e medidas coordenadas pelo Poder Público Municipal, com a participação dos proprietários, moradores, usuários permanentes e investidores privados, com o objetivo de alcançar em uma área transformações urbanísticas estruturais, melhorias sociais e a valorização ambiental.

§ 2º. Poderão ser previstas nas operações urbanas consorciadas, entre outras medidas:

I – a modificação de índices e características de parcelamento, uso e ocupação do solo e subsolo, bem como alterações das normas edilícias, considerado o impacto ambiental delas decorrente;

II – a regularização de construções, reformas ou ampliações executadas em desacordo com a legislação vigente.

III – a concessão de incentivos a operações urbanas que utilizam tecnologias visando a redução de impactos ambientais, e que comprovem a utilização, nas construções e uso de edificações urbanas, de tecnologias que reduzam os impactos ambientais e economizem recursos naturais, especificadas as modalidades de *design* e de obras a serem contempladas. *(Incluído pela Lei 12.836/2013)*

Art. 33. Da lei específica que aprovar a operação urbana consorciada constará o plano de operação urbana consorciada, contendo, no mínimo:

I – definição da área a ser atingida;

II – programa básico de ocupação da área;

III – programa de atendimento econômico e social para a população diretamente afetada pela operação;

IV – finalidades da operação;

V – Estudo Prévio de Impacto de Vizinhança;

VI – contrapartida a ser exigida dos proprietários, usuários permanentes e investidores privados em função da utilização dos benefícios previstos nos incisos I, II e III do § 2º do art. 32 desta Lei; *(Redação dada pela Lei 12.836/2013)*

VII – forma de controle da operação, obrigatoriamente compartilhado com representação da sociedade civil.

VIII – natureza dos incentivos a serem concedidos aos proprietários, usuários permanentes e investidores privados, uma vez atendido o disposto no inciso III do § 2º do art. 32 desta Lei. *(Incluído pela Lei 12.836/2013)*

§ 1º. Os recursos obtidos pelo Poder Público Municipal na forma do inciso VI deste artigo serão aplicados exclusivamente na própria operação urbana consorciada.

§ 2º. A partir da aprovação da lei específica de que trata o *caput*, são nulas as licenças e autorizações a cargo do Poder Público Municipal expedidas em desacordo com o plano de operação urbana consorciada.

Art. 34. A lei específica que aprovar a operação urbana consorciada poderá prever a emissão pelo Município de quantidade determinada de certificados de potencial adicional de construção, que serão alienados em leilão ou utilizados diretamente no pagamento das obras necessárias à própria operação.

§ 1º. Os certificados de potencial adicional de construção serão livremente negociados, mas conversíveis em direito de construir unicamente na área objeto da operação.

§ 2º. Apresentado pedido de licença para construir, o certificado de potencial adicional será utilizado no pagamento da área de construção que supere os padrões estabelecidos pela legislação de uso e ocupação do solo, até o limite fixado pela lei específica que aprovar a operação urbana consorciada.

Seção XI – Da Transferência do Direito de Construir

Art. 35. Lei municipal, baseada no plano diretor, poderá autorizar o proprietário de imóvel urbano, privado ou público, a exercer em outro local, ou alienar, mediante escritura pública, o direito de construir previsto no plano diretor ou em legislação urbanística dele decorrente, quando o referido imóvel for considerado necessário para fins de:

I – implantação de equipamentos urbanos e comunitários;

II – preservação, quando o imóvel for considerado de interesse histórico, ambiental, paisagístico, social ou cultural;

III – servir a programas de regularização fundiária, urbanização de áreas ocupadas por população de baixa renda e habitação de interesse social.

§ 1º. A mesma faculdade poderá ser concedida ao proprietário que doar ao Poder Público seu imóvel, ou parte dele, para os fins previstos nos incisos I a III do *caput*.

§ 2º. A lei municipal referida no *caput* estabelecerá as condições relativas à aplicação da transferência do direito de construir.

Seção XII – Do Estudo de Impacto de Vizinhança

Art. 36. Lei municipal definirá os empreendimentos e atividades privados ou públicos em área urbana que dependerão de elaboração de Estudo Prévio de Impacto de Vizinhança (EIV) para obter as licenças ou autorizações de construção, ampliação ou funcionamento a cargo do Poder Público Municipal.

Art. 37. O EIV será executado de forma a contemplar os efeitos positivos e negativos do empreendimento ou atividade quanto à qualidade de vida da população residente na área e suas proximidades, incluindo a análise, no mínimo, das seguintes questões:

I – adensamento populacional;

II – equipamentos urbanos e comunitários;

III – uso e ocupação do solo;

IV – valorização imobiliária;

V – geração de tráfego e demanda por transporte público;

VI – ventilação e iluminação;

VII – paisagem urbana e patrimônio natural e cultural.

Parágrafo único. Dar-se-á publicidade aos documentos integrantes do EIV, que ficarão disponíveis para consulta, no órgão competente do Poder Público Municipal, por qualquer interessado.

Art. 38. A elaboração do EIV não substitui a elaboração e a aprovação de Estudo Prévio de Impacto Ambiental (EIA), requeridas nos termos da legislação ambiental.

Capítulo III – Do Plano Diretor

Art. 39. A propriedade urbana cumpre sua função social quando atende às exigências fundamentais de ordenação da cidade expressas no plano diretor, assegurando o atendimento das necessidades dos cidadãos quanto à qualidade de vida, à justiça social e ao desenvolvimento das atividades econômicas, respeitadas as diretrizes previstas no art. 2º desta Lei.

Art. 40. O plano diretor, aprovado por lei municipal, é o instrumento básico da política de desenvolvimento e expansão urbana.

§ 1º. O plano diretor é parte integrante do processo de planejamento municipal, devendo o plano plurianual, as diretrizes orçamentárias e o orçamento anual incorporar as diretrizes e as prioridades nele contidas.

§ 2º. O plano diretor deverá englobar o território do Município como um todo.

§ 3º. A lei que instituir o plano diretor deverá ser revista, pelo menos, a cada dez anos.

§ 4º. No processo de elaboração do plano diretor e na fiscalização de sua implementação, os Poderes Legislativo e Executivo Municipais garantirão:

I – a promoção de audiências públicas e debates com a participação da população e de associações representativas dos vários segmentos da comunidade;

II – a publicidade quanto aos documentos e informações produzidos;

III – o acesso de qualquer interessado aos documentos e informações produzidos.

§ 5º. *(Vetado)*.

Art. 41. O plano diretor é obrigatório para cidades:

I – com mais de vinte mil habitantes;

II – integrantes de regiões metropolitanas e aglomerações urbanas;

III – onde o Poder Público Municipal pretenda utilizar os instrumentos previstos no § 4º do art. 182 da Constituição Federal;

IV – integrantes de áreas de especial interesse turístico;

V – inseridas na área de influência de empreendimentos ou atividades com significativo impacto ambiental de âmbito regional ou nacional.

VI – incluídas no cadastro nacional de Municípios com áreas suscetíveis à ocorrência de deslizamentos de grande impacto, inundações bruscas ou processos geológicos ou hidrológicos correlatos. *(Incluído pela Lei 12.608/2012)*

§ 1º. No caso da realização de empreendimentos ou atividades enquadrados no inciso V do *caput*, os recursos técnicos e financeiros para a elaboração do plano diretor estarão inseridos entre as medidas de compensação adotadas.

§ 2º. No caso de cidades com mais de quinhentos mil habitantes, deverá ser elaborado um plano de transporte urbano integrado, compatível com o plano diretor ou nele inserido.

Art. 42. O plano diretor deverá conter no mínimo:

I – a delimitação das áreas urbanas onde poderá ser aplicado o parcelamento, edificação ou utilização compulsórios, considerando a existência de infraestrutura e de demanda para utilização, na forma do art. 5º desta Lei;

II – disposições requeridas pelos arts. 25, 28, 29, 32 e 35 desta Lei;

III – sistema de acompanhamento e controle.

Art. 42-A. Além do conteúdo previsto no art. 42, o plano diretor dos Municípios incluídos no cadastro nacional de municípios com áreas suscetíveis à ocorrência de deslizamentos de grande impacto, inundações bruscas ou processos geológicos ou hidrológicos correlatos deverá conter: *(Artigo, incisos e parágrafos incluídos pela Lei 12.608/2012)*

I – parâmetros de parcelamento, uso e ocupação do solo, de modo a promover a diversidade de usos e a contribuir para a geração de emprego e renda;

II – mapeamento contendo as áreas suscetíveis à ocorrência de deslizamentos de grande impacto, inundações bruscas ou processos geológicos ou hidrológicos correlatos;

III – planejamento de ações de intervenção preventiva e realocação de população de áreas de risco de desastre;

IV – medidas de drenagem urbana necessárias à prevenção e à mitigação de impactos de desastres; e

V – diretrizes para a regularização fundiária de assentamentos urbanos irregulares, se houver, observadas a Lei n. 11.977, de 7 de julho de 2009, e demais normas federais e estaduais pertinentes, e previsão de áreas para habitação de interesse social por meio da demarcação de zonas especiais de interesse social e de outros instrumentos de política urbana, onde o uso habitacional for permitido.

VI – identificação e diretrizes para a preservação e ocupação das áreas verdes municipais, quando for o caso, com vistas à redução da impermeabilização das cidades.

§ 1º. A identificação e o mapeamento de áreas de risco levarão em conta as cartas geotécnicas.

§ 2º. O conteúdo do plano diretor deverá ser compatível com as disposições insertas nos planos de recursos hídricos, formulados consoante a Lei n. 9.433, de 8 de janeiro de 1997.

§ 3º. Os Municípios adequarão o plano diretor às disposições deste artigo, por ocasião de sua revisão, observados os prazos legais.

§ 4º. Os Municípios enquadrados no inciso VI do art. 41 desta Lei e que não tenham plano diretor aprovado terão o prazo de 5 (cinco) anos para o seu encaminhamento para aprovação pela Câmara Municipal. *(Incluído pela Lei n. 12.608, de 2012)*

Art. 42-B. Os Municípios que pretendam ampliar o seu perímetro urbano após a data de publicação desta Lei deverão elaborar projeto específico que contenha, no mínimo: *(artigo, incisos e parágrafos incluídos pela Lei 12.608/2012)*

I – demarcação do novo perímetro urbano;

II – delimitação dos trechos com restrições à urbanização e dos trechos sujeitos a controle especial em função de ameaça de desastres naturais;

III – definição de diretrizes específicas e de áreas que serão utilizadas para infraestrutura, sistema viário, equipamentos e instalações públicas, urbanas e sociais;

IV – definição de parâmetros de parcelamento, uso e ocupação do solo, de modo a promover a diversidade de usos e contribuir para a geração de emprego e renda;

V – a previsão de áreas para habitação de interesse social por meio da demarcação de zonas especiais de interesse social e de outros instrumentos de política urbana, quando o uso habitacional for permitido;

VI – definição de diretrizes e instrumentos específicos para proteção ambiental e do patrimônio histórico e cultural; e

VII – definição de mecanismos para garantir a justa distribuição dos ônus e benefícios decorrentes do processo de urbanização do território de expansão urbana e a recuperação para a coletividade da valorização imobiliária resultante da ação do poder público.

§ 1º. O projeto específico de que trata o *caput* deste artigo deverá ser instituído por lei municipal e atender às diretrizes do plano diretor, quando houver.

§ 2º. Quando o plano diretor contemplar as exigências estabelecidas no *caput*, o Município ficará dispensado da elaboração do projeto específico de que trata o *caput* deste artigo.

§ 3º. A aprovação de projetos de parcelamento do solo no novo perímetro urbano ficará condicionada à existência do projeto específico e deverá obedecer às suas disposições.

Capítulo IV – Da Gestão Democrática da Cidade

Art. 43. Para garantir a gestão democrática da cidade, deverão ser utilizados, entre outros, os seguintes instrumentos:

I – órgãos colegiados de política urbana, nos níveis nacional, estadual e municipal;

II – debates, audiências e consultas públicas;

III – conferências sobre assuntos de interesse urbano, nos níveis nacional, estadual e municipal;

IV – iniciativa popular de projeto de lei e de planos, programas e projetos de desenvolvimento urbano;

V – *(vetado)*.

Art. 44. No âmbito municipal, a gestão orçamentária participativa de que trata a alínea "f" do inciso III do art. 4º desta Lei incluirá a realização de debates, audiências e consultas públicas sobre as propostas do plano plurianual, da lei de diretrizes orçamentárias e do orçamento anual, como condição obrigatória para sua aprovação pela Câmara Municipal.

Art. 45. Os organismos gestores das regiões metropolitanas e aglomerações urbanas incluirão obrigatória e significativa participação da população e de associações representativas dos vários segmentos da comunidade, de modo a garantir o controle direto de suas atividades e o pleno exercício da cidadania.

Capítulo V – Disposições Gerais

Art. 46. O Poder Público Municipal poderá facultar ao proprietário de área atingida pela obrigação de que trata o *caput* do art. 5º desta Lei, a requerimento deste, o estabelecimento de consórcio imobiliário como forma de viabilização financeira do aproveitamento do imóvel.

§ 1º. Considera-se consórcio imobiliário a forma de viabilização de planos de urbanização ou edificação por meio da qual o proprietário transfere ao Poder Público Municipal seu imóvel e, após a realização das obras, recebe, como pagamento, unidades imobiliárias devidamente urbanizadas ou edificadas.

§ 2º. O valor das unidades imobiliárias a serem entregues ao proprietário será correspondente ao valor do imóvel antes da execução das obras, observado o disposto no § 2º do art. 8º desta Lei.

Art. 47. Os tributos sobre imóveis urbanos, assim como as tarifas relativas a serviços públicos urbanos, serão diferenciados em função do interesse social.

Art. 48. Nos casos de programas e projetos habitacionais de interesse social, desenvolvidos por órgãos ou entidades da Administração Pública com atuação específica nessa área, os contratos de concessão de direito real de uso de imóveis públicos:

I – terão, para todos os fins de direito, caráter de escritura pública, não se aplicando o disposto no inciso II do art. 134 do Código Civil;

II – constituirão título de aceitação obrigatória em garantia de contratos de financiamentos habitacionais.

Art. 49. Os Estados e Municípios terão o prazo de noventa dias, a partir da entrada em vigor desta Lei, para fixar prazos, por lei, para a expedição de diretrizes de empreendimentos urbanísticos, aprovação de projetos de parcelamento e de edificação, realização de vistorias e expedição de termo de verificação e conclusão de obras.

Parágrafo único. Não sendo cumprida a determinação do *caput*, fica estabelecido o prazo de sessenta dias para a realização de cada um dos referidos atos administrativos, que valerá até que os Estados e Municípios disponham em lei de forma diversa.

Art. 50. Os Municípios que estejam enquadrados na obrigação prevista nos incisos I e II do *caput* do art. 41 desta Lei e que não tenham plano diretor aprovado na data de entrada em vigor desta Lei deverão aprová-lo até 30 de junho de 2008. *(Redação dada pela Lei 11.673 /2008).*

Art. 51. Para os efeitos desta Lei, aplicam-se ao Distrito Federal e ao governador do Distrito Federal as disposições relativas, respectivamente, a Município e a prefeito.

Art. 52. Sem prejuízo da punição de outros agentes públicos envolvidos e da aplicação de outras sanções cabíveis, o prefeito incorre em improbidade administrativa, nos termos da Lei n. 8.429, de 2 de junho de 1992, quando:

I – *(vetado)*;

II – deixar de proceder, no prazo de cinco anos, o adequado aproveitamento do imóvel incorporado ao patrimônio público, conforme o disposto no § 4º do art. 8º desta Lei;

III – utilizar áreas obtidas por meio do direito de preempção em desacordo com o disposto no art. 26 desta Lei;

IV – aplicar os recursos auferidos com a outorga onerosa do direito de construir e de alteração de uso em desacordo com o previsto no art. 31 desta Lei;

V – aplicar os recursos auferidos com operações consorciadas em desacordo com o previsto no § 1º do art. 33 desta Lei;

VI – impedir ou deixar de garantir os requisitos contidos nos incisos I a III do § 4º do art. 40 desta Lei;

VII – deixar de tomar as providências necessárias para garantir a observância do disposto no § 3º do art. 40 e no art. 50 desta Lei;

VIII – adquirir imóvel objeto de direito de preempção, nos termos dos arts. 25 a 27 desta Lei, pelo valor da proposta apresentada, se este for, comprovadamente, superior ao de mercado.

Art. 53. O art. 1º da Lei n. 7.347, de 24 de julho de 1985, passa a vigorar acrescido de novo inciso III, renumerando o atual inciso III e os subsequentes: *(Revogado pela Medida Provisória 2.180-35, de 24.8.2001)*

"Art. 1º. (...).

"(...);

"III – à ordem urbanística;

"(...)."

Art. 54. O art. 4º da Lei n. 7.347, de 1985, passa a vigorar com a seguinte redação:

"Art. 4º. Poderá ser ajuizada ação cautelar para os fins desta Lei, objetivando, inclusive, evitar o dano ao meio ambiente, ao consumidor, à ordem urbanística ou aos bens e direitos de valor artístico, estético, histórico, turístico e paisagístico *(vetado)*."

Art. 55. O art. 167, inciso I, item 28, da Lei n. 6.015, de 31 de dezembro de 1973, alterado pela Lei n. 6.216, de 30 de junho de 1975, passa a vigorar com a seguinte redação:

"Art. 167. (...).

"I – (...):

"(...);

"28) das sentenças declaratórias de usucapião, independente da regularidade do parcelamento do solo ou da edificação;

"(...)."

Art. 56. O art. 167, inciso I, da Lei n. 6.015, de 1973, passa a vigorar acrescido dos seguintes itens 37, 38 e 39:

"Art. 167. (...).

"I – (...):

"(...);

"37) dos termos administrativos ou das sentenças declaratórias da concessão de uso especial para fins de moradia, independente da regularidade do parcelamento do solo ou da edificação;

"38) *(vetado)*;

"39) da constituição do direito de superfície de imóvel urbano;"

Art. 57. O art. 167, inciso II, da Lei n. 6.015, de 1973, passa a vigorar acrescido dos seguintes itens 18, 19 e 20:

"Art. 167. (...).

"(...);

"II – (...):

"(...);

"18) da notificação para parcelamento, edificação ou utilização compulsórios de imóvel urbano;

"19) da extinção da concessão de uso especial para fins de moradia;

"20) da extinção do direito de superfície do imóvel urbano."

Art. 58. Esta Lei entra em vigor após decorridos noventa dias de sua publicação.

BRASÍLIA, 10 DE JULHO DE 2001;
180º DA INDEPENDÊNCIA E 113º DA REPÚBLICA
MENSAGEM N. 730, DE 10 DE JULHO DE 2001
(RAZÕES DE VETO)

Sr. Presidente do Senado Federal,

Comunico a V. Exa, que, nos termos do § 1º do art. 66 da Constituição Federal, decidi vetar parcialmente, por inconstitucionalidade e contrariedade ao interesse público, o Projeto de Lei n. 181, de 1989 (n. 5.788/90 na Câmara dos Deputados), que "Regulamenta os arts. 182 e 183 da Constituição Federal, estabelece diretrizes gerais da política urbana e dá outras providências".

O Ministério da Justiça propôs veto aos seguintes dispositivos:

Inciso V do art. 43

"Art. 43. (...):

"(...);

"V – referendo popular e plebiscito."

Razões do veto

"Tais instrumentos de exercício da soberania popular estão disciplinados na Lei n. 9.709, de 18 de novembro de 1998, que, em seu art. 6º, admite a sua convocação por parte de Estados e Municípios, na forma determinada pela Constituição Estadual ou lei orgânica municipal. Há, portanto, no ordenamento jurídico pátrio, permissivo legal para a utilização destes mecanismos por parte dos Municípios, desde que observados os ditames da lei orgânica municipal, instrumento constitucionalmente habilitado a regular o processo político em âmbito local.

"Instituir novo permissivo, especificamente para a determinação da política urbana municipal, não observaria a boa técnica legislativa, visto que a Lei n. 9.709/98 já autoriza a utilização de plebiscito e referendo popular em todas as questões de competência dos Municípios."

Inciso II do § 1º do art. 5º

"Art. 5º. (...).
"§ 1º. (...):
"(...);
"II – utilizado em desacordo com a legislação urbanística ou ambiental."

Razões do veto

"O inciso II do § 1º do art. 5º do Projeto equipara ao imóvel subutilizado aquele 'utilizado em desacordo com a legislação urbanística ou ambiental'. Essa equiparação é inconstitucional, porquanto a Constituição penaliza somente o proprietário que subutiliza o seu imóvel de forma a não atender ao interesse social, não abrangendo aquele que a seu imóvel deu uso ilegal, o qual pode, ou não, estar sendo subutilizado.

"Vale lembrar que, em se tratando de restrição a direito fundamental – direito de propriedade –, não é admissível a ampliação legislativa para abarcar os indivíduos que não foram contemplados pela norma constitucional."

Seção VI, compreendendo os arts. 15 a 20

"*Seção VI – Da Concessão de Uso Especial para Fins de Moradia*

"Art. 15. Aquele que possuir como sua área ou edificação urbana de até duzentos e cinquenta metros quadrados situada em imóvel público, por cinco anos, ininterruptamente e sem oposição, utilizando-a para sua moradia ou de sua família, tem o direito à concessão de uso especial para fins de moradia em relação à referida área ou edificação, desde que não seja proprietário ou concessionário de outro imóvel urbano ou rural.

"§ 1º. A concessão de uso especial para fins de moradia será conferida de forma gratuita ao homem ou à mulher, ou a ambos, independentemente do estado civil.

"§ 2º. O direito de que trata este artigo não será reconhecido ao mesmo concessionário mais de uma vez.

"§ 3º. Para os efeitos deste artigo, o herdeiro legítimo continua, de pleno direito, a posse de seu antecessor, desde que já resida no imóvel por ocasião da abertura da sucessão.

"Art. 16. Nas áreas urbanas com mais de duzentos e cinquenta metros quadrados situadas em imóvel público, ocupadas por população de baixa renda para sua moradia, por cinco anos, ininterruptamente e sem oposição, onde não for possível identificar os terrenos ocupados por cada possuidor, a concessão de uso especial para fins de moradia será conferida de forma coletiva, desde que os possuidores não sejam concessionários de outro imóvel urbano ou rural.

"Parágrafo único. Aplicam-se no caso de que trata o *caput*, no que couber, as disposições dos §§ 1º a 5º do art. 10 desta Lei.

"Art. 17. No caso de ocupação em área de risco, o Poder Público garantirá ao possuidor o exercício do direito de que tratam os arts. 15 e 16 desta Lei em outro local.

"Art. 18. O título de concessão de uso especial para fins de moradia será obtido pela via administrativa perante o órgão competente da Administração Pública ou, em caso de recusa ou omissão deste, pela via judicial.

"§ 1º. Em caso de ação judicial, a concessão de uso especial para fins de moradia será declarada pelo juiz, mediante sentença.

"§ 2º. O título conferido por via administrativa ou a sentença judicial servirão para efeito de registro no cartório de registro de imóveis.

"§ 3º. Aplicam-se à concessão de uso especial para fins de moradia, no que couber, as disposições estabelecidas nos arts. 11, 12 e 13 desta Lei.

"Art. 19. O direito à concessão de uso especial para fins de moradia é transferível por ato *inter vivos* ou *causa mortis*.

"Art. 20. O direito à concessão de uso especial para fins de moradia extingue-se, retornando o imóvel ao domínio público, no caso de:

"I – o concessionário dar ao imóvel destinação diversa da moradia para si ou sua família;

"II – os concessionários remembrarem seus imóveis.

"Parágrafo único. A extinção de que trata este artigo será averbada no cartório de registro de imóveis, por meio de declaração consubstanciada do Poder Público concedente."

Razões do veto

"O instituto jurídico da concessão de uso especial para fins de moradia em áreas públicas é um importante instrumento para propiciar segurança da posse – fundamento do direito à moradia – a milhões de moradores de favelas e loteamentos irregulares. Algumas imprecisões do Projeto de Lei trazem, no entanto, riscos à aplicação desse instrumento inovador, contrariando o interesse público.

"O *caput* do art. 15 do Projeto de Lei assegura o direito à concessão de uso especial para fins de moradia àquele que possuir como sua área ou edificação urbana de até duzentos e cinquenta metros quadrados situada em imóvel público. A expressão 'edificação urbana' no dispositivo visaria a permitir a regularização de cortiços em imóveis públicos, que no entanto é viabilizada pela concessão a título coletivo, prevista no art. 16. Ela se presta, por outro lado, a outra leitura, que poderia gerar demandas injustificadas do direito em questão por parte de ocupantes de habitações individuais de até duzentos e cinquenta metros quadrados de área edificada em imóvel público.

"Os arts. 15 a 20 do Projeto de Lei contrariam o interesse público sobretudo por não ressalvarem do direito à concessão de uso especial os imóveis públicos afetados ao uso comum do povo, como praças e ruas, assim como áreas urbanas de interesse da defesa nacional, da preservação ambiental ou destinadas a obras públicas. Seria mais do que razoável, em caso de ocupação dessas áreas, possibilitar a satisfação do direito à moradia em outro local, como prevê o art. 17 em relação à ocupação de áreas de risco.

"O Projeto não estabelece uma data-limite para a aquisição do direito à concessão de uso especial, o que torna permanente um instrumento só justificável pela necessidade imperiosa de solucionar o imenso passivo de ocupações irregulares gerado em décadas de urbanização desordenada.

"Por fim, não há no art. 18 a definição expressa de um prazo para que a Administração Pública processe os pedidos de concessão de direito de uso que, previsivelmente, virão em grande número a partir da vigência deste instrumento. Isto traz o risco de congestionar o Poder Judiciário com demandas que, num prazo razoável, poderiam e deveriam ser satisfeitas na instância administrativa.

"Pelas razões expostas, propõe-se o veto aos arts. 15 a 20 do Projeto de Lei. Em reconhecimento à importância e validade do instituto da concessão de uso especial para fins de moradia, o Poder Executivo submeterá sem demora ao Congresso Nacional um texto normativo que preencha essa lacuna, buscando sanar as imprecisões apontadas."

Inciso IX do art. 26

"Art. 26. (...).

"(...);

"IX – outras finalidades de interesse social ou de utilidade pública, definidas no plano diretor. (...)."

Razões do veto

"O art. 26, inciso IX, do Projeto estabelece que o direito de preempção previsto no art. 25 poderá ser exercido sempre que o Poder Público necessitar de áreas para 'outras finalidades de interesse social ou de utilidade pública, definidas no plano diretor'.

"Ora, o direito de preempção previsto no projeto consubstancia-se em instrumento limitador do direito de propriedade e, como tal, deve ser posto à disposição do Município tão-somente em hipóteses expressamente previstas em lei, de forma a proteger o cidadão contra eventuais abusos do Poder Público.

"No caso, como se observa, o inciso IX traz regra genérica e aberta que autoriza a utilização do direito de preempção em casos a serem definidos no plano diretor. Essa norma, portanto, contraria o interesse público de evitar a discricionariedade do Poder Público em matéria de direito fundamental, como o da propriedade."

§ 5º do art. 40

"Art. 40. (...).

"(...).

"§ 5º. É nula a lei que instituir o plano diretor em desacordo com o disposto no § 4º."

Razões do veto

"Reza o § 5º do art. 40 que é 'nula a lei que instituir o plano diretor em desacordo com o disposto no § 4º'. Tal dispositivo viola a Constituição, pois fere o princípio federativo que assegura a autonomia legislativa municipal.

"Com efeito, não cabe à União estabelecer regras sobre processo legislativo a ser obedecido pelo Poder Legislativo Municipal, que se submete tão--somente, quanto à matéria, aos princípios inscritos na Constituição do Brasil e na do respectivo Estado-membro, consoante preceitua o *caput* do art. 29 da Carta Magna. O disposto no § 5º do art. 40 do Projeto é, pois, inconstitucional e, por isso, merece ser vetado."

Inciso I do art. 52

"Art. 52. (...):

"I – impedir ou deixar de garantir a participação de comunidades, movimentos e entidades da sociedade civil, conforme o disposto no § 3º do art. 4º desta Lei;

"(...)."

Razões do veto

"O art. 52, inciso I, do Projeto prevê como improbidade administrativa a conduta de o prefeito 'impedir ou deixar de garantir a participação de comunidades, movimentos e entidades da sociedade civil, conforme o disposto no § 3º do art. 4º desta Lei'. Esse parágrafo do art. 4º estabelece o denominado controle social da aplicação dos recursos públicos.

"Sabe-se que o chamado controle social dos atos de governo tem natureza muito mais política do que jurídica, sendo certo que o seu preciso significado e alcance sempre ensejam controvérsias, de modo a dificultar sobremaneira a sua real efetivação.

"Resulta, então, que fixar como ato de improbidade a conduta de não garantir o controle social dos gastos públicos, de forma a sancionar os prefeitos com a suspensão de direitos políticos, a perda da função pública e a indisponibilidade de bens em razão daquela conduta, significa incluir no ordenamento legal dispositivo de difícil interpretação e aplicação, em prejuízo da segurança jurídica. Mais uma vez o interesse público ficou contrariado, merecendo ser vetado o referido inciso I do art. 52 do Projeto."

Item 38, acrescido ao inciso I do art. 167 da Lei n. 6.015, de 31 de dezembro de 1973, pelo art. 56 do Projeto

"Art. 56. (...)

"Art. 167. (...)

"I– (...)

"38) do contrato de concessão de direito real de uso de imóvel público, independente da regularidade do parcelamento do solo ou da edificação;

"(...)"

Razões do veto

"O veto a este dispositivo impõe-se em decorrência dos vetos aos arts. 15 a 20."

"Estas, Senhor Presidente, as razões que me levaram a vetar os dispositivos acima mencionados do projeto em causa, as quais ora submeto à elevada apreciação dos Senhores Membros do Congresso Nacional.

"Brasília, 10 de julho de 2001."

MEDIDA PROVISÓRIA N. 2.220, DE 4 DE SETEMBRO DE 2001

Dispõe sobre a concessão de uso especial de que trata o § 1º do art. 183 da Constituição, cria o Conselho Nacional de Desenvolvimento Urbano – CNDU e dá outras providências.

O Presidente da República, no uso da atribuição que lhe confere o art. 62 da Constituição, adota a seguinte Medida Provisória, com força de lei:

Capítulo I – Da Concessão de Uso Especial

Art. 1º. Aquele que, até 30 de junho de 2001, possuiu como seu, por cinco anos, ininterruptamente e sem oposição, até duzentos e cinquenta metros quadrados de imóvel público situado em área urbana, utilizando-o para sua moradia ou de sua família, tem o direito à concessão de uso especial para fins de moradia em relação ao bem objeto da posse, desde que não seja proprietário ou concessionário, a qualquer título, de outro imóvel urbano ou rural.

§ 1º. A concessão de uso especial para fins de moradia será conferida de forma gratuita ao homem ou à mulher, ou a ambos, independentemente do estado civil.

§ 2º. O direito de que trata este artigo não será reconhecido ao mesmo concessionário mais de uma vez.

§ 3º. Para os efeitos deste artigo, o herdeiro legítimo continua, de pleno direito, na posse de seu antecessor, desde que já resida no imóvel por ocasião da abertura da sucessão.

Art. 2º. Nos imóveis de que trata o art. 1º, com mais de duzentos e cinquenta metros quadrados, que, até 30 de junho de 2001, estavam ocupados por população de baixa renda para sua moradia, por cinco anos, ininterruptamente e sem oposição, onde não for possível identificar os terrenos ocupados por possuidor, a concessão de uso especial para fins de moradia será conferida de forma coletiva, desde que os possuidores não sejam proprietários ou concessionários, a qualquer título, de outro imóvel urbano ou rural.

§ 1º. O possuidor pode, para o fim de contar o prazo exigido por este artigo, acrescentar sua posse à de seu antecessor, contanto que ambas sejam contínuas.

§ 2º. Na concessão de uso especial de que trata este artigo, será atribuída igual fração ideal de terreno a cada possuidor, independentemente da dimensão do terreno que cada um ocupe, salvo hipótese de acordo escrito entre os ocupantes, estabelecendo frações ideais diferenciadas.

§ 3º. A fração ideal atribuída a cada possuidor não poderá ser superior a duzentos e cinquenta metros quadrados.

Art. 3º. Será garantida a opção de exercer os direitos de que tratam os arts. 1º e 2º também aos ocupantes, regularmente inscritos, de imóveis públicos, com até duzentos e cinquenta metros quadrados, da União, dos Estados, do Distrito Federal e dos Municípios, que estejam situados em área urbana, na forma do regulamento.

Art. 4º. No caso de a ocupação acarretar risco à vida ou à saúde dos ocupantes, o Poder Público garantirá ao possuidor o exercício do direito de que tratam os arts. 1º e 2º em outro local.

Art. 5º. É facultado ao Poder Público assegurar o exercício do direito de que tratam os arts. 1º e 2º em outro local na hipótese de ocupação de imóvel:

I – de uso comum do povo;

II – destinado a projeto de urbanização;

III – de interesse da defesa nacional, da preservação ambiental e da proteção dos ecossistemas naturais;

IV – reservado à construção de represas e obras congêneres; ou

V – situado em via de comunicação.

Art. 6º. O título de concessão de uso especial para fins de moradia será obtido pela via administrativa perante o órgão competente da Administração Pública ou, em caso de recusa ou omissão deste, pela via judicial.

§ 1º. A Administração Pública terá o prazo máximo de doze meses para decidir o pedido, contado da data de seu protocolo.

§ 2º. Na hipótese de bem imóvel da União ou dos Estados, o interessado deverá instruir o requerimento de concessão de uso especial para fins de moradia com certidão expedida pelo Poder Público Municipal, que ateste a localização do imóvel em área urbana e a sua destinação para moradia do ocupante ou de sua família.

§ 3º. Em caso de ação judicial, a concessão de uso especial para fins de moradia será declarada pelo juiz, mediante sentença.

§ 4º. O título conferido por via administrativa ou por sentença judicial servirá para efeito de registro no cartório de registro de imóveis.

Art. 7º. O direito de concessão de uso especial para fins de moradia é transferível por ato *inter vivos* ou *causa mortis*.

Art. 8º. O direito à concessão de uso especial para fins de moradia extingue-se no caso de:

I – o concessionário dar ao imóvel destinação diversa da moradia para si ou para sua família; ou

II – o concessionário adquirir a propriedade ou a concessão de uso de outro imóvel urbano ou rural.

Parágrafo único. A extinção de que trata este artigo será averbada no cartório de registro de imóveis, por meio de declaração do Poder Público concedente.

Art. 9º. É facultado ao Poder Público competente dar autorização de uso àquele que, até 30 de junho de 2001, possuiu como seu, por cinco anos, ininterruptamente e sem oposição, até duzentos e cinquenta metros quadrados de imóvel público situado em área urbana, utilizando-o para fins comerciais.

§ 1º. A autorização de uso de que trata este artigo será conferida de forma gratuita.

§ 2º. O possuidor pode, para o fim de contar o prazo exigido por este artigo, acrescentar sua posse à de seu antecessor, contanto que ambas sejam contínuas.

§ 3º. Aplica-se à autorização de uso prevista no *caput* deste artigo, no que couber, o disposto nos arts. 4º e 5º desta Medida Provisória.

Capítulo II – Do Conselho Nacional de Desenvolvimento Urbano

Art. 10. Fica criado o Conselho Nacional de Desenvolvimento Urbano – CNDU, órgão deliberativo e consultivo, integrante da estrutura da Presidência da República, com as seguintes competências:

I – propor diretrizes, instrumentos, normas e prioridades da política nacional de desenvolvimento urbano;

II – acompanhar e avaliar a implementação da política nacional de desenvolvimento urbano, em especial as políticas de habitação, de saneamento básico e de transportes urbanos, e recomendar as providências necessárias ao cumprimento de seus objetivos;

III – propor a edição de normas gerais de direito urbanístico e manifestar-se sobre propostas de alteração da legislação pertinente ao desenvolvimento urbano;

IV – emitir orientações e recomendações sobre a aplicação da Lei n. 10.257, de 10 de julho de 2001, e dos demais atos normativos relacionados ao desenvolvimento urbano;

V – promover a cooperação entre os governos da União, dos Estados, do Distrito Federal e dos Municípios e a sociedade civil na formulação e execução da política nacional de desenvolvimento urbano; e

VI – elaborar o regimento interno.

Art. 11. O CNDU é composto por seu Presidente, pelo Plenário e por uma Secretaria-Executiva, cujas atribuições serão definidas em decreto.

Parágrafo único. O CNDU poderá instituir comitês técnicos de assessoramento, na forma do regimento interno.

Art. 12. O Presidente da República disporá sobre a estrutura do CNDU, a composição do seu Plenário e a designação dos membros e suplentes do Conselho e dos seus comitês técnicos.

Art. 13. A participação no CNDU e nos comitês técnicos não será remunerada.

Art. 14. As funções de membro do CNDU e dos comitês técnicos serão consideradas prestação de relevante interesse público e a ausência ao trabalho delas decorrente será abonada e computada como jornada efetiva de trabalho, para todos os efeitos legais.

Capítulo III – Das Disposições Finais

Art. 15. O inciso I do art. 167 da Lei n. 6.015, de 31 de dezembro de 1973, passa a vigorar com as seguintes alterações:

"I – (...):

"(...);

"28) das sentenças declaratórias de usucapião;

"(...);

"37) dos termos administrativos ou das sentenças declaratórias da concessão de uso especial para fins de moradia;

"(...);

"40) do contrato de concessão de direito real de uso de imóvel público."

Art. 16. Esta Medida Provisória entra em vigor na data de sua publicação.

Brasília, 4 de setembro de 2001; 180º da Independência e 113º da República – FERNANDO HENRIQUE CARDOSO – *Pedro Parente*.

LEI N. 14.917, DE 7 DE MAIO DE 2009 DO MUNICÍPIO DE SÃO PAULO

Dispõe sobre a concessão urbanística no Município de São Paulo.

(Projeto de Lei n. 87/2009, do Executivo, aprovado na forma de Substitutivo do Legislativo).

Art. 1º. A concessão urbanística constitui instrumento de intervenção urbana estrutural destinado à realização de urbanização ou de reurbanização de parte do território municipal a ser objeto de requalificação da infraestrutura urbana e de reordenamento do espaço urbano com base em projeto urbanístico específico em área de operação urbana ou área de intervenção urbana para atendimento de objetivos, diretrizes e prioridades estabelecidas na lei do plano diretor estratégico.

Parágrafo único. São diretrizes que podem justificar a realização de intervenção urbana mediante a concessão urbanística:

I – elevar a qualidade do ambiente urbano, por meio da preservação dos recursos naturais e da proteção do patrimônio histórico, artístico, cultural, urbanístico, arqueológico e paisagístico;

II – racionalizar o uso da infraestrutura instalada, em particular a do sistema viário e de transportes, evitando sua sobrecarga ou ociosidade;

III – promover e tornar mais eficientes, em termos sociais, ambientais, urbanísticos e econômicos, os investimentos dos setores público e privado;

IV – prevenir distorções e abusos no desfrute econômico da propriedade urbana e coibir o uso especulativo da terra como reserva de valor, de modo a assegurar o cumprimento da função social da propriedade;

V – permitir a participação da iniciativa privada em ações relativas ao processo de urbanização;

VI – recuperar áreas degradadas ou deterioradas visando à melhoria do meio ambiente e das condições de habitabilidade;

VII – estimular a reestruturação e requalificação urbanística para melhor aproveitamento de áreas dotadas de infraestrutura, estimulando investimentos e revertendo o processo de esvaziamento populacional ou imobiliário;

VIII – estimular o adensamento de áreas já dotadas de serviços, infraestrutura e equipamentos, de forma a otimizar o aproveitamento da capacidade instalada e reduzir custos;

IX – adequar a urbanização às necessidades decorrentes de novas tecnologias e modos de vida;

X – possibilitar a ocorrência de tipologias arquitetônicas diferenciadas e facilitar a reciclagem das edificações para novos usos.

Art. 2º. Para os fins desta lei, concessão urbanística é o contrato administrativo por meio do qual o poder concedente, mediante licitação, na modalidade concorrência, delega a pessoa jurídica ou a consórcio de empresas a execução de obras urbanísticas de interesse público, por conta e risco da empresa concessionária, de modo que o investimento desta seja remunerado e amortizado mediante a exploração dos imóveis resultantes destinados a usos privados nos termos do contrato de concessão, com base em prévio projeto urbanístico específico e em cumprimento de objetivos, diretrizes e prioridades da lei do plano diretor estratégico.

Parágrafo único. A empresa concessionária obterá sua remuneração, por sua conta e risco, nos termos estabelecidos no edital de licitação e no contrato, dentre outras fontes, por meio da alienação ou locação de imóveis, inclusive dos imóveis desapropriados e das unidades imobiliárias a serem construídas, da exploração direta ou indireta de áreas públicas na área abrangida pela intervenção urbana ou qualquer outra forma de receita alternativa, complementar ou acessória, bem como pela receita de projetos associados.

Art. 3º. Podem ser objeto de concessão urbanística, entre outras intervenções estruturais, as obras relativas a modificação do sistema viário, da estrutura fundiária, de instalações e equipamentos urbanos, inclusive sistema de transporte público, e da localização de logradouros públicos, a demolição, reforma, ampliação ou construção de edificações nos termos estabelecidos no respectivo projeto urbanístico específico.

§ 1º. A área resultante de urbanização ou de reurbanização mediante concessão urbanística deverá ser dotada, conforme o caso, de infraestrutura de abastecimento de água potável, disposição adequada de esgoto sanitário, distribuição de energia elétrica e iluminação pública, sistema de manejo de águas pluviais, de transporte público de passageiros e viário público com pavimentação adequada, atendidas as normas de acessibilidade e preferentemente com piso drenante, rede de telecomunicações, rede de gás canalizado e equipamentos comunitários destinados à educação, cultura, saúde, segurança, esporte, lazer e convívio social.

§ 2º. O reparcelamento de área necessário para a execução do projeto urbanístico específico da concessão deverá observar as normas gerais da legislação nacional e municipal aplicável ao parcelamento do solo para fins urbanos, as da lei do plano diretor estratégico e as da lei da operação urbana consorciada ou do respectivo projeto estratégico na qual esteja inserida a área objeto da concessão urbanística.

§ 3º. Conforme as necessidades de cada caso, a intervenção urbana pretendida, de acordo com o projeto urbanístico específico referido no art. 8º desta lei, poderá ser objeto de mais de uma concessão urbanística.

§ 4º. Poderá integrar o objeto da concessão urbanística tanto a exploração do solo quanto do subsolo e do espaço aéreo, inclusive a implantação de garagens subterrâneas e a gestão das redes de infraestrutura instaladas em áreas municipais.

Art. 4º. A concessão urbanística fica sujeita ao regime jurídico das concessões comuns regidas pela Lei Federal n. 8.987, de 13 de fevereiro de 1995, com as complementações constantes desta lei, e das concessões patrocinadas previstas na Lei Municipal n. 14.517, de 16 de outubro de 2007, e na Lei Federal n. 11.079, de 30 de dezembro de 2004, sem prejuízo da aplicação das normas com ela compatíveis das leis que lhe são correlatas.

§ 1º. São correlatas com o regime jurídico das concessões comuns e a elas aplicáveis subsidiariamente as normas pertinentes e com elas compatíveis das Leis Federais n. 8.666, de 21 de junho de 1993, e n. 10.257, de 10 de julho de 2001, bem como da Lei Municipal n. 13.278, de 7 de janeiro de 2002.

§ 2º. Se o contrato de concessão urbanística estabelecer contrapartida do Poder Público Municipal com recursos provenientes de financiamento ou doação oriundos de agência oficial de cooperação técnica ou organismo financeiro multilateral de que o Brasil faça parte, poderão ser admitidas na licitação as condições decorrentes de acordos, protocolos, convenções ou tratados internacionais aprovados pelo Congresso Nacional, bem como as normas e procedimentos daquelas entidades, inclusive quanto ao critério de seleção da proposta mais vantajosa para a Administração, o qual poderá contemplar, além do preço, outros fatores de avaliação, desde que por elas exigidos para a obtenção do financiamento ou doação, e que também não conflitem com o princípio do julgamento objetivo e sejam objeto de despacho motivado do órgão executor do contrato, despacho esse ratificado pela autoridade imediatamente superior.

Art. 5º. Toda concessão urbanística deve ser autorizada por lei específica, que estabelecerá os parâmetros urbanísticos aplicáveis, e só pode ter por objeto uma área contínua destinada a intervenção urbana com base na lei do plano diretor estratégico, mesmo que não haja necessidade de alteração de parâmetros urbanísticos e demais disposições legais aplicáveis.

§ 1º. Cada autorização legislativa, no âmbito da respectiva lei específica, deverá conter o perímetro específico e as diretrizes específicas da concessão urbanística por ela autorizada, que orientarão a transformação urbanística pretendida para a região, de acordo com as suas características e potencialidades.

§ 2º. O Poder Legislativo poderá sustar a autorização legislativa de que trata este artigo caso a concessão urbanística não observe o perímetro específico e as diretrizes específicas autorizadas.

Art. 6º. Não se aplica às obras efetuadas com base nesta lei o disposto nos arts. 1º e 2º da Lei n. 10.671, de 28 de outubro de 1988.

Parágrafo único. As leis de melhoramento viário incidentes sobre a área da concessão urbanística não impedirão a modificação dos logradouros existentes, nos termos desta lei, nem impedirão a edificação nas áreas por eles atingidas, não sendo aplicáveis a tais casos as vedações estabelecidas pelos arts. 4º e 5º da Lei n. 11.228, de 26 de junho de 1992.

Art. 7º. A autorização para a abertura de licitação para a concessão urbanística será precedida de estudos e providências de responsabilidade do poder concedente para a definição dos objetivos, diretrizes e parâmetros de interesse público específico para a elaboração do projeto urbanístico específico da intervenção a ser realizada por meio da concessão, compreendendo, no mínimo, o seguinte:

I – estudos de viabilidade econômica, mercadológicos e da situação fundiária da área;

II – estudos de impacto ambiental ou de vizinhança;

III – relatório circunstanciado dos principais conteúdos dos estudos efetuados e das providências a serem executadas com o demonstrativo quantitativo e qualitativo dos custos e benefícios sociais, urbanísticos e ambientais da intervenção urbana a ser realizada;

IV – realização de uma audiência pública na área central do Município e na de cada uma das Subprefeituras em que será realizada a intervenção urbana, possibilitando a interação com proprietários, moradores, usuários permanentes e investidores privados eventualmente interessados.

Art. 8º. O projeto urbanístico específico da intervenção urbana a ser realizada por meio da concessão urbanística, em conformidade com a lei do plano diretor estratégico, conterá, conforme o caso, os seguintes elementos:

I – definição das modificações no sistema viário;

II – localização e definição da infraestrutura urbana e dos equipamentos comunitários;

III – localização e definição dos espaços públicos de uso comum e especial;

IV – definição dos parâmetros e diretrizes urbanísticos, ambientais e sociais;

V – programa de atendimento econômico e social para a população diretamente afetada pela intervenção urbana.

§ 1º. O projeto urbanístico específico deve ser submetido para análise e deliberação, em caráter preferencial, preliminarmente à abertura da licitação, para a definição das diretrizes relativas à preservação do patrimônio cultural e histórico, parcelamento do solo, trânsito, preservação do meio ambiente e adequação dos parâmetros de uso e ocupação do solo, devendo ser submetido, ao final, à Câmara Técnica de Legislação Urbanística (CTLU).

§ 2º. As diretrizes emitidas nos termos do parágrafo anterior vincularão as análises posteriores dos órgãos municipais quanto aos pedidos de licenciamento de edificações formulados pelo concessionário.

§ 3º. O Poder Executivo poderá realizar concursos ou publicar edital de chamamento de pessoas físicas ou jurídicas interessadas em apresentar projetos, estudos, levantamentos e investigações que subsidiem a modelagem da concessão urbanística, os quais serão remunerados na forma prevista no art. 21 da Lei Federal n. 8.987, de 1995.

Art. 9º. O projeto de concessão urbanística será objeto de consulta pública, com antecedência mínima de 30 (trinta) dias da publicação do edital da respectiva licitação, mediante publicação de aviso na imprensa oficial, em jornais de grande circulação e por meio eletrônico, no qual serão informadas as justificativas para a contratação, a identificação do objeto, o prazo de duração do contrato e seu valor estimado e as minutas do edital e do contrato, fixando-se prazo para fornecimento de sugestões, realizando-se uma audiência pública ao término deste prazo.

Art. 10. O concessionário pode utilizar os instrumentos jurídicos autorizados na legislação vigente em conformidade com os respectivos limites legais, tais como, o direito de preempção, o consórcio imobiliário, o direito de superfície, a concessão real de uso e outros conexos para adequado cumprimento da concessão urbanística.

Parágrafo único. A utilização do direito de preempção, do direito de superfície e da concessão real de uso sobre imóvel de domínio público depende de prévia autorização legal.

Art. 11. A Prefeitura Municipal efetuará a declaração de utilidade pública e de interesse social dos imóveis a serem objeto de desapropriação urbanística para a execução do projeto urbanístico específico mediante concessão urbanística nos termos autorizados na alínea "i" do art. 5º do Decreto-lei n. 3.365, de 21 de junho de 1941, e no art. 44 da Lei Federal n. 6.766, de 19 de dezembro de 1979.

§ 1º. O concessionário, com fundamento no art. 3º do Decreto-lei n. 3.365, de 21 de junho de 1941, e na declaração a que se refere este artigo, promoverá a desapropriação judicial ou amigável dos imóveis a serem desapropriados, pagando e negociando integralmente a respectiva indenização, bem como assumindo a condição de proprietária dos respectivos imóveis, com poderes para promover as alterações registrárias necessárias para a realização de incorporações imobiliárias e a implementação do projeto urbanístico específico, nos termos do contrato de concessão urbanística.

§ 2º. A desapropriação, uma vez obtida a imissão na posse, será irretratável e irrevogável, sendo defeso ao Poder Público Municipal ou ao concessionário desistir ou renunciar aos direitos e obrigações a ela relativos.

Art. 12. Quando permitida, no edital de licitação, a participação de empresas em consórcio, serão observadas as seguintes normas:

I – comprovação de compromisso, público ou particular, de constituição de sociedade de propósito específico, subscrito pelas consorciadas;

II – indicação da empresa responsável pelo consórcio durante a licitação e até a constituição da sociedade de propósito específico;

III – apresentação dos documentos exigidos para aferição da capacidade técnica, da idoneidade financeira e da regularidade jurídica e fiscal e as condições de liderança da empresa responsável pelo consórcio;

IV – impedimento de participação de empresas consorciadas na mesma licitação, por intermédio de mais de um consórcio ou isoladamente.

§ 1º. A empresa líder do consórcio é a responsável perante o poder concedente pelo cumprimento do contrato de concessão urbanística, sem prejuízo da responsabilidade solidária das demais consorciadas.

§ 2º. A empresa licitante vencedora fica obrigada a constituir, antes da adjudicação do certame, sociedade de propósito específico para assumir os compromissos de concessionária até a completa execução da intervenção urbana dentro do prazo fixado no contrato de concessão urbanística antes de sua assinatura.

§ 3º. Poderá ser exigido pelo edital de licitação que a Prefeitura do Município de São Paulo receba 1 (uma) ação da empresa de propósito específico, com poder de participação nas decisões da empresa com a finalidade de controle do cumprimento do objeto da concessão urbanística, nos termos do edital.

Art. 13. O poder concedente, antes da abertura da licitação, poderá proceder à pré-qualificação jurídica, técnica, econômico-financeira e conexas das empresas ou consórcios de empresas que queiram participar da licitação de concessão urbanística a fim de efetuar análise mais detida da qualificação técnica das interessadas.

§ 1º. A adoção do procedimento de pré-qualificação será feita mediante proposta da autoridade competente do poder concedente, aprovada pela autoridade imediatamente superior.

§ 2º. Na pré-qualificação serão observadas as exigências legais relativas à concorrência, à convocação dos interessados, ao procedimento e à análise da documentação.

Art. 14. Observado o disposto no art. 5º, a licitação da concessão urbanística deverá ser autorizada pelo Prefeito, mediante despacho fundamentado, que efetuará a definição do objeto, área de abrangência, prazo e diretrizes a serem observadas.

Art. 15. A licitação será aberta na modalidade concorrência mediante edital elaborado pelo poder concedente, observados, no que couber, os critérios e as normas gerais da legislação própria aplicável às concessões comuns, que conterá, especialmente:

I – o objeto, metas e prazo da concessão;

II – a descrição das condições necessárias à adequada execução da intervenção urbana;

III – os prazos para recebimento das propostas, julgamento da licitação e assinatura do contrato;

IV – prazo, local e horário em que serão fornecidos ou disponibilizados, aos interessados, os dados, estudos e projetos necessários à elaboração dos orçamentos e apresentação das propostas;

V – os critérios e a relação dos documentos exigidos para a aferição da capacidade técnica, da idoneidade financeira e da regularidade jurídica e fiscal;

VI – as possíveis fontes de receitas alternativas, complementares ou acessórias, bem como as provenientes de projetos associados;

VII – os direitos e obrigações do poder concedente e da sociedade concessionária em relação a alterações a serem realizadas no futuro, para garantir a continuidade e a atualização da intervenção urbana aos fins de interesse público a que se destina;

VIII – os critérios, indicadores, fórmulas e parâmetros a serem utilizados no julgamento técnico e econômico-financeiro da proposta;

IX – a indicação dos bens reversíveis e dos que forem objeto de imediata incorporação ao patrimônio público, de suas características e de outras condições conexas;

X – a expressa indicação do concessionário como responsável pelo ônus da concretização das desapropriações necessárias à completa execução da intervenção urbana, ou para a instituição de servidão administrativa ou urbanística, observada a preferência dos expropriados para a aquisição de novas unidades, conforme definido no edital;

XI – a exigência de constituição de sociedade de propósito específico, antes da adjudicação do certame, com o objetivo único e exclusivo de realização da intervenção urbana prevista no edital;

XII – a exigência, se for o caso, de o concessionário ressarcir os dispêndios correspondentes aos estudos, investigações, levantamentos, projetos, obras e despesas ou investimentos já efetuados, vinculados à concessão, de utilidade para a licitação, realizados pelo poder concedente ou com a sua autorização, antes da assinatura do contrato de concessão urbanística;

XIII – as condições de liderança da empresa responsável, na hipótese em que for permitida a participação de empresas em consórcio;

XIV – a minuta do respectivo contrato de concessão urbanística, que conterá as cláusulas essenciais referidas no art. 19 desta lei e outras porventura necessárias e adequadas;

XV – os dados relativos às obras da intervenção urbana, dentre os quais os elementos básicos do projeto referido no art. 8º desta lei;

XVI – as garantias a serem exigidas para assegurar o adequado e completo cumprimento do contrato de concessão urbanística a que se referir o edital limitadas ao valor das obras da intervenção urbana.

§ 1º. Entende-se por atualização da intervenção urbana, a que se refere o inciso VII do *caput* deste artigo, o uso de métodos, técnicas, instalações e equipamentos que correspondam aos padrões de modernidade propiciados pelo progresso tecnológico, bem como a sua melhoria e a ampliação de acordo com as diretrizes da lei do plano diretor para atendimento das necessidades dos usuários da cidade.

§ 2º. Poderá ser prevista a obrigação de o concessionário incluir, na alienação dos imóveis resultantes da concessão, cláusulas que possibilitem o atendimento dos objetivos da intervenção urbana, inclusive no que se refere à manutenção de características de construção e de uso do bem, por prazo determinado, nos termos definidos no edital.

§ 3º. A concessionária poderá promover a realização de incorporações imobiliárias nos imóveis desapropriados, a fim de possibilitar, ainda em fase de construção, a alienação das futuras unidades dos empreendimentos imobiliários, bem como sua dação em garantia de financiamentos.

Art. 16. O julgamento da licitação de concessão urbanística poderá ser precedido da etapa de qualificação das propostas técnicas, desclassificando-se as empresas licitantes que não alcançarem a pontuação mínima, as quais não participarão da fase seguinte da licitação.

Parágrafo único. O exame das propostas técnicas, para fins de qualificação ou julgamento, será feito por ato motivado, com base em exigências, parâmetros e indicadores de resultado pertinentes ao objeto, definidos com clareza e objetividade no edital.

Art. 17. No julgamento da licitação para a concessão urbanística será considerado um dos seguintes critérios:

I – a maior oferta, nos casos de pagamento ao poder concedente pela outorga da concessão;

II – a melhor proposta técnica, com preço fixado no edital;

III – melhor proposta em razão da combinação dos critérios de maior oferta pela outorga da concessão com o de melhor técnica;

IV – melhor oferta de pagamento pela outorga após qualificação de propostas técnicas;

V – menor valor da contrapartida a ser paga pela Administração Pública, no caso de concessão patrocinada;

VI – melhor proposta em razão da combinação do critério do inciso V com o de melhor técnica, de acordo com os pesos estabelecidos no edital, no caso de concessão patrocinada.

§ 1º. O edital de licitação conterá parâmetros e exigências para a formulação de propostas técnicas.

§ 2º. O poder concedente recusará propostas manifestamente inexequíveis ou financeiramente incompatíveis com os objetivos da licitação.

§ 3º. Em igualdade de condições, será dada preferência à proposta apresentada por empresa brasileira.

Art. 18. Considerar-se-á desclassificada a proposta que, para sua viabilização, necessite de vantagens ou subsídios que não estejam autorizados em lei e à disposição de todos os concorrentes.

§ 1º. Considerar-se-á também desclassificada a proposta de entidade estatal alheia à esfera político-administrativa do poder concedente que, para sua viabilização, necessite de vantagens ou subsídios do poder público controlador da referida entidade.

§ 2º. Inclui-se nas vantagens ou subsídios de que trata este artigo qualquer tipo de tratamento tributário diferenciado, ainda que em consequência da natureza jurídica da licitante, comprometa a isonomia fiscal que deve prevalecer entre todos os concorrentes.

Art. 19. São cláusulas essenciais do contrato de concessão as relativas:

I – ao objeto, à área e ao prazo da concessão;

II – ao modo, forma e condições de realização da intervenção urbana;

III – aos critérios, indicadores, fórmulas e parâmetros definidores da qualidade da intervenção urbana;

IV – aos cronogramas físico-financeiros de execução das obras vinculadas à concessão;

V – à forma e meios de remuneração da concessionária por meio da exploração da intervenção urbana e de projetos associados;

VI – critérios objetivos de avaliação de desempenho;

VII – à garantia do fiel cumprimento, pela concessionária, das obrigações relativas às obras vinculadas à concessão;

VIII – aos direitos, garantias e obrigações do poder concedente e da concessionária, inclusive os relacionados às previsíveis necessidades de futura alteração da intervenção urbana e consequente modernização, aperfeiçoamento e ampliação dos equipamentos e demais instalações;

IX – à forma de fiscalização das instalações, dos equipamentos, dos métodos e práticas de execução da intervenção urbana, bem como à indicação dos órgãos competentes para exercê-la;

X – às penalidades contratuais e administrativas a que se sujeita a concessionária e sua forma de aplicação;

XI – aos casos de extinção da concessão urbanística;

XII – aos bens reversíveis e àqueles que forem objeto de imediata incorporação ao patrimônio público;

XIII – aos critérios para o cálculo e a forma de pagamento de indenizações devidas à concessionária, se for o caso;

XIV – às condições para prorrogação do contrato, se couber;

XV – à obrigatoriedade, forma e periodicidade da prestação de contas da concessionária ao poder concedente, sem prejuízo do disposto no art. 38 desta lei;

XVI – à exigência da publicação de demonstrações financeiras periódicas da concessionária na forma estabelecida pela Prefeitura Municipal;

XVII – às obrigações da concessionária para adequada realização do controle social pela sociedade civil, sem prejuízo do disposto no art. 38 desta lei;

XVIII – ao foro e ao modo amigável de solução das divergências contratuais;

XIX – outras cláusulas, termos e obrigações peculiares ao objeto da concessão urbanística.

Parágrafo único. O prazo da concessão a ser fixado no edital da licitação, em cada caso, deverá atender ao interesse público e às peculiaridades relacionadas ao valor do investimento.

Art. 20. O contrato de concessão urbanística poderá prever o emprego de mecanismos privados para resolução de disputas decorrentes ou relacionadas ao contrato, inclusive a arbitragem, a ser realizada no Brasil e em língua portuguesa, nos termos da Lei Federal n. 9.307, de 23 de setembro de 1996.

Art. 21. Incumbe à concessionária a execução da intervenção urbanística concedida, cabendo-lhe responder por todos os prejuízos causados ao poder concedente ou a terceiros, sem que a fiscalização exercida pelo órgão competente exclua ou atenue essa responsabilidade.

§ 1º. Sem prejuízo da responsabilidade a que se refere este artigo, a concessionária poderá contratar com terceiros, sob sua exclusiva responsabilidade, o desenvolvimento de atividades inerentes, acessórias ou complementares à intervenção urbanística concedida, bem como a implementação de projetos associados nos termos que forem autorizados no edital e no contrato de concessão urbanística.

§ 2º. Os contratos celebrados entre a concessionária e os terceiros a que se refere o parágrafo anterior reger-se-ão pelo direito privado, não se estabelecendo qualquer relação jurídica entre os terceiros e o poder concedente.

§ 3º. A execução das atividades contratadas com terceiros pressupõe o cumprimento do projeto urbanístico específico a ser executado e das leis municipais, estaduais e nacionais sobre a intervenção em qualquer de seus aspectos.

Art. 22. A subconcessão pode ser admitida, nos termos previstos no contrato de concessão, desde que expressamente autorizada, por escrito, pelo poder concedente exclusivamente para atender ao interesse de perfeita execução do objeto do contrato de concessão urbanística.

§ 1º. A outorga de subconcessão será sempre precedida de concorrência.

§ 2º. O subconcessionário se sub-rogará em todos os direitos e obrigações da subconcedente dentro dos limites da subconcessão.

Art. 23. A transferência de concessão ou do controle societário da concessionária sem prévia anuência do poder concedente implicará a imediata caducidade da concessão de pleno direito.

§ 1º. Para fins de obtenção da anuência de que trata o *caput* deste artigo, o pretendente deverá:

I – atender às exigências de capacidade técnica, idoneidade financeira e regularidade jurídica e fiscal necessárias à assunção da concessão; e

II – comprometer-se a cumprir todas as cláusulas do contrato de concessão urbanística em vigor.

§ 2º. O poder concedente autorizará a assunção do controle da concessionária por seus financiadores para promover sua reestruturação financeira e assegurar a continuidade da prestação dos serviços nas condições estabelecidas no contrato de concessão.

§ 3º. Na hipótese prevista no § 2º, o poder concedente exigirá dos financiadores que atendam às exigências de regularidade jurídica e fiscal, podendo alterar ou dispensar os demais requisitos previstos no § 1º, inciso I, deste artigo.

§ 4º. A assunção do controle autorizada na forma do § 2º deste artigo não alterará as obrigações da concessionária e de seus controladores ante o poder concedente.

Art. 24. Em contratos de financiamento, a concessionária poderá oferecer em garantia os direitos emergentes da concessão, inclusive os derivados das ações de desapropriação, até o limite que não comprometa a operacionalização e a continuidade da intervenção urbana concedida até sua completa realização.

Art. 25. Incumbe ao poder concedente:

I – regulamentar, no que couber, e fiscalizar a execução e a manutenção da intervenção urbana concedida;

II – modificar unilateralmente as disposições contratuais para atender a interesse público;

III – zelar pela boa qualidade da intervenção urbana e pela efetiva concretização dos interesses públicos a que se destina;

IV – declarar de utilidade pública ou de interesse social para o fim de desapropriação, promovendo-a diretamente ou mediante delegação à concessionária, hipótese em que será desta a responsabilidade pelo pagamento integral das indenizações devidas e despesas conexas;

V – intervir na concessão urbanística, retomá-la e extinguir a concessão nas hipóteses e nas condições previstas em lei e no contrato.

Art. 26. Incumbe à empresa concessionária:

I – cumprir e fazer cumprir as disposições legais, regulamentares e contratuais da concessão;

II – executar a intervenção urbana de acordo com o projeto urbanístico específico, as disposições da concessão e as normas legais;

III – proceder à aquisição e venda ou locação dos imóveis destinados a usos privados, inclusive mediante incorporação imobiliária;

IV – exercer o direito de preempção, em nome da Prefeitura Municipal e nos termos da lei, para aquisição de imóveis sujeitos a este direito com base na lei do plano diretor e no Estatuto da Cidade;

V – receber em doação de proprietário de imóvel situado no perímetro da concessão urbanística para viabilização financeira do aproveitamento do imóvel nos termos previstos no projeto urbanístico específico da concessão sob o compromisso de, em troca e após a realização das obras, o donatário doar ao doador unidades imobiliárias devidamente urbanizadas ou edificadas como pagamento da alienação do imóvel à empresa concessionária;

VI – zelar pela integridade dos bens vinculados à concessão urbanística;

VII – manter em dia o inventário e o registro dos bens vinculados à concessão;

VIII – promover as desapropriações, judicial ou amigavelmente, na forma autorizada na concessão, efetuando o pagamento das indenizações devidas aos proprietários e possuidores afetados, sob sua inteira e exclusiva responsabilidade, e promovendo os atos registrários eventualmente necessários à realização de incorporações imobiliárias;

IX – manter regularmente escriturados os seus livros e registros contábeis e organizados os arquivos, documentos e anotações, de forma a possibilitar a inspeção a qualquer momento pelos encarregados da fiscalização;

X – franquear o acesso dos encarregados da fiscalização, a qualquer momento, aos locais das obras, equipamentos e instalações da concessionária;

XI – prestar contas periódicas à Prefeitura Municipal e à sociedade civil do cumprimento integral e fiel da concessão.

Art. 27. No exercício da fiscalização, o poder concedente terá acesso aos dados relativos à administração, contabilidade, recursos técnicos, econômicos e financeiros da concessionária.

§ 1º. A fiscalização da concessão será efetuada pelo poder concedente ou por entidade conveniada ou contratada e, periodicamente, conforme previsto em norma regulamentar, por comissão composta de representantes do poder concedente, da concessionária, dos proprietários e usuários.

§ 2º. Na hipótese do § 1º deste artigo, a entidade conveniada ou contratada somente será responsável pela colheita e compilação de dados e elementos técnicos, que serão submetidos e analisados pela Administração para o aferimento da regularidade da execução do contrato de concessão.

Art. 28. O poder concedente poderá intervir na concessão com o fim de assegurar a sua adequação aos objetivos de interesse público, bem como o fiel cumprimento das normas contratuais, regulamentares e legais pertinentes, observado o devido processo legal.

Parágrafo único. A intervenção far-se-á mediante ato do poder concedente que conterá a designação do interventor, o prazo da intervenção, os objetivos e limites da medida.

Art. 29. Declarada a intervenção, o poder concedente deverá, no prazo de trinta dias, instaurar procedimento para investigar e comprovar as causas determinantes da medida e apurar responsabilidades, assegurado o exercício do direito de defesa à concessionária.

§ 1º. Se ficar comprovado que a intervenção não observou os pressupostos legais será declarada sua nulidade, devendo o objeto da concessão urbanística ser imediatamente devolvido à concessionária, sem prejuízo de seu direito à indenização.

§ 2º. O procedimento a que se refere o *caput* deste artigo deverá ser concluído no prazo de até cento e oitenta dias, sob pena de considerar-se inválida a intervenção.

Art. 30. Cessada a intervenção, se não for extinta a concessão, a administração da intervenção urbana será devolvida à concessionária, precedida da prestação de contas pelo interventor que responderá pelos atos praticados durante a sua gestão.

Art. 31. Extingue-se a concessão por:

I – advento do termo final do contrato;

II – encampação;

III – caducidade;

IV – rescisão;

V – anulação;

VI – falência ou extinção da empresa concessionária.

§ 1º. Extinta a concessão, retornarão ao poder concedente todos os bens reversíveis, direitos e privilégios transferidos à concessionária conforme previsto no edital e estabelecido no contrato.

§ 2º. Extinta a concessão, haverá a imediata assunção da intervenção urbana pelo poder concedente, procedendo-se aos levantamentos, avaliações e liquidações necessárias.

§ 3º. A assunção da intervenção urbana autoriza a ocupação das instalações e a utilização, pelo poder concedente, de todos os bens reversíveis.

§ 4º. Nos casos previstos nos incisos I e II do *caput* deste artigo, o poder concedente, antecipando-se à extinção da concessão, procederá aos levantamentos e avaliações necessários à determinação dos montantes da indenização porventura devida à concessionária nas hipóteses de reversão ou de encampação.

§ 5º. Nos casos previstos nos incisos II a VI deste artigo, fica o poder concedente autorizado a alienar os imóveis adquiridos pelo concessionário em cumprimento das obrigações constantes do projeto urbanístico específico, diretamente ou por meio da contratação de nova concessão urbanística, hipótese em que tais bens serão alienados ao concessionário, para a devida destinação.

Art. 32. A reversão dos bens no advento do termo final do contrato far-se-á com a indenização das parcelas dos investimentos vinculados a bens reversíveis que ainda não tenham sido amortizados ou depreciados que tenham sido realizados para que a intervenção urbana concedida atenda plenamente aos fins de utilidade e interesse públicos que constituem sua razão de ser.

Art. 33. Considera-se encampação a retomada da concessão pelo poder concedente durante o prazo da concessão, por motivo de interesse público, mediante lei autorizativa específica e após prévio pagamento da indenização na forma do artigo anterior.

Art. 34. A inexecução total ou parcial do contrato de concessão acarretará, a critério do poder concedente, a declaração de caducidade da concessão ou a aplicação das sanções contratuais, respeitadas as demais disposições desta lei.

§ 1º. A caducidade da concessão pode ser declarada pelo poder concedente quando:

I – a intervenção urbana estiver sendo realizada de forma inadequada ou deficiente, tendo por base as leis municipais, as normas, critérios, indicadores e parâmetros definidores de sua boa qualidade, sem que as irregularidades sejam sanadas em tempo hábil ou sem justificativa, nos termos do edital;

II – a concessionária descumprir cláusulas contratuais ou disposições legais ou regulamentares concernentes à concessão;

III – a concessionária paralisar a intervenção urbana, total ou parcialmente, ou concorrer para tanto, ressalvadas as hipóteses decorrentes de caso fortuito ou força maior;

IV – a concessionária perder as condições econômicas, técnicas ou operacionais para a manutenção e atualização da concessão;

V – a concessionária não cumprir as penalidades impostas por infrações, nos devidos prazos;

VI – a concessionária não atender a intimação do poder concedente no sentido de corrigir as irregularidades;

VII – a concessionária for condenada em sentença transitada em julgado por sonegação de tributos e contribuições.

§ 2º. A declaração da caducidade da concessão deverá ser precedida da verificação da inadimplência administrativa em procedimento sumário, assegurado o direito de defesa.

§ 3º. Não será instaurado procedimento de inadimplência antes de comunicados à concessionária, detalhadamente, por escrito, os descumprimentos contratuais específicos referidos no § 1º deste artigo, dando-lhe um prazo para corrigir as falhas e transgressões apontadas e para o enquadramento nos termos contratuais.

§ 4º. Instaurado o procedimento e comprovada a inadimplência, a caducidade será declarada por ato do poder concedente, independentemente de indenização prévia, calculada no decurso do processo.

§ 5º. A indenização de que trata o § 4º deste artigo será devida na forma aplicável à reversão de bens e do contrato, descontado o valor das multas contratuais e dos danos causados pela concessionária.

§ 6º. Declarada a caducidade, não resultará para o poder concedente qualquer espécie de responsabilidade em relação aos encargos, ônus, obrigações ou compromissos com terceiros ou com empregados da concessionária.

Art. 35. O contrato da concessão pode ser rescindido por iniciativa da concessionária, no caso de descumprimento das normas contratuais pelo poder concedente, mediante ação judicial especialmente intentada para esse fim.

Parágrafo único. Na hipótese prevista no *caput* deste artigo, a intervenção urbana concedida não poderá ser interrompida ou paralisada até o efetivo trânsito em julgado da sentença judicial.

Art. 36. A Secretaria Municipal de Desenvolvimento Urbano – SMDU coordenará as atividades de planejamento da concessão urbanística, observadas a compatibilidade com o Plano Diretor Estratégico e a articulação com outros planos urbanísticos já existentes, ficando incumbida da elaboração da proposta de lei específica, dos estudos e providências de responsabilidade do poder concedente e do projeto urbanístico específico, previstos nos arts. 5º, 7º e 8º desta lei, solicitando a colaboração de outros órgãos municipais, de acordo com suas competências específicas.

Art. 37. A Secretaria Municipal de Infraestrutura Urbana e Obras – SIURB fica incumbida da outorga da concessão urbanística nos termos desta lei e da lei específica da concessão, observadas as disposições, objetivos, diretrizes e prioridades estabelecidos no Plano Diretor Estratégico, bem como as demais leis municipais aplicáveis, cabendo-lhe a abertura da licitação, a contratação, supervisão e fiscalização da concessão.

Art. 38. Para a fiscalização de cada concessão urbanística, o Executivo constituirá um Conselho Gestor, de formação paritária, com representantes da Municipalidade e da sociedade civil, de forma a propiciar a participação dos cidadãos interessados, tais como moradores, proprietários, usuários e empreendedores, cabendo ao Conselho Gestor as providências necessárias para fiscalização, verificação e acompanhamento do cumprimento das diretrizes da intervenção urbana e do respectivo contrato de concessão.

§ 1º. O Conselho Gestor a que se refere o *caput* deste artigo será instituído após a celebração do contrato de concessão urbanística.

§ 2º. Dos membros do Conselho, 50% (cinquenta por cento) serão representantes do Executivo e 50% (cinquenta por cento) serão representantes da sociedade civil, indicados no Conselho Municipal de Política Urbana – CMPU.

§ 3º. O Executivo indicará a Presidência do Conselho.

§ 4º. Será garantida a publicidade dos atos do Conselho Gestor, inclusive por meio da publicação das atas das reuniões ordinárias e extraordinárias no *Diário Oficial* da Cidade e no *site* oficial da Prefeitura Municipal de São Paulo.

Art. 39. Esta lei entrará em vigor na data de sua publicação.

Prefeitura do Município de São Paulo, aos 7 de maio de 2009, 456º da fundação de São Paulo

Data de publicação: 8.5.2009.

* * *

00929

GRÁFICA PAYM
Tel. (11) 4392-3344
paym@terra.com.br